U0896274

2012

中国企业集团财务公司年鉴

ZHONGGUO QIYE JITUAN
CAIWU GONGSI NIANJIAN

中国财务公司协会　编

中国金融出版社

责任编辑：张 铁
责任校对：李俊英
责任印制：裴 刚

图书在版编目（CIP）数据

中国企业集团财务公司年鉴（Zhongguo Qiye Jituan Caiwu Gongsi Nianjian）．2012/中国财务公司协会编．—北京：中国金融出版社，2012.12
ISBN 978-7-5049-6698-8

Ⅰ.①中… Ⅱ.①中… Ⅲ.①企业集团—金融公司—中国—2012—年鉴 Ⅳ.①F279.244-54

中国版本图书馆CIP数据核字（2012）第291864号

出版
发行 中国金融出版社
社址 北京市丰台区益泽路2号
市场开发部 （010）63266347，63805472，63439533（传真）
网上书店 http://www.chinafph.com （010）63286832，63365686（传真）
读者服务部 （010）66070833，62568380
邮编 100071
经销 新华书店
印刷 北京汇林印务有限公司
尺寸 210毫米×279毫米
印张 29.25
插页 24
字数 763千
版次 2012年12月第1版
印次 2012年12月第1次印刷
定价 398.00元
ISBN 978-7-5049-6698-8/F.6258
如出现印装错误本社负责调换 联系电话（010）63263947

关怀指导

2011 年 12 月 23 日，中国银监会副主席蔡鄂生莅临中国财务公司协会检查指导工作。

2011 年 11 月 14 日，中国银监会副主席蔡鄂生参观中国石化镇海炼化。

2011 年 12 月 26 日，中国银监会副主席蔡鄂生莅临华联财务有限责任公司指导工作。

2011 年 12 月 26 日，中国银监会副主席蔡鄂生莅临国投财务有限公司视察指导。

2011年11月15日，中国人民银行副行长胡晓炼到中国重汽参观调研。中国重汽（香港）有限公司董事会主席马纯济向客人赠送重汽车模礼品。

2011年5月，中国人民银行副行长易纲到中油财务有限责任公司调研。

2011年7月29日，中国银监会非银部主任柯卡生访问宁波港集团财务有限公司。

2011 年 12 月 12 日，中国银监会领导到中兴通讯集团财务有限公司调研考察。

2011 年 7 月 20 日，湖北银监局副局长胡德海到湖北宜化集团财务有限责任公司调研。

2011 年 5 月 25 日，中央治理“小金库”工作领导小组办公室副主任廖家生一行到南方电网财务公司调研指导工作。

2011 年 9 月 22 日，中国银监会非银部领导到中广核财务公司调研。

北京银监局领导视察通用技术集团财务有限责任公司。

中国银监会非银部副主任毛宛苑到重庆化医控股集团财务有限公司调研。

2011年12月30日，中国财务公司协会常务副会长兼秘书长王岩玲与副秘书长李清军一行到中海集团财务有限责任公司进行工作调研。

2011 年 11 月 14 日，中国财务公司协会第十四次会员大会在宁波召开。

2011 年 11 月 15 日，中国银监会非银部主任柯卡生在中国财务公司协会第十四次会员大会上讲话。

2011 年 4 月 20 日，宝钢财务公司承办中国财协常务理事上海调研座谈会。

2011 年 4 月 22 日，武钢财务公司接待中国财协调研团来访。

2011 年 5 月 26 日，晋煤集团财务有限公司同业座谈会。

2011 年 7 月，中国财协华东分会“金融政策形势与发展对策”研讨会。

2011 年 10 月 27 日，苏州创元集团财务公司承办“江苏省企业集团财务公司第二届高管人员沙龙”，并取得圆满成功。

2011 年 1 月，京能集团财务有限公司召开标准化及管理创新经验交流与表彰大会。

2011 年 1 月，中电投财务有限公司召开 2011 年年度工作会议。

2011 年 2 月，葛洲坝集团财务有限责任公司召开 2011—2015 年发展战略研讨会。

2011 年 2 月 26 日，三峡财务有限责任公司 2011 年工作会议暨职工（会员）大会合影。

2011 年 3 月，中国航空集团财务有限责任公司召开第四届第三次董事会。

2011 年 3 月 9 日，保利财务有限公司股东会暨第一届董事会、第一届监事会 2011 年会议合影。

2011 年 3 月 15 日，红豆集团财务有限公司第一届董事会第六次会议。

2011 年 3 月 25 日，兵器装备集团财务有限责任公司 2011 年第一次股东会暨第二届第六次董事会。

2011 年 4 月 21 日，东风汽车财务有限公司召开七届七次董事会，与会人员合影。

2011 年 4 月 25 日，沙钢财务有限公司召开第一届董事会第四次会议。

2011 年 5 月，中国一拖集团财务有限责任公司 2011 年合规承诺签字仪式。

2011年5月4日，天津渤海集团财务有限责任公司召开2010年度第一次董事会。

2011年5月6日，攀钢集团财务有限公司第一届董事会第五次会议。

2011年5月27日，美的集团财务有限公司召开2010年度股东大会。

2011 年 5 月 28 日，淮南矿业集团财务有限公司 2011 年第二、第三次股东会暨四届三次董事会。

2011 年 6 月 10 日，马钢集团财务有限公司召开第一届董事会第一次会议。

2011 年 7 月，中粮财务有限责任公司年度董事会及监事会。

2011 年 7 月 19 日，浙能财务公司召开 2011 年半年度经营形势分析会。

2011 年 8 月 11 日，河南煤业化工集团财务有限公司向成员单位开展电票系统操作培训。

2011 年 8 月 12 日，阳泉煤业集团财务有限责任公司“学点钞、辨真伪”人民币专题讲座。

2011 年 8 月 20 日，中国华能财务有限责任公司召开第二十一次股东会。

2011 年 10 月 20 日，紫金矿业集团财务有限公司两周年庆举办发展战略研讨会。

2011 年 10 月 21 日，申能集团财务公司特色服务品牌——一年一度秋季论坛隆重召开。

2011 年 11 月 11 日，兖矿集团财务公司第一届董事会第七次会议。

一汽财务有限公司 2011—2012 年度工作会议。

2011 年 12 月 9 日，西电财务公司召开七届二次董事会暨 2010 年度股东大会。

2011 年 12 月 17 日，中海石油财务有限责任公司召开第五届董事会第二次会议。

2011 年，国机财务有限责任公司领导班子考核大会。

大唐财务公司召开 2011 年工作会议。

2011 年 12 月 18 日，南山集团财务有限公司召开 2011 年度总结表彰大会。

2011 年 12 月 30 日，铜陵有色金属集团财务有限公司召开 2012 年工作会议暨职工大会。

2011年3月11日，潞安集团财务有限公司与集团整合煤矿签订成套设备融资租赁协议。

2011年3月30日，国电财务有限公司与国电东北电力有限公司签署金融服务协议，财务公司东北专员组正式成立。

2011 年 5 月 6 日，中核财务公司代表中核集团与中国工商银行签订外汇业务合作协议。

2011 年 5 月 13 日，广东粤电财务有限公司和中海财务公司携手加强金融合作。

2011 年 5 月，上海汽车集团财务有限责任公司与上海大众签订个贷合作框架协议。

2011 年 5 月 20 日，江苏省国信集团财务有限公司与中国工商银行江苏省分行签订战略合作协议。

2011 年 8 月 15 日，中国电力财务公司与国电南瑞签署金融业务服务协议。

2011 年 10 月 19 日，东方电气集团财务有限公司总经理率队到西电集团财务公司学习调研。

2011 年 11 月，山西焦煤集团财务有限责任公司与直联行合作签约仪式。

2011 年 11 月 18 日，大连港集团财务有限公司开业仪式，山冰如总经理代表财务公司与中国工商银行大连市分行签订战略合作协议。

2011 年 12 月 22 日，北京汽车集团财务有限公司在开业仪式上与成员单位签订战略合作协议。

2011 年 3 月 16 日，首都机场财务公司员工参观北京反腐倡廉教育基地。

2011 年 3 月 24 日，中国南航集团财务有限公司举办“银行业金融机构从业人员职业操守指引知识竞赛”。

2011 年 5 月，江铃汽车集团财务有限公司庆祝建党 90 周年义务植树活动合影。

2011 年 5 月 7 日，吉林森工集团财务公司员工净月潭徒步走合影。

2011年5月17日，鞍钢集团财务有限责任公司迎接建党90周年系列活动。

2011年5月28日，中化财务公司赴延安举行“学延安精神，树争先气魄，展创业神采”主题教育活动。

2011年6月，中航工业集团财务有限责任公司员工在中国财协纪念建党90周年文艺汇演上表演舞台剧“航空梦想”。

2011 年 7 月 1 日，万向财务有限公司参加由万向集团党委组织的庆祝中国共产党建党 90 周年——以“没有共产党就没有新中国”为主题的爱国歌曲大合唱比赛，获得“最佳组织奖”。

2011 年 7 月 8 日，中国化工财务有限公司临时党委组织的纪念中国共产党成立 90 周年系列活动之二——参观革命圣地西柏坡，重温入党誓词。

2011 年 7 月 10 日，上海电气集团财务公司开展“走进伟人故里，追寻革命足迹”纪念建党 90 周年活动，以人为本，注重企业文化建设。

2011 年 8 月，海马财务有限公司团队拓展培训。

2011 年 8 月 29 日，TCL 集团财务有限公司搬迁新办公室全体合影。

2011 年 9 月 15 日，哈尔滨电气集团财务有限责任公司成立一周年合影。

2011 年 10 月，五矿集团财务有限责任公司无锡春游。

2011 年 10 月 8 日，天津港财务有限公司全体员工合影。

2011 年 11 月，中国华电集团财务有限公司“金帆”企业文化研讨会现场。

2011年11月5日，深圳能源财务有限公司党支部组织全体员工参观孙中山纪念馆，纪念辛亥革命100周年。

2011年11月6日，航天科工财务公司成立10周年合影。

2011年11月7日，松下电器（中国）财务有限公司广松部长的欢迎会。

2011年11月12日，深圳市有色金属财务有限公司中金岭南公司2011年"铁人三项"赛。

2011年11月，中国电子财务公司员工在百色。

2011 年 11 月，日立（中国）财务有限公司赴昆明、大理考察学习。

2011 年 12 月，锦江国际集团财务有限责任公司组织党员开展对积孝敬老院送温暖活动。

2011 年 12 月 19 日，航天科技财务有限责任公司成立 10 周年全体员工合影。

2011 年，结合纪念建党 90 周年，中远财务有限责任公司组织开展了“坚定理想信念、加强党性修养”主题党日活动，赴承德董存瑞纪念馆集体合影。

2011 年 12 月，中船财务有限责任公司新年活动合影。

2011 年 12 月，国联财务有限责任公司 2011 年度答谢会。

2011 年，海航集团财务有限公司“放飞梦想 · 追逐明天”主题活动。

2011 年度中冶集团财务有限责任公司美元高级债发行团队获先进集体奖。

2010 年 12 月 30 日，金川集团财务有限公司开业揭牌仪式。

2011 年 2 月 18 日，北大方正集团财务有限公司开业庆典。

2011年6月10日，青岛啤酒财务有限责任公司揭牌仪式。

2011年6月21日，中外运长航财务有限公司开业典礼。

2011年6月28日，新奥财务有限责任公司成立大会。

2011 年 7 月 8 日，中铝财务有限责任公司开业庆典。

2011 年 7 月 18 日，包钢集团财务有限责任公司揭牌仪式。

2011 年 8 月 8 日，国核财务有限公司开业庆典。

2011 年 8 月 16 日，福建省能源集团财务有限公司开业揭牌仪式。

2011 年 8 月 29 日，上海复星高科技集团财务有限公司开业仪式。

2011 年 12 月 17 日，海南农垦集团财务有限公司开业仪式。

2011 年 12 月 19 日，开滦集团财务有限责任公司开业揭牌仪式。

2011 年 12 月 22 日，湖南高速集团财务有限公司开业仪式。

2011 年 12 月 23 日，中国航油集团财务有限公司成立揭牌仪式。

《中国企业集团财务公司年鉴》编辑委员会

段建勋（晋煤财务公司）
冯　勇（东方电气财务公司）
何　宵（上海复星高科技财务公司）
胡国梁（红豆财务公司）
胡立福（中国化工财务公司）
华健斌（中兴通讯财务公司）
黄天珊（铜陵有色金属财务公司）
贾福青（中航工业财务公司）
李虎俊（通用技术财务公司）
李新威（深圳能源财务公司）
李云峰（国核财务有限公司）
李志榕（兵器装备财务公司）
廖　伟（中国航空财务公司）
刘　超（中远财务公司）
刘　剑（中化财务公司）
刘维用（中国电子财务公司）
刘晓东（航天科工财务公司）
陆惠章（苏州创元财务公司）
罗福金（紫金矿业财务公司）
马娅丽（中国电力财务公司）
孟宪强（兖矿财务公司）
倪云山（沙钢财务公司）
任静云（云南冶金财务公司）
山冰如（大连港财务公司）
师建桥（中国航油财务公司）
宋其东（中国重汽财务公司）
隋　政（南山财务公司）
孙彦敏（中粮财务公司）
滕　军（上海浦东发展财务公司）
王金新（福建省能源财务公司）
王　玫（首都机场财务公司）
方泰峰（淮南矿业财务公司）
傅志芳（万向财务公司）
洪毅俊（深圳有色金属财务公司）
胡　健（保利财务有限公司）
胡焰明（中广核财务公司）
黄金萍（海信财务公司）
霍荫胜（中船财务公司）
李海东（航天科技财务公司）
李家俊（国机财务公司）
李艳芳（冀中能源财务公司）
李占国（海尔财务公司）
栗宝卿（中国大唐财务公司）
令狐建强（振华财务公司）
刘传东（中电投财务有限公司）
刘世超（金川财务公司）
刘　卫（海马财务有限公司）
刘　颖（北大方正财务公司）
陆志华（中国一拖财务公司）
马　华（东风汽车财务公司）
梅雪艳（神华财务公司）
倪丽华（东航财务公司）
秦　怿（上海电气财务公司）
荣国跃（新希望财务公司）
沈根伟（上海汽车财务公司）
舒良勇（湖南华菱钢铁财务公司）
苏日庆（国投财务公司）
孙宝东（国电财务公司）
汤　亮（海航财务公司）
王家宝（江苏国信财务公司）
王丽香（海南农垦财务公司）
王守伟（中国华能财务公司）

《中国企业集团财务公司年鉴》编辑部

刘　洁（中国大唐财务公司）
刘　力（东方电气财务公司）
刘莅祥（湖南华菱钢铁财务公司）
刘其贵（中国重汽财务公司）
刘　燕（兵器财务公司）
刘忆思（中电投财务公司）
刘云德（三峡财务公司）
卢凯龙（新奥财务公司）
鲁立宾（淮南矿业财务公司）
罗治国（新希望财务公司）
吕冬燕（中船财务公司）
吕均丹（紫金矿业财务公司）
毛坤美（中国石化财务公司）
梅　艳（武汉钢铁财务公司）
聂剑虹（中国一拖财务公司）
牛建英（晋煤财务公司）
潘义平（金川财务公司）
齐建寨（中船重工财务公司）
乔从忠（中兴通讯财务公司）
乔光莉（中建财务公司）
邱　莛（中国航空财务公司）
曲怀国（国核财务公司）
曲　鹏（兵器装备财务公司）
任　莅（航天科技财务公司）
阮　梅（TCL财务公司）
申　波（中国华电财务公司）
施　暄（中化财务公司）
时　强（开滦财务公司）
苏　醒（中冶财务公司）
单小丽（海信财务公司）
唐要斌（振华财务公司）
田欣媛（航天科工财务公司）
田　渊（海马财务公司）
佟　璐（五矿财务公司）
汪　恒（中海石油财务公司）
王芙蓉（神华财务公司）
王　欢（珠海格力财务公司）
王　剑（重庆化医财务公司）
王一夫（保利财务公司）
王　颐（中远财务公司）
王以春（兖矿财务公司）
王　莹（天津港财务公司）
王　宇（国投财务公司）
王　志（铜陵有色金属财务公司）
吴小姣（阳泉煤业财务公司）
吴　瑛（福建省能源财务公司）
吴　咏（国联财务公司）
伍志伟（深圳能源财务公司）
武全胜（包钢财务公司）
夏卡璐（江苏华西财务公司）
夏震乾（日立财务公司）
谢　聪（深圳有色金属财务公司）
谢　放（宝钢集团财务公司）
徐艾华（中粮财务公司）
阎锐峰（国电财务公司）
杨　波（申能财务公司）
杨铭钊（天津渤海财务公司）
杨宁雁（宁波港财务公司）
杨文思（北大方正财务公司）
杨　翊（广东粤电财务公司）
姚连江（中国华能财务公司）
叶美芳（红豆财务公司）
于剑波（潞安财务公司）
袁　婷（云南冶金财务公司）
岳　元（中国电力财务公司）
张　辰（中海财务公司）

张劲松（湖北宜化财务公司）　　张　乐（中核财务公司）
张　砾（中航工业财务公司）　　张　祺（湖南高速财务公司）
张晓朦（大唐电信财务公司）　　张玉春（吉林森林工业财务公司）
张　哲（一汽财务公司）　　张志刚（东方财务公司）
赵　斌（西电财务公司）　　郑　磊（攀钢财务公司）
郑晓辉（河南煤业化工财务公司）　　郑　杨（国机财务公司）
周　茜（万向财务公司）　　周　薇（南方电网财务公司）
曾文忠（沙钢财务公司）　　周小勇（中广核财务公司）
周卓明（中国南动财务公司）　　朱立露（上海浦东发展财务公司）

编辑说明

一、本卷主要收录2011年度监管机关领导讲话、行业监管和自律工作情况、各财务公司的经营管理状况、重要法律法规、行业和机构的业务经营统计数据以及行业协会专题与调研报告等内容。

二、本卷“特载”及“监管与自律”部分的内容由中国银监会非银部和中国财务公司协会提供；“机构概览”、“统计资料”及“附录”部分的内容由各财务公司提供；“文件与规章”、“专题与调研”、“大事记”部分的内容由中国财务公司协会收集整理。

三、本卷各财务公司按照其获得监管部门开业批准文号的顺序进行排列；“文件与规章”部分按照各发文机关公布的日期进行排列。

四、本卷“机构概览”部分收录中国境内的依《企业集团财务公司管理办法》设立的正常经营的企业集团财务公司，未包括正在重组中的三江航天财务公司；本年度酒钢财务公司、西部矿业财务公司、江苏交通控股财务公司、西门子财务公司未提供相关资料。

五、本卷各部分的行业整体数据因统计机构和统计口径不同，会出现不一致，请使用时注意甄别；“统计资料”篇中由于四舍五入，总计数据与分项、不同表格的数据也可能存在误差；业务统计部分只列示了开展相关业务的公司。统计表格中，“空格”表示该项统计指标数据不详；“—”表示无该项数据。

六、本卷照片部分除“关怀指导”和“共谋发展”两部分之外，其他按照事件发生时间进行排序。

七、本卷“附录”部分的行业受表彰情况收录了财务公司的“集体荣誉”、“部门荣誉”及“个人荣誉”，“个人荣誉”部分未出现具体人名，行业社会责任情况单独列示，部分公司提供的资料未能录用，敬请谅解。

八、本卷在编纂过程中得到中国银监会非银部领导的关心和指导，得到全国各财务公司的大力支持，参加编写的财务公司122家。各位组稿编辑、编写人员为本卷年鉴的出版付出了辛勤的劳动，各财务公司的其他工作人员也给予了大力协助，在此一并表示衷心的感谢！

九、本卷在编纂过程中难免存在错漏之处，敬请广大会员和读者批评指正。

《中国企业集团财务公司年鉴》编辑部
二〇一二年七月

目　　录

特　载

监管与自律

机构概览

文件与规章

专题与调研

统计资料

大事记

附 录

特　　载

领导讲话

中国银行业监督管理委员会副主席蔡鄂生在中国财务公司协会第十四次会员大会暨全国财务公司主监管员会议上的讲话

中国银行业监督管理委员会副主席　蔡鄂生

（2011年11月）

尊敬的苏市长，同志们：

大家上午好！

非常高兴参加这次财务公司协会会员大会。这两年财协紧密围绕“自律、维权、协调、服务”八字方针做了不少积极的工作，在自身基础建设、服务能力提升方面取得长足进步；在政策宣传引导、行业自律规范、反映行业诉求、扩大行业交流等方面发挥着日益重要的作用。这次大会还将要选出财协新一届的理事会、监事会，希望财协在新一届理事会的领导下，继续以高度责任感、使命感，深入贯彻落实科学发展观，努力开创协会工作的新局面。

新世纪以来，在各会员单位和监管部门的共同努力下，最主要的是在经济发展的支撑下，财务公司的发展逐步走上正常轨道，但是我们不能因此而忽略风险。尤其是近两年，在我国加快转变经营方式的过程中，市场变化特别是国际市场的变化很复杂，很多问题需要我们再认识。

下面，我讲五个方面的问题：一是国际国内经济形势；二是财务公司的发展现状；三是财务公司的发展；四是监管工作；五是财协工作。

一、正确认识当前国际国内经济形势

尚福林主席在第三季度经济形势分析会上针对国际国内的形势和我们当前工作面临的问题，特别对今年底明年初的工作已经提出了明确要求，在此我不准备多讲。现在国内外形势确实很复杂，这加大了我们寻找规律和本质乃至在应对措施的选择和决策上的难度。2008年金融危机爆发以来，各国政府出面注入资金，似乎金融层面基本平静下来了。但是这两年随着欧债危机和美国债务问题的发生及演变，事情变得更加复杂。在全球化的情况下，希腊问题已经不是简单的一国债务问题，有很强的系统性和关联性，值得我们去观察和思考。

面对复杂的国际形势，我国的经济发展、“十二五”规划进程的推进以及我们自身问题的应对也变得格外复杂。从企业的状况来看，利润增长速度放慢，资金供求矛盾突出。明年我国的货币政策仍将比较稳健，央行的表述是恢复常态。我们应从历史发展的角度去认识问题，从本世纪初到现在联系起来看我们处于什么状态，如果把今年的资金紧和前两年的资金宽松相比就说货币政策应该宽松，工作就会处于被动。我们思考问题应主动一点，每一个机构或者是每一个企业应当清楚自己的底线是什么，或者在现有货币政策不变的情况下应该怎样应对国内外环境的变化，大家应该有这种思维方式。最关键的还是结构调整、增长方式转变的问题是不是能落到实处。

现在的市场秩序开始发生了一些变化。银行的信贷资金、民间借贷或者是其他融资行为多了，但是和20世纪相比，我觉得有很大的不同，反映出的矛盾和问题也不同。现在国有五大银行都排在世界银行前列，前十名里面的有好几家；非银行金融机构大体平稳；资本市场虽然价格高，但是发展和秩序特别是秩序在不断地完善；保险市场仍然在按照它的状态去做；小额贷款公司和融资担保公司通过这两年发展、整顿也在慢慢进步。在这种情况下，出现高利贷、微小企业发展困境、企业利润下滑、银行利润增长失衡等问题，都需要我们去思考和应对。“十二五”规划中央提出加快转变经济增长方式，如果不能在认识上和行动上统一，我们面临的困难和问题可能会越来越复杂。我认为我们要从自身上找问题，不要过分强调外部的影响，党中央、国务院对形势的判断和下一步工作的要求实际上是很明确的。

二、财务公司的发展现状

银监会成立以来，财务公司队伍不断壮大，新批设和重组设立的有61家，其中，通过重组有问题机构而设立财务公司16家，新批准设立财务公司45家。截至2011年9月末，117家正常经营财务公司资产总额16 374亿元，负债总额14 227亿元，委托贷款和委托投资7 892亿元。目前，批准开业的财务公司已有120多家，批筹的有14家，有意向还没有受理的还有一二十家。我们面对这个现状要考虑两个问题：一是自身发展的问题，二是监管的问题。

对财务公司的作用和功能定位，国资委和我们的认识是一致的，就是提高资金使用效率和节约成本，这是不可动摇的。特别是在今年的政策环境下，财务公司在企业集团内部资金调度、资金供求和资金调剂上发挥了很大的作用。在现有的功能定位上，财务公司的运作能力不足，作用没有充分发挥，这是机构发展当中遇到的现实矛盾，所以我们应当考虑财务公司在整个金融体系中的地位和作用问题。财务公司的数量总应该有一个限度，因为市场在不断变化，未来大市场的格局下企业集团整合也是存在的，随着企业经济实力的不断增强，对财务公司准入门槛、集团上下游企业之间的资金需求等问题应密切关注、深入研究。这两年由于形势变化，财务公司遇到了资金和规模问题。财务公司虽然有企业集团的支撑，但如何应对企业集团未来发展中的变化，财务公司自身要认真思考。

目前，财务公司行业整体风险可控。117家已经开业的财务公司所有者权益为2 147亿元，行业平均资本充足率25.17%，所有财务公司均达到监管标准；行业不良资产额为28亿元，比年初下降10%，平均不良资产率0.21%，77家财务公司没有不良资产；资产损失准备充足率263%，拨备覆盖率992%；前三季度，财务公司流动性指标也高于25%的最低监管指标。从报表的数字来看财务公司是健康的，但是否扎实、未来会有怎样的变化，还要靠大家下一步的工作。对于不良资产率、拨备覆盖率等相关指标一定要看是不是有坚实的基础，不要认为大就好，因为财务公司行业不良资产的基数太小了，一旦形势发生变化基数也会相应发生很大变化。这些问题大家一定要保持清醒的头脑。

从目前的发展状态来看，财务公司的功能

作用在加强，各公司的经营管理水平、市场定位，特别是现在申请设立财务公司的一些企业集团，对财务公司的认识和最初那些申请设立财务公司的集团已有很大差异。这既是监管部门法规政策引导的体现，也是企业自身认识和实践的反映。企业集团资金集中度越高，财务公司的管理水平相应会比较好，在发挥作用和效率上可能就比较好。但是不能只强调资金的集中度高低，而忽视财务公司自身的管理和经营能力。我了解了部分财务公司的情况，在今年这样的形势下有财务公司的企业集团就解决了下属企业和企业集团整体在众多银行开户或者开贷款户带来的一些政策层面和经营层面的问题。

财务公司目前存在的问题：一是功能作用发挥问题。少数财务公司功能作用发挥有限，在企业集团内部被边缘化。财务公司不能只生不灭，本身经营不好或者作用发挥不大的，把牌照收回也无碍。企业集团要申请设立财务公司不能夸大它的作用，也不能限制它的作用，财务公司不可能作为集团实力增长的主力军。二是委托贷款问题。现在有 10% 的财务公司委托贷款大于表内资产，表明财务公司资金管控能力仍待加强。三是利润问题。今天有企业集团的领导到会，财务公司还是要看它的功能如何发挥，看它如何为集团服务，千万不要给它太大的利润压力，现在的机制不正常的话，行为可能就会发生很大的扭曲。

三、财务公司行业的发展

第一，战略定位。发展要把握根本，就是在战略定位上一定要紧密结合和密切配合企业集团的发展战略。金融机构创新是正常的，但是一定不能脱离母体，脱离了就有问题，因为现在我们还没有把财务公司作为一类面向社会公众的金融机构，未来最好也别这么想，大家先把现在允许经营的事情做好。在战略发展上不要动摇为企业集团服务这个根本，只有与企业集团的发展战略和集团的整体目标密切结合，财务公司才能在企业集团内发挥更好的作用。

企业集团搭建金融板块，把它做成和社会上的金融机构一样，作为企业集团的主力发展，现在看来可能还需要一段时间的思考和市场的培育。至于企业集团控制银行，包括财务公司去投资其他的金融机构也有待进一步探讨。

第二，基础工作。一要健全公司治理机制，保持财务公司治理结构的相对独立性，建立完善的决策机制，充分发挥董事会、监事会和下属专业委员会的决策、监督职能。二要完善风险防控机制，避免把财务公司办成集团的一个内设部门。督促财务公司与企业集团之间建立起有效的防火墙，使其按照金融机构的运行规律，坚持市场化原则运营，避免引起政策性风险或因为成员单位经营状况不良导致财务公司资产质量恶化。三要建立人才培养机制，逐步形成各财务公司人才引进和培养的规划，打造集团内部既懂产业又懂金融的专业团队，为企业集团战略发展输送专业人才。四要深化创新激励机制，在现有的制度框架下积极创新，更充分地发挥自身的特色功能，使财务公司对内在集团内的地位不断提高，对外在金融行业争取更多发言权。

第三，科学发展。发展问题与功能定位是相关的，认识深刻才能找到正确的发展路径。对于财务公司来讲，短期内或者是一定历史阶段内不可能脱离企业集团。在集团内部可以围绕现金、工具和业务方式进行研究探讨，例如票据业务，从传统角度讲是地地道道的基本业务，但现在票据业务创新出现很多问题，如变相融资、逃避规模等。票据业务出问题的根本原因是企业本身的票据背景，如果票据业务能符合法规规范，可以做好做实。财务公司在科学发展和未来发展方面有很多值得研究的课题，创新就是应对新矛盾、新问题而采取的新办法，传统的东西稍微变换一点也是创新，起码是在思维和认识上的创新。

四、监管工作

监管部门对财务公司的监管关键是把监管指标在实践中掌握好、运用好，要通过调查研究、深入实际把数字背后的东西搞清楚。数字背后的东西既是经济市场的问题，更重要的是市场上活动的人的行为问题。我们监管不要只看数据、只看指标，实际上监管者很重要的是要看监管对象的行为，通过其开展业务的过程看其行为方式，通过其行为看其对问题的认识。大家审查新设财务公司要有一个基本的判断，还要适应当前的政策要求，减少我们工作能力和我们控制不足带来的新矛盾。要从准入到经营全过程监管好。怎么把管理寓于服务之中，这是十六届四中全会对全党倡导的，特别是我们的监管员，你跟市场贴得越近，了解的情况越清楚，你的服务就越周到。

五、协会工作

我感觉近几年来财协的工作还是很富有成效的。大家比较团结，这个团结是建立在自律和维护自身权利的基础之上的。

近几年来，党和国家对行业协会的发展越来越重视。党的十六届六中全会强调：要发挥各类社会组织提供服务、反映诉求、规范行为的作用，为经济社会发展服务。2007 年，国务院发布《关于加快推进行业协会商会改革和发展的若干意见》，从发挥桥梁纽带作用、行业自律、服务方面，对行业协会改革发展提出了具体要求；国家“十二五”发展纲要也指出，要“推动行业协会、商会改革和发展，强化行业自律”。对今后财协工作我提三点意见：

第一，切实履行自律职责。协会一定要成为真正的自律组织，大家都是会员，你就要为维护会员的合法权益服务。协会脱离不了行政机关或者是主管机关，但是千万不要办成主管机关的附属部门或者是下属部门。协会对会员大的诉求、对行业发展的主要问题可以向监管部门汇报，而有关自身管理和架构设计可按章程由协会理事会自主决定。协会可以作为监管部门观察市场的窗口，反映需要监管部门出面解决的问题。协会要把自律作用发挥好，靠大家选出来的常务理事可能还不够，常务理事在不同区域里也要发挥作用，要反映区域会员的诉求，所有会员要维护这个组织、帮助这个组织，通过这个组织去解决问题、维护权益。至于哪些问题和哪类问题可以通过协会去做，我们还要在实践当中不断摸索。如果能够通过协会组织解决问题，就比直接找监管部门去解决会好得多，这个行为关系、路径就很清晰了。所以说，如何充分发挥协会组织作用下一步还要多作研究。

第二，发挥协调职能，改善行业环境。协调不仅是和我们主管部门，还涉及和其他政府部门的沟通。这方面财协已经做了不少工作，希望继续发扬光大。

第三，不断提高服务水平。协会的领导是会员选出来的，要为会员服务，做好各方面的工作。会员也要多支持协会，不要认为这是形式上的事。每年的会员大会或换届大会是会员献计献策的重要场所，希望大家认真对待。我们一定要把协会做得有声有色，做到实处，慢慢地可以从中体会到它的好处。只有珍惜它、维护它，选出来的人和机构确实为这个机构服务了，自然而然通过一定的时期大家都可以从中获益，真正让协会发挥作用。希望大家共同努力，把你们自己的事做好。

谢谢大家！

中国银行业监督管理委员会非银部主任柯卡生在中国财务公司协会第十四次会员大会暨全国财务公司主监管员会议上的讲话

中国银行业监督管理委员会非银部主任　柯卡生

（2011 年 11 月 15 日）

各位代表、同志们：

大家上午好！

首先，我代表非银部对中国财务公司协会第十四次会员大会的顺利召开表示热烈的祝贺！

这两年来，中国财协第七届理事会在上一届理事会取得良好成绩的基础上，坚持以自律为中心，以服务为基础，充分发挥行业自律性组织的作用，认真倾听会员心声，加强与政府相关部门的沟通、协调和配合，积极推进行业发展研究，提高培训质量，扩大行业交流和影响，不断增强协会的号召力和凝聚力，各项工作取得了长足的进步。在此，我代表非银部对第七届理事会所付出的辛勤劳动表示诚挚的感谢！对第七届理事会领导下的中国财协所取得的成绩表示衷心的祝贺！

本次会员大会选举产生了新一届的理事会，希望你们继往开来，继续坚持“自律、维权、协调、服务”的宗旨，继续加强自身的内部管理和建设，根据会员、行业和政府部门的要求，勇于探索，为财务公司行业的健康可持续发展作出新的贡献！

今年是“十二五”规划的开局之年，在银监会党委的领导下，非银部认真贯彻落实国家宏观调控政策，支持和服务实体经济，转变监管理念，努力提高监管工作的前瞻性、针对性和有效性；同时，重点防范系统性、区域性金融风险，确保财务公司行业稳健运行，并以此促进实体经济平稳较快发展。

下面，我就行业和监管的发展谈几点意见：

第一，财务公司机构数量和覆盖区域稳步增加和扩大，监管指标整体向好，经营相对稳健，风险基本可控。

伴随着我国经济的快速发展和企业集团的发展壮大，经过多方共同努力，近几年来财务公司的行业规模增长迅速，机构数量、资产质量、业务能力、实现利润、各项监管指标均取得了长足的进步，逐渐成为我国非银行金融机构体系中一支重要力量。

截至 2011 年 9 月末，全国已经批准开业或者正在筹建的财务公司法人机构 134 家。其中，已经开业经营的 120 家，正在筹建的 14 家，比银监会成立之初增加了 61 家。全行业的资产总额 16 373.97 亿元，负债总额 14 227.43亿元，所有者权益 2 146.54 亿元，实现利润264.99亿元。财务公司行业不良资产率0.21%，平均拨备覆盖率992.18%，资本充足率25.17%，显示出较好的资产质量和较强的风险抵御补偿能力。从地域分布看，除西藏、新疆、宁夏、广西之外，其他省（市、区）均有企业集团设立或已批准筹建财务公司。

第二，监管工作积极贯彻国家宏观政策和产业政策，坚持风险为本、科学监管的理念，寓监管于服务之中，促进行业良性、健康可持续发展。

近几年在行业内部自律能力不断提高、外部监管不断加强的情况下，财务公司经营行为逐步规范，内部控制、合规意识和风险管理理念不断增强，法人治理不断完善，整体实力和服务水平显著提高。财务公司集中管理集团资金、提高资金使用效益、降低集团整体财务费用、提升集团财务管理水平和降低财务风险等功能日益为企业集团和成员单位所重视和认可。

在监管工作中我们一直强调财务公司必须遵循“加强企业集团资金集中管理和提高企业集团资金使用效率”这一功能定位。坚持市场准入、非现场监管和现场检查的有机结合，对财务公司出现违反审慎监管标准、异常变动等问题，进行风险提示和窗口指导，实施风险的早期预判和监管关口前移；有计划、有针对性地制定现场检查方案，对财务公司进行以风险为本、动态的现场检查，提高监管工作的针对性和有效性；积极开展财务公司的风险评价，从管理、经营、服务、集团支持度等不同维度进行评估，引导财务公司不断完善各项经营管理指标，提升服务水平，更好地服务于集团主业发展，从而实现自身功能定位的深化；按照“分类监管，扶优限劣”的原则，根据评价结果对各财务公司在非现场监测重点、市场准入事项、现场检查频率、监管政策支持等方面进行区别对待。

在加强监管的同时，我们还注重对影响财务公司行业中长期发展的重点问题进行调查研究，与相关部门积极沟通协调，探索解决途径。如加强与人民银行的沟通协调，解决财务公司“委托贷款”在信贷数据统计口径方面的问题，为财务公司在今年信贷规模调控环境下的贷款业务稳定发展创造了相对有利的外部条件。针对去年的宏观调控背景下新设财务公司贷款业务范围受限等问题，通过调查研究、深入分析、解释说明、达成监管共识等方式实现突破，并于近期开始受理贷款业务牌照的申请和发放。

第三，财务公司行业发展面临的问题。

财务公司从诞生到现在经历了23年，管理办法也经历了4次修改，这期间既有经验需要总结，更有教训需要吸取。银监会成立时有18家历史遗留的高风险机构，我们经过近5年的艰苦努力，到目前为止刚刚基本化解。如果不是得益于国家经济的快速发展，可能还不能了结，还在痛苦中挣扎。因此，我们要清醒地看到，无论是机构的科学发展，还是我们自身的监管工作，都还面临不少困难和问题，需要大家认清形势、统一思想、查找不足，进一步加以完善和提高。关于财务公司行业发展，必须强调一点，就是目前对财务公司的功能定位是经过多年探索而成的，短期内是不会改变的。大家可以在这么一个前提条件下，再做一些深入的探讨和研究。

关于财务公司行业未来的健康发展，张电中副主任在财协杂志上有几点思考值得大家认真学习。我觉得财务公司未来发展主要面临功能定位如何完善、产融怎么结合、综合经营怎么试点三个方面的课题。希望业内人士、监管部门、行业协会可以紧紧围绕目前的功能定位，从拓展金融服务功能（如资金集中、资金管理、信贷与融资、资产管理、投资银行服务、风险管理、金融创新等）方面进行探讨；从如何促进产融健康结合、如何稳健进行综合化经营试点等进一步研究、探讨、实践，进一步发展建立具有中国特色的财务公司服务体系。你们可以根据各自企业集团的发展战略要求、财务公司自身发展需要，做些研究，有好的研究成果，有好的创新需求可以提出来，我们共同探讨。但是一定要加强与监管部门的沟通，我们在法规、创新、稳健、风险等方面进行评估，经批准同意后才进行试点。这是我们基本的思路。

现实中，大家可能对产融结合的理解存在一些误区，普遍认为只要产融结合就能够促进经济发展。实际上并非所有的产融结合都是有效的，只有实体经济的发展才是金融资本增值的源泉，只有充分利用金融功能、促进产业经济发展和经济效益提高的产融结合才是有效的产融结合。我们一定要防止那些利用金融市场、仅仅是为了实现在虚拟经济中“增值”的产融结合，充分吸取如前些年的“德隆系”、“农凯系”等典型案例的教训。

当前财务公司行业发展具体存在以下几个问题：

一是资金集中度有待提高。资金集中管理是财务公司的核心功能。从今年上半年的统计结果看，全行业平均资金集中度仅为43%，超过三分之一的财务公司资金集中度低于30%，部分成立多年的公司资金集中度只有20%左右，部分新设公司运行一年之后资金集中度与当初申请设立时的预测相差甚远（当然这可能与我们的有限牌照制度有关）。虽然目前存在制约和影响资金集中度提高的内外因素，如上市公司关联交易额度限制、外汇管制、票据和信用保证金等专项和专户资金，部分成员企业因经营周期和维系银企关系造成月末时点资金波动较大，以及“三个办法、一个指引”政策影响等，但资金集中是财务公司的立身之本，上述主客观因素影响的消除和改善需要我们共同努力。应本着先发挥主观能动性、后创造有利于外部环境的原则，优先将内部干扰和限制因素消除。积极争取集团领导和成员单位的理解和支持，树立竞争意识，通过为成员单位提供与银行相比具有比较优势的服务和效率，从而提高成员单位对财务公司金融服务的满意度。

二是贷款管理水平需要提升。信用风险是财务公司的主要风险之一。信用贷款约占财务公司贷款总额的75%左右，四分之三为信用放款。一直以来，我们要求财务公司对信贷资金管理严格执行贷款“三查”，坚决杜绝内部行政干预，保证信贷资产质量。近年来，许多公司参照银行客户信用评级体系对成员单位进行授信管理，并在信息系统中设置审批流程，信用风险逐年降低。

但是我们也发现，近几年新设公司中不同程度地存在贷款管理薄弱的问题，有章不循，逆程序发放贷款、串用会计科目发放贷款规避监管、来源和运用不合规、合同要素不完整、贷后疏于管理等现象时有发生。对于上述问题，希望各公司要自查自纠，及时整改。各局要加大现场检查和处罚力度，发现问题要严肃处理，及时通报。新机构从设立之初就要依法合规进行经营。一旦出现重大风险，我们可以勒令其退出。

对于近期即将申请贷款业务资格的公司，一定要确保信贷审核符合国家相关政策，循序渐进，注重贷款节奏和放贷审查能力相匹配，防止出现“井喷”和埋下隐患。同时，要重视中长期贷款和委托贷款的规范管理。在财协年度报告里大家可以看到，财务公司的中长期贷款和委托贷款占的比重是比较大的，我们要加以规范管理，确保资金用途真实，防止资金出现空转和被挪用。在此提醒大家，一定要按照功能定位和业务范围，将贷款严格限定在企业集团成员单位和集团内部，同时要加强贷款审查管理，防止成员单位间接将资金流出，尤其要注意加强对一些已经出现资金紧张、链条断裂地区的成员单位的信贷管理。

财务公司的真正优势在于将专业知识和金融服务相结合，在于对所在行业的更加深入理解，所以财务公司只有将其在技术领域、市场领域等专业知识和金融手段相结合，才能具有较强的竞争优势，才有可能给企业集团、成员单位和财务公司本身带来较大的增值服务。所以我们要知道自己的强项和弱项，如果仅是给成员单位发放贷款，是竞争不过商业银行的，还可能承担过高的成本和比较大的风险。

希望各省局相关监管处在受理新设公司贷款申请时，不要简单地做“二传手”，要对公司开业以来的实际运营情况进行评判，督促其增强合规意识，及时发现和排查风险隐患，督促新设公司贷款业务依法合规，风险可控。

三是投资业务市场风险加大。根据非现场监管数据，目前行业投资总额整体偏大，已占到行业资本总额的94.12%，财务公司投资业务风险偏好逐步上升。尤其是近年来由于受宏观调控影响，财务公司传统放贷业务受到压制，资产增长速度缓慢，利差收入减少，利润空间收窄。为了解决传统业务盈利增长放缓和利润考核压力增大等问题，部分财务公司转变投资策略，调整投资结构，降低央行票据、债券等低风险投资产品比例，增加配置高收益产品。据不完全统计，目前财务公司的股票、基金、银行理财、信托产品等投资比例达到40%，部分公司已经出现股票浮亏或账面盈利缩水的情况。有一家公司投资债券损失将近2 000万元，新股投资损失将近4 000万元，还存在一些表外委托亏损计入表内损益、逃避投资规模限制等会计核算不规范的问题。有个地区辖内有投资业务的18家财务公司中有10家存在浮亏情况。希望大家开展投资业务的时候要非常审慎，可以挑选一些风险比较低、收益比较适中的理财产品和信托产品，但一定要对发行机构的管理能力、水平、信誉做一些深入的调研和分析。

在当前国内外经济形势日益复杂的环境下，希望各财务公司更加坚持审慎经营，严守风险底线。投资业务作为对主业的补充，是财务公司联系和参与金融市场的纽带。相对于金融市场中大型机构投资人，财务公司在投资研究、人才储备、激励机制和风险承受能力等方面仍然存在短板，不具备比较优势。当前和明年应将加强流动性管理作为第一要务，积极协助集团做好资金统筹管理，防止出现流动性风险。

希望各省局相关监管处适时对财务公司投资业务进行专项调查，及早发现风险隐患，督促财务公司调整风险资产结构，降低高风险投资比例。

四是产融结合和综合经营探索亟待建立风险隔离制度。近年来大型企业集团产融结合步伐不断加快，控股或参股各类金融机构直接导致集团内实业与金融、金融机构相互之间关联交易行为有所增加。目前，少数财务公司已被集团赋予金融控股平台的职能，并且初具规模，但相应的“防火墙”机制并未建立，存在一定风险隐患。近两年我们已经陆续发现、叫停和处罚了一些不当关联交易，如个别公司将投资控股银行视为成员单位将吸收的银行资金向成员单位发放贷款；有的财务公司与同一集团控制下的信托公司相互合作，腾挪资产以扩大资金来源，规避监管等。这是违反银监会的监管要求的。企业集团和财务公司投资参股、控股各类有牌照的金融机构，一定要按照我们现行分业监管格局下的各个监管部门的要求去运作，去经营和管理。在开展业务合作时，一定要依法合规，按照市场化和公允价格，信息要公开透明。

对于上述问题，希望财务公司严格遵循“成本可算、风险可控、信息充分披露”的创新基本原则，在监管框架内开展金融创新。对未经充分论证和沟通，未建立相应风险防控体系或者名为创新实为规避监管的行为，各相关监管处要严格把控，从重处罚，防止出现监管套利。

希望各省局监管处在日常监管中密切关注财务公司同业存放、同业拆借、投资账户中信托产品等会计科目核算内容的合理合规性，并对各自辖内存在此类关联交易问题的机构进行重点监控。

五是专业人才队伍建设仍需继续推进。随着企业集团的快速发展，财务公司作为服务于企业集团的专业化金融机构，对人员素质、团队建设都提出了更高的要求。需要既了解企业财务管理，又熟悉金融市场和业务的人才。我看了财协出的年报，应该说近几年各家财务公司的人才队伍、年龄结构逐步在优化，但是与我们行业和公司的发展要求，还有一定差距。希望各公司在企业集团的支持下按照金融行业的特点设计并实施有效的人才培养和引进计划，健全激励约束机制，提升软实力，着力解决人才不足等制约行业发展的瓶颈问题。

同志们：财务公司是具有中国特色的非银行金融机构，是一个比较独特的领域，有着自己的科学发展规律。希望大家珍惜今天来之不易的发展环境，居安思危，紧紧围绕既定的功能定位，坚持合规审慎经营，增强风险忧患意识，积极拓展金融服务功能，加强信息系统建设，不断提高财务公司的核心竞争力。

作为监管者，我们将继续秉持“一手抓风险防范，一手抓科学发展”的原则，寓监管于服务之中，重视研究财务公司的发展要求，加强与其他政府部门的沟通，为大家提供更加有效的监管服务，合理支持财务公司开展金融创新，支持我国实体经济更好更快发展。希望财务公司监管人员按照蔡主席提出的要求，认真负责，坚持原则，注重调查研究，改进工作方式方法，严守风险底线，切实防范系统性风险。

我相信，在财务公司、监管者和财协等各方的共同努力下，“十二五”期间财务公司行业一定能够进一步抓住发展机遇，夯实发展基础，更好地支持我国经济又好又快发展，更上一个新台阶！

最后，祝大家身体健康，返程顺利！

监管与自律

监 管 报 告

中国银行业监督管理委员会非银行金融机构监管部企业集团财务公司 2011 年监管工作回顾

2011 年，财务公司监管工作按照银监会的统一部署，坚持“分类监管、区别对待、扶优限劣”的工作原则，努力提高监管工作的针对性、有效性和前瞻性；采取有力措施，督促财务公司严守风险底线，推动财务公司科学发展。产融结合有效支持实体经济发展，为我国经济增长方式转变和经济结构调整提供金融扶持。

截至 2011 年末，全国持续经营的财务公司 122 家[①]，资产总额 18 383.07 亿元，负债总额 16 054.30 亿元，所有者权益 2 328.77 亿元；实现扣除资产减值损失后利润总额 361.70 亿元；行业平均不良资产率 0.17%，平均资本充足率 24.48%；表外业务 12 321.36 亿元。

一、积极支持符合条件的企业集团设立财务公司

积极支持具备条件、符合产业发展方向的企业集团设立财务公司，加强企业集团资金集中管理，提高资金使用效率。截至 2011 年末，核准 21 家企业集团财务公司开业，18 家企业集团筹建财务公司。

二、非现场监管有效性显著提升

本年度财务公司非现场监管更加注重对行业和单体机构监管报表的有效分析，不断提高数据分析的广度和深度。通过解析异常变动，关注各项信用风险指标在同质同类机构中排名和变动趋势，掌握被监管机构主要业务的风险变化，并及时发现违规行为和风险隐患。坚决采取措施纠正财务公司的违规行为，通过限制新业务审核、监管会谈和窗口指导等督促其整改，同时加大对问题机构属地监管机构的指导力度，加强监管联动。

风险评价工作有序开展。完成财务公司风险评价 43 家，其中一级 4 家，二级 33 家，三级 6 家。通过风险评价进一步增强了各公司的合规经营意识，深化了机构对财务公司功能定位的理解，促进了公司治理结构和内控制度的完善；并参考风险评价结果，在监管资源配备、市场准入限制、非现场监测重点、现场检查频率及范围等方面体现有区别的监管强度及政策支持。

三、现场检查工作力度继续加大

本年度按照“高风险高密度检查，低风险低密度检查，全面检查与专项检查相结合”的

① 2011 年末，全国已批准开业财务公司共计 127 家，其中中航油、开滦、江苏交控、湖南高速、海南农垦财务公司因开业时间临近年末或未正式运营等原因，未报送监管数据，因此报告期内非现场监管信息系统采集数据的机构数量为 122 家。

原则，重点围绕财务公司信贷业务、委托业务和投资业务的合规性以及风险控制有效性进行现场检查。同时持续关注公司治理、制度建设方面的改进状况以及发现问题的整改落实情况。全年完成计划内现场检查33项，计划外派出机构自主检查4项。其中全面检查16项，专项检查14项，后续检查2项，全面风险评价现场检查5项。截至年末，下发事实确认书209份，现场检查意见书34份，查出问题140余个，提出监管意见129条。

四、加强调研，提高监管工作的前瞻性和有效性

本年度完成对宏观调控环境下财务公司资金集中管理模式和贷款模式的调研与财务公司中长期贷款还款方式的核查和整改。继续采取列席公司董事会、高管人员谈话、走访等方式了解公司经营状况，并加大监管政策的宣传，引导财务公司强化风险防控。

五、稳妥处置历史遗留问题

（一）停业待处置财务公司处置完毕

本年度中国铁道建筑总公司重组完毕长城财务公司。至此，银监会成立时遗留的17家停业待处置财务公司风险全部得到化解。

（二）实业投资清理取得成效

截至年末，财务公司实业股权投资余额5 749.82万元，同比减少16 632.12万元，降幅达74.31%，清理取得了显著成效。

总体而言，2011年财务公司机构数量发展迅速，规模稳步增长，公司治理和内部控制进一步完善，风险管理水平及合规意识有所提升，资本充足，盈利稳定，资产质量持续改善，信用风险、市场风险、流动性风险基本可控，在丰富我国金融体系和支持我国企业集团发展中的作用日益增强，但仍存在资金集中度提升缓慢、贷款行业集中度较高、信用风险相对集中，投资风险偏好和控制能力差异较大、市场风险上升，部分财务公司外部投融资冲动较强，个别财务公司受政策和市场影响偏离其功能定位，财务公司金融股权投资业务及其关联交易缺乏风险隔离，监管报表数据质量及财务公司人员专业水平等基础工作须进一步提高等问题。

协会工作报告

中国财务公司协会第七届理事会工作报告

中国财务公司协会会长　谢尉志

（2011 年 11 月 14 日）

各位代表：

中国财务公司协会（以下简称“财协”）第七届理事会履行职责已满两年。现在，受第七届理事会委托，我向大会作工作报告，请予审议。

两年来，财协坚持以邓小平理论和“三个代表”重要思想为指导，深入践行科学发展观，在政府部门的指导和帮助下、在广大会员的支持和配合下、在理事会和常务理事会的集体领导下、在秘书处全体工作人员的共同努力下，按照第七届理事会工作设想的整体安排，紧紧围绕“自律、维权、协调、服务”八字方针，以服务为基础，以自律为中心，以基础建设为重点，认真、务实地推进各项工作，全面实现了第七届理事会工作的各项目标。

一、健全组织架构，完善自律规则，扎实做好行业自律工作

行业自律是财协的首要职责，也是对行业监管的有益补充。两年来，财协针对财务公司行业特点，提出了引导和约束相结合的行业自律新思路。一是成立行业自律委员会，健全行业自律的组织架构，组织领导行业自律工作；二是成立课题组确立财务公司全面风险管理课题，加大行业自律研究力度；三是由监事会牵头制定《企业集团财务公司从业人员职业行为规范》，提出从业人员职业行为的具体要求，完善自律规则；四是通过组织调研、检查，督促财务公司贯彻银监会《银行业金融机构从业人员行为操守指引》，加强从业人员职业操守教育，强化风险意识。通过健全组织、制定规则、自律检查等措施，加大了行业自律力度，对维护行业整体利益、提升行业风险管理能力、促进财务公司的规范运行和健康发展起到了积极的推动作用。

二、倾听会员心声，深入调查研究，努力推动行业热点难点问题解决

（一）着力协调财务公司与上市公司关联存贷款问题

财务公司与上市公司关联存贷款是近年来困扰财务公司资金集中的难题之一。2009 年底，深交所拟出台“上市公司与财务公司关联交易备忘录”，对关联存贷款提出严格的限制性规定。财协及时与深交所进行协调，向证监会和深交所报送书面报告，并持续保持与证监会和交易所的沟通联络，及时掌握政策动向，创造条件使相关部门更深入地了解财务公司；财协筹划举办了“财务公司与上市公司关联交易研讨会”，邀请证监会、银监会、国资委和

交易所等部门的领导出席会议，听取企业集团、上市公司和财务公司不同主体对关联交易的意见；财协设立专门课题对关联交易问题进行系统研究，向证监会报送了研究报告，提出了政策建议。证监会对财协提出的意见和建议非常重视，对出台上市公司和财务公司关联存贷款相关规定持谨慎态度。2011年，两个交易所出台新的财务公司和上市公司关联交易信息披露指引和备忘录，对关联存贷款的限制性规定未列其中，沟通协调工作取得了初步效果。

（二）深入了解反映货币信贷调控对财务公司的影响

针对货币信贷调控措施对财务公司的影响，财协组织全行业问卷调查，摸清企业集团信贷需求和调控影响的基本情况；组织座谈会，邀请人民银行、银监会和国资委相关部门领导出席，现场听取财务公司的反映，并进行交流；组织常务理事到京、沪、鲁、汉四地的财务公司进行集中调研，了解信贷调控的作用方式和影响程度以及财务公司诉求。在此基础上，财协以书面报告形式分别向人民银行、银监会反映了情况，提出了财务公司委托贷款不再计算在信贷规模内、允许自行掌控信贷投放节奏、在行业内实施差别调控政策等建议。

（三）持续关注“三个办法、一个指引”对财务公司的影响

2009年7月至2010年2月，银监会先后发布了“三个办法、一个指引”（以下简称“贷款新规”），对我国银行业金融机构的贷款管理制度进行了重要调整。在“贷款新规”制定过程中，财协主动了解情况，及时反映问题，积极争取政策，得到了监管部门的充分理解；在“贷款新规”执行过程中，财协通过发放调查问卷、组织到会员单位调研和召开座谈会等形式深入了解情况、听取意见，并设立课题组、召开研讨会研究商业银行执行“贷款新规”对企业集团融资结构、资金管理模式和资金集中管理体制的影响，共同探讨财务公司如何配合“贷款新规”的执行加强企业集团的资金集中管理，并将相关情况书面报告监管部门。

另外，财协对2010年和2011年新设财务公司没有贷款资格问题进行了积极的沟通协调，目前，这一问题已得到解决；财协还积极推动财务公司加入全国电子商业汇票系统，使财务公司获得了专门用于电子商业汇票业务的支付系统行号。

三、加强协调配合，谋求政策支持，携手共促行业健康发展

两年来，为更好地发挥桥梁纽带作用，营造良好的行业发展环境，财协在贴近会员、服务会员的同时，加强了与政府相关部门的协调与配合。一是通过拜访汇报、研讨座谈和报送研究报告等多种形式主动与有关政府部门沟通，与国资委、财政部、民政部、人民银行、银监会、证监会、外汇局等政府部门均建立了顺畅的沟通渠道，沟通的范围扩大、层次提高、频度增强，并得到它们的悉心指导和大力支持。二是努力找准工作的结合点，积极配合相关政府部门工作。两年来，财协配合银监会相关部门建立财务公司高管考试题库、组织财务公司资金集中管理模式调研、组织1104报表和新设财务公司高管人员培训等工作；配合人民银行相关部门做实财务公司接入电子商业汇票系统的培训、开发商评价、文件转发等工作，组织行业反洗钱工作交流座谈；为国资委相关部门制定财务公司评价指标、协调关联交易问题提供相关资料；配合证监会相关部门制定关联交易政策进行摸底测算；配合外汇局相关部门组织境内外汇资金集中管理政策培训。

四、创新组织方式，加大推广应用，积极推进行业发展研究

两年来，财协在行业发展研究方面做了众多新的努力和尝试。一是在组织方式上进行创新：成立行业自律、战略发展和信息技术三个专业委员会，加强行业研究的组织领导；在广泛征求会员单位意见的基础上确定重点研究课题，增强研究领域的会员关注度；引进专家学者参与课题研究，提高研究成果的学术水平和严谨性；鼓励更多会员单位参与课题研究，扩大研究成果的代表性；组织《中国财务公司》杂志研究论文评选，调动从业人员研究的积极性。二是采取多种方式加大研究成果的推广应用：将课题研究报告报送相关政府部门，为制定政策提供参考；将研究成果印发会员单位，为会员单位经营管理提供指导；编辑出版《企业集团财务公司经营运作研究》一书，让行业内外共享优秀研究成果；启动编辑《中国财务公司》杂志（2004—2010）光盘，便利研究文献的查询使用。三是努力为行业研究提供系统的基础资料：开发行业数据统计分析系统，按季度对行业数据进行统计分析，并对系统进行不断优化升级，建设更加系统、权威、全面的行业数据库；编辑出版两卷《企业集团财务公司年鉴》，并不断丰富行业发展信息资料；首次策划编写年度“财务公司行业经营分析报告”，系统分析整理行业经营管理状况。

两年来，财协的课题研究取得了丰硕成果，三个专业委员会课题组共完成六项研究课题，分别是“财务公司全面风险管理研究”、“财务公司行业评价体系研究”、“财务公司与上市公司关联交易研究”、“财务公司行业清算问题研究”、“企业集团财务公司发展趋势研究”、“财务公司信息化建设最佳实践探索”。这些研究成果，已经或必将对行业发展产生积极的促进作用。

五、提高培训质量，扩大行业交流，着力提升从业人员素质

两年来，财协在扩大培训视野、提高培训质量、改进培训管理等方面进行了不懈努力，在深入了解会员单位培训需求的基础上努力提高培训的针对性、专业性和实效性；同时，采取多种形式推动会员多层次、多方式的交流，会员交流形成新局面。

（一）境内培训在不断创新中提高质量

财协从专题确定、课程设置、师资选择、课件审查、培训管理等多个环节进行了新的尝试和改进，做到了培训安排切合实际、课程设置系统完整、师资聘请确保质量、培训管理落到实处，培训实效性有了明显提高。两年来，举办高级管理人员、业务骨干和新员工等不同层次的教师面授、经验介绍、专题研讨、座谈交流和网上授课等不同形式的全面风险管理、监管法规、内部审计和司库管理等不同专业的培训班18个，参加培训人数达1 000多人次。

（二）境外培训在不断规范中实现发展

一是对境外培训进行了规范。从立项、组织到课程安排均通过银监会非银部和国际部走报批程序，做到了学习有主题、行前有教育、归国有反馈、考察有报告。二是境外培训渠道进一步扩大。在继续组织瑞士信贷银行培训班的基础上，新开设日本瑞穗银行金融培训班和加拿大金融培训班。三是培训内容不断优化。在听取培训方、参训方意见的基础上，总结经验教训，逐步完善优化培训内容，不断提高培训实效。在多方共同努力下，境外培训在规范中实现了发展，得到了会员单位的充分肯定和培训机构的高度评价。

（三）行业交流呈现新局面

两年来，财协努力推动多层面、多形式的行业交流。一是组织理事、监事单位与会员之间的同业交流；二是组织新设财务公司筹建和

开业、电子商业汇票、信息化建设等专题交流；三是组织各分会举办不同主题研讨和不同产业背景财务公司座谈，推动分区域和分行业交流。通过行业交流，达到了会员之间互通有无，互相学习，互相促进，共同进步的效果，使会员之间建立了合作，加深了理解，增进了感情，增强了行业凝聚力。

六、改进信息宣传，扩大行业影响，提高财务公司的社会认知度

两年来，财协在行业宣传方面迈出了新步伐，宣传的基础更牢、创意更新、层次更高、渠道更广，财务公司行业的社会认知度进一步提高，社会影响力进一步扩大。

（一）夯实行业宣传基础

两年来，财协不断改进和创新会刊、网站建设。会刊由期刊专业人士进行编辑设计，改革组稿方式，约稿和投稿相结合，围绕财协中心工作组织稿件，改进审稿方法，实行三审三校，会刊质量显著提高；网站进行了重新建设，启用了会员中心，增加了功能性栏目，重要资料实现及时上网、定期更新，信息内容更加丰富，网站的功能作用更加强大。

（二）创新行业宣传形式

两年来，财协在做好行业信息宣传报道的同时，努力开创行业宣传新思路新形式。一是在国家实施“十二五”规划，应对国际国内形势变化的背景下，举办“财务公司行业发展高峰论坛”，开启监管部门、研究机构、企业集团与财务公司的对话机制，打造指导和引领财务公司战略发展的高层交流平台，以此扩大财务公司行业的社会影响；二是以建党 90 周年为契机，举办财务公司庆祝中国共产党建党 90 周年文艺汇演，集中展现财务公司行业精神风貌和企业文化，树立了财务公司行业爱党爱社会主义的良好形象。

（三）提高行业宣传层次

举办财务公司高峰论坛和文艺汇演均邀请人民银行、民政部、国资委、银监会、证监会、外汇局等国家机关的领导和银行业协会、证券业协会、信托业协会等同业协会领导出席，参与面空前广泛。特别是论坛和文艺晚会均邀请到中国银监会蔡鄂生副主席出席并发表演讲和致辞。政府部门领导的关注、赞誉和好评，提高了行业宣传活动的层次和影响力。

（四）拓宽行业宣传渠道

两年来，财协通过多种渠道，宣传报道行业重大活动，提高社会知名度。通过《金融时报》、《深圳特区报》等对高峰论坛进行专题报道，通过《金融时报》对庆祝建党 90 周年文艺汇演进行报道，增加在《中国金融年鉴》刊载财务公司的数量，与中国金融出版社全面合作编辑出版行业书刊，扩大行业的社会影响。对高峰论坛、文艺汇演、会员大会等重大活动，财协均编辑特刊或制作宣传纪念册和影像资料，向会员单位和有关部门印发，扩大行业影响力。

七、加强自身建设，提升服务能力，增强财协号召力和凝聚力

两年来，财协不断加强思想建设、组织建设、制度建设、队伍建设和文化建设，夯实基础，开拓创新，逐步推进财协自身建设，提升为会员服务的能力。

（一）强化思想建设

财协不断加强对工作人员的思想教育，要求大家树立“有为才有位”的理念，引导工作人员端正工作态度，提高对财协的认同感和责任感；强调财协要在为政府部门、会员单位、从业人员服务上下工夫、谋发展，提高财协的凝聚力。

（二）优化组织建设

财协在理事会下设立行业自律、战略发

展、信息技术三个委员会，组织建设不断完善和优化；调整秘书处内设部门，岗位职责进一步明确，分工更趋合理；在银监会机关党委支持下，财协秘书处建立了党支部和工会组织，党对财协工作的领导加强。

（三）完善制度建设

财协根据民政部要求修改规范了《中国财务公司协会章程》，起草了理事会、常务理事会议事规则和三个专业委员会的工作规则；秘书处修订和新增了绩效考核、财务管理和保密等18项内部管理制度，梳理规范了办事流程，初步形成了权责明晰、约束有效的制度体系。

（四）加强队伍建设

财协通过多种方式，加强秘书处队伍建设。一是鼓励秘书处人员参加培训学习，更多地了解掌握政策法规和业务知识；二是派工作人员参加调研、走访，了解会员单位经营情况；三是完善秘书处的激励考核机制，充分调动员工的积极性和主动性；四是鼓励员工在干中学，高标准，严要求，不断提高工作能力和业务素质；五是根据秘书处岗位职责和人员配置要求，按照市场化原则，公开招聘人员，充实员工队伍，调整人员结构。

（五）推进文化建设

两年来，财协通过组织秘书处员工参观“金融系统反腐倡廉建设展”、“玉树抗震救灾主题展览”，组织向灾区捐款献爱心，组织红色之旅等活动，提高员工对反腐倡廉、社会主义制度优越性、履行社会责任和革命历史传统的认识和理解，增强员工的社会责任感和集体荣誉感，不断增强财协的亲和力。

此外，在广大会员的大力支持下，财协搬迁至金融街新址办公，更新了办公设备，开发了OA系统，初步实现了办公自动化，办公环境明显改善，办公效率大幅提升。

各位代表：

两年来，在政府部门的关心指导下，在广大会员单位的鼎力支持下，财协在思想观念、工作作风、业务能力和服务水平等方面都有了长足的进步，取得了有目共睹的突出成绩，得到了全行业的普遍赞誉。财协的影响力越来越大，凝聚力越来越强，发挥的作用越来越突出，在行业内的地位越来越重要。这些成绩的取得，离不开政府部门的悉心指导和大力帮助、广大会员的鼎力支持和密切配合，在这里，我代表第七届理事会，向银监会、人民银行、国资委和证监会等政府部门领导，向全体会员单位的领导和广大员工，表示诚挚的感谢！

在看到成绩的同时，我们也清醒地看到，财协的工作与监管部门的要求和全体会员的需求还存在一定的差距，财协的发展仍然面临诸多挑战。一是随着财协会员数量的增多、分布范围的扩大、发展差距的增加，如何有效开展行业活动，发挥每个会员单位的积极性和作用，促进全行业可持续发展，是有待我们着力解决的关键问题；二是近几年来，外部发展环境日趋复杂，一些新出台的法规制度对财务公司的发展产生影响，财协如何与相关部门进行沟通协调，如何推动财务公司适应政策环境的变化，是急需我们探讨的核心主题；三是如何针对财务公司行业特点，更好地发挥行业自律职能，如何根据国家对社会团体发展的政策要求，理顺财协发展的体制机制，制定长远发展规划，是需要我们深入研究的重大课题。面对这些挑战，我们要进一步增强使命感和责任感，扎实工作，锐意进取，努力把财协的各项工作做得更好，不辜负监管部门和全体会员的厚望。

各位代表：

过去两年，财协取得的成绩令人振奋；未来两年，财协所面临的形势催人奋进。建议新一届理事会牢牢抓住“服务”这个核心，把握机遇，应对挑战，解放思想，开拓创新，进一步强化服务观念、增强服务能力、创新服务模式、提高服务水平，为我国财务公司行业又好又快发展发挥更加积极的作用。让我们在即将产生的新一届理事会的领导下，充分发挥全行业的集体智慧，充分依靠全行业的集体力量，团结协作，群策群力，继往开来，共同努力开创财协工作的新局面，为我国财务公司行业发展作出新的更大贡献！

中国财务公司协会第七届监事会工作报告

中国财务公司协会监事长　杨圣军

（2011 年 11 月 14 日）

各位代表：

中国财务公司协会（以下简称“财协”）第七届监事会履职已满两年。现在，我受第七届监事会委托，向大会作工作报告，请予审议。

一、监事会两年来的工作情况

两年来，第七届监事会从维护会员单位利益出发，紧紧围绕促进财务公司行业发展这一核心目标，尽职尽责，务实工作。

（一）依照章程规则，认真做好本职工作

两年来，监事会按照财协章程规定和监事会工作规则的有关要求，认真履行职责，做好本职工作。监事会先后召开了四次监事会议，提出了监事会年度工作计划，审议通过了财协 2009 年、2010 年两个年度的财务收支报告、财务预算报告和会计报表复审报告，形成了中国财务公司协会第七届监事会 2010 年度工作报告，并就会员基金不良债权的清退分配、换届选举管理办法的修改、长城和西门子财务公司自动退会等事项进行了研究讨论。监事会还积极研究探讨行业发展的重大问题和财协自身建设的重要事项，并提出意见和建议。监事会提出的加强与相关部委协调、组织贷款增长数据分析、促进信息化建设等意见和建议，已在财协工作中逐步得到落实，并取得成效。

（二）履行监督职责，促进财协规范管理

监事会通过列席理事会议和常务理事会议，认真听取工作汇报，监督理事会、常务理事会执行会员大会决议、实施工作计划的情况，并作出客观评价，提出意见和建议；参与理事会、常务理事会民主决策的全过程，监督各项决策是否在财协章程赋予的权责范围内，是否按照规定程序进行，是否遵循公开、公正、公平的原则。

监事会通过对财协的财务会计报告和财务收支情况的审计，认真监督财协会费收取以及财务预决算执行的情况，检查会费是否足额缴纳，预算是否严格执行；认真监督财务会计核算和费用开支管理情况，检查核算是否稳健，开支是否合理；认真监督各项财务管理制度的制定和执行情况，检查制度体系是否完整，自我约束是否落到实处。审计中，监事会先后提出了完善内部流程和标准、适时推行大宗采购招投标管理等意见和要求，并督促和帮助财协补充修订了若干制度，完善制度体系，形成约束机制，促进了财协财务管理工作的规范和提高。

（三）制定行为规范，加强行业自律建设

监事会以贯彻银监会《银行业金融机构从

业人员行为操守指引》（以下简称《指引》）为契机，组织开展调研、检查，督促财务公司贯彻《指引》，加强从业人员操守教育。监事会先后赴中油、中国电力、上海汽车、上海电气等十家财务公司进行调研，交流经验，发现问题，提出意见和建议；监事会派员参与了银监会组织的银行业从业人员和监管行为准则贯彻情况的专项检查，检查对象包括航天科技、武钢、一汽和振华四家财务公司。监事会以书面报告形式，将财务公司执行《指引》情况向银监会做了专题汇报。

在调研、检查的基础上，监事会组织起草了《企业集团财务公司从业人员职业行为规范》，站在全行业的高度，从制度层面上，提出了对从业人员职业行为的具体要求，引导财务公司规范员工行为，切实防范操作风险和道德风险。

二、对财协工作的评价

监事会认为，两年来，在中国银监会的关心指导下，在第七届理事会、常务理事会的领导下，在广大会员单位的支持配合下，财协工作有了长足的进步，取得了骄人的成绩，服务能力和自身建设水平有了明显提升。

（一）多方沟通协调，桥梁纽带作用得以充分发挥

财协作为联结会员和政府部门的桥梁与纽带，始终牢牢把握促进财务公司行业持续、健康发展这个根本，紧紧抓住政府最关心、会员最需要、行业发展最迫切的问题和困难，坚持不懈地沟通协调，不遗余力地推动解决。沟通协调的层次更高、范围更广、频度更强、力度更大，效果也更好，有力推动了若干影响行业发展的重点、难点问题的解决。

（二）精心策划组织，行业研究工作取得重大进展

高度重视行业研究，始终以之为协调解决问题、促进行业发展的前提和基础，这是第七届理事会领导下财协工作的突出特点。两年来，财协精心组织，认真筹划，不断探索和推进行业研究工作，并取得重大进展。行业研究工作做到了课题立项务实、组织领导有力、制度配套完善、激励机制有效、队伍专业胜任、经费保障到位，形成了一批兼具理论前瞻性和实践指导意义的高水平研究成果，为行业发展提供了指导和参考。

（三）积极改革创新，培训与宣传水平得到明显提升

积极改革创新是对第七届理事会领导下财协工作的突出感受。两年来，财协始终把改革创新作为丰富服务内涵、改进服务效果的重要手段。财协首次尝试小班专业培训，策划实施网络授课，引入新模式、借助新平台，努力提高培训的针对性、专业性和实效性，使财协的教育培训工作在行业人才队伍建设方面发挥出越来越重要的作用；财协第一次举办行业高峰论坛，组织建党90周年文艺汇演，改进会刊编辑管理，拓展完善网站功能，既创新活动形式，又紧扣工作主题，行业宣传更加生动鲜活，更有吸引力，更富有成效，打造了新形象，迈出了新步伐。

（四）构建管理体系，财协自身建设收到显著效果

第七届理事会领导下的财协，坚持把构建管理体系、加强规范建设作为自身建设的中心工作来抓。两年来，财协从组织构建、制度约束、文化引领和队伍建设几个方面，夯实基础，真抓实干，努力提升服务能力和工作水平，成绩突出，效果明显。权责清晰、分工明确的组织架构在优化调整中逐步建立；管理严格、约束有效的制度体系在修订执行中日趋完善；团结进取、务实创新的企业文化在探索践行中逐渐成熟；识大局、懂业务、讲规范、严自律的秘书处团队在学习锻炼中不断成长。

三、对财协财务管理工作的评价

2011年10月，由中航工业集团财务有限责任公司、国电财务有限公司、兵器装备集团财务有限责任公司三家监事单位组成的审计小组对财协2009年度至2011年9月财务报表及财务收支情况进行了审计和检查。监事会认为：第七届理事会期间，财协的会计核算符合《企业会计准则》、《非营利组织会计制度》和相关会计制度的有关规定，账务处理程序符合相关要求，账账、账证、账实、账表相符，会计资料保存完整，费用开支管理严格，财务报表公允地反映了审计期间的财务状况和资金运作情况。经审计，未发现理事会和秘书处有违反财经纪律的现象和行为。

（一）财协各项收支真实、合理，财务运行平稳

第七届理事会期间，财协总收入3 248.06万元，总支出2 329.98万元，累计结余918.08万元，财务运行平稳且有结余。财协能够本着“量入为出、厉行节约、合理使用”的原则管理各项收支，支出主要用于为会员提供服务的成本、财协办公用房租金、日常管理及人员费用，特别在课题研究、信息宣传、行业统计、分会活动等重点工作和行业发展重点项目上加大了投入力度，真正做到了“取之于会员，用之于会员”，为财协和财务公司行业发展提供了支持和保障。

（二）财务制度日趋完善，财务管理更趋规范

财协一方面从自身规范建设需求出发，先后修订和补充了一系列财务管理制度；另一方面根据会计师事务所和监事会的审计检查意见，进一步健全完善了相关内控制度。此外，财协还按照银监会的统一部署，开展了一系列治理规范、自查自纠工作。通过强化自我约束、内外部的审计检查和监管部门的监督指导，财协基本形成了一套有章可循、有据可依、规范有序的财务制度体系，财务管理更趋规范。

最后，我代表第七届监事会，向关心、支持财务公司行业发展和财协工作的各级领导和社会各界朋友，表示最衷心的感谢！我还要向鼎力支持、积极配合财协工作的各位会员，向领导财协取得卓著成绩的理事会和常务理事会，致以衷心的感谢和敬意！

重 要 会 议

中国财务公司协会 2011 年重要会议

【第七届常务理事会第七次会议】 2011 年 3 月 30 日，第七届常务理事会第七次会议在北京召开，谢尉志会长主持了会议。会议听取了关于中国财务公司协会第一季度工作总结及第二季度工作要点的汇报，通报了中国财务公司协会 2010 年度财务审计情况、2011 年度会费收入情况；会议审议通过了“关于会员基金不良债权收回部分清退分配的方案（补充）”、“关于举办在京财务公司庆祝建党 90 周年文艺汇演的实施方案”、“关于聘任李清军同志为协会副秘书长的议案”；会议同意重庆化医控股集团财务公司、新希望财务公司、酒钢集团财务公司共三家财务公司加入协会。

【第七届常务理事会第八次会议】 2011 年 9 月 26 日，第七届常务理事会第八次会议暨换届领导小组第一次会议在吉林省长春市召开，王岩玲专职常务副会长主持了会议。会议听取了关于中国财务公司协会近期工作情况、财务公司庆祝建党 90 周年文艺汇演费用支出情况、会员基金不良债权收回部分清退情况、《中国财务公司协会第七届理事会工作报告》主要内容的汇报；会议审议通过了“关于建议将中国重汽财务有限公司股东名称由北京中财联投资咨询有限责任公司变更为中国财务公司协会的议案”、“关于注销北京中财联投资咨询有限责任公司的议案”、“关于对参与课题研究的单位和突出贡献个人进行表彰的方案”、“《中国财务公司》杂志优秀论文评选方案”；会议同意新奥财务公司、包钢集团财务公司、青岛啤酒财务公司、中外运长航财务公司、中铝财务公司、金川集团财务公司、上海复星高科技集团财务公司、中兴通讯集团财务公司、国核财务公司、湖南高速集团财务公司共十家财务公司加入协会；会议审议通过了“关于理事会、监事会换届选举工作的实施方案”、“关于候选理事单位、监事单位推荐拟任理事、监事具体人选的议案”，审核通过了各分会推荐的第八届候选理事单位、监事单位，并推荐葛洲坝集团财务有限责任公司、松下电器（中国）财务有限公司作为候选理事单位。

【第七届理事会第五次会议】 2011 年 11 月 13 日，第七届理事会第五次会议在浙江宁波召开，谢尉志会长主持了会议。会议审议通过了《中国财务公司协会第十四次会员大会议程》、《中国财务公司协会第七届理事会工作报告》、《中国财务公司协会第七届理事会财务工作报告》、《企业集团财务公司行业从业人员职业行为规范》、“关于对参与课题研究单位及突出贡献个人进行表彰的议案”、“关于对《中国财务公司》获奖优秀论文进行奖励的议案”；会议同意福建省能源集团财务有限公司加入协会；会议通报了第八届候选理事单位、监事单位及理事、监事名单；会议提出将财协章程中的理事、监事任期由两年改为三年，并一致同意以特别提案形式提交第十四次会员大会审议；会议提议增加换届领导小组推荐理事名额，并对换届选举办法进行修改。

【第七届监事会第四次会议】2011 年 11 月 13 日，第七届监事会第四次会议在浙江宁波召开，杨圣军监事长主持了会议。会议审议通过了《中国财务公司协会第七届监事会工作报告》；审议通过了《中国财务公司协会第七届理事会换届审计报告》。

【第八届理事会第一次会议】2011 年 11 月 15 日，第八届理事会第一次会议在浙江宁波召开，换届领导小组组长谢尉志和协会第八届会长张华主持了会议。会议选举国投财务有限公司张华为协会第八届会长，选举中航工业集团财务有限责任公司杨圣军、中国华电集团财务有限公司王曦、海尔集团财务有限责任公司李占国、武汉钢铁集团财务有限责任公司易矛、上海汽车集团财务有限责任公司沈根伟为协会第八届副会长，通过王岩玲同志为协会第八届专职常务副会长兼秘书长，通过由张华、王岩玲、杨圣军、王曦、李占国、易矛和沈根伟组成第八届常务理事会；会议通过由杨圣军任北方分会会长，中国电力财务有限公司张刚任北方分会副会长，由王曦任北京分会会长，海航集团财务有限公司汤亮任北京分会副会长，由李占国任华东分会会长，沈根伟任华东分会副会长，由易矛任华南分会会长，东风汽车财务有限公司马华任华南分会副会长；会议决定聘请李效勇、谢尉志为协会名誉会长；会议聘任韩华、赵桂芬、李清军、陈文俊为协会秘书处副秘书长。

【第八届监事会第一次会议】2011 年 11 月 15 日，第八届监事会第一次会议在浙江宁波召开，会议由换届领导小组成员韩华主持。会议选举中电投财务有限公司刘传东为第八届监事长。

【第十四次会员大会】2011 年 11 月 14 - 15 日，第十四次会员大会在浙江宁波召开，116 家会员单位的代表出席了会议，32 家银监局、银监分局和 19 家批开业、批筹财务公司代表列席了会议。中国银监会蔡鄂生副主席莅临会议并做重要指示。银监会非银部柯卡生主任出席会议并发表了重要讲话。宁波市政府苏利冕副市长到会祝贺并致辞。会议审议通过了《中国财务公司协会第七届理事会工作报告》、《中国财务公司协会第七届监事会工作报告》、《中国财务公司协会第七届理事会财务工作报告》、《关于修改理事、监事任期的提案》和《关于赋予换届领导小组推荐理事资格的提案》；会议对参与 2011 年专业委员会课题研究工作的单位及作出突出贡献的个人和《中国财务公司》会刊优秀论文获奖者进行了表彰；会议选举产生了第八届理事会和监事会，选举产生了由张华、王岩玲、杨圣军、王曦、李占国、易矛、沈根伟 7 人组成的常务理事会，选举刘传东为监事长。会议号召全体会员深入学习领会银监会蔡鄂生副主席的讲话精神，认真贯彻柯卡生主任提出的监管要求，密切关注研究财务公司经营发展中存在的问题，严格规范内部管理，抓好体制机制建设，积极转变发展方式，不断提升可持续发展能力。会议希望财协进一步加大沟通协调、调查研究、信息宣传和培训交流的工作力度，进一步提高服务能力和水平，推动财务公司行业的繁荣发展。

【第八届常务理事会第一次会议】2011 年 12 月 23 日，中国财务公司协会第八届常务理事会第一次会议在北京召开，张华会长主持了会议。会议审议通过了《中国财务公司协会 2012 年工作计划》、《中国财务公司协会 2012 年财务预算》、“关于设立中国财务公司协会专家委员会的方案”、“关于对理事会自律委员会、战略发展委员会和信息技术委员会组成进行调整的议案”、“关于成立第八届理事会预算管理委员会的议案”、“关于聘请安永咨询机构对协会组织管理架构提出整体解决方案的议案”；会议同意马钢集团财务公司、大连港集团财务公司、北汽集团财务公司、湖北宜化财务公司共四家财务公司加入协会。

机构概览

东风汽车财务有限公司

【经营概况】东风汽车财务有限公司（以下简称“公司”）以“依托东风集团、服务东风集团”为经营宗旨，秉承“专业、效率、创新、服务”的经营理念，致力于为东风集团成员单位提供结算、融资等全方位的金融服务，并积极开展资金集中管理服务、全力拓展东风商用车及东风乘用车消费贷款业务，有效管理了东风集团各成员单位资金，扩大了东风商用车及乘用车的市场占有率，公司已发展成东风汽车有限公司资金集中管控平台和东风品牌汽车消费信贷中心。

2011 年，公司紧紧围绕“乘势而上，全面发力，继续谱写超越式发展的新篇章”的工作主题，真抓实干，攻坚克难，超额完成全年工作目标。截至 2011 年 12 月 31 日，公司资产规模达到 349.05 亿元，较上年增加 42.93 亿元，增幅为 14.02%；公司实现营业收入 7.42 亿元，较上年增加 3.19 亿元，增幅为 75.41%；实现营业利润 4.62 亿元，较上年增加 1.62 亿元，增幅为 54%。各项监管、监测指标全部达到银监会要求，全面完成董事会和公司下达的 KPI 挑战指标。

【资金集中】2011 年，公司作为东风集团的资金集中管理平台取得了显著成效。东风有限资金集中管理的层级已增到四级，东风零部件集团公司的三级公司已陆续加入 CMS 系统。在东风集团的协调下，CMS 系统的服务范围已向东风有限外延伸：东贸公司及下属的 9 家子公司已于 2011 年上半年加入 CMS 系统。下半年积极推进东风实业公司和十堰管理部的资金集中管理的各项工作，年底东风实业公司的 23 家子公司和十堰管理部的 9 家单位加入了 CMS 系统。

【资金和投资业务】2011 年，公司着力提升资金收益议价能力，使得公司资金营运收益率得以大幅提升。此外，成功投资了累计 5.3 亿元的银行理财产品，丰富了有价证券投资品种，提高了投资收益。公司全年实现资金运营收入 2.67 亿元，同比增加 1.1 亿元，增幅为 142.73%，有效保障了公司全年目标的实现。

【汽车消费信贷】2011 年，公司汽车金融业务突破商用车零售单一格局，开始达到商乘并举、批零联动。截至年末，公司促销东风车辆 30 616 辆，较上年增长 56.64%，其中：促销商用车 22 578 辆（其中拨款 22 435 辆），同比增长 16.89%，商用车本部网络覆盖率达 60%；促销乘用车 8 038 辆（其中拨款 6 688 辆），同比增长 7 808 辆，增幅为 3 394.78%，东风风神乘用车网络覆盖率达 72.73%。2011 年乘用车促销比重已占全部促销车辆的 26.25%，且继续保持快速的增长态势。

【风险管理和内部控制】2011 年，公司加强对合作经销商的信用管理及对预警经销商的跟踪管理，制定完善相关管理制度；加强零售金融信贷资产管理，尤其是在乘用车消贷催收上不断探索，逾期客户比例控制得当，信贷资产质量优良。同时，公司积极开展法务工作，完成对主要业务合同文本的重新系统修订和完善，建立了比较完善的合同管理体系，并为合作伙伴提供法务咨询服务，共同控制业务风险。

在内部控制方面，公司加强合规文化建设，组织开展了多种形式的合规培训及宣传；及时处理公司在业务拓展及管理过程中的相关合法合规方面的问题，开展合规自查及整改，重点对汽车金融业务各环节的风险点进行自查并制定了控制措施；不断完善内控制度及操作管理流程并确保规范执行；大力开展内审工作，强化对汽车金融等重点业务及财务、票据管理、贷款审核等关键岗位的审计检查，通过审计检查进一步规范了业务操作及管理。

【基础建设】2011 年，公司开展以“强化精细管理、提升管理水平”为主题的主题实践活动，确定了“汽车金融系统重建”等 10 个竞赛项目，成果显著。此外，公司将组织开展的“合规文化与执行力建设年”活动与公司党风廉政建设宣传教育活动相结合，牢固树立“合规从我做起”、“人人合规”、“主动合规”的理念，促进各项制度和监管要求落实到位。

【信息化建设】2011 年，公司汽车金融重建系统启动开发，10 月正式上线运行。该系统完成了 9 个模块共计 275 个功能点，系统功能覆盖了商用车消费信贷、融资租赁全业务、乘用车消费信贷业务流程及财务核算、综合管理等。系统上线后有效地支持了公司不断发展的业务规模，电子印章、银企直联等新技术的使用，大大提高了经销商和财务公司后台的业务处理效率。

CMS 系统扩建项目也于年底完成。通过对软硬件进行改造和升级，实现了十堰管理部、实业公司等集团层面单位以公司为平台实施资金的集中管理。系统性能由原先不超过 50 个并发访问能力增加到现在的 500 个以上。系统功能进一步提升，增加了银行银企直联平台、支持成员单位不同的费率设置等功能。系统升级后，提高了公司的 CMS 系统业务处理能力和公司在集团层面的服务能力。

【业务创新】2011 年，公司先后制订“股份轻型商用车零售金融业务方案”、“东风公司员工优惠贷款购车方案”、“东风本田乘用车消贷业务方案”、“东风汽车贸易公司消贷合作规划”等，有效支持了集团成员单位产品销售。积极拓展与第三方的业务合作，推动与东风 GPS 试点，启动消贷车辆保险试点，完成了乘用车进件初审及电话征信业务外包谈判并有效启动业务，完成了与相关管理公司的外包谈判并与部分单位签订了合作协议。

【企业文化建设】2011 年，公司党支部积极开展以“四强四优”为主要内容的创先争优活动，加强干部队伍和“双培工程”建设；开展“我身边的优秀共产党员”推荐评选活动，大力宣传优秀共产党员的先进事迹，以党员争优秀带动群众争优秀。团支部积极开展了“客户经理价值观”主题演讲比赛、“青年与廉政建设”知识竞赛等活动，充分调动和发挥青年团员的聪明才智和主观能动性。工会组织以关心、关爱员工为重点，继续营造快乐工作、快乐生活的工作环境，组织开展多种形式的文体活动，丰富员工的业余生活。同时公司通过组织慰问生病员工及其家属，帮助困难员工家庭，祝贺员工结婚、添子，安排全体员工体检等方式，深入开展公司企业文化建设，取得显著效果。

中国重汽财务有限公司

【经营概况】 2011 年，中国重汽财务有限公司（以下简称“公司”）面对宏观调控对金融环境的影响，坚持发挥好为集团成员单位、上下游客户提供优质金融服务的功能，充分利用金融平台，助推重汽产品销售，为成员单位及上下游客户提供信贷资金支持，对集团发展及汽车销售起到了重要作用。

2011 年，公司实现账面营业收入 2.53 亿元，实现账面利润 2.01 亿元；年末资产总额 60.86 亿元，较上年增长 72%。信贷资产运营良好，不良贷款、不良资产、呆滞贷款的控制情况良好。基本上实现了集团确定的“调整年、提升年、创业年”的目标，资金集中度稳步提高，盈利能力、风险管控能力、业务拓展能力、IT 保障能力增强，内部控制建设、分配机制建设、企业文化建设全面推进，在集团二次创业工程中取得了优异成绩。

【产品销售信贷业务】 2011 年，公司发挥了汽车金融的优势，利用汽车消费信贷等模式助推重汽汽车产品的销售，贷款利息收入已占总收入的 20% 以上。汽车金融服务的质量和效率逐年提高，主要体现在：

一是消费信贷业务网络进一步建设发展，地区业务部已达 20 个，业务人员已达 43 人，驻外业务人员的办公、生活条件逐步改善，对消费信贷、融资租赁业务进行单独考核分配，分配力度向驻外人员、风险控制人员倾斜；公司班子成员工作在市场一线，与主营单位、经销单位共同研究分析市场，倾听客户、经销单位的意见和合理需求，在不增加风险、不违规的情况下制定个性客户服务方案，主营单位、经销单位、客户的认同度明显提升。

二是有效推动青岛重工挖掘机等工程机械的消费信贷、融资租赁业务的开展，制定了终端用户担保人综合授信工程机械消费贷款、融资租赁操作办法，并已具备操作条件。

三是对主营单位已回款车辆消费贷款直接向经销单位发放，与同行业保持一致，支持有能力的经销商单位运作现金和银行承兑汇票的差价，提高了业务竞争力。

四是为集团与商业银行合作拓展消费信贷市场做好了经销单位资信评估、车辆 GPS 监控、批量客户审贷的准备。对与商业银行进行由集团承担车辆回购责任的消费信贷业务，公司承担合作经销单位的资信风险评估、授信额度建议和对经销单位推荐的批量终端用户协助考察、审贷责任，以有效防止车辆回购风险的堆积，帮助主营单位过滤风险，发挥主营单位与经销单位、银行之间的防火墙作用。

五是对出口汽车的境内金融服务进行了积极的探索，支持国际市场的汽车销售，与有关公司的合作已进入操作阶段。

六是在保险公司难以调整车贷险政策的情况下，推出了 10% 的配套贷款，进一步提升了车贷险业务的竞争优势。

【资金和投资业务】公司始终坚持审慎、稳健的经营策略，以服务集团为中心，在严格控制风险的前提下，合理有效运用资金开展业务，资本运作水平进一步提高。与工商银行、农业银行、中信银行、民生银行、交通银行等多家银行建立了合作通道。提升了授信额度，为公司票据贴现、消费信贷业务的资金沉淀做了资金出口准备。并与人民银行济南分行进行了资金市场和票据再贴现的对接，建立了再贴现的通道并对短期拆出、拆入资金的入场运作做了资格准入准备。同时，实行了同业资金竞价存放政策，高收益的运作提高了同业存放的利率水平，大幅提高了资金的运作效率和效益。

【票据业务】票据贴现作为公司的主要业务，已逐步完善。为集团成员单位提供的票据贴现方便、快捷、安全，成本合理，不高于市场价格。对一手票、数额较大的客户分别给予了不同的利率优惠政策，尽量保证随到随贴，24 小时划款。2011 年办理票据贴现 25.82 亿元，出具电子票据 8.8 亿元，最高月份贴现 5.66 亿元。

公司为集团财务部、商用车销售部、变速箱部等单位管理的银行票据安全、便捷、托收及时、低成本。2011 年共代管票据 7 024 张，托收 2 507 张，承付入账金额 26 亿元。随着电子银行票据使用环境的改善，电子银行票据结算替代商业银行纸质票据的进度大幅度加快。

【资金集中】2011 年，与上市公司财务部积极落实资金集中度，取得了阶段性成效。由于中国重汽集团存在香港红筹股和 A 股两个上市公司，资金在财务公司的存放存在一定额度的限制，所以资金集中度一直没有达到监管要求的比例，但 2011 年资金集中度的各月平均水平达到了 59.83%，较上年的平均 39.47% 提高了近 20 个百分点，得到了监管部门肯定，并对集团给予了高度评价。

【业务创新】2011 年，公司在开展汽车消费信贷业务的基础上，推出了终端用户担保人综合授信融资租赁业务。消费信贷和融资租赁两类业务共同服务于集团汽车产品的金融服务市场，进一步满足了经销单位和终端用户的需求。为促进产品销售，在服务于卡车产品的同时，增开了重汽客车消费贷款、机械工程车辆消费信贷及出口车辆的国内金融服务。

【风险管理和内部控制】公司在经营运作过程中十分重视风险的防控。按照中国人民银行、中国银监会山东监管局对“齐鲁银行案”通报的风险警示要求，进行了职能定位调整和业务规范整改，在突出金融属性的原则下对内控制度进行了全面规范。主要体现在：

一是完善各项风险防控及业务流程制度，制定了消费信贷业务风险预警制度，加强和调整了审贷委员会，从业务规范化入手，加强风险防范，保证了整个业务运作过程中的风险控制。

二是新设稽核审计部及风险管理部，岗位交叉监督的作用效果明显。2011 年现场检查 18 次，基本上覆盖了所有地区业务部，内部下发稽核通报、合规通报 20 余期，有力地保障了业务发展。

三是树立风险管控、合规经营意识，配合监管的意识显著增强，对照业务中存在的问题及时检查整改，内控制度建设得到加强，董事会在制度建设、稽核审计、合规建设等方面发挥了应有的作用。

【人力资源管理】2011 年，公司为加快消费信贷业务的开展，进一步加强了业务人员的补充和新进业务人员的培训。集团公司从银行招聘补充三位高管到公司，使银行金融文化和财务公司文化得到有效融合。随着人才的引进和补充，公司的人员结构、年龄结构、知识结构、专业结构得到了有效完善，结构更加合理，为公司发展创造了条件，储备了人才。在人员的分配上，充分发挥专业特长，发掘长处善加利用，充实到不同的岗位，更好地发挥各自职能，保证了人力资源的合理使用。

【信息化建设】2011 年，为加强公司的信息化建设，设立了信息科技室，配备了专业人员，完善了组织机构。升级了消费信贷操作系统，接入了人民银行的电子票据系统，提高了与软件供应商对接的能力；消费信贷操作系统进行了功能完善，增加了风险预警系统模块，形成了汽车消费贷款业务管理系统对风险预警、识别、监测、控制的能力；远程下载合同印章，上传报文系统年底也正式运行，有效降低消费信贷文本的纸质操作流程，提高效率、降低成本和风险；电子票据系统已顺利以直联的方式对接了中央银行系统。2011 年为集团成员单位出票、承兑、到期兑付、贴现等没有发生任何问题。信息技术室的设立和专职人员的配备，使公司 IT 系统的规划、研发、建设、运行、维护和监控规范化。

【企业文化建设】公司的企业文化建设取得了一定的成效。按照金融企业形象要求，统一定制了工装，佩戴标志牌，使员工精神面貌、公司形象焕然一新。制定了《中国重汽财务公司员工行为规范》、《中国重汽财务公司员工着装规定》、《中国重汽财务公司岗位职责及员工违规行为处罚规定》等，在集团内产生了积极的影响。拟订的《财务公司消费信贷业务考核办法》、《票据贴现等财务公司传统业务考核办法》，得到了集团领导的支持。集团领导对公司今年的新变化、新拓展、新面貌、新形象、新认识，给予了支持和肯定。

中国华能财务有限责任公司

【经营概况】2011 年，中国华能财务有限责任公司（以下简称“公司”）以科学发展为主题，以提升效益为中心，围绕年度经营发展目标，不断强化基础管理，提升服务水平，巩固经营业绩，加强党建工作，全面完成应急资金保障服务和考核目标，经营管理各项事业取得良好发展。全年公司营业收入 7.66 亿元，同比增长 21.16%；实现利润 6 亿元，同比增长 19.14%；实现经济增加值（EVA）1.72 亿元；平均存贷比大于 88%；重点客户满意度在 90% 以上；利息回收率 100%；新增贷款不良率为 0。风险监管指标达到银监会标准。11 月，资本金增至 50 亿元，经营发展实力和资金保障能力迈上了新台阶。公司被评为 2011 年度集团公司先进企业。

【信贷业务】2011 年，公司面临着控制信贷规模、均衡信贷投放节奏、差别准备金动态管理的外部调控压力，以及集团统筹信贷资源、保障应急资金供给的内部资金管理规定双重制约。在存款剧烈波动、同业拆借利率高企甚至息差倒挂的困难局面下，公司紧密围绕“统筹协调、保障有力、服务支撑、有扶有控”的工作方针，积极提供主动服务，密切关注大额资金动态，充分挖掘信贷资金供给潜力，提升公司信用供给能力。一是积极与资金管控能力强的企业开展循环贷款业务，既满足了企业周转资金需求，又灵活调控了月末时点规模，为应急资金保障提供调剂空间和手段。二是组织售后租回型联合融资租赁交易和电子票据买方付息业务可行性研究，落实秦岭融资租赁——应收租金保理业务方案。截至年末，自营贷款同比增长 14.65%，日均贷款同比增长 3.96%。

【结算业务】按照集团公司进一步加强资金集中管理要求，公司重点做好结算平台建设、系统高效运行和预算执行控制，确保资金结算安全，充分发挥服务和服从于集团资金集中管理功能。截至年末，结算量达 1.56 亿元；结算笔数达 22.44 万笔；开立账户 37 个，销户 38 个，累计账户 416 个，其中自动上收户达 109 家。一是优化结算服务平台，完成网银安全产品升级工作，实现了 2004 年系统上线以来首次所有网银用户证书密钥更换，网银系统业务操作安全性得到全面提升。二是继续配合集团进行预算辅助控制，新增 3 家重点监控类企业，到年末累计有 17 家二级区域公司使用公司预算控制系统。三是组织 30 多家二级公司 48 人参加的结算业务培训。四是正式加入中国支付清算协会，使公司支付、清算和结算行为纳入行业管理，为积极争取加入中央银行清算系统奠定了基础。五是加大对五家直联银行系统特点总结，积极推进交行直联工作。截至年底，结算量同比增长 18.98%。

【资金和投资业务】2011 年，公司顺应集团公司整体资金管理策略变化，充分挖掘信贷资金供给潜力，发挥应急融资供给速度快、能力强的优势，在不利的货币政策形势下为集团成员单位保持流动性作出了积极贡献。一是资金信息沟通顺畅。为支持集团资金链安全运行，公司主动与人民银行营管部沟通，争取有利的政策支持；强化与集团财务部的资金沟通协调机制，通盘调度预留应急资金，为成员单位提供信托融资服务 50 亿元。二是及时把握资金动态。准确了解存款变动方向，突出抓好“月计划、周安排、日调度”各个环节，资金调配及时高效。三是有效利用短期融资。有针对性地开展时点融资弥补资金缺口，保证企业资金链正常运行。四是提高资金使用效率。调整投资策略，谨慎操作，适时增加信托投资，取得了较好投资收益。

【业务创新】创新信贷业务品种。与工行新街口支行共同合作，研究“售后回租 + 应收租赁款保理”的组合模式；与集团公司成员单位首度开展循环贷款业务，提供循环借款额度服务。

【外汇业务】公司顺利推进外汇业务，获得结售汇业务经营资格、结售汇综合头寸和运行外汇账户管理信息系统的批复；外汇结售汇系统于 11 月搭建完毕，并顺利通过验收投入运行。

【风险管理和内部控制】一是扎实做好安全工作。落实集团安委会的各项要求，组织开展安全隐患排查治理行动、安全月活动、消防培训和系统灾备演练，建立安全信息周报制度，对新机房和网络进行安全检测和专业评估，从源头上消除安全隐患，确保公司各项业务顺利开展。二是严格控制经营风险。全年修订规章制度 31 项，实施新出台的全面风险管理办法、授权管理办法和制度管理办法等，建立完善风险管理组织体系，明确授权管理和业务审批权限，开展年度授信工作，为公司控制风险、提升管理水平提供了制度保障；落实银监会、集团公司现场检查整改意见；公司被集团评为“五五”普法先进单位，荣获2011年度辖区安保嘉奖。

【信息化建设】加强信息系统安全基础建设。完成新机房配套建设、ERP系统优化、分公司双网改造和系统安全评估。电子票据系统建设取得成功。完成了前期准备、系统研发与接口测试、上线验收及业务集成和模拟运行，实现了电票业务系统与核心业务系统集成。

【企业文化建设】开展集团廉洁风险防控试点工作，完成《廉洁风险防控手册》编制，稳步推进长效机制建设；开展建党90周年系列活动，通过红歌赛和革命传统教育，增强员工的凝聚力；以集团“三色公司”文化为引领，有计划地开展2011年拓展训练和体育比赛等活动，文化建设丰富多彩。

锦江国际集团财务有限责任公司

【经营概况】2011年，锦江国际集团财务有限责任公司（以下简称“公司”）紧紧围绕集团“十二五”规划和国际化发展战略，坚持金融创新，抓机遇求发展，较好地完成了“十二五”开局之年的目标和任务。公司实现营业收入1.12亿元，同比增幅24%；利润总额近0.6亿元，同比增幅20%；净利润0.44亿元，同比增幅18%。截至年末，公司资产总额44.8亿元，负债总额37.8亿元，注册资本5亿元，所有者权益6亿元；公司吸收存款17亿元，自营贷款13.06亿元，信贷资产质量仍然保持无后三类贷款水平。

【完善法人治理结构】2011年，公司更换了3名董事、1名监事，引进了1名高级管理人员和3名专业人才，还组织了内部竞聘上岗，有4名员工被聘为部门经理助理和主管，使公司法人治理结构得到完善，部门架构更加齐全，公司员工的工作积极性得到了充分调动，收到了较好的成效。

【公司金融】一是发挥集团的金融服务平台作用，为成员单位提供综合金融服务，提升企业效益。集团整体的发展和关联交易的豁免为公司拓展集团内部新客户创造了条件；对集团所属全资企业贷款利率统一按照基准下浮10%执行，给予了最大的优惠，为下属企业发展提供了强有力的资金保障；吸收集团、事业部及非控股酒店闲散资金进行委托贷款，多方解决下属企业融资需求，公司让利于集团及下属企业，从而提高其资金收益；公司根据企业资金计划，最大限度地为企业提供定期及协议存款，提高企业收益；配合集团迪士尼项目大额资金用款，为集团做好资金保障工作；对贷款关注类企业加强贷后管理，从专业的角度提出及时还贷的建议，降低其财务费用，减轻了企业负担，使企业进入良性循环；积极推广业务平台管理系统，为企业资金结算提供了极大的便利。

二是提升内部管理水平。客户管理由

“块”管理改为“点”管理，提高了客户管理的深度；提倡团队合作精神，相互补台；突出工作重点，加强营销工作；修改和完善了资信评估制度、利率政策和相关授信担保政策，通过对客户重新打分评级和利率政策的调整，对贷款企业的管理更加客观、合理；新制定了贴现制度和信用贷款制度；完成了部门工作指引，使工作流程标准化、统一化，避免人员流动造成的负面影响，提高了工作效率。

【资金业务】公司加强资金管理，最大限度地提高了资金的使用效率：专设资金管理岗，每日记录Shibor报价、外汇汇率、各家银行的报价，实时监测银行的资金情况并及时调度资金，通过向各银行询价，争取较高的短期同业定期存款利率，同业收入增长明显，同比增幅57.78%，这是2011年公司净利润超预期的主要原因。公司在资金偏紧的宏观形势下，与多家银行建立授信关系，通过同业拆借、信贷资产转让方式，积极合理地调度资金，使公司流动性保持适度状态。

【投资业务】2011年3月，公司获得承销成员单位企业债券、有价证券投资（股票二级市场投资除外）业务资格。为此，公司的董事会层面成立了战略与投资委员会、风险控制与审计委员会；公司层面设立投资审查委员会，增设了投资部，配备了交易员和研究员；修改完善了有价证券投资和委托投资的相关制度，细化投资操作流程；建设了投资系统并进行安装调试；开立了有价证券投资账户；开展了日常投资研究和相关操作。

【资金集中】2011年，公司积极拓展集团内部新客户。通过归并资金平台、归集各类账户包括下属企业基本账户、异地企业账户等方式，进行了账户清理和整合，资金集中度明显提高。同时通过积极推广业务平台系统的客户端安装，为企业资金结算提供了极大的便利，从而吸收客户资金。全年安装客户端的酒店35家，其中16家开通了网上划款、查询功能，另有19家开通了查询功能，累计划款约2 000笔，金额达74亿元，获得了客户的好评。

【风险管理和内部控制】2011年，公司加强了内部控制和风险防范，完善了制度体系，针对业务创新、组织结构变动产生的部门称谓改动、业务平台上线后流程再造等方面对原有制度进行梳理、修订。全年完成45项内部制度的新设、修订，其中新增的制度有32项，修订的13项，制度内容涵盖人事、信贷业务、资金业务、投资业务等。通过完善贷前检查、加强贷后管理，重点采取提高对贷款企业的关注度、推行贷款资金受托支付、五级分类的调整、加强对非集团公司担保单位的担保能力及抵押品和质押品的检查等手段，提升了财务公司的资产质量。

2011年，公司稽核工作落到实处，稽核部除了对公司业务进行常规稽核外，还进行了自查自纠的专项检查。根据公司信息系统升级的现状，重点对两套系统的数据进行核对，保证了业务平台系统能正常交付使用。另外，在各职能部门开展学习宣传，依据《内部控制手册》对照本部门的各项工作，编制自查表，落实专人进行自查，对存在的问题及时进行了补正。稽核部还进行了小金库专项治理自查自纠、针对审计建议进行整改落实等工作。

2011年2月，为控制业务法律风险，公司聘用了律师事务所律师作为公司的常年法律顾问以解决公司日常经营和业务的法律咨询，参与公司各项合同、协议、制度等的修订。

【人力资源管理】2011年，公司制定了《绩效考核办法》完善了考核体系。每季度，公司按办法对各部门的绩效进行考核，做到合理分配年终奖金，倡导奖优罚劣的分配机制。同时加强学习和培训，营造良好的学习氛围。通过内部员工轮岗、组织员工参加了人民银行、银监局、财协和财务公司同行举办的一系列制度业务的学习和研讨以及每周一次的内部学习和培训来提高员工的业务素质；针对自身业务发展的需要举行了业务平台系统各类业务学习并组织考试，全年组织各类规章制度的学习培训共计40余次。员工们还利用业余时间参加会计中级职称考试和银行从业资格考试，提高自己的专业水平。

【信息化建设】2011年，公司的信息系统升级项目取得重大进展，业务平台系统第一期项目验收后正式上线，包括网上结算系统、银企直联系统、资金结算系统、财务核算系统以及金融业务系统。公司不但使自身业务管理上台阶，而且能更好地为整个集团和成员企业提供资金结算、资金监控以及资金与银行网银接口等服务，为集团和公司在资金管理、预算管理、业务管理等信息化管理方面打下坚实基础。

【企业文化建设】2011年，公司组织全体党员和入党积极分子开展敬老送温暖活动，将一家由公司员工开办的“积孝敬老院”作为帮困结对单位。通过携带礼品探望老人们，与老人们共进午餐，提高党员们“服务社会、奉献社会、回报社会”的精神，更好地服务人民群众。公司以构建和谐企业为中心，关心员工，努力营造奋进、进取的工作环境：组织员工每日做两套工间操；每年组织员工进行体检；“三八”节慰问女员工；为员工和退休职工购买医疗保险；组织员工进行春节联谊活动；慰问退休生病员工；对患病家属进行慰问等。

一汽财务有限公司

【经营概况】2011年，一汽财务有限公司（以下简称“公司”）加强业务创新与管理创新相结合，积极推进发展方式转变。截至年末，注册资本为11.29亿元人民币，员工426人。公司资产与负债规模达到了历年来的最高水平：资产余额270.15亿元，同比增长43.23亿元，增幅19%；其中，贷款余额为112.25亿元，占比41%，同比增长9.53亿元，增幅9%；负债余额238.85亿元，同比增长41.15亿元，增幅21%；其中存款余额为225.99亿元，占比95%，同比增长29.91亿元，增幅15%。

【公司金融】2011年，公司尽最大努力满足了集团成员单位的融资需求。对吉林汽车技术改造项目贷款，集团公司重点扶持的自主阵线解放系列以及主机厂一汽轿车、天津夏利和一汽进出口公司等都给予了一定的流动资金贷款和票据贴现融资支持。年末为支持集团公司改制上市，公司特向监管部门申请增加额度，为集团公司发放委托贷款。同时，为满足集团成员单位临时付款账户资金不足的业务需求，6月，公司向集团成员单位推出法人账户透支业务。

2011年末，公司集团信贷业务余额21.12亿元，同比增长133%。全年累计为成员单位发放自营贷款19.78亿元，同比增长820%；贴现票据45.62亿元，同比增长76.28%；新增委托贷款70亿元，较上年0.95亿元增幅比较明显。

【产品销售信贷业务】2011年，公司通过积极的政策调整，主动参与竞争、积极抢拼市场，全年累计促销集团各品牌车辆15.29万辆，实现贷款余额91.11亿元，其中，公司业务贷款余额20.27亿元，轿车个人业务41.62亿元，卡车个人业务29.22亿元。汽车金融业务全年实现利息收入8.86亿元，较同期增长1.27亿元，增幅17%。同时，公司持续强化资产管理工作，重点加强不良资产的清收力度。截至年末，汽车金融业务不良贷款余额为0.09亿元；不良贷款率仅为0.10%，远低于行业水平。

【投资业务】2011年初，由公司与吉林银行共同出资的一汽汽车金融有限公司获得银监会批筹；12月31日，银监会正式批准一汽汽车金融有限公司开业。2011年8月，公司投资的鑫安汽车保险股份有限公司也获得了保监会的筹建批复。2011年，公司证券投资业务操作更为谨慎。7月，证券市场开始向下震荡，公司及时调整策略，持续减持权益类品种，截至9月末，股票持有规模0.18亿元，较年内高点下降近70%。同时从财务公司长期收益的角度出发，继续增加债券类品种。年末投资余额12.81亿元，累计投资规模比上年增加0.72亿元，增幅6%；全年累计实现投资收益0.17亿元，实现债券利息收入0.26亿元。

【票据业务】2011年，随着集团成员单位销售回款票据份额的增加，票据贴现业务需求逐步上升。公司根据资金成本、票据市场Shibor行情和信贷业务规模，实行差异化定价，为成员单位提供优质、高效的票据贴现服务。在票据代保管业务方面，公司持续为集团成员单位提供票据代保管服务，全年入库票据49.79亿元，托收37.37亿元。同时完成了票据代保管系统的开发，8月投入使用。

2011年，公司面向集团成员单位大力推介电子票据业务，让成员单位了解电子票据及其特点和优势，从而推动电子票据业务的推广和应用。同时根据成员单位的个性化需求，对电子票据业务系统的功能进行二期优化和完善，为电子票据业务的全面开展奠定基础。

【外汇业务】2011年，公司积极申办即期结售汇业务，在市场准入、流程体系建设、业务运行环境建设和人员培训等方面都做了充分准备。12月30日，公司取得了外汇局《关于一汽财务有限公司开办即期结售汇业务的批复》。银行间人民币外汇即期会员资格申请正在进行中，即期结售汇业务基本具备了市场投放条件。

【资金集中】2011年，公司到大型央企财务公司进行实地调研，筹划信息系统，积极为集团公司设计资金集中管理服务方案，同时为搭建集团资金集中管理服务平台做了大量工作：通过网上金融服务系统的优化和代理行接口功能的完善，提升财务公司结算服务平台；通过结算沉淀的资金来保障集团生产和技术改造，解决成员单位贷款和票据贴现等融资业务需求；通过票据代保管业务系统，提升服务效率和能力，并在信贷业务授信管理方面，开发并上线集团信贷业务客户信用评级系统，引入风险限额，为信贷审批决策提供参考和依据；通过开发法人账户透支业务、一户通等金融产品，丰富了金融产品系列；在基础体系建设上，形成适应市场、满足业务发展的规范化的业务管理手册，完善了公司流程体系建设；在金融服务领域拓展方面，积极申请开办即期结售汇业务，并取得了即期结售汇业务资格。

2011 年，公司日均存款规模达到 196 亿元，同比增加 18.79%，存款集中度也由 2007 年的 20% 左右提升到 2011 年末的 42%。

【业务创新】2011 年，公司积极组织研发即期结售汇产品；针对保险经纪业务组织研究人身险经纪产品，并对已经推出的产品进行持续改良。在信息技术方面，开发了影像传递系统，尝试将轿车业务的录单等工作集中到总部；尝试将重复性业务流程进行环节拆分，建立各环节工作标准及定额水平；在对结算处理中心业务进行分析的基础上，尝试将现结算处理业务进行重新整合。以上尝试，为实质性推进金融板块后援中心建设提供了经验。

同时公司致力于探索网点标准化建设。2011 年，鑫安保险筹备组对同业公司网点建设进行了学习，初步构建了一套网点建设基本流程，对网点建设的规划、实施、验收以及审计控制工作进行了框架性安排，对网点建设中的采购工作、装修标准、形象识别系统、办公格局的标准化进行了探讨。

【风险管理和内部控制】2011 年，继续完善操作风险管理体系的制度建设，编制以《操作风险管理办法》为核心的 8 个制度文件。结合经验对轿车业务信用评分模型进行了优化，在保留传统的借款人自身资质、信用状况及购车信息等客户信息的基础上，新增了风险缓释措施及系统性风险两项调整因素，同时将公司实时的风险管理政策转化为模型的风险参数，最终实现了对违约概率的初步估计，降低人为因素干扰，提高了流程效率。在内审部门独立审计的基础上，开展了业务部门间的交叉审计工作。将一汽集团纪委组织的廉政建设和银监局组织的案件防范工作等工作与公司风险管理工作有机衔接起来，进一步提升风险管理的体系能力。

【人力资源管理】一是开拓各种渠道大力度开展人才引进工作，获得了相对有效的人才供给资源，包括保险院校招聘渠道的拓展、保险高管人才招聘猎头渠道的实施、保险管理岗位人才招聘的行业媒体、咨询公司渠道的开拓。二是构建以能力为基础的人力资源机制，实现了以能力为载体的各模块（绩效、培训、薪酬、晋升、职业发展）有效衔接的人力资源建设目标；针对不同岗位群体将适时制定有针对性的机制优化措施。三是从课程体系建设、培训师队伍建设以及开展全方位培训三个方面全面提升培训管理体系。针对经理人员、专业管理人员、专业技术人员、党员队伍、新员工五类人员开展全方位培训项目，培训总课时达 520 学时，培训 3 158 人次，达到全员覆盖。

【信息化建设】2011 年，公司对信息系统建设统一规划、分步实施。遵循“以客户为中心”的设计思想，坚持统一规划、统一标准、统一建设的原则，采取先进、安全、稳定、可靠、成熟的产品和系统集中化的技术路线，架构具有集中后援处理模式、整合产品及服务渠道、适应技术发展、满足业务创新的统一金融信息平台，对集团金融、汽车金融、汽车保险三个主要业务板块进行全面支持。

【企业文化建设】2011 年，以“支撑企业发展、建设员工思想家园”的总体方针为指引，公司企业文化建设进入实施阶段。编制了《企业文化建设三年发展计划》；完善了工装样式和色调、着装管理以及工作区定置等方面相关制度，规范相关工作流程；为宣传公司服务文化，表彰先进，发挥模范示范作用，在服务部门尝试建立文化激励墙。同时关爱员工，解决员工生活中的问题。总结公司“医疗互助”工作经验，在《医疗互助基金章程》框架下，明晰了有关款项标准及核算方式；发放了一笔互助资金；5 月，在大连市为 19 个员工举办集体婚礼；区域员工购车服务流程已经畅通，本年度为 10 名区域员工提供购车服务。

西电集团财务有限责任公司

【经营概况】2011 年，西电集团财务有限责任公司（以下简称“公司”）结合集团及成员企业经营实际，从强化服务、精细经营、深化管理入手，不断整合集团资金资源，丰富和完善各项金融服务职能，带领全体干部职工抢抓机遇，凝心聚力，增收节支，稳中求进，推动了公司各项业务平稳较快发展，全面超额完成了集团下达的全年各项任务目标。

截至年末，公司资产总额达 805 442 万元，比上年增加 38 650 万元，增幅 5.04%；负债总额 684 881 万元，比上年增加 30 956 万元，增幅 4.73%；所有者权益 120 561 万元，比上年增加 7 693 万元，增幅 6.82%；实现营业收入 26 446 万元，比上年增加 10 592 万元，增幅 66.80%；实现利润总额 20 376 万元，比上年增加 9 705 万元，增幅 90.95%，在集团整体经营较为困难和宏观经济形势趋紧的情况下，比上年同期翻了近一番，首次突破 2 亿元大关，再创历史新高。

【信贷业务】公司信贷部通过到成员企业实地调研，在严格执行贷款“三查”制度和贷款审批制度的同时，快速有效地为成员企业提供贷款服务，极大地支持了成员企业的生产经营。2011 年，公司对集团下属 32 家成员企业综合授信总额度为 956 650 万元，较上年增长了 2.85%，满足了成员企业生产经营高速增长过程中对各类金融业务的需求，全年授信执行情况良好。

2011 年，公司向成员企业累计发放流动资金贷款 278 350 万元，比上年减少 103 071 万元；截至年末，流动资金贷款月平均余额为 238 890 万元，比上年全年月平均余额增加 16 004万元，增幅 7.18%。受本年度主要成员企业市场萎缩和改用现金订货等因素影响，新增保函业务明显减少，加之保函释放量较大，2011 年累计提供各类担保 88 740 万元，比上年减少了 36 720 万元，期末余额为 119 926 万元。累计代开银行各类保函 73 205 万元，占保函业务总额的 82.49%，期末余额为 88 071 万元。

【资金和投资业务】2011 年，公司累计申购可转债 3 只，信托产品 2 只，银行理财产品 11 只，基金 5 只，实现投资收益 350 万元，投资分红 1 642 万元，利用分红避税 410 余万元。公司通过人民银行再贴现业务，追逐利率差额，提高资金效益。通过同业银行票据转贴现业务操作，获得资金收益 579 万元。同时取得了中国人民银行上海总部关于公司在货币市场拆借额度增至 10 亿元规模的批复，合理运用资金，在银行间市场运营，认购高收益理财产品，让资金在流动中增值。资金运营取得外部收益占利润比重已由 2010 年的 24.76% 提高到 2011 年的 41.23%。

【票据业务】2011 年，公司累计签发商业承兑汇票299 700万元，比上年增加了70 200万元，增幅30.59%，签发额度严格控制在授信总额内；累计办理贴现161 542万元，比上年增加了53 787万元，增幅49.92%，贴现余额54 393万元，总体贴现量稳步上升，票据的贴现利用率大幅提升，进一步增强了成员企业的支付能力，提高了成员企业的商业信用。

【外汇业务】2011年，公司取得了中国银监会、国家外汇局陕西分局关于开办外汇业务及即期结售汇业务经营资格的批复文件，同时批复公司结售汇综合头寸上限3 000万美元的额度，成为陕西乃至西北地区首家获此资格的企业集团财务公司。根据西电集团外汇资金集中管理要求，公司及时为成员企业办理财务公司外汇账户的开立，协助企业及时清理外部不合规的外汇账户。同时，积极了解成员企业的经营状况和外汇业务需求，定期撰写汇率分析报告，帮助成员企业及时了解外汇市场状况，掌握市场动向，选择适合的银行汇率避险金融产品，从而使成员企业能够有效规避汇率风险，提升经营水平，增强经营效益。

【资金集中】2011年，公司继续深化资金集中管理工作，以信息化手段促进财务管控的规范与高效，推进资金集中管控力度，实现了银行账户集中管理、企业资金集中归集、统一对外集中融资的“三集中”资金管理模式，形成了西电集团的“资金池”。截至年末，集团内有63家企业在公司开立了236个账户，有97家企业的外部商业银行账户实现归集功能。成员企业在公司存款平均余额为472 778万元，结算交易笔数74 107笔，完成资金结算量6 014 831万元，资金归集额1 896 915万元，资金归集比率为91.6%。

2011年，公司严格按照成员企业预算支付控制，超预算支付严格按照集团预算审批流程办理。同时，继续完善优化预算分项的控制体系。每月以现金流为核心就主要子公司资金预算实施情况进行分析提炼，以“金融报告”专题为集团提供相关信息。严格控制费用开支，注重筹资成本管理，努力降低融资费用，积极消化减利因素，努力创造盈利资产，使成本费用尽可能趋于均衡。

【风险管理和内部控制】2011年，公司严格按照“业务流程再造和风险管控体系建设”中重新制定和梳理后的业务流程操作，遵守各项管理制度和办法，严控业务风险点，使公司的管理更加标准、规范。同时，建立健全内控制度评价体系，提高处置突发事件的能力和应对金融风险的预警能力。组织职工对《内控制度指引》及风险稽核库等内容有针对性地进行学习，从防范操作风险入手狠抓业务流程和制度落实，逐步使内控工作向规范化方向迈进。树立先进的风险管理理念，注重风险文化建设，把风险管理和实际工作相结合，对照工作找风险、找问题，真正把防范风险工作落到实处。通过日常对内控执行情况进行监督，找出执行内控制度的弱点和缺陷，对存在的问题及时整改，努力实现速度、效益与风险的平衡。

【人力资源管理】一是加强基础管理，优化人才资源配置，加强劳动用工管理。对相关制度和业务流程进行梳理，制定和完善了9项制度。引进海外留学人员，招聘了2名硕士研究生和2名本科毕业生，完成了人力资源系统的相关培训和HR系统上线工作。二是完善岗位绩效管理，全面完成薪酬改革工作。建立“工作有标准，管理全覆盖，考核无盲区，奖惩有依据”的业绩考核体系，根据集团《全员业绩考核工作实施方案》的要求，公司在岗位定编定员的基础上，制定了《岗位绩效考核办法》，修改完善了以任务目标完成情况为考核基础的《年度各部门经营管理指标考核及奖金评定办法》，成立了领导小组。三是开展各类培训，促进人才培训常态化，持续提升员工知识水平。2011年，公司有85%以上的员工参加了不同形式的学习和培训，全年培训人次达145人次，累计2 610课时，人均培训课时18小时/人，培训费用计10万元，超过公司工资总额的2.5%。四是理顺机构设置，推进体制改革进程。逐步扩大组织机构设置，对公司现有在岗人员进行调整，将新进员工合理分配到相应岗位，同时配备了人力资源专职管理人员。编制符合实际，推进了公司构建纵向贯通、横向协同、功能合理、整体协调管理体系的工作。

【信息化建设】2011年，公司重点完成了资金集中管理系统EAS项目改造、电子商业汇票系统集成实施两项专项工作，同时，还完成了对新办公地址的网络系统规划、设计。外币业务系统建设项目进展基本顺利，已实现与中国银行的物理连通、测试环境部署等基础工作，处于与业务部门进行全面测试验证阶段。

【增收节支】2011年，公司响应集团“降本增效、节能减排”号召，结合自身实际，围绕公司经营目标，重点开展了“增收节支”活动，制订了活动方案，征集好做法好经验，在全公司范围内推广执行。其中，财务部门加强了成本、费用控制，深入各部门了解有关业务内容，分析费用开支的合理性、必要性，规范了审批、执行、报销程序，减少不必要的开支，杜绝浪费现象；办公室积极盘活闲置资产，整理归类修补各类资源和闲置材料为各部门所用、共享，减少重复采购。全公司牢固树立过“紧日子”的意识，从点滴做起，不断降低公司经营成本，提高资金收益。

【理论研究】2011年，公司积极组织各项业务培训，参与各类征文活动，切实提高了员工的业务和理论研究水平。其中，《基于资金净流量和Census X12的最佳备付金持有量分析——以西电集团财务公司为例》荣获西安市金融学会年度金融征文二等奖，《财务公司金融业务创新研究》、《优化中小企业间接融资环境及财务公司加强对中小企业融资服务的思考》及《金融创新与我国商业银行可持续发展》荣获西安市金融学会年度金融征文三等奖。

【企业文化建设】2011年，公司在抓“四好班子”建设、宣传思想政治工作、惩防体系建设等工作的同时，联系公司实际，全面深入地开展了创先争优活动。“党员挂牌上岗”、“党员承诺”、“党员先锋岗”及“党员身份亮出来，服务窗口亮起来”等系列主题实践活动，有力地推动了公司中心工作的开展。公司党政工团还积极组织开展了健康有益的各类文娱活动，营造了健康向上、爱岗敬业的文化氛围。

中国石化财务有限责任公司

【经营概况】2011年，中国石化财务有限责任公司（以下简称“公司”）坚持诚信为本、服务主业、规范高效、开拓创新，大力发扬“铁人”精神和石油石化优良传统，为集团公司提供优质高效的筹融资、内部结算、存贷款、资金管理、资本运营等金融服务。与此同时，公司坚定信心，迎难而上，防范风险，精心操作，有效应对内外部环境变化带来的各种挑战，取得了较好的经营成效。全年实现营业收入 25.66 亿元，实现利润总额 15.84 亿元；截至年末，资产总额 1 371.77 亿元，所有者权益 142.49 亿元，资产负债率 89.61%。通过提供透支、委托贷款、直接购付汇、优惠贴现、理财等服务，全年累计为集团公司降本增效、节约财务费用间接贡献超过 30 亿元，圆满完成了集团公司下达的各项工作任务。

【资金集中】2011 年，公司不断强化风险防范意识、优化业务流程和岗位设置，深入推进“异常管理”，实施差错率考核，有效确保了内外部结算的安全平稳运行。全年结算资金总流量 1 372 万笔 37.16 万亿元，分别是上年的 2.23 倍和 1.32 倍。其中通过总分账户代理企业收付款 1 297 万笔 3.50 万亿元，分别是上年的 2.28 倍和 1.44 倍。同时，公司继续推动以加油站为重点的分账户上线工作，不断完善 ATOM 系统和业务支撑平台功能升级，推动内部结算与会计集中核算衔接切换工作。顺利实现资金集中管理工作重点从系统上线到确保安全平稳运行的成功转变，圆满完成集团公司赋予的结算工作任务，资金集中管理平台为集团公司降本增效、强化管理的成效初步显现。

【筹融资业务】2011 年，公司克服紧缩调控政策带来的资金不断收紧、利率巨幅震荡攀升等困难，利用金融同业融资的便利，全年累计从市场融入资金 8 295.3 亿元，及时、足额满足集团公司和企业的低成本融资需求和支付需要。特别是在季末、年末等集团大量付款的融资和支付任务面前，公司全力保障集团资金需求，充分显示公司作为集团公司内部银行的筹融资保障能力。同时，完成 20 亿元未分配利润转增资本金工作，为进一步增强筹融资能力奠定基础。

【信贷业务】2011 年，公司在做好集团公司全资成员单位信贷业务的同时，积极推进新能源项目贷款业务，稳妥开展合资企业贷款。公司积极吸收企业存款和表外资金，存款日均规模 324 亿元，增长 11%；全年累计发放贷款 1 417 笔 1 928 亿元，有效满足集团公司和成员单位的资金需要；办理 1.13 万笔共 272 亿元的票据贴现，有效满足企业结算和降费需要；大力开展委托贷款业务，委托贷款日均规模 599 亿元。

【外汇业务】2011 年，公司顺利完成结售汇、收付汇工作任务，全年累计结售汇 590.38 亿美元，同比增加 27.76%；累计收付汇 663.68 亿美元，同比增加 9.02%。获得面向京外成员单位开展集中付汇业务批复后，积极拓宽京外服务对象，异地售付汇业务实现突破。面对银行竞争加剧、企业价格敏感性提升等冲击，公司提高报价灵活性和市场竞争力，既争取企业购付汇业务，也帮助企业降低货币兑换成本。

【投行业务】2011 年，公司加强对股票、基金、债券、货币、理财等市场跟踪分析，积极抓住多元化的短期头寸资金投资机会，通过办理银行理财产品、债券逆回购、提高同业活期存款利率、办理定期存款等手段，用足用活闲置融资能力，为集团成员单位增效的同时，也增加了公司资金运作收入。在董事会批准的投资范围内，针对股票、债券市场震荡下跌的不利情况，灵活调整投资方向和结构，审慎操作，实现了较好的投资收益。同时，探索开拓资金受托管理业务，较好地满足了企业短期资金管理需求。

【信息化建设】2011 年，公司通过强化运维管理和日常监督，及时解决系统运行中的问题和故障，保证资金集中管理系统平稳运行。在此基础上，根据公司经营管理发展的实际需要，先后完成电子票据系统二期提升项目、投资管理系统、外汇系统功能提升项目、会计电子归档系统、征信数据报送系统、会计后督系统、综合考评系统的建设，完成部分基础设施的改造，建立公司信息应用管理系统，公司信息化的管理水平得到提升。

【金融市场研究】2011 年，公司有效整合、充实研究团队，增强研究开发力量。总部各业务部门在研究分析领域的定位和分工逐渐明确，金融业态、新产品开发、发展战略、市场分析等研究分析工作有序开展。每周按期编制《金融市场动态》，并建立经济和市场形势分析例会制度，提高总部及各分公司分析和驾驭市场的意识和能力。

【风险管理和内部控制】一是加强风险管理。着重加强合资企业信贷业务风险管理，制定、修订了各项信贷管理制度；严格授信管理和信贷审查，提高资产质量；有效开展不良资产清收、股权管理工作；持续推进授权、法律事务及反洗钱工作。二是增强内控和制度建设。完成了 2011 年版内控手册的修订工作，包含 79 个业务内部控制矩阵、2 062 个控制点；按照集团公司的统一部署和安排，推进了制度标准化工作。三是稽核、迎审和会计工作。在做好日常稽核工作的同时，全年共完成 13 项对重点业务和领域开展的管理和效益稽核项目；先后迎接银监会现场检查、国家审计署审计和国家外汇管理局现场检查；规范会计核算内容，建立财务快报制度，提高会计管理水平和财务报告的时效性。

【人力资源管理】健全完善了公开竞聘机制，开展选人用人满意度问卷调查，建立职代会民主评议选人用人工作和新提任领导干部履职表现的工作机制；建立了综合考评系统，开展全员在线年度考核工作；完善了薪酬分配制度，优化薪酬分配结构，健全收入正常增长机制；完成了人才成长通道建设方案，构建具有石化金融特色的职位序列体系，畅通人才多元成长通道，拓展员工职业发展空间；组织开展了全员素质能力测评，探索石化金融人才队伍培养和使用规律，为建立科学选才、育才、用才机制提供有效依据；优化人才流动配置，开展领导干部和重点人才培训，提高了员工队伍整体素质。

【企业文化建设】公司注重以人为本，弘扬石油石化优良传统，扎实开展具有石化金融特色的企业文化建设。一是听取和采纳合理化建议并付诸实施，全年收到职工合理化建议 66 条。二是加强科学文化和专业技能培训，组织岗位练兵，搭建成才平台。三是坚持在管理中体现人文关怀，组织健康体检、“三八”慰问，加大对困难职工的帮扶救助，提高劳务人员劳动报酬等。四是大型活动制度化，组织迎春晚会、植树活动以及乒乓球、羽毛球、游泳等一系列的文体活动，丰富职工文化生活。

【“服务年”活动】2011 年，公司在深入推进“比学赶帮超、创建一流财务公司”工作的同时，大力开展“服务年”活动。一是强化服务意识。制定下发“服务年”活动指导意见，明确提出了活动目标要求和任务安排；开展“我为一流服务作贡献”献计献策、“优质服务从我做起”主题演讲、“我眼中的服务年”征文比赛等活动，制作主题宣传展板，进一步明确服务内涵理念和目标要求，增强服务的自觉性和主动性。二是转变服务方式。窗口单位大力改进服务方式，强化服务效果督查落实，推行首问负责制，开通服务热线，依托信息平台建立实时联系机制，进一步提高服务质量和效率；认真梳理各类服务流程和制度办法，形成一系列文本化的服务内容标准和服务规范体系，不断提高服务管理的流程化、标准化和制度化水平。三是提高服务能力。组织开展专题合理化建议活动、岗位练兵、技能竞赛等活动，进一步提升服务水平；深入开展“走出去”、“请进来”活动，总结现有客户经理制管理经验，健全完善公司客户经理制服务模式。四是拓展服务领域。深入推进财企互动，加强对企业的需求调查和实地走访，深化重点项目合作，创新服务品种，在满足企业生产经营需要的同时，进一步塑造服务品牌；建立完善服务满意度反馈体系，设立服务评价指标，初步建立完善考评奖惩机制，企业服务满意度从 2010 年的 91.29% 提升至 2011 年的96.52%。

东方电气集团财务有限公司

【经营概况】截至2011年末，东方电气集团财务有限公司（以下简称“公司”）资产总额为122 亿元，同比下降 31%；所有者权益21 亿元，同比增长 288%；全年实现营业收入4 亿元，同比增长 41%；实现利润总额 1 亿元，同比增长 46%。资本实力、金融服务能力大幅提升，增值服务成效显著，金融服务业绩斐然，制度建设全面夯实，队伍建设跃上台阶。同时也存在信贷紧缩和资金存量大幅下降与金融需求日益增长的矛盾，以及业务种类和规模不断扩大与提高把控风险能力之间的矛盾。

【公司金融】公司全年累计发放贷款 47 亿元，同比增长 21%；年末贷款余额为 38 亿元，同比增长 70%。坚持“客户至上”的服务宗旨，积极主动提供服务；坚持让利企业的原则，努力为企业降低财务成本；加强与企业沟通，努力为企业解决实际困难。建立了良好的沟通与反馈机制，企业愿意主动上门办理业务；经济效益大幅提升，为可持续发展打下了基础。

【产品销售信贷业务】2011 年，公司成功拓展了买方信贷业务。深入集团、股份公司及企业了解订单情况；与集团、股份公司相关部门一并到业主方调研需求；取得相关方担保（承诺），有效降低经营风险；为业主开立贷款专户，贷款发放后保证集团企业及时收款。提升了集团产品立体式综合营销的能力；解决了集团企业产品收款问题，帮助企业提前收回货款，避免了坏账；开拓了产品金融合作新模式，有效介入了集团企业销售环节；扩大了与合作银行、财务公司同业合作范围，提高了资金使用效益和运作能力，取得了良好的经济效益。

【资金和投资业务】2011 年，公司在资金业务方面加大了与合作银行谈判力度，努力提高备付金同业存款利率；丰富了同业资金运作品种，开拓定期存款业务，提高收益水平。投资业务方面，鉴于投资品种和范围受较大的限制，投资业务功能尚未充分发挥，全年主要着重夯实基础，锻炼队伍，在做好传统业务的同时尝试拓展新的品种和方向。投资收益主要来自于债券利息收入、债券逆回购收入。

【票据业务】全年累计办理票据贴现47亿元，同比增长50%；年末贴现余额为19亿元，同比增长8%。通过加大沟通，扩展开票企业数量；与集团企业通力合作，向关联企业宣传使用票据进行结算的优势；提供优惠的贴现利率，为贴现客户降低成本；提供舒适的办理环境，让贴现客户感到家的温暖。为集团企业节约了大量财务费用，满足了集团企业生产经营资金需求，获得了良好收益。

【外汇业务】2011年，外汇业务整体运转良好。集团公司对公司外汇功能日益重视，及时补充了2 000万美元资本金，提高了业务服务功能。企业认可度逐步提高，尤其是异地客户结售汇量迅速增加；企业充分肯定了公司在协助企业开立信用证、规避汇率风险上付诸的努力。开拓了停滞多年的外汇贷款业务，同时为突破外汇办理瓶颈，积极申报新业务资质。

【资金集中】2011年，公司通过开展企业账户全面排查，加大与合作银行谈判力度，解决归集时效性，提高资金归集效率。归集企业数量增加，归集率为83%。在集团企业资金存量大幅下降背景下，扣除基本账户限额和关联交易限额后的资金集中度为55%；通过委贷方式有效发挥了股份公司内部资金拾遗补缺的作用；为全集团降低财务费用首次超过3亿元。

【风险管理和内部控制】2011年，公司加强制度建设，完善制度体系；加大制度检查力度，提高制度执行力；提出合理化建议，提高了内部控制准确性。同时，与业务部门一起深入企业开展调研，提前掌握企业生产经营状况和所处行业情况，提前揭示风险；参与业务审核讨论，提出风险防范建议；召开风险例会，及时发现并解决问题。2011年全年未发生风险事件，风险管理工作开展情况良好。

【人力资源管理】2011年，加大人才引进力度，努力调整和改善人力资源结构，从高校、社会引进7名金融、经济专业人才，进一步调整了知识和年龄结构，为财务公司实现可持续发展创造了前提条件。加大对员工培训力度，提升综合工作能力，全年抽调业务骨干积极参加集团、财协、外汇、税务等部门举办的专业知识培训共计30人20次。同时积极营造事业留人的人才环境，不断完善薪酬绩效体系。

【信息化建设】2011年公司注重系统风险防范，确保业务服务不中断。开展信息系统安全评估，提高了信息技术人员信息安全意识和信息安全保障能力、信息安全防护能力；推行安全加密方式访问，保障系统更为安全运行；开展交易专机备份，防范故障风险，提升报表报送稳定性；实施中文域名申报，方便用户访问公司网站，防范潜在的商誉风险。推进系统设施建设，提升系统处理满意度。建立高效稳定运行的数据中心，保障系统高效稳定运行；积极稳妥推进系统分离部署，有力提升了金融服务系统、网上银行系统业务处理能力；大力推广专线接入方式，有力提升了系统访问能力。加强系统需求调研，助力业务开展。谋划“十二五”信息化建设项目，推动信息化水平上台阶；优化增加金融服务系统功能，丰富系统业务处理能力。

【企业文化建设】注重发挥先进典型对企业文化建设的示范带动作用，大力培育积极向上的企业文化精神。一是注重发挥工会组织在企业文化建设中的推动作用，通过开展体育活动、自排文艺晚会、外出远足踏青等各种形式的活动，丰富大家的业余生活，增强公司凝聚力和向心力；二是关心员工，倾听员工心声，关心员工的成长，引导员工树立阳光心态、培养健康心理，将压力管理和情绪管理纳入员工思想工作；三是对困难员工进行一系列帮扶救助工作，营造和谐健康的企业文化氛围；四是通过内部培训、风险例会等多种场合和机会，加强银行案例学习，不断增强风险意识，倡立企业风险文化。

宝钢集团财务有限责任公司

【经营概况】2011 年，宝钢集团财务有限责任公司（以下简称“公司”）针对市场环境变化，及时调整经营策略，一方面努力帮助企业缓解融资困难，降低融资成本；另一方面积极参与市场运作，提高从市场上赚钱的能力，取得良好经营业绩。员工队伍建设成效显著，客户服务水平得到提升，产融结合更加紧密，投资专业化能力有所增强，风险管理工作持续深入。

2011 年 7 月，经中国银监会上海监管局批准，公司将 6 亿元未分配利润转增资本金，增资后注册资本金 11 亿元人民币（包含 2 000 万美元）。全年实现税前利润 2. 39 亿元，净资产收益率 11. 9%；管理资产规模 124 亿元。各项监控指标执行结果全部符合银监会规定的考核标准，整体风险水平较低，资产质量大幅提升，不良资产率由 0. 33% 下降至 0. 01%。

【信贷业务】2011 年，在货币政策趋紧、企业融资环境严峻的形势下，及时调整信贷服务策略，提供基准下浮 10% 的贷款利率和优惠贴现利率，支持集团企业缓解融资困难、降低财务费用。累计发放本外币贷款 378 笔，金额 122 亿元；累计办理委托贷款 114 笔，金额 31 亿元；为宝钢金属、宁钢、工程技术集团中票或短融发行提供免费财务顾问服务。

【资金和投资业务】借鉴资产管理公司的管理理念和运作模式，成立了宝财通盈利倍增基金、宝财通低风险投资基金和宝财通流动性管理基金，通过对标基金公司的配置理念、研究方法和风险控制措施，进行专业化运营和市场化配置，取得显著成效。宝财通盈利倍增基金跑赢中债全价指数 267 个基点，宝财通低风险投资基金跑赢货币市场基金 167 个基点，宝财通流动性管理基金获得商业银行总额达 157 亿元的授信额度，全年同业交易量 1 547 亿元，其中债券交易量 1 107 亿元，在全国非银行金融机构中排名第六位。

公司在固定收益投资方面逐渐形成特色，《货币市场日报》、《债券周报》等市场研究报告具有可读性和参考价值，受到成员单位的欢迎；2011 年累计为成员企业代理回购 24 笔，金额 62 亿元，帮助企业抓住市场行情，提高短期资金运作收益。

【票据业务】公司电子商业汇票系统安全高效、方便快捷，受到集团成员单位的欢迎，2011 年电票交易量 935 亿元，签约成员单位 62 家。为进一步推广电票应用范围，积极开展电票服务创新，向上下游产业链客户延伸，同时与商业银行洽谈电票增信合作。票据托管服务协助成员单位精细化管理票据资源，2011

年托管票据6 190张，金额317亿元。

【结算业务】公司“万向节”式的结算网络为集团成员单位提供高效、快捷和低成本的结算服务，提高集团企业结算的电子化程度，保障集团结算资金安全。2011年全年结算流量3.1万亿元，业务量37万笔，同比分别增长9%和13%。截至年末，开户企业238家，开立账户494个，管理外部账户274个。

【资金集中】2011年，将新疆八钢板块纳入集团资金集中管理范围，资金集中管理平台新增29家单位，共覆盖145家成员单位，通过资金平台内部调剂资金余缺日均规模达57亿元，有效地提高了资金的整体使用效率。

【业务创新】宝钢集团成员单位的金融需求日益多样化、复杂化、个性化，公司充分发挥内部金融机构的优势，将外部市场与内部需求对接起来，在产品创新和服务创新方面开创性、建设性地开展工作。

在东方付通信息技术有限公司成立及筹备申领第三方支付业务许可证的过程中，公司发挥金融专业优势，积极协作配合，与商业银行探索“以商业银行为主、财务公司协助存管”的客户备付金存管模式，多次向人民银行、银监会等监管机关请示汇报，争取政策支持，探索金融服务与电子商务协同互动、合作发展。

【风险管理和内部控制】以资产负债管理为主线，根据市场变化主动进行资产和负债的期限、品种配置，总资产收益率同比提高66个基点；为夯实系统开发的基础工作，全员参与业务流程再造，对管理制度和操作规程进行全面梳理，按五个层级重新构建制度体系，凸显了“简单、高效、清晰”的特点；开展全员风险教育活动，培育风险文化，提高风险意识，以系统开发为抓手，将风险点控制嵌入业务流程，在系统中固化下来，提升流程控制，建立制衡机制，完善各类风险管理指标体系。

【人力资源管理】系统组织员工培训、推进合理化建议活动是2011年人力资源管理的亮点。同时，重视协力员工队伍的管理，给予人文关怀和岗位培训，提高协力员工的归属感和满意度。结合岗位需求和工作推进情况，通过外部专家授课、内部员工交流等多种方式，有目的、有计划、有组织地开展员工专业化培训，全年共计15项，310人次，收到较好效果。2011年，由工会牵头推进合理化建议活动，发扬员工主人翁精神，为公司降本增效献计献策，产生的经济效益明显。

【信息化建设】公司极为重视信息系统的建设与安全，2011年，聚焦风险管理主题，对信息系统进行了进一步的优化和提升，实现了反洗钱的客户风险评级，资产分类进一步细化，结算业务流程改造等，以提高业务处理过程中的自动化程度，减少人工干预，降低操作风险。同时注重对现有信息系统进行升级和改进，5月，启动新一代核心业务系统的开发建设工作，对整体业务高效运作、全面风险控制和经营决策提供支持和保障。

中国一拖集团财务有限责任公司

【经营概况】2011 年，中国一拖集团财务有限责任公司（以下简称“公司”）坚持“依托集团、服务成员、合规经营、稳健发展”的经营宗旨，不断强化内部管理，积极开拓传统业务，大力推进电子承兑汇票及商业承兑汇票等新业务，努力为一拖集团成员单位的生产经营提供资金支持和结算服务。2011 年，公司在一拖集团和一拖股份公司的大力支持以及自身的不懈努力下，资金集中度不断提高，月平均资金集中度达到 40% 以上，较上年翻番，年末资金集中度突破 60%。截至年末，公司资产总额达到 28.2 亿元，同比增长 27.08%；负债总额 22.37 亿元，同比增长 37.07%；利润总额 0.61 亿元，同比增长 9.86%，取得了良好的经营成绩。

【公司金融】2011 年，公司向集团成员单位累计发放贷款 26.36 亿元，同比增长 182.09%；年末贷款余额 9.76 亿元，同比增加 170.8%；为集团成员单位办理票据贴现累计 17.35 亿元，同比增长 29.98%；承兑汇票余额 4.24 亿元，同比增加 38.62%。为满足集团成员单位不同的资金需求，公司采取了不同的贷款方式方便其随借随用，同时对不同成员单位实行了不同的优惠利率，让利于集团成员。为丰富结算手段，大力开展了电子承兑汇票和商业承兑汇票业务，贴现业务也从买方付息延伸到卖方付息。

【产品销售信贷业务】2011 年，公司通过产品融资租赁及买方信贷业务累计发放金额 2.03 亿元，同比增长 2.14%；年末融资租赁及买方信贷余额 1.43 亿元，同比增加 4.01%。公司的融资租赁及买方信贷业务带动集团成员销售收入 2.54 亿元，同比减少 2.92%；其中带动神通公司矿卡销售 459 台，较上年同期的 340 台增长 35%。

【资金和投资业务】公司在满足一拖集团成员单位资金需求的前提下，利用暂时闲置的资金投资于风险较低且收益稳定的金融品种，实现一拖集团整体利益最大化。2011 年，为规避投资风险，公司根据资本市场形势及时调整投资策略，坚持“有机会则做，没机会就不做”的原则，在满足安全性、流动性、收益性的前提下审慎开展投资业务。2011 年，公司投资业务累计实现收益 0.15 亿元，同比减少 13.27%；扣除部分限售股产生的浮亏 0.06 亿元，仍取得了 0.09 亿元的投资收益。

【票据业务】2011 年，公司累计结算金额 767.33 亿元，同比增长 6.41%；办理结算笔数 10.23 万笔，同比增加 4.55%。年末存款余额为 19.96 亿元，同比增长 75.80%。票据管理业务开户 32 家，累计发生金额 102.67 亿元，同比增长 80.44%；办理业务笔数 1.13 万笔，同比增加 26.97%；托管票据余额 17.25 亿元，同比增长 41.01%，初步搭建起一拖集团票据集中管理的平台。

2011 年，公司大力推进电子承兑汇票业务，并对集团成员单位开具的商业承兑汇票承诺保兑，提高其信誉度，使电子承兑汇票及商业承兑汇票业务迅速发展。公司直接办理电子承兑汇票累计 5.14 亿元，较上年同期 0.39 亿元增加 4.75 亿元；同时，公司通过农机买方信贷业务累计开具电子承兑汇票 1.69 亿元。

【风险管理和内部控制】 2011 年，公司组织员工认真学习文件精神，签订岗位合规责任书，明确合规责任及处罚措施，并积极开展业务自查自纠，不断提高全体员工的合规经营意识。洛阳银监局“合规执行年”开展情况现场检查结果显示，公司合规操作意识明显提高，案件风险防控工作开展有序，各项业务稳健发展。2011 年，公司在洛阳银监局的融资租赁业务专项现场检查、风险评级现场检查、“小金库”专项治理现场检查以及人民银行洛阳市中心支行对存款准备金执行情况现场检查等各项检查中均受到好评。

公司不断强化内部风险管理，加强内控制度建设。2011 年新制定 22 项、修订 19 项内部控制制度，使公司的内控制度全方位覆盖各个管理和业务环节。同时加大内部稽核检查力度，稽核部门对业务部门进行了全面及专项稽核检查；对重要岗位人员调整，严格按照内控制度进行工作交接及离任审计；对现金、票据进行现场盘点并及时核对台账和银行对账单，防范各类业务风险，保障公司资产安全。

截至 2011 年 12 月 31 日，公司资本充足率为 28.04%，流动性比率为 68.36%，不良资产率和不良贷款率继续保持为零，各项监管指标均符合中国银监会的监管要求。2011 年，公司没有发生任何重大风险事故，也没有发生任何违法、违规、违纪事件。

【人力资源管理】 2011 年，公司制定了《一拖财务公司人力资源“十二五”规划》和《人力资源系统 2012 年度业务计划》，使公司的人力资源管理目标更加明确。结合公司实际制定了《一拖财务公司后备干部管理办法》、《一拖财务公司干部评价管理办法》、《一拖财务公司员工多通道实施办法》等制度，为员工的职业发展创造良好环境。

在一拖集团开展的 2011 年优秀职业化员工评选活动中，公司共有三位员工荣获集团公司第二、第三、第四季度优秀职业化员工。优秀职业化员工的示范带动作用，鼓励员工不断提高职业素养和专业水平，提升公司核心竞争力。

【信息化建设】 2011 年，公司对业务系统增加了贴现利息分摊功能，自动根据贴现合同信息生成相应的凭证，将业务人员从繁重的手工计算中解脱出来，提高了利息分摊的准确性，并提供了查询功能。同时启用融资租赁业务二次开发系统，实现了融资租赁业务的批量处理问题和台账统计功能，解决了融资租赁业务的休眠期及操作的优化处理等问题。

2011 年 6 月，公司全面推进电子汇票和商业汇票业务。在 7 月、9 月及 12 月对电子汇票系统进行了三次升级，增强了系统的实用性和可操作性，优化了系统的查询功能，满足了业务需求，为电子汇票的快速发展提供了有力的技术支撑。

【企业文化建设】 公司倡导“忠诚、团队、创新、稳健”的公司文化，通过各种形式使全体员工对一拖财务公司的使命、愿景及核心价值观等内容深刻了解，并融会贯通至各项工作中。同时尽力改善办公环境，努力为员工提供良好的工作氛围，增加员工收入，提高员工生活质量，使全体员工共享公司发展成果，增强公司凝聚力。

2011 年，公司组织员工积极参加人民银行开展的洛阳市“信用记录关爱日”活动，利用电子屏、宣传单等形式向客户广为宣传，并组织员工参加洛阳市“进一步加强文明城市创建工作”的宣传活动。9月，公司员工参加了一拖集团“凝聚在党旗下——一拖建党90周年职工红歌会”，并荣获“最具创意奖”；同时成立“一拖财务公司青年工作组”，组织员工参加一拖集团公司团委举办的各项活动，展示公司青年的良好形象和职业风采。

2011年公司向一拖爱心基金捐款12.65万元，救助一拖困难职工，以此表达对一拖集团困难职工的一片爱心。

五矿集团财务有限责任公司

【经营概况】2011年，五矿集团财务有限责任公司（以下简称“公司”）面对严峻的国际国内经济形势，主动调整经营思路，深入挖掘内部潜力，强化服务意识，完善内部管理，圆满完成了年度经营目标和集团资金链安全这两大核心工作。

截至2011年12月31日，资产总额为119.59亿元，同比增长3.74%，全年实现营业收入5亿元，同比增长22.08%，利润总额4.54亿元，同比增长11.85%，报表外为集团节省财务费用1.6亿元；人均利润总额达到0.12亿元，成本费用利润率达到276%；全年完成结算量近5 200亿元；累计发放自营贷款90笔，金额110亿元，累计发放委托贷款46笔，金额30亿元；资本充足率为46.56%，不良资产率和不良贷款率均为0.01%。

【信贷业务】2011年，公司严格执行货币信贷政策，按步骤有节奏地发放贷款，全年信贷稳步增长，信贷发放进一步向核心主业集中。认真落实监管规定，加强中长期贷款管理，调整了中长期贷款还款方式，与借款方多次协商，以签订还款计划和补充协议等方式，使中长期贷款还本付息方式全部符合了监管要求。公司还提高了贷后检查力度，以保障信贷资金安全，防范信贷风险。为改善金融服务质量，加强自身风险管理，2011年，公司根据客户信用评级、资金预算以及实际资金需求等情况，与全部借款人签订了授信协议，授信覆盖率达100%。截至年末，公司自营贷款规模75.76亿元，同比增长17.71%。

【投资业务】2011年，在流动性紧缩和欧债危机的双重作用下，A股市场持续下跌，公司积极调整投资策略及投资结构，严格执行投资纪律，适时减少一级市场申购操作频率，强化调研力度，加大基金专户理财和债券投资研究，对在手证券进行密切跟踪，实现了投资业务的稳健经营。此外，2011年公司获得了“新财富最佳分析师”评选的投票资格，公司证券投资业务得到市场认可。

【结算业务】2011年，面对流动性紧缩、成员单位资金周转放缓的局面，公司加强了金融服务力度，想方设法为成员单位提供结算服务，以结算服务提高资金集中规模，结算覆盖面进一步扩大，集团新进成员单位结算业务取得了明显突破。全年人民币结算规模达到5 200亿元，票据结算250亿元。国际结算规模达到58亿美元，其中进口结算共计43亿美元，进口押汇32.48亿美元，海外开证金额2.6亿美元，海外贷款金额4.6亿美元；出口收汇14.85亿美元。京内企业结算业务集中度达到95%以上。

【资金集中】2011年，公司资金集中规模受到全社会资金紧张状况的影响，部分企业流动资金周转速度放缓，沉淀资金规模降低。对此，财务公司从两方面着手强化资金集中管理力度，一是与集团财务总部密切配合，针对集团公司经营季节性特点，先后在9月和12月两次出台了临时资金性资金集中政策，保证了时点上集团业务经营的资金需求，也使得公司资金集中度在部分时点上达到了最高水平；二是加强与成员单位的沟通，尤其是现金流入较多的成员单位的互动，将资金集中与票据托管结合起来，在现金集中的基础上，依靠票据到期解付增加一部分资金。这两项措施使公司资金集中度虽然在年末没有明显提高，但在年中关键时点上，有了明显的突破。

【业务创新】2011年，公司努力加强业务创新，针对成员单位经营业态的不同，有针对性地推出新的业务品种。先后为集团内施工企业推出了全保证金建设工程履约保函，为贸易企业推出了流动资金贷款承诺函，为出口企业推出了出口货物贸易人民币结算业务和远期结汇提前交割业务，为进口企业推出了境外购汇等业务，进一步扩大了公司金融服务的范围，提高了财务公司因势而变、因需而变的金融服务能力。

【风险管理和内部控制】2011年，公司先后进行了3次内部稽核，对结算部门、信贷部门、投资部进行了操作流程和制度稽核，对发现的问题进行了及时整改。同时，公司还作为集团公司试点单位，接受了集团内部控制诊断，初步形成“内部控制管理办法和内部控制标准”。公司还组织信贷部门和稽核风控部门组成联合检查组，对部分中长期贷款单位进行了联合检查，对信贷资金流向、信贷资金使用计划、公司经营等进行了全面了解，使公司对相关企业的信用状况有了深入的把握，提升了公司信贷风险管理水平。

【人力资源管理】2011年，公司加强了员工培训工作，为提高公司员工的政治素质、专业水平和职业风貌，组织了财务人员继续教育培训、金融服务及礼仪培训、跨境贸易人民币结算培训、财务公司行业内部风险控制、电子票据系统建设等培训，先后举办了十次以上的同业交流活动，走出去学习培训十五次以上，很好地促进了公司学习型组织的建设工作，为员工素质的提高起到了有力的推动作用。

【信息化建设】2011年，公司加大了信息化建设步伐。在进一步强化现有银企直联系统、内部结算系统、电子商业汇票系统的基础上，更新改造了公司财务信息系统。同时，联合集团公司财务总部、信息管理部对新一代资金管理系统进行研究，先后到银行、同业等多家单位进行了调研，并与部分软件公司进行了交流，向集团公司提交了初步改造规划，并将公司资金管理系统改造上升到集团IT规划的重要组成部分。

【企业文化建设】公司全年在《中国财务公司》杂志、《五矿报》、《五矿金融通讯》等刊物发表论文、报道、通讯等稿件达到25篇以上，完成银监会、人民银行、外汇局、国资委、财务公司协会等机构调研报告6份，理论研究和宣传工作取得了丰硕成果；成功举办了集团公司财务系统迎春晚会，参加了金融中心举办的迎春联欢会、财务公司协会举办的建党90周年晚会，并积极参与了集团公司及金融中心的运动会、植树、爱心书包捐赠、红色旅游、建党90周年纪念等活动。在集团公司评选活动中，公司有多人次被授予“优秀共产党员”、“劳动模范”等称号。

攀钢集团财务有限公司

【经营概况】2011年，攀钢集团财务有限公司（以下简称“公司”）实现营业收入1.77亿元，利润总额1.72亿元，超额完成集团公司下达的年度利润目标（1.29亿元），资产质量良好。截至2011年末，资产总额47.16亿元，负债总额24.84亿元，所有者权益22.31亿元，较上年增加1.31亿元；资产收益率2.75%，净资产收益率6.07%，每股收益率8.76%。

2011年，在攀鞍重组的战略背景下，公司严格执行制定的规划，围绕集团加快二次创业战略，加强改革创新。面对货币紧缩、集团资金紧缺、货币市场利率大幅上升的不利局面，公司积极调整外部融资品种，为集团筹集资金，保障资金供给；精细化负债管理，深挖资金潜力；大量开展电票承兑新业务，缓解集团资金压力；大力推进牵头银团工作，为集团重点项目建设寻求资金支持；深入贯彻服务理念，针对成员单位加强贴身服务；加强人力资本建设，通过承接金融学会课题等方式加强对集团产融结合等方面的研究，提升人才素质和能力；加强风险管理和案件防控工作，通过完善制度、规范流程，精研风控手段，加强同金融监管当局的沟通和交流，公司业务的风险度持续降低；深入挖掘集团内部的项目资源，高效利用整合后集团的金融资源，适时满足了集团的金融需求。

【公司金融】2011年，公司累计发放人民币贷款70.27亿元，累计收回贷款101.35亿元；累计发放委托贷款103.34亿元，收回委托贷款76.95亿元。截至2011年末，公司各项贷款余额为121.68亿元（含贴现、融资租赁、委托贷款和外汇贷款），比年初减少1.25亿元，其中，人民币贷款121.12亿元，比年初减少1.29亿元；融资租赁本金余额为0.44亿元，较年初减少0.59亿元；美元贷款余额为895万美元（折合人民币0.56亿元），比年初增加95万美元。

【资金和投资业务】2011年，公司与20家对手开展信用拆借425笔，信用拆入累计成交量为381.73亿元，较上年增加174.73亿元；资金拆出累计8笔，累计金额为3.1亿元，日均拆借余额为3.43亿元；开展债券回购累计170笔，回购规模123.1615亿元，其中正回购119.624亿元，较上年增加20.124亿元，逆回购3.5375亿元，日均回购规模2.87亿元；公司与5家同业对手累计开展信贷资产转让31笔，金额累计19亿元，较上年减少21亿元。截至年末，公司已取得各家银行累计70.5亿元授信额度，较上年基本持平。

【票据业务】2011年，公司累计开展信贷资产转让31笔，金额累计19亿元，较上年减少21亿元。累计开展票据转贴现（卖断）0.8亿元，较上年减少6.7亿元；开展票据转贴现（回购）业务2笔，金额为4亿元。大力推广电子票据业务在集团内的应用，开展电票承兑新业务，有效增加支付手段，缓解集团资金压力，加快资金周转，提高资金使用效率，降低集团财务费用。2011年累计办理电票承兑业务373笔，金额28.24亿元。

【外汇业务】2011年，公司累计办理代客结汇业务402万美元，实现价差收益人民币2 059.99元。公司办理成员单位代客结汇业务，为集团节约结汇成本约人民币4万元。面临人民币汇率升值显著加快，单边波幅扩大的困难局面，公司着重在“质”上提升服务，缩小了代客结汇价格与头寸平补价格之间的点差，为成员单位规避汇率风险，节省结售汇成本。

【资金集中】2011年，公司致力于资金集中管理，为集团资金管理改革提供契合、专业的管理平台。整合金融业务系统正式上线运行，金融平台信息化管理系统达行业先进水平，加强推介平台业务，与集团资金管理部门配合，强化服务，着力发挥平台功能。2011年，公司总结算量6 280.38亿元，同比增加5.97%；银行资金归集量达637.2亿元，较上年同期增加31.3亿元，同比增加5.12%；结算服务占集团结算总量的66.91%，较上年减少6%。

【业务创新】公司大力推广电子票据业务在集团内的应用，为集团成员单位有效增加支付手段，缓解资金压力。加强外汇业务在集团内的推广，深入研究并构建集团外币资金池。深入推动牵头银团贷款服务模式，撬动同业市场资金支持集团重点项目建设。2011年公司通过深挖集团内外负债能力、努力推进银团组建、服务集团资金集中管理、创新业务品种、完善风控模式、改进绩效管理和加强人力资本提升等措施，不断提升企业风险控制能力和综合竞争力，为公司可持续发展打下了坚实基础。

【风险管理和内部控制】公司实现各项经营活动风险控制的全程跟进，并向精细化发展。定期动态测算监控指标、监控各种风险因素、业务运作必先风险分析、筛查业务操作程序漏洞，严密控制关键环节，强化风险预警机制，定期开展应急演练和压力测试。整合金融业务系统，通过技术手段提高防范操作风险的能力，为业务操作复核和稽核工作提供坚实基础，信息系统风险管理功能更加完善。

保持内控制度及时更新，开展新业务之前首先完善内控制度，严格执行内控优先原则，通过多层授权和全业务的风险监控实现事中控制；加强部门自查自纠，强化稽核、风控等部门第三方现场及非现场检查力度，通过事前防范、事中控制、事后监督和纠正这三道防线结合，有效地防范操作风险，杜绝案件发生。

【人力资源管理】截至2011年末，公司共有在岗员工47人，专业涵盖金融、投资、财务管理、法律和IT等各领域，其中博士2人，硕士8人，学士23人；研究生学历17人，占比36%。财务公司本着“人才兴企、人才兴业”理念建立符合现代金融业特点的人力资源管理机制，以月度经济活动分析会、季度理论研讨会和根据需要灵活组建矩阵式研发小组等方式开展战略和业务研究。建立培养一支系统掌握现代金融理论、熟悉国家金融政策和热爱财务公司事业的经营管理人才和业务精湛、创新意识强的高素质专业人才队伍。

【信息化建设】2011年10月，整合金融业务系统正式上线运行，金融平台信息化管理系统达行业先进水平，加强推介财务公司平台业务，与集团资金管理部门配合，强化服务，着力发挥平台功能。

公司计划在整合金融业务系统中加入风险

控制模块，更好地做到对监控指标的实时监控和分析，及时发现业务操作漏洞，防范操作风险，加快综合风险信息的更新和掌握。在现行信息系统的基础上建立一个涵盖所有金融业务的统一信息化管理平台，实现与资金结算系统、账务系统的综合链接，实现业务系统中的监管信息统计，同时建立风险指标分析监控系统。

【企业文化建设】2011年，公司继续围绕“合规、合作、创新、服务”的经营管理主旨思想，秉承“开拓创新，合作共进”的服务理念，大力推进合规、创新、服务的公司文化建设，提高客户服务质量，提升服务水平，开展全方位、多角度、多渠道的营销服务。通过科学发展观的学习、各种专业理论的研讨、各种专业技能培训、金融风险文化意识的强化，巩固丰富企业文化建设成果。“合作”、“规范”、“风险”、“创新”、“学习”、“服务”、“人才”等意识积累沉淀，形成财务公司系统的文化，推动公司可持续发展。

武钢集团财务有限责任公司

【经营概况】2011年，武钢集团财务有限责任公司（以下简称“公司”）在“武钢集团发展到哪里，财务公司服务到哪里”的经营理念指引下，紧跟集团结构转型步伐，密切配合集团资本运作，不仅有力支持了集团和成员企业的经营发展，自身也获得了可持续发展。2011年，公司实现利润6.03亿元，与上年同比增长23%，近三年实现利润近15亿元，环比增长超过20%；年末资产总额640亿元；资本充足率为14.64%，贷款损失准备100%，不良资产率接近为零，全部优于监管指标，继续保持了重大设备、火灾、治安事故为零的良好记录。

【信贷业务】2011年，公司平衡动态、静态资金，细分本外币及大额资金需求，为客户的经营发展提供了较为稳定的资金支持。在保持传统优质客户贷款规模的同时，有重点地为外源融资困难的中小型成员企业提供一定的信贷支持，推动了集团相关产业发展。全年累计发放人民币贷款232亿元。

公司进一步深化异地金融服务，关注异地成员企业的经营性资金需求，适度调整授信额度，帮助企业渡过难关，增强了异地成员企业对公司的依赖度和信任，促进了异地企业在集团内的融合。密切跟踪集团及成员企业异地大型项目如码头、物流、剪配基地等的建设情况，提供及时的信贷支持。在舟山码头项目银团中积极协调，确保银团贷款的及时投放，保障了项目的顺利实施。

【票据业务】2011年，公司积极向人民银行争取政策支持，获得再贴现额度，并扩大商票签发额度和使用商票的成员企业范围，为集团及成员企业争取到了低成本资金来源。针对异地成员企业用票规模快速增长的特点，加强票据服务力度，为其申请商票额度，办理票据贴现。继续推广电子票据系统，有效降低了票据风险；纸票系统在异地销售公司全面铺开，异地票据信息和风险得到集中，保障了回笼资金安全。

【外汇业务】2011年，公司着力布局境外业务，积极打造外汇资金管理平台。一是抓住集团成立海外事业部、统一整合境外资金管理的契机，提出并着手打造全球现金管理平台，完成了全球现金管理系统第一阶段的开发和测试，为逐步实现境外资金信息集中、风险控制集中和外汇业务集中迈出了关键的第一步。二是取得集团型货物贸易出口收入存放境外业务资格，建立起集团内成员企业境外收入的归集通道，为帮助成员企业规避外汇风险，协助集团灵活运作跨境资金创造了条件。三是主动参与集团大额资金运作，较好地完成了集团海外投资本金和利润的结算及保值管理，积累了外汇运作经验。四是协助集团开展海外项目的投资安排，通过利用美元外债指标，降低外汇资金使用成本。截至年末，公司发放外汇贷款1.96亿美元，实现结售汇业务利润0.09亿元。

【资金集中】2011年，为了稳定集团内经营性存款，帮助集团实现资金资源的合理配置，公司继续加强重点客户营销，使异地销售系统货款回笼频率和股份公司资金归集速度有所提高；及时完成了集团短融、对外投资减持资金等大额资金归集；对集团二级单位下属的合资公司进行跟踪营销，及时介入新设公司的资金运作，对提高集团内资金集中度起到辅助作用。截至年末，公司日均存款达到178.26亿元，存款集中度保持在75%以上。

【投资和咨询业务】2011年，公司契合市场趋势，缩减了权益类投资的投资规模，将大部分的资金投入到理财、货币市场等高收益领域；利用在银行间市场上积累的渠道资源，扩大业务询价对象范围，通过充分竞争，提高了理财收益率；在提高资金预算准确度基础上，合理安排理财产品的品种、期限结构，做到长短结合，期限配比。不仅实现了资产的增值，还保证了资金的正常支付。

为提高公司服务能力，公司建立起“首问负责制”、“快速反应机制”和“集中处理机制”，促进了客户服务的主动化、反应的快速化和服务流程的常态化；贯彻开门办公的服务理念，通过增加上门服务频次，较好地实现了与客户的沟通，在风险可控的前提下，为客户定制个性化服务方案。积极开展财务咨询服务，为集团成员企业提供资金管理建议，设计资金集中管理方案等，帮助成员企业做好流动性管理，降低财务费用；在调研的基础上对集团进入金融产业发展提出了有针对性的意见和建议，为集团决策提供了有益的参考。

【风险管理和内部控制】2011年，公司极为关注流动性风险的控制，一方面将贴现、贷款等规模控制在合理范围内，另一方面积极寻找各种出路，如向银监局争取保留信贷资产转让额度，向人民银行争取再贴现额度等，通过内外部多项措施的并举，最大限度地为集团提供了资金支持。坚持对风险全过程管理，通过设置合规管理岗，强化事前合规审查；通过开展全面业务稽核，针对电票业务和新上线的核心业务系统，开展专项检查等，基础工作进一步规范；全年多次接受外汇局、银监局、审计署、人民银行等监管部门的综合及专项检查，风险控制能力获得认可。

【人力资源管理】2011年，公司启动了业务流程和岗位设置优化等工作。一是完成了部门职能调整工作，按照新的流程要求对涉及人员进行了微调，形成职能分工更加规范的组织体系。营业部承接了除投资业务外的其他所有资产业务的核算；财务部增加负债资产比例管理职能、定价职能和资金调度职能；信贷部增加了异地金融服务的工作职能。二是为了强化公司业务管理和内部管理，按照集团有关选人用人管理办法，经过民主提名、公开评选、组织考察等程序，对高管人员进行了补充配置；通过公开招聘引进4名新员工。

【信息化建设】 2011年，公司信息化建设全面推进，金融服务电子化进程加快。核心业务系统、协同办公系统、公司网站相继建设完成，电子票据系统得到推广，提升了服务效率，优化了管理手段。截至年末，公司新开通网银18家，已经开通的总单位数（以单位代码为标准统计）达到213家；电票开户单位46家，累计收票2 844笔，合计金额180.9亿元。

【企业文化建设】 2011年，公司持续推进创建“服务一流、效益一流、管理一流、团队一流”主题实践活动，鼓励员工在日常工作中创先，在本职岗位上争优，开展“领导干部作表率”活动，进一步转变工作作风，在2011年集团“三文明”评比中，喜获“红旗单位”称号。通过开展制度知识竞赛、领导人员上党课、加强外汇及证券业务培训等，营造了良好的学习氛围，提升了员工的专业素养。公司立项的《基于关键指标控制的武钢财务公司全面风险管理》课题，荣获湖北省企业现代化管理成果二等奖。

中远财务有限责任公司

【经营概况】 2011年，中远财务有限责任公司（以下简称“公司”）实现利润总额3.05亿元，净资产收益率约14.2%，国有资产保值增值率约115%，超额完成各项预算指标。公司依然保持资本充足率高、流动性好的财务状况，年末资产总额达266亿元，资产质量良好，各项资产负债指标均符合行业监管要求。

2011年，经中国银监会北京监管局批准，公司进行增资扩股，注册资本增加至16亿元（含0.2亿美元），股东单位由12家增至14家。

【公司金融】 2011年，国际航运业面临新的困境和挑战，公司坚决贯彻中远集团制定的“保有现金”的策略，资金面保持充裕，存贷比全年保持了较低水平。

【资金和投资业务】 2011年，国家货币政策收紧，资本市场表现低迷，公司积极调整投资业务结构，审慎安排委托资产管理，培育新的利润增长点。继续坚持稳健、多元化的证券投资策略，加大固定收益类的投资规模，适时参与一级市场认购，并抓住货币市场利率波动的机会，适时参与债券逆回购业务，在困难的市场环境下取得了投资业务收入约0.09亿元。

【票据业务】 公司对于票据业务一向持谨慎、稳健的态度，专门制定了《公司票据贴现业务管理办法及操作流程》，详细规定了票据贴现业务的审批及运作程序。公司受理的商业承兑汇票没有出现一笔坏账，所有到期票据的本金全部收回。

【外汇业务】2011 年，经过精心准备和试点工作，公司稳步推进集中结售汇工作。与中国银行、招商银行签署了结售汇业务合作协议。全年代理北京、上海、广州三家结算中心辖内 39 家成员企业办理结售汇业务 186 笔，累计金额达到 4.68 亿美元，为成员企业节省费用约 0.05 亿元人民币。

【资金集中】2011 年，公司继续推进对成员企业的资金集中管理工作。吸收人民币存款稳中有升，日均存量 170 亿元，美元存款日均存量 3.6 亿元。同时，不断完善集团资金管理平台功能，实现了账户的集中管理，客户资本性支出台账登记、统计等功能，实现了对付款业务的监督管理。

【风险管理和内部控制】2011 年，公司开展了对结算、信贷、投资业务和计算机安全与控制的专项稽核检查，重新梳理业务规章制度，规范业务流程，加强对基本业务审批各要素的日常监控，促进各项业务的合规开展。

【人力资源管理】2011 年，公司继续加大专业人才引进力度，并增加员工培训的投入，鼓励员工参加从业资格考试认证，推广持证上岗。全年共有 100 多人次接受了各专业序列的岗位培训。

【信息化建设】2011 年，公司除完成业务管理系统、SAP 系统日常维护工作之外，实施完成了业务管理系统三个版本的测试、升级工作。针对系统日终过程进行了优化，完善了资金计划模块功能以及部分信贷模块的需求。为规范投资业务管理，公司开发投资业务系统，并于 11 月上线。此外为保证业务管理信息系统数据安全，公司组织集团各结算中心和公司业务部门协同完成了两次异地灾备应急演练。进一步完善了业务管理系统容灾体系，各业务单元都熟悉了相关的策略、流程和方法，提高了系统应急响应和灾难恢复的综合执行能力，有力地保障了信息系统的稳定运行。

【企业文化建设】2011 年，公司党委深入贯彻落实科学发展观，紧紧围绕中远集团“双盈利”工作目标，以“创先争优”活动为载体，着力加强“三大机制建设”；加强“四好领导班子”建设和人才队伍建设，积极开展“四强四优”争创活动，评选表彰了公司“文明窗口”、“先进工作者”，充分调动广大党员和干部职工的积极性；持续加强以爱国主义为核心的企业文化建设，认真筹划开展革命传统教育活动，激发全体员工立足本职岗位，努力拼搏效益。

江铃汽车集团财务有限公司

【经营概况】2011 年，江铃汽车集团财务有限公司（以下简称“公司”）经济效益稳步发展。面对银行银根收紧的大环境，立足集团发展大局，专注提升服务，为企业搭建金融服务平台，充分发挥财务公司“蓄水池”作用，在严防各类风险的前提下，尽最大力量满足集团发展的资金需要。截至2011年末，资产总额同比增长10.95%，实现营业收入总额同比增长11%，实现利润总额同比增长16%；不良贷款率为零，贷款收息率100%，资产质量优良，各项监管指标正常。

【公司金融】2011年，信贷规模紧张，中小企业很难获得贷款，公司想方设法，以严格控制信贷风险为前提，多种金融工具协同运用，与企业共渡难关。公司协同集团公司以自营贷款、委托贷款、票据等多种形式支持成员企业发展，对成员企业的信贷支持同比增长48%，成功避免成员企业客户受信贷规模紧缩冲击。不仅在控制风险的条件下，对符合条件的贷款予以审批，还积极配合企业完成与银行之间的贷款承诺核准工作，减免了企业贷款承诺费，帮助企业从集团外融入资金；同时利用委托贷款和票据承兑支持企业融通资金，加强整个集团的资金周转速度。

【产品销售信贷业务】2011年，汽车类财务公司买方信贷业务面临着前所未有的资金压力。公司以支持集团整车产品销售为出发点，在资金均衡配置的前提下，将业务的触角向二三级市场延伸，不断将买方信贷业务向纵深区域拓展，2011年，公司支持的代理商占股份公司代理商总数的50%，公司支持的总销量占集团总销量的52%。

【资金和投资业务】2011年，公司加强了市场研究分析，执行严格的止损机制，规范、稳健、谨慎操作，用有限的资金，配置了低风险的基金、可转债等品种，及时调整、主动降低了二级市场股票、债券型基金等品种的仓位配置，使投资组合的结构更加稳健。同时，每天进行缺口分析及资金流向跟踪，匡计头寸，保持合理备付水平，在提高收益的同时，也保障了资金的流动性和资产安全。

【票据业务】公司在集团产销关系紧密的上下游企业间，积极推广银票、商票搭配使用；充分利用票据灵活、方便、低成本的优势，重点推出电子商业汇票业务，并顺利完成了与人民银行的再贴现业务，为今后票据融资开辟了一条新的渠道；同时与银行合作探讨票据池建设，增加了银行承兑汇票大票拆小票、商业承兑汇票置换银行承兑汇票等功能，极大地方便了企业商业票据的运用。

【业务创新】公司成立了跨部门的产品创新小组，倡导员工紧贴市场和客户需求，加大开展金融创新的力度，推出融资和融智相结合的业务管理模式，进一步防范风险，提升客户满意度。一是出台《经销商内部控制指引》，提升经销商客户防风险管理水平。2011年公司综合信贷风险管理方面的经验和各家经销商客户在内控管理方面好的做法，针对经销商管理的薄弱环节，整理编制了内部控制指引给客户，引导客户完善内部管理。此种方式深受经销商的好评，不仅留住了客户，而且使客户质量得到提高，风险控制有效地得到前移。二是每周出版《信息荟萃》电子杂志，为客户提供增值服务。通过收集、网罗国内外时政要闻、政策信息及金融信息并加以整理、排除杂讯，紧抓关键信息，汇聚成电子杂志。此项服务进一步提升了客户满意度。

【风险管理和内部控制】公司将2011年定为“案件防控强化年”，开展了全公司范围内的案件防控和内控学习系列活动，通过知识宣贯、培训、自查以及整改落实等进行内控强化，发现日常管理中的漏洞立即进行有效改进，为公司稳健发展营造了一个良好的内部环境。一是不断完善利率政策。2011年，在公司外融资金成本高企的情况下，开展了利率敏感性缺口分析，对三个月内利率风险进行压力测试，综合考虑资产、负债来确定利率，较好地规避了市场风险，提高了应对能力。二是财务管理水平、计划执行能力不断提升。2011年，完成了从发展规划、产品研发、市场开拓、质量管理到信息化建设等九大方面主要目标推进计划任务，在计划中设定了完成任务的措施、时间节点、责任人、目标值，每季度按照推进计划进行了考核，整体计划完成情况目标分重点、开展有步骤，计划执行能力进一步得到了提升。三是核销不良资产，优化资产结构。2011年，公司历史遗留的不良资产已全部核销完毕，现有不良资产率为零。

【人力资源管理】公司对员工的薪酬福利、在职培训以及发展空间给予充分关注。通过提高员工薪酬及福利，关心员工生活，吸引、留住人才；开展管理知识、业务技能的学习培训及课题研究，丰富员工知识，提升员工技能，增强公司发展后劲。树立培训是员工福利的理念，针对员工的文化层次、知识结构、技能水平，制定相应的人才培训规划，通过学历教育、岗培、轮培、内培、外培等方式进行。开展了“每部门一堂课及财务知识内部互训”的培训课程；继续推行新员工导师制，对转岗员工纳入岗位培训，加强员工岗位适应能力；组织各部门针对课题开展团队学习，积极推动研讨会的开展，多样化的学习方式增强了公司学习氛围。全年共收到课题研究小组论文7篇，其中《浅谈我国汽车消费贷款的发展现状及风险控制》及《推广电子商业汇票提升财务公司竞争力》分别获得江西省金融学会的二等及三等奖项。

【信息化建设】2011年，公司继续推广自主开发的买方信贷客户服务系统，同时，以升级网银系统、开通银企直联接口、完善电票系统为重点，启动了金融服务信息化全面升级工程，进一步完善了资金实时到账、业务安全快捷的信息体系，更好地满足客户日益迫切的金融服务需求。一是完善了电子商业汇票系统。该系统上线后，不断优化和完善其功能，使其与现有的网银系统无缝对接。二是优化了买方信贷客户管理系统的功能，优化了系统的响应速度，改进了系统的数据结构，使其功能更全面，经销商使用起来更便捷，同时使公司风险控制更严密。三是新增了与交通银行的银企直联接口。在与人民银行等三个行直联的基础上，又与交通银行建立了银企直联合作关系，进一步拓宽了结算网络，提高了资金清算效率，客户使用更方便。四是开发了短信提醒功能，给出客户每日资金余额、贷款即将到期及还本付息余额预警提示，带给客户更周到贴心的服务，并有效降低了公司操作风险。

【企业文化建设】2011年，公司以打造凝聚力强的企业文化为特征，开展丰富多彩的企业文化主题活动推动团队建设。公司党、政、工、团、企业文化小组齐心协力，开展了建党90周年系列活动，如座谈会、知识竞赛、户外拓展活动等，增强员工爱国、爱党、爱公司的情感。每周肚皮舞、瑜伽、太极拳、羽毛球、篮球等活动常规开展，不仅很好地丰富了员工的业余生活，更锻炼了员工的体魄；此外，积极组织员工参加集团各项活动，如交通志愿者、体育竞技、大合唱等活动，增强了员工的“大江铃”文化意识。通过一系列企业文化活动，较好地凝聚了全员的团队意识，增强了员工的向心力。

中国航空集团财务有限责任公司

【经营概况】2011 年，中国航空集团财务有限责任公司（以下简称“公司”）坚持以集团企业需求为导向，以加强金融服务为核心，以创新为动力，以可持续发展为目标，规范经营、健康发展，稳步推进各项经营业务，取得了良好的经济效益。截至年末，公司资产总额达到 96.8 亿元，全年共实现总收入 2.95 亿元，利润总额 0.9 亿元，超额完成各项经营考核指标。公司党委第六次被评为政治素质好、经营业绩好、团结协作好、作风形象好的中航集团“四好”领导班子。

【信贷业务】2011 年，公司积极应对信贷调控政策，及时调整信贷业务思路，把握总量及节奏，稳步增加信贷规模，在资金和价格上最大限度满足集团内企业需求，贷款总量创历史新高。

【资金业务】2011 年，公司资金业务的开展秉承规范经营、降低风险、实现收益最大化的经营思路，存款规模稳中有升，资金收益显著提高。一是加强与客户沟通，积极吸收存款，存款规模稳中有升；二是关注货币政策及市场价格变动走势，加强与银行议价，提高资金收益；三是关注交易所和银行间市场，抓住时机进行拆出操作，提高短期资金运作收益；四是加强与银行合作，完成授信工作的办理，确保融资渠道畅通及合作效益最大化。

【外汇业务】2011 年，公司积极推进外汇资本金结汇相关事宜，主动走访具有资本金结汇经验的企业，详细了解审批手续、现行政策等事项，及时提交结汇申请，最终获得批准并完成部分资本金的结汇，实现了减少汇兑损失的既定目标。

【结算业务】2011 年，公司紧密围绕“资金结算中心”的功能定位，不断增强自身服务和竞争力，加大资金风险控制力度；充分利用财务管理系统，不断强化内部核算，把加强后督管理与提高服务手段相结合，严格执行内控制度，完善制约机制，规范会计行为；通过优化业务流程和系统实施面的覆盖，实现了支付实名制，采取银企直联方式进行资金归集，并实时监控银行账户资金，全面提升了集团内资金结算水平。

【投资业务】2011 年，公司稳健开展投资业务，本着以低风险为主线的投资策略，适时调整证券投资节奏，克服升息周期的不利影响，提高债券持仓的整体收益水平，缩短主体仓位的投资期限，新投品种仅限于短融；加强品种的深度研究，选择高信用等级产品；合理安排债券到期时间，充分利用年末利率相对较高的时机；继续保持对原有股权投资项目的跟踪分析，并对集团部分拟投资项目进行了专项研究，为有关部门决策提供了专业支持。

【中间业务】2011 年，公司的咨询业务、研发业务、保险代理业务实现稳步开展。

一是咨询业务日趋成熟。配合集团顺利完成第四次短期融资券发行工作，充分发挥总协调人和财务顾问职能；协助集团推进企业年金项目，为集团企业年金计划的建立提供专业支持。

二是研发水平不断提升。加强宏观经济研究，定期为集团提供“经济环境分析”；金融期刊强化“原创性研究”，提升专业水平；注重专项课题研究的深入性，加大对研究成果的宣传力度，满足集团企业日益增加的金融信息需求。

三是保险代理稳步发展。修订了《保险业务操作手册》，组织保险会议，邀请保险公司专业人员到场答疑解惑；拓展了保险代理客户、配合集团企业解决重大理赔案件，保全了客户利益。

【代收票款业务】为有效支持国航销售工作，提升服务品质，2011 年，公司规范了代理收款业务，细化了工作流程，进一步提高了柜台收款服务质量；改进了工作方法，推行账目预审，预先统计销售数据后再行核对上交凭证，增强审核工作的主动性与严密性；加大了管控力度和安全教育力度，杜绝违规操作，确保了款项安全。

【风险管理和内部控制】2011 年，公司不断深化全面风险管理，发挥审计监督作用。

一是加强全面风险管理，完善风险预警机制。确定公司面临的重大风险为流动性风险、市场风险和操作风险，制定风险管理策略和防范性措施，降低和规避风险；定期开展风险自查和风险评估，综合判断和考量个别制度的疏漏和操作流程设计的细节缺陷；实时进行系统风险指标监控和趋势分析，确保各项风险指标控制在规定的范围内；调整风险监控指标，加强流动性风险管理，进一步完善风险预警机制。

二是开展专项效能监察，加强内部审计监督。公司从合同管理制度建设等方面，开展了合同管理与采购管理的专项效能监察，健全管理机制，维护合法权益；落实审计工作计划，定期审计检查对外售票网点；通过财务管理操作系统，实现了对公司重要投融资项目、存贷款及涉及大额资金流动的各项业务和操作环节的实时内部审计监控。

【人力资源管理】2011 年，公司逐步改进考核方式、考核指标，加大奖惩力度，探索更科学、有效的业绩考核方法，使个人绩效目标与公司、部门整体目标保持一致性与层次性，形成落实责任和传递压力的机制；为建立多层次的养老保障体系，保障员工退休后生活水平，公司建立并实施了平稳过渡和全员覆盖的企业年金制度。

【信息化建设】2011 年，公司主要对集团财务管理系统的使用功能进行升级，来提高金融服务水平。首先，在财务管理系统基础上增加报销管理模块与 HR 薪资福利管理模块，提升公司财务信息化管理水平；其次，实施财务管理系统个性化定制开发项目，完善系统统计、分析、业务提醒等功能，促进业务顺利开展；最后，为集团财务部提供更全面的监控解决方案，实现对下属单位银行账户情况实时监控、统计和分析。

【企业文化建设】2011 年，公司党委以“建设学习型企业”为引领，将企业文化建设纳入了党委工作的重要范畴，着力培育公司特色的企业文化，打造企业软实力；以“提升文化力，创造新业绩”为载体，使企业文化成为激励、凝聚全体员工共同努力奋进的精神支柱与动力支持；以“构建和谐企业”为目标，深入展开研讨，提炼公司核心价值观与价值体系。

中国南动集团财务有限责任公司

【经营概况】2011 年，中国南动集团财务有限责任公司（以下简称“公司”）坚持“依托集团、服务集团”的宗旨，树立“集团为先、服务为重、规范稳健、开拓创新”的经营理念，进一步明确新形势下公司定位和发展方向，以服务集团为主线，加强组织建设、制度建设和业务建设，努力为集团提供优质高效的金融服务，健全风险防控体系，提升运营效益，取得了较好的经营业绩。

截至 2011 年 12 月 31 日，公司的资产总额为 56 407 万元，同比增长 14%，所有者权益为 33 081 万元，同比增长 2%；资本充足率为 52. 39%，不良资产率和不良贷款率分别为 2% 和 2. 72%，均大幅优于监管指标。公司实现营业收入 2 182 万元，同比增长 16%；利润总额1 918万元，同比增长 44%；净资产收益率 5. 03%，同比增长 64%；超额完成了董事会下达的年度经营考核指标。

【信贷业务】2011 年，公司加强对航空主业的贷款支持，全年为航空主业的经营发放贷款 49 450 万元，办理贴现 5 211 万元，累计发放委托贷款 8 850 万元，提供贷款担保 26 239 万元。稳健推进非航产业信贷市场，采取了调查需求、评估风险、适度放贷的措施，有效支持了非航产业的发展。全年共收回逾期多年的不良贷款 164 万元，夯实了资产基础。

【资金业务】公司精心策划，灵活运用资金，提高资金使用效率，正确把握国家政策和行业机会。资金较松时采取协议存款方式等，全年增加利息收入 194 万元。资金较紧时争取到人民银行 2 000 万元再贴现额度政策支持，取得再贴现资金 850 万元，化解资金兑付紧张，解了燃眉之急。

【结算业务】2011 年，公司日均存款 13 758万元，同比增长 14%，结算资金流量 655 300 万元，同比增长 46%，这主要得益于结算模式的改变。公司坚持以“客户为中心”的服务宗旨，为成员企业提供“集中支付结算”和“上门取单、送单”及代收房款等业务，促进了集团资金的集约管理和高效运转；为成员单位代理托收及贴现承兑，主动承担填写背书栏的工作，减轻其工作量，全年解付商业承兑汇票 32 400 万元。

【票据业务】2011 年，公司为成员企业累计签发商业承兑汇票 42 000 万元，比上年增加 22 600 万元，增幅为 116%。全年累计办理票据贴现 5 211 万元，贴现收入 119 万元，同比增长 61%。同时公司为方便客户票据背书转让，推出票据拆分业务，共办理了 885 万元，减轻客户资金压力，受到客户欢迎。

【业务创新】公司组织开展综合评分计分卡活动。制定了 2011 年战略目标、战略地图、KPI 指标并逐一分解。通过战略回顾和 KPI 指标动态跟踪形式，督促行动计划的落实，为公司经营目标的实现打下了坚实基础。同时，扎实推进精益管理和6S管理，“缩短贷款、贴现业务办理周期”、“集中支付结算”两个管理项目取得显著成效，公司贷款业务平均周期由40个工作时缩减到24个工作时，贴现业务平均周期由24个工作时缩减到16个工作时；集中支付结算的开展不仅为成员单位节省了人力、物力，又给公司带来了中间收入。此外公司全面通过了集团公司6S达标验收。

【风险管理和内部控制】 2011年，公司不断加强内部控制体系建设，完善内控制度和业务流程。修订制度19项，制作电子版《制度汇编》，在内部网站按年度公布以供查阅，使员工养成“按章办事”的良好工作习惯。同时开展了“三个办法、一个指引”、“小金库专项治理”、“制度执行年”、“反商业贿赂”、“案件防控”等一系列活动，从制订实施方案到具体实施都安排专人负责，确保各项活动按计划有序完成。通过现场检查、非现场检查、专项检查等方式对重要业务开展稽核检查，稽查与规范相结合，防患于未然，全年无安全、责任事故。

【信息化建设】 2011年，公司注重IT技术的应用，投入大量资金对现有的账务系统进行二次开发，并从安全防范上增置了防火墙等设施。实现“银企互联”，解决了多年来公司客户在结算业务中收款、付款名实不符的问题。推进办公信息化，在完成办公系统网站开发工作的基础上构建了电子邮件系统，以便信息沟通和交流，提高办公效率。

【企业文化建设】 公司一直坚持以人为本，积极构建和谐向上的企业文化，树立“依托集团、服务企业”的经营理念，倡导和培育良好的合规文化，进行了党史、Outlook软件使用、节能减排、全面风险等培训，组织开展争服务、献计策、创佳绩等活动。选送员工出外培训，学成授课进行再培训，此举既提高了外派人员的培训效果，又使全员得到再培训，同时节约了费用。

天津渤海集团财务有限责任公司

【经营概况】 2011年，天津渤海集团财务有限责任公司（以下简称“公司”）从自身实际出发，坚持“依托集团、支持集团、服务集团”的经营理念，以“为成员企业提供优质、便捷、贴身的金融服务”为经营目标，紧紧围绕集团公司下达的各项目标任务，积极开展各项金融服务工作。通过开展新业务、提高资产质量、提升内部管理等多项举措，圆满地完成了全年目标任务，使公司实现了又好又快发展。

2011年，公司实现营业收入净额10 399万元，同比增长79.48%；实现利润总额8 134.7万元，同比增长126.4%；净资产收益率7.6%，较上年增加2.8个百分点，提高了

58.33%；实现应交税金2 635.78万元，同比增长112.64%，天津市和平区政府连续三年授予公司“功臣企业”荣誉称号；向股东现金分红6 212万元，较上年大幅增加5 212万元，增长了521.2%，受到全体股东的高度评价。

【增资扩股】2011年，根据集团公司“十二五”规划中将财务公司增资至10亿元的计划，公司引入了一家新股东，资本金由5亿元增至10亿元，提升了资本充足率，进一步增强了抵御风险的能力，公司实力得到了显著加强。

【信贷业务】2011年，受宏观调控的影响，企业流动资金紧张，面对特殊形势，公司组织相关人员多次到重点成员企业实地考察、调研，深入了解客户的生产经营情况，制定好金融服务计划。2011年末，公司自营贷款余额为170 606.60万元，日均贷款余额为168 800万元，全部贷款余额为227 800万元（包括委托贷款），相比2010年末全部贷款余额166 500万元，增加了61 300万元，增长36.82%。积极协助集团核心成员企业应对稳健货币政策造成的信贷等资金趋紧局面。同时，尽最大能力支持了集团中小成员企业经营与发展的资金需求，协助集团成员企业防范信贷违约风险，保障集团成员企业运行稳定。

【业务创新】2011年6月14日，公司运用中信银行电子商业汇票系统代理接入中国人民银行电子商业汇票系统（ECDS系统），成功地为天津大沽化工股份有限公司开立了由财务公司作为承兑人的首笔四张合计金额为750万元的电子银行承兑汇票，并为收到电子银行承兑汇票成员企业办理了贴现，实现了财务公司通过合作银行电子银行承兑汇票代理系统办理电子票据业务新的突破。公司将开立电子银行承兑汇票业务纳入统一授信管理，通过提供电子设备、减免手续费、免收保证金等服务手段，向两批十六家成员企业积极推介电子银行承兑汇票业务，截至2011年末，开出电子银行承兑汇票6 465万元，办理电子银行承兑汇票贴现4 050万元，并实现将电子银行承兑汇票质押换开商业银行纸质银行承兑汇票业务，解决电子银行承兑汇票流通的问题，为下一步建立“票据池”奠定坚实基础。

在开展新业务方面，公司通过合作伙伴人保财险公司取得了保险兼业代理业务经营许可证，制定了具体的保险代理业务制度，具备了开展保险代理业务的条件。

【资产质量】2011年，公司在不良贷款催收方面积极推进、主动协调，采取债务重组的方式，将历史遗留的312万元不良贷款全部收回。“十一五”期间，公司不良贷款率由近10%降为零，资产质量大幅提升。

【风险管理和内部控制】2011年，天津银监局对公司先后进行了监管会谈及现场检查，肯定了公司的健康发展和对成员企业的良好的服务，并针对存在的问题，提出整改意见。公司以监管会谈为契机，更新了公司制度汇编，制定了公司网站、信息安全制度，修改了十余项业务制度和六项风险管理制度。配合现场检查，针对日常业务中存在的不足，进一步加强合规管理。此外，2011年底按照公司账面价值一次清理了历史遗留的实业投资业务，公司进一步规范。

【信息化建设】2011年，建设了财务公司网站，创办了《每日信息》、《财务公司资讯》和《财务公司月报》，作为公司向集团成员企业宣传的媒介；下设“每日新闻”、“金融数据”等栏目，旨在为集团公司主要领导、相关部室、成员企业提供更全面优质的金融服务，为企业经营决策提供参谋作用。

【党建工作】一是不断加强领导班子建设，以创建“四好”领导班子为目标，不断增强凝聚力、向心力和战斗力。进一步规范了公司决策行为，提高了决策水平，形成了相互理解、相互支持、相互协作、相互促进、求真务实、密切联系群众的工作作风，切实提高了领导班子的战斗力和凝聚力。

二是加强党员学习教育，抓好党员发展工作。以建党90周年为契机，全年开展数次形式多样、丰富多彩的学习教育活动。公司党组织注重培养发展党员工作，2011年共发展党员2人，培养入党积极分子2人，从而有力地保证了党的新鲜血液的输送。

深圳市有色金属财务有限公司

【经营概况】2011年，深圳市有色金属财务有限公司（以下简称“公司”）全体员工秉承“做不到，没有理由”的核心价值观，开拓进取，求实创新，积极提升公司金融业务创新能力和风险管理水平，全力为集团及成员单位提供优质服务，保持了持续、稳定的发展，并取得良好的经营业绩。

2011年，公司累计实现营业总收入0.72亿元，营业利润0.44亿元，利润总额0.44亿元，净利润0.36亿元。截至2011年12月31日，公司总资产13.99亿元，总负债10.1亿元，净资产4.34亿元。

【信贷业务】2011年，公司遇到了前所未有的资金紧张局面。面对调控的压力，公司采取多种措施积极应对，与集团资金营运中心密切配合，与各成员单位充分协调，合理安排信贷计划，在满足监管要求的同时，尽全力保证集团成员单位的贷款需求，特别是加大对集团内中小企业贷款需求的支持力度。公司还积极为自身及成员单位开拓多渠道资金来源，从多方面着手解决成员单位的资金压力，支持成员单位发展。

【投资业务】2011年，股票市场全年跌幅超过18%，公司克服市场环境的不利因素，以防御策略为主，严格控制投资风险，加大对ETF基金、固定收益产品等品种的研究和操作力度，合理利用多种投资工具，取得了强于指数的表现。

【资金业务】为了尽快化解回购式信贷资产转让业务叫停所带来的负面影响，公司充分发挥其作为集团资金管理中心的优势，加大成员单位资金归集力度，减少集团成员单位账户资金的闲置情况，提高集团的资金集中度，同时创新思路，把短期拆借资金与集团内企业存款灵活调剂使用，通过合理有效的调配，提高整个集团资金的使用效率，充分满足成员单位资金需求，帮助成员单位解决资金周转困难。

【外汇业务】随着集团公司深入实施国际化经营战略，全力整合海外资源，外汇管理方面的问题显得日益突出，如汇兑成本及结算费用问题、汇率风险管理问题等，而当前外汇管理政策又使得集团公司无法集中管理境外资金。2011年，公司通过多种渠道反映集团关于外汇管理方面的诸多问题，得到监管部门的积极反馈，国家发展改革委和国家外汇管理局开展了联合调研，公司参与了深圳银监局设计相关调查问卷的工作。此外，公司组织业务骨干成立了外汇研究小组，有计划地开展外汇专业自学与培训，为开展外汇业务做好知识和人才储备。

【业务创新】2011 年，集团计划在全国银行间市场发行短期融资券，公司也积极投入到此项工作中，利用公司长期以来在金融行业的资源，借鉴公司在财务顾问业务方面的经验，与各中介机构配合，为集团提供了所需人力、物力、信息等各方面支持，同时也为自身积累了发行短期融资券的宝贵经验。

【风险管理和内部控制】公司每年都会对主要业务部门开展内部稽核。2011 年，公司稽核部对投资部和信贷部开展内部稽核，检查了两部门现有业务制度建设的完善性和制度执行的有效性，并要求被稽核部门根据稽核报告进行整改，对管理制度、操作规程等做有针对性的修订，促进了公司内控制度建设，强化了员工合规稳健经营的意识。

【信息化建设】2011 年，根据集团公司的统一部署，公司成功上线并运行人力资源系统。该系统对公司推进人力资源管理工作系统化、科学化、信息化具有重要作用。

【企业文化建设】2011 年，公司深入开展了纪律教育学习月活动。公司全体党员采取学习理论，熟悉管理制度，观看警示教育片，提交学习心得，召开民主生活会等多种方式，强化了党性观念、纪律意识以及制度意识，为营造清正廉洁的企业环境提供了坚强的思想政治保障。

2011 年，公司工会联合党总支积极组织员工参与各种有益身心健康的文体活动，强化企业文化建设，增强公司凝聚力，包括参加集团组织的登山活动、“铁人三项”比赛等。公司通过前期认真选拔队员、组织队员有计划地开展训练，最终取得了“铁人三项”比赛三人组第一名的好成绩。每逢传统节日，工会都会委派部分委员代表公司对退休员工进行慰问，对于患病住院、在家休养以及生育小孩的员工，公司都会送去关怀、温暖。

中国南航集团财务有限公司

【经营概况】2011 年，中国南航集团财务有限公司（以下简称“公司”）主营业务收入 17 135 万元，同比增长 48%；实现利润总额 7 400万元，同比增长 78%。截至年末，公司资产总额为 467 290 万元，同比增加 120 695 万元，增幅为 35%；负债总额为 406 205 万元，同比增加 114 608 万元，增幅为 39%；所有者权益为 61 085 万元，同比增加 6 087 万元，增幅为 11%。截至年末，公司共有在职员工 60 人，其中本科及以上学历 38 人，中高级职称 26 人。

【公司金融】2011 年，公司继续秉承“立足集团，服务集团”的宗旨，不断提高金融服务意识，改进服务方式，努力为客户提供优质的金融服务。一是及时解决客户服务中存在的问题，积极了解成员企业的需求，并据此对客户对账、成员企业结算款项回收、贷款发放通知与业务处理系统维护等基础服务予以完善，规范了业务办理流程。二是在货币政策较紧以及人民银行严控信贷规模的情况下，积极与客户沟通了解项目进展及融资计划，采取基准利率或略低于基准利率向成员企业提供融资，为成员企业节约财务成本。三是充分发挥公司专业化优势，为集团成员企业提供业务管理与资金监管等方面的建议，协助客户办理关联业务账款催收工作，每日向客户提供财经资讯，每季出版《南航金融》杂志，为客户提供金融参考信息。

【风险管理和内部控制】2011 年，公司根据《中央企业全面风险管理指引》和《企业内部控制基本规范》的要求，不断强化风险管理组织体系，提高风险管理的全面化、系统化和规范化水平。一是扎实开展内控建设工作。公司成为南航集团内控建设试点单位，聘请专业项目咨询顾问，围绕内控五要素，进一步梳理业务及管理流程，对公司层面和流程层面控制的设计和执行有效性进行自我评估。二是加强重要领域风险管控力度。2011 年将“信息科技类风险”、“证券投资市值降低风险”及“新业务拓展和保险代理模式创新风险”作为三项关键风险，开展风险监测和评估。三是加强制度建设。全年共新制定制度 13 项，修订制度 16 项。四是加强内部稽核。全年共开展 2 次现场检查，12 次非现场检查，7 次专项检查。

【业务创新】2011 年，公司不断改善销售手段、完善业务操作流程，扩大保险业务销售范围，积极开展投资及投行业务提高收益，大力开展工作机制创新提高团队效率。一是扩大保险业务销售范围，通过加大营销宣传力度、扩大销售渠道等方式扩大销售。继续推动与 95539 呼叫中心合作的电子化航意险项目全国上线工作，2011 年实现了长沙、郑州、南宁、海口等八个地区的业务上线。拓展与南航股份公司地服部合作的行李保险业务，2011 年实现北京、深圳地服部行李保险项目上线。二是优化保险业务操作流程，将航意险销售纳入值机员绩效考核，增加销售积极性。

【资金和投资业务】2011 年，公司新增加可转债投资品种，抓住机会开展可转债一级市场投资，并作为财务顾问参与南航集团 2011 年中期票据的发行。同时加强资金管理，建立资金流动性风险监测体系，拓宽合作银行范围，提高资金收益。

上海汽车集团财务有限责任公司

【经营概况】2011 年，上海汽车集团财务有限责任公司（以下简称“公司”）立足金融创新，开拓全新局面。全年创利比2010年增长了44%，达12.15亿元，成为年度创利最高的一年，第四次被上汽集团授予“业绩优异奖”，实现了“十二五”的开门红。全年汽车金融逆势扩张，实现产融双赢，批发业务的资产总余额和覆盖经销商数双双位居汽车金融行业第二；零售业务年合同量首破十万单，在汽车金融行业中名列三甲。投资业务准确预判市场走势，成功运作攀钢钒钛股票，赢得总计超过7亿元的丰厚收益。金融创新成就斐然，不仅再获远期结售汇、远期外汇买卖资质，而且自主开发的“合格证远程监控系统”获得两项国家专利，为业务的持续发展开拓了更加广阔的空间。

2011年，公司当选中国财务公司协会副会长单位，成为五家副会长单位中唯一一家地方国企财务公司，并在金融时报社和中国社会科学院金融研究所联合举办的“2011中国金融机构金牌榜‘金龙奖’”评选中，一举摘得“年度最佳财务公司”桂冠。

【汽车金融业务】2011年，汽车金融业务通过战略合作实现快速扩张。5月18日，公司与上海大众正式签署《个人消费信贷合作框架协议》，从此双方步入全面合作阶段。截至年末，批发业务已拓展至全国214个城市543家经销商，贷款余额69.50亿元，同比增长116%，贷款余额和覆盖经销商数双双位居汽车金融行业第二；零售业务拓展至全国268个城市1 004家经销商，贷款余额93.30亿元，当年累计合同笔数100 168笔，同比增长141%，不仅于7月份就率先在行业中突破上年最高月产纪录，而且自8月起连续5个月破万单，业务规模在行业内名列前三。同时，公司严控风险关，保持了优质的信贷资产质量，批发业务迄今已连续3年零逾期，零售业务的逾期率仅为千分之一，远低于行业平均水平。

【公司金融】2011年，在货币政策持续紧缩的形势下，公司金融业务仍保持平稳增长的良好发展态势。全年通过推进电票等创新产品，稳步提升存款份额。日均存款余额达534亿元，较上年逆势增长32.84%。同时，提供优惠利率的贷款和贴现，有力支持集团企业的融资需求，促进了企业的持续发展。

【外汇业务】2011年，公司在全国非银行金融机构中首家取得远期结售汇业务、银行间外币对市场远期会员及远期外汇市场会员资格，并于年底成功推出远期结售汇业务。全年累计办理国际结算43.97亿美元，同比增长88.94%；结售汇交易量237.48亿元人民币，同比增长109.29%，已达中等规模全国性股份制商业银行上海分行水平。

【结算业务】2011年，结算业务依托便捷、个性、低成本的优势，全面覆盖集团成员单位。其中，现金管理系统功能日新月异，为上海通用定制开发业内首创的全新功能——企业收付数据直联平台，真正意义上实现了金融机构与客户财务系统的无缝连接。5月，公司加入中国支付清算协会，并被选为仅有的三家财务公司理事单位之一，在推进结算平台建设的道路上又迈进了一步。

【投资业务】2011年，投资业务通过准确预判形势，有效规避了系统性风险，累计实现收益超过10亿元，远高于市场上基金、券商或银行同类产品收益。特别是上半年公司在高价位果断减持，成功抛售了两年前以固定收益方式购入的攀钢钒钛股票，实现总计7亿元以上的超额收益，规避了此后价格大幅下跌的风险，为集团整体上市作出积极贡献。

【股权投资】2011年，公司投资企业——上汽通用汽车金融公司各项业务实现稳步增长，至12月末，信贷资产总余额超过人民币298.19亿元，全年实现净利润12.13亿元，同比增长51%。

【风险管理和内部控制】2011年，公司通过完善内控体系、加大稽核力度，大幅提升风险综合管理水平。一方面，配合业务发展，不断创新风控方式，不断完善制度、流程及《内控手册》，全力保障业务稳健运作。另一方面，继续开展业务审计和内控测评，大力实施事前、事中、事后全方位审计，积极开展跟踪审计，确保稽核事项及时整改，有效控制了业务风险。

【人力资源管理】2011 年，公司从人员招聘、职业发展、员工培训三方面着手，积极应对业务快速发展带来的迫切人才需求。首先，配合“驻店管理模式”推出“终端金融人才招聘计划”，加快引进急缺人员。其次，不断完善职业发展通道，在已有的中层干部和专业技术干部人才建设基础上，建立全新的汽车金融人才梯队。最后，开展“新人助跑”、中欧“MINI MBA”等专项培训，有效提升员工专业素质。

【企业文化建设】2011 年，为加快新老员工的文化融合，打造有文化支撑的核心竞争力，公司从理念、视觉、行为三方面着手，深入推进企业文化建设。全年，在原有 16 项企业文化活动的基础上，新开展了“部门品牌建设”、“企业文化 VI 设计”、“合作年”系列活动、首届“文化体育艺术节”等 12 项文化建设新举措，取得了显著成效。据韬睿惠悦和《财富》杂志联合开展的“卓越雇主”调研数据显示，公司员工对企业文化认同度高，多项文化指标均远高于中国市场平均水平。

振华集团财务有限责任公司

【经营概况】2011 年，振华集团财务有限责任公司（以下简称“公司”）坚持“依托集团、服务集团、稳健经营、持续发展”的经营理念，以“巩固资金集中度、提高日均归集额、扩大资金归集面”作为重点工作任务，充分发挥资金管理平台的作用，取得了较好的经营业绩。

2011 年，公司实现营业收入 4 892 万元，比上年增长 70.45%。其中利息收入为 4 722 万元，比上年增长 69.63%；手续费及佣金收入为 169 万元，比上年增长 98.82%。实现利润总额 2 144 万元，比上年增长 34.34%。全年创税 705 万元，比上年增长 39.88%。

【信贷业务】2011 年，全年累计发放贷款 75 笔（含委托贷款），发放金额 89 832 万元，办理商业承兑汇票贴现业务以及商业承兑汇票回购业务等共计 165 笔，发生额共计 10 031 万元。期末各项贷款余额为 80 922.22 万元，其中委托贷款 31 780 万元，贴现 3 556.22 万元。年末各项贷款余额比上年增加 21 714 万元，其中委托贷款比上年增加 16 415 万元，贴现比上年增加 1 519.34 万元。

【票据业务】2011 年，公司为企业托管银行承兑汇票 252 笔，金额为 19 346.60 万元；

公司托管至银行的银行承兑汇票348笔，金额为25 829.40万元；质押245笔银行承兑汇票，金额为23 007.20万元；总共为企业担保开票409笔，总额达到了13 165万元。

【资金集中】2011年，公司通过召开座谈会等方式加强与集团成员各企业沟通和联系，促使资金集中度得以巩固和提高，截至年末，日均资金集中度达80%；在扩大资金归集面上，公司已保持100%归集面，对集团新成立的企业其资金集中度均为80%以上；在提高日均归集额上，公司积极挖掘潜力，深入推广票据池业务，不断开拓新业务，截至年末，吸收存款余额91 616万元。特别是与振华科技的金融服务协议将上市公司存款余额上限提高到26 000万元，增加了6 000万元，增长率30%。全年公司为成员企业办理结算17 063笔，结算金额近1 110 000万元。

【风险管理和内部控制】2011年，公司进一步完善风险管理机制和结算管理制度，由稽核部加强日常监督、审核。同时，积极配合外部专项检查，3月，人民银行贵阳中心支行反洗钱处对公司进行专项检查，对公司的反洗钱风险进行评估，公司针对发现的问题及时整改，考核综合得分80分；认真开展“小金库”专项治理全面复查工作，成立了“小金库”专项治理工作领导小组，全面负责公司专项治理全面复查工作，同时设立了举报电话、举报信箱，公司负责人签订了承诺书，开展全面复查，没有发现“小金库”问题。

【人力资源管理】2011年，公司多次组织全体员工学习《银行业金融机构从业人员职业操守指引》、银行新监管标准及基础业务知识，进一步规范员工的业务操作，提升服务水平。同时，派专人参加《社会保险法》高级培训班、贷款评估实务专题研修班、电子商业汇票业务培训班等，使员工的业务知识不断得到丰富和提升。全年员工培训158人次，1 089学时。两名中层干部通过在职研究生考试，经营班子成员两名MBA在读，为公司的下一步发展奠定了人才基础。

东方集团财务有限责任公司

【经营概况】2011年，东方集团财务有限责任公司（以下简称“公司”）紧紧围绕着集团总体发展战略，以审慎经营、稳健发展为原则，全面贯彻国家宏观调控政策，加强风险管理机制建设，加快资金结算系统管理平台建设进程，积极推进集团资金集约化管理工作，为集团产业提供优质金融服务，公司各项工作取得了良好成效。截至年末，公司资产总额151 321万元，负债总额99 164万元，所有者权益52 156万元，全年实现营业收入6 542万元，利润总额400万元。

【信贷业务】2011年，公司本着“服从政策、支持集团、有保有压”的信贷政策开展信贷业务，较好地完成了年初制定的工作目标。

伴随集团产业的调整与定位，公司信贷的投向也相应调整，一方面，按照国家的信贷投放导向、信贷政策进行贷款发放；另一方面，按照集团成员单位需求，配合集团主要产业和主要项目，积极主动为集团提供贷款资金及金融服务，最大限度地为集团的发展提供金融支持。通过到集团成员单位实地调研，在严格执行贷款“三查”制度和贷款审批制度的同时，开辟“绿色通道”，快速有效地为集团成员单位提供贷款资金支持。截至年末，公司信贷资产五级分类全部为正常，全年未发生不良贷款，不良贷款率始终为零，信贷资产质量优良。

【业务创新】2011 年，公司适时成立产融创新部，旨在为集团提供有效、优质的金融服务，使集团产业资本与金融资本更好地结合，发挥出最佳盈利状态。详细了解成员单位资金需求、服务需求、产业运作模式，为成员单位提供资金服务与咨询顾问服务。运用金融创新方式，开创企业三方合作及四方合作业务模式，在信贷规模紧缩的形势下，采用不占用信贷规模的方式从集团外部融入资金，使传统实体产业得到支持。根据集团各个成员单位内部购销关系，积极为其设计采用商业承兑汇票进行资金结算，既盘活了企业库存商品、加速了商品周转，又解决了企业相互资金占用问题。同时，公司为其办理票据贴现，解决临时资金需求，将已贴现票据进行转贴现解决头寸需求。2011 年，公司通过产融创新，有效地支持了集团的资金需求和产业发展。

【资金集中管理】2011 年，公司将集团资金集中管理作为工作重点，一方面积极与集团财务中心及集团高管层领导沟通，充分利用集团政策效力来发挥作用，另一方面密切与集团成员单位联系，将公司所提供的区别于其他银行的特质金融服务，以及为集团成员单位服务的优势和特殊性进行大力推介，吸引成员单位资金到财务公司来。在公司积极努力下，集团资金集约化管理工作取得了明显成效，2011 年，公司共为集团成员单位办理结算业务 437 亿元，较上年 307 亿元增加 130 亿元，增幅为 42%。

【风险管理和内部控制】2011 年，公司在决策体系方面，对股东会、董事会、监事会及下设委员会的议事规则和实施细则进行了补充和修订，并对内设机构进行了调整，划分为六个部门：信贷业务部、金融同业部、产融创新部、计划财务部、内审风控部、综合管理部。新的内控体系和框架的形成，更加符合公司现行业务的需要。在制度建设方面，公司对原有的财务、信贷、资金、行政等内控制度进行了完善与修订，并新制定了管理费用管理办法、合规管理办法、信息披露管理办法、计算机安全管理规定、计算机和信息系统安全保密管理制度、突发性资金风险应急预案等制度，使公司的制度更加完善。同时公司加强内审稽核力度，每季度对财务状况与经营成果进行审计，对信贷业务、管理费用、人力资源与行政管理开展了专项审计，并对 2011 年公司治理及内控制度执行情况进行了评估。作为公司风险管理的一道防线，内审稽核工作对于公司的稳健发展、规范经营以及提升公司管理水平发挥了重要作用。

【人力资源管理】2011 年，公司进一步强化人力资源管理工作。一是建立健全人事管理工作的各项规章制度，使其符合集团规划的整体目标；二是积极开展人员招聘工作，通过公开招聘，集体审核面试，层层选拔，吸引优秀人员；三是对员工实施多方位绩效考核，将公司的战略目标融入绩效考核当中，使公司的战略得到实施，并根据绩效考核来确定员工的薪资、奖金以及员工的晋升；四是积极开展培训工作，建立考核、评估及跟踪等全方位多角度完善的培训流程，强化培训效果，通过考核绩效与奖励机制的完美结合，赋予员工企业主人的责任感，提高工作的积极性。

【信息化建设】2011 年，公司积极开展东方集团资金管理结算系统建设工作。作为年度重点工作，此项工作由集团科技、经营、审计、法务部门与公司共同组织的项目小组负责。2011 年公司陆续完成了机房建设、网络建设及系统硬件采购，同时完成了与银行的连接。5 月系统进行了软件运行调试，8 月进行了项目验收并投入试运营。东方集团资金管理结算系统上线运行后，公司对成员单位开立了网上银行业务，利用现代化计算机系统为成员单位提供更加便捷、快速的结算服务，为集团资金集中管理发挥了重要作用。

【企业文化建设】2011 年，公司着力打造具有财务公司特色的企业文化，对公司的愿景、使命、企业精神、核心价值观进行了系统的梳理，形成了企业文化的理念体系。认真开展学习实践、发展、创新活动，把创新思维融入工作的每一个细节中，围绕公司产融创新的理念，使每一名员工的创新精神得到了升华。同时倡导和培育良好的合规文化，用规范的职业行为引导公司员工，强化员工的合规意识。本着“立足于集团，服务于集团”的宗旨，紧紧跟随集团的发展战略，发挥“刚韧、无畏、探求、超越”的“东方人”精神。

东航集团财务有限责任公司

【经营概况】2011 年，东航集团财务有限责任公司（以下简称“公司”）认真落实集团下达的目标，把握宏观政策变化趋势和东航集团成员单位需求，面对经营压力和复杂多变的金融市场，积极调整经营策略，采取有效措施，调整资产配置结构，降本增效，努力提高盈利能力。截至年末，公司资产规模达到 63.76 亿元，营业收入 1.93 亿元，实现利润总额 0.93 亿元。

【信贷业务】2011 年，公司把服务集团成员单位作为重要工作，严格遵守公司的各项规章制度，注重资金安全，严控金融风险。根据年度经营计划及资金安排调整信贷政策，力求以更合理的资金结构发放各类贷款，并且严格按照公司信贷管理制度和业务操作规程办理各类信贷业务，做好贷款“三查”工作，加强贷后管理，及时了解企业经营、财务状况，切实防范信贷风险。截至 2011 年 12 月 31 日，共发放人民币自营贷款 29 笔，金额达 38.98 亿元；发放人民币委托贷款 39 笔，金额 12.90 亿元；发放美元自营贷款 4 笔，金额 0.40 亿美元。

【结算业务】2011 年，公司多次组织探讨，上门走访客户，了解客户的需求，进一步提高结算服务的效率和质量。坚持规范操作，对银行票据及密钥的保管和使用情况进行内部不定期检查，情况良好。在外汇结算业务方面边学习边开展，通过建设银行的上门培训、派员去浦发银行实习以及日常工作中员工一起学习交流，取得了一定的工作经验。截至2011年12月31日，人民币结算量达到4 692.94亿元，结算笔数61 602笔；美元结算业务仍处于起步阶段，结算量仅为3.76亿美元，结算笔数156笔。

【资金业务】2011年，公司将原来由各部门自行开展的客户服务工作，统一划归资金计划部对外服务、营销，着重加大客户服务力度，外汇业务和信贷周转业务量明显增加。同时，加大与集团内成员企业的沟通协调，在保证适度流动性的前提下，挖掘资金潜力，较大地发挥了资金运用效率，实现了资产负债的动态合理均衡配置，为公司的年度利润水平奠定了坚实的基础。

2011年，由于集团战略部署的成功，以及中货航的增资和云南航的成立，集团成员企业的资金有了突发性的增长，但同时资金波动性巨大。公司密切跟踪集团整体资金安排计划，加大资金的调度和周转，一方面盘活内部资金，加大银行同业合作力度，提高内部资金的使用效益；另一方面，配合集团大额资金的支付需求，保证公司资金备付安全，防范大额突发性资金流动性风险。全年资金流动性管理情况良好，为贷款、投资两大资金运用提供了保障。与其他资金运用部门沟通以及配合，狠抓信贷和投资，提高闲置资金使用效率。此外，公司密切跟踪银行市场产品，在安全可行的前提下积极操作，购买银行类信托理财产品和定期存放，灵活调度调配资金，提高同业利率收益水平。

【外汇业务】2011年，公司外汇业务在多方面努力下，业务量稳步上升，中间业务收益有所提高。结合实际操作经验，公司对原来业务申报时制定的业务相关制度进行了修订，包括《结售汇业务管理暂行办法》、《收结汇、售付汇操作规程》、《结售汇统计申报制度》。新修订的业务制度更合理，各项操作流程更顺畅，为今后结售汇业务的进一步发展奠定了良好的基础。按照不同客户的特点，公司为主要集团客户量身定制了符合实际特点的处理方式。根据股份公司和货航租赁款、航油款的单证特点，反复与合作银行沟通，建立了高效的支付通道。根据进出口公司的业务特点，特别开发了接口程序与之配合，大大提高了处理速度，并与合作银行共同建立了一套快速反应机制。

截至2011年末，售付汇业务累计发生446笔，年度累计金额为28 963万美元；现付汇业务累计发生61笔，年度累计金额8 752万美元；收结汇业务累计发生192笔，年度累计金额878万美元；人民币跨境支付业务累计发生10笔，年度累计金额133.6万元人民币。

【投资业务】2011年，证券市场持续低迷下行，公司采取灵活有效的策略，分散资金，控制仓位，对整个资产证券投资额度进行了相应的比例调配。根据市场变化，公司适时降低投资仓位，有效规避了市场下行风险；针对新股申购政策变化，加强对新股的研发力度，有选择性地对质地较好的新股进行申购。在外面机构普遍亏损的情况下，公司仍然获得了正向的投资收益。

【风险管理和内部控制】公司以防范合规性、操作性和市场性等各类风险为宗旨，不断完善风险管理模式，构建切合公司实际的风险管理体系。为了防范证券投资风险，公司稽核部门每日跟踪公司持仓情况，了解证券投资决策落实情况和每日盈亏状况，将投资规模严格控制在董事会授权和银监会监控要求内；出现一级市场证券破发时，及时预警；每日将证券、资金、贷款等情况报告有关领导。通过全面的内控稽核、业务专项稽核和日常监测等工作，公司对内部控制、经营和风险管理的监督检查力度进一步加强。

公司定期组织员工学习《中华人民共和国反洗钱法》等法律、规章及各项规范性文件，收集国内外各种反洗钱信息和典型案例，完善公司相关内控制度，各业务部门积极配合人民银行检查组的现场检查工作。公司信息技术部门自主研发的反洗钱甄别系统初步开发完成。同时，公司组织实施“小金库”专项治理复查工作，并根据上海银监局的要求积极做好相关案件信息统计、反商业贿赂等工作。

【企业文化建设】2011 年，公司通过多种形式开展了爱党、爱国、爱东航宣传教育活动，增强员工的民族自尊心和自豪感。公司党支部严格遵守党建主题月制度，围绕每月党建活动主题，积极认真地开展相应的月度主题活动，把“创先争优”活动落到实处。同时，支部在党员中大力开展“建设学习型党组织”活动。结合公司“十二五”发展规划，于 2011 年 4 月和 7 月相继开展以“四个中心建设”和“如何加强公司制度执行力”为主题的专题研讨活动，并拿出了出色的研究成果。

2011 年上海市“巾帼建功”活动中，公司职工爱岗敬业、开拓进取的精神得到了肯定，营业中心荣获上海市“巾帼文明岗”荣誉称号。

中油财务有限责任公司

【经营概况】2011 年，中油财务有限责任公司（以下简称“公司”）积极转变发展方式，努力提高质量效益，各项业务实现平稳较快增长，主要经营指标同比大幅提升，实现了公司“十二五”发展的良好开局。截至年末，公司总资产余额 5 034.85 亿元，同比增加 430.81 亿元，增长 9.36%。其中：自营资产 3 449.71 亿元，同比增加 192.3 亿元，增长 5.90%；委托资产 1 589.14 亿元，同比增加 234.74 亿元，增长 17.33%。全年总资产平均余额为 5 027.70 亿元，同比增加 764.86 亿元，增长 17.94%。

全年实现收入 140.33 亿元，同比增加 33.33 亿元，增长 31.15%；实现利润总额 45.70 亿元，同比增加 5.02 亿元，增长 12.35%。如果剔除资产减值拨备等一次性因素，全年实现利润 70.49 亿元，同比增加 22.82 亿元，增长 47.87%，自营资产利润率达 2.09%，增长 0.5 个百分点。公司全年为成员企业降息、免收手续费、节约汇兑成本等达到 22.1 亿元，相当于公司账面利润总额的 47.70%。封闭结算业务为集团公司和股份公司节约的周转性流动资金达到 137.20 亿元。

公司主要监管指标均优于银监会监管要求，年末资本充足率为 19.44%，资产损失准备充足率和贷款损失准备充足率均为 497.10%。2011 年，公司荣获金融时报社与社科院联合颁发的“年度最具成长性财务公司”荣誉称号。

【结算业务】2011 年，公司全面配合集团公司司库平台建设，推进司库结算子系统升级改造、数据移植、银企直联、并行测试、上线推广以及营运资金平台对接等工作，实现了结算子系统单轨切换上线，完成系统网络优化。截至年末，共完成3 463个账户和2 082个客户资料的基础数据验证移植，74家企业成功试点上线运行；完成部分银行的直联工作，处理业务9.80万笔，金额5 904亿元。同时不断提高结算服务质量，增设受理处，扩大结算网点，优化业务方案，注重特色服务，全年新增开户单位94个，净增结算账户470个，办理总分联动业务10 808笔，金额111亿元。

2011年，公司累计办理本外币结算111.90万笔，同比增加8.20万笔；结算金额23万亿元，同比增加5.80万亿元。年末吸收存款余额2 403.80亿元，其中人民币日均存款余额达1 885.20亿元，同比增加131.70亿元，增长7.50%。

【**信贷业务**】2011年，公司信贷业务实现规模效益双跨越。一是加大对储备油项目贷款的支持力度，重点保障管道天然气、LNG项目、装备制造、城市燃气等集团公司重点项目资金需求，全年新增贷款规模105.40亿元。二是积极拓展参股企业及二、三级企业市场，为部分集团参控股公司及其他合资合作中小企业提供贷款累计超过98亿元，同比增加82亿元。三是进一步加大票据贴现力度，并首次向人民银行申请办理再贴现业务。全年累计办理贴现业务37亿元，办理再贴现20.30亿元。四是协助集团做好综合授信、保函、承诺等服务，累计完成63家借款企业综合授信额度2 062.30亿元，担保授信额度89.60亿元，完成保函授信额度139.60亿元，开立保函244份，开立贷款承诺函700.80亿元。

全年累计发放人民币各类贷款2 604.60亿元，年末余额2 061.90亿元，同比增加312.60亿元，增长17.80%。其中，信托贷款余额1 032.50亿元，同比增加119亿元，增长13%；受托贷款余额1 029.30亿元，同比增加193.60亿元，增长23%。

【**投资业务**】2011年，公司积极压规模，调结构，全年减少证券投资规模382亿元，资产运作水平有所提高。在逆境中寻求投资机会，全年新增投资140亿元，缓解了规模下降造成收益减少的压力。利用银行间市场和交易所市场的渠道优势，配合做好融资融券工作。全年完成回购交易总量1.04万亿元。顺利完成集团公司委托投资协议的续签，管理好托管债券。截至年末，公司人民币证券资产总额886.10亿元，同比减少375.50亿元。其中，自营投资余额647.40亿元，同比减少378.80亿元；受托投资余额238.70亿元。

【**外汇业务**】2011年，外汇业务在服务品种、服务质量、业务规模和效益等方面均创下历史最好水平。一是香港子公司首次以高信用评级登陆国际债券市场，先后成功发行18.50亿美元和30亿元人民币境外债券，为履行集团公司司库平台职能，实现利用境内外两个金融市场，建立多元化、多币种、离在岸联动的外汇融资体系奠定了基础。二是全面参与集团公司重大海外收购和建设项目融资，为17个海外重大项目发放贷款累计80亿美元；继续扩大银行融资授信，全年签署融资授信额度累计97.20亿美元，从银行拆入资金累计64.50亿美元。三是重点推进资金集中管理工作，集中监控境内外外汇账户信息1 298个，累计上收下拨资金达1 041亿美元，归集资金余额71.20亿美元，年末资金集中度达到92%。四是发挥外汇交易平台功能，为成员企业提供避险服务，有效规避外汇利率风险。全年累计办理外汇交易664亿美元（其中结售汇和货币兑换597亿美元），为集团公司成员企业节约汇兑成本6.80亿元。截至年末，公司外汇资产达到237.40亿美元，同比增加58亿美元，增长32.30%；各类贷款余额157.60亿美元，同比增加30.50亿美元，增长24%。

【资金头寸管理】强化资金的集约化和动态管理，进一步加强沟通和协作，严谨制定资金计划，积极压缩货币存量，保持头寸资金全负荷运营。全年不含存款准备金的头寸资金平均余额控制在150亿元以下，头寸资金管理的精细化水平进一步提高。积极加大回购融资力度，全年正回购融资累计9 310.60亿元，日均余额37.90亿元，平均利息成本2.32%，平均节约成本约26个基点。

【分支机构管理】一是境外子公司有效做实。推动香港子公司业务前移，设计和实施本地化运行方案，修订完善各项制度，11月7日正式迁入香港新址办公，各项业务实现平稳交接过渡。以发债为契机，获得集团公司大力支持和三大国际评级机构的优良评级，创造了很好的品牌效应，年底被集团公司评为"中国石油海外油气合作先进集体"。新加坡子公司5月27日完成当地注册，并获得新加坡政府税收政策支持。年末香港子公司总资产达到210.90亿美元，同比增加78.10亿美元；全年实现经营利润1.70亿美元，同比增加0.92亿美元。二是境内分公司克服困难实现新发展。各分公司立足服务一线定位，查瓶颈，补短板，控制经营风险，有效发挥窗口服务功能。全年分公司累计结算量达到47.20万笔，结算金额5.50万亿元，结算量和结算金额分别占公司总量的42.2%和23.9%。

【业务创新】2011年，公司坚持保障和支持集团公司油气主业金融需求，拓宽融资渠道，初步形成高效快捷、成本较低的境内外融资体系。境内以公司总部为主体，在银行拆借、跨市场证券回购、发行金融债券三种渠道基础上，增加人民银行再贴现业务；境外以香港公司为主体，在银行授信基础上，以高信用评级成功发行美元债和人民币债，并积极探索商业票据等新的融资方式，积累了国际资本市场融资经验。同时，全面配合集团公司推进司库平台建设，建立以财务公司为司库唯一结算平台的职能通道，形成以对外结算通道、客户与账户架构管理、资金池管理、内外部结算、回单管理、系统安全保障、应急预案七大模块的司库结算子系统业务框架，推动公司结算业务实现由量变到质变的发展，为大司库体系全面上线做好准备。

【风险管理和内部控制】2011年，公司继续强化和完善内控体系建设及风险管理。一是连续四次召开公司内控与风险管理检查分析会议，对排查出的15类薄弱环节、42个风险点逐条落实整改，并就历次重大审计检查和专项检查发现的问题进行梳理并逐一制订整改方案，整改率达到83%。二是启动公司第五次制度汇编工作，进一步完善制度体系建设，对近140项规章制度、210条业务流程以及岗位职责进行全面修订完善。三是完成公司内控有效性自我评价，组织开展涵盖所有关键业务控制点的内控测试工作，并针对发现的问题督促整改。制定公司2011年《内控手册》修订方案并完成手册修订。四是进一步做好内控基础工作，加强对信贷资产五级分类、投资理财、合同协议、电子商务授权等业务的日常审核，加强分公司现场稽查，强化内控培训。

【人力资源管理】有序推进人力资源管理，强化干部队伍建设。修订完善公司《高级主管、主管、主办岗位聘任办法》，聘任高级主管，选拔正副处级干部，使公司总部各部门正副职经理岗位基本配齐；建立起科学有效的人才培养、成长和使用机制，为青年成长搭建平台、提供空间，有效调动了干部和员工的积极性。注重员工培训的针对性和实效性，组织开展多种形式、多渠道的员工培训工作，加强新员工入职教育及上岗培训，全面提高队伍知识结构、岗位技能及综合素质。全年组织各类培训班37个，参加人数达233人次。

【信息化建设】 以集团公司司库体系建设为契机，加快推动公司信息系统升级改造工作，信息化建设整体水平显著提高。一是攻克数据移植、双系统并行测试、系统功能模块优化等诸多困难，完成74家企业试点上线运行，处理业务9.8万笔，司库结算子系统建设取得阶段性成果。二是配合股份公司资金管理平台建设做好地区公司推广及保运工作，提高了业务办理效率和准确性。三是按照司库要求对信息网络安全进行全面优化，迎接集团公司信息系统安全检查并通过整改验收，信息安全工作得到全面提升。四是为香港子公司搭建安全稳定、畅通高效的信息系统基础设施建设，保障香港子公司各项业务平稳过渡、有序衔接。

【企业文化建设】 一是以创先争优活动为契机，通过组织开展先进评选、红歌比赛、征文比赛、赴老区根据地参观学习等庆祝建党90周年活动，发挥党组织堡垒作用和党员模范带头作用。二是通过开展“形势、目标、任务、责任”主题教育活动，开展大庆精神、“铁人”精神学习教育活动，强化党员思想意识和队伍凝聚力。三是坚持领导班子带头学习，落实反腐倡廉各项制度和要求，坚持完善“三重一大”决策制度，不断深化“四好”班子建设，以班子建设带动队伍建设。四是研究制定公司惩防体系建设推进计划，组织签订党风廉政建设责任书，增强领导干部“一岗双责”和廉洁自律意识。

上海电气集团财务有限责任公司

【经营概况】 2011年，上海电气集团财务有限责任公司（以下简称“公司”）积极应对复杂经济形势，稳健经营，坚持创新，努力提高服务能力，积极发挥金融平台服务功能，圆满完成了各项预算指标，并在各项重点工作中取得了实效。截至年末，资产规模为278.85亿元，不良资产率继续保持为零。

【公司金融业务】 2011年，面对“存款下降，贷款上升，两头受压”的经营环境，公司努力推进全集团资金管理，竭力满足成员单位的信贷需求。在集团总公司的关心支持下，采取多项措施，积极吸收成员单位存款，努力提高资金集中度，并成功地提高关联贷款额度，提升满足总公司信贷需求的能力，向成员企业提供了大量低于市场成本的资金，实现了银企双赢。同时，公司积极推进项目融资业务，国内项目通过综合运用上海电气金融服务的综合优势，促进集团产品销售；国外项目注重积累政策性渠道和商业性渠道资源，持续培养海外项目融资的研究分析能力，探索项目融资业务模式制度化，推进项目融资落地。

【外汇业务】 2011年，公司通过促进与商业银行的合作为集团企业提供更完善、更全面的外汇服务。每周定期分析外汇市场、人民币市场趋势，结合各家合作银行的远期报价，为集团企业套期保值提供有效的参考依据。年内不断创新外汇风险管理手段，综合利用集团两个香港平台成功进行外汇套保业务试点，为集团成员企业进一步实现汇率风险锁定、降低成本打开了一条新路。另外，为进一步满足集团成员单位外汇管理的需求，公司在2011年初开展了远期结售汇及掉期产品等金融服务的资质申请工作，经过历时一年紧锣密鼓的准备，中国银监会已正式批复同意公司开展远期、掉期和外汇买卖三项业务。

【投资银行业务】2011年，公司投资银行团队牢牢把握“业主投行”的定位，将并购财务顾问服务对象由集团总部职能部门延伸到产业集团。参与执行了上海电气—西门子合资等10个项目，协助集团与西门子等国际巨头直接谈判交锋，并向参与项目的瑞银等知名中介机构学习借鉴，迅速提升专业视野和能力。在工业和新兴行业领域，尝试以新的产融合作模式在项目前期介入。同时，财务顾问的角色也得到进一步发挥，为股份公司编制了相关债券融资方案，参与到总公司2012年短融、中票申请和承销工作中，完成了多篇资本运作类和研究支持类报告，为集团领导决策提供了重要参考。

【资金和投资业务】2011年，公司在金融市场异常复杂多变的背景下，贯彻了增强银行同业市场业务，努力追求低风险收益的原则，在保证资金安全性、流动性的前提下，力求资金收益最大化。同业业务建立了跟踪Shibor的定价机制，努力提高资金回报率。投资业务以合法合规运作为原则，遵守并贯彻执行公司投资制度，采取灵活应变的对策，应对市场变化适时调整资产配置。

【战略实施】2011年，公司持续推进“战略、经营计划、预算、绩效考核”体系的贯彻实施；将公司的年度目标分解到各责任部门，并推进责任部门制订更加详细的措施，以实现年度目标；将战略计划的执行情况纳入考核内容当中，每季度对战略计划进行跟踪回顾和修订，促使计划落实。为进一步明晰公司在“十二五”期间的发展方向，公司于2011年末聘请麦肯锡和美世公司开展上海电气金融战略和绩效管理咨询项目，在对公司“十一五”期间的发展进行全面诊断分析的基础上，通过与国内外优秀同行的对比分析，规划出涵盖发展愿景、战略主题、战略举措以及组织和能力支撑体系在内的上海电气金融整体战略规划，指导上海电气金融“十二五”的发展。

【信息化建设】公司积极参与集团ERP金融部分的系统建设，完成了102项业务蓝图和集团金融服务平台信息系统架构设计。同时为进一步优化资金配置结构，启动了资金计划与预警系统开发上线工作，抓好资金计划的上报工作，为集团年度、月度资金计划管理工作提供了有力支持。

【风险管理】2011年，公司风险管理部门持续建立针对公司所面临各项风险的常规管理机制，在与业务部门明确分工合作关系的基础上积极配合，不断提高工作效率和专业性，深入探索公司各项业务创新活动中的制度建设和流程管理，同时狠抓基础管理，持续提升员工专业水平和综合素质，并在建立各项信息台账的基础上逐步开展各项风险量化分析工作，努力开拓创新，不断完善风险管理体系，为公司各项业务的开展保驾护航。

【人力资源管理】2011年，公司逐步强化“以人为本”的人力资源管理理念，制定《职位管理办法》，鼓励员工自主选择职业发展路径，同时突出培训对提升员工自身价值的作用，强化“分层培训、个性设计”，将中高层管理人员和骨干员工列为重点培训对象，大幅提高了培训数量，同时颁布实施《员工自学奖励办法》，鼓励员工自我深造，为员工学习创造条件。

【企业文化建设】2011 年，公司在企业文化建设方面，结合员工年轻化、知识化的特点，开展了一系列活动。工会组织开展了“健康你我行”活动，通过分组竞赛的方式鼓励员工加强体育锻炼，增强身体素质，缓解工作压力；同时为鼓励员工多读书、读好书，在公司办公区域设立“自助图书馆”，向员工免费开放，为公司构建学习型组织营造良好的知识氛围。

葛洲坝集团财务有限责任公司

【经营概况】2011 年，宏观政策的不断调整给葛洲坝集团财务有限责任公司（以下简称“公司”）经营带来了巨大压力。在葛洲坝集团（股份）公司的正确领导和全体员工的共同努力下，公司树立“以服务促发展”的经营理念，紧密围绕集团公司“做强做优”的中心任务，继续深入开展“全面提升服务质量”活动，大力加强内部管理，努力提升服务能力，取得了较好的成绩。

全年实现主营业务收入 18 049 万元，同比增长 47%；实现主营业务利润 12 875 万元，同比增长 226%，两项数据创历史最好。通过降（低）息让利等方式，为集团作出贡献额达到 5 000 余万元。截至年末，公司资产总额 87. 03 亿元，同比增长 22%；负债总额 76. 06 亿元，同比增长 27%。

【存款业务】2011 年，公司通过推广运用业务信息系统和继续深入开展“全面提升服务质量”活动，促进公司贷款规模继续提高。全年自营存款平均余额首次突破 30 亿元，达到 30. 35 亿元，同比增加 5. 34 亿元，增长 21%，继续创历史新高。截至年末，公司各类存款余额为 75. 64 亿元，其中活期存款 15. 58 亿元，比年初减少 2. 88 亿元；定期存款 15. 71 亿元，比年初增加 3. 95 亿元；委托存款 43. 54 亿元，比年初增加 14. 97 亿元。

【贷款业务】2011 年，公司贷款规模实现稳中有增。全年发放人民币自营贷款 49 笔 41. 57 亿元，比上年同期多发放 2. 25 亿元；发放外汇贷款 3 笔 490 万美元；发放委托贷款 36 笔 32. 11 亿元，比上年同期多发放 9. 11 亿元。截至年末，公司各类贷款余额 67. 35 亿元，其中自营贷款余额 23. 20 亿元，同比增长 18%；委托贷款余额 43. 54 亿元，同比增长 52%；外汇贷款余额 490 万美元。

同时，在社会融资成本不断上升的背景下，公司继续坚持以低于银行 10% 的贷款利率发放贷款，全年为集团成员单位让利达到 2 088万元，超过前两年的让利之和。

【资金业务】2011 年，公司遵照集团公司关于公司在金融危机时期适当储备战略资金的要求，全年保持 10 亿余元的战略储备资金规模。对这部分资金，公司千方百计提高收益率，通过与银行协商提高存款利率和期限错配等方式，使得资金平均收益率达到3.20%，较同业存放利率提高了1倍，较企业存款平均利率提高了5.4倍。全年实现金融机构往来收入5 402万元，较上年末增加2 652万元，增长96%。

【结算业务】2011年，公司累计办理内部转账结算13.12万笔，比上年同期增加5 167笔，增幅4%；累计结算金额3 582亿元。其中，通过公司网银办理结算6 143笔，结算金额66.3亿元。

【资产质量】2011年，公司不良贷款率继续保持为零；不良资产率为0.7%，同比降低0.63个百分点；贷款息回收率首次达到100%，同比提高0.09个百分点；各项资产减值准备均足额提取，抗风险能力进一步增强。

【业务信息系统正式运行】2011年4月，经过一年紧锣密鼓的建设、调试和试用，公司业务信息系统正式运行，实现了银企直联，为集团资金归集提供了技术条件。截至年末，使用公司网银的成员单位已达到52家，通过网银实行资金上划的单位17家，累计上划资金6.34亿元。全覆盖、一体化、实时高效的资金管理体系初具规模。

【内部管理】2011年，公司坚持推行“制度化、规范化、程序化”管理。一是提出了“严格执行制度才是对每位职工最大的公平”的口号，进一步细化了部门、岗位职责，制定了各项工作标准，提高了制度的可操作性，为绩效考核提供了更为科学详细的依据。二是全年新修订制度3项，制定新制度7项，重新修订程序40项；将“风险管理部”更名为“风险管理与法律事务部”，并明确为公司制度管理部门。三是稽核部全年立项7个，实际完成10个，提出稽核整改意见27条，有效堵塞了风险漏洞。四是围绕业务信息系统运行，开展了风险节点的系统排查工作，提出改进措施8条，进一步理顺了业务部门在系统运行中的职责，有效地将风险防范贯穿于系统全过程。五是继续狠抓了对账工作，对账率达到96.24%，同比提高12.54个百分点。六是资金调度和准备金缴存继续保持了零差错。七是认真贯彻落实了“降本增效”各项措施，加强了费用管理，除职工工资保持正常增长外，低值易耗品、招待费、差旅费、会议费、管理费等比上年减少51万元。八是加强法制宣传工作，公司首次荣获集团公司“‘五五’普法及依法治企先进单位”称号。

【人力资源管理】2011年，公司开展了思想政治和道德文化教育活动，提高了职工的职业意识和文明素养；认真进行了集团重组政策的宣传，引导职工正确认识重组对公司未来发展的积极影响，保持了公司稳定；多次组织职工参加业务信息系统培训，提高了职工的业务操作能力；组织全体职工参加了集团公司网络学院的学习，全部按照要求完成了学习，公司被评为“集团公司网络学院学习先进单位”。

【信息化建设】2011年，公司业务信息系统正式运行，基本满足了各部门的功能需求，进一步提高了业务的准确率和处理效率；公司加入了金融城域网，并以间联方式加入了电子商业汇票登记查询系统和企业征信系统，实现了票据业务、征信等级网上查询和报表的实时报送，降低了监管风险；OA系统实现了升级。公司信息化水平大幅提升。

【创先争优活动】2011年，公司创先争优活动以“狠抓党员承诺的落实”为重心。公司党总支发出党员岗位承诺书30份；党员个人做出承诺25条，并在公司网站进行了公示，接受群众监督。根据承诺要求，公司制定了详细的考评标准，定期检查承诺的落实情况，并将其作为党员评先的重要指标。设立了“党建模范区”2个、“党员先锋岗”7个、“团员青年示范岗”2个，以点带面，在公司营造出了浓厚的创先争优氛围。重视班组建设，新成立班组2个，营业部结算业务组被评为集团公司“最佳文明班组”。

【企业文化】2011年，公司组织了各种主题的文化建设活动。一是围绕职工思想政治和道德文化建设，组织职工开展了反对自由主义的学习讨论活动，并邀请集团公司企业文化部负责人作了一次企业文化讲座。二是围绕合规文化建设，参加了宜昌银行业协会组织的合规文化征文和演讲活动；大力推行统计标准化，并有多条经验被宜昌银监分局以工作简报形式向各金融机构推荐。三是围绕学习型企业建设，公司团总支继续组织开展了“书香伴我成长”的读书活动，并有3篇文章获集团团委青年读书征文活动二等奖，2篇获优秀奖。四是围绕职工文化生活建设，公司先后组队参加了集团公司组织的元旦长跑、羽毛球比赛、葛洲坝之夜和宜昌银行业协会组织的羽毛球比赛；举办了职工春节团拜会、女职工“三八”对话会活动、纪念建党90周年专题活动、职工拓展训练、“军事日”活动、消防演练、重阳登高等文体活动。

【文明创建】2011年，公司围绕“保持集团最佳文明单位”的创建目标，扎实开展了创先争优活动、建党90周年和全面提升服务质量活动。公司全年获得集团（地市级）以上荣誉18个，荣获集团（地市）以上表彰的职工15人。公司荣获“2009—2010年度湖北省文明单位”和集团公司“最佳文明单位”称号。

【党风廉政】2011年，公司确定了巩固优秀单位的工作目标，并将创建任务层层分解，要求各部门务必按照要求落实，确保不出现问题。一是完善制度防控体系，全年修订与完善党建制度39项，其中反腐倡廉相关制度19项，查找出廉洁风险点39个。二是在采购、招标中，主办人员严格遵守制度和程序，做到了廉洁和市场化操作。在业务信息系统建设中，全体参与人员廉洁自律，没有出现违法违规的情况。三是分别组织三个支部开展了参观“红色基地”的教育活动。公司继续获得集团公司“党风廉政建设优秀单位”称号。

兵器财务有限责任公司

【经营概况】2011年，兵器财务有限责任公司（以下简称“公司”）按照董事会确定的重点工作、经营目标和集团公司各项工作部署，继续推进公司科学发展，全力抓好当期经营和各项重点工作，充分发挥公司产融结合纽带和市场化金融服务平台作用。截至年末，主要经营指标完成情况良好，资产规模434.62亿元，1～12月平均资产规模347亿元；营业收入6.98亿元（不含投资收益）；利润总额7.44亿元；期末存款余额182.55亿元，比年初增加34.01亿元，增长22.90%，全年平均存款余额137.49亿元，同比增长10.25%；累计提供金融服务总量384亿元，年末贷款余额123.53亿元，比年初的86.41亿元增加37.12亿元，贷款平均规模101.45亿元，同比增长20.32%。

2011年，公司完成增资扩股，注册资本由6.411亿元增加至31.7亿元，为进一步拓展业务空间和起到金融机构的支撑作用奠定了坚实的基础。

【信贷业务】2011年，集团成员单位外部融资环境恶化，贷款需求进一步向公司转移。在此背景下，公司适时调整了信贷策略，在人民银行的信贷规模监管范围内，合理调配金融资源，最大限度地为成员单位提供金融支撑，对接集团战略重点。

2011年，公司累计为成员单位提供信贷金融服务达384亿元，其中贷款和贴现累计达177亿元。公司重点支持集团公司军品生产、重点民品等产业的发展，同时，继续发挥雪中送炭的职能，为困难企业和小型微型企业的正常经营提供信贷支撑，保障职工的就业和再就业。本着服务、让利于企业的原则，公司实行优惠的费率政策，贷款和贴现利率均按人民银行基准下浮10%执行，2011年度贷款及贴现共让利成员单位6 242万元。为了更好地向成员单位提供优质、高效、个性化金融服务，2011年，公司在营销体制上引入了客户经理制，为成员单位提供贴身的金融服务。

【产品销售信贷业务】为促进集团公司重车产业的发展，2011年，公司首次开展买方信贷业务。本着审慎的原则，向经销商提供了600万元的买方信贷业务。同时，按照集团公司的要求，公司积极推进集团汽车金融公司的各项筹备工作，深入企业进行调研，制订了筹备方案，得到了监管机构和有关部门的认可。

【资金和投资业务】面对复杂多变的市场形势，公司坚持“严控风险、锁定利润、加强服务、开拓创新”的工作思路，始终把风险控制放在首位，通过严控二级市场仓位，选择波动幅度相对较小的封闭式基金作为重点投资品种，加强研发与战略合作，继续捕捉定向增发品种的投资机会等，灵活应对市场变化，稳妥地获取投资收益，为公司全年利润总额的实现提供了保障。推进金融理财中心建设，适度扩大代理资金规模，通过季度投资策略研讨会、日常咨询等，不断提高为集团公司客户服务的水平，继续规范做好公司理财业务，为成员单位创造了较好的投资收益。

【票据业务】票据业务作为降低集团公司“两金”占用的有力金融手段之一，在2011年继续稳步向前发展。2011年票据业务累计发生额达92.36亿元，业务品种包括保贴商业承兑汇票、代理开立银行承兑汇票、票据贴现等。为推进票据业务的发展，公司组织电票宣讲小组，多次下企业，进行电子商业汇票知识的普及和公司电子商业汇票系统操作的培训。2011年累计签发电子票据24.02亿元，贴现7.85亿元。

【外汇业务】公司经报国家外汇管理局批准，取得为集团成员单位开展外汇资金集中管理及即期结售汇业务资格、银行间即期外汇市场会员资格。2011年，公司按照外汇业务总体部署，有计划、分步骤地开展了一系列即期结售汇业务试点工作：

一是多方全面学习、提升业务水平。2011年，公司组织相关人员走访已经开展该项业务的单位吸取经验，并且参加外汇局举办的业务理论学习及实务操作培训，为实际工作积累经验。

二是完善系统建设、保障业务开展。组织相关人员参与外汇系统测试工作，结合监管要求，从业务流程和系统流程角度，及时发现问题，提出问题，解决问题，保障外汇系统顺利上线运行。

三是明确业务模式、制定内控制度。按照

外汇金融政策和监管要求，制订《外汇业务试点单位设立及具体实施方案》，对业务试点期间的总体管理框架、人员配备、业务原则、审批流程等进行明确，并制定了一系列的配套管理制度。

四是确定交易对手、实现场内交易。与中国银行、中信银行签署授信协议并建立了交易对手关系，确定了审单、交易、清算、单据传递等环节的任务分工和具体操作细节。

五是积极宣传推广、扩大业务规模。按照“先面后点”的推广方式，以价格优势为切入点，通过业务研讨会等形式，大力推广即期结售汇业务。

2011 年 7 月 26 日，公司以优惠的交易价格成功办理了首笔代客即期结售汇业务，标志着公司即期结售汇业务的正式开展。2011 年 7 月至年底，公司外汇业务小组共完成代客结售汇业务 32 笔，金额共计 2.5 亿美元，本着“服务为本”、“让利于成员单位”的理念，通过公司提供的优惠交易价格，帮助成员单位增加财务收益 275 万元。公司通过开展即期结售汇业务，使成员单位在即期结售汇业务环节实现财务收益增长的同时，也为今后成员单位与公司共同构建外汇业务合作平台奠定了良好基础。

【资金集中】2011 年，公司通过加强自身业务宣传，以公司的服务带动资金向公司的集中。

一是编写了结算业务相关宣传及培训手册。面向成员单位基层财务人员，编写阅读容易、实操性较强的《兵器财务公司网上金融服务系统使用手册》、《兵器财务公司人民币资金结算业务手册》，编写《人民币资金结算业务讲解》、《网上金融服务系统讲解》两套培训课件，对宣传公司结算业务及网上金融服务系统的推广普及和使用发挥了积极有效的作用。

二是积极组织参与面向成员单位的金融业务培训会，增进公司与成员单位基层财务人员的联系，使成员单位对公司的业务有了全面的了解和认识，为公司向成员单位提供优质、高效的金融服务打下了良好的基础。

三是继续加强宣传推广公司网银系统，将网银推广的重心由推广安装转变为推广使用。截至年末，累计为 305 家成员单位安装了公司网上金融服务系统，其中有 37 家子集团及直管单位安装了公司网上金融服务系统，占子集团及直管单位总数的 86.05%，同时，成员单位通过网银系统的结算率达到了 80% 以上。

【业务创新】2011 年是公司的创新年。为了给集团成员单位提供全方位的信贷服务，公司先后推出了买方信贷、电子商业汇票、外汇即期结售汇三项新业务。在业务开展前，组织内部员工培训、梳理业务流程，编制业务规章制度；公司在北京召开了两次大型业务培训会，召集各成员单位财务人员参加，进行业务宣传；同时专门组织业务宣传小组，下企业手把手教导，为业务的开展奠定了坚实的基础。三项新业务一年来开展顺利，600 万元的买方信贷业务按照重车回款的进度已分次全部偿还。电子商业汇票系统已在 119 家成员单位安装，并运行稳定；电子商业汇票业务已被成员单位接受和认可，2011 年开出了 627 张电子商票；即期结售汇业务在集团公司最大的进出口公司开展试点，并已取得成效。

【风险管理和内部控制】2011 年，公司扎实工作、积极创新，全面风险管理工作稳步推进，在制度建设、组织机构调整、风险事件管理等各方面取得了显著成效，全面提升了公司风险管控水平，公司当期经营合法合规，避免了各类风险事件。

一是按照全面风险管理工作的要求，优化组织机构，实行客户经理制，打造风险管理前、中、后台三条防线；针对新的组织机构，全面梳理公司岗位职责，形成分工明确、相互制衡、风险可控的岗位责任体系，确保不相容岗位权责不交叉，有效规避风险。

二是配合公司 IT 系统各个子系统的陆续上线，对原有内控制度及流程开展修订工作，对结算业务流程、信贷业务流程进行全面梳理修订，进一步完善了内控制度体系，落实了内控体系建设的长效机制。

三是持续落实合规风险管控措施，按照公司合同管理办法的规定，对所有对外签订合同进行合规审查，揭示和控制该环节的操作风险及合规风险；对审贷会审议的信贷业务、投委会审议的投资业务实施合规性审查，实现事前合规管理。

四是逐步强化风险识别能力，对公司面临的主要风险开展主动识别工作，尤其针对 2011 年风险水平较高的流动性风险，展开了积极的识别评估及应对工作。

五是进一步推进风险量化工作，逐步优化风险管理手段。根据风险监管指标预警体系，按月对各项核心监管指标和监测指标进行分析测算，关注可能存在的重大风险点和薄弱点，确保公司各项风险指标处于警戒值以下。重点关注资本水平，在依靠合理经验假设的前提下，运用情景分析、敏感性分析及压力测试等工具手段，对 2011 年全年资本充足率情况进行分析测算，以确保公司资本充足率保持在合理水平。

【人力资源管理】2011 年，公司继续深入贯彻选人用人机制和干部人事制度改革，组织开展了客户经理公开招聘、竞争上岗等竞争性选人用人工作。加大员工基层锻炼和内部轮岗工作力度，以增强员工对兵器行业的感情和服务意识。加强队伍整体优化，顺利完成新老交替，进一步大胆培养选拔优秀年轻干部，为公司“十二五”发展做好组织和人才保证，保障兵器金融事业可持续发展。

【信息化建设】2011 年，公司主要围绕防范信息化风险、夯实信息化建设基础、深入推进信息系统建设、保障系统安全稳定运行、规范信息化管理与流程、信息系统推广实施等方面开展信息化建设工作，并取得了很好的成效。尤其在推进与外汇业务、买方信贷等新业务配套的信息化建设，以及网银系统优化与改进方面，均取得了显著成效，保障并支撑了集团公司资金集中管理工作及公司各项业务的正常、有序开展，进一步提高了公司的服务能力与服务质量。

2011 年，公司参与军工企协举办的年度企业管理创新成果项目评选，通过总结信息化建设与管理经验，提炼信息化创新内涵，公司向军工企协提交了以《以金融信息化创新，支撑公司又好又快发展》为题的成果申报材料，申报的信息化创新成果获得了军工企协的肯定与好评，并在多家军工企业的众多创新成果评选中脱颖而出，荣获了一等奖。

【企业文化建设】公司紧紧围绕集团公司“建设高科技国际化兵器事业，打造有抱负、负责任、受尊重兵器团队”的主题，形成包括“企业愿景、企业使命、核心价值观和企业精神”的企业文化核心理念体系。

三峡财务有限责任公司

【经营概况】 2011年是“十二五”规划的开局之年，在集团公司的正确领导下，三峡财务有限责任公司（以下简称“公司”）以服务集团战略发展为宗旨，积极应对国家宏观调控和集团公司加快发展步伐带来的现金流变化，融入集团价值创造链条，较好地完成了集团公司和董事会交办的各项经营任务，全面超额完成了集团经营业绩考核年度目标。截至年末，自营资产余额180.56亿元，较年初增加13.11亿元，日均规模159.91亿元，同比增加9.64亿元，增长6.41%；全年实现总收入8.98亿元，同比增加3.20亿元，增长55.50%；全年实现拨备后利润总额4.62亿元，同比增加1.65亿元，增长55.40%。实现经济增加值（EVA）1.96亿元；集团主要成员单位在公司存款集中度为96.62%。

【结算业务】 2011年，公司资金结算金额达11 247亿元，与上年同期相比减少225亿元，降幅为2%。办理成员单位结算业务达153 688笔（付款业务121 990笔、收款业务31 698笔），与上年同期相比增长26 004笔，增幅为20.37%。结算业务差错率控制情况良好，年度结算业务差错率为0.02‰，无资金损失事件发生，确保了公司结算资金安全。

【存款业务】 截至年末，一般性存款余额123.83亿元，与上年同期相比增长14.42亿元，增长幅度为13.18%。日平均存款余额为120.92亿元，与上年同期相比增长20.30亿元，增长幅度为20.17%。

【信贷业务】 2011年，全年自营贷款及贴现的日均规模53亿元，完成年度计划的106%；实现贷款利息收入2.98亿元，完成年度计划的107%；贷款收息率为100%，不良贷款率为零。

【资金和投资业务】 2011年，全年证券投资业务实现收益10 014万元，完成计划的111.3%，其中固定收益类产品实现收益6 938.7万元，权益类产品实现利润3 075.6万元。

【股权业务】 截至年末，部门管理的已投资股权项目共5个，投资金额共36.4亿元；已确定尚未投资项目3个，拟投资金额10.4亿元。

【外汇业务】 2011年12月31日，公司外汇业务资格得到了中国银监会的批复。公司与中国银行积极沟通学习，研究外汇资金集中管理与结算操作模式，并于11月初全面启动了外汇代理结算的业务设计与测试开发工作，为2012年公司境内外汇资金集中与结算业务的开展做好充分准备。公司还对涉及外汇业务的专项法规、政策整理汇编，组织员工学习外汇知识，3名员工取得银行间外汇市场交易员资格。

【受托资产管理】 2011年，公司受托理财业务重点是做好流动性管理。截至年末，公司共管理14家单位的18期委托理财合同，本金余额47.5亿元，2011年日均本金规模为54.8亿元，产生收益2.74亿元，对应收益率为5%；2011年新签委托理财合同19期，清算合同17期，清算收益4.4亿元，公司收取投资管理费3 647万元。

【代理电费回收】2011年，应收电费182.03亿元，实际回收202.70亿元（其中收回现金189.84亿元，商业承兑汇票12.87亿元），电费回收率111.35%。

【财务顾问】2011年，由于集团公司将在"十二五"期间加大水电、风电、海外业务等项目的投资，整体资金形势由资金相对富余转向为资金长期缺口，这要求集团公司多渠道融资来弥补资金缺口，保障集团资金需求。公司积极跟踪集团需求，利用自身专业知识，在融资方案确定、融资方式选择等方面为集团提供专业服务。集团公司自去年即启动了短期融资债券和中期票据的注册发行准备工作，公司作为短融和中票发行主承销商的财务顾问，与主承销商一道协助集团公司完成了材料制作、申请注册等工作，按约定从主承销商处收取一定的财务顾问费。公司的参与不仅为集团公司提供了专业的金融服务，还节约了集团整体的融资费用。2011年，公司参与集团公司短融及中期票据的发行，收取财务顾问费1 517.5万元。

【风险管理和内部控制】2011年，按照年度稽核计划开展了信贷业务、投资业务、信息科技管理、同业账户对账管理等共计29项次的专项稽核检查，并出具了相关审计建议，保障公司业务规范发展。审核公司各类业务合同146份；审核公司本年度修订制度30部；参与公司2项重大投资项目合同谈判，制作业务法律制度合集2部。做好异地迁址及分公司设立后续工作，确保公司平稳过渡。调整优化岗位职能，建立健全总分模式下的风险管理体系。启动制度修订专项工作，提高公司内控流程及制度执行力，配合金融监管，努力加强风险防范。

【人力资源管理】2011年制定出台公司《2011年度培训计划》，组织内部项目9项，外派脱产培训33人次。培训台账健全，培训成果上网。选派优秀人才至海外项目、股权投资单位、国资委等进行锻炼提高，截至2011年12月底，公司外派员工5名。2011年，对公司原有15项人力资源相关制度进行修订完善，新起草5项制度讨论稿。发放薪酬、核交保险，按时准确；人事档案管理规范；人力资源管理信息系统日常维护及时，数据录入准确；员工考勤、休假、入职、离职等各项业务均按标准流程执行，有效防范了人力资源管理风险。2011年是公司围绕集团战略、注册地迁至北京、异地办公格局形成的第一年，与海淀区政府积极协调沟通，争取各项优惠政策支持，部分解决员工迁京后的实际困难。

【信息化建设】2011年，公司信息工作主要思路是"打基础，谋发展"。通过梳理信息管理制度，整理系统运维流程，引进专业技术人才，研究系统技术细节，规范系统运维工作，实现了对核心系统的全面掌控，保证了系统的安全平稳运行，初步打下了信息技术制度和人才基础。同时，基于公司发展和业务需求，制定了《信息化发展五年规划（2011—2015）》，启动了客户综合服务系统的开发工作，并提出了新的办公格局下信息化工作规划，为信息化工作长远发展不断谋求发展空间。

【企业文化建设】2011年，在集团公司党组和直属单位党委的领导下，公司以邓小平理论和"三个代表"重要思想为指导，认真学习贯彻党的十七大，十七届四中、五中、六中全会精神，坚持围绕中心服务大局，精心组织开展创先争优、纪念建党90周年、党员公开承诺、“四好”班子建设等活动。2011年，公司邀请内外部专家举办了公文处理与写作、构建财务模型等专题讲座，推荐员工学习《中国共产党历史（第二卷）》、《管理十诫》、《价值观的力量》、《未来企业之路》、《再造卓越》等书，北京图书室新购图书2 000余册供员工学习。在迎接建党90周年“三峡七一颂歌”歌咏比赛中，在各项工作任务十分繁重的情况下，公司组织全体员工利用休息时间紧张排练，节目获得了三等奖。公司还组队参加集团纪念建党90周年党史知识竞赛、“七月颂歌青春诗会”等活动，均取得了较好成绩。成功组织了公文写作与处理、财务报表分析、投资组合分析等竞赛项目，员工参与度高，活动效果好。

【社会责任】2011年，公司资助宜都贫困女童活动进入第5年。为了确保将爱心款交到最需要资助的学生手中，公司与宜都妇联积极联系，及时调整了部分资助对象，并将2011年27 000元资助款亲手分发到学生手中。在2011年的集团公司爱心基金捐赠活动中，公司85名员工共捐款13 330元，人均捐款超过150元。

中广核财务有限责任公司

【经营概况】2011年是中广核财务有限责任公司（以下简称“公司”）“十二五”规划的开局之年，面对国内严峻的金融环境，以及日本福岛核事故给国内核电行业造成的负面影响，公司在集团公司、董事会的正确领导下，在各成员公司的大力支持下，不断解放思想、主动谋划，加强五大金融服务平台建设，加大力度开展资金保障工作，积极创新金融业务，并持续加强内部管理，按计划完成了各项重点工作。

2011年，公司实现营业收入8.71亿元，利润总额4.02亿元，完成年度预算3.56亿元的112.83%，净资产收益率为20.17%。截至2011年末，公司资产总额达267.77亿元，负债总额252.18亿元，净资产总额15.59亿元。

【信贷业务】2011年，公司不断优化资金计划的管理，与相关银行进行多次沟通和谈判，争取信贷规模，拓宽融资渠道，确保各成员公司的资金需求，为清洁能源项目发展提供资金保障。截至2011年末，公司自营贷款总规模折合人民币约101.87亿元；全年自营贷款平均规模104亿元，委托贷款平均规模85亿元；自营贷款、委托贷款总平均规模共计189亿元。

2011年，公司密切跟踪国家核电政策，择机重启核电项目融资；响应集团“走出去”发展战略，开展“走出去”项目融资；开展风电、水电、太阳能等清洁能源项目融资工作。

【资金业务】2011年，公司积极开展本外币同业定期/协议存款、银行理财、货币市场基金和债券逆回购等业务，通过合理安排资金计划，调整资金运用期限结构，适度延长同业协议/定期存款业务期限以提高资金收益率，有效盘活存量资金，强化资金精细化管理。2011 年，公司共计开展银行理财业务 32.5 亿元，债券逆回购业务 109 亿元，同业协议存款业务 287 亿元，货币市场基金业务 14.5 亿元，以上业务的收益率水平远高于约 2% 的人民币资金平均成本，有效地提高了资金使用效率。

【金融股权投资】2011 年 11 月 29 日，由公司参与发起设立的安信基金管理有限公司获得证监会的核准设立批复。根据投资协议，公司已于 2011 年 12 月 1 日向安信基金汇入了注资尾款。通过参与证券投资基金管理公司，集团开拓了新的金融发展领域，补充和完善了金融服务功能。

【外汇业务】结售汇业务。公司与多家中资银行加强合作，成功为多家成员公司开展结售汇业务，业务发展取得了新的突破，首次开展了资本项下企业购汇业务，异地成员企业结售汇业务取得突破性进展。截至目前，公司共为集团成员企业完成购汇约 1.80 亿美元、2 300万欧元，完成结汇约 5.24 亿美元，所有业务均“零差错”、“零延误”。按低于银行对企业结售汇业务平均价格 20 个基点计算，公司即期结售汇业务为集团整体节约财务费用 220 万美元，折合人民币 1 400 多万元。

债务风险管理服务。2011 年，公司抓住国际外汇市场巨幅波动的有利时机，利用简单金融衍生工具，帮助集团内成员企业完成共计约 0.50 亿欧元债务的汇率保值，完成 0.60 亿美元的利率保值，有效降低或锁定了相关成员公司面临的利率和汇率波动风险。截至 2011 年末，集团总体债务保值管理实现了现金流正值的目标，通过保值交易管理实现现金流节省超过 2 亿元人民币。

【资金集中】2011 年，公司完成结算笔数合计超过 18 万笔，结算量折合人民币约 8 000 亿元，全年集团日均资金集中度为 98.90%（不剔除贷款资金为 81.87%），结算支付率 100%，导致损失的支付差错案件为零，无安全生产事故，各项资金结算业务有序、正常开展。

2011 年，公司加快建设境内多银行现金管理平台，根据各银行的优势，结合集团的整体需要，不断调整合作模式和增加业务品种，整合银行内部资源；积极推进境外资金集中管理平台建设，严格按照集团关于境外资金“能归集的归集，不能归集的实行监控”的目标积极开展工作。

【业务创新】2011 年，公司在直投平台、信托业务、碳金融、结算服务等方面开展了多项研究及创新，为建立公司多元化的收入来源结构作出了有益的尝试：一是推进直投平台设立工作。公司积极参与集团直投平台设立的工作，提出平台设立构想和初步方案，配合完成了平台架构的设计。依托平台，研究分析了多个直投项目，向集团推荐了一批前景较好的项目。结合集团的实际需求，重点参与了 ZTZT 项目的投资工作。二是谋划和推动金融产业发展研究。公司组织完成了《中广核集团金融租赁业务发展研究报告》、《碳金融及碳交易市场发展研究》等报告，为拓宽集团金融新产业发展思路奠定基础。整理完成《中国经济中期趋势及主要金融指标预测》报告，满足集团编制未来三年经营计划需要。三是顺利开展新模式下的跨境贸易人民币结算业务。2011 年，在人民银行的积极推动和支持下，集团成员公司的跨境贸易人民币结算业务顺利开展，累计办理跨境业务 14 笔，折合人民币约 1.20 亿元。四是积极申请开办境内资本金外汇资金池业务。随着集团“走出去”发展战略不断深入，集团内已形成一定规模的外汇资本金，急需进行有效的管控和集中管理。公司已向深圳外汇局提交了具体方案，拟申请在中广核集团成员范围内开展境内资本金外汇资金池业务。

【风险管理和内部控制】提高风险管理水平，加强内部控制能力。公司组织开展了2011年度风险评估工作，根据评估结果制定风险管理策略方案；开展境外资金集中管理、跨境贸易人民币结算、即期结售汇业务专项风险评估工作，初步建立了新业务风险评估和管理模式；开展资金与结算业务职能合并后内部控制与风险管理有效性评价工作，进一步规范了转授权管理。

加强监督管理，积极履行纪检监察职能。组织开展“三重一大”重要事项的自查工作，经自查核实，无违反制度项目发生；组织对《关于实行党风廉政建设责任制的规定》等五项制度贯彻执行情况进行了自查；组织开展加快转变经济发展方式监督检查的自查工作，针对自查中发现的问题，从加强组织领导、监督考核两方面着手进一步转变经济发展方式，确保集团公司的重大决策部署能得到贯彻落实，全面增强“十二五”规划的执行力。

开展ISO27001信息安全管理体系项目认证。2011年，公司完成了信息安全管理体系建立与试运行，开展了ISO27001信息安全管理体系内审工作，对信息化及信息系统安全进行了全面、仔细、严格的检查和分析，提出了有待改进的方面，制订整改方案、落实各项整改要求。11月份，公司顺利通过认证，并成为财务公司行业第一家通过ISO27001信息安全体系认证的公司。

【人力资源管理】在人力资源体系建设方面，公司为掌握与判断不同部门当前的工作负荷度、工作时间分配有效度等，于2011年4月份组织开展了专项工作量统计工作，分别从“工作负荷度”、“工作有效度”、“工作标准度”三个维度对财务公司整体以及不同部门的工作情况进行详细分析，为公司人员编制合理调整、岗位价值评估等人力资源方面的管理决策提供了科学依据。

在绩效管理方面，公司继续深入推行全员绩效管理工作，引入组织绩效考核体系，对组织绩效结果与个人绩效结果设置一定的关联度，引导员工关注组织绩效，关心团队工作；在绩效指标方面，公司围绕集团的考核目标、公司的战略焦点、工作质量及顾客满意度的测评指标，编制了公司绩效指标体系手册，该指标体系涵盖“产品和服务、顾客与市场、财务、人力资源、过程有效性、内控合规”六个维度，能够更加系统、全面地进行绩效评价和绩效改进，有效地提升了公司的绩效管理水平。

【信息化建设】2011年是集团金融服务的“持续提升，安全稳定”年。根据业务发展和经营管理需求，公司2011年信息化工作专注于信息化治理和管控，以信息化总体解决方案、信息安全保障项目、ERP深化实施、网银系统软硬件升级为主，全面开展信息化各项建设，保障了公司重点工作顺利有序开展，保证了公司为中广核集团提供优质、高效、及时的金融服务。

中船财务有限责任公司

【经营概况】受金融危机影响，2011 年船市严重萎缩导致企业自有现金流减少，面对复杂多变的国内外经济金融形势，中船财务有限责任公司（以下简称“公司”）在中国船舶工业集团和公司董事会的领导下，遵循“控制风险、稳健经营”的原则，认真贯彻“依托集团、贴近企业、服务企业”的宗旨，把握经济形势，拓展思路，整合集团资金资源，以集团利益最大化为原则，顺利完成了集团和公司董事会下达的各项重点工作任务和利润指标，各项相关监控指标达到中国银行业监督管理委员会规定的标准。

截至年末，公司资产总额 220.13 亿元，比年初 147.94 亿元增加 72.19 亿元，增幅 48.79%；负债总额 202.12 亿元，比年初 132.74 亿元增加 69.38 亿元，增幅 52.27%。2011 年实现营业收入 7.23 亿元，比上年同期增加 2.72 亿元，同比增长 60.46%；实现利润总额 3.70 亿元，比上年增加 0.69 亿元，所得税 0.87 亿元，净利润 2.83 亿元，比上年增加 0.51 亿元。

【资金集中管理和结算业务】公司作为集团资金集中运作平台，负责集团资金集中管理业务的日常运行和资金结算。截至年末，公司网银结算的成员单位已达 53 家，全年办理成员单位之间内部转账 1 263 笔次，计 151 亿元；接收并发送成员单位付款指令 10.84 万笔次，计 837 亿元。网银结算业务的推广，强化了公司结算平台功能，减少了资金的外部流动和在途时间，从总体上控制了集团资金风险，降低了集团财务费用。

在银（行）财（务公司）直联电子支付方式下，成员单位通过登录公司网上银行业务系统完成支付结算业务。公司与商业银行的直联结算已稳定、成熟，2011 年完成了与中国银行、中信银行、光大银行、招商银行的直联系统升级，签订了企、财、银现金管理授权。

【信贷业务】2011 年，公司充分利用集团资金集中管理优势，全力支持集团重大项目建设，实现“举集团之力，办集团之大事”的目标，给予重点项目优惠贷款利率，确保重点项目建设进度，为成员单位节省了利息支出和工程成本。公司信贷部门人员多次走访集团内主要企事业单位，深入了解企业对公司融资服务的需求，积极支持中小企业发展，在保证信贷资金安全的前提下对部分资金趋紧的配套企业发放了流动资金贷款。2011 年公司发放人民币贷款余额 65.44 亿元，比年初增加 9.49 亿元，增幅 16.97%。无逾期贷款和呆账损失。

【票据贴现业务】为强化集团商业汇票业务的管理，规范票据业务操作流程，公司启用电子商业票据系统，实现了票据业务的集中和集约化经营的目标。2011 年，票据贴现和电子商业汇票承兑业务均呈现快速增长，其中，电子商业汇票承兑业务从2010年的1.57亿元迅速增长到了2011年的12.15亿元；票据贴现15.85亿元，比2010年同期增加12.14亿元。票据承兑业务的扩大，创造了新的盈利增长点，节约了集团整体的票据承兑费用。

【融资租赁业务】为促进设备投资、解决中小企业融资难、优化资源配置，公司在做好传统的金融服务业务的同时，努力开展融资租赁业务，拓宽船舶市场销路。2011年公司采用融资租赁方式支持上海船厂的高空作业车和浮船坞项目。

【投资业务】自2011年初以来，随着欧债、美债危机不断加深，国内通胀压力下持续趋紧的货币政策使得大盘连续走低。公司及时调整投资策略，降低投资规模，逢高减持了部分股票和指数基金，规避了股、债两市的下跌风险。全年实现投资收益3 334万元。

【外汇结售汇业务】公司立足集团及成员单位外汇资金管理需求，强调服务在先，以节约客户费用为己任，努力做大结售汇业务。2011年公司代理成员单位办理即期结汇共计4.13亿美元。即期结售汇业务的开展，使成员单位享受到了财务公司场内交易优惠的价格和内部结算网络快捷便利的结算服务。同时，从业务咨询、融资款项跟踪、境内结汇、结汇人民币内部账户存量管理多方面、多环节，为集团和成员单位提供全链条的服务，提高集团集中管控的能力，并最大限度降低成员单位财务费用。

【保险代理业务】公司充分利用专业优势及信息优势，为集团寻找战略投资机会，积极为成员单位办理保险代理业务，取得良好的经济效益。2011年公司保险代理收入共计86万元。

【风险管理和内部控制】在董事会“严控风险、稳健经营”理念的指引下，公司积极营造全员参与的内控管理文化，已形成了董事会、监事会成员参与决策，管理层、执行层、操作层自觉遵守内控制度的良好氛围，并逐步构筑起覆盖所有业务活动、权责明晰、相互制衡的内控体系及自控、互控、监控的多层级风控防线。

为加强证券投资业务的风险控制，修订了《有价证券投资业务管理办法》及《有价证券投资业务实施细则》；为控制票据业务风险，保证业务的运转效率，修订了《汇票业务管理办法》；为充实流动性预警机制，修订了《岗位责任制》；为建立健全合规考核机制，修订了《合规管理办法》，明确公司绩效考核充分体现鼓励合规和约束违规的稳健经营原则；为规范客户信用评级的标准，提升公司信用风险管理水平，根据成员单位的实际情况和经营特点新增《客户信用评级办法》。目前公司现有制度已达80余项，基本覆盖了公司所有机构、部门、业务和管理活动。公司根据修订后的内控制度，结合外部审计及上海银监局现场检查意见，对各类业务的审批及操作程序进行了完善和明确。合规管理部、风险管理部认真做好风险的事前、事中控制。稽核部加大内审稽核工作力度，消除风险隐患。按季度对财务及结算业务的合规性，审批程序、记账程序的规范性和账证、账表、账账的一致性进行了审核；对投资业务的审批程序、资金划拨程序、交易操作程序进行了核查；对信贷业务贷前审查的充分性、审批程序及放款手续的规范性进行了审核，对贷后跟踪管理情况进行了监督；对公司的组织决策控制、人事制度控制、资金运营控制、贷款业务控制、投资业务控制、结算业务控制、安全保障控制、信息系统控制体系制度进行了稽核，检查公司运营中的风险隐患和问题节点。

【信息化建设】2011年，公司完成了对资金管理信息系统的二期升级改造，增添融资租赁和买方信贷业务模块、外币资金管理模块、结售汇业务模块、1104 报表及电子印章管理等系统，形成涵盖财务公司本外币业务的一体化的资金管理系统。实现了公司结算与信贷系统的人民币和外币统一核算、电子印章、结售汇、1104 监控报表系统应用于同一平台，也实现了多币种统一核算、统一管理的目标。

2011 年，为确保资金管理业务核心系统的安全运行，适应业务发展、数据扩展需求，公司对资金管理信息系统应用服务器、数据服务器进行升级改造，更换了 IBM 主流服务器及 Web Sphere 中间件。更换后的应用服务器其机器性能和平台性能都得到提升，运行更为稳定，可支持应用程序功能的扩展升级。

【人力资源管理】为适应业务发展需要，2011 年公司加大了对员工的培训力度，坚持产学研相结合，以提升公司人员整体业务素质。公司根据业务发展需要，公开招聘新员工，为公司战略的实施、业务的拓展进行人才储备。

【合规文化建设】公司一直坚持以人为本，积极构建和谐向上的企业文化，树立“依托集团、贴近企业、服务企业”的经营理念，倡导合规人人有责、主动合规、合规创造价值等理念，通过多种方式提高员工的责任意识、法律意识、风险意识，形成了管理靠制度、办事讲规矩、决策依程序的管理机制，用规范的职业行为引导公司员工的行为，强化全体员工的合规意识。

中核财务有限责任公司

【经营概况】截至 2011 年末，中核财务有限责任公司（以下简称“公司”）注册资本 12.56 亿元，资产总额 286.77 亿元。2011 年，公司克服不利经营环境，圆满完成了各项经营任务与考核指标，以良好的经营业绩向集团公司和股东单位递交了一份满意的答卷。

2011 年，公司实现营业收入 11.71 亿元，实现利润 4.65 亿元。公司秉承“服务集团，创造财富”的核心价值观，夯实“五个中心”建设，资金管理、风险管控、财务顾问、管理咨询、党组织建设、经济研究等工作得到进一步提升。作为集团金融支持服务平台，公司在中核集团改革发展过程中发挥着越来越重要的作用。

【资金集中】公司深化资金结算与集中管理，2011 年日均资金集中率达到 96.3%，平均集中资金 247 亿元。全年结算业务金额 6 600亿元、25 万笔，分别同比增长 53% 和 14%。公司密切关注集团资金变化动态，根据资金变动情况，全年发布《资金集成与结算报告》12 期，深入分析资金变动原因及影响。根据集团预算逐步到日的要求，公司顺利完成现金流预算系统升级工作，对日预算第一批上线的 11 家成员企业进行了培训，试点企业从

11 月份已开始通过系统编报日预算。

【信贷业务】公司严格执行集团融资政策，以保证资金安全为前提，确保流动性，做好融资管理工作，为集团主业发展提供资金保障。公司当年累计发放自营贷款 145.65 亿元，累计发放委托贷款 84.06 亿元。截至年末，公司自营贷款余额 136 亿元，同比增长 9.54%；委托贷款余额 103 亿元，同比增长 36.23%；无不良贷款。全年实现贷款利息收入 66 267.57万元，占收入总额的 59.53%。贷款管理进一步加强，全年共对 14 家成员单位开展现场贷后调查。继续加强信贷投放“向主业集中”，优先支持核电、核燃料等板块的发展，继续压缩非主业贷款。年末，公司自营贷款中集团主业贷款比率达到 99.62%；非主业贷款余额 5 200 万元，同比下降 49.51%。

公司与国家开发银行海南分行组成 30 亿元的银团贷款，累计向国家开发银行海南分行转让 5.41 亿元信贷资产；增加了农业银行海南分行、中国银行海南分行为银团贷款参加行。

【集团化保险业务】公司积极参与集团化保险项目，在“后福岛时期”较为不利的核电保险形势下，顺利实现了田湾核电站与秦山二期 2012 年度运营险保费下降共 43 万美元、集团各运营核电站 2012 年运营期核保险续保条件进一步优化等成果。集团各运营核电站保费水平已处于国内最优水平。

【外汇业务】2011 年，公司通过加强与金融机构合作、优化交易系统、提高服务质量、真诚沟通客户等方式，全面提升公司结售汇业务水平与竞争力，外汇业务实现快速增长，结售汇业务水平与竞争力不断提升。公司全年开展结汇业务 5 笔，金额 2 004.69 万美元；售汇业务 42 笔，金额 649.87 万美元。平均每笔业务可实现优惠 99 个基点，共为成员单位节约费用 29.7 万元。

【综合金融服务】公司在继续为成员单位提供经济金融解决方案、管理咨询服务的基础上，着力提升“定制化”程度，接受客户委托进行专项服务。加大现场服务力度，直接听取客户要求与意见，公司领导、业务部门全年拜访成员单位 12 家、计 103 人次，近距离掌握客户需求。公司继续担任中国核电公司上市财务顾问工作，还出任该公司 40 亿元中期票据发行财务顾问；继续为集团燃料板块改制提供技术支持，承担股权多元化方案设计等工作，并承担改制主报告撰写工作。全面风险管理咨询服务持续深入，4～8 月，为原子能公司提供全面风险管理咨询服务；完成中国国核海外铀公司的全面风险评估工作，促进集团整体风险管理水平提升；与中国核电公司签订常年风险顾问咨询服务合同，协助其开展了风险管理培训、风险评估、搭建风险管理框架、编制风险管理规划、编制风险解决方案等日常咨询服务。公司出任中国国核海外铀资源公司财务顾问，提供现金流测算分析等咨询服务；积极配合集团财务部对成员单位全面预算工作情况进行调研，参与江苏核电公司全面预算管理工作，为集团开展全面预算管理工作提供支持服务。为集团企业年金制度建立提供专业支持，参与方案比选相关工作，承办企业年金管委会受托机构及各管理人评标等工作。参与金原铀业公司对圣雪大成制药与同业上市公司股权合作项目，完成与上市公司股权交易相关的财务和法律专项报告，为方案的制订提供专业意见；团队参与集团公司资本运作方案的设计与撰写，完成相关并购项目可行性研究报告。

【业务创新】公司自主开发的核电电价模型在经过不断测试后日趋完善，已被集团多家核电企业采用，成为公司创新型金融产品代表。公司为江苏核电应用中核集团核电成本电价计算模型提供技术服务，完成电价测算；与三门核电、江苏核电、海南核电等企业签订企业电价模型咨询服务合同，共同研究电价定价新模式；受邀全程参加中核核电“构建运营期财务模型工作设想”项目，初步完成模型搭建。

2011年，公司战略管理咨询服务正式启动，并以中国原子能工业公司项目为试点深入开展工作；根据《企业集团财务公司管理办法》，积极探索保险代理业务；在现有运营、在建核电保险基础上，积极拓宽集团化保险覆盖面；公司项目团队为成员单位改制、科技创新项目产业化、对外并购项目的方案设计等提供金融服务，谋求实现集团产业价值的最大化。

【风险管理和内部控制】2011年，根据公司发展战略及年度经营目标，公司风险偏好调整为：在“服务集团，创造财富”的经营理念指导下，为实现公司战略发展目标，接受为保障集团资金需求而降低收益的风险，以及为提升专业服务能力而增加投入的风险；不接受资金结算安全风险，以及因自身原因而影响业务持续拓展的风险。针对本年度评估出的重大风险分别采取了风险控制、风险规避、风险承担等风险管理工具，并据此确定了风险预警指标。

2011年，公司风险管理体系正常运行并在实践中不断改进与提升，同时风险管理流程与业务流程也进一步地融合：一是组织职责进一步落实。2011年，公司董事会和各部门对自身风险管理职责的认识进一步加深，同时公司发文明确了各部门风险管理人员和具体职责，使得风险管理三道防线中处于第一道防线的部门职责更加明确。二是风险管理制度体系更为完善。公司对风险管理制度体系进行完善，新增了操作风险、流动性风险等专项风险规程，形成了以风险管理纲要作为政策基础，风险管理规程、内控指引为核心制度，信用风险等5个专项风险管理规程为重要制度的风险管理制度体系。三是切实执行风险管理流程。公司建立了定期风险评估制度，由风险管理部每季度进行一次风险评估，每年对评估标准进行一次调整。根据风险评估结果，明确责任部门，并由责任部门会同风险管理部门针对重大风险制订管理方案，同时由风险管理部督促落实。在风险监测方面，各部门通过金融信息统计平台及时掌握监测指标的变动情况，风险管理部也根据同步监测结果适时发出风险提示，并结合风险监测结果进行相关业务审批。在风险报告方面，公司建立了较为完善的风险报告体系，按照月度、季度和年度的频率按时提交风险管理报告，内容各有侧重。

【信息化建设】2011年，公司各业务信息系统运行正常，未出现影响业务开展的重大事故。公司信息化建设已经进入“有运行、有开发、有筹备”的全新阶段，全力打造中核集团资金管控支持平台。公司负责开发的集团现金流预算系统一期顺利验收，二期工程同期展开，目前该系统已经具备“预算到日”功能。公司外汇系统通过验收，已与工商银行、中国银行、中信银行建立系统对接，基本满足成员单位业务需要。“江苏核电—中核财务”财企直联系统于7月1日正式上线运行并运转良好，提高了企业资金收付的工作效率。

【党组织建设】公司党建工作取得突破性进展。党支部以深入开展创先争优活动为切入点，以迎接建党90周年为契机，切实加强党组织建设，开创了“带动公司经营，推动党建发展”的双赢局面。公司高度重视党风廉政建设，建立了党风廉政建设监督机制，层层落实廉洁自律责任。2011年，公司新制定了《财务公司党风廉政与廉洁从业制度》、《财务公司党支部三会一课制度》、《财务公司礼品礼金上缴管理制度》和《财务公司党支部党费收缴管理制度》，修订了《财务公司党支部中心组学习制度》。公司党支部组织了“一岗双责”、“反腐倡廉宣传月”等活动。公司全年各级党员领导干部发案率为零。

【企业文化建设】公司注重加强学习型组织建设，全年举办“财富大讲堂”8讲，邀请核工业老领导、金融行业专家、公司员工等出任主讲人，讲授核工业产业链业务流程和经济、金融等方面知识，拓宽员工的眼界和知识面。“财务公司第二届管理创新成果征文”活动于2011年10月正式启动，共收到员工投稿三十余篇，为集团改革与公司发展提出了许多具有建设性的意见和建议。

上海浦东发展集团财务有限责任公司

【经营概况】2011年，上海浦东发展集团财务有限责任公司（以下简称“公司”）以浦发集团下达的年度经营目标为抓手，勤练内功，大力拓展信贷业务；转变理念，审慎经营投资业务；创新服务，有序开展项目融资及银团工作；开拓进取，积极探索融资中介服务；夯实基础，继续推进风险合规管理、信息系统建设、人力资源项目管理、内部管理机制完善等方面工作。一年来，公司各项业务保持了健康稳定发展，各项监管指标和重要经营资产质量指标符合监管机构的监管要求。截至2011年末，公司资产总额85.02亿元，净资产19.09亿元，净资产收益率为6.69%。全年实现净利润1.28亿元。

【信贷业务】2011年，公司信贷业务重点为妥善处理好落实监管要求和集团成员企业项目资金需求间关系，做好全年信贷额度的有序投放。面对信贷需求不足的实际，公司一方面大力拓展新客户和贷款业务需求，提高资金收益率；另一方面加大对贷款客户的贷前调研和贷后走访力度，确保客户及时足额还本付息，降低经营风险。截至年末，公司日均存款为63.81亿元，日均贷款为23.02亿元。同时，公司加强了信贷内部机制的建设，如完善贷款利率管理制度等，并启动了公司信贷服务体系再造课题的研究工作，开展了2011年度客户信用评级及客户统一授信工作，完成了重点成员企业资金信用评价报告、主要成员企业财务分析报告，以期夯实基础，更好地服务成员企业。

【信贷业务】2011年，根据业务开展需要，公司对融资租赁业务相关制度进行了修订，并于年末启动了与相关金融机构的研讨，同时结合售后回租业务开展了相关操作。

【资金和投资业务】2011年，公司新设立资金管理部作为资金流动性管理的执行机构，履行资金计划管理、资金运作管理及资金策略研究三项职能。全年资金管理的最大效果是兼顾了全面满足集团流动性管理与实现公司经营利润指标双重目标，实现了资金管理安全性、合规性、计划性与效益性的高度统一。

2011年第二季度暂停新股申购后，公司

将投资重点转向了银行理财、信托、货币基金和可转债一级市场投资等。同时，加大了银行间市场资金的操作力度，较好地把握了2011年资金市场资金紧张带来的高收益机会，公司全年累计通过质押式逆回购融出资金171.54亿元，累计实现收益2 289万元。

【资金集中】公司资金集中度长期稳定。2011年，公司资金归集率达到91%，资金来源仍主要是集团及集团成员企业的存款，但存款结构发生了较大改变，集团存款大幅增加，成员企业存款减少。

【业务创新】2011年，公司配合集团实际的融资需求，展开了一系列金融创新课题研究，包括赴港发行人民币债券的探索、在集团内开展电子票据业务、融资租赁业务的创新及构建集团产业投资基金的研究。为解决集团面临的融资困境，以金融创新开辟集团新的融资渠道奠定了较好的基础。另外，公司还根据国资公司集中管理其子公司资金的需求，制订了管理初步方案，并配合其对子公司进行调研、需求分析，初步形成了操作细则，达到了国资公司对其子公司的资金实施收支分列的要求。

【风险管理和内部控制】2011年，公司按照集团要求的全面风险测评框架，组织了对各项业务风险的梳理和自查，进一步提升了公司风险防范意识；根据近三年的内外部各项审计稽核意见及案件防控的要求，系统整理了公司风险管理的薄弱环节，完善流程，制定并实施整改措施；组织实施“各类报表资料报送工作规范化管理”专题活动，加强对各项业务流程的监控，对存量股票的减持、投资品种的操作、网银协议修订和贷款业务等及时进行风险提示，为相关业务开展提供指导性建议；积极推进了内控制度建设，制定了公司《工作流程手册》，全年新增9项制度，修订18项制度。

2011年，公司还积极采取措施，完善稽核检查工作。扩大常规检查范围，并注重与专项稽核有机结合。在综合考虑监管部门要求、公司自身需要以及稽核人员配置等因素的基础上，对公司各项规章制度的执行情况进行常规检查，并按照重要性原则，对信贷业务、企业信用信息基础数据库登录情况、资产风险分类、有价证券投资业务、计算机信息系统管理情况进行专项稽核，并穿插开展不定期业务抽查。

【人力资源管理】公司自1月份开始正式启动人力资源管理项目工作。通过访谈、问卷等方式对所有员工进行了调研，同时结合掌握的标杆企业和行业实践数据资料，以及公司现有的规章制度、岗位职责，对公司所设定的管理及业务岗位进行了价值评估，形成了公司岗位职级的矩阵架构。在此基础上，以岗位的投入产出模型为依据，对公司22个标杆岗实施评估，最终形成了全职位级别矩阵，并初步形成了培训制度框架，同时还以员工薪酬数据为基础，形成了薪酬架构体系。

【信息化建设】根据发展规划中进一步加强信息技术平台建设的要求，公司新设立了信息管理部，主要承担公司信息化规划、项目管理、运维管理等方面工作。同时为了弥补自身技术力量的不足，将有关的软硬件维护工作进行了外包。在信息化建设方面全年主要开展了以下四方面工作：一是对原有系统架构进行改造，将对内和对外系统进行了分离，进一步提高了系统的安全性和稳定性；二是使用1104报表自动取数系统，降低了工作人员的工作量，提高了数据的准确性；三是实施了预算和网上报销管理系统，提高了预算管理和报销管理的规范性；四是使用公司内部短信系统，进一步提高了公司内部行政办公的效率。

【企业文化建设】2011年，承接2010年上海市文明单位创建工作，公司党委继续开展了创建相关后续工作，严格按照上海市精神文明创建工作的六方面标准要求自身，在业务拓展、金融服务提升、内部管理创新、社会责任履行、文化建设等方面都开展了大量的工作，成效显著。功夫不负有心人，2011 年 3 月份，上海市人民政府授予公司“上海市文明单位”称号，这将更加激励全体员工以饱满的热情全身心投入到工作中去，争取在物质文明和精神文明方面取得更大的突破。同时，公司还持之以恒地开展了“金钥匙”工程和“读书活动”等企业文化建设重点工程，成效也很显著。

鞍钢集团财务有限责任公司

【经营概况】 2011 年，面临钢铁行业异常严峻的“寒冬”形势，鞍钢集团经历了“后危机时代”更为严峻的挑战。鞍钢集团财务有限责任公司（以下简称“公司”）深入学习贯彻党的十七大，十七届四中、五中全会精神，以鞍钢集团“十二五”战略发展规划为导向，坚持“依托集团、服务集团”的经营宗旨，在稳固原有传统业务盈利水平的基础上，深挖资本市场盈利潜力，全面提升金融服务水平，各项工作均取得了显著成效。全年资产平均规模 211 亿元，存款平均规模 122 亿元，贷款平均规模 76 亿元，实现利润总额 5.14 亿元，利润计划完成率 114%。年末资本充足率为 28.43%，流动性比例为 30.62%（各月均完成监管比例要求），不良资产率和不良贷款率均为零。

【信贷业务】 为提高集团资金使用效率，降低集团资金成本，公司在集团统筹管理下，做好信贷投放和收回工作的同时，通过主动走访客户，不断发掘成员单位新的贷款需求。全年累计为鞍钢汽车公司、重型机械公司等单位发放自营贷款 43 笔，共计 71.96 亿元；为鞍钢钢绳公司、重型机械公司等单位办理纸质票据贴现 405 笔，贴现金额 9.99 亿元；同时，承办了集团公司向鞍凌公司、鞍钢莆田公司发放委托贷款 25 笔，共计 54.81 亿元。

在增加融资服务品种方面，公司对电子商业汇票系统进行了不断完善，并以该系统为平台为鞍钢国贸公司、鞍凌公司办理电子商业汇票贴现 270 笔，贴现金额 13.23 亿元。在拓展融资渠道方面，公司积极与同业金融机构进行合作，从建设银行、农业银行及招商银行以低成本累计拆入资金 10 亿元，打通了公司融资渠道，调整了公司负债结构，有效解决了资金流动性问题。

【资本市场买卖业务】 公司深挖资本市场潜力，充分利用鞍攀整合期现金选择权储备的资金，抓住货币市场资金价格上扬的时机，与攀钢财务公司开展信用拆借累计金额达 99 亿元，实现收益 865 万元；与金融机构开展质押式回购累计金额达 279 亿元，实现收益 4 531 万元；购买中石油可转债，实现收益 238 万元。全年资本市场累计收益 5 637 万元，实现投资收益过千万元的历史性突破。

【资金集中】公司始终坚持做好资金结算这一基本业务，制定和完善了清晰的服务流程，建立了客户服务考评机制，从而保证了结算平台实现稳定、高效的运行。全年累计资金结算总额达26 592亿元，结算业务量达25万笔，结算差错率为零；累计为17家成员单位代理保管票据6 440张，金额达203.65亿元；年末库存票据1 319张，金额达31.4亿元。

【风险管理和内部控制】在内控建设方面，作为集团核心业务内控自评的试点单位之一，围绕重大风险和核心业务流程，公司对控制环境、风险合规管理、信息与沟通机制及内部控制效果进行风险识别，以明晰核心业务的风险点。同时，公司以与攀钢财务公司制度对标为契机，推进制度体系建设工作。2011年，新建《"三重一大"决策管理办法》、《法律事务管理办法》、《战略绩效管理制度》、《职工劳动纪律和考勤管理办法》、《公司职工工作时间和休假制度》、《反洗钱工作管理制度》、《劳动合同管理办法》等20个管理制度，修订《贷款管理制度》、《贷款风险五级分类管理制度》、《关键岗位轮换和强制休假制度》等10个制度，废止制度5个。

【人力资源管理】为贯彻落实人才兴企的发展战略，公司始终坚持全方位、多角度培养金融管理人才。全年共有68人次参加集团公司组织的各类专业培训，有6人参加中国财务公司协会举办的基础业务培训。同时，有2人到上海清算所参加债券托管交易，3人参加中国债券交易培训。

【信息化建设】一是根据2010年中介机构对公司信息系统的评估报告，制定2011年度信息系统建设计划，并落实信息系统完善项目，围绕全方位客户服务、面向业务全过程、注重管理需求、数据集中存储等方面，运用负载均衡器和运维管理，强化信息技术在核心业务和管理上的应用；二是针对目前资金管理系统中账户复杂、划款程序过多、业务处理效率低等问题，提出新的解决方案，并对资金管理系统升级改造进行前期准备；三是整合业务应用软件，加强业务系统电子化建设，努力实现全业务范围的电子化和信息化管理；四是更新办公环境声光设备，安装播音系统及LED显示屏，按集团公司要求，将公司OA办公系统与集团办公系统对接，实现了公文电子传输。

【党务工作】围绕迎接建党90周年，公司以"推动科学发展，争创一流服务"为主题，以开展"讲党性、重品行、善学习、作表率"活动为载体，以争当优秀党员为创先争优的主要内容，组织广大党员和职工开展红歌比赛、红色之旅、党务知识答题、观看电影《郭明义》及《建党伟业》等系列活动。2011年发展了2名同志加入中国共产党，为党组织输入了新鲜血液。

【企业文化建设】在工会组织下成立篮球、羽毛球、乒乓球、登山、摄影、烹饪六个活动协会。同时，组织员工积极参与到集团机关的各项比赛中，并获得水球第二名及篮球第三名的好成绩。组织青年团员积极参与建党90周年征文及集团公司团委组织的各类比赛。

中国电力财务有限公司

【经营概况】2011 年，中国电力财务有限公司（以下简称“公司”）以“十二五”发展战略规划为行动纲领，围绕“巩固、深化、创新、突破”八字方针，坚持不懈深化资金管理平台建设，圆满完成了全年各项任务，实现了“十二五”发展良好开局，为国家电网公司推进“两个转变”作出了积极贡献。2011 年末，公司资产规模达到 1 268.86 亿元，净资产 127.14 亿元，实现利润21.99 亿元，各项指标全面满足监管要求，全面完成了国家电网公司业绩考核指标，经营管理工作取得优异成绩。

【结算业务】2011 年，公司大力深化统一结算平台建设，电子结算服务能力明显增强，实现年资金结算总量 16.85 万亿元，营业结算业务笔数 379.14 万笔。一是全面完成内部账户自动支付功能推广应用，实现内部账户支付业务全程“不落地”自动结算，提高公司的结算服务效率。二是持续完善银行集团账户产品，全面促进银企财产品优化，为集团统一结算提供坚实保障。三是健全统一结算制度体系，制定、修订《营业及客服需求编报实施细则》、《营业结算业务岗位职责》等规章制度，为规范指导业务操作奠定基础。四是开展统一结算应用培训，夯实结算服务基础。五是强化日常结算风险管控，确保客户结算渠道畅通和资金安全。

【信贷业务】2011 年，公司积极稳定信贷规模，年末自营贷款余额达到 691.03 亿元。信贷业务是公司的主要资产业务，也是向成员单位提供融资服务的主要业务形式。公司的信贷业务既包括以利息为收入来源的流动资金贷款、固定资产贷款、银团贷款、融资租赁、贴现等业务品种，又包括电子商业汇票、贷款承诺、保函等中间业务品种，为集团成员单位提供了全方位的融资服务。2011 年，公司克服宏观政策及监管机构对信贷规模“窗口指导”带来的不利影响，在满足监管要求的同时，积极创新业务品种，提高信贷业务管理水平，信贷规模稳步增长，收益稳定增加。通过创新开展电子商业汇票业务，拓宽融资渠道，全力满足了集团成员的融资需求。

【资金业务】2011 年，公司克服宏观紧缩货币政策不利的影响，积极采取有效措施稳定存款，保证了存款规模的稳定增长。一是加强存款组织管理工作，保持存款规模稳步增长。二是加强资金计划管理，提高资金利用效率。通过进一步完善资金计划管理机制，提高了资金计划的准确性和资金使用效益，资金管理的精细化水平进一步提升。三是进一步规范业务操作，防范风险，提高资金调度效率。实现了资金数据的实时监测，提高了对资金变化规律的把握和分析能力，提高了资金调度效率。四是大力提升外部融资保障能力，确保备付安全。

【投资业务】2011 年，公司投资管理业务类型继续稳定在债券承销、财务顾问、有价证券投资和金融债券发行等。在有价证券投资方面，公司始终坚持价值投资和组合投资理念，以谋求中低风险的稳定收益。公司具有首次公开发行股票询价对象、全国银行间债券市场交易及上海证券交易所大宗交易系统合格投资者资格。

【票据业务】2011 年，公司电子商业汇票业务得到有效扩展，客户范围逐步扩大，丰富了融资服务手段，提高了融资服务能力。通过开展电票业务，实现了以国家电网公司购、售电产业链为依托，服务于产业链上下游企业的金融业务创新发展，标志着公司电子票据业务实现了新突破，融资服务能力跨上了新台阶。

【外汇业务】2011 年，为更好地服务国家电网公司国际化发展战略，公司积极深入推进外汇业务发展。一是成功办理外汇注册资本金结汇业务，在不影响正常业务开展的前提下，提高了资金资源的配置效率。二是积极推进即期结售汇业务资格申请。公司立足于为国家电网公司国际化业务发展服务，不断积极加强外汇业务建设，完成了结售汇资格申请材料提交及补充、高层访谈及现场检查准备事项。

【资金集中】2011 年，公司资金归集服务不断加强，积极拓展资金归集的深度和广度。通过不断深化资金集中服务工作，公司资金集中度达到 98.98%，同比上升 2.94 个百分点。一是积极部署推进资金集中服务深化应用工作，制定了《资金集中服务深化应用方案》，全面推进资金集中服务深化应用工作。二是圆满完成上市公司资金集中试点工作。在国家电网公司统一部署下，积极开展上市公司资金集中试点工作，实现上市公司资金归集零的突破。

【风险管理和内部控制】2011 年，公司风险管理和内部控制工作以“十二五”发展规划为指引，按照“防范为主，效益优先，标本兼治”的风险管理方针，充分发挥三道防线作用，严格依法合规经营。一是积极推进风险管理一体化、法律事务管理扁平化、审计资源集约化建设。加强风险评估体系和预警机制建设，提升全员风险意识，实施风险全过程管控。开展法律事务扁平化管理试点，缩短法律合规管理链条。大力开展专项审计，查找整改经营管理工作中存在的薄弱环节，有效发挥审计的监督防范作用。二是严防流动性风险和操作风险。积极应对资金紧张局面，强化风险评估和预警，加强流动性管理，完善风险应急预案，确保备付安全。全面加强营业管理，排查各类操作风险隐患，制定统一的操作风险管理制度，明确风险控制措施，优化风险事件报告流程，提升应急反应能力，较好地控制了操作风险。三是积极开展核心业务流程优化工作。通过借鉴先进金融管理经验，以集约化、扁平化、专业化为方向，全面梳理资金、信贷、营业、投资等核心业务管理架构，整合客户及产品管理模式，优化业务流程，完成流程蓝图设计，为进一步提升经营管理水平奠定了良好的基础。

【人力资源管理】2011 年，公司深入推进人力资源体制机制改革创新，深化人力资源集约化管理，不断提升人力资源管理管控能力和资源优化配置能力。通过健全收入分配机制，加大了薪酬向基层一线的倾斜力度。完善了动态业绩考核，推动重点工作有序开展。创新培训方式，挖掘内部培训资源，开办了“员工讲坛”。创新干部人才选拔机制，在系统内公开岗位竞聘。

【信息化建设】2011 年，公司信息化积极适应金融信息化趋势和管理创新要求，持续加强信息化建设、应用和运维管理，信息化支撑能力进一步提升。作为国家电网公司架构管控首批试点单位，率先完成核心业务企业架构整理与设计，形成了较为系统的工作成果，为“十二五”全面建设 SG - ERP 提供设计蓝图和工作路径。公司资金结算系统、核心业务系统等重要系统功能不断优化完善，信息化建设实现了从整合“业务运营”与“服务渠道”向整合“外部资源”的重要拓展。深入开展“强化信息系统安全运行”活动和信息安全专项检查，不断完善运维工作机制，整改信息安全隐患，保障信息系统安全稳定运行。

【企业文化建设】2011 年，公司深入贯彻国家电网公司统一价值理念、统一发展战略、统一企业标准、统一行为规范、统一公司品牌优秀企业文化，持续深化“三个建设”，大力弘扬“努力超越、追求卓越”的企业精神。全面推进“强管理、控风险、增效益”创先争优活动和“互结互带”党群先锋工程。全面落实党风廉政建设责任制，推进协同监督工作机制建设，积极落实“三重一大”决策制度，把反腐倡廉建设要求有效融入内控管理。以“五统一”为根本要求，推进企业文化传播工程、落地工程、评价工程建设。贯彻落实《国家电网公司民主管理纲要》，推动职代会等各项民主管理制度不断完善。搭建“职工之家”，营造了全员和谐发展氛围。

神华财务有限公司

【经营概况】2011 年是集团公司实施“十二五”规划的开局之年，也是国际、国内宏观经济形势极为复杂的一年，面对复杂严峻的经济环境，神华财务有限公司（以下简称“公司”）以 2011 年集团公司工作会议和银监会工作会议精神为指引，紧紧围绕集团“建设具有国际竞争力的世界一流煤炭综合能源企业”的发展战略，全面贯彻落实集团总部的决策部署，进一步发挥资金集中管理平台功能，深挖集团内部资源，推行新的服务品种，提升风险防范能力，深化机制改革，进一步加强服务能力建设，完善结算功能，提高存贷款规模，公司管理水平明显提升，经营业绩创历史最好水平。2011 年，公司全年实现利润总额 7.93 亿元，可控成本费用占收入比率 31.86%，实现经济增加值 3.33 亿元。

【信贷业务】根据人民银行宏观调控的要求，公司积极协调争取信贷规模，通过对客户资金需求动态掌握，合理调配贷款额度，确保集团重点项目资金需求。在资金紧张、银行惜贷及利率上浮的情况下，公司的贷款利率继续按基准利率下浮 10%，贴现率远低于市场贴现率，并提供比商业银行更加便捷、灵活的信贷服务，不仅提高了成员单位的融资效率，也降低了成员单位的融资成本。同时公司大力培植潜在贷款客户，积极配合集团成员单位参与项目竞标，为集团 18 个项目出具贷款承诺函，总金额 62.14 亿元。

【票据业务】2011 年，公司业务工作紧紧围绕客户需求，通过多种方式，积极开展票据业务，取得明显成效。在成员单位票据管理方面，公司制定了票据托管与转托管业务的方案和管理办法，并在全集团范围内积极推广。目前，公司已经与四家成员单位签署了票据托管协议，并与部分商业银行签署了票据转托管协议。自2011年5月27日正式开展票据托管和转托管业务以来，到年末累计托管票据2 088份，金额79亿元。此项业务的开展不但方便成员单位，简化手续，更重要的是减少流转环节，提高了票据管理的安全性，同时也为票据集中管理和建立“票据池”奠定了基础。

【财务顾问与投资业务】财务顾问与投资业务取得新进展。2011年，集团公司成功发行中期票据和短期融资券，由公司担任财务顾问，积极配合集团和银行做好有关发行工作，在拓展业务的同时，取得中间业务收入4 194万元。继续开展固定收益类证券投资业务，实现投资收益3 094万元。

【资金集中】公司对资金集中管理平台进行系统优化和升级，充分发挥结算功能，2011年在集团存续企业全面实行集中代理支付，即网上申报月度资金预算，自主录入支付指令，系统自动核对预算，审批后直接发送至银行对外付款，客户自助打印彩色回单、自助电子对账。实行集中代理支付后，支付效率大幅提高，全年结算量12.4万笔，同比增长150%，结算金额1.4万亿元，同比增长83%。

结算平台上线后运行安全、快捷、有效，达到了预期目标，取得了良好效果。公司及时对资金网络平台的使用情况进行总结，不断完善结算系统，提高系统运行的稳定性。2011年在做好股份公司资金集中管理的基础上，积极与新成立和并购单位联系，及时开展结算服务，扩大归集范围，提高资金归集率。为适应上市规则，财务公司建立了A、B两个资金池分别为上市公司和存续企业提供服务，确保资金隔离运行。2011年，按成员单位内部资金集中管理的需求，公司制定了资金集合式委托贷款解决方案，在公司设立“池中池”，重新梳理业务流程，修订委托贷款合同，于2011年7月初开始运行，到年末，成员单位通过“池中池”向所属29家子公司累计发放委托贷款45.95亿元，有效提高了其内部资金使用效率。

【风险管理和内部控制】2011年，公司开展了全面风险管控排查工作，对结算、信贷、稽核、信息管理、营业场所安全等重要环节进行自查自纠，发现问题及时进行分析和整改；在完成日常稽核、大额资金支付检查、对账、利息核对的基础上，针对公司关联交易、票据托管、票据贴现等业务，加强全程跟踪和稽核，及时进行风险提示；积极配合集团专项检查组的现场检查工作，对发现的问题进行分析，制订整改方案，并积极落实；认真编报全面风险管理报告，对公司内外部环境的变化及对工作目标的影响，进行了总体研判和分析，提出了具体的风险应对措施；继续推进经济本质安全体系建设，推进案件深化“执行年”活动、小金库检查、财务专项检查等工作，没有发现违法违纪行为；按集团的统一部署，对重要制度进行全面梳理，通过匹配、分析制度缺陷和不足，提高对制度内涵的理解，明晰了制度建设的方向，提出制度提升重点和计划，结合217项目要求，完成制度信息采集和补充制度文本工作，为公司经济本质安全体系和217项目建设打好基础。通过开展全面风险管理工作，公司的风险防范能力进一步增强。

此外，公司按集团要求，组织集团普法培训与制度建设，被集团评为“五五”普法先进单位。公司与常年法律顾问合作，加强合同法律风险防范工作，并对常年法律顾问工作进行系统总结。同时公司提出“六五”普法工作计划，推进“普法一百天活动”，并在年末组织开展突出《票据法》、《合同法》等内容的普法知识竞赛。

【人力资源管理】2011 年，公司探索和建立人才选拔任用机制，在集团人力资源部的指导下，面向社会开展中层管理岗位的公开招聘工作，先后完成确定岗位招聘条件、发布招聘公告、筛选候选人、确定笔试与无领导小组讨论方案、组织面试等工作，选聘了 5 名部门副经理，加快人才梯队建设，为公司深化人事改革打好基础。完成 3 名董事、3 名高管的任职资格核准，通过合规程序准备、材料编写、与监管部门沟通，在较短时间内获得正式批准，保证董事和高管迅速到位工作。

积极配合集团开展 ERP 人力资源模块的建设工作，及时提供人力资源相关信息，不断提高规范化、标准化管理水平。进一步补充、修改人力资源管理的基础性制度。为加快推进公司人才发展战略，拓展专业技术人才职业发展通道，逐步完善员工职业发展体系，公司研究并制定了专业技术人才职业发展规划。根据公司上市和加强服务营销工作的要求，组织员工积极参加集团公司举办的关联交易和上市规则培训，确保员工充分认识到遵守关联交易和上市规则的重要性，并组织进行解放思想大讨论，坚定发展信心。同时，针对集团公司对服务满意度的要求，积极开展服务营销培训，学习借鉴商业银行的服务理念和实战经验，提高员工服务意识。

【信息化建设】2011 年，公司完成办公自动化系统优化、移动办公、电子档案系统数据接口的协调工作；完成系统准备、硬件安装、人员培训和试运行工作，监管电子政务系统正式上线运行，所有上报北京银监局的文件全部通过系统报送，报批文件效率明显提高。

中国电子财务有限责任公司

【经营状况】2011 年，中国电子财务有限责任公司（以下简称“公司”）面对宏观经济调控带来的资金紧张和集团企业对公司信贷支持依赖增加的双重压力，按照年初确定的“积极应对货币信贷政策调控的影响，深入推进资金集中管理，加大改革创新力度，提升综合金融保障能力和服务水平，加大对集团主业和骨干企业的金融支持，逐步建立集团的整体金融保障体系，为实现‘十二五’规划开好局”的工作思路，全力推进，全面超额完成了 2011 年的各项经济指标并再创了历史新高。2011 年，公司实现营业收入 3.41 亿元，同比增长 51.6%；实现利润总额 2.29 亿元，同比增长 67.4%；资产规模达到了 104.63 亿元，金融服务规模达到了 60 亿元，日均存款为 46.25 亿元，增长了 5.5%；全年累计结算量 1 362 亿元，年结算 3.95 万笔，开户数 335 家。

尽管公司连年取得优异的经营成绩，但还是存在一定问题。资金集中管理现在是公司发展的瓶颈，金融业务产品还比较单一，中间业务还处于开拓阶段，还没有真正找到拓展中间业务的着力点。人力资源结构调整等方面的工作也有所欠缺。

【资金集中】在集团财务部的带领下，公司按照“行政化推动、商业化运作和个性化服务”的原则和“巩固归集度、扩大归集面、提高归集额”的工作思路，积极开展工作，推进资金集中管理。2011 年取得了可自由支配资金集中度75%以上，年末余额 66.9 亿元的成绩。资金集中工作的突破主要体现在以下方面：一是资金集中管理工作组织落实到位。起草完善了集团资金集中工作考核办法；完成了各企业的资金集中工作的核查、考核和总结工作，并按集团的考核办法兑现了奖金；集团公司下发了 2011 年各企业资金集中管理考核目标责任书；按月下发了企业资金集中工作的进展和要求，督导企业按计划完成任务。二是按照“商业化运作和个性化服务”原则，针对每个企业的具体特点和诉求，提出整体资金集中和金融服务方案，最大限度地解决和满足成员单位需求。三是资金集中工作得到了集团绝大部分企业的理解和支持。集团的二级企业积极响应集团的要求，主动带头归集资金并要求其所属企业积极完成集团下达的资金集中指标。2011 年实现了日均存款增加 2.42 亿元。四是上市公司的资金集中取得进展。公司已经获得批准额度的集中度达到了 88.77%，并继续扩大可归集的额度，此外集中的资金相对稳定，有力地支持了集团企业发展的资金需求。五是资金集中面进一步扩大。2011 年新增开户的企业 54 户，日均存款达到了 3 947 万元。目前，公司已成为集团提供金融服务的最大的金融机构，对集团企业的生产经营发挥了巨大的金融保障作用，每年降低集团整体财务费用达4 亿元，成效显著。

【外汇业务】外汇业务平台建设基本完成。在集团财务部的大力支持的帮助下，公司于 2011 年 9 月前先后获得外汇局出具的 4 项批复：即期结售汇经营资格；外汇综合头寸 2.5 亿美元；正式运行外汇账户系统；外汇资金拆借资格。与外汇业务主办银行——中国银行的洽谈已经完成，该行与公司开展外汇业务合作的内部审批程序也即将完成。但由于外汇局 7 月份后临时暂停外汇交易中心会员资格的审批，公司的外汇交易中心会员资格尚未得到批复，在该资格得到批复后，公司将具备开展即期结售汇业务和集团企业外汇资金集中的全部条件。

【信贷业务】2011 年，公司累计为企业综合授信 58 笔，授信规模 63 亿元，金额 58.55 亿元，有力地保障和支持了集团重点项目和产业发展的信贷需求。为满足各企业的资金需求，公司上半年就积极进行了信贷资产回购业务，努力保证资金拆借渠道畅通，全年同业融入资金达 82.9 亿元，有力地支持了集团产业的发展，同时防范了公司的流动性风险。下半年信贷规模基本上保持在 50 亿元左右高位运行。2011 年公司成功组织并发放了两个银团贷款。

【中间业务】2011 年，公司共实现中间业务收入 3 131 万元，比 2010 年增长 109%。公司积极进行中国电子集团控股有限公司在香港发债的工作，积极策划集团整体保险方案，作为财务顾问参与了集团公司发行中期票据的准备等，对向渤海银行、广州农村商业银行、广发证券增资等金融股权投资进行了论证分析，向集团提供了相关分析报告和建议。

【风险管理和内部控制】公司坚持每季度召开预算与资产负债管理委员会、风险信息报告和资产质量五级分类委员会三个专题会议，加强授信业务的调查和风险审查，持续通过强化授信调查—审查—审批—放款审批—贷后检查业务链条，加强对信用风险的管理，研究分析预算执行情况和资产与负债匹配以及风险与收益的匹配，全面了解和评估经营中的风险点以及采取的对策。

公司用近三年的时间完成了全面风险管理体系建设近期目标，目前公司全面风险管理制度体系基本形成，并已融入日常的业务和管理中。2011年结合公司业务发展的需要，对全面风险管理体系中的部分制度进行了修订，重新修订了《结算业务管理办法》，新制定了《电子汇票管理暂行办法》，进一步完善和深化了全面风险管理的制度体系。2011年，公司在集团公司法制工作评比中获得法制工作先进单位的称号，这也是公司自成立以来第一次获得此荣誉。

【信息化建设】2011年，公司根据发展战略规划制定了信息化建设的整体目标，新增“银团贷款”功能和“网银终端打印单据”功能。建设完成后，将实现核心业务的信息化全覆盖。公司员工在公司以局域网的方式访问资金业务系统，并通过集团公司统一的网关访问互联网。集团成员企业通过VPN方式登录集团公司网络，经过网络防火墙、入侵检测系统、身份认证系统等一系列访问控制措施访问财务公司业务系统服务器。同时，通过专线与农业银行、建设银行、中国银行实现“主机直联”，并通过2M专线与银监局监管信息网相连，保证了成员企业结算的实时性和安全性。信息化系统的建设，特别是资金业务系统的建设使资金集中工作得到了保证，有力支持了集团成员企业的生产经营。2011年，成员企业在资金结算平台资金往来结算量达到1 362亿元，为集团成员企业提供的融资服务规模达到60亿元，形成了完善的信息系统安全机制。

【企业文化建设】2011年公司开展了纪念建党90周年系列宣传教育活动。组织全体党员职工集体收看七一庆典直播和电影《建党伟业》，在焦庄户地道战纪念馆重温入党誓词，赴百色参观学习，召开党建工作会议表彰优秀党员，组织职工撰写《苦难辉煌》读书笔记，参加集团文艺汇演和摄影书画展等系列活动，增强了党性修养，坚定了理想信念，培养了党员职工爱党、爱国、爱企的情怀。以“创先争优”活动为载体打造团结和谐、健康向上的企业文化。开展共产党员亮承诺和点评工作，围绕公司改革发展实际坚持“三会一课”制度，加强思想政治工作。2011年初，《中电财务》季刊成功发行，这是公司企业文化建设的一件大事。《中电财务》既是公司内部文化交流的平台，也是上级领导机关、银行业监管部门和集团成员企业了解中电财务公司的重要窗口。

航天科技财务有限责任公司

【经营概况】2011年，航天科技财务有限责任公司（以下简称“公司”）认真贯彻落实党的十七届五中全会精神，按照集团公司党组1号文件和公司董事会的要求，全面部署和组织落实公司“十二五”规划，按照公司2011年度工作会议确定的总体工作思路，以助推集团公司产业发展为主题，以提升全面金融服务能力和促进集团公司金融产业布局为主线，深化资金集中管理服务，推进金融创新，优化资产配置，发挥投行作用，不断充实和完善四个“中心”的金融服务内涵，不断加强能力体系建设，实现总收入15.5亿元，利润总额8.6亿元，圆满完成年初董事会确定的各项重点工作。

【信贷业务】2011年，公司直面成员单位对外“融资难、融资贵”的问题，坚持利率优惠，加大产业信贷投放力度，发挥“内源融资”平台作用，多策并举，有力支持航天产业发展。加强与监管部门的沟通，争取政策支持，加大产业信贷投放力度。全年累计发放贷款266亿元，累计收回贷款260亿元；自营贷款余额日均118亿元，同比增长28%；贷款平均利率为5.89%，比国家一年期贷款基准利率（2011年三次加息后的加权平均一年期贷款基准利率6.34%）低7.1%，比商业银行贷款年度平均利率更是低得多。同时，公司大力推广航天商票（纸/电票）业务，努力拓宽成员单位融资渠道。

【投行业务】2011年，公司积极整合外部金融资源，发挥协同效应，努力为集团公司资产经营与资本运作提供投行顾问服务。为卫通集团资产经营与资本运作提供财务顾问服务；立足于航天技术应用产业，加强重点项目调研，提高产业研究支持力度；立足于集团公司相关产业发展金融服务需求，加强信托公司与财务公司的业务协同效应论证，积极争取信托公司战略并购机会。

【资金和投资业务】2011年，公司抓住市场机遇，适时调整资产配置策略，努力提高资金收益。在合理备付的基础上，重点配置定期同业存款。抓住机遇，扩大债券投资份额。全年同业存款（不含备付）日均余额109亿元，同业存款利息收入4.84亿元，同业存款平均利率4.45%，比商业银行二年期定期存款利率（2011年三次加息后的加权平均利率4.16%）高6.98%。全年债券投资日均余额40.77亿元，债券利息收入1.47亿元，债券投资平均增值率4.99%，相当于债券基金收益率排名第四位（最高的是广发债券基金6.20%）。

【票据业务】2011年，公司大力推广航天商票（纸/电票）业务，努力拓宽成员单位融资渠道。通过修订《电子商业汇票业务管理办法》、组织成员单位开展电票业务培训、举办“网银推介暨航天商票（纸/电票）业务推介会”等方式，使航天商票（纸/电票）业务量快速增长。截至年末，公司共为成员单位开出航天商票（纸/电票）128笔，累计金额7.93亿元；贴现航天商票（纸/电票）48笔，累计金额5.71亿元。随着航天商票业务的广泛开展，集团公司在票据市场的影响力扩大，成员单位可选择的融资方式增加。

【资金集中】2011年，公司在做好结算服务的基础上，继续深化资金集中管理服务，进一步扩大资金集中管理范围。加强与合作银行沟通，努力扩大资金归集范围。目前与公司开展资金集中管理工作的合作银行已达7家，新增资金归集账户114个，成员单位在公司归集的银行账户已达985个，资金集中范围得到了有效拓展，同时加强网银推广力度，完善系统功能，提高使用效率。截至年末，公司网银用户246家，同比增长9.33%；网银结算量926亿元，同比增长52.6%；网银结算笔数81 141笔，同比增长34.2%。

【风险管理和内部控制】2011年，公司不断加强全面风险能力体系建设，确保公司可持续稳健发展。继续坚持全面风险监控和报告机制，继续完善由35项指标组成的风险指标体系，实现对公司各类风险状况的有效监控；启动风险管理理念体系建设，以监管政策最新发展为依托，在深入分析风险文化理论、广泛借鉴国内外金融机构案例的基础上，提炼了八项风险管理理念，形成了集中体现公司边界管理、审慎管理和全面管理理念的风险管理理念体系，风险管理文化建设得以深化，推动财务公司风险管理职能日益向均衡化方向发展；完成“三重一大”决策制度梳理工作；加强审计监督，减少风险隐患。

【人力资源管理】2011 年，公司认真做实人力资源管理三大核心机制，努力做好人力资源各项基础工作，为落实公司战略提供人才保障。积极推进职位任职资格体系建设，确立起了“双通道”人才发展路径，设置了业务序列和管理序列发展通道。此外，公司以培训带动员工能力素质大幅提升。

【信息化建设】2011 年，公司持续加强基础能力建设，不断提升财务管理的规范化水平和金融服务的信息化水平。深化财务综合管理，为公司经营提供决策支撑，不断提升财务管理规范化和精细化水平。加快信息化建设进程，支撑公司业务全面发展。

【企业文化建设】2011 年，公司以成立十周年为契机，深入开展企业文化主题实践活动，不断丰富公司企业文化活动内容，组织开展了公益捐赠助学活动、新老员工交流座谈会、十周年图片展、十周年主题征文、十周年文艺汇演等一系列形式灵活多样的企业文化实践活动，丰富了员工的业余生活，增强了员工归属感和凝聚力，促使员工从思想行动上提高实践企业文化的自觉性和主动性。

航天科工财务有限责任公司

【经营概况】2011 年是国内外发展环境极为复杂的一年，也是航天科工财务有限责任公司（以下简称“公司”）成立的第十年。公司认真贯彻国家宏观调控政策和监管要求，倡导依法合规、稳健经营，大力推进各项业务，助推集团产业发展，不断强化风险管理和内部控制，规范内部基础管理工作，在复杂多变的环境下克服困难、迎接挑战，保持了健康平稳的发展态势。

截至年末，公司资产规模为 343.8 亿元（含委托资产 79.6 亿元），同比下降 5.48 亿元；全年实现营业收入 9.76 亿元，同比增长 67.57%，其中贷款利息收入 3.59 亿元，同业往来收入 5.46 亿元，投资收益 0.55 亿元，手续费收入 0.17 亿元；实现利润总额 5.11 亿元，同比增长 58.50%。

【信贷业务和票据业务】2011 年公司继续加大对集团公司主业的信贷支持力度，实现了年末贷款规模首超 80 亿元（含武汉分部 31 亿元）和集团公司内部贷款集中度首超 70% 的重大突破；全年贷款日均规模为 62.19 亿元；票据业务累计发生额 4 883.62 万元。

【资金集中】2011年，集团资金集中管理工作稳定运行，资金集中度全年保持在90%以上，资金集中规模超过230亿元（含武汉分部32亿元）；公司资金集中管理平台继续扩展，与交通银行签订现金管理合作协议，搭建资金集中管理平台；对核心业务系统和网上银行系统的运行网络环境和功能进行了调整升级，开通了工商银行、建设银行、中国银行、农业银行、交通银行五家银行互联接口，增加了代理支付、电子回单、在线委托收款等服务，提升了为成员单位提供服务的能力；对工商银行区域资金集中管理平台进行了优化调整，通过多家银行的现金管理服务，满足成员单位多样化的金融需求。

【资金和投资业务】针对2011年不断趋紧的货币政策，公司紧紧抓住机遇，灵活配置资金，积极开展银行间议价，不断提高同业活期存款利率；合理配置周期化资金，开展同业结构性存款，其平均收益率达到5.30%；抓住时机融出资金进行无风险套利业务，全年共发生逆回购业务20笔，实现利息收入437.94万元，利差收益237.64万元。

在权益类证券投资方面，2011年上证指数全年下跌21.68%，公司严控投资风险，全年实现收益3 715.9万元。公司积极开展与集团公司产业紧密相关的战略性重大项目的投资研究工作，发挥公司金融平台作用，助推集团公司与其他大型集团公司的战略合作。同时，公司积极寻求金融股权投资机会，参股英大基金，推动公司在金融产业平台向更深层次发展。

【风险管理和内部控制】2011年公司继续提高风险管理水平，从风险合规监控、法律事务管理、规章制度体系建设、全面风险管理评价、分支机构全面风险管理体系建设等多方面不断提升，严把公司运营过程中的风险关，做好风险识别、风险监控和风险预警，为公司的稳健、规范、合规、持续运营保驾护航。

2011年，公司作为北京市银监局的首批试点单位，开展了内部控制评价工作；同时，加大公司风险点控制的日常检查工作，增加了资源配置的效能监察工作。

【人力资源管理】2011年，公司继续深化人才强企战略，全年组织各类专业性培训50余次，并坚持实施培训效能评估考核机制；顺利实现公司年金初建以及新旧政策的过渡衔接，最大限度解决了“中人”及“新中人”问题；从职业发展、薪酬福利、培训学习等多维度不定期进行员工满意度调查，运用先进的人力资源管理理念及方法，了解员工工作动向，不断改进和提高人力资源管理工作水平。

【信息化建设】2011年，公司根据集团要求整合三江财务公司，拟在武汉设立分公司，公司的管理模式发生了重大变化。为此，公司围绕“系统升级，推动总分一体化经营”的宗旨开展了信息化二期工程，具体项目实施内容包含机房改造、网络平台搭建、安全保障体系建设、核心业务系统升级等八个方面。信息化二期工程的实施，为总分公司顺利开展业务奠定了良好基础。

【党建工作】2011年，公司贯彻中央要求，落实国资委和集团公司的指导意见，深入开展了以创建“四好”领导班子、争创“四强”党组织、争做“四优”共产党员的创先争优活动。3月至9月底，公司分三个阶段开展了内容丰富、形式多样的党员宗旨意识教育活动，通过自学、集中学习、中心组学习、党课教育、参观、推荐优秀书籍、树立典型、表彰先进、召开专题组织生活会、为职工群众办实事、征集体会文章、编写简报等多种方式开展活动，取得了良好的成效。

公司大力加强反腐倡廉建设工作，按照集团公司要求认真做好反腐倡廉惩防体系建设工作，认真落实民主集中制及公司有关“三重一大”相关决策流程，坚持将反腐倡廉要求融入公司内控机制，坚持违法违纪自查工作，减少漏洞。

【企业文化建设】2011 年，公司将创先争优、宗旨意识教育活动的开展与“求实、创新、协同、奉献”的航天精神紧密结合，共同推进公司的文化建设。全年公司总部、分部协同一致，举办了务虚会，开展了信阳登山比赛，雁栖湖徒步，庆祝建党 90 周年红歌会，筹备参与集团公司运动会，协助集团公司承办了“纵论我国经济转型·聚焦产融协同发展”高峰论坛，并围绕公司成立十周年开展了一系列主题活动，充分发挥公司青年人有激情、有活力、有思想的特点，有力地推进了公司总分部的文化融合与交流，进一步提升了团队素质和凝聚力，巩固了公司的文化建设成果。

中船重工财务有限责任公司

【经营概况】2011 年，中船重工财务有限责任公司（以下简称“公司”）紧紧围绕“十二五”发展规划和建设一流财务公司总体目标，冷静应对复杂多变的全球经济金融形势和国内宏观调控、流动性不足及公司存款规模下降带来的重重压力，上下齐心协力，扎实工作，圆满完成了各项经营目标，主要经济指标继续保持稳健增长，实现了“十二五”发展的良好开局。

截至 2011 年末，公司资产总额接近 428 亿元，同比下降 2%；实现各项营业收入总额 21.12 亿元；实现利润 6.06 亿元，同比增长 0.3%；年末贷款规模达到 146 亿元，同比增长55%，创下历史新高；手持货币资金 195 亿元，同比下降 17%；结算总量超过 3 400 亿元，同比增长 17%；各项准备金余额超过 20 亿元；累计分红能力 223%；为集团整体节约财务费用7.5 亿元，同比增长61%；公司所有者权益接近 33 亿元，国有资本保值增值率 108%。

【结算业务】2011 年，公司网上资金结算系统全面推广，整体结算质量和结算水平得到全面提升。公司网上资金结算业务在加强人员配备、完善系统功能的同时，在集团系统内开展了全方位的业务推广工作。在网上结算已经基本覆盖集团二级单位的基础上，重点向三级、四级成员单位推广，大力抓好内部转账结算业务、对有关在京单位的上门服务工作以及走访公司客户单位宣传推介公司资金结算业务等，尤其是通过举行四期资金研讨会这种全新的推介形式，一方面总结前期结算工作的经验，推广网上资金结算；另一方面了解各家客户单位的需求，解惑答疑，增进了与各客户单位的沟通和交流。全年共有 70 余家客户单位的财务领导和结算业务经办人员 140 余人参加了研讨，有力地推动了网上资金结算业务的全面拓展，达到了预期目的。

目前，公司网上结算平台能够为成员单位

提供在线资金查询、支付、转存、回单打印和对账等功能，并对成员单位提供下属单位资金监管功能，公司网上结算的用户深度和广度已经有了本质性的提高。截至年末，结算业务实现了零差错的目标。全年完成资金结算总量3497 亿元，较上年同期增加 597 亿元，增长21%；完成结算业务 64 400 笔，较上年增加24 559 笔，增长 62%；日均结算业务 244 笔，较上年增加 93 笔。截至年末，已有 143 家成员单位开通网上结算功能，占开户总数的82%。全年实现网上结算量 936 亿元，占结算总量的 27%，较去年同期增加 292 亿元，增长45%。

【公司信贷业务】2011 年，公司信贷业务快速增长，在国家货币政策从紧、银行信贷规模压缩和集团成员单位生产经营需求增加的情况下，公司克服困难，竭力满足集团成员单位的资金需求，争取到 60 亿元新增自营贷款规模，为集团公司军民品、船舶配套产品和重点非船产业提供了有力的信贷支持，充分发挥了公司作为集团公司融资服务中心的积极作用。全年为集团整体节约财务费用 7.49 亿元。截至 2011 年末，实现信贷规模 146.14 亿元，同比增长 55%。同时强化信贷业务管理和操作流程，提高融资服务能力。全面修订信贷业务管理制度，规范贷前、贷中、贷后业务管理流程，为信贷业务的开展提供了制度保证。加强业务培训，努力创新新业务，进一步丰富信贷服务手段，提高整体信贷服务能力。

2011 年，公司大力开展中间增值服务，支持集团公司短融票据委托贷款业务，及时为成员单位发放委托贷款 24 笔，委托贷款余额117.14 亿元。尝试开展电子银行承兑汇票业务，办理电子商业汇票业务 5 笔，累计金额2 400万元；出具贷款承诺 21 份，共计金额32.13 亿元；办理保函业务 5 笔，累计金额67.34 万元。

【资金和投资业务】2011 年，在证券市场整体投资机会缺失的情况下，公司较好地控制了投资风险，坚持稳健的投资策略，权益类投资以监控风险、寻找低风险投资机会为主，固定收益类以回购套利及配置合适年限、收益率的债券为主。2011 年末，公司投资资产市值92.41 亿元，同比下降 19%。公司投资资产依然以债券投资为主，年末债券投资占总投资的79%，且基本为 3 年内到期的中短期债券。

2011 年全年公司共有约 37 亿元手持债券到期，重新配置的压力较大，同时本年度内债券市场的整体收益率水平处于历史高位，因此公司采取陆续在银行间市场配置中短期信用产品的方式替换了年内到期债券，债券投资收益和手持债券的实际收益率均有了一定幅度的提升，改善了公司投资结构。同时，监控权益性投资风险，适时锁定收益，公司在上半年及时兑现了部分收益，但全年市场环境明显低于年初预期。面对弱市环境，公司以“密切关注少量参与”的审慎原则开展新股申购业务，降低了风险；紧密跟踪存量股票，并适时锁定收益；跟进华融租赁的上市及日常经营；寻找新的投资机会，把握低风险下的增发、直投机会。公司当年实现投资收益 6.32 亿元，主要为债券投资收益，受权益性投资收益水平明显低于预期影响，收益总额同比减少 6%。同时，公司年底对权益性投资进行了减值测试，审慎提取减值准备，夯实投资资产质量。

【风险管理和内部控制】2011 年，公司持续推进风险管理和内部控制体系建设。制度建设有步骤开展。公司根据业务经营和日常管理实际，组织专人对公司现行制度流程进行了全面梳理，经部门修订、部门间协商、法律审核、风控会审定等环节后执行，对涉及公司经营管理的基本制度提请董事会审议后执行。制度流程的修订完善，进一步完善了风控体系，确保了公司业务操作的合规性、有效性和可操作性。

内控管理工作进一步夯实。2011 年，公司牢固树立稳健经营理念，充分发挥风险控制委员会和内部稽核审计的功能，并依据“内控优先”的原则，落实一线自律检查、业务部门日常监管和内控部门再监督评价的检查机制，明确业务职能部门的内控职责，同时开展内控文化建设，公司内控管理工作得到进一步加强。

【人力资源管理】2011 年，公司将以人为本的管理理念贯穿于人力资源管理的各个方面，将公司发展与员工发展、公司利益与员工利益、员工长远利益与眼前利益有效结合，并不断完善基于员工工作业绩的考核和奖励制度。一是实施多层级的业绩考核。进一步完善从公司经营管理层、部门经理层到员工的多层级考核机制，公司经营管理层接受董事会和集团公司的双向考核；员工实行季度和年度考核，员工自我评价与公司考评相结合。公司董事会设立福利薪酬委员会，对经营班子和员工建立了绩效奖励机制。二是以制度规范员工业绩考核工作。公司考核工作依据集团有关规定、公司董事会的绩效考核决议和公司相关制度开展；除董事会相关决议外，公司依据公司奖惩管理办法，对员工进行具体的奖惩。

【信息化建设】2011 年，公司 OA 系统在 2010 年试运行的基础上，通过总结运行经验，优化办公流程，并增加待办事项提醒功能，目前运行流畅；公司信息化建设工作稳步推进，电子回单系统、电子商票系统的建设及上线运行，网络、办公电脑以及信息系统的日常运行维护，信贷系统和分资金中心管理系统的需求调研等已经完成，公司信息化基础工作实现质的提升。

【企业文化建设】公司遵循“以人为本”的文化理念，营造以人为本、创新为本的企业文化。一是公司领导率先垂范，积极倡导企业文化。公司领导重视研究新时期员工需求与动机新特点，身体力行、言传身教，在平等的引导和交流中，建立起公司的经营理念，使每个员工自发形成对公司的忠诚感，在公司内部形成强大的凝聚力，成为公司增强竞争力的有力保障。二是加强公司与员工之间的互动，增强员工的归属感和使命感。公司努力建立一种宽松的、相互间尽可能多地进行交流的环境，营造一种合作和互动的气氛，使员工在这种环境中能够不断激发和释放出创新动力，实现自我价值，并依靠情感激励，吸引和留住人才，增强员工对公司的归属感。三是抓好团队意识培养，创造良好工作氛围。抓好政治教育和经常性思想政治工作，不断激发员工的事业心和责任感。

中海石油财务有限责任公司

【经营概况】2011 年是中国海油集团“十二五”规划和“二次跨越”发展战略启动的

第一年。为支持集团的发展，中海石油财务有限责任公司（以下简称“公司”）秉承“依托集团，服务集团，实现集团价值最大化”的经营宗旨，贯彻“规范经营，优质服务，较好盈利”的经营方针，在服务集团各主业板块蓬勃发展的过程中，坚持服务为本、安全第一，不断提高金融服务水平，逐渐成长为集团安全高效的金融服务平台；在为集团各产业板块发展贡献出自身价值的同时，抢抓外部市场难得的有利机会，超额完成经营目标，实现了业绩历史性突破。

截至2011年末，公司资产总额752亿元，同比增长13%，达历史最高水平。公司继续保持不良资产、不良贷款为零的纪录。2011年全年公司共实现拨备后利润7.82亿元，年度经营计划完成率达203%，是公司成立以来除2007年特殊市场环境外经营状况最好的一年。

【信贷业务】2011年，公司充分发挥作为内部金融机构的优势，积极介入中国海油集团产业链各个环节的融资业务，充分运用票据贴现、委托贷款、结算贷款、循环贷款、搭桥贷款等多种融资工具，为成员单位量身定制个性化的融资方案，支持集团项目建设，支持成员单位原料采购及产品销售，加速集团资金周转，为集团重点成员单位与重点项目在外部信贷市场趋紧的形势下提供了强力支持。

2011年，公司向集团成员单位发放自营信贷累计达到1 051亿元，提供票据贴现服务112亿元，委托贷款规模862亿元，全年实现信贷业务收入5.6亿元，为成员单位节约利息收入约6.5亿元。

2011年，公司应中国海油炼化事业部要求，根据其经营实际情况和资金特点，为其设计了“资金池”服务模式，在合同额度内通过便捷高效的委托贷款与结算服务，在炼化局部范围实现了资金余缺的最优调剂。公司克服操作频繁、业务量大、时效要求高、对公司收益和自营信贷业务存在替代效应等困难，帮助成员单位实现了价值最大化。

【资金与投资业务】2011年，在复杂的外部市场环境下，公司坚持以短期融资券、中期票据等中短期固定收益品种为主，不断优化资产结构，实现富余头寸保值增值。全年共完成新增配置70个品种，投资额达到247.92亿元；实现了确保安全性、流动性，兼顾收益性的目标。

同时，公司加强市场研究，捕捉整体紧缩局面下出现的周期性利率高企机会，适度运用头寸配置于无风险、收益可观的回购业务。全年完成银行间质押式逆回购业务13笔，累计运用资金约169亿元，开展交易所逆回购1笔，累计运用资金23亿元，实现利息收入9 000万元，为利润超额完成作出了贡献。基于稳健的投资策略和严格的风险管控，自成立以来，公司投资业务始终未出现一笔不良资产。

【外汇业务】在2010年成功启动外汇业务并取得成效的基础上，公司在2011年继续稳扎稳打，面向集团各级单位大力拓展外汇业务，售付汇总量显著增长，各类业务均取得了快速发展。全年完成结售汇263笔，金额达44.64亿美元，同比增长60%，并取得收益1 384万元人民币。在业务开展过程中，公司始终按照国家外汇管理部门的要求规范高效办理，各项配套统计申报工作均按要求及时准确完成上报，未发生错报、漏报和迟报现象。

【资金集中】2011年，公司按照集团加强内部资金集中的要求，一方面建立资金集中监控体系，加强与集团及成员单位的沟通，配合执行资金集中管理政策；另一方面努力提高服务水平，大力发展资金结算业务，提高公司内部金融服务体系对于成员单位资金的吸引力。

2011年，公司继续完善金融服务网络，

将更多成员单位纳入公司金融服务范围。截至年末，集团成员单位在公司开户数已达311家，账户437个（包括7个外汇账户），同比增加单位31家，增加账户57个，两项业务指标均继续保持平稳增长。同时，公司继续积极巩固和延伸产业服务链条，紧密围绕集团主现金流板块开展业务，结算业务量获得井喷式增长。公司全年结算金额达23 956亿元，同比增长63%，超过2010年与2009年度总和；结算142 494笔，同比增长15%；各项服务数据均创开业以来最高水平。

【业务创新】受政策限制，2010年公司无法为京外成员单位直接付汇，制约了外汇业务的开展。2011年，公司集中力量向外汇管理部门申请并成功获得了京外成员单位集中付汇业务资格，进一步满足集团京外单位日益迫切的外汇服务需求，使中国海油分散于沿海各地成员单位的外汇业务需求，能够纳入公司服务网络之中，同时，也从政策方面使集团异地成员单位之间通过公司发放委托贷款具备了专用账户实际操作的可行性，为开展外汇融资业务增添了新的渠道。

【信息化建设】2011年，公司抓住集团中下游重点产业飞速发展的大局，从集团中下游产业板块对内部资金流转速度与效率的更高要求出发，完成了银企直联系统的搭建工作，将银行清算渠道无缝整合于公司金融服务平台，提高了代理支付与代理收款的处理效率，确保集团成员单位对外收付的安全顺畅。同时，公司网银系统、银企直联系统和电票三大自主开发系统顺利度过磨合阶段，开始为公司业务高效运作提供有力支持，金融服务信息化系统功能进一步完善。

【信用评级】公司在2011年继续保持不良资产、不良贷款为零的纪录，继续维持国内最高信用评级。公司信用评级为标准普尔AA-级、穆迪Aa3级，与中国国家主权评级一致，高于工、农、中、建、交五大国有商业银行。

海尔集团财务有限责任公司

【经营概况】海尔集团财务有限责任公司（以下简称“公司”）自成立以来，始终秉承“立足集团、服务集团”的理念，以支持集团实体经济发展为己任，以集团市场可持续发展为宗旨，承接集团“打造人单合一双赢模式下互联网时代的世界品牌”发展战略，确定了“聚焦产业链金融创新，以金融资源换取客户/用户资源，成为驱动产业型财务公司”的发展战略，确立了“四个中心”的战略定位，即全球化的资金集约管理中心（资金集约管理、财务投融资集约管理、资金风险集约管理）、金融集成服务中心（产业链金融服务、金融链协同服务、价值链增值服务）、产业协同利润中心（功能性成本与效率中心、竞争性利润中心）、集团信用增值中心（海尔品牌信用增值服务），为集团由制造业向服务业转型，提供全流程金融解决方案，成为了集团“为客户提供美好住居生活解决方案”供应商的专业金融服务商。

2011年，公司不断创新金融服务模式，在有效驱动、引领集团产业发展的同时实现了金融业务的快速发展。截至2011年末，公司总资产规模达到了380亿元；同比增长11%；利润总额12.68亿元，同比增长79.2%。盈利能力稳居全国财务公司行业前列，并荣获2011年度中国金融机构金牌榜“金龙奖”之“年度最佳财务公司”奖项。

【信贷业务】“为客户提供美好住居生活解决方案”是集团的重要战略举措，真正拥有自己的用户资源是集团永恒发展的战略需求，大客户工程直单项目是集团产品销售的重要形式之一。公司承接集团大客户精品工程战略，以差异化金融解决方案获取大客户战略资源以引领产业发展。形成了以买方信贷为核心的大客户金融解决方案，同产业组成同一目标下经营体（团队），共同拓展客户资源，并在房地产、酒店行业成功推进实施，不仅解决了长期困扰集团产业的应收账款问题，而且使产业规模迅速扩大，为集团创造了客户资源。自开展大客户买方信贷业务以来，公司以为客户提供的买方信贷资金替代了原本可为集团企业提供的流动资金贷款，不仅降低了集团企业的资金成本，而且要求客户提供融资担保物，从根本上降低了集团的应收账款风险，同时增加了大客户黏度。截至2011年末，公司协助集团累计获取订单额度约55亿元，在同产业与客户的合作中，创造了客户准入“漏斗模型”和客户开发“升级模型”，每季度同产业召开一次产融协同会，形成了一整套产融协同拓展共同客户的管理模式，在谈的意向订单高达100亿元，成为企业发展的重要引擎。

专卖店与社区店处于集团产业链终端，是海尔赖以生存的最重要的营销渠道，几乎全部是由小微企业组成。在其发展过程中，融资需求日益突出，但是这类型企业从银行融资的能力很弱。鉴于此，公司积极响应银监会支持小微企业发展的号召，通过创新的金融产品（海尔季节性产品周转贷、控货融资、个人诚信贷等）、高效的金融服务（手续简便、当日响应等）、多样化的担保方案（房产抵押、他人存单质押、多户联保、担保公司担保、控货质押等），快速响应并满足专卖店、社区店客户需求，使其能在瞬息万变的市场竞争环境中抓住商机。公司通过借鉴行业经验、整合内外部专家资源、参照淡马锡中小企业授信与评价模式，对小型微型企业进行分类评价与主动授信，按评价结果将专卖店、社区店分为A、B、C、D类店进行分类支持、分级引导，其中对A类店重点支持，D类店拒绝支持，完全体现集团对营销渠道的管理与约束要求，成为销售部门的营销政策引擎与管理工具。公司直联集团强大的ERP系统，对专卖店、社区店的回款与提货的频次与变动情况进行翔实分析，判断客户质量，通过信息技术对产业链上的物流、信息流、资金流进行管理跟踪，专款专用，有效防控融资风险。公司针对不同的客户设计了差异化的金融解决方案，如结合海尔集团对其按经营绩效分别授予上市公司股票、期权等政策，予以抵质押融资等等，均为社会化银行所无法比拟；另外，还捆绑专卖店、社区店所有者的个人信用和家庭全部财产，为其融资提供不可撤销的连带保证，确保融资风险可控。2011年，公司主要对全国33个省辖区域近500户专卖店、社区店提供金融支持，融资规模达12亿元，全国区域市场覆盖率达83%，使融资客户增加销售20亿元。专卖店金融服务模式比较完整地构建了围绕集团下游产业链的金融支持体系，对集团巩固并扩大自主控制销售渠道的建设提供了业内先进的金融平台，在集团内部获得高度认可。对专卖店、社区店的金融支持，完全符合国家对小型微型企业发展的政策导向，从根本上解决了专卖店、社区店融资困难的问题，优化了其发展环境，促进其健康发展，对当地经济也起到了拉动作用，具有良好的社会效应和不可替代性。

2011 年，公司紧紧围绕“围绕集团产业链条，聚焦外币结算的两端，创造并满足用户需求，提供金融解决方案的综合能力第一”的战略目标开展各项外汇业务，通过积极的商业模式创新保障境内外成员公司的外汇金融解决方案需求，持续稳定的信贷政策成为集团海外产业布局战略调整的强有力支持。为支持集团境外成员单位“走进去、走上去”，公司针对俄罗斯贸易公司等新设公司资产规模较小，盈利能力不高的现状，为其提供了应收账款保险并质押融资的金融解决方案。不仅通过应收投保有效地协助当地贸易公司管理客户的信用风险以及国家风险，同时通过与中信保进行保险赔付权益的转让使财务公司的信贷资产得到了充分的保证。通过此类金融服务模式盘活海外贸易公司和工厂账面资产，拉动产业销售业绩的增长以及当地市场份额的大幅上升。俄罗斯贸易公司以信保项下的应收账款作为质押，由财务公司提供营运资金支持 600 万美元，拉动当地市场实现销售额 0.6 亿美元，是上年同期的 260%。2011 年公司进行商业模式复制，利用信用保险工具协助巴基斯坦贸易公司盘活账面应收账款资产 1 000 万美元，拉动经营体实现销售收入 1.2 亿美元，是上年同期的 137%，销售规模首次突破亿美元大关。

【支付结算业务】公司不断创新支付结算模式，促使集团品牌增值，信用“变现”。一是全方位推进电票业务，实现全流程电子化支付。作为首批直联上线的 17 家金融机构之一，公司从上线之初就确定了明确的市场目标，即全流程的票据电子化支付率达到 100%，也就是集团整个产业链的产、供、销的全流程流通，重在面向社会流通。为此，公司组建了电票推进经营体，开票与支付过程管理及解付业务均由公司全程负责，产业相关人员定位为协同支持，成为公司主导下的金融业务，取得了较好的市场效果。截至年末，公司已经实现了全部 1 180 家供应商客户的电子票据支付，累计签发电子票据 28 168 余笔，金额达 332 亿元，行业占比 90% 左右。如美国的艾默生电机、韩国的 LG 电子、德国的巴斯夫化工、日本的日立压缩机以及恩布拉科、扎努西等著名跨国公司，还包括全国各地的中小型企业都已接受海尔的电子票据，2011 年接待了全国近 50 家参观学习的兄弟财务公司。公司推广电票的核心之一是全流程管理集团所有企业的商业票据资源，使之通过公司的运营，实现整体风险的可控并增值，而不是让票据“躺在保险柜里睡觉”；之二是通过推进电票业务，为集团信用增值、提高客户忠诚度、创造客户价值、实现产融有机结合，使电子票据如同集团的家电品牌一样在金融市场上实现零障碍流通，是品牌信用参与社会电子化结算的一个里程碑。

二是创新保兑式信用证，实现品牌价值在金融领域的再增值。随着集团产业的全球化战略布局和海外业务量的不断增长，海外采购量也不断增长，其中以信用证为结算方式、以美元计价的采购量约 20 亿美元，因预算不到位和银行间结算的时间差，公司需提前准备头寸，总有部分资金沉淀在账户内，无法消灭收付汇时间差，难以实现零头寸的资金管理目标、零成本的汇率风险管理目标、零风险的资产增值管理目标，降低了集团资金使用效率。公司积极探索保兑式信用证结算模式，截至 2011 年末累计共为 52 家供应商开立 1 286 笔信用证，累计开证金额 2.2 亿美元。集团进口结算成本由 0.5‰降至 0.2‰，降幅达 60%，不但提高了资金使用效率，降低了财务成本和信用风险，更提高了集团成本竞争力，实现了品牌价值在金融领域的再增值。

【外汇业务】自实施全球外汇资金集中管理项目以来，集团以公司为平台在境内外搭建海尔集团外汇资金集中管理平台，整合集团内外的金融资源，推进集团全球利率一体化成本管理战略，以配置全球最优价格的资金支持集团海外事业的发展。2011年，公司为集团境外产业市场发展提供资金支持5.46亿美元，通过资源整合直接节约外部融资成本约0.13亿美元，折合人民币约0.8亿元，平均综合业务成本降低2.38%。

开展即期结售汇项目，搭建以公司为平台的集团汇率风险体系，通过交易中心直接加入银行间市场建立了集团风险的外部转移路径，为集团独特的进出口集中管理业务架构建立了全额、全币种对冲的汇率风险管理体系，将不确定的汇兑风险向确定的成本管理转化并有效降低。2011年项目运作规模18亿美元，其中为成员单位结汇4.8亿美元，售汇13.2亿美元，在外汇交易中心平盘操作12.32亿美元，为集团节约汇兑成本逾0.33亿元人民币。

【资金和投资业务】公司不仅管理几百亿元的集团资金，而且管理整个集团支付头寸，管理的目标是“集团资金流动性前提下的风险性与盈利性”，因此抓住金融市场波动较大的机遇，在确保资金流动性、安全性的前提下，提高资金运营效率，取得较高投资收益，成为公司的投资方向。2011年公司抓住市场机遇，在坚守集团资金流动性与风险性底线的前提下，实现资金业务收入1.16亿元，较2010年有大幅提升。其中，债券质押式逆回购421笔，交易金额757亿元，加权平均收益率4.49%，实现收入7 181万元，以高于市场平均利率的价格，赢取丰厚收益。根据中国债券信息网统计，公司2011年债券交割量在非银行金融机构排行榜中排名第8/78位，资金市场业务在同行业中具有较高的竞争力。

【资金集中】公司不断完善财务集中管理制度，强化公司在资金集中管理方面的核心作用。2011年继续加大在账户集中、结算集中、货币资金集中、票据集中等方面的管理力度。在账户集中方面，截至年末，公司共有成员单位594个，银行账户2 108个，其中，境内成员单位账户1 923个，境外成员单位账户185个；在结算集中方面，国内人民币结算业务笔数为1 005 824笔，结算金额7 135亿元，国际结算业务笔数为9 109笔，结算金额702亿美元；在货币资金集中方面，人民币和境内外汇资金集中率高达100%，已累计实现外汇资金归集125.7亿美元，其中境内归集资金91.52亿美元，境外归集34.2亿美元；在票据集中方面，票据集中率达到100%，其中在电子票据推广方面，市场流入电子票据占比12%，在对供应商开票付款环节，实现了对占比99.4%的客户的电子票据支付。

在公司的推进下，集团资金集中管理已成功实现了三个飞跃，即由本地集中向全国集中（收支两条线等网上银行）、由本币现金池向本外币一体化现金池集中、由境内本外币现金池向境外多币种现金池集中。

【风险管理】2011年，公司继续加强“3+2+N”的风险管理体系建设。作为风险管理的最高权力机构，进一步细化了“3”个专门委员会——内部控制委员会、信贷审查委员会、投资决策委员会的工作规程，建立了定期及不定期的临时会议机制，为信贷业务提供了即时的集体决策支持；“2”个相对独立的部门——稽核审计部和风险管控部，从全流程风险管理方面发挥了更积极的作用。风险管控部建立了专卖店买方信贷业务的贷前参与、贷时审查、贷后监测的全流程风险管理的母本；稽核审计部从内控管理层面，对各业务流程进行了重点及专项稽核，推进内控管理水平不断完善。在“N”即各业务部门环节，遵循了新业务与制度建设同步并根据业务发展不断完善制度的原则，通过持续完善原有业务的相关制度、规范业务流程、明确岗位职责权限和报告路径、加强对关键岗位控制等措施，有效地发挥了第一道防线防范风险的作用。同时，公司以开放的思路，引入毕马威及其海内外专家团队，对公司进行了历时四个月的全面风险评估，为公司正确认识和防范风险，提高全员风险管理意识和水平，起到了积极的促进及引导作用。

【人力资源管理】公司直接面对的市场已由集团内成员企业完全转型为集团面对的外部市场，市场需求的满足与开发和人才战略的实施关系到公司的生死存亡。2011年已完成“倒三角”形的有市场竞争力的组织架构设计，共建立了26个直接面对市场的一级经营体和8个为之直接提供支持的平台经营体，总经理为提供资源并输出战略目标和方向的三级经营体。以“三个零”（与客户用户的零距离横向连线，内部组织间的零距离纵向连线，以保障每个经营体预算与实际的零差距）为目标，持续打通三类三级经营体相互资源承诺的纵横连线并动态优化。

【信息化建设】2011年公司继续加大信息化建设投入，遵循信息架构体系规划，相继建设了运营管理平台、国际业务管理系统等关键系统。通过建设运营管理平台，实现公司各信息系统的单点登录、工作流审批集成，实现待办任务提醒，并集成集团常用系统、Notes邮件系统、通知公告、集团新闻等功能，搭建统一、高效、安全的Portal办公平台。同时搭建统一的BI决策分析平台，提供必要的经营决策报表分析及展示，为公司领导层的日常经营管理及战略方针的制定提供必要的系统支持。

同年，为支持公司外汇业务的开展及创新，引入业内先进母本，建设了国际业务管理系统，打通外汇现汇付款、信用证付款通路，实现账务连通，通过系统实现对贸易融资、IRS、NDF等业务的支持，固化并优化业务流程，提升业务效率；同时实现资金预警，业务风险提示，提高外汇资金安全，规避业务风险。

吉林森林工业集团财务有限责任公司

【经营概况】2011年，吉林森林工业集团财务有限责任公司（以下简称“公司”）在公司董事会的统一领导下，以“依托集团、服务集团、稳健经营、开拓创新”为宗旨，克服了企业存款萎缩、贷款规模下降、存款准备金率提高、融资成本上升和监管政策收紧等诸多不利因素，主要经济指标同比大幅度增长。2011年末，公司资产总额26.14亿元，比年初增加2.57亿元，增幅10.9%。2011年，实现营业收入1.53亿元，同比增加0.80亿元，增幅

110.6%；实现净利润0.52亿元，同比增加0.15亿元，增幅39.8%。资产总额、营业收入和实现利润指标跃居集团公司成员企业首位。

公司在不断发展的进程中，也面临着一些亟待解决的困难。一方面，受集团经济总量和资金规模的影响，公司的经营规模和发展速度受到一定制约；另一方面，由于集团产业结构调整，资金需求量大，公司存在流动性风险。因此，拓宽融资投资渠道、实施经营方式转型，将成为公司今后一个时期的主要工作。

【信贷业务】2011年，公司通过全面掌握集团成员企业资金和贷款情况，及时合理安排调度资金，累计发放贷款217 375万元（其中新增贷款为24 910万元），年末贷款余额为158 660万元，保持了公司信贷资产规模的稳定增长；通过全面调查借款人投资项目、委托人资金来源情况，在有效控制风险和认真履行合法担保、委托手续的前提下，公司与集团公司、股份公司、红石林业局合作开展了49 000万元委托贷款业务；通过利用金融政策为集团公司在商业银行的3亿元贷款项目提供了担保。另外，公司还有效解决了吉林森工大华矿业有限公司的5 000万元不良贷款问题。

【产品销售信贷业务】2011年，公司与吉林森工股份公司、吉林森工金桥地板集团公司等成员单位合作，分别与其上、下游客户开展了8 125万元消费信贷业务，不仅解决了集团成员单位和关联客户生产经营资金紧缺的难题，扩大了产品生产与销售规模，同时也为公司拓宽了经营收入渠道，初步形成了集团公司范围内合作发展、互利共赢的市场营销格局。

【资金和投资业务】2011年，公司立足同业合作积极向商业银行争取授信，先后完成了十三家商业银行对公司的授信工作，累计取得授信额度37.7亿元，同比增加授信额度18.5亿元；不断利用取得的授信额度与商业银行连续开展了资金拆借业务52笔，拆入资金总额51.7亿元，基本解决了集团发展进程中的大额资金需求和阶段性资金紧缺的难题。此外，通过坚持不懈的努力，公司已正式被中国外汇交易中心、全国银行间同业拆借中心批准加入全国银行间债券交易系统，并就债券市场准入向人民银行长春中心支行进行了备案，这标志着公司拥有了目前通向金融同业本币市场的全部手段。

2011年，公司继续稳步推进投资业务，在坚持“长期投资、价值投资、趋势投资、风险投资”理念的基础上，进一步完善了证券投资运作机制，及时调整投资策略，把握时机，优化配置，减持了未来可能增亏并且活跃度较低的两只基金，增持了股价、市盈、市净率都较低的股票，同时积极参与新股申购和部分股票小额、短线操作。

【票据业务】2011年，公司票据业务得到了进一步发展。累计为集团成员单位办理商业汇票贴现3.5亿元，累计与同业金融机构合作开展各类票据转贴现业务8.2亿元，既对缓解成员单位资金紧张、加快资金周转起到了促进作用，又为公司增加经营收入拓宽了空间。

【资金集中】2011年，公司针对集团公司资金规模较小和成员单位货币资金存量降低的实际情况，加大资金集中管理的力度，资金集中率达到94.73%。2011年，公司新上线资金集中账户25户，有效资金集中账户总数已达到204户，全国各个区域的集团成员单位已基本纳入了公司资金结算范围；完成资金结算量905.22亿元，同比增加301.81亿元，提高幅度为50%。

【业务创新】2011年，公司与省内各商业银行在互利共赢的前提下确立了不同的合作方式，取得商业银行新增授信资金额度18.5亿元和转贷款资金6.6亿元；与商业银行和集团上下游企业密切业务合作，签署业务合作协议

70 余份，合同标的运作资金总额达 200 多亿元。2011 年，公司成功开展了票据转贴现、信托收益权转让、买方信贷等同业合作业务，实现收入 4 531 万元。

【风险管理和内部控制】 2011 年，公司通过推行提升理念、转换机制和制度约束相结合的合规管理与风险防控手段，保障和促进了公司稳健发展。一是改变过去的风险控制与经济效益脱节的管控方式，把资源利用率监督和风险创造效益理念引入风险管理工作，使风险管控与传统业务、业务创新和经营转型密切结合、相辅相成，有力推动了企业经营转型；二是把风险控制关口前移，将日常风险监控职责直接落实到实施业务创新的业务部门，由业务部门在创造更多收入的同时主动自律防范风险；三是健全风险管理机构，明确风险监控职责，形成了合规管理部事前控制、法律事务部事中管理、审计部事后督查和风险管理委员会协调运作、全过程监控的“三位一体”完整风险防控体系；四是为适应业务创新和经营转型需要，制定和修订了《风险管理委员会议事规则》、《集团成员企业信用评级授信办法》、《资金运营管理办法》等 50 多项配套内控制度，强化业务流程管理，落实责任追究制度，保证了业务创新和经营转型规范运作。2011 年，公司未发生一例违规或损失问题，合规管理和风险防控工作在争取风险效益过程中发挥了积极的促进作用。

【人力资源管理】 2011 年，公司把员工理念和技能不断提升作为实现经营转型的根本动力。通过抓细节培养员工对自我的责任感，员工学知识、比技能、论贡献的风气已悄然形成。在个人发展上，变“以需要为目的、学用结合”的简单式方法为“以发展为导向、人企合一”的系统式方法，依据每位员工特点制定和落实个人发展规划，把个人发展的自身需要转化为公司业务创新的内在动力；在职级薪酬上，打破“以岗定薪、同职同薪”的机械式办法，代之以能够适应业务创新需要的“以绩定薪、同职异薪”灵活机制，通过实施《员工薪酬标准及晋级办法》和《员工绩效考核及薪酬支付办法》，将员工的职级、待遇与能力、业绩相挂钩，为员工实现自我价值提供舞台，让优秀员工脱颖而出；在教育培训上，变常规式培训为针对性培训，结合公司经营转型需要，从员工理念转变和能力提升两方面有针对性地开展了企业文化教育、忠诚度与执行力讲座、政治经济学培训和工作技能竞赛，保证了员工素质紧跟公司经营转型需要；在员工激励上，不局限于职级和物质激励，把精神激励作为重要手段，利用网上员工激励系统并辅以员工喜好的文体活动，让作出贡献的员工得到同事们的真诚激励，让激励他人的员工从中得到深刻感悟。到 2011 年末，公司已有 19 人获得金融从业资格，占员工总数的 54%，全年有 7 名员工晋升职级，一支适应现代金融需要的员工队伍日趋成熟。

【信息化建设】 2011 年，公司在原有信息化建设的基础上成功完成了智能资金平台系统升级改造工程。年末，新智能资金平台系统已经成功投入使用，运行状况良好，对公司的经营管理起到了积极有效的推动作用。首先，智能资金平台系统升级改造后，进一步加强了集团资金的管控和内部资金结算，对减少资金在途和提高资金使用效率起到了积极的作用。其次，“银企直联”使公司与商业银行的资金融通渠道变得更加快捷顺畅，实现了更大范围和数额资金的调剂功能。最后，借助信息化技术进行系统升级，公司有效实现了对资金头寸的监控利用，对外整合金融服务渠道，对内整合资金信息和管理资源，成功建立起了集资金结算、财务核算、金融业务管理、资金平衡管理及资金风险管控为一体的能够有效满足多方监管需要的信息化系统服务平台。

【企业文化建设】2011 年，公司积极贯彻落实集团“为国效力、为民造福”的企业核心价值观，树立“经营以效益为第一、合作以互惠为原则、做人以真诚为根本、处世以付出为乐趣”的企业哲学观念，开展了内容丰富、新颖独特的企业文化活动。利用公司成立九周年和纪念建党九十周年之际，开展“激情夏日鲅鱼圈之旅”和建党征文等活动，提升了员工对企业发展的责任感和使命感；聘请集团领导进行“提高忠诚度和执行力，促进公司发展”为主题的教育活动，使员工领悟了提高“忠诚度”和“执行力”的方式方法；集中利用工作时间组织全体员工学习了《学会感恩大全集》一书，员工的爱岗敬业意识得到进一步提高；参加集团工会举办的第四届集团机关排球赛并首次荣获冠军，对增强员工集体荣誉感和培养员工顽强拼搏、精诚合作的团队精神起到了促进作用。

万向财务有限公司

【经营概况】2011 年，万向财务有限公司（以下简称“公司”）在股东会的正确决策和监管部门的有效指导下，遵循公司利益最大化的经营思想，紧密围绕“以筹融资为核心”的经营方针，坚持审慎经营原则，稳步推进各项业务发展。

2011 年，公司经营管理保持良好稳健的发展态势。公司营业收入指标与上年基本持平，利润总额和净利润两项指标分别比上年同期增长 1.34% 和 0.1%，创造了良好的经营效益。各项监管指标均符合银监会规定的考核标准。

【金融或信贷业务】2011 年，由于国家适度从紧的货币政策，公司存款规模较上年略有下降。公司在对集团客户企业挖潜的基础上，重点对存款结构进行了优化，同时加大了同业合作力度，扩大了与同业金融机构的合作数量及授信规模。公司实行适度、合理的信贷政策，有效满足客户经营需求，保证资产质量不断优化。至年末，公司贷款余额为 44.8 亿元，较上年同期增长 3.9%。公司正常类贷款占比 100%，信贷资产业务运营稳健。

【资金和投资业务】在对金融机构的股权投资上，至年末，公司合计对浙商银行股权投资占比 4.09%。

【电票商业汇票业务】2011 年，电子商业汇票业务顺利试运行，成为公司业务经营一大亮点。自 2011 年 6 月 21 日完成第一笔电票业务以来，至年末，公司已与 19 家客户企业开通了电票系统，累计开展电票业务（包括开票、背书、贴现、收票、承兑等）117 笔，公司于 12 月启动开立承兑电子银行汇票业务，向银行信用转变迈出了具有象征意义的一步。

【资金集中】2011 年，公司深入客户企业挖潜，力争使集团资金集中度达到 50% 以上；网银结算体系继续完善调整，逐步向“以工行、建行为核心，中行、农行为重点，股份制商业银行为补充的网银结算体系”和“全网覆盖”的目标深入推进。至2011年2月末，网银业务结算量同比增长14.05%，结算金额同比略降3.3%，较好满足了客户企业的业务需求。

【筹融资业务】按照“筹融资为核心”的目标要求，2011年公司稳步推进有关公司金融债和客户企业债的发行准备工作；协助完成钱潮短期融资券工作，已于12月份到位；稳步推进“以司配行、以行配人”工作，2011年公司为集团争取到的综合授信的使用率为66.79%，实际使用授信的代理融资余额比2010年增长10.05%，提升了代理融资议价能力，大幅度节约了集团整体财务成本，使融资工作在规模、结构和节约支出上取得了显著效果；拓展跨国融资的金融服务功能，2011年公司开展了为万向美国公司提供“内保外贷”的金融服务和新疆硝石钾肥银团贷款服务。

【财务顾问业务】筹划集团资金管理，保障集团的系统性安全。根据客户需求，公司与客户签订金融服务框架协议，为客户提供一揽子金融服务。目前主要推出了应收账款保理业务、股权质押贷款、“汇利达”和“汇富通”国际结算产品等金融业务品种。

【风险管理和内部控制】2011年，公司坚持以防范风险、审慎经营为出发点，强化风险管理体系建设：一是积极构建事前以业务合规为主的第一道风险防线。健全合规风险制度建设，完善合规风险管理的组织体系，增强员工风险防范意识，树立合规创造价值、合规人人有责的思想理念。2011年公司完成了机房改造，有效提高了公司信息系统的抗风险能力。二是坚持事中以风险控制为核心的第二道风险防线。进行合规风险的识别、评估、监测和报告，与风险控制相结合共同防范经营风险。三是通过事后稽核跟踪构成的第三道风险防线。开展信贷、资金、投资等各项稽核工作，及时审查和评价公司经营活动的合规性，以及合规风险管理的适当性和有效性。

【人力资源管理】根据公司发展战略，围绕人力资源管理模块体系，公司重点扎实开展了以下人力资源工作：

一是绩效考核工作。制订完善了公司2011年薪酬分配方案，以“唯有目标与绩效”激励原则，采取“岗位年薪与员工薪酬档级及个人绩效考核相挂钩”，并保留风险金提留制度的模式。此外，对照万向集团2011年经济政策和结合公司2011年经营计划要求，将经营目标层层分解落实，修订完善了《各部门责任制考核办法》、《各部门员工岗位考核办法》，明确岗位职责和目标任务，完善公司目标与绩效考核机制。

二是招聘工作。2011年，重点通过校园招聘、网络招聘等方式，在集团人力资源部的协助下，共招聘11名重点院校应届大学毕业生，为公司补充了新的活力，为人员梯队建设打下了坚实基础。

三是培训工作。严格贯彻“培训全覆盖”的原则，积极创建“学习型组织”。2011年，公司培训结合专业队伍建设规划，重在提升管理者综合能力和团队整体素质，主要开展了电子票据业务流程专题讲座、员工职业素养培训等20余期培训；根据业务发展需要，通过“送出去”的方式，分业务、分部门组织骨干人员参加了中国财务公司协会等组织的财务公司电子商业汇票业务专题讲座、中国财务公司风险课题调研培训班等培训。在公司“学习型组织”建设活动的推动下，员工学习热情高涨，积极参加岗位任职、职称、学历等学习和考试。截至12月末，公司中级职称人员占比为33%，本科学历以上人员占比为87%，人力资源结构进一步优化。

四是激励工作。为进一步健全公司激励机

制，严格按照新修订的《公司季度优秀员工评选办法》的规定，开展优秀员工评选工作，全年累计评选9人次优秀员工；2011年，公司组织开展了年度优秀党团员评选工作，共评选出4人次优秀党团员；在2011年度总结评比工作中，对本年度工作中涌现出来的2个先进部门、2名集团劳动模范和13名先进个人进行了表彰通报。公司在对优秀员工、先进部门给予精神和物质奖励的同时，对其先进事迹进行公布表扬、树典型，激励全体员工向优秀党团员及优秀员工学习。

【企业文化建设】公司全面实施“凝聚力工程”建设，进一步增强团队凝聚力、向心力和创造力。积极组织和参加各类文体娱乐活动，丰富员工工作和生活，促进员工身心健康：参加集团庆祝建党90周年红色歌曲大合唱比赛，获得“最佳组织奖”；组织公司共青团员参加万向集团新年晚会和爬山朗诵活动；“三八”节来临之际，组织公司妇女同志开展业余文娱活动，既促进了员工身心健康，又加强了员工活力和凝聚力。开展对生病、产妇和生日员工慰问，组织对春节留守员工进行团拜慰问等活动，充分体现大家庭温暖，进一步激发了员工的主人翁意识。

【信息化建设】2011年，公司以创建“一流财务公司”为目标，推进信息化建设。升级业务信息系统，提高业务开展效率。针对公司电子商业汇票等新业务品种的开拓，对业务系统进行不断开发和更新、升级。公司九恒星业务系统已按照信息安全等级保护工作要求开始实施，有效防范了信息系统的运行风险。此外，2011年公司完成了萧山机房改造，切实提高了公司信息系统的抗风险能力。

【社会责任】响应集团党委号召，公司组织开展了一年一度的“送温暖献爱心”捐款活动，员工积极参与，为萧山区困难员工和贫困山区孩子就学献上一份温暖和爱心；公司倡议员工参加萧山宁围镇组织的无偿献血活动，员工踊跃参加，体现了公司员工优良的思想品质。

中粮财务有限责任公司

【经营概况】2011年，中粮财务有限责任公司（以下简称“公司”）把握“专业管理、优质服务”的主线，稳健经营、优化服务，加大资金集中管理力度，充分发挥了对提高集团整体资金效率、控制集团债务风险、降低融资成本和加强风险防范能力的重要作用。截至2011年末，公司资产规模105.9亿元，负债总额83.81亿元，所有者权益22.09亿元。2011年累计营业收入3.01亿元，经营利润2.75亿元，净利润2.11亿元。资本充足率35.01%，不良贷款率为零。

【资金集中】2011年，公司积极落实集团资金集中管理政策，加大对成员单位账户管理力度，进一步提高资金集中度。在巩固已联网企业资金集中管理的同时，完成了集团九个经营中心436家成员单位上报的合计2 046个银行账户的清理、盘查和对七家内银行账户进行分重点、分阶段的联网工作，大幅提升了账户联网率，巩固了集团资金集中管理的实施效果，进一步提高了可归集资金集中度。截至2011年末，共有426家成员单位在公司开立结算账户，联网银行账户1 026个。2011年完成结算业务67 168笔，累计金额8 326亿元，同比增长114%。2011年末公司吸收人民币存款余额83.22亿元，同比增加16%；其中活期存款40.7亿元，定期存款38.41亿元，同业存款4.11亿元。全年吸收存款日均余额100.5亿元，同比增加33.9亿元，增幅51%。

【上市公司资金集中】随着集团全产业链战略的推进，公司不断满足经营中心个性化资金管理需求，结合现有系统优势及特点，设计符合各经营中心资金管理模式的子平台，加强经营中心、业务单元的风险监控，提高资金使用效率，降低财务费用。

1. 中国粮油控股资金集中子平台。中国粮油控股子平台正式运行两年来，总体运行状况良好，利用资金池有效替换外部贷款，优化资本结构，降低资产负债率，节约财务费用，管理效益及经济效益显著。截至2011年末，已有60家企业283个银行账户通过平台进行资金集中管理，联网率已达99%。2011年全年归集资金量日均达18亿元，单日最高归集额为34亿元，累计发放委托贷款43.9亿元，其中2011年累计发放22.6亿元。2011年累计节省财务费用5 435万元。

2. 中粮包装资金管理子平台。中粮包装资金管理子平台可实现跨地域、跨银行的账户集中管理，实现对资金预算、资金流向、资金支付的全程审批和监控。2011年1月启动系统试运行，后分四批次将中粮包装所属企业全面上线。至2011年末，公司共完成代理支付业务7 623笔，付款金额18.1亿元。不断优化公司资金计划及代理支付系统，完善业务操作流程，充分满足了企业资金预算控制、对外统一支付、收支两条线管理等资金管理需求，为系统在集团范围内推广奠定了良好基础。

3. 中粮肉食资金管理子平台。2011年11月，中粮肉食提出运用财务公司系统提高自身资金管理水平的需求。经过充分的沟通与探讨，公司确定采用906系统模式实现中粮肉食的资金监管要求，2011年底已完成了需求调研、系统讲解及模拟测试工作，2012年2月底系统正式上线。

4. 粮贸部资金管理需求。根据粮贸部需求，结合906系统代理支付功能、借款审批拨付功能及业务单元内资金归集功能，不断优化系统框架设计，探讨资金管理系统全面升级可能性。

【投资业务】2011年，国内资本市场总体呈现单边下跌走势，全年跌幅超过20%，且反弹时间短、幅度小，成交量持续萎缩。在这种局面下，公司秉承稳健操作的原则，有效避免了年内指数大幅下跌对公司浮动盈利的影响。

【信贷业务】2011年，面对市场资金供求相对紧张的复杂局面，公司始终围绕集团全产业链、全服务链战略，在严格执行监管机构各项政策的同时，加大贷后监管力度，加强信贷投放的控制，保证公司信贷业务健康安全发展、盈利能力持续平稳增长、服务水平全面稳步提高。截至2011年末，公司自营贷款余额总计人民币55.27亿元，与上年基本保持一致，严格执行了人民银行信贷规模的要求。公司贷款全部属于正常范围，贷款收息率100%，没有逾期、不良贷款。全年实现利息收入2.51亿元。

【供应链票据融资】2011年，公司为切实保障集团全产业链战略的落实，开展供应链票据融资业务，为贴现企业节约成本约4 000万元，有效调动了跨经营中心协同的积极性，提升了集团企业竞争优势。该业务的开展为集团购销双方提供了融资便利，降低了企业财务成本，缩短了应收款账期，调动了集团企业间交易的积极性，促进了集团内协同，契合了集团全产业链战略。

【协助集团直接融资】2011年，公司在充分分析国家宏观经济和货币政策的基础上，结合集团资金需求以及对于市场利率的准确判断，有效地把握发行时机，作为财务顾问承担发行集团2期短期融资券和3期中期票据，累计金额150亿元。若以当期同期限贷款利率计算，可为集团累计节省财务费用约3.84亿元。协助中粮香港完成3年期30亿元离岸人民币债券的发行，该人民币债券发行利率为1.85%，按照境内当期同期限银行贷款利率计算，三年可累计节省财务费用约3.78亿元。

【外汇业务】2011年，公司结售汇业务进入稳定运行阶段。在充分利用政策优势的基础上，通过开展外汇业务推介和建立大客户重点跟踪档案等形式，扩大业务影响。全面推进异地成员单位结售汇业务，拓展结售汇业务覆盖面。截至2011年末，共有35家成员单位在公司开立外汇账户办理结售汇业务，业务已覆盖中粮粮油、中粮控股、中粮置地、中土畜、中粮屯河等经营中心及业务单元。根据成员单位外汇需求于2011年8月正式启动欧元结售汇业务。

【信息化建设】为保障核心业务系统的发展和未来战略目标的实现，公司2011年根据业务需求，进行了数据库系统的整体硬件升级及网络结构优化，重点完成了906系统优化、电子回单网上对账系统的开发和上线、建立了外汇专线系统、信贷系统的设计工作。2011年，公司对IP地址做了重新规划，保证了公司网络的正常运行。截至年末，信息系统实现不间断安全运行近9年，从未出现过重大安全故障和资金安全隐患。

【风险管理和内部控制】2011年，公司不断加强全面风险管理，以防范风险、强化管理为核心，通过健全治理结构、明确授权体系、严格制度管理、规范程序等，有重点、有计划地稳步提高内控制度管理和风险控制水平。不断加强相关监管政策法规的学习，及时掌握国家宏观金融政策方向，掌握政策法规的要求，完善公司组织架构，强化制度的建设和执行的管理，进一步规范业务操作流程，加强合规文化建设，全面提高风险管控能力。

【企业文化建设】公司秉承“诚信，团队，专业，创新”的企业文化，努力建设学习型组织，提倡在工作中领会共同思考问题和做事的方法，不断提高专业能力。公司将员工培训与职业激励相结合，通过对员工进行职业素质教育和专业技能培训等，提高金融专业水平，提高风险管理意识，提高综合业务能力。

苏州创元集团财务有限公司

【经营概况】2011年，面对市场资金紧张，资金成本不断攀升的不利局面，苏州创元集团财务有限公司（以下简称“公司”）紧紧围绕集团“真抓实干，争先创优，加快构筑创元投资产业发展新高地”的发展主题，紧密联系企业实际，正确处理公司效益增长和缓解集团成员企业财务成本上升的关系，确保集团产业转型和资本运作双轮驱动项目资金需求，公司上下齐心协力，真抓实干，在“稳增长，促转型，优服务”上狠下工夫，全年工作取得了较好的成效。2011 年营业收入实现 4 728 万元，同比增长 20%；实现利润 2 407 万元，同比增长 11%；存款余额 8.4 亿元，同比增长 25%；贷款余额 7.5 亿元，同比增长 13%；年末总资产规模 13.86 亿元，同比增长 14%；资产负债率严格控制在监管指标以内；不良贷款率继续保持为零；并为已与公司建立业务关系的成员企业，节省财务费用超过 1 200 万元。上述指标均超额完成了 2011 年初董事会设定的目标任务，并创公司历史最好水平。

【存款业务】公司根据客户的存款需求，开展的存款业务种类包括活期存款、定期存款、协定存款、通知存款等，2011 年累计吸收存款 38.17 亿元，同比增加 18.5%。

【信贷业务】在合规且风险可控的前提下，最大限度地保障主业企业的资金供给，促使集团主业企业快速成长，为集团产业转型和资本运作双轮驱动发展和培育大型地标式核心企业及优势骨干企业服务。2011 年累计发放贷款 9.59 亿元，同比增加 3.78%。

【票据业务】公司开展的票据贴现业务目前仅限于银行承兑汇票。2011 年累计为成员单位贴现 3 891.85 万元，同比增加 201.76%；累计代理签发银行承兑汇票 23 937 万元，同比增长 30.8%。

【投资业务】2011 年，公司继续持有2 000 万元“09 汾湖债”（2009 年苏州汾湖投资集团有限公司公司债券）。该债券发行规模 10 亿元，固定利率 7%/年，8 年期，2011 年取得收益 140 万元。

【担保业务】为支持集团公司资金需求，在风险可控的前提下，2011 年公司为集团本部及成员单位向商业银行融资提供担保 1.2 亿元。

【资金集中管理】2011 年，公司将资金集中工作重点放在提高原有成员单位资金归集率的同时，加强集团“双轮驱动”项目实施后的新建企业、新成立创元高新基金公司培育的成长型公司以及集团型企业的子公司的资金集中管理工作。本着企业利益和资金归集二者兼顾的原则，在企业的配合下，原有成员企业的资金归集率得到提高，提高较快的企业如苏净净化工程安装、苏净集团资金归集率超过了 60%，高创特超过了 70%，远东砂轮、苏瓷超过了 80%，华昌仪器超过了 90%，新建企业如海格新能源、书香世家平江府酒店和苏净保护气氛等公司的新增资金也正逐步向公司归集。

【风险管理和内部控制】2011 年，公司重点围绕全员风险管理的各个环节，加强内控制度建设，先后制订了《公司董事履职评价办法》、《员工合规手册》、《公司案件防控工作制度》、《安全生产工作职责暂行规定》等新制度，通过健全和完善各项基础管理制度，有效提高了公司风险管控能力。同时根据省银监局要求，公司还对现行的 100 多项内控制度进行全面梳理归并，提高了时效性和针对性。

【人力资源管理】2011 年，公司继续坚持“引进加培养”的人才策略，使公司人员的年龄结构、文化结构、知识结构更趋合理。截至年末，公司 17 名员工中，本科以上学历占 58.82%，大专以上学历占 94.12%，高级职称人员 1 名、中级职称人员 4 名，具有银行业从业经历人员 3 名、具有证券业从业经历人员 5 名，具有期货业从业经历人员 1 名、具有保险业从业经历人员 1 名，具有江苏省高级职业经理人资格证书的5名，具有江苏省中级职业经理人资格证书1名，具有初级职称人员10名，具有财会上岗资格人员12名，具有银行业从业资格证书人员16名。

【培训教育】2011年，公司共有20人次参加了中财协、人行、银行业协会等条线组织的各类业务及岗位培训，员工参训率为117.6%。此外有3名员工参加了市安监局组织的安全业务复训，目前公司已有4名同志持有安全上岗证，2011年公司累计安全投入3.07万元，为2010年投入的一倍多。通过自学，公司有2名员工通过了中国银行业从业资格考试，员工持证率达94.12%。

【新增业务】2011年，公司大力推广电票业务，全年为成员单位开具电票11笔，累计金额2 203万元，是2010年的2.24倍。

珠海格力集团财务有限责任公司

【经营概况】截至2011年末，珠海格力集团财务有限责任公司（以下简称“公司”）资产总额为92.99亿元，负债总额为74.05亿元，所有者权益18.94亿元，全年累计实现利润总额2.20亿元，净利润1.66亿元。2011年格力财务公司资本充足率为44.59%，资产质量优良。

【信贷业务】2011年，公司继续加大对成员单位的信贷支持力度，全年累计发放各类贷款（含贴现）120.22亿元，较上年增长100.40%；截至2011年末，各项贷款余额合计38.11亿元，较上年末增长26.36%；贷款五级分类情况全部为正常，没有出现逾期贷款、贷款欠息等不良情况。

2011年公司积极采取措施，严格执行国家的货币政策，信贷投放控制在人民银行下达的信贷规模指导数以内；为了响应国家房地产调控及支持实体经济发展的信贷政策，公司提前收回了房地产贷款，并将腾出的信贷规模全部用于支持成员单位实体经济发展。2011年在珠三角票据贴现利率呈逐步走高趋势下，公司始终给予成员单位优惠利率，有效支持实体经济的发展。

【资金与投资业务】2011年，公司实施全面预算管理，建立健全年度、月度和周三级资金计划体系，做好资金统筹。公司开展资金业务，坚持“制度先行”的原则。2011年，公司规范了资金调拨和同业存放等业务的操作细则，要求资金业务部门严格按照操作细则办理资金业务。2011年，公司累计办理同业定期存款303.23亿元，同比增长109.41%。2011年通过本外币交易市场，办理短期投融资业务33笔，总金额52.55亿元。

【票据业务】2011年，公司根据国家信贷政策、市场环境及成员单位结算模式等情况，大力拓展票据业务，累计办理票据贴现2 181笔，较2010年增长146%，贴现金额120.22亿元，同比增长179%。

【资金集中】2011 年，公司资金增量的最大来源仍是控股股东，公司通过加强与控股股东资金管理部门的资金预算管理，加大对各成员单位的服务力度，开拓相关业务等措施促进成员企业的资金集中。2011 年，公司累计资金结算总额达 2 166.60 亿元，结算业务量达 10 827 笔。

【业务创新】积极推广电子商业汇票业务。为推广电子商业汇票业务在成员单位中使用，公司修订和完善了相关票据制度和操作规程，编制了《珠海格力集团财务有限责任公司电子商业汇票业务服务协议》，与多家成员单位签署了电子商业汇票服务协议，并对成员单位相关操作人员进行了培训。2011 年 6 月，公司为成员单位珠海格力电器股份有限公司开出首张电子商业承兑汇票。截至 2011 年末，公司累计为成员单位开出电子商业汇票 102 张，总金额 36.82 亿元；累计办理电子商业汇票贴现 113 笔，总金额 37.21 亿元。

成功开展代开票业务。为了提高成员单位资金和票据的使用效率，提高集团资金集中度，公司根据成员单位的结算特点设计了代成员单位开具银行承兑汇票业务，并与多家银行就代开票的具体流程和合作模式进行了多次洽谈及论证。2011 年 8 月，公司成功为成员单位在某商业银行开具银行承兑汇票 153 张，总金额 3.5 亿元，有力地支持了实体经济的业务发展。

【风险管理和内部控制】2011 年，公司高管层高度重视建立健全内控工作机制，梳理了经营管理关键控制点，编制了《内部控制与风险控制手册》，加强风控文化建设工作，确保依法稳健经营。

进一步健全合规风险管理工作体系。坚持定期风险管理工作报告制度，及时反映公司风险管理工作状况、已识别的合规风险管理缺陷、已采取的意见建议或纠正措施，适时对公司风险管理状况进行监测与评估。加强风险管理预警工作，提升风险管理工作的科技含量，探索建立适时、有效的风险预警系统。公司在信息系统建设工作中，密切结合风险管理计量、监测工作要求，在各业务子系统中嵌入风险监控、监测指标体系，并设置相应风险限额控制权限，实现对风险控制目标的适时监测和预警。

完善各项业务规章和业务处理流程。公司全年累计修订各项业务规章 60 份，新增业务规章 20 份。在全年存款、贷款、结算业务全面增长的情况下，确保了服务效率和质量的稳步提高，实现了不良信贷资产为零、金融风险事故为零的风险管理目标。

【人力资源管理】2011 年，公司坚持以人为本的思想，着力提高员工整体素质，增强员工风险意识和防抗风险能力。公司制定了 2011 年度培训计划和关键人才培养计划，通过开展多种形式的培训，鼓励员工参加金融业务相关的资格考试等方式，更新知识，提升员工素质。公司重视对新入职员工的职前培训，为新员工量身定制了一套职前培训计划，从金融机构内部控制、商业银行风险管理、结算业务、信贷业务和投资业务五个方面对新员工进行培训，增强新员工的责任感、风险意识和防抗风险能力。

【信息化建设】2011 年，公司包括结算、财务、信贷、电票、预算管理等模块的主营业务系统九恒星资金管理系统全面上线；为确保计算机安全运行，公司对计算机硬件进行升级更新，将公司的主要网络、系统主机、UPS 设备升级为更为安全可靠的双机冗余运行模式；公司对办公系统进行了改进，对外建设公司网站，对内建设 OA 系统，方便公司对外发布信息和对内流转信息；新制定了《电子数字证书管理办法》、《业务处理系统管理办法》、《公司网站管理办法》等管理制度，促进防范信息化建设中可能出现的各类系统风险。

【企业文化建设】2011 年，公司不断加强以“忠诚、友善、勤奋、进取”为核心的企业文化建设，组织“颂歌献给党”歌唱比赛、参观辛亥革命旧址和孙中山故居等活动，在丰富员工业余文化生活的同时也提高了全体员工的凝聚力和向心力。公司党支部响应集团党组织的号召，积极开展廉洁从业教育活动，以“加强制度建设，构筑拒腐防线”为主题，分层次对党员干部和重点岗位工作人员进行廉洁从业教育。公司在各项业务中全面落实内部控制机制，为企业文化建设注入了持续动力，也为公司的长远发展提供了有效的保障。

国机财务有限责任公司

【经营概况】2011 年，国机财务有限责任公司（以下简称“公司”）总体经营情况较好，累计实现营业收入 5.35 亿元，同比增加 2.09 亿元，增幅 64%；累计实现利润总额 2.29 亿元，同比增加 1.05 亿元，增幅 86%；实现净利润 1.72 亿元，同比增加 0.80 亿元，增长 86%。截至 2011 年末，公司资产总额为 178.59 亿元，比年初增加 19.54 亿元，增幅 12.28%；所有者权益总额为 13.95 亿元，比年初减少 2.36 亿元，主要因为 2010 年利润分红 0.41 亿元，可供出售金融资产公允价值变动较年初减少 3.66 亿元。

随着集团不断加快证券化进程，上市公司与财务公司的存款涉及关联交易管理，对财务公司在集团内部的存款及金融服务造成一定影响。针对这些情况，公司正在积极采取应对措施推动与上市公司的合作。

【信贷业务】2011 年，公司通过加强对资金的精细化管理，提高资金运用效率，在有效满足成员企业信贷需求的同时，实现信贷规模的稳定增长。本年度公司信贷业务继续向集团内优势企业、成长类企业及进行产业化建设的科研院所倾斜，并对多家有条件的内部企业开展了综合授信业务。

公司全年累计发放自营贷款 44.3 亿元，委托贷款 24.8 亿元，办理票据贴现 7.9 亿元，融资租赁 4.8 亿元，信贷日均余额由 2010 年的 20.8 亿元增长到 37.5 亿元。全年共实现信贷收入 23 397 万元，同比增长 131%，其中自营贷款收入 18 407 万元，贴现收入 2 889 万元，融资租赁收入 1 592 万元，中间业务收入 509 万元。

【产品销售信贷业务】为促进集团工程机械板块的产品销售，公司自 2010 年末开始推出了融资租赁业务，受到了多家成员单位的欢迎，业务规模迅速扩大，现已形成了成熟且具备自有特色的操作模式。通过融资租赁业务，在为成员单位增加产品销售、解决应收账款占压问题的同时，进一步提高了公司中长期信贷资产的比例，优化了信贷资产结构。2011 年公司累计办理融资租赁业务超过1 100笔，发放金额超过4.8亿元，实现利息收入1 592万元。

【资金和投资业务】公司设立专人对货币市场利率进行跟踪，抓住货币政策由适度宽松变为稳健、中央银行收紧银根的有利时机，积极与银行同业询价、议价，按照长短期限结合、滚动操作的策略进行同业定期存款，取得了较好收益。

2011年，公司陆续开展了新股申购、定向增发、可转债申购、委托投资等业务，截至年末，投资业务资金占用余额共计9.81亿元。公司把握时机，适时出售股票，严控投资风险，截至年底，累计实现投资收益6 231万元，其中股票增发业务所获收益构成投资收益的主要来源。投资收益率6.4%，较上年同期小幅下降，主要原因是2011年证券市场长期低迷，上证综指较年初下跌21.68%，公司持有的股票也不同程度地受到影响。

【票据业务】2011年，公司票据贴现业务保持稳定增长态势，全年累计办理票据贴现79 045万元，实现贴现利息收入2 889万元，为集团成员单位有效节约融资成本，提高了资金运用效率。

【外汇业务】2011年，公司开展了美元及欧元的结算与贷款业务，与银行建立了外汇资金集中管理系统，并逐步加强和完善了外汇业务操作及外汇资金管理各项制度。

【资金集中】2011年，公司日均存款规模107.44亿元，同比增加25.11亿元，增幅30.5%。存款规模的上升，一方面源自集团资金集中结算工作的继续推进，另一方面源自公司采取积极有效措施：一是帮助开通财务公司网银的成员单位降低结算成本，提高成员单位的资金收益；二是努力推动与上市公司合作；三是通过业务创新满足客户不同的需要，为客户量身定做其所需要的金融产品，提高服务品质。

【业务创新】在资金结算方面，为了顺应集团化企业资金管理的新趋势，公司于2011年为集团二级企业推出了母子公司资金集中管理业务，集团二级企业通过财务公司平台，可以对下属企业资金实时查询、监控，并进行合理调剂，为成员单位提高资金使用效率，降低财务风险提供了有力手段。

在信贷业务方面，由于集团内从事国内外大型工程总承包的成员单位较多，对保函、信用证等业务需求较大，公司通过向商业银行申请同业授信，用于为成员单位开立保函、信用证，有效解决了部分成员单位银行授信资源不足的难题。本年度公司开展了多笔转保函业务，在为成员单位提供更为全面的金融服务的同时，较好地实现了企业项目资金的封闭结算。

在投资业务方面，公司新开展了委托投资和质押式回购业务。根据成员企业的需求，公司以已持有的债券资产作为标的，与成员企业开展委托投资业务，目前已理清业务流程和模式，并得到了成员企业的认可，在提高成员企业的资金收益的同时起到稳定存款规模的作用。同时，公司进行了一些小额的交易所间的质押式回购业务，该业务交易便捷、安全性高、期限较短、手续费较低，可提高资金的使用效益。

【风险管理和内部控制】2011年，公司继续坚持以完善内部控制为前提的全面风险管理。一是加强业务办理全过程的风险控制，使每项识别出来的风险都能被公司的规章制度覆盖，具备相应的风险控制措施；二是加强公司内部审计的工作力度，多次开展常规审计与专项审计，并定期针对关键风险控制点进行检查，及时纠正行为中的偏差，保证风险控制措施实施的有效性，形成有效的风险管理第三道防线；三是根据公司经营情况的变动，对公司规章制度进行整体修订，保证公司制度的可操作性，并通过考核、培训等多种方式，促进相关人员严格执行控制措施；四是每月进行预警指标统计，监测主要指标变动趋势，定期撰写风险分析报告，对公司主要风险进行较为详细的分析，为公司经营提供决策依据；五是加强合同用印评审，保证公司用印合同内容与审批意见一致，降低公司法律风险。

【人力资源管理】公司重视人才培养和员工队伍建设。2011 年组织员工多批次参加专业技能培训，并对员工开展了内控体系、信息系统、法律知识、反腐倡廉、安全生产等各类培训教育活动，在提高员工的综合素质、职业技能等方面收到了良好的效果。根据公司业务发展的需要，择优招收专业对口、品学兼优的应届毕业生充实职工队伍，形成了比较好的员工队伍结构。

【信息化建设】2011 年，公司持续加强信息系统建设，在新需求开发、加强管理、网络环境建设等方面做了大量工作：一是持续完善系统，对系统中的融资租赁模块进行改造，增加了融资租赁个人业务，优化了融资租赁业务的查询与使用，提高了系统操作的便利性与快捷性；二是继续增加直联银行，提升了结算业务处理速度；三是启用 OA 系统，规范公司公文及业务审批流程，提高业务处理效率，加强风险管理；四是规范系统管理，定期进行巡查及应急演练，减少事故次数，强化事故处理能力；五是加强网络环境建设，实现内外网分离，降低网银系统风险。

【企业文化建设】公司以“和谐发展，诚信共赢”的核心价值观为主导，建设具有财务公司特色的企业文化体系，成为广大员工共同的价值取向和行为规范。2011 年，公司把企业文化建设渗透到日常经营管理工作中，着力抓好全体员工“六种意识”的培育和提升，即“客户至上”的服务意识，“严谨规范”的合规意识，“锐意进取”的竞争意识，“协同高效”的团队意识，“立新求变”的创新意识，“勤勉尽责”的执行意识，从而把公司的企业文化建设引向深入，促进了公司的发展。

【品牌建设】公司作为集团的金融平台，以“依托集团资源，服务集团发展”为经营宗旨，充分认识品牌建设的重要意义，在继续以高品质服务提升公司品牌价值的同时，重点开展了 VI 系统建设。一是加强工作组织；二是对落实集团母子品牌 VI 系统整合应用的各项具体要求作出实施计划，确定了应用的具体形式；三是从办公系统、环境系统、宣传系统等方面对 VI 系统各要素的使用情况实施了全面检查，针对检查中发现的该用未用、使用不规范等问题进行整改。

海航集团财务有限公司

【经营概况】2011 年，在严峻的金融市场环境下，海航集团财务有限公司（以下简称

"公司"）坚定不移地贯彻落实集团"迎接挑战、深化转型、实现超越"的年度工作方针，不断提高资金集中管控水平，创新工作思路，加强内部管理，优化服务品质，圆满完成了全年工作目标。2011 年公司各项经营指标持续增长，年末资产总额达到 198.45 亿元，资本充足率达 20.62%，实现收入 9.72 亿元，实现利润 2.43 亿元。

【信贷业务】2011 年，公司深入了解集团各产业金融需求，有序规划业务结构，合理控制业务规模，积极推广自营贷款、贴现、保理、担保等信贷业务，不断拓宽业务广度和深度，取得了长足的发展与进步，有力支持了集团及成员单位的发展。年内，业务客户拓展至 99 家，共发生信贷业务 204 笔，金额 289.19 亿元。年末，贷款余额（含贴现和保理）为 165.45 亿元，全年未发生逾期，实现收息率 100%。

【产品销售信贷业务】2011 年，公司积极赴同业深入调研学习，将调研成果与成员单位的运营情况及实际需求相结合，完成了业务开展的详细规划，组织编写了成员单位产品的消费信贷、买方信贷及融资租赁业务资质申请的相关材料，及时向监管机构提出了资质申请。

【资金业务】2011 年，公司与全国各地多家金融机构建立了广泛的授信合作关系，有效授信额度达 153 亿元。通过同业拆借、票据贴现等业务进行日常资金管理，满足公司短期资金需求。

【外汇业务】继 2010 年底取得即期结售汇业务资质后，公司在 2011 年 6 月顺利获准成为中国外汇交易中心银行间即期外汇市场会员，帮助集团实施外汇资金集中管理、提高外汇资金使用效率和节约资金成本，为成员单位的本外币日常清算业务提供便利，2011 年全年为集团成员单位提供了 600 万美元的结售汇服务。

【资金集中】2011 年，公司共完成结算业务 183 971 笔，结算金额 18 519 亿元，比上年同期分别增加 60% 和 63%。

【信息化建设】2011 年经过以九恒星新系统为主、拜特旧系统为辅，新旧两套系统长达 6 个月的安全并线运行后，实现了新旧业务系统的平稳过渡，公司综合业务的信息化水平进一步提升。

【业务创新】2011 年，除外汇结售汇业务顺利启动外，公司在信贷、资金及票据业务方面开展了多项新业务。信贷业务方面，为满足成员单位融资需求，同时丰富公司信贷产品品种、增加业务收入，公司于 2011 年推出应收账款保理业务，全年累计完成保理业务 2 笔，总金额 1 086 万元，实现利息收入 34.21 万元；资金业务方面，开辟银行以外的新业务渠道，与多家企业集团财务公司建立合作关系；票据业务方面，新增银行承兑汇票转贴买入业务。

【风险管理和内部控制】2011 年，公司进一步完善风险管理体系，重新制定并下发了流动性风险管理、市场风险管理、操作风险管理、合规风险管理等制度文件，对各项风险的管理流程、职责及操作进行了明确规定，有效提升了对各项风险的监测及预测能力，并在此基础上制定操作细则，责任到人，使各项风险管理的具体过程有章可循、有据可依。此外，公司切实开展内部审计工作，逐步完善了公司内部审计体系，强化了内审部门的职能，在各部门的流程管理、操作控制、体制建设等方面发挥了稽核审计事后监督和管理咨询的作用。

【人力资源管理】2011 年，公司引进成熟人才 9 名、应届毕业生 15 名、外籍员工 7 名，为公司持续发展补充了新鲜的血液。全年组织开展管理类、专业技术类、企业文化类培训共 73 次，全面提高员工素质。同时，积极响应集团号召，开展"心灵工程"等有特色的员工关爱工作，充分调动年轻员工的激情与活力，激发员工工作热情，营造温馨、和谐的工作氛围。

【企业文化建设】2011 年，公司认真贯彻落实“海航精神”价值体系，通过主题征文、观看海航发展影像资料、组织丰富多彩的文体活动等方式，增强员工的荣誉感和自豪感，提高团队的凝聚力，展示全体干部员工积极向上的精神风貌；时值建党 90 周年，公司工会组织红歌合唱团队，唱红歌，展风采，体现海航“爱党爱国，举业为民”的根本宗旨。

中国华电集团财务有限公司

【经营概况】2011 年，中国华电集团财务有限公司（以下简称“公司”）在华电集团公司党组的坚强领导和大力支持下，以集团发展战略为指引，按照年初“132255”的总体思路，坚定信心，攻坚克难，全面完成了 2011 年各项目标和任务，胜利实现经济效益快速提升、服务功能不断丰富、管理机制更加灵活、经营发展能力迈上新台阶的经营管理目标。各项经济指标实现了历史性的突破，2011 年实现利润 7.78 亿元，完成年度目标的 130%，同比增长 111%；资金归集率 83%，完成年度目标的 101%；为集团提供资金支持总规模达到 292 亿元。存在的主要问题，一是主业因电煤价格联运机制尚未形成，经营难度增加，系统内部资金紧张，进而对公司的经营带来严重的影响；二是随着集团上市公司逐步增多，上市公司的资金归集工作难度越来越大，归集资金流出量较大，直接造成存量资金大幅下降。

【信贷业务】在规模受资金影响前松后紧的形势下，公司努力创新，完善信贷业务，呈现出信贷收益持续增长，信贷结构逐步优化，项目范围逐步扩大，信贷品种不断创新的良好态势。公司一方面适时调整信贷投向结构，确保公司信贷资产质量，在规模拓展中保持了良好的水火电贷款比例，其中水电比例继续提高，同时对资产质量出现恶化趋势的客户贷款提前进行了回收或压缩；另一方面，成功开发了票据再贴现、票据代理贴现和融资类担保两个业务新品种，进一步提升了服务客户的能力和水平，同时成功为成员单位引入外部资金。进入下半年，随着资金面的持续紧张，不少成员单位资金短缺，公司资金链条也频频告急。为缓解这一局面，发动全公司之力在集团外寻找资金，与多家单位进行了接触和洽谈，最终在昆仑信托开花结果，成功引入中石油集团资金 20 亿元，开辟了融资新渠道。截至年末，公司全口径自营贷款余额 182.4 亿元，全口径日均贷款 227.78 亿元，同比增长 42%；按表内口径计算，自营贷款余额为 176.5 亿元，日均贷款为 218 亿元，同比增长 45.87%。

【资金业务】2011 年，金融市场资金紧张，使公司融资成本大幅提高，最高时达到 9.3%。在此形势下，公司积极寻找各类外部资金有效缓解流动性压力。全年公司日均外部融资达到44亿元，比上年增加了21亿元；融资合作机构从上年的12家增至17家；获得授信规模从143亿元增至262.5亿元。主要做法：一是积极融通外部资金服务集团发展，开辟了公司与同业之间拆借的先河。利用各行业财务公司资金收付时间、规模等多样化的特性，寻求融资机会，并于9月份首次从中船重工财务公司拆借7亿元，全年累计从其他财务公司拆入资金17亿元。二是积极协助企业节约财务成本。在银行大幅提高企业贷款利率的形势下，仍然给予集团成员单位优惠或基准利率，以200亿元贷款粗算，利率比银行低一个百分点，相当于帮助成员单位节约财务费用2亿元。另外，全年累计受理成员单位对外支付约18万笔3 700亿元，为成员单位节约汇划手续费约3 400万元。三是协助降低整体资产负债率，为集团净减少负债172亿元。

【投资业务】2011年，公司重点投资新股申购、定向增发、信托产品等低风险产品，加强债券投资研究，积极寻找战略配售等投资机会，研究开拓投资通道，努力增强创收能力。全年实现投资收益2.58亿元。

【票据业务】截至2011年末，累计完成票据贴现9 715.72万元，完成票据再贴现3 715.72万元。一是成功开展了票据再贴现业务。在了解到人民银行曾对部分财务公司办理票据再贴现业务的情况后，迅速展开行动，以最快的速度办理了公司首笔电子商业汇票再贴现业务，获取了较大的利差水平，填补了公司此项业务的空白。二是成功开展票据代理贴现业务，与相关单位密切磋商，采取代理煤矿贴现的方式办理煤款结算，并获得了成功，同时获得了煤矿在指定时间段指定额度内的代理贴现一揽子授权。代理贴现业务的开拓，将对扩大票据业务规模提供有力支撑。

【资金集中】2011年，受银行加大“三个办法、一个指引”执行力度、华电福新等拟上市公司和华电国际等上市公司解除关联等因素的影响，存款大幅下降，最低时仅为94.7亿元。在此形势下，公司积极贯彻落实集团资金集中管理工作视频会议精神，千方百计提高归集率，适时组织开展“大干一百天，压缩网外资金30亿元”等活动，增强存款工作的压力和动力并取得明显成效。从深度上，集团系统入网单位逐渐由二级和三级单位延伸至四级、五级单位，资金管理覆盖面不断扩大。从广度上，在原银财直联的基础上，借助银行网络进一步加强企业在浦发银行、深圳发展银行等中小银行资金的查询，合作银行从年初的10家扩大至17家。另外，对上海华远星海运、福建储运等股权比例复杂、管控权薄弱的推广难点单位，经过一整年的公关沟通也取得了突破。全年公司日均存款达到162亿元，同比增加17亿元；资金归集率83%，完成年度目标的101%。

【业务创新】2011年，公司大力推进业务创新取得了明显成效，签署了“4个第一单”。一是签署债券承销第一单。公司通过财务顾问的形式参与债券承销，从本应支付给银行的承销费用中收取顾问费，既降低了集团及成员单位的整体发债成本，又为企业开拓了债券销售渠道。2011年，公司积极服务集团和华电国际发行短期融资券，实现顾问费470多万元。二是签署自营租赁第一单。2011年公司首次开展租赁业务，为内蒙古能源发放2亿元自营融资租赁款。三是签署担保业务第一单。经调研，集团成员单位对担保业务存在一定的需求，一方面集团加快推进“走出去”战略，成员单位对与工程和贸易相关的境内外保函需求日益增加；另一方面银行对电力企业的贷款条件越来越严格，这使得成员单位进行贷款、票据、债券等融资时需要及时有力的担保服务。2011年，公司在控制风险的前提下，积极探索开展担保业务的渠道，为山西能源公司

7 000万元的信托贷款提供担保。全年累计开展担保业务26.7亿元，为协助企业外部融资发挥了积极作用。四是签署了债券回购第一单。公司在积极寻找其他外部融资渠道的过程中，了解到债券回购不纳入禁止范围后，专门研究债券回购的品种选择、操作流程、优缺点等，并成功试点了1亿元债券回购操作，开辟了融资新渠道。2011年，四项创新业务及公司融资顾问、租赁顾问等业务共计实现收入3 817万元。

【风险管理和内部控制】2011年，公司以业务风险、信息风险、财务风险管理为重点，进一步加强全面风险管理取得良好成效。一是强化业务风险审查。全年共组织召开24期风险控制委员会会议、24期投资决策委员会会议，完成96个项目的风险审查；业务风险事前、事中、事后全流程控制进一步完善。二是加强信息风险管理。完成信息化三年规划和结算系统功能优化，启动核心系统软硬件升级，全面实施电子业务事后监督，进一步提升了电子化业务安全管理水平。三是加强财务风险管理，强化财务基础，做好迎接监事会检查相关工作；充分发挥预算的引领作用、对标管理的决策支持作用以及财务的监督作用，提升公司经营管理水平。四是加强合规管理。积极迎接监管部门分类监管现场检查；及时完成章程变更、董事高管变更审批工作；就票据增值、融资租赁、“三个办法、一个指引”指标口径等业务加强与监管部门的沟通，努力争取良好的监管环境。组织开展内控评价，全面梳理公司内控制度建设情况和执行情况，不断完善内控体系。五是积极发挥“大监督”作用。推进纪检监察工作与党内监督、群众监督、风险管理、内部审计、法律审核“三个100%”等工作的有机结合，构建“大监督”体系，形成监督合力，实现全方位监督，为公司经营安全提供了良好的保障。

【人力资源管理】2011年，公司对如何用好集团“金融特区”政策进行了积极的探索。一是建立了以效益为核心的绩效考核体系。全面实行“薪点岗位工资+谈判奖金+买单式兑现”的薪酬模式和部门负责人决定部门人员奖金制度。员工岗级工资和企业整体效益挂钩；绩效工资采取谈判绩效奖金的方式，实际兑现奖金根据业绩完成情况同比例浮动。在部门奖金总额内，由公司确定部门负责人奖金额度，其余绩效奖金由部门负责人在部门内部二次分配。二是建立专项奖励基金制度。第四季度，公司建立“引入外部资金专项激励计划”，以调动各方面积极性引入外部资金。三是全面推行市场化招聘和内部竞争上岗机制。吸引外部优秀专业人员投身华电金融事业，薪酬待遇采用市场化的谈判方式确定；鼓励公司内部有序竞争，通过竞聘调整了部分岗位。通过有效的改革创新，充分激发了员工队伍的活力，提升了人力资源管理的水平。

【信息化建设】2011年，公司信息工作紧紧围绕“以服务为根基，强化项目管理推进各项信息化建设工作，提升运维能力保核心系统稳定运行”的信息化主题展开。一是结合公司发展，制定了信息化规划（2011—2013年），作为未来3年的信息化工作指导性文件；二是通过信贷和结算系统功能优化、核心系统软硬件平台升级（进行中）等工作，使用户操作更便捷，资金管理更到位，系统运行更安全；三是电子政务传输系统部署、Office软件正版化，通过信息化手段规范管理。

【企业文化建设】2011年，公司遵循集团《华电宪章》，全面总结和提炼公司成立以来企业文化建设工作，形成了一系列的文化成果，唱响“金帆”企业文化旋律。通过对公司经营、创新、人才等方面企业文化成果的提炼，形成了特色鲜明的“金帆”企业文化体系（即《金帆企业文化宣言》）。《高扬“金帆”文化，服务华电集团战略发展》荣获全国电力行业2011年度企业文化成果优秀论文一等奖，同时被中电联作为企业文化管理优秀案例进行了推广宣传，有力地提升了公司的无形资产和品牌形象。

中国大唐集团财务有限公司

【经营概况】2011年，中国大唐集团财务有限公司（以下简称“公司”）按照“夯基础、控风险、提能力、强机制、创精品、争效益”的工作思路，外争政策、内强管理、勇于创新、持续发展，全年超额完成了资产经营考核指标和“一保一降”工作任务。公司全年实现利润6.56亿元，日均存、贷款规模分别达到169亿元和122亿元，利润完成情况和存贷款规模均达到历史最好水平，资产经营考核达到A级。

【信贷业务】充分发挥融资平台功能，日均贷款规模达到122亿元，借助银团贷款牵头行的地位及同业协作优势，积极为集团和成员单位引入外部资金。以委托贷款的方式，调剂集团内部成员单位资金，保证重点项目的融资需求。全年受理了22家成员单位的委托，向77家借款单位发放委托贷款211笔，金额173亿元。针对集团整体的运营情况及资金情况，提升应急融资保障能力，保证了内部融资的及时性。

【资金集中和资金运用】提出资金调度中心建设方案，协助集团拟订了《关于深化资金集中管理，强化现金调度的指导意见》、《现金调度管理办法》，修订了《银行账户管理办法》，科学划分了集团公司、分（子）公司、基层单位和财务公司在实施预算平衡和现金调度中的职责，初步实现了预算刚性控制，发挥了二级主体在资金调剂、资金平衡和预算控制上的主导作用。2011年末集团整体预算准确度为76.18%，比实施全面现金调度管理前的54.23%提高了21.95个百分点；理顺集团资金结算中心运作模式，改结算中心所属企业收入账户归集模式为直联归集模式，改划拨为主的支出模式为预算控制模式，做实了以财务公司为唯一平台的资金池，促进全口径资金集中度大幅提升。网上直联账户656个，账户监控率61.27%，集团可归集资金集中度达95.18%；加强流动性管理，建立了月资金平衡、周预算导入的现金流预算控制模式。加强与各成员单位大额资金使用计划的沟通，制订流动性管理预案，确保了大额资金支付；加强同业合作，外部融资能力显著增强，2011年公司获得商业银行授信达135亿元，有力补充了集团流动性，为成员单位紧急用款提供流动性保障。

【票据业务】为提高短期资金的运用效率，满足集团对资金的需求，积极创新票据融资服务，适时择机组合开展票据承兑、贴现

（含引入第三方贴现）、转贴现、再贴现和票据买入反售等。一方面，盘活了煤电供应链资源，保障了系统内的燃料公司和火电厂高效运转；另一方面，将公司自身的票据业务迅速做大做实，同时也弥补了公司短期融资服务手段的短板，丰富了融资服务的方式和内涵。公司票据融资服务能力在集团上下得到一致认可，全年累计承兑票据 9.7 亿元，票据贴现金额 11.88 亿元。

【结算业务】大力普及标准化网银电子结算，优化结算系统功能，推行内部转账业务，结算效率大幅提升，结算服务范围继续扩大，全年新增结算单位126家，实现了归集单位统一对外结算率90%以上。进一步健全结算业务岗位工作标准，建立结算岗位分工与轮换制度，严格标准化操作流程。全年完成结算业务量25万笔，同比增长52%，结算资金量1.7万亿元，同比增长63%。创新结算服务机制和渠道，实行结算业务首问负责制，发布《结算问题解答指引》，举办结算业务培训班，通过网银公告、金融通讯结算窗口、QQ群等多渠道加强对成员单位的培训与指导，提升服务水平。启动外汇业务调研，起草外汇业务制度及开展方案，为满足集团国际业务需要做准备。

【风险管理和内部控制】充分发挥稽核审计及合规管理作用，推进全面风险管理，保障公司稳健运营。对重点业务和管理环节进行专项稽核审计及效能监察，利用先进的信息技术手段，开展非现场监测与监控，严防风险漏洞。创新风险管理方法技术，探索开展流动性压力测试，积极预防流动性风险，提升风险管理的前瞻性及预判性。加强合规建设，制定了《法律合规审核管理办法》，对业务和管理流程中法律合规审核环节进行规范，全年各项监管指标均优于银监会监管要求。

【人力资源管理】初步构建了人力资源管理体系，夯实了人事劳资管理基础；构建了“两全”管理信息系统，实施了全员绩效考核；根据人才配置计划，通过外部招聘，为公司补充了 11 名专业人才，健全了人才梯队，并基本配齐了保险经纪公司人才队伍。

【信息化建设】顺利完成业务系统稳定切换和服务器升级，进一步完善核心业务系统的服务架构，资金系统处理性能、结算效率、服务响应时间达到同行业先进水平。建设信息监控中心，全面加强信息系统安全监控及预警能力，信息安全防控水平得到提升。引入专业机构开展安全评估，深入排查公司信息系统的安全隐患及漏洞，根据评估结果积极整改，系统达到“国家信息安全中心一级”安全保障标准。组织灾备实战演练，检验了公司灾难恢复策略的合理性及可操作性，验证了核心系统灾难备份技术方案的有效性，促进了公司信息系统应急恢复能力的全面提高。

【党的建设与创先争优】深入贯彻集团公司党组创先争优活动精神，全面落实责任，坚持领导点评，促进有机融合；坚持对标比超，促进赶超一流；坚持强化责任，促进取得实效。以项目为载体，把项目建设与经营管理相结合，在注重项目进度的同时更加注重项目完成质量，公司七个重点项目取得长足进展。积极推行“阳光招聘”、“阳光采购”，深化以“阳光从业”为主题的廉洁文化建设，广泛开展反腐倡廉和“阳光从业”活动，廉洁从业意识深入人心。公司党风廉政建设责任制考核结果优良，取得专业公司第二名的成绩。加强民主管理，开展文体活动，建设和谐企业。通过开展征集合理化建议、创新创效活动，引导和鼓励员工对公司发展的重点和难点工作进行深入思考，提出建议、促进工作。通过开展公司成立六周年纪念、拓展、六一亲子、迎春团拜会等活动，丰富了员工生活，增强了凝聚力，营造了和谐氛围。

南方电网财务有限公司

【经营概况】2011 年，南方电网财务有限公司（以下简称“公司”）在国际国内经济金融形势急剧变化的情况下，突出为南方电网公司提供优质金融服务的主题，围绕服务南方电网资金集中管理的主线，全面提高资金运作能力、融资服务能力、结算服务能力、风险管理能力、一体化管理能力，取得了良好的经营业绩。公司全年实现营业收入 10.57 亿元，利润总额 6.10 亿元。年末公司资产总额（不含委托资产）198.56 亿元，贷款余额 138.44 亿元，不良贷款率为零。全面完成党建、党风廉政建设、四好班子建设责任目标，经营业绩考核和领导班子考核综合得分在全网一般经营类公司中名列第一。

【结算业务】2011 年，公司认真落实南方电网公司资金集中管理方案，做好资金归集与零余额结算服务工作。配合南方电网公司以及各省电网公司实现收入归集和支出管控，自主开发集团账户资金归集、零余额管理和预算控制服务等功能，得到各成员单位的普遍认可。提供零余额结算服务，真正实现“日间透支，日终补足”。提供预算控制服务，初步实现了客户单位对下属单位资金流向的实时监控。

【信贷业务】公司从南方电网大局出发，全力支持电网建设，坚持以最优惠利率为电网发放贷款。全年公司累计发放贷款 16.80 亿元；努力拓展中间业务，办理各类委托贷款 36.47 亿元，为提高南方电网系统资金使用效率，加速资金流转提供支持；继续为南方电网公司发行短期融资券和中期票据，做好财务顾问服务，并开展投资运作，间接降低了集团融资成本。

【资金业务】公司加强内部资金调度管理，建立与集团账户之间资金联动机制，及时调剂资金余缺，满足成员单位用款需要，截至 2011 年末，公司内部资金拆借规模达1 371.13 亿元，是 2010 年同期的 3.13 倍。把握好流动性和盈利性之间的关系，提升公司资产整体运转效率，日均存贷比保持在 70% 左右。

2011 年，公司利用存款利率处于加息通道的有利条件，争取到较高同业存款利率，目前同业存款平均利率达 1.82%，较上年提高 0.15 个百分点，资金收益增加 0.3 亿元。加大资金运作力度，利用资金短期沉淀，开展资金同业拆出和同业“定活通”业务，不断拓展询价和业务交易对手范围，扩大资金业务交易规模，全年办理同业拆出业务 277.5 亿元，同业“定活通”业务 970.2 亿元，年化资金收益率分别达 3.9% 和 3.73%，累计取得资金收益 0.8 亿元，资金收益水平大幅提高。

【业务创新】2011 年，公司在资金成本不断提高、整体融资环境十分严峻的情况下，积极创新外部融资方式，加大银行间市场参与力度，努力为南方电网公司筹集低成本资金。首次利用同业拆入、债券质押式正回购以及回购型信贷资产转让等融资组合，开展外部融资，降低融资成本，截至2011年末，共开展同业拆入业务22亿元，开展债券质押式正回购业务9亿元。

公司根据西电东送国家重点工程（溪洛渡、糯扎渡“两渡”工程）金额大、期限长的特点，首次作为牵头行，以银团贷款方式解决了电网重点项目建设256.66亿元的巨额资金需求。

以电子商业汇票系统为依托，研究集团票据管理模式，开展南方电网系统内首笔电子商业汇票业务，通过公司电子商业票据平台，累计开出西电东送电费结算票据4.34亿元，并首次成功办理买方付息的电票贴现2亿元。

【风险管理和内部控制】2011年，公司在广西、云南、贵州、海南4家分公司均设立稽核审计部，配备必要的人员，为公司全面开展风险管理、加强内部控制提供了有效的组织保障。对4家分公司组织2次全面的内部审计，全年共完成审计项目18个，提出65条审计建议和意见，有效推动了公司规范运作和管理。结合工作实际和监管部门的监管重点，对结算账户开立情况、中长期贷款还款方式和固定资产贷款资金用途管理等方面进行了非现场及现场检查工作。突出抓好法律风险防范，完善法律风险管理机制，在南方电网公司法制工作三年规划检查验收中，公司的合规经营和法律风险管理工作得到检查组的高度评价。以“审计整改年”活动为契机，加大审计整改力度，做到件件有交代，事事有着落；重视成果转化，开展“大家来找茬，资金更安全”为主题的风险防范月活动，查找风险隐患和内控漏洞，征集风险管控“金点子”105个，根据“金点子”制定相应整改措施，全面优化业务流程。开展“小金库”专项治理全面复查，公司“小金库”治理工作得到国资委“小金库”治理办公室的充分肯定。

【人力资源管理】公司加强队伍建设，不断提高干部员工的素质和战斗力。严格坚持党管干部原则和“德才兼备、以德为先”标准选人用人，严守干部任用程序。进一步充实公司本部和分公司人才队伍，优化干部人才队伍结构。加强干部的轮岗交流，培养复合型管理人才，提高管理工作层次。积极开展有针对性、实效性的培训，丰富干部员工知识结构，拓展视野，切实提高综合素质和专业技能。突出对优秀年轻干部的培养，切实提高其组织能力、协调能力和执行能力。进一步从严管理干部，着力抓好监督考核。推进公司绩效管理体系建设，完善全员业绩考核办法。

【信息化建设】公司加大信息系统投入，建立了完备的信息安全防护体系，完善了入侵检测系统、漏洞扫描系统、数据库行为审计系统、机房环境监控系统等。开展业务信息系统安全测评工作，取得由中国软件评测中心、中国实验室国家认可委员会、国家质量技术监督局颁发的高级确认测试证书，成为首家通过GB/T 25000.51《软件产品质量要求与评价（SQuaRE）标准》的财务公司。截至2011年末，系统运行可靠率达到99.98%。不断完善系统功能，与成员单位合作完成财企支付接口的试点上线工作。根据资金集中管理方案实施过程中客户提出的新需求，开展信息系统优化升级工作，全年累计完成3个业务模块、65项业务功能的优化。开展金融数据的分析利用研究工作，在业务信息系统分布式部署的基础上完成了数据回流项目。积极参与行业信息化研究工作，作为中国财务公司协会专业委员会课题组成员单位，参与行业信息化课题研究并发表了《财务公司信息化建设最佳实践探索》，获得中国财务公司协会突出贡献奖。

【企业文化建设】持续开展灵活多样的南网文化全员宣传；对新接收企业和新入职员工

进行强化培训，对其他员工进行巩固培训；规范使用公司视觉识别系统，塑造视觉形象；深化学习型企业建设，把文化融入管理；深化安全文化、服务文化、廉洁文化建设，把文化切入业务；深化人文关怀，把文化深入人心；深化行为管理，把文化植入行为。

中电投财务有限公司

【经营概况】2011 年，中电投财务有限公司（以下简称“公司”）坚持贯彻落实科学发展观，积极应对宏观经济调控、信贷规模紧缩所带来的困难和挑战，攻坚克难，砥砺奋进，开拓创新，扎实推进金融平台建设“三步走”战略和业务转型，公司资产规模稳步增长，经营效益增幅显著，管理水平持续提升。

截至 2011 年末，公司资产规模达到 297.47 亿元；实现并表利润 11.82 亿元；净资产收益率 11.52%；日均存款 133 亿元，日均贷款 206 亿元；不良资产率保持为零，各项监管指标符合监管部门要求，并圆满通过北京银监局现场评级检查；党风廉政建设和稳定工作达到集团公司考核要求；综合实力大幅提升。

【信贷业务】2011 年，公司认真执行紧缩政策，严格控制信贷规模，全年新增贷款 28.84 亿元，确保利用有限的信贷规模为集团公司主业发展提供重要支撑。公司发挥金融资源集约优势，积极协调各大银行为成员单位争取信贷规模，提高信贷资源整合和统一筹资安排能力，组织银团参贷行及时放款，全年银团贷款累计金额达到 193.44 亿元，保证了集团重点项目的建设资金需求。

【资金和投资业务】2011 年，公司及时调整投资策略，切实防范投资风险。2011 年 2 月，终止了网下新股申购业务。2011 年 4 月，在上证指数 3 000 点左右大幅降低了交易性资产的仓位，并在全年保持较低仓位运作，同时严格按照公司规定执行止损，从而有效地控制了公司的投资风险。

【票据业务】受信贷规模控制，全年共办理开票业务 7 笔，金额 1 669.38 万元。公司积极协调外部银行票据贴现和信用证融资规模，确保部分困难成员单位资金需求和集团重点项目建设资金安全。2011 年公司全年累计协调外部银行办理集团公司票据业务 1 715 笔，共计 162.54 亿元。

【资金集中】公司加强与相关部门沟通，追踪成员单位资金调度情况，全力督促公司系统外资金回笼，最大限度减少资金外存；推行资金大额支付核实制度，对大额或可疑支出逐笔核实、专人监控，及时纠正；通过构建集中结算及定向支付业务模式，提供资金支付的事中控制手段，有效防范资金支付风险。2011 年资金管理工作稳步提升，资金集中覆盖集团公司 470 家单位，集中度达到 87% 以上；直联银行扩展到 12 家银行，上线账户达到 1 240 个，所有具备上线条件的直联银行账户基本全部完成上线。同时，公司配合集团公司财务部、审计部完成了对18家二级单位的现场检查；组织银行账户集中清理，检查核实账户2 074个，撤销账户114个，新增上线账户500余个。

【业务创新】2011年，公司积极研究开展供应链融资，协同合作银行，为集团公司发电企业上游煤炭供应商提供融资服务，由煤炭供应商作为借款人使用融资资金定向为集团公司发电企业供应电煤。上游供应链融资对于集团公司、上游电煤供应商、合作银行都产生了积极作用。集团公司内部企业自身负债规模有所下降，有效降低了财务费用；外部电煤供应企业应收账款周转速度加快，经营规模有所扩大，进而提升了利润贡献。

【风险管理和内部控制】2011年，公司接受各类检查六次。公司以各项检查审计为契机，认真查找问题，规范企业经营发展，提高了企业风险防范能力。公司全年所有监管指标符合监管要求，不良资产率保持为零，未出现违规经营行为。

一是强化风险、内控与合规管理，基本建立风险管理体系。借助评级检查的契机，规范制度起草、审核、解释、上会和发布等环节，确保操作的合规性。二是监控风险敞口，确保基础业务合规有序推进。及时协调和平衡资金；强化业务流程的审核和风险隐患的质询，前移风险关口；严格账户风险等级划分，加大大额资金和可疑交易的监控力度。三是制定风险管理与内部控制标准，提高标准化管理水平。制定了《公司风险管理及内部控制标准》，确保公司风险内控管理的针对性、有效性和前瞻性，有效防范可能发生的风险隐患。四是按照监管“数据质量年”要求，提升监管数据质量。五是组织自查自纠和风险排查。六是关注风险管理动态，强化重大事项管理。按月编辑《风险管理动态》，并分发各部门参阅。制定《中电投财务有限公司重大事项报告制度》，规范重大事项管理。

【人力资源管理】2011年，公司积极推进市场化用工体系和薪酬管理体系建设，进一步优化内部管理机构，明确界面清晰、审慎分离的部门职责；进一步规范职工薪酬福利管理，完成原补充养老保险和企业年金制度的衔接，完善了员工医疗等福利方面的制度保障，进一步强化员工基础业务培训，全体提升全员业务素质水平。

【信息化建设】2011年，公司组织制定《“十二五”信息化规划》。全面启动一体化信息化项目建设，专门召开全员项目启动动员大会，先后多次组织人员深入各部门开展需求调研，经过两次内部需求汇报会、两次全员需求讨论会、两次项目小组协调会和一次集团管控与金融服务研讨会，基本完成需求解决方案，为建设业务范围更广、系统集成度更高、精细化与标准化管理程度更深的系统提供了有力保障。公司全面推进新办公大楼装修工程的信息化、智能化建设，为提高平台企业信息化水平打下坚实的基础。

【企业文化建设】2011年，公司以“两优一先”创建活动为抓手，结合纪念建党90周年系列活动，通过“四好班子”创建、党组中心组学习、组织开展红色主题教育等活动，进一步加强公司组织和领导班子建设，公司领导班子的政治素质、专业能力和廉洁自律能力不断提升；公司坚持以人为本，重视加强对优秀青年团员、入党积极分子的培养和教育，员工队伍呈现出团结拼搏、积极向上的良好精神风貌；公司积极开展献爱心工程，组织向遭受冰冻和地震灾害、旱灾的群众捐款捐物，通过映山红助学网帮扶贫困学生，履行企业社会责任；公司通过广泛开展丰富多彩、健康有益、职工喜闻乐见的文体活动，把开展各类文体活动与加强精神文明建设有机结合起来，在潜移默化中强化了员工对公司发展战略目标的认同，将广大员工紧紧团结在公司党组织周围，员工对公司的向心力和凝聚力不断增强，优秀的企业文化正在逐步形成。

国电财务有限公司

【经营概况】2011 年，国电财务有限公司（以下简称“公司”）紧密围绕国电集团转型发展战略，坚持专业化、市场化的发展方式，扎实工作，攻坚克难，圆满完成了各项任务，经营业绩大幅提高：超额完成全年营业利润指标；金融服务不断完善，措施得力，初步形成具有财务公司特色的核心竞争力；资金归集趋势良好，结算量大幅增长；大力优化金融产品结构，不断深入开发产业链金融产品，多元化收入模式初步形成；加强合规管理和审计监督，不断完善风险防范体系，扎实打造制度建设，风控成效突出；党风廉政建设不断强化，构建和谐发展的企业文化，大力促进党建活动，推进惠民工程；公司获得由国资委、国电集团和北京市有关政府部门颁发的多项表彰荣誉。

【信贷业务】公司坚持全面贯彻稳健货币政策，合理控制信贷规模，支持了国电集团重大项目的顺利推进。截至 2011 年末，公司累计发放贷款 158.57 亿元，日均贷款余额 138.60 亿元，比 2010 年同期日均（116.19 亿元）增长了 19.28%，实现贷款利息收入 7.79 亿元（比上年同期 5.3 亿元增长了 46.98%）。

【资金和投资业务】在严控风险的前提下，公司积极研究参与一级市场投资，谨慎开展自营股票二级市场投资。面对错综复杂的资本市场和不断变化的内外部环境，加强了对宏观经济形势的研判，适时调整投资策略，大幅度降低自营证券投资的规模，有效控制风险，2011 年自营证券投资实现收益 912 万元。为龙源电力集团股份有限公司债、中国国电集团公司短融发行提供财务顾问服务。不断完善资本市场投资布局，充分利用资金市场的供求变化，运用富余的资金，多次开展了短期理财等投资，产生了较好的收益。

【票据业务】公司积极推出商业承兑汇票代开代贴业务及票据集中贴现业务。截至 2011 年末，累计办理代开代贴业务 138 笔，贴现金额 17.87 亿元，贴现平均利率远低于同期市场贴现价格。继续推进电子商业汇票业务，以满足成员单位对集团内外购煤、运煤及购买设备的融资及支付需要。2011 年 4 月，公司为国电晶阳能源公司开出首笔向系统外支付的电子银行承兑汇票，顺利进入全国电票市场流转，实现了国电网银电票系统及电票业务与全国电子票据市场的成功对接。2011 年，办理电票承兑业务 3.81 亿元，电票贴现业务 3.68 亿元，电票再贴现业务 1.94 万元，贴现收入 0.22 亿元，综合票据贴现率为 5.84%。

【资金集中】2011 年，公司开拓贷款资金集中管理渠道，加强与重要客户的沟通交流，进一步提高了资金归集量。2011 年末，共有 648 家单位在公司开立了 736 个存款账户，新增开户单位数量 84 家，增长 14.9%，新增存款账户数量 113 个，增长 18.14%；归集资金期末余额 146.02 亿元。2011 年全年完成资金结算量 12 437 亿元，增长 23.73%；完成结算笔数 187 944 笔，增长 31.24%；完成归集资金日均余额 164.58 亿元，增长 26.40%。

【业务创新】公司利用“国电网银”电子商业汇票系统拓展票据业务空间，开展央行票据再贴现业务，强化金融服务功能。公司向人民银行申请开展再贴现业务，以公司承兑并贴现的电子银行承兑汇票向人民银行营业管理部申请办理回购式再贴现。此笔业务成为在京金融机构电子商业汇票再贴现的第一笔，得到了监管机构的肯定，标志着公司具有核心竞争力的“国电网银”系统和金融创新能力进入京内金融机构前列。

【风险管理和内部控制】2011 年，公司的风险管理工作以科学发展观为指导，认真贯彻落实公司内部控制的指导思想，重点防范操作风险，继续保持了“零案件、零诉讼、零信访、零投诉”的良好局面。2011 年，风险管理与法律事务部正式设立，公司的风险管理架构进一步完善；不断制定和修订规章制度，进一步夯实内部控制实施基础，风险管理工作向定量化、科学化、专业化方向迈进；多个专项审计及内控检查项目的开展，进一步规范了制度、优化了流程、合理划分了岗位职责、明确了操作权限，完善了内控案防长效机制。

【信息化建设】公司十分重视信息化建设，建设以客户服务为中心、风险管理为重点、业务流程为导向，实现业务信息全面融合、资金集中管理的业务信息系统，实现内部管理的流程化、标准化和信息化，提高了公司综合实力和竞争能力。公司“国电网银”系统上线投运以来，功能建设不断完善；电子商业汇票平台进一步为国电集团成员单位提供优质、高效、便捷的服务。“国电网银”把柜台服务推送到成员单位操作人员的桌面，公司优质、高效、便捷的金融服务，为成员单位的资金工作提供了极大的便利。

【企业文化建设】公司认真宣贯国电集团“严格、高效、正义、和谐”的核心价值观，积极弘扬“家园·舞台·梦”的企业愿景，不断丰富公司企业宗旨、愿景与文化理念内涵，加强创新文化建设和廉洁文化建设。

2011 年，公司广泛开展“创先争优”活动，结合实际开展了“优质服务年”活动，专业化、市场化运作和新一代“国电网银”建设，并创办《国财文摘》杂志。引导党员和群众充分认清形势任务。结合公司改革发展的难点和热点及建党 90 周年，组织了“赠书促学”、“我为公司管理、优质服务年活动献一计”、纪念建党 90 周年红歌大家唱歌咏比赛和深化“双学”活动主题演讲比赛等系列活动。这些活动的开展，充分调动了员工的主动性和积极性，激发员工的主人翁精神和岗位创新的活力，营造了人人为公司发展献计献策的良好氛围，并展现了公司员工的风采，激发了团队的凝聚力和奋斗热情，有效地增强了公司的战斗力。

华联财务有限责任公司

【经营概况】2011 年，华联财务有限责任公司（以下简称“公司”）“依托集团、服务集团”，认真开展各项业务，在为集团成员单位提供优质财务和金融服务的同时，自身的资产规模、盈利能力和经营管理水平得到了进一步的提升。截至 2011 年末，资产总额 58.56 亿元，比上年同期增长 22.94%；负债总额 45.97 亿元，比上年同期增长 28.32%；所有者权益 12.59 亿元，比上年同期增长 6.61%；实现营业收入 2.43 亿元，比上年同期增长 42.14%；税后利润 0.78 亿元，比上年同期增长 29.56%。

【公司信贷业务】截至 2011 年末，公司为成员单位发放贷款 181 笔，贷款余额 51.66 亿元，授信总额 59 亿元，极大地支持了集团成员单位的快速发展。同时，公司通过各种方式严把贷后管理关，保证信贷资产质量，全年没有出现一笔不良贷款。

【票据业务】截至 2011 年末，公司办理商业票据贴现 48 笔，贴现金额为 1.39 亿元，全部用于支付供应商货款；同时实现贴现利息收入 487.23 万元。公司在现有核心业务系统的基础上开发“票据贴现”模块，该模块可实现成员单位开出的商业票据在财务公司贴现数据的实时查询。

【资金和投资业务】2011 年，经中国银行业监督管理委员会批准，公司扩大了有价证券投资业务范围，新增包括企业债、短期融资券、中期票据、新股申购和基金在内的投资业务品种；经中国人民银行上海总部批准，公司同业拆借最高拆入、拆出资金限额均提高至 10 亿元人民币。2011 年，在保障公司资金安全性和流动性的前提下，投资国债、短期融资券、货币市场基金等有价证券，全年取得收益近 600 万元。

【结算业务】截至 2011 年末，公司吸收成员单位存款 35.94 亿元，比上年增长 13.73%。成员单位共 165 家在公司开立结算账户，全年公司共办理代理支付 54 万笔，日均处理逾 2 000笔，结算金额 104 亿元。2011 年，公司开通了与招商银行的系统直联通道，不仅搭建起多银行代理支付通道，而且有效降低了结算成本。在结算量较上年增长 12.5% 的情况下，全年结算费用降低了 9.77%。公司还对部分成员单位 2011 年度的结算费用予以免除，为其节约成本 270 余万元。

【风险管理和内部控制】2011 年，公司继续推行全面风险管理工作，对各项规章制度和业务操作流程梳理、汇编成册，保证了公司业务开展有据可依、风险可控。在对日常业务的稽核审计方面，除稽核审计专职人员外，组织全公司范围内有丰富审计经验的专家共同成立了稽核小组，对每个部门的稽核计划、工作底稿、稽核项目和稽核整改报告进行讨论，查漏补缺，形成了一整套涵盖公司所有业务的新的稽核工作标准。2011 年度稽核工作质量有了明显的提高。

【人力资源管理】 2011 年，公司招聘新员工 3 名；实施了结算部、财务部、信贷部、稽核审计部等业务部门内部员工轮岗及跨部门轮岗；继续实施旨在提高岗位胜任力的 E - learning 网上培训，全年累计网上在线培训近 600 学时。

【信息化建设】 在 2010 年公司信息化大发展的基础上，公司信息化建设进入相对平稳发展的阶段。2011 年公司组织各业务部门对核心业务系统功能做了全面的排查和评估，针对排查出的问题与系统开发商进行了充分的沟通，完善了系统中各个模块的功能，使整个核心业务系统更符合公司业务发展的需求。2011 年，公司对现有 IT 人员的工作进行了分工，明确了各自的岗位职责，更加符合信息系统内控要求。

【企业文化建设】 2011 年 5 月，公司工会通过组织爬山和采摘等活动加深了员工间的了解。2011 年 11 月，公司工会举办了第一届跳绳踢毽比赛，既提高了员工的身体素质，又给紧张的工作氛围带来了一丝轻松活泼，“温馨、积极”的企业文化精神得到了良好的传播。

兵器装备集团财务有限责任公司

【经营概况】 2011 年，兵器装备集团财务有限责任公司（以下简称“公司”）深入贯彻落实科学发展观，着力提升核心竞争力，紧紧围绕年度经营指标和各项重点工作，拓展金融服务业务，有效保证了公司经营活动的健康稳健运行。

2011 年，公司实现营业收入 8.46 亿元，完成 7.06 亿元预算目标的 119.80%，同比增长 43.52%；实现利润总额 4.11 亿元，完成 3.80 亿元预算目标的 108.13%，同比增长 33.04%；实现净利润 3.17 亿元，完成 2.82 亿元预算目标的 111.87%，同比增长 29.43%；年末资产总额达到 239.80 亿元。

【信贷业务】 2011 年，公司全力应对政策影响，保持信贷规模有序扩张，累计投放信贷资金 156.77 亿元，同比增长 5.36%；日均贷款规模 95.8 亿元，同比增长 5.51%。截至 2011 年末，信贷业务余额 98.79 亿元，其中，贷款 82.78 亿元，贴现 7.28 亿元，融资租赁 1.26 亿元，签发商票 6.21 亿元，代签银票 1.26 亿元。公司及时调整信贷思路，有效支持集团产业发展，在信贷规模保持扩张的同时，合理控制授信投向。截至 2011 年末，公司对集团企业综合授信余额达 104.14 亿元，同比增长 50%，其中，企业特种产品授信占比 22%，汽车整车及零部件企业授信占比 40%，输变电及新能源企业授信占比 19%，摩托车企业授信占比 5%，其他企业授信占比 14%。

【产品销售信贷业务】 一是狠抓营销，市场份额快速提高。2011 年末，公司合作经销商总数 357 家，较年初增加 109 家，增长 43.95%。二是周密筹备，个贷业务取得突破。2011 年，经过周密筹备，公司消费信贷业务取得实质性进展，完成在全国 123 家车管所、136 家经销商的抵押登记备案手续；全年累计办理汽车消费信贷业务 1 048 笔，累计发放贷款 7 540 万元。三是全国布局，搭建区域营销网络。公司以长安福特品牌区域设置为主导，搭建了以北京、上海、重庆、武汉、广州为中心，覆盖全国的多品牌营销网络。至年末，营销网络大区筹备工作基本完成，大区经理业已全部到位，其后完成了 8 名区域融资服务经理的招聘事宜，销售网络大区工作进入正式运转。

【资金和投资业务】 资金业务。2011 年，公司积极拓展资金渠道，借助外部资金，支持集团发展。合作银行对公司授信总额由 2010 年末的 126 亿元增加至 136 亿元；全年日均融资规模达 5.3 亿元，支持了公司业务的发展。

投资业务。2011 年，公司加强对市场走势的研判，努力把握投资操作节奏，最终按进度完成了预期的投资收益目标。2011 年，公司结算投资收益 0.54 亿元，完成全年预算目标 0.5 亿元的 107.58%。

【票据业务】 2011 年，公司累计办理票据承兑 60.23 亿元，办理票据贴现 30 亿元。

【资金集中】 2011 年，公司采取主动上门收票、办理代保管等的服务措施，集中成员单位商业票据共计 133.6 亿元；公司客户日均存款规模为 134 亿元，同比增长 28.7%。2011 年，集团企业日均存款集中度为 26%，较 2010 年提升 6 个百分点，其中已实施资金集中管理的二级企业资金集中度为 70%，较 2010 年提升 6 个百分点。

【风险管理和内部控制】 2011 年，公司不断提高信用风险抵御能力，加强落实各项信贷业务的抵质押担保条件，对抵质押落实情况进行跟踪并每月编写抵质押落实情况报告，上报公司风险控制委员会；严格按照资产五级分类管理办法对资产进行五级分类，并根据分类结果对资产计提专项减值准备；认真履行内部稽核职责，不断加强现场稽核，在日常稽核工作的基础上，按照相关制度、流程及工作计划开展季度稽核工作，通过集中抽查、重点检查相结合的方式对公司的各项业务进行审核，及时发现问题及时落实整改，保证了公司业务合法合规运行；配合监管机构现场检查，明确整改落实目标。

【人力资源管理】 着力调整薪酬分配体系。深入学习先进企业管理理念，全面引入以价值和业绩为导向的薪酬激励机制，通过薪酬激励制度的实施，最大限度地调动部门和员工的积极性、主动性和创造性，不断提高公司各项工作的执行力度，确保公司整体目标的实现。

开展全员竞聘上岗。为满足公司部门调整后各管理岗位的人才需求，引入竞争机制，创新选人用人机制，公司本着公平、公开、公正的原则，就中层管理岗位和非领导职务开展了全员竞聘工作，聘任中层管理干部 2 人、高级业务经理 5 人、业务经理 3 人。通过竞聘，进一步推动了公司人事制度改革。

精心组织员工招聘。根据业务快速发展对人力资源配备的需要，公司坚持人才引进的社会化、合理化、市场化。一是经集团公司批准公开招聘录用新员工 9 人；二是为适应汽车金融业务快速发展需要，公司招聘汽车金融业务人员 28 人（其中交流兄弟单位成熟人才 1 人）。

【信息化建设】 2011 年，公司全面分析目前各业务系统的现状以及业务需求，分析各应用系统的不足，制定公司信息化规划总体框架、应用系统规划、IT 基础环境规划、管理支撑体系规划以及 IT 实施策略，制定公司信息化标准规范；修订和完善《计算机信息系统管理办法》、《计算机系统及办公自动化设备管理办法》、《协同办公系统管理办法》、《网站信息发布运行维护管理办法》等十个管理办法，制定完成《财务公司信息化项目管理办法》、《财务公司信息系统应急管理办法》；编写制定《信息系统日常巡检规范》，针对各应用系统以及核心设备的重要程度、使用范围的不同，规范巡检的频率及巡检内容，有效提高信息系统运行效率；按照集团公司依托财务公司搭建司库集中管理系统平台的工作要求，配合集团财务部开展了财务公司业务系统对司库管理满足度分析，以及系统建设方案的论证等工作。

2011 年，公司加快推进信息系统建设工作。一是完成电子汇票系统建设，完成了对客户使用电子票据系统的推广培训和电子汇票网银开通等工作，保障了电子汇票系统正常开票业务；结合客户及各业务部门使用情况，搜集整理了业务人员及客户提出的系统完善意见及需求（如查询、打印、简单的统计等），并协调系统开发商进行修改完善。二是完成汽车金融个人消费信贷系统建设。按进度完成开发、系统测试、上线数据准备及核对工作，以及短信平台建设等工作。三是配合完成中国人民银行个人征信系统对接工作，并通过了人民银行征信中心、中国金融电子化公司的验收，报送数据准确无误。四是完成银监局电子政务传输系统建设。五是公司网站、协同办公系统等的深化应用。为充分利用好公司外网网站宣传平台，帮助业务部门通过网站定期发布通知公告、常用表单下载等，方便客户日常业务。六是完成短信平台的功能申请。按照个人信贷业务需求，实现业务人员与客户快捷沟通，帮助业务部门利用信息化手段提高工作效率。

【企业文化建设】一是全面总结公司企业文化建设和精神文明创建活动所取得的成果和经验，在咨询公司的协助下，开展企业文化建设，力争建设形成一个比较完善的、能够适应市场经济发展和集团需要、符合公司发展战略、具有财务公司自身特色和独具优势的企业文化体系。二是按照集团公司部署，制定党建工作和企业文化建设的监察评估及学习交流实施方案，在集团公司组织的第六组（商贸板块企业单位）党建工作和企业文化建设检查评估和学习交流会上，财务公司被推荐为第六组党建工作和企业文化建设典型单位。

京能集团财务有限公司

【经营概况】2011 年，京能集团财务有限公司（以下简称“公司”）依托集团、服务集团，以价值提升为中心，以金融服务为导向，以创新机制为保障，稳定运营节奏，调整业务结构，强化创新管理，优化服务体系，圆满完成了年度各项经营任务。2011 年，公司实现营业收入 3.27 亿元，实现利润总额 1.83 亿元，完成考核指标 115%；净资产收益率为 7.94%，资本充足率为 43.34%，贷款回收率 100%，不良资产率为零，各项考核指标均超额完成。截至年末，公司总资产为 57.54 亿元，所有者权益为 17.42 亿元，表外受托资产 76.52 亿元；吸收存款余额 40.11 亿元，自营贷款余额 41.33 亿元，委托贷款余额 76.52 亿元。

【信贷业务】2011 年，公司日均自营贷款规模 43.71 亿元，较上年增加 3.47 亿元，增长 8.62%；累计发放自营贷款 37.76 亿元，发放委托贷款 75.81 亿元，回收自营贷款 36.74 亿元，回收委托贷款 36.20 亿元，贷款本息回收率 100%。全年自营贷款利息收入 2.7 亿元，较上年增加 33.04%；委托贷款手续费收入 1 257.86万元，较上年增加 0.98%。

【产品销售信贷业务】受业务资格限制，公司尚未开展消费信贷和买方信贷业务。

【资金和投资业务】公司着力提升自身融资能力，截至年末，共计取得 16 家金融机构的授信额度 113.9 亿元，其中首次取得同行的拆借授信额度 12.5 亿元；经人民银行审批，新增拆借额度至 15 亿元；全年融入资金 32 亿元，为缓解集团系统资金紧张提供了可靠后援。抓住金融同业存款利率高企的时机，全年获得存放同业利息收入 0.44 亿元，平均收益率 2.60%，是一般活期存款利率的 5 倍多，深度挖掘了金融牌照功能，有效提高了集团闲置资金收益。

【资金集中】截至 2011 年末，公司开户成员单位 83 家，其中 77 家成员单位完成资金归集。资金归集率平均为 71.09%，可归集资金归集率平均为 92.35%；日均存款 42.40 亿元，比 2010 年增长了 6%；结算 19 659 笔，结算资金 1 940.37 亿元。

【业务创新】2011 年，公司为支持成员企业在香港上市，通过开展信贷资产卖断业务，将成员企业贷款全部退出，以使关联交易达到上市要求；加强产品创新，制订了保理业务试行方案；实现集团资金结算网络化，集团成员单位通过网银办理款项支付业务 625 笔，汇划资金 108.11 亿元；办理通知存款、定期存款业务共 132 笔，结算资金 82.08 亿元。

【风险管理和内部控制】风险管理。2011 年，公司持续开展重点业务和重要管理活动的风险识别和建库工作，梳理风险点相关信息，做到“事前了解风险”；组织开展风险评价工作，做到“事前风险预防”；组织完成法规政策汇编，并开展学习活动；组织业务、合同法律审查，加强防范法律风险，完成业务法律审查 9 笔，合同法律审查 204 笔，对法律风险防范发挥了重要作用；公司信息系统风险管理模块上线试运行，初步实现自营贷款业务线上限额控制功能。

内控体系建设。2011 年，公司以建立完善的公司规范化管理为目标，全面开展制度标准化工作，提升企业规范化管理水平。检索和识别了 86 项技术标准，完成了 22 类 181 项管理标准以及 62 个岗位工作标准的编制、审核、批准和发布工作，各项标准已全面实施。

【稽核管理】2011 年，开展稽核 4 次，对公司的业务进行了全面、系统的稽核，共完成日常稽核工作底稿 302 份，审查新放自营贷款 76 笔，金额 38.16 亿元；委托贷款 53 笔，金额 38.31 亿元；审查同业拆借 9 笔，金额 24 亿元；检查 1 000 万元以上大额合同 106 份；复核审查 1 000 万元以上大额支出 810 笔，金额 475.39 亿元。全年共提出了纠改措施和合理化意见 5 条。通过日常稽核，公司重点业务和管理活动内部控制管理水平和执行效果较上年有大幅提高。公司还围绕经营管理重点进行专项稽核后续检查。专项稽核结果显示：公司内部控制制度较为适用与完善，内部控制执行情况较好，风险控制效果良好。

【人力资源管理】2011 年，公司“因时制宜、因业而异、人尽其才、人尽其用”，加强人才队伍建设，采取“选拔一批，培养一批”的人才兴企战略，引进专业管理人员，积极进行金融财务人员的储备；实施“全员参与、主题丰富、形式多元、领导带头、持续开展”的学习机制，确保人才队伍素质能够不断地得到提升；实施全员轮岗，做到人尽其才，有力地推进了复合型人才的培养。

【信息化建设】2011 年，公司完成了网银推广工作。为保护“京能网银”的知识产权，并获取科技支出税前加计列支的政策，公司完成“京能网银”开发应用项目在北京市科委的立项工作。

配合集团 ERP 建设，强化集团资金集约化管理。一是推动集团公司将统一结算的基本内容纳入 ERP 资金管理流程，实现预算有审批、支付有控制；二是协调埃森哲和软通动力，逐步磨合集团 ERP 和公司资金系统关于资金计划、资金支付、财务接口等的衔接；三是通过调研出具详细的可操作性的需求方案，并基本完成资金支付接口的开发。此外，引入监理和运维，重视信息化安全。为保证公司资金管理信息系统和办公网络的正常运行，公司在调研同行的基础上，谨慎选择运维公司；另外为适应公司网络安全项目从测试到正式发布上线，引入信息化监理，以保证信息化项目的质量目标、进度目标、功能目标和安全目标的实现。2011 年度，公司完成信息化制度标准体系设计，并拟定 31 项信息化技术标准、15 项信息化管理标准。

【企业文化建设】公司逐步实现“高品德、高品质、高品位”目标，从理念文化、行为文化、制度文化和风险文化等多层面开展工作，树立公司品牌和形象。修订完善《员工行为细则》，统一公司标识，统一服装，开展商务礼仪培训，将企业文化意识“内化于心、外化于行、固化于制”，做到员工行为与公司倡导的价值理念的统一。

公司党团工会时刻关注员工思想动态，把关心员工疾苦当做首要任务来抓，及时解决员工困难；涉及员工利益重大事项时广泛征求意见，切实保证员工的知情权、参与权；开展形式多样内容丰富的活动，增强公司凝聚力。提高工作品质，提升生活品位，塑造公司阳光、向上的企业文化。

2011 年，公司整合宣传资源，通过集团网站、公司网站、《京能通讯》、办公协同系统等多种渠道，加大宣传力度。拍摄公司宣传片《成长的感动》，制作了京能财务笔记本，出版《产融创升价值》书籍。举行“十大荣誉”、“十大创新”、“十大活动”、“十大感动”和“学习标兵”、“健康标兵”、“文体标兵”的评选活动，公司企业文化建设在不断探索中展现出新的活力。

浙江省能源集团财务有限责任公司

【经营概况】2011 年是“十二五”规划的开局之年，是浙江省能源集团财务有限责任公司（以下简称“公司”）上下立足新起点、谋求新发展、再创新辉煌的基础之年。一年来，公司在浙能集团公司的正确领导下，紧紧围绕经营工作目标开展各项工作，有序推进资金归集，合理安排信贷投放，审慎开展投资业务，在确保资产优良、资金安全的同时取得了较好的经济效益。截至 2011 年末，公司资产总额达 123.85 亿元，较上年末增加 13.52 亿元，增长 12.25%；共归集资金 112.74 亿元，实现营业收入 3.1 亿元，利润总额 2.53 亿元，净利润 1.91 亿元。

【信贷业务】公司在“提高资金使用效率，优化信贷资产结构，防范信贷业务风险”的目标指引下，及时调整信贷策略和资金流向，履行集团内部信贷服务职能。截至 2011 年末，公司共对 25 家成员单位进行了年度综合授信，授信总额达 117.93 亿元，综合授信基本覆盖了集团系统内符合贷款条件的成员单位；公司自营贷款余额 61.3 亿元，较年初增加 6.63 亿元，其中流动资金贷款余额 29.9 亿元，项目贷款余额 30.4 亿元，票据贴现余额 1 亿元，项目贷款与流动资金贷款（含贴现）比例约为1:1，信贷结构较为合理；自营贷款质量始终保持良好，无不良贷款。

【资金和投资业务】公司始终坚持“有所为，有所不为”的投资理念，按照合规稳健的经营宗旨，不断增强投资研究分析能力，利用备付闲置资金审慎开展证券投资和金融股权投资，在确保风险可控的前提下追求合理利润，提高公司收益水平。截至 2011 年末，公司累计参加新股申购 3 次，可转债申购 4 次，实现新股及可转债申购收益 615.74 万元。同时，认真履行股东职责，金融股权投资初见成效。2011 年，公司根据华融租赁 2010 年度股东会决议，按股权比例分得利润 553.94 万元，股权投资取得了较好收益。

【票据业务】自电子商业汇票系统上线以来，公司相关部门密切配合，向成员单位积极宣传、悉心指导，为成员单位提供了更为快捷方便的票据业务服务。2011 年 8 月，公司按照人民银行的相关要求，与授信成员单位签署了电子商业汇票业务服务协议。电子商业汇票系统的应用，显著地增强了公司对票据业务的管理能力，提高了票据业务服务水平。2011 年，公司通过该系统为成员单位办理了多笔电子商业承兑汇票和电子银行承兑汇票，在积极推广电子商业汇票系统的同时，有效地解决了成员单位的资金需求。

【资金集中】2011 年，公司通过深入研究新形势下成员单位的资金营运特点，总结分析集团系统资金规律，提高资金集中管理水平，发挥资金规模优势，降低集团系统整体资金使用成本。截至2011年末，公司共归集资金112.74亿元，较上年末增加13.11亿元，增幅为13.16%，按银监会口径综合归集度为78.37%，较上年末增长8.79%。浙能集团系统内绝大多数二级单位均已完成资金归集，部分三级单位也已经或正在纳入归集。同时，进一步突出服务宗旨，按照“收支两条线”的资金管理模式，全面规范成员单位资金账户管理。截至2011年末，共有87家成员单位在公司开立结算账户，较年初新增24家，其中有59家成员单位纳入“收支两条线”的资金管理模式，25家开立协定存款账户。

【风险管理和内部控制】公司高度重视经营活动中的内控管理，并始终将制度建设放在内控管理的首位。2011年，公司共修订完成行政管理类制度11项，业务操作规程6项，党建纪检类制度19项，公司现有制度已基本覆盖了公司行政管理、业务经营和党建纪检各个工作领域。

在风险管理方面，在全面化的风险管理理念下，持续完善风险防控体系，切实防范法律和合规风险。不断健全内部法律审核和监控体系，通过排查风险点、修订应急预案、实施风险评估、审查重要合同等措施，对公司重大投融资项目和易发纠纷领域进行全方位的风险防控。

在内审工作方面，继续加强内部监督管理，增强内审工作效能。公司定期对会计结算部的现金管理、成员单位账户管理、重要凭证等进行常规稽核，对业务部门的经营情况进行专项稽核。同时，认真落实完成监管部门布置的工作任务，开展小金库检查和反洗钱相关工作，按照《银行监管统计数据质量良好标准》和《银行业新监管标准》的要求做好新监管标准的完善和实施工作。

【人力资源管理】2011年，公司通过加强人才培养、选拔任用和激励约束机制建设，以人为本，全面落实“人才强企”战略，夯实支撑公司发展的人才基础。根据“多渠道、多形式、多层次”的工作要求，对全体员工进行全方位的专业技能和综合素质的培养，并对经营管理人才和青年业务骨干进行重点培养。同时，有序开展年度考核工作，规范干部选拔标准与程序，充分发挥考核和选拔的激励约束作用。统筹优化人力资源配置，努力把人力资源转化为人力资本，促进企业发展与进步。

【信息化建设】加大信息建设力度，完善金融服务工具。稳步推进信息系统项目建设，确保技改项目顺利完成，充分发挥技改项目对集约化、精细化、规范化管理的技术支撑作用，有效节省公司人力、物力，降低管理成本，切实防范信息安全风险，实现网络和信息系统高效、安全运行，保障业务工作高效稳定开展。

【企业文化建设】2011年，公司紧紧围绕中心工作，以“汲取传统文化经典，助推企业文化建设”主题活动开展为契机，进一步加强以“合规”理念为核心的企业文化建设，贯彻落实合规稳健的经营理念，提升员工诚信合规的道德修养，营造和谐、融洽的工作氛围，为公司和谐发展提供可靠的企业文化保障。

广东粤电财务有限公司

【经营概况】 广东粤电财务有限公司（以下简称“公司”）依托集团、服务集团、扎根基层、服务基层，经营业绩显著。截至2011年末，公司资产总额126.44亿元，同比增加20.75亿元；已开户成员单位82家，并表企业开户率为95.7%；负债总额103.37亿元，同比增长22.9亿元；累计发放贷款和贴现103.37亿元，贷款余额82.45亿元，同比增长9.72亿元，委托贷款余额34.45亿元；实现利润总额3.24亿元，净利润2.42亿元，同比增幅66.90%，净资产收益率12.38%。为配合公司业务规模的进一步扩大，经广东银监局批准，2011年8月，公司注册资本金从15亿元人民币增加到20亿元人民币。

【信贷业务】 公司积极开展信贷业务支持集团的经营发展，推出了包括流动资金贷款类、固定资产贷款类、票据融资类、财务公司信用类、中间业务类、专业融资类六大类15个信贷品种，金融服务产品丰富。2011年，公司不断提升服务的深度和广度。一是不断巩固和壮大资金池规模，深入落实资金计划工作，做好公司资产负债管理，以最大限度地支持集团经营发展；二是积极探索与商业银行互为搭桥贷款，以时间换空间，全年共发放过渡资金28亿元，在帮助成员单位按时归还到期贷款、确保集团信用的同时，实现存量融资顺利续转；三是面对部分成员单位紧急资金需求，在最短时间内帮助成员单位出台应对方案，通过信贷空间腾挪、自营贷款支持及协助筹措外部银行过渡性贷款等方式，全力确保成员单位资金链安全；四是针对各单位融资实际情况，有选择地推荐引入银团贷款、信托贷款、融资租赁、保险债券等融资方式，以牵头行身份筹组两个银团贷款，并首次与成员单位外部股东财务公司合作，共同支持项目建设；五是结合单位贸易特点，与上海电气财务公司配合，开展商业承兑汇票承兑业务，实现了向集团系统外签发承兑汇票业务“零”的突破，踏出了向上延伸贸易链金融的重要一步。

【资金和投资业务】 金融同业资金业务。为满足公司内部流动性管理需求，公司通过银行间拆借市场拆入资金，缓解资金紧张压力。同时，把富余资金存放同业，利用同业拆借利率较高及各行经营策略的差异，积极开展资金议价。2011年实现同业利息收入1.33亿元，同比增加6 718万元，与企业活期存款相比，增加利息收入1.09亿元。

股权投资业务。收购深圳天鑫保险经纪有限公司以来，一直坚持“以服务求支持、以贡献求发展”的理念，整合双方资源、互补优缺。借助公司已有业务平台，实现三家成员单位保险经纪业务“零”的突破。截至2011年末，天鑫公司总资产2 432万元，同比增长46.3%，共完成952项保险经纪业务，同比增长76.3%，实现了保险经纪业务跨越式发展。

【票据业务】公司在集团的支持下，与燃料公司紧密合作，签发银行承兑汇票10亿元，并与上海电气财务公司配合，开展了商业承兑汇票承兑业务。

【资金集中】在集团强有力的政策支持和公司的努力下，资金集中度一直保持在较高水平。截至2011年末，并表企业开户率为95.7%，资金归集率达91%，全年累计结算业务笔数54 389笔，结算金额4 028亿元，结算集中度超过90%。

2011年，对各单位基本户的留存限额进行了重新核定，使日常归集资金在原有基础上增加2亿元左右。同时，紧紧围绕集团要求，把结算作为资金管理的支点，不断提升资金监控水平，在原有基础上强化日常和动态资金监管，前移支出监督关口，进一步提高资金监控的范围和深度。

【业务创新】实现财务公司间业务合作。根据海电船务公司股权特点，公司积极与中海财务公司沟通协商，以两家财务公司提供银团贷款的形式为海电公司提供1.2亿元贷款需求，在信贷规模严格受控、市场资金较为紧张的情况下，有效支持成员单位业务拓展。

首次开展票据承兑业务。根据云河公司提出的超短期流动性资金需求，通过与成员单位、供应商的三方协商，以成员单位开票、财务公司承兑的方式，实现了公司票据承兑业务的突破，在实现贸易链畅通的同时，降低成员单位的财务费用。

探索结算业务流程改造。2011年，公司开始了对“代理支付”工作的研究、分析及推广；此外，还以公司信息系统升级为契机，实现了委托贷款业务、票据贴现业务的上线操作，改变了过往手工操作的方式，有效降低了操作风险，提高了工作效率。

【风险管理和内部控制】逐步开展主要业务风险量化评估工作。2011年，公司开展季度风险量化评估工作，对信用风险、流动性风险、操作风险及各部门风险点进行逐一的排查和评估，从风险等级、风险指标、风险措施等方面客观反映公司的风险状况，并通过为各成员单位建立风险信息库，进一步加强信用风险监测和分析预警能力。

全面加强内控建设及内控机制。2011年，公司对内部管理制度体系进行全面梳理和修订，把监管政策要求、精细化管理要求、资金安全要求等要素融入其中，共完成8大类82项制度的修订汇编工作，落实了“制度先行”管理理念，确保了各项决策、流程、操作的有章可循。

【人力资源管理】为规范公司员工培训管理工作，提高培训工作效果，2011年公司制定了《员工培训管理暂行办法》，从制度上确保培训工作落实到位。此外，针对近两年新员工较多且业务发展较快的实际情况，举行了员工年度综合培训活动，通过团队竞赛、案例讨论、情景演出、情感分享等方式，引导员工更好地思考责任及使命的含义，进一步激发团队的合作精神、进取心及意志力。

【信息化建设】公司资金集中管理系统经过近三年的开发、试运行，于2011年4月正式上线，不仅实现了稳定、安全、顺畅运行，还在业务覆盖面、功能、操作速度等方面得到成员单位的认可。

【企业文化建设】2011年，公司以成立五周年为契机，通过“回顾与展望”、《桥·粤电金融》、粤汇通系统演示等方式，展示了公司成立以来所取得的进步与成绩，提升了各层面对公司业务性质及经营理念的认识与了解，进一步激发了公司员工的归属感及凝聚力；参与集团征文活动，有效扩大宣传覆盖面。

TCL 集团财务有限公司

【经营概况】 2011 年，TCL 集团财务有限公司（以下简称“公司”）立足于集团行业特点，致力于“资源配置、风险管控、价值创造”三大核心能力建设，围绕“管理、服务、盈利”三项核心职能，对内寻求集团协同效应、对外拓展市场竞争收益，取得良好业绩。截至 2011 年末，公司资产总额为 55.41 亿元，较上年末增长 61.83%；总负债为 49.47 亿元，较上年末增长 73.43%；实现净利润 0.54 亿元，较上年增长 95.75%。

【信贷业务】 2011 年，公司持续关注成员单位金融需求，提供多样化信贷服务方案，改变传统以发放贷款为主的信贷业务模式，大力推进票据贴现业务、商票承兑及贴现等，优化企业用信结构，结合企业评级及实际情况，为成员企业提供优于同业市场利率的信贷支持，降低企业财务成本，支持企业业务发展。

公司积极贯彻落实银监会“三个办法、一个指引”贷款规定，采取控制贷款风险的相关措施，包括贷前调查，对贷款企业进行走访，严格查阅及审核贷款企业的财务资料，加强贷后管理等，控制贷款风险。公司信贷业务规模呈现大幅度增长，信贷资产良好，未出现逾期或不良贷款。此外，公司发挥熟悉金融市场优势，负责集团重点项目融资，协助集团完成 6 亿元短期融资券和 20 亿元中期票据发行，为集团运营提供低成本资金支持。

【信贷业务】 公司继续推展买方信贷业务，不断扩大买方信贷业务客户数量及业务量，并积极探索消费信贷、融资租赁业务模式及进行可行性分析，为业务办理奠定基础。

【资金和投资业务】 公司进一步完善年、月、周资金预算体系，通过月度资金会议、周资金联席会议等形式对投融资计划进行措施细化和业务落实，较好平衡资产负债的安全性、流动性和效益性。年内利用非银行金融机构平台，深度参与债券、拆借、票据同业市场，抓住国内货币市场收益波动的有利时机，操作同业定期存放、票据转贴现、债券回购、同业拆借等业务，有效提升了短期闲置资金使用效益。

【票据业务】 支持成员单位票据贴现，为解决集团部分成员单位收支结构不匹配问题（即收款主要为银行承兑汇票、付款为现金），公司加大票据贴现支持，全年累计完成对成员单位票据贴现 13.05 亿元，及时满足集团核心业务发展资金需求，拓展供应链票据业务，积极发挥对成员单位业务支持功能，坚持“以金融资源换产业资源”，引导成员单位商业信用票据化，通过商业汇票贴现为上游企业提供资金支持，全年操作 4.66 亿元；开展转贴现业务，与多家金融机构建立业务联系，累计完成转贴现业务 15.88 亿元，实现资金高收益运用；力推电子票据业务，为提高票据交易效率、降低票据管理风险，公司在集团内主要产业推广电子票据，完成电子票据系统一期、二期上线，累计组织业务培训5期。目前，电子票据已成为成员单位票据结算重要方式，截至年末，使用电子票据的成员单位已经达到38家，全年累计业务量9.25亿元。

【外汇业务】公司进一步加强境内成员单位外汇资金集中管理，为成员单位办理外汇收付汇业务，全年结算量达50.67亿美元。同时，继续为成员单位提供快速高效的即期结售汇业务服务，全年成员企业即期外汇交易业务量达4.39亿美元。全年通过中国外汇交易中心完成即期结售汇交易业务量达3.79亿美元，为集团减少财务费用约150万元。

公司在汇率风险控制、外汇业务理财等方面提供专业支持，协助各产业集团制订年度汇率风险管理方案，整合合作银行资源，通过主动引入、联合开发等方式完成产品创新，在有效管控汇率风险同时实现良好的财务效果，集团全年汇兑收益达到2.45亿元。

【资金集中】为成员单位提供高效安全资金结算服务。截至年末，吸收存款余额23.65亿元，同比增加90.81%，进一步提高了成员单位资金集中度，2011年，财务公司资金集中度（剔除口径）为72.34%，较上年同期提升3.46%。全年为96家提供结算服务，结算业务量7 149亿元，比上年同期增加2 721亿元，增幅61.46%。结算31.27万笔，比上年同期增加4.59万笔，增幅17.20%。

【风险管理和内部控制】继续完善公司的全面风险管理内控体系与合规建设，基础管理工作得到进一步夯实，实现结算资金零损失，贷款不良率、市场交易违约率为零。一是实现信用风险过程管控。在行业精细化设计的基础上，全面改革非财务因素指标的设计理念，引进平衡计分卡的四个维度，提升授信评估的科学性和专业能力。同时，强调信用风险的过程管控，通过企业预算动态管理、贷前审查、贷后检查等措施，控制信用风险。二是完善操作风险管理。风险控制渗透全流程，深化风险点排查活动，倡导合规文化，结合日常业务稽核与重点项目审计，有效控制操作风险。积极参与集团总部内控规范试点流程项目，配合完成集团资金管理规范的评审。三是致力创建“流程银行”。公司组织了全员对现有120个流程进行集中梳理完善，完成《TCL集团财务有限公司流程汇编》出版，健全完善了公司分级分层流程体系，为未来业务发展奠定了坚实基础。

【人力资源管理】全年招聘新员工12人，及时填补岗位空缺，并完成首次校园招聘任务。开展有效的合规培训和教育，全年组织各类培训35次，包括对新入职员工的合规培训和合规测试、骨干员工的专项培训以及所有员工的定期培训等。推行“客户经理岗位”、“副经理”内部竞聘，有效确保了竞聘的科学性、公正性，营造了“凭素质立身、靠实力上岗”的良好氛围。

【信息化建设】2011年，公司将信息科技规划纳入发展战略规划。公司资金管理平台是由TCL集团股份有限公司与深圳市融博信息技术有限公司（招商银行的全资机构）合作共同开发的新型金融软件，它集客户管理、资金管理、信息管理于一体，融业务处理、流程控制、风险管理为一身，有效整合了账户管理、收付核算、信贷融资、信息采集、决策分析等一体化运作功能。系统运行以流程管理为核心，以业务驱动，采用流程化控制，实现了本外币、表内外、境内外一体化资金集中管理，进一步提高了公司的资金周转效率。目前，输出的管理报表及信息能满足相关岗位的需求，强化了集团系统的风险控制能力。公司信息系统进一步完善，信息化水平得到进一步的提升。电子商业汇票系统二期上线及推广，为电票电子化集中管理提供了系统信息化支持。通过对公司网络进行规划并改造，解决公司网络关键设备单点故障问题，确保网络安全稳定，保证业务的连续性、稳定性。通过公司网站建设，对外树立良好的公司形象，增加公司对外宣传窗口。

【企业文化建设】继续秉承“敬业、诚信、团队、创新”的企业文化建设，一直致力于营造和谐、快乐的工作氛围。提升优化办公环境，8月29日顺利安全完成搬迁入驻TCL科技大厦。通过组织各类活动，激发团队活力，提升组织凝聚力，开展新员工座谈会、公司成立五周年活动。成功举办“TCL金融杯”球赛、2011年度银企联谊，参与集团30周年庆祝活动，成功展示了TCL良好的企业文化建设。公司依法合规积极纳税，回馈社会，全年完成各种税费缴纳1 901万元。

湖南华菱钢铁集团财务有限公司

【经营概况】2011年，湖南华菱钢铁集团财务有限公司（以下简称“公司”）实现营业收入12 518.39万元，营业净收入4 694.05万元，营业利润1 881.53万元，净利润2 607.84万元。公司年末资产总额358 590.90万元，负债273 379.54万元，所有者权益85 211.37万元。

2011年，公司经营业绩较上年出现下滑，主要原因一是归集资金减少，二是受证券市场低迷影响，新股申购、债券买卖等业务发生重大亏损。公司其他主营业务稳定发展，贷款、票据贴现、外汇结售汇、电子银行汇票等业务规模均有大幅度增长。

【信贷业务】2011年，公司为成员单位发放贷款8笔，金额总计8.7亿元，比上年同期的6.1亿元增长了42.6%，缓解了成员单位对资金的燃眉之急；与商业银行开展信贷资产回购式转让业务一笔，金额1亿元。

【投资业务】公司全年投资信托理财产品2个，投资金额20 000万元，实现收益7 190.26万元。

【票据业务】公司全年为成员单位办理票据贴现26.50亿元，比上年增长31.8%。在票据转让业务方面，公司与商业银行办理票据转贴现累计10.99亿元，比上年增长12.1%；与人民银行办理票据再贴现14.48亿元，比上年增长135.8%。全年实现贴现和票据转让利息收入4 638.08万元。

2011年，公司为成员单位开立电子银行承兑汇票7.43亿元，比上年增长199%。其中3 300万元的电票在商业银行成功贴现，标志着公司开立的电票已逐步获得了市场认可，具备了一定的流动性。

【外汇业务】2011年，累计为成员单位结售汇47 000万美元、200万欧元、3 997万澳元，通过提供优惠汇率为成员单位节约结售汇成本约225万元人民币。

【资金集中】截至2011年末，与公司联网的成员单位 44 家，联网账户 139 个。此外，已与主要成员单位在中国银行的美元账户实现联网。虽然联网账户数不断增加，但受成员单位经营情况的影响，联网资金量却不增反降，全年日均联网金额为 6.57 亿元，比上年减少 15.6%。

【风险管理和内部控制】2011 年，公司在大力开展业务的同时，严格遵照金融监管部门和董事会的各项要求，把风险管理作为全年工作的重点。召开四次风险管理委员会，组织风险管理委员会委员对公司风险管理制度的执行和落实情况进行评价和监督；根据工作中出现的新情况和新问题制定和修订了相关制度，新制定的制度有《责任追究制度》、《岗位工作差错处罚细则》、《再贴现管理办法》等 7 项，修订的制度有《委托投资管理办法》、《固定收益业务管理办法》、《人事管理办法》等 8 项。为督促各部门严格执行公司各项内部控制制度和操作规程，加大稽核检查力度，稽核部每月对所有发生业务进行逐笔检查，出具月度稽核报告，对发现的问题要求限期整改；严格依照评审和决策流程，对所有拟办理的业务进行评审，共召开风险评审会 19 次会议，评审项目 21 个，评审金额 36.56 亿元。

【人力资源管理】为了提升公司员工的业务技能，增强创新动力，采取了一系列有力的举措：一是加强员工业务培训，多批次派遣员工参加权威部门组织的学习班、研讨会等培训活动；二是编制《员工手册》，规范员工行为准则；三是关注员工身心健康，安排员工体检、各项文体活动，增进员工的身心健康。

【信息化建设】为切实做好信息化建设工作，公司对信息化建设的具体工作流程进行补充完善，落实岗位职责，并修订了《计算机数据及网络运维管理制度》等计算机系统管理相关制度，保证信息化建设规范、有序地发展。

公司加大资金投入，加强对数据中心基础设施建设。新数据中心按照“高可靠性、高可用性、标准化、高效管理、灵活扩展、节能和安全”的目标建设，可满足公司未来 5～10 年的发展需要，信息业务系统的可承载能力和稳定运行能力将大大增强，为下一步综合业务系统的上线工作奠定了基础。

【企业文化建设】公司注重加强对员工的思想道德教育，组织政治学习，以及向先进模范代表学习活动；参加集团举办的红歌比赛，并获得第一名的成绩，增强了员工的集体荣誉感；积极响应集团号召开展“创先争优”活动，通过开展党员公开承诺、党性教育、岗位奉献、服务群众等多项活动，增强员工的凝聚力和向心力。

江西铜业集团财务有限公司

【经营概况】2011 年末，江西铜业集团财务有限公司（以下简称“公司”）资产总额

129.05亿元，较年初增长84.39%。全年完成营业收入3.88亿元，实现利润总额3.53亿元，分别是2010年的3.19倍和3.44倍；净资产收益率达到36.64%，较2010年提高了18.94个百分点。在已开业并正常经营的全国118家企业集团财务公司中，公司净资产收益率排名由2010年的第9位上升到第1位，资产总额排名由2010年的第52位上升到第35位，营业收入排名由2010年的第59位上升到第35位，利润总额排名由2010年的第60位上升到第31位。在全国9家有色金属行业财务公司中，公司资产总额、营业收入、利润、净资产收益率都位居第一名。在2011年11月召开的中国财务公司协会第十四次会员大会上，公司被选举为理事单位。

【资金集中】 2011年，公司进一步规范成员单位银行账户的开设与变更，有针对、有重点地加强银行账户清理工作。同时，继续强化资金归集的其他措施与力度，全年共清理撤销银行账户25户，目前成员单位银行账户数量433户，资金集中管理的作用日益显现，资金集中度进一步提高。年末，集团资金集中度按全口径计算达58.70%；若剔除无法归集的资金因素，资金集中度达到96.00%。

【信贷业务】 2011年，我国实施稳健的货币政策，严控信贷规模，成员单位在银行的融资难度加大，融资成本大幅上升。公司积极与成员单位沟通，了解其经营状况、资金运作与资金动向，根据成员单位取得银行信贷支持的难易程度、生产经营所需资金大小等情况，按照轻重缓急、统筹兼顾的原则，合理安排信贷支持的成员单位、金额及期限，有计划、控规模地适当投放，尽量满足成员单位融资需求。全年为成员单位发放贷款47.58亿元，各项贷款余额35.47亿元（其中，人民币贷款35.05亿元，美元贷款507.9万美元，折合人民币0.32亿元，票据贴现0.10亿元），同比增加9.92亿元，有力地支持了成员单位发展。

【保险代理业务】 2011年，公司继续为集团提供保险代理服务，全年实现保险代理费收入80.55万元。

【投资业务】 2011年，公司抓住资金充裕、资金市场利率走高等有利时机，积极寻求风险相对较低、收益相对较高的信托产品进行投资；询价择优投资银行理财产品。另外，在银行间市场中寻求直接交易对手，积极入场进行债券交易。全年获得较好的投资收益，年综合平均投资收益率达到6.22%。公司为了满足某些成员单位将闲置资金用于委托投资的要求，为成员单位提供了资金增值服务。全年办理委托投资总金额达8.8亿元，年收益率在6%左右，获得了成员单位的好评。

【增资事项】 2011年12月31日，经中国银监会批复，公司增加注册资本金至10亿元人民币（其中美元752.24万元）。增资后，三家股东的股权比例分别为江西铜业股份有限公司85.68%，中银集团投资有限公司12.65%，江西铜业铜材有限公司1.67%。

【风险管理和内部控制】 一是启动内控体系建设工作。按照集团公司的统一部署，对重点业务进行了梳理，完成了内控手册的编制，内容涉及11个主流程，覆盖了业务经营的全过程，同时，对现有的各项业务与规章制度进行对接、修改、补充与完善，并针对内控测试中发现的整改事项，逐一落实整改，从而构建了一条以全面风险管理为导向、内控手册为载体、业务流程为主线的内部控制体系，为公司的风险管理与防范提供了又一道有力保障。二是接受监管部门的各项检查。2011年，公司先后接受了江西省财政专员办对会计信息质量的自查、省银监局对投资业务的专项现场检查、集团公司组织的财务交叉检查等各项外部检查。每次检查，公司上下都认真对待，精心准备，对查出的问题及时整改，督促、跟踪落实，使公司各项基础工作得到了进一步规范，有效堵塞了风险漏洞。三是进行内部稽核检查。公司有效发挥了内审部门职责，开展了防范资金风险清查、常规稽核和投资业务专项稽核、内部控制与案件防范自查、反洗钱专项稽核等内部稽核工作，进一步防范了业务操作风险。四是始终注重对员工的职业道德教育。公司利用内网、科协等内部宣传平台，定期组织员工学习有关金融法规和公司规章制度，不断提高员工依法经营、合规操作和风险防范意识。

【员工培训】2011 年，公司继续加大对员工的培训力度，为员工创造各种良好的学习条件和机会，全年共送员工参加各类期限的培训近十余次，员工参训率 100%，培训内容涉及外汇、投资、债券、内部控制等各个方面。通过培训，员工综合素质得到大幅提升，知识结构得到持续改善。

【信息化建设】2011 年 9 月，公司对九恒星业务管理信息系统的中国银行接口程序进行升级，有效解决了中国银行同城业务在每个工作日的 15：30 以后无法通过选择中央银行大额系统进行支付的难题，确保了公司可以通过中国银行接口在交易时间完成大额的同城转账业务。

【企业文化建设】公司充分发挥党组织、工会、共青团的作用，在“三八”节、“五四”青年节和“七一”组织员工参加户外运动，有效缓解了员工的工作压力，提高了员工的工作积极性，增强了公司凝聚力，构建了和谐的企业文化。

天津港财务有限公司

【经营概况】2011 年，天津港财务有限公司（以下简称“公司”）紧密围绕集团公司的发展规划，积极发挥资金管理和金融服务职能，克服了流动性紧张、贷款额度受限及关联交易等不利因素的影响，整体运行平稳，主要经济指标良好。截至 2011 年末，公司资产总额为 83.28 亿元，同比增加 24.36 亿元，增长 41.34%；负债总额达到 71.59 亿元，同比增加 19.2 亿元，增长 36.65%；所有者权益 11.69 亿元，同比增加 5.16 亿元，增长 79.02%。2011 年公司实现收入总额 26 966.55 万元，同比增加 7 204.13 万元，增长 36.45%；成本费用支出 13 518.85 万元，同比增加 3 675.06 万元，增长 37.33%；投资收益完成 1 811.82 万元，同比增加 837.96 万元，增长 86.05%；实现利润总额 15 259.52 万元，同比增加 4 367.03 万元，增长 40.09%。

【增资工作】为进一步扩大业务发展空间，增强资本金实力和抵抗风险能力，公司于 2011 年 3 月启动增资工作。截至 2011 年 9 月 9 日，完成工商登记变更等各项工作，公司注册资本由 5 亿元增加至 8.5 亿元，本年度增资工作如期圆满完成。

【信贷业务】2011 年，公司克服整体信贷规模受限的困难，合理配置信贷产品，调整优化信贷结构。全年发放贷款 26.643 亿元，办理保函业务金额达 5.231 亿元，办理票据贴现业务 2.122 亿元，委托贷款业务金额达 6.45 亿元。2011 年公司实现贷款及贴现利息收入 2.205 亿元，同比增长 41.44%。

【资金和投资业务】2011 年，公司认真研究分析市场，依靠投融资审查委员会集体讨论、民主决策的内控机制，在确保合规、控制风险的前提下，一方面积极开展同业拆入、信贷资产转让等融资业务，进一步拓宽公司融资渠道；另一方面开展理财产品投资，在保证安全性和流动性的基础上，使资金得到最大增值。全年共实现投行业务收入 4 300.35 万元，同比增长 39.94%，其中投资收益达 1 811.82 万元，同比增长 86.04%。

【票据业务】为推进票据业务的开展，2011 年公司加大对电票系统的宣传力度，积极拓展新客户。针对成员单位持有的大面值商业汇票，公司又新增了票据拆分业务，为成员单位提供个性化的金融服务。2011 年共为 28 家成员单位开出 392 张银行承兑汇票，金额达 29 000 万元。为提高集团资金存量，创新票据管理平台，公司着手探讨“票据池”业务，以实现集团票据的集中共享管理。

【资金集中】2011 年，随着集团公司新资金管理办法的出台以及财务公司与上市公司关联交易问题的圆满解决，天津港发展和天津港股份下属成员单位的存贷款业务逐步回归财务公司。通过积极调研走访成员单位，密切联系新成立单位和重点客户，有效增加了管理单位的范围和数量，2011 年新增 30 家成员单位在公司开立账户。积极探索客户经理制，加强与成员单位的沟通和联系，夯实了资金管理的基础，使重点单位资金管理工作有了全面性的进展。按照集团公司考核口径，公司资金集中度由 2010 年末的 63.66% 上升至 2011 年末的 72.17%。

【风险管理和内部控制】2011 年，公司进一步提高内部控制和风险管理水平，确保公司依法稳健经营。及时调整和充实了公司董事会成员，对公司授信、投资、增资等重大经营事项进行审议；为切实发挥公司董事会下辖战略发展委员会、风险管理委员会、薪酬与考核委员会的作用，明确三个委员会对应办事机构；逐项落实监管部门的各项监管要求，按时高质量地报送监管报表；时刻监控公司的各项指标符合监管要求，同时有效开展事中与事后检查，防范化解业务风险；对制度进行了认真梳理，新制定 13 项管理办法及制度，确保各项制度的时效性、规范性及合规性；不断完善公司合规风险管理体系，制定《天津港财务有限公司合规手册》，使全体员工进一步培养积极的合规意识、树立正确的合规理念。

【人力资源管理】2011 年，公司拟定试行了《天津港财务有限公司员工绩效考核管理办法》（试行）。新的绩效考核管理办法充分体现“多劳多得”的原则，薪酬向贡献大、责任重、技术含量高的核心关键岗位倾斜，为公司加强内部管理、细化业绩考核、规范薪酬分配等奠定了基础。

【信息化建设】2011 年，公司加强信息制度建设，通过细化相关制度，信息技术工作更加规范、专业。开发完成保险赔付系统、公司客户评级系统、法律法规库、上线银监会金融机构和业务市场准入管理系统。强化信息技术安全工作，采用相关软硬件施行实时备份、计划打包备份等，保障数据安全和维护系统的正常运行。

【企业文化建设】公司不断加强企业文化建设，增强公司的凝聚力和战斗力。一是切实推行政务公开制度，让员工能够及时了解公司的经营目标、重大决策、人事调整、员工福利等各项活动情况，培养员工的参与意识和主人翁精神。二是注重培养良好的合规文化，确立依法合规经营的指导思想。三是丰富员工的业务文化生活，组织开展了“我与公司共成长”为员工过生日的活动、第一届摄影比赛和以“创新·发展·激励”为主题的征文活动，丰富了员工生活，进一步激发了员工干事创业的热情。

松下电器（中国）财务有限公司

【经营概况】松下电器（中国）财务有限公司（以下简称“公司”）对在华松下电器集团成员单位提供资金集中管理和统一调配服务。截至2011年末，已与38家集团成员单位开展了业务合作。公司目前主要开展委托存贷款，本外币的一般存贷款、拆借等业务。

【信贷业务】2011年，公司信贷授信成员单位为两家，其中与一家开展了美元贷款业务，全年及年末余额皆控制在授信额度内，不良贷款率为零。公司每季度召开信贷管理委员会，针对贷款企业的资信、还款意愿、还款能力等进行分析，对信贷资产的五级分类结果进行投票表决。2011年，信贷资产规模与2010年相比，并未发生大的变动。2011年，公司的委存委贷业务规模进一步发展，2011年末相比2010年，委存委贷余额增长了12.97%。公司成立后，松下集团的成员单位的委托贷款业务逐步交由公司统一处理。公司利用人民币现金池进行资金集中调配处理，使整个松下集团的闲散资金得到了有效的利用，在一定程度上降低了资金的风险并减少了资金流动的成本；同时，在利率方面得到了一定的优惠。在委托贷款手续费方面，将在银行进行的委托贷款业务转到公司处理，本需向银行交纳的手续费转至集团内部消化，为减少集团成员单位的融资成本作出了贡献。

【资金业务】公司2011年在资金运作方面，除交存法定存款准备金外，以存放同业存款为主。并且，以Shibor价为基础，在各大商业银行间进行询价，力争取得对公司最优厚的市场利率。公司2011年度存放同业存款利息相比2010年度，有较大幅度的增长。

【外汇业务】公司目前流动性比例较高，资金有盈余，但是由于在国内营运等方面的限制，外汇资金无法自由调配到海外松下集团。

【资金集中】公司2011年末的集团资金集中度约为71%（含委托资金）。根据上海银监局要求进行计算的资金集中度约为21.26%，比2010年的26%略有降低，主要原因为各成员单位将资金在公司进行委存委贷的业务模式运作，而委存委贷资金不包含在集团资金集中度内（银监局统计标准）。

【业务创新】2011年，公司开展了以银行为中介的外汇现金池业务，业务量逐渐攀升。

同时，着力于以公司为中介的外汇远期结售汇业务的开发，相关的申请已经递交给监管部门。另外，在跨境贸易人民币结算业务方面，公司也正在积极地开发新的业务产品。公司将在服务手段及服务质量上更上一层楼，在不断开发新的产品的同时，严格进行风险掌控。

【风险管理和内部控制】2011 年，公司新制定了《案件防控及处置工作管理办法》及《固定资产管理规定》等 5 个管理规定，并修改了 2 个内部管理规定。通过对内部管理规定的梳理，公司的内控能力得到了进一步的提高。按季度召开风险管理委员会会议，对公司的市场风险、流动性风险、信用风险、事务风险、系统风险及合规风险等一一进行分析，并对各风险的风险级别进行判别，制定了风险对应策略。

【人力资源管理】2011 年，公司对员工的培训加强了力度。据统计，员工参加财协、母公司——松下电器（中国）有限公司及各商业银行提供的培训机会约达每人 2 次。

【信息化建设】2011 年，公司在信息化建设方面取得的成果主要为：完成试探性密码分析软件；完成与中国银行的银企直接联接系统；完成九恒星系统改善项目。

【企业文化建设】2011 年，在取得“环境小卫士 ECO 学院”称号后，由公司参与的松下（中国）有限公司上海联合体辅导的上海市浦东新区青少年活动中心获得了上海市浦东新区青少年活动中心颁发的“全国青少年科技创新大赛”一等奖。

中航工业集团财务有限责任公司

【经营概况】2011 年，中航工业集团财务有限责任公司（以下简称“公司”）积极应对复杂的经济金融形势，狠抓基础、拓展业务、服务发展，深入推进“五个一流”公司建设，经营业绩大幅增长，共实现营业收入总计 12.19 亿元（含投资收益 1.11 亿元），同比增长 84.42%；实现利润总额 6.97 亿元，同比增长 81.03%；实现净利润 5.32 亿元，同比增长 79.72%；实现 EVA 4.72 亿元，同比增长 78.79%。截至 2011 年末，公司资产总额 649.44 亿元（含委托资产 345 亿元），所有者权益 27.12 亿元，其中，实收资本 200 亿元，资本公积 1.13 亿元，盈余公积 1.14 亿元，未分配利润 4.73 亿元，一般风险准备 0.11 亿元。

【信贷业务】2011 年，公司认真执行国家宏观调控政策，统筹把握信贷投放节奏，有保有控，加强了信贷业务发展的计划性和均衡性；积极开展银团贷款、银团保理、信贷资产转让和银信合作等业务，以自身信贷资金带动数倍外部资金，满足了成员单位资金需求；公司全力配合集团公司发放各类直接融资委托贷款，积极开展内部三角债清理，帮助成员单位回收货款，融通集团内部资金，缓解了成员单位资金短缺。2011 年，公司累计发放自营贷款2 175笔（含贷款、贴现、保理），总计金额 210. 93 亿元；累计发放委托贷款 308 笔，共计金额 175. 63 亿元。截至 2011 年末，公司自营贷款余额 157. 32 亿元（含贷款、贴现、保理），较上年同期增长 41. 70%；委托贷款余额345. 11 亿元，较上年同期增长 14. 34%；信贷资产总规模 502. 43 亿元，较上年同期增长 21. 70%；实现自营贷款利息收入 7. 63 亿元，较上年同期增长 84. 75%。

【投资业务】2011 年，公司投资业务品种更加多元化，收入结构更加均衡，实现投资收入 1. 12 亿元，较上年增长 35. 89%。其中，中长期投资收入 0. 52 亿元，占比 46. 56%；短期投资收入 0. 6 亿元，占比 53. 44%。

【资金集中】2011 年，公司推进资金集中工作的广度和深度，在巩固三级及以上单位资金集中成果的同时，积极配合集团公司推动资金集中工作在四级及以下成员单位中深入开展。截至 2011 年末，公司吸收存款余额 273 亿元，资金集中率 83% 左右（按可归集资金口径计算）。全年日均存款约 249 亿元，较上年增长 39%。2011 年，公司推广电子签章，为客户配置先进终端设备，工作流程进一步优化，业务迅速推广，带动结算业务快速增长，结算总量突破 16 万笔，累计结算金额超过 13 000亿元，结算笔数较上年同期增长 80%。在成员单位资金偏紧总体形势下，结算总量保持了稳步增长。

【保险代理业务】2011 年，公司认真研究保险市场，总结保险统一管理工作，协助集团进行统保合作谈判及合同签署。制定了新的统保“两不变、一优化、一增加”原则，即“保险责任范围保持不变，保险费用不变，保险服务进一步优化，增加部分新方案”，细致修订集团公司和保险公司合作协议和各个保险险种条款模板，提高了业务效率，保障了集团权益。

2011 年，公司代理各成员单位保险 1 550 笔，总保费 12 300 万元，集团各成员单位投保资产 1 600 亿元（不含飞机资产），办理各类人身险 10. 9 万人次，办理车险 3 000 余辆，公司实现保险代理手续费收入 1 509. 9 万元。

【中间业务】2011 年，公司中间业务继续保持大幅增长态势，进一步提升了公司整体服务水平，有力地促进了主营业务的开展。2011 年，公司共获得同业授信额度 83 亿元，从同业融入资金 36. 5 亿元，平均持续周期 5. 5 天。多渠道融资，改善了公司资金流动性，为成员单位提供更多了资金支持。

【业务创新】2011 年，公司深入开展电子票据业务，加快了外汇业务展业步伐。两项业务按计划顺利推进，公司职能进一步拓展。

电子商业汇票业务。截至年末，接入电票系统的成员单位达到 94 余家。公司全年累计办理电子商业汇票业务 340 笔，总金额 6. 16 亿元。电子票据业务深入开展，覆盖的成员单位数量大幅提升，为进一步拓展业务、推进集团公司产业链金融电子化打下了坚实的基础。

外汇业务。为配合集团“国际化开拓”战略，公司积极筹备开展外汇业务。2011 年 2 月，公司获得国家外汇管理局北京外汇管理部结售汇业务经营资格的批复，取得即期结售汇、外汇存款、贷款经营资格。此后，公司细致、高效地开展各项开业筹备工作，先后获批 1. 5 亿美元的结售汇综合头寸限额、中国外汇交易中心外币拆借会员资格、人民币外汇即期交易会员资格，4 名员工取得外汇交易员资格，取得正式开业所需的必要资质；公司广泛调研，深入研究，拟订了外汇业务管理制度和操作流程，向集团上报外汇资金集中方案。9 月底，公司完成了外汇资金管理系统的开发，系统上线试运行，通过了监管机构的现场验收。

【风险管理和内部控制】2011年，公司全面风险管理工作深入推进，完成的主要工作包括全面风险评估与诊断，风险管理改进与流程调整，风险监控与信息报告，制度、内控合规性诊断以及全面风险管理手册制定五大方面内容。在工作中，公司积极创新，引入先进的风险分析方法和工具，风险管理科学化、系统化水平大幅提升。全面风险管理项目已通过集团验收，获集团公司好评。

【人力资源管理】公司于2010年末开展了人力资源管理规划项目。设计了公司组织架构，明确了岗位设置、岗位职责和任职资格，形成了清晰规范的岗位管理体系；对原有的岗位薪酬管理体系进行了优化和完善，形成了更加科学、更加符合公司实际，具市场竞争力的薪酬管理体系；设计了员工职级发展体系，为员工铺设了多元职业生涯发展通道。

【财务管理】公司认真贯彻落实集团公司财务管理工作要求，加强了财务管理，在会计基础规范、标准化预算管理程序、专项治理“小金库”、清理存货和应收账款、财务信息系统建设、EVA管理等方面，做了大量卓有成效的工作，通过财务信息化建设促进财务与业务的对接和连通，实现财务管理与业务运营的协同。财务人员在规范日常会计工作的基础上，完善报表管理，为管理层决策提供可靠数据支持。加强预算管理，频繁开展预测分析，及时提出措施和建议，促进经营目标圆满实现。实施动态EVA管理，监控EVA指标变化，努力构建价值型财务管理体系。

【信息化建设】公司建成连接总部和分公司的OA网络和视频会议系统，系统运行高效稳定。依托先进的信息系统，公司大力推进“管理制度化、制度流程化、流程信息化”，成熟管理流程通过OA系统逐一固化，办公效率极大提升。2011年4月，公司通过了集团公司信息化达标验收，信息化建设获集团公司好评。

【企业文化建设】公司综合利用各类载体，宣传集团文化，企业文化建设活动有声有色。集团战略、文化理念，植入员工思想。公司司刊设立“研究与探讨”专栏，鼓励员工深入思考本职工作，加强理论知识的研究与学习。员工自发组织“青年讲坛”，利用下班时间，进行业务与知识的交流、探讨。公司内部形成了浓厚的学习氛围。

【管理创新】2011年，公司以先进管理工具应用为抓手，深入推进管理创新。IBSC管理、EVA管理、精益六西格玛管理、6S管理深入实施。人力资源咨询全面完成后，公司启动以战略为导向的KPI指标考核。通过将EVA和销售成本费用率两项指标融入日常监控和管理，公司价值创造力持续提升。“缩短贷款业务办理周期”、“缩短车险业务收付款流程并减少脱保”两个精益六西格玛管理项目获评国家质量技术监督局颁发的优秀六西格玛项目。以此为契机，公司内部掀起了学习、应用六西格玛管理的热潮。公司扎实巩固6S管理水平，管理要求逐步化为员工自觉习惯，潜移默化、润物无声，提高了员工素养，带动基础管理水平进一步提升。

中冶集团财务有限公司

【经营概况】 2011 年，中冶集团财务有限公司（以下简称“公司”）坚持立足集团、服务集团的经营宗旨，适时调整服务手段和方式，积极进取、开拓创新，取得了良好的经营业绩，全面完成了各项经营目标。截至年末，公司资产总额达 154 亿元，同比增长 20%；全年实现营业收入 5.8 亿元，同比增长 14%；利润总额 3.5 亿元，同比增长 17%；资金集中度 84%，整体运营保持平稳。公司资产质量优良，各项风险监测指标均优于监管要求。

【信贷业务】 2011 年，公司在防范风险的同时，根据集团的需求提供信贷服务，优化信贷结构，控制信贷总量。年末各项贷款余额 72.06 亿元，比年初增加 2.58 亿元，增长 4%，其中 1～3 年短期贷款 54.05 亿元，3 年以上中长期贷款 8.08 亿元。全年累计发放贷款 42.6 亿元，共支持股份及子公司重点项目 51 个，预计全年直接为集团节省财务费用约 3.2 亿元，通过贷款减少集团对外负债，降低集团资产负债率 0.3%，利息回收率 100%，信贷资产按照五级分类不良贷款为零，信贷资产质量优良。

【资金和投资业务】 2011 年，公司资金管理主要开展如下工作：一是大力推进收入集中和统一支付，强化二级子公司本部集中度使其达到 100%，并作为年度预算指标下达各子公司；二是将时点集中度纳入资金集中度指标考核，按月通报；三是建立月末资金集中调度管理机制，对重点公司资金实时跟踪和预算控制；四是加强收款账户管理，建立收款账户集中体系，加强资金账户监控；五是组织召开资金集中管理交流会，加强资金集中管理的宣传、培训和指导。在头寸管理方面，公司建立了流动性组织管理机构——资金调度小组，总体负责组织、研究和部署流动性事件资金调度工作；预测预警、加强防范。按照流动性管理办法要求，做好流动性风险指标的监测；根据对公司影响程度的不同制定不同的应变措施。

2011 年，公司申请授信总额达 145 亿元，为公司开展同业业务创造条件，同时利用公司信誉，积极为集团子公司融资提供担保函，金额保持在 5 亿多元，为子公司开出存款证明 45 份，总金额 250 多亿元。

2011 年，公司积极扩大货币基金投资业务，新建货币基金池 15 个，投资货币基金 5 种，金额 11.5 亿元，全年投资收益 2 845 万元，年平均收益率 3.5%，完成全年计划 75%。

【票据业务】 2011 年，公司积极推介票据业务，加大票据贴现运作力度，全年办理票据贴现业务 22.2 亿元，其中转贴卖出 5 笔，金额合计 10.09 亿元；转贴现回购 1 笔，金额 4.95 亿元；办理再贴现业务 1.18 亿元。公司还与集团资金部一同完成约 30 亿元的票据集中工作，同时，在天津子公司进行票据池业务试点工作。

【外汇业务】 2011 年，公司积极完成网络和制度建设，适时开始外汇集中，完成首批 18 家子公司的外汇集中工作。公司已取得外汇交易中心结售汇业务资格认可，目前正拟请国家外汇管理局批准。此外，公司完成首笔 500 万美元的外汇贷款发放。

【资金集中】 2011 年，公司加强收入集中管理，积极克服各种困难和不利因素，资金集中总量取得了较大的提高。资金集中度达到 84%，较上年提高 12 个百分点；日均归集资金达到 125 亿元，较上年增长 6.3%。

【业务创新】 启动外汇集中业务，提高资金运作效率。2011 年，公司启动境内外汇集中业务，实现了中国银行、交通银行、建设银行的归集结算功能，完成境内外汇归集框架的搭建和运行。完成首批 18 家子公司的外汇集中工作，同时争取优惠的结售汇价格，降低外汇交易成本。

创新票据运作模式，盘活票据资产。公司积极与金融机构合作，实现了电票贴现、转贴现、再贴现业务上“零”的突破，办理票据转贴现业务 13.65 亿元，再贴现业务 1.18 亿元，同时天津地区子公司的票据池业务试点取得较好效果。

【风险管理和内部控制】 加强风险防控能力，提升风险防范水平。2011 年，公司着重提高风险监控能力，为控制操作风险，公司加强了密钥领用、专机操作等高风险环节管理，同时下发了二级公司的操作风险提示函，并深入部分子公司现场检查座谈了解情况，强化子公司操作风险意识，提高子公司的风险防范水平，公司的各项风险监测指标均好于监管要求。

加强审计内控，规范流程制度。2011 年，公司全面梳理各项制度规定，修改制度 40 项，新增 36 项，废止 6 项；开展风险点识别工作，总结识别提示 81 个重要风险点；对信贷、票据、投资和资金管理信息系统进行重点稽核和监控；全年完成日常业务部门稽核 11 个，发现问题 116 个，提出整改意见 66 条；开展财务内控自查和“小金库”专项治理复查工作；聘请专业审计机构，对公司的经营管理工作进行了全面的稽核审查。

【人力资源管理】 2011 年，公司继续推进人事管理，改进培训和考核工作，完善了人员信息统计工作，改进了人员录用、调动、辞职和考勤等手续，组织完成了公司全员分层述职和评分统计工作。2011 年，公司进一步完善了组织结构，将票据部并入客户服务部，将风险管理部和稽核审计部合并为稽核风险部，综合管理部强化了管理督导、战略督进、人力管理等职责。划分部门职责、明确业务程序，同时加大岗位轮换力度。

2011 年，公司开设了“中冶财务大讲堂”，通过外聘老师、内请员工，分主题、分层次、分对象地组织开展培训活动，完成公司级培训活动 8 次，逐步建立了培训工作体系，使培训工作形成系统性、完整性和持续性，成为公司人力资源管理的年度工作亮点。

【信息化建设】 2011 年，公司对授信、信贷、票据、预算、结算等方面的业务系统进行优化，大大提升了业务的运作效率。公司实现通过内部局域网访问业务系统，提升了访问效率和速度。结算及电子票据专机专用，并与局域网隔离，避免由于病毒等因素给系统带来风险。此外，2011 年初公司成功上线了资金结算系统并与财务核算系统的账务实现了实时对接。公司还监控、维护 24 个信息系统，建立了事件处理制度，及时更新操作手册。

【企业文化建设】 2011 年，公司积极推进创先争优活动的开展，加大企业文化建设力度，开展了多项活动丰富员工生活。首先，公司继续推进创先争优活动，加强学习型党组织建设工作，以月度工作会为载体，集中讨论、互相学习，提高对公司性质、地位、作用的认识，理清发展思路，提高金融业务素质；其次，公司统一制作了指示标牌、工位标牌，开始统一公司标识工作；再次，公司（资金部）获得多项荣誉，2011 年公司（资金部）党支部发展党员 2 名、入党积极分子 7 名；最后，公司积极参加集团和中国财务公司协会举办的文艺演出，组织成立了瑜伽协会、登山协会和摄影协会。2011 年，公司参加了中国财务公司协会“企业集团财务公司发展趋势研究”和“行业清算”两个课题组，参与完成了《中国企业集团财务公司发展趋势研究》和《财务公司行业清算问题研究》报告的写作。

申能集团财务公司

【经营概况】2011 年，申能集团财务公司（以下简称“公司”）优化服务渠道，夯实运营基础，创新结算模式；积极开展以信贷业务为主的综合金融服务；进一步加强资金平衡管理，充分发挥现金管理工具作用，提高整体资金效益；累计实现净利润 1.17 亿元，年末总资产 92.89 亿元，净资产 11.63 亿元，存款余额、贷款余额分别为 79.76 亿元和 51.31 亿元，各项监管指标良好，均符合银监会要求。

【信贷业务】2011 年，公司贷款余额达 51.31 亿元，较上年增长 39.25%。2011 年，公司采取有效举措应对信贷政策变化。为满足成员企业信贷需求，加强与中国人民银行上海总部沟通，争取到新增规模指标，同时上门与信贷企业沟通、协调，掌握信贷投放节奏，取得很好效果。此外，公司充分发挥银团代理行作用，协调重大项目的资金投放。充当银团代理行是公司探索在建项目金融服务的有效模式。2011 年初，公司为确保银团所有参贷行能顺利放款，积极沟通，提前准备，对于可能存在放款困难的银行逐家进行落实跟踪，确保其如期放款。在外部融资环境极其不利的情况下，公司帮助系统内企业项目成功组建银团，保证了项目建设所需资金。

【资金和投资业务】公司加强货币市场研究，与金融同业建立了有效的沟通机制，提高了在货币市场的议价能力，使得公司在资金趋紧、短期利率震荡的形势下，抓住市场机会，不断提高短期资金收益率。公司的投资工作坚持以资金安全为中心，投资操作上以固定收益和现金管理为基本点，以固定收益类产品作为主要配置，提高公司整体收益水平。

2011 年，公司投资业务实现投资收益近 0.5 亿元，存放同业资金的平均收益率较上年同期大幅提升。

【票据业务】2011 年，公司继续推进电子汇票业务，通过电票背书和贴现，减少现金流转量，使其成为清算和融资的主要工具。2011

年，成员单位签发电票42.21亿元，电票贴现9.6亿元，占上海地区全部上线金融机构的20.18%，继续保持较高市场份额。

【外汇业务】2011年，公司取得外汇局的即期结售汇业务资格批复和综合头寸批复，并取得外汇交易中心和国家外汇管理局会员资格批复。同时，公司在保障各部门日常业务正常运营的情况下，完成了外汇业务流程设计和系统的建设、测试、上线工作。公司结售汇业务量已突破1亿美元，为公司创立了新的业务领域。

【资金集中】2011年，公司完成结算量2 736.03亿元，结算37 243笔，比上年同期增加15.47%；日均存款为79.29亿元，比上年增长18.89%。成员企业存款占比显著上升，各类存款分布更趋合理，与贷款业务期限相匹配，存款结构进一步优化。

1. 推广“申财通”现金管理系统，经济效益显著。公司自主开发的“申财通”现金管理系统上线后累计交易量突破1 200亿元，随着系统的应用面扩大，存款倍增，结算备付金逐步下降，既为公司实现一定的经济效益，同时为成员单位减少了在途资金成本和汇兑费用。

2. 新业务的开展拓宽了存款来源。公司开拓创新，首创银团贷款“线上受托支付”功能，实现贷款资金发放与支付一体化，受到监管部门好评，并以代理行身份首次实现申能系统电厂电费账户的归集，进一步拓宽了存款来源。

3. 优化结算系统确保结算业务的运营效率。为应对日益上升的结算量，保证结算效率，公司对结算系统进行大幅升级，“申财通”系统产品线已成为涵盖查询、转账、电子票据、现金管理、受托支付、ERP接口六大类功能平台，核心系统日终清算、批量结息、代理行核算系统优化等模块相继上线，公司结算电子化处理能力得到较大提升。成员企业通过公司结算系统办理业务更为方便，存款中协定、通知比例上升，存款收益进一步增加，同时也使公司在有限的人手情况下，确保结算业务的运营。

4. 延伸服务手段，提升服务质量。在现金管理上，公司继续做好上门押运服务。目前服务遍及全市33个液化气站点，累计上门服务1万余次，收取现金近2亿元。

【业务创新】发挥金融企业优势，积极拓展外部融资渠道。2011年，公司在市场资金紧的情况下，尝试将部分电票向中央银行进行再贴现。目前已成功获得多笔业务批复并有序推进。

【风险管理和内部控制】公司研究学习监管新规，拓展审计渠道，确保公司业务稳健、合规运作。2011年，公司成立了专门的工作小组，对《巴塞尔资本协议Ⅲ》和银监会发布的《中国银行业实施新监管标准指导意见》进行研究，形成了阶段性的研究成果——《刍议新监管标准对财务公司的潜在影响》；举办了巴塞尔新监管标准研讨会，就新监管标准的相关问题进行了深入研讨。公司在积极开展内部审计工作的同时，认真听取外方监事对信息系统工作开展的意见和建议，聘请外部第三方专业IT审计力量，对公司信息系统进行整体审计和安全评估，保障公司业务稳健开展。2011年，公司接受了上海银监局对公司的首次现场检查，检查结果显示，公司整体风险管理效果良好，内部合规、审计稽核工作较为严密有效，各项业务开展规范有序。

【人力资源管理】2011年，公司加强专业化团队建设力度，结合公司业务实际开展和新业务需要，深化员工专业培训。共组织员工35人次参加各级各类培训18项，内容除涉及业务外，还涵盖了政策法规更新、内部控制管理等公司经营活动的各个方面。公司加强信息公开的制度化、规范化建设，多次完善修订公司规章制度，并汇编成册。公司通过颁发文件、召开座谈会、建立公开栏等一系列形式成公开渠道网络，保证员工及时了解有关经营管理情况；为进一步拓展员工的交流平台，公司网站开设公司动态、金融资讯、行业新闻、合规建设、投资天地、学习园地及公司论坛7个专栏，实时公布公司经营管理和部门建设现状。尤其是公司论坛是员工之间无边界的交流地带，已成为公司快捷、方便、大容量的交流平台。

【信息化建设】2011 年，公司信息化建设根据公司业务的发展，对信息系统进行扩展和优化改造；根据监管机构的要求，建设了同城灾备系统，满足了公司对新业务、新服务以及系统安全性、高可用性要求；公司组织开发的结售汇业务系统通过了外汇局的现场验收。在"申财通"系统中增加了受托支付的功能，满足了"三个办法、一个指引"中有关信贷资金受托支付的要求；在原有的信息系统基础之上，汇总公司各部门的需求，对结算系统和投资系统进行了优化，使操作更加方便、高效。

【企业文化建设】公司始终把党群工作作为公司企业文化建设、凝聚力建设和贯彻全员营销理念的重要途径。2011 年，公司以纪念建党 90 周年为契机，开展了系列纪念活动；建立起财务公司同业、成员企业相互交流的平台，开展了文明共建活动；公司工会积极维护广大员工的利益，充分调动员工的工作积极性和热情，配合公司的主业发展，开展了司务公开民主管理、"三重一大"、构建和谐劳动关系等一系列工作；团支部也积极开展了"金融沙龙巡讲"等丰富多样的活动；积极开展理论研究与思考，在各类专业刊物发表多篇文章；公司采取责任编辑各部门轮换的机制，编辑司刊《申财有道》，使得公司员工均参与办刊与课题研究，激发了员工的专业思考，使之成为公司业务发展的依托和营销理念的延伸。

潞安集团财务有限公司

【经营概况】2011 年，潞安集团财务有限公司（以下简称"公司"）紧跟集团"十二五"战略发展步伐，着力完善内控体系，科学防范经营风险，持续强化资金集中管理力度，立足成员单位需求创新业务产品，积极与同业开展交流与合作，不断健全完善金融功能，努力提升公司服务水平，有效发挥"结算中心"、"融资中心"和"资本运营中心"三个中心功能，全方位地支持了集团"三地一新"的建设，得到了集团和成员单位的肯定，为建设既强又大国际化新潞安提供了坚实的金融服务保障。

截至 2011 年末，公司资产总额 178. 8 亿元，同比增加 38. 8 亿元，增幅 27. 7%；负债总额 167. 1 亿元，同比增加 38. 7 亿元，增幅 30. 1%；所有者权益 11. 7 亿元；资本充足率

21.3%；流动性比率 58.5%；全年实现营业收入 4.5 亿元，比上年同期增加 1.9 亿元，增幅 72.8%，实现利润总额 1.8 亿元；资产收益率 1.2%，净资产收益率 11.6%；不良资产率、不良贷款率均为零，各项监管指标均满足监管部门的要求。

【信贷业务】 2011 年，公司共对 44 家成员单位进行评级授信，基本涵盖了集团“5 + 5”产业布局中的企业。此外，公司结合成员单位实际需求，改善了以往项目贷款比重偏小的局面，信贷结构逐渐趋于合理。各项自营贷款余额达 59.1 亿元，同比增加 18.2 亿元，增幅 44.4%，其中，项目贷款余额达到 13.6 亿元，占比 23%；委托贷款余额达 66.2 亿元，同比增加 28.9 亿元，增幅 43.7%。同时，公司进一步加强贷后检查力度，保障了各项贷款本息回收率达到 100%，不良贷款率、不良资产率持续保持为零。

【资金和投资业务】 为最大限度地提高资金使用效率，公司合理进行资产负债管理，灵活错配资金运用期限，科学把控市场风险，取得了良好的资金收益。全年共获得同业往来利息收入 1.1 亿元。在新股投资业务方面，2011 年，公司全年实现新股申购投资收益 0.25 亿元，在取得新股投资业绩的同时培育了一批具有市场眼光、熟悉资本市场运作的人才，为集团今后进行资本运作打下了坚实的基础。

【票据业务】 2011 年，公司本着服务集团的宗旨，以远低于商业银行的贴现利率帮助成员单位实现短期融资。全年累计办理票据贴现 252 张，金额共计 10.6 亿元，满足了成员单位的短期融资需求。公司全年累计为成员单位签发电子银行承兑汇票 26 张，金额共计 1.7 亿元，比上年增加 1.4 亿元；并成功签发了一批由公司承兑，跨地区、跨行接入点的电票，同时成功实现集团外部单位收票和贴现业务，电票业务实现全流通服务。此外，公司严格按照人民银行的要求，在电子商业汇票系统完成了纸质银行承兑汇票的登记业务。

【资金集中】 公司始终坚持以集团资金归集系列政策为依据开展资金集中管理工作，根据集团下发的《潞安集团资金归集度抵押考核办法》，进一步细化了成员单位资金日归集率考核方式，扩大了资金归集考核范围；通过推广直接支付结算业务、开通网上银行、提供主动上门服务等方式，推动了公司的资金归集工作。截至 2011 年末，共有 161 家成员单位在公司开立账户，直联账户达 284 个，账户归集率达 64.7%；公司归集成员单位资金 100.2 亿元，全口径资金归集率为 68%。全年公司资金结算业务 43 709 笔，结算资金量达 4 187.9 亿元。

【业务创新】 开展银团贷款业务。公司在合理调剂成员单位资金余缺、促进资金在集团内融通、充分发挥内源性融资功能的基础上，积极拓宽外源性融资渠道，对内外源资金进行统一规划统筹，创新性地开展了银团贷款业务，以小资金撬动集团外大资金。5 月份，公司与长治商业银行组成银团为成员单位办理了公司第一笔银团贷款业务，初步形成了开展银团贷款业务的模式。9 月份作为参与行参加了由国家开发银行山西省分行牵头、中国银行山西省分行为代理行共同组成的 11 亿元银团贷款项目，公司按照份额发放的 5 亿元银团贷款已经全部到位，全力支持了集团公司项目建设资金需求。

开展债券质押式回购业务。公司在组织制定相关业务操作规程基础上开展回购业务，全年共完成回购业务 24 笔，累计金额 38.4 亿元，共获得收益 0.03 亿元。

【风险管理和内部控制】 公司对风险点进行归纳梳理，补充完善了《风险管理手册》；研究制定了信用风险跟踪检查办法，并通过现场检查，及时发现问题，有效防范信用风险。

在提高员工风险防范意识上，组织公司各部门和全体员工分别签订了案防目标责任书、员工廉洁合规从业承诺书。在案件防控上，公司制定并下发了《员工违规积分管理办法》，对员工异常行为进行了全面排查，持续不断地加强了对员工的风险意识教育，有效提高了公司的案件防控工作水平；同时通过开展各项活动提高全体员工的风险防范意识，使谨慎合规从业成为普遍共识，有力促进各项业务的合规稳健运行。在强化内部控制体系建设上，公司对各项业务的制度、流程进行梳理修订，下发了新修订的《潞安集团财务有限公司制度汇编》；坚持“日常稽核与现场全面稽核齐头并进，专项稽核及时跟进”的工作原则，对公司各项业务的开展做到了全面稽核、连续稽核、独立稽核，有力保障了公司合规稳健经营。

【信息化建设】公司完成了系统硬件 NetSafec 产品、信贷模块下的 Oracle 数据库改为 sq12005 数据库迁移和建立核心备件系统三项重点工作。日常信息化建设工作中，始终以信息安全为工作重点，坚持日常维护和专项建设并举，通过加强技术钻研，提高业务水平，完善应急管理体系，加强与软件供应商、网络运营商和成员单位沟通协作，全力保障公司运营网络、信息系统和客户端的安全运行。

【人力资源管理】为打造高效、稳定、专业的高素质金融团队，进一步完善激励约束机制，公司严格执行相关规定，实现员工薪酬、岗位异动与工作绩效相挂钩，通过考评发现人才，激励人才。在人才引进方面，公司在 2011 年新引进了 3 名硕士研究生，6 名金融、化工等专业的本科生，壮大了公司团队；在员工培训方面，公司把对员工的培训当成对员工最大的福利，积极组织员工参加与业务相关的学习培训、知识专题讲座和业务交流活动，充分调动员工学习的主观能动性，使员工的业务素质和工作能力得到了不断提高。

【企业文化建设】为充实员工业余生活，丰富员工文化活动，公司组织员工参加金融系统体育竞赛、开展登山活动、七一专题党课及元旦联欢会等文体活动，进一步增强了员工的凝聚力和战斗力。

【创先争优活动】公司党支部充分发挥了党建带工建、党建带团建作用，真正将党的思想政治工作优势转化成了员工自觉努力工作、服务集团战略发展的优势，全面增强了公司的凝聚力和战斗力。

淮南矿业集团财务有限公司

【经营概况】2011 年，淮南矿业集团财务有限公司（以下简称“公司”）不断提升经营管理水平，积极开拓创新，大力拓展融资，为集团公司战略发展提供了有力的资金保障，实现了经营业绩的大幅提升。截至 2011 年末，公司资产规模 85.38 亿元，较年初增加 8.35

亿元，增长10.84%；实现利润总额1.4亿元，较上年增加0.67亿元，增长87.94%。10项监管指标均控制在监管规定的范围内，资产质量保持良好。

【信贷业务】公司按照银监会“三个办法、一个指引”，严格贷款管理，认真履行贷款受托支付的规定，严格监控贷款资金的使用，新增贷款以煤电主业贷款为主，支持集团发展战略实施。截至年末，公司向集团成员单位发放自营贷款余额42.93亿元，其中投放煤电主业贷款37.61亿元，占总额的87.61%，较年初增加了4.5个百分点。

【资金和投资业务】2011年，公司将提升资金运作能力和资金收益作为一项重要工作，采取多项措施，取得明显成效。一是细化头寸预算，有效营运短期资金，开展短期同业定存业务，尝试开展同业拆出业务。全年累计开展结构性存款198.8亿元，拆出资金1亿元，取得利息收入0.34亿元，占同业利息收入的26%。二是在确保流动性的前提下，公司合理配置资产，提升高盈利性资产占比，提升贷款对盈利的支持率。全年资产平均总额107亿元，较上年增加19亿元，增长21.64%。其中，贷款日均余额42.09亿元，较上年增加10.53亿元，增长33.37%；贷占存比例较上年上升2.35个百分点。三是加强定价管理和审批控制。根据信贷资金供求状况调整贷款利率，全年贷款综合利率达5.79%，较上年提高1.03个百分点，比计划提高0.59个百分点；全年同业存放资金平均利率2.29%，比上年提高0.66个百分点，对营业收入贡献达0.37亿元，占全部营业收入的8.18%；15家合作银行中，同业利率达到2.0%以上的有12家，最高达到2.8%。

【资金集中】随着集团公司“十二五”规划的实施，集团产业规模进一步扩大，产业布局向外延伸，成员单位开户数增加，公司积极开展对成员单位的金融服务，督促集团公司各子公司、分公司及时将资金归集到财务公司，加强对集团公司控制力相对较弱的参股单位及其他成员单位的存款营销，多次组织专业人员到本地和异地客户开展网上业务培训工作，同时，认真做好资金集中管理和调度工作。年内，公司办理资金结算15.8万笔，结算金额约2 550亿元（扣除调拨、公司理财业务、集团调户），较上年增加800亿元。

【业务创新】公司于2011年6月份开展首笔短期拆借业务，拆出资金1亿元，获得利息收入11.67万元，开辟了公司资金运用的新渠道，为有效发挥调剂资金余缺功能、增强资金运营能力打下了基础。公司在2010年底开展第一笔电子票据业务的基础上，进一步梳理完善电子票据业务流程，主动走访成员单位，广泛宣传推介，2011年，公司办理电票业务15笔，逐步拓展成员单位客户，提升了公司金融服务功能。

【代理融资】2011年，国家实施以稳定物价、收紧信贷为主线的宏观调控，融资利率上升，给公司融资工作带来空前的压力。公司迎难而上，制订了详细的融资方案，强化市场衔接力度，大力拓展融资渠道，创新融资产品，并将融资成本控制在较低水平，圆满完成了集团下达的融资任务，有力地支持了集团公司“十二五”开局之年经营发展。全年为集团公司融入资金239亿元，净增融资123亿元。其中，全年运用信托理财（包括委托贷款）70亿元，发行企业债20亿元、中期票据35亿元、短期融资券15亿元，年末集团直接融资总额达124亿元，衔接银行贷款99亿元。保险债权计划取得了突破，与人保、平安、泰康等保险资产管理公司衔接运用“保险债权计划”融资，其中，由中国银行担保的人保资产管理公司20亿元“保险债权计划”已于12月底获保监会批准，目前已到账。全年融资综合利率较同期银行贷款利率下降15.72%，为集团节约财务费用5.97亿元。同时，积极发挥金融平台优势，多次与外部证券公司、资产管理公司、融资租赁公司、商业银行等金融机构充分沟通协调，研究使用信托理财、银团贷款、委托贷款、一级开发贷款等方式，为西部资源公司、电力公司、地产公司、芜湖港等成员单位的融资做了大量的工作，取得了良好的成效。其中，协调中信证券为内蒙古泊江海子煤矿融入矿建资金10亿元，借助芜湖扬子银行的合作平台为集团及成员单位累计融资4亿元，为淮矿地产衔接农业发展银行支持山南新区土地一级开发贷款已取得一定进展。

【风险管理和内部控制】一是加强内控制度建设。根据业务发展的需要，修订了流动资金贷款、固定资产贷款管理办法，增补了中长期贷款、贷款承诺、循环额度贷款等管理办法；对投资业务管理和操作进行了系统的梳理和修订，制定了《有价证券投资管理办法》、《对金融机构股权投资管理办法》、《有价证券投资操作流程》、《理财产品投资操作流程》等相关制度。年内补充完善相关业务管理和操作流程共11项。二是推进公司合规建设。有效发挥公司内控部门风险防控和内部评价监督作用，对公司内部审计稽核、风险管理检查提出的问题进行了认真整改，在全公司开展了“深化内控和案防制度执行年活动”，提升员工的合规风险意识。三是强化安全和维稳综治工作。根据市公安局、市银监分局意见，新设了保卫部。日常工作中，认真贯彻“预防为主，确保安全”的安保工作方针，加大安全检查力度。认真贯彻综合治理的相关规定，确保稳定和谐的经营环境。

【人力资源管理】2011年，公司以提高培训针对性、实用性和有效性为目的，开展多种渠道和形式丰富的教育培训，重点开展了金融工具、风险管理、执行力、消防安全等方面的培训，员工年内参加培训时间平均达30个课时；争取培训机会，先后派出多名员工参加了省国资委、中国煤炭协会、审计协会、财协、银行业协会等的综合或专题学习，对参训人员提升素质、促进工作起到了积极作用；注重在实践中锻炼职工，成长了一批业务骨干，各部门的工作质量不断进步，人才结构得到进一步优化，职工的整体综合素质有了明显提高。

【信息化建设】2011年，公司与九恒星公司合作，进一步升级改造信息系统，完成了贴现系统、表外资产系统、表外资产备查系统三个业务模块升级改造。根据监管部门意见，完善了主机房的消防设施。为客观地评价公司信息系统的风险状况，公司邀请北京天融信网络安全技术有限公司对信息系统进行全面、综合性的风险评估。

【企业文化建设】2011年，公司开展了扶贫帮困、节日送温暖、大病慰问救助等活动；制定年度员工带薪年休假计划，安排好工作交接，有序推进职工休假；关爱员工的身心健康，年内对全体职工进行了全面健康体检；丰富员工的精神文化生活，利用现有办公设施，广泛开展乒乓球、羽毛球、篮球比赛，组织开展庆祝建党90周年红歌演唱会、财银企联谊会等活动，减缓员工工作压力，增进员工交流，促进公司和谐，营造了良好的工作氛围。

日立（中国）财务有限公司

【经营概况】2011 年，日立（中国）财务有限公司（以下简称“公司”）业务规模得到了长足的发展，在复杂多变的国内国际金融环境下，公司仍然取得了稳中有升的盈利业绩。2011 年，公司本着“稳健经营、服务高效、客户满意”的经营原则，结合实际情况，紧紧围绕日立集团的主业和战略目标，大力发展公司业务规模，不断构筑完善合规、风险可控的经营管理体制。在日常经营中，安全合规为本，客户利益为上，兼顾自身效益，很好地发挥了公司在集团中的资金管理者的作用，提升了集团整体的资金效益。

截至年末，公司资产总额为 110 990.02 万元，同比增长 15.76%，负债总额为 79 335.04万元，同比增长 20.22%，所有者权益为 31 654.99 万元，同比增长 5.92%。公司全年实现营业收入 3 615.63 万元，同比增长 80.79%，最终净利润 1 768.68 万元，同比增长 143.48%，与上年相比有了较大幅度的增长。资本充足率为 50.45%，无不良资产。本年度资产质量优良，各项监控和监测指标均符合中国银监会规定。

【信贷业务】2011 年，公司在合法合规、风险可控的基础上，向成员单位发放人民币一般贷款，同时为成员单位之间办理委托贷款业务，信贷业务规模有了较大的发展。公司贷款期限均为短期，截至年末，一般贷款余额为 62 900万元，同比增长 29.16%，均为正常类贷款，委托贷款余额 10 000 万元。2011 年全年共实现贷款利息收入 3 011.68 万元，同比增长 96.79%，委托贷款手续费收入 268.87 万元，同比增长 48.02%。

【资金集中】公司围绕着年初制定的“加强与成员单位联系，扩大业务量”的工作计划，加强了与各成员单位的联系与沟通。公司主动出击、上门营销，前往北京、南京、常熟、南通、成都、重庆、杭州、大连等地拜访了多家成员单位，了解成员单位的业务服务需求、生产经营状况，维护彼此良好的关系，解决其系统上的问题，将其纳入公司的系统网络，积极吸收存款。这些措施促进了成员单位的存款稳步上升，为业务的深度开发奠定了基础。截至年末，公司吸收成员单位存款余额为 78 668.26 万元，同比增长 20.54%。

【业务创新】为了加大对成员单位的支持力度，更好地服务集团企业，公司于 2011 年 5 月向中国人民银行上海总部申请加入银行间同业拆借市场，并与 2011 年 12 月获得人民银行的批准，目前正在积极整理制定内部业务流程、培训相关交易人员、完善系统架设，预计在 2012 年度能够正式开展拆借业务。

【风险管理和内部控制】2011 年，公司坚持风控为先、合规先行的原则，从完善制度着手，进一步强化和完善全面风险管理体制，不断健全相关管理制度，细化业务管理办法和操作流程。根据《企业集团财务公司管理办法》、《商业银行合规风险管理指引》以及《上海市银行业金融机构重大事项及重要信息报告制度》等相关法规规章，结合公司实际情况，修改了《文件管理办法》、《会计管理办法》、《重要物品管理办法》、《事故报告管理办法》、《风险管理办法》、《存款运作管理办法》等公司业务管理办法，新增了《重大事项及重要信息报告管理办法》，废除了《向监督管理部门报告体制管理办法》。这些管理办法的最新修订版已经报送监管部门，并等待董事会的最终审议通过。以上各管理办法的修改，使得实际工作中各个岗位之间职权明确，相互独立、相互制约，保证了在合规风险可控的前提下，业务能够顺畅地进行。同时，公司加强了内审在内部控制中的作用，2011 年公司根据不同的业务内容通过每月的专项内审、各业务排查，定期进行内部审计，同时内部审计还引入了美国 SOX 法案的相关要求，全面对业务进行审计。审计后通过各相关部门联席会议的形式落实改善措施的实施，并由内审人员对整改结果跟进追踪。此外，公司每年还要就全年的业务情况接受外部审计公司安永会计师事务所的审计，对于在审计中发现的问题公司都会及时予以纠正、解决。2011 年度公司各项监管指标均符合监管当局的非现场监管要求。

【人力资源管理】公司围绕公司经营宗旨，依托公司核心文化，强化员工的服务意识、风险意识和质量意识，主要在“培训、考核、激励”三方面抓人力资源建设。在培训工作上，公司全年共组织了 5 次内部培训教育，通过对外部法规规章以及公司内部管理办法的讲解，加强了员工的合规意识及业务操作水平。同时，公司还积极分派员工参加集团总部以及财务公司协会等组织的外部培训，有效地拓展了培训的知识面，丰富了培训内容，提高了员工的综合素质。在对员工的考核与评价方面，公司实行 MBO 目标管理考核制度，从公司经营目标到个人目标，层层递进、环环相扣，目标的设定客观、科学、真实，在具体实施考核时，本着公开、公平、公正的原则，合理地对员工进行绩效评价。在激励方面，通过定岗定责，将员工升职加薪及年度奖金与绩效考核结果挂钩，充分考虑员工实际工作表现，进一步提升员工的工作积极性，进而提升工作效率。

【信息化建设】2011 年 6 月，根据业务发展需要，公司将数据中心由租用的银联机房，搬迁到新租用的数讯机房。在整个搬迁过程中，公司制订了周详的搬迁计划、应急方案，安排专人负责搬迁，保证了公司的业务在搬迁的时间段中，没有因为搬迁而中断，很好地完成了搬迁升级工作。此外，公司及时对应人民银行、银监局等监管部门对公司非现场监管数据报送系统的升级要求，保证了非现场监管数据能够及时准确地传送到监管部门。公司还认真做好对成员单位的服务工作，及时处理成员单位资金管理系统发生的各类问题，保证了成员单位能够正常及时地使用资金管理系统进行业务操作。

【企业文化建设】公司在企业文化建设上，提倡“服务、合规、学习、效率、和谐”的企业文化，在实践中自上而下地贯彻培养企业文化。在工作中强调树立客户至上的服务意识，以服务集团为己任，向集团客户提供优质规范的服务。在日常经营时，本着合法合规、风险可控的原则开展业务，实现社会效益与经济效益的统一。公司重视人才的培养与企业学习氛围的养成，为员工提供各种学习、进修机会，使得员工能够与企业共同成长。同时，公司坚持以人为本的管理理念，充分发挥工会等组织的作用，听取员工的心声，解决员工实际困难，改善员工福利，并通过组织旅游以及新年联欢、文体活动等形式，提升员工对于公司的归属感，增强企业凝聚力，力争将公司建设成为和谐企业。

保利财务有限公司

【**经营概况**】2011 年，保利财务有限公司（以下简称“公司”）紧跟集团主业发展步伐，积极把握市场节奏，对外广泛开展同业合作，对内扎实推进资金集中，以新业务的开展引领服务能力和水平的提升，资金集中和调剂功能得到进一步发挥，经营业绩再上新台阶。截至 2011 年末，公司总资产 60 亿元，净资产 9.3 亿元，资本充足率 52%。全年实现营业收入 2.88 亿元，利润总额 1.25 亿元，净利润 9 378 万元。

【**信贷业务**】公司在严控风险的前提下，适度增加贷款规模，并成功开展了担保、票据贴现及融资租赁业务。截至年末，公司全年累计发放贷款 12.7 亿元，其中自营贷款 8.3 亿元（票据贴现 0.1 亿元，融资租赁 0.3 亿元），委托贷款 4.4 亿元，为成员单位提供担保 2 亿元；全年信贷投放保持集团各板块间合理分布，覆盖集团房地产、能源、贸易等多个行业。根据业务发展需求，公司制定了《固定资产贷款管理办法》和《房地产开发贷款管理办法》。同时，为提高贷款定价的科学性和规范性，公司结合业务实际，修订了《保利财务公司客户信用等级评定办法》并编写了《保利财务公司信贷业务手册》，供公司员工学习和成员单位参考，以确保信贷业务流程的标准化。

【**票据及融资租赁业务**】公司根据集团发展规划及成员单位实际需求，以“多品种、多方式”向成员单位提供业务支持，并根据集团各主业特点，有针对性地对成员单位开展了票据业务及融资租赁业务的专项调研，广泛听取成员单位意见，确定并完善了相关制度和业务操作流程，年内成功办理了票据贴现和融资租赁业务，丰富了公司业务品种，为 2012 年业务开展和业务创新奠定基础。

【**资金和投资业务**】针对 2011 年市场利率波动剧烈的特点，公司积极开展同业合作，通过优选交易对手，争取取得较高资金收益，有效抵御了市场风险，提升了流动性管理的灵活性。同时积极争取同业授信，加大了头寸管理的弹性。公司还在同业合作模式上积极探索创新，与同属央企的其他财务公司相互提供授信，拓展了公司融资渠道，提升了公司业界形象。公司始终坚持“严控风险、适度收益、与集团业务相契合”三原则稳步开展投资业务，从收益情况来看，2011 年取得投资收益 1 250 万元，有效丰富了利润来源；从投资品种来看，既有货币市场基金及一级市场股票等外部产品，又有与集团业务相关的信托产品；从综合效益来看，投资外部产品加强了对市场的了解，投资集团企业相关的信托产品起到保持贷款额度以及协助艺术品经营业务打通上下游的作用。

此外，公司还利用专业优势和信息渠道，为推动集团产融结合实施进行探索和研究。一方面撰写了《集团涉足金融产业的调研报告》，另一方面积极寻找、接触、跟进合适金融机构，对有关银行进行了考察，为集团涉足金融积累了经验，储备了项目。

【资金集中】2011 年，公司在集团公司和成员企业的大力支持下，坚持“协增值、助管理”的思路，通过加强与成员企业沟通，深入推介二级资金池平台管理模式，协助成员企业丰富完善资金管理手段，同时增加银企直联接口，开发电子签章模块，为成员企业提供更便利的结算服务，以优质服务提升认同感，推动间联成员企业改为直联，以服务促归集，资金结存规模稳中有升，资金归集成效显著。

【风险管理和内部控制】公司不断完善治理结构，建立董事会对高管人员的考核制度，有效激励并约束其经营行为；以制订公司法制工作三年规划为契机，逐步健全公司总法律顾问制度和法律风险防范体系，确保公司合规稳健经营；通过开展“内控和案防制度执行年”活动，对重点业务部门和关键操作环节进行了全面自查，并积极着手落实整改；编制《公司信息化五年规划方案》，逐年推进、分步实施，从而构建起管理细化、运行高效的内控管理平台。2011 年，公司新制定业务制度及办法共计 10 项，重新修订业务制度及流程 5 项。

【人力资源管理】2011 年，公司积极引进人才，通过层层选拔竞聘，吸纳了一批高学历、高素质的金融专业优秀人才。全年继续加强员工岗位培训和专业培训，有针对性地组织员工参加北京银监局、财务公司协会、集团公司和公司内部组织的各类培训，内容涵盖公司规章制度、专业知识、业务操作、金融同业动态及国际经济形势等多个方面，并鼓励员工积极参加各类专业资格考试，全面提升公司员工的综合业务素质。完善绩效考核管理机制，通过对员工进行日常与年度相结合的考核，将考核结果与浮动工资、年终奖金挂钩，客观、公正、合理地评价员工业绩，极大地提高了员工的工作积极性和主动性，在员工中形成了争先创优的局面。

【信息化建设】2011 年，公司通过梳理现状和广泛调研，制定了《保利财务公司信息化五年规划方案》，确立了整体目标，明确了分步实施步骤，为今后 5 年的信息化发展指明了方向。开发的电子回单系统已于年底正式上线，为成员企业提供便捷的业务回单自助打印功能，提升了服务水平。

【企业文化建设】2011 年，公司努力营造“团结、务实、创新、高效”的企业文化氛围，以“打造优质高效的金融服务平台”为使命，力求将公司建设成治理规范、业务品种齐全的国内一流非银行金融机构。在为集团公司和成员企业开展金融服务过程中，工作作风热情、周到、细致、严谨，得到了成员企业的肯定。2011 年，公司组织开展了各种有益员工身心健康的娱乐、体育活动，营造了和谐的公司氛围，增强了团队间的协作精神，提升了组织凝聚力。

深圳能源财务有限公司

【经营概况】 2011年，深圳能源财务有限公司（以下简称“公司”）采取科学、积极、审慎、稳健的经营策略，灵活应对市场环境和监管政策的变化，强化内部管理，发掘融资潜力，创新金融产品，尽可能融入低成本的资金和争取有利的信贷规模，确保项目单位的用款需求以及个别困难企业的资金链衔接。截至年末，公司总资产71.10亿元，净资产13.85亿元，全年实现营业收入28 276万元，实现利润总额15 284万元。

【信贷业务】 2011年信贷规模偏紧。监管当局在控制信贷规模同时，要求信贷投放保持全年平滑性，避免信贷投放的大起大落。公司认真落实监管政策，大力开展电子银行承兑汇票业务填补信贷额度空缺，灵活管理调控现有的信贷规模。2011年，公司通过电票业务新增信贷规模5.74亿元，并通过票据转贴现等一系列业务操作，额外获得近0.05亿元利息收入，在满足监管要求的同时，获得了一定的资金效益；公司一方面积极争取人民银行支持，获得较为充足的信贷规模，另一方面充分发挥内部银行优势，灵活调剂内部信用资源为成员企业排忧解难。上半年在各家商业银行纷纷以各种理由退出的情况下，先后独立为集团成员单位发放贷款15.9亿元，贷款利率基本下浮10%，为成员单位提供远低于市场水平的优质贷款，帮助部分企业渡过资金链衔接不上的难关。

【结算业务】 2011年，公司存贷款归集程度继续提高，截至2011年末，结算业务量已达到1 305.96亿元，结算24 000笔，月均2 000多笔，较上年同期增长了20%，吸收存款年末余额较上年同期增长了约13%。预计2012年将结算25 000笔，结算金额将达到1 500亿元。

【票据业务】 2011年，公司完成了电子商业汇票系统和资金结算系统的升级开发，为开展电子商业汇票业务提供了强有力的技术支持。为了更好地使用系统和发现系统中可能存在的技术问题，公司组织了集团各成员单位财资管理平台操作培训、电子票据业务系统培训，并多次前往各操作用户现场调试和排障。公司良好的服务窗口形象受到集团及成员单位的普遍认同，服务满意度达到95%以上。

【同业业务】 公司同业业务基本上以融入资金为主。为了做好同业融资工作，2011年公司一方面扩大了同业融资规模，获取的综合授信额度合计75亿元，其中新增额度10亿元；另一方面积极争取法人账户透支等创新同业业务，以平衡资金的流动性和效益性。2011年，公司累计完成拆借8笔，新增信贷资产回购业务2笔，累计金额约为30亿元，平均资金成本为4.5%左右，在几个关键时点上及时弥补了集团资金缺口，保障了集团的资金使用。

【廉政建设】2011 年，公司进一步规范操作业务流程，统一工作标准，狠抓新业务的制度制定和执行，确保公司各项业务健康、持续发展。公司采取多种形式组织全体员工学习《银行业金融机构从业人员职业操守指引》，全面建立、健全员工守则，不断提高公司员工的职业操守。公司组织全体员工认真观看反腐倡廉系列教育片，组织领导班子成员听取集团反腐倡廉教育专题报告并参观了深圳市反腐倡廉建设展览。

【风险管理和内部控制】2011 年，为了进一步加强公司内部控制，明确公司主要业务流程、岗位 、职责及操作细则，公司成立了《财务公司业务操作程序手册》编制项目组，确定了梳理业务流程，理清流程中详细职责功能的工作思路。业务操作程序手册以公司主要业务为主，规范各业务步骤的岗位职责及具体要求，使公司主要业务流程清晰、职责明确、操作规范。业务操作程序手册由业务流程图、流程说明、流程具体要求三部分组成，各部分相对独立又密切相关。截至 2011 年末已完成结算业务、票据业务、信贷业务、资金业务、风控业务操作手册的编制，达到预期的目的。在经营状况评价方面，公司对资本充足率、资产质量、市场风险、盈利能力、流动性、服务水平等方面进行了持续的定性及定量的监测及评估，多年来各项监控指标均符合中国银监会《企业集团财务公司管理办法》规定的要求。

【人力资源管理】2011 年，公司作为集团非电力行业代表以试点企业身份参与了能源集团 ERP 项目二期人力资源模块蓝图设计、项目推广以及系统深化三个阶段的全面工作。截至 2011 年末，公司协助集团完成了适合集团所属企业，覆盖组织、人事、薪资、考勤四个模块的业务蓝图设计及工作。公司于 6 月完成系统上线工作，该项目正处于推广阶段，公司将继续在使用过程中对系统进行测试，进一步完善该套系统。

【企业文化建设】2011 年恰逢建党 90 周年和辛亥革命 100 周年，公司党支部继续深入开展“党员先锋岗”创建活动，在 2010 年的基础上结合公司实际，制定了具体翔实的实施细则，并根据金融企业特色、行业准则制定了评分标准，扎实有效地开展了公司党员先锋岗创建活动。同时组织开展了系列主题教育活动：组织党员观看《建党伟业》；组织党员及入党积极分子参观叶帅故居、孙中山故居；开展“牢记使命，庆祝建党 90 周年”主题党日活动；组织全体员工开展集团“企业精神”征集及研讨。公司党支部充分发挥工会、青联等组织的力量，通过开展读书活动、工作研究、乒乓球联赛、看板建设和评比等多种形式的文化活动，营造积极向上、团结友爱的工作氛围，增强员工的认同感、归属感，不断增加公司的内部凝聚力。在集团成立二十周年庆典上，公司自编、自创的《鼓乐欢歌》表达了公司员工积极进取的精神状态与和谐幸福的美好情感，得到了集团内外的一致好评，获得能源集团 20 周年庆典晚会“最佳创意”奖，并受到深圳市总工会的邀请参加市级联谊活动演出，获得“深圳市工会女职工工作先进集体”光荣称号。

中化集团财务有限责任公司

【经营概况】2011年，中化集团财务有限责任公司（以下简称“公司”）妥善应对市场复杂局面，敏锐把握市场契机，着力培育针对性、专业化综合金融服务能力，紧密配合中化集团公司产业发展和战略转型开展金融业务，取得了丰硕成果。2011年，公司完成主营业务收入8.72亿元，同比增长112%；税前利润4.47亿元，同比增长135%。

【增加注册资本金】经监管机构批准，公司获母公司中化股份公司增资20亿元，注册资本金由10亿元增至30亿元，财务实力和抵御风险能力进一步增强，有利于公司提升经营质量、扩大业务规模、增强创新能力，更充分、高效地满足成员单位金融服务需求。

【融资业务】2011年，公司冷静应对资金市场趋紧形势，努力拓宽融资渠道、丰富服务手段、提升服务效率，为成员单位提供贴心的融资服务。通过牵头组织15亿元银团贷款，为资金驱动型成员单位提供了有力支持；通过拓展客户经理制、深化客户服务，有效优化了客户体验，巩固了客户关系，促进了自营贷款规模提升。与2010年末相比，2011年自营贷款客户46家，新增9家；贷款合同金额新增126.5亿元；日均余额41.6亿元，增长13.17%；贷款余额59.92亿元，增长41.55%；贷款利息收入达到2.46亿元，增长38.98%。

【资金业务】2011年，公司积极把握资金市场机遇，着力获取资源、提高收益。一方面获得同业授信额度106亿元，办理同业拆借业务累计金额1 261亿元，为信贷业务和资金业务提供了充足的流动性保障；另一方面有效把握资金市场利率上升契机，通过科学配置资金，大幅提高了资金收益。

【有价证券投资业务】为提升有价证券投资收益，公司稳步增强投资研发能力，根据市场趋势审慎开展投资业务。一方面丰富投资品种，优化投资组合，根据市场趋势确定了以固定收益类为主、权益类为辅的投资策略，合理优化投资组合，规避市场风险，同时通过开拓债券一级半市场交易业务，适时配置可转债产品等方式，拓展了盈利渠道；另一方面深入研究细分市场，持续积累市场信息和投资经验，进一步增强投资团队研发能力。2011年实现投资收益4 901万元，同比增长122.15%。

【票据业务】公司一方面紧密围绕成员企业融资需求，广泛开展票据贴现业务，为成员企业产业及贸易发展提供灵活便利的融资支持。截至2011年末，票据贴现余额达7 700万元，实现收益1 025万元。另一方面积极探索票据信息集中管理实现路径，成功开发电子票据系统，为票据信息集中提供了便捷的统一管理平台，调研形成了纸质票据信息集中管理方案，为建立统一开票、统一托管、统一贴现的票据池奠定基础。

【外汇业务】2011 年，公司纳入即期结售汇业务成员企业达 28 家，新增 4 家，年代客结售汇业务量 101 亿美元；外汇资金集中的成员企业达 19 家，新增 1 家；授权归集外汇账户达到 75 个，外汇资金来源进一步增加。同时通过推广贸易融资和代理远期结售汇业务，为成员单位进一步降低外汇资金成本，2011 年代理远期结售汇业务量达到 2.3 亿美元。

【资金集中】2011 年，公司以上市公司为重点，积极推动成员单位加入人民币资金池，截至年末，成员企业客户总数达 178 家，新增 49 家；新增人民币授权查询或归集银行账户 124 个；日均存款 161.8 亿元，同比增长 65%，资金集中度进一步提高。

【结算集中】公司稳步建设人民币结算集中管理体系，成功开展统一收款业务，初步建立了完整的人民币资金收付闭环管理运营平台，同时加快推广统付业务，2011 年新增 7 家成员企业纳入统一支付管理，有效增强了人民币资金风险管控能力。为优化客户结算服务体验，通过开发电子回单功能、增加银企直联合作银行、扩展支付系统大额行号功能、开发短信通服务功能等多项措施，有效提高了支付结算业务的便捷性和安全性。

公司针对国际贸易风险进一步复杂化的形势，创造性地开展了进口代开证业务，通过为成员企业代理设计专业单证条款，实现了单证风险管控的关口前移，更有效地规避潜在风险。同时深入推广国际结算集中，通过贸易风险审核监控，确保交易安全。新增国际结算集中企业 5 家，通过手工录入模式，新增 4 家公司在非集中行账户纳入集中管理，实现了除上市企业外的成员企业全部纳入国际结算集中管理。

【保险代理业务】以“强化风险防控、提升专业能力”为重点，不断提高保险服务的专业效应与服务效率。一是通过扩展险种覆盖范围、合理设计保险方案、加强保险集中管理等措施，确保保险险种匹配可保风险、承保方案契合企业风险、保险成本体现集中优势。2011 年，成员单位保险金额达 2 697 亿元，保费 1.9 亿元，赔付金额达 8 700 余万元。二是继续推进“总对总”战略合作，通过加深与保险行业领军企业战略合作，初步实现重大赔案与保险公司总部直接沟通，有效推动了一批重大案件的理赔进程。三是深入进行风险勘查，促进事故风险管控的关口前移。通过专业评估，提出改进意见，为成员企业避免潜在损失。2011 年为集团所属 10 家企业提供了风险勘查服务，并出具了风险勘查报告。

【财务顾问业务】2011 年，公司先后担任了中化集团美元中期票据、10 年期人民币中期票据、银团贷款等项目的财务顾问，通过把握市场机遇，有效降低了直接融资成本。同时，公司不断丰富专业咨询服务内涵，通过开展投资顾问业务，为成员企业投资收购业务规避交易风险；通过银行理财投资顾问服务，提高了成员企业资金使用效率。

【金融股权管理业务】一方面加强参股企业规范化管理，初步构建了以监管和支持并重的金融股权投资管理体系，逐步规范了参股企业的公司治理，推动了参股企业改制上市等重要战略发展，资本回报率稳步提升。2011 年公司负责管理的金融股权投资项目总额达 19.1 亿元，项目享有利润 1.57 亿元。另一方面积极开发新的金融股权投资项目，对拟投资项目信息、相关政策及行业动态进行深入调研，稳步推进新项目开发前期工作。

【风险管理和内部控制】持续推进规章制度体系建设和风险管控机制建设，稳步推进全面风险管理。一是着力增强规章制度的规范性、全面性和系统性，进一步夯实了风险管控的制度基础；加强风险合规文化培育，进一步强化了全员风险意识。二是通过建立关键风险指标量化监控体系、制定全面风险管理规定、启动风险审查评价机制，使风险审核监测和风险控制的全面性、实效性大大增强。2011 年，公司不良资产、经营风险事故为零，各项指标符合监管要求，风险管理体系进一步完善。

为进一步强化完善内部控制体系，公司成立了审计监察部，为确保内部审计的独立、全面、有效，同时增强纪检监察和道德风险管控奠定了坚实的组织基础，在建设科学分工、高效协作、相互制衡的内部控制体系方面迈出了一大步。此外，新增了功能定位、盈利能力、服务水平等稽核检查项目，促进了稽核检查工作与公司战略发展的高度契合。

【信息化建设】以建立安全稳定、运转高效的信息系统平台为目标，持续推进信息系统建设，优化系统功能。在扩展系统模块方面，紧密围绕金融业务需求，扎实推进系统模块开发工作，高效完成了统收、进口代开证、电子票据、信贷管理新模块、大额行号、“短信通”平台、超级网银等系统重点模块建设，为公司重点战略议题推进提供了坚实的技术支持。在强化系统安全方面，根据国家信息安全等级保护三级标准统筹规划信息安全防护工作，对网络入侵防御系统采取针对性加固措施，确保网络安全防护严密性，同时推进物理设备防灾和灾备系统建设，进一步确保了业务信息和网络的机密性、完整性和可用性。

【人力资源管理】公司以战略为指引，不断细化人力资源管理体系，打造一支高素质人才队伍。一是大力引进专业及职能管理人才，优化队伍结构，员工专业匹配度从 69% 提升到 80%。二是配合公司客户经理制实施，通过业务研讨会、专业培训等方式，提升客户经理专业能力。三是完善培训体系，明确差异化人才培养重点，通过业务讲堂、综合技能培训等方式促进员工能力提升。四是将绩效管理与薪酬激励充分结合，提升员工工作积极性和主动性。五是形成公司“亲情、服务、学习、创新”核心文化理念体系，并在制度建设及主题文化活动中采取多项举措促进文化落地，公司组织氛围及员工凝聚力达到历史最佳状态。

【党群工作】2011 年，公司党总支根据“双强、双建”即“强化党员创业意识、强化基层党建工作体系、建设学习型党组织、建设四强四优党组织”核心思路开展工作，为公司事业发展提供了有力支持，被中化集团公司评为“先进基层党组织”。一方面以“促四强，聚四力”为载体，深入推进创先争优活动，通过创新“九法学党史”等机制，引导党员学习党史精髓、振奋创业精神；通过完善政治工作规章制度、拆分调整基层党支部等措施，促进了党建工作规范、高效开展。另一方面通过组织员工分享成长经验、探讨创新路径，提升员工队伍探索创新能力；丰富细化员工关怀形式和内容，增强了团队的向心力和凝聚力。

海信集团财务有限公司

【经营概况】截至2011年末，海信集团财务有限公司（以下简称“公司”）资产规模49.68亿元，同比增长22.07%；实现利润总额8 903.26万元，同比增长59.46%；净资产利润率10.33%，同比增长3.11%。2011年，公司通过完善金融业务功能，加强集团成员单位资金集中管理和投融资管理，在保障集团经营性资金需求，降低资金成本的前提下，合理配置运用资金，提高资金效益，为促进集团产业发展提供有力支持。

【外汇业务】2011年，公司在取得即期结售汇资格、银行间外汇市场交易资格后，积极开展即期结售汇业务，通过内部结售汇和外汇市场交易调剂集团内部外汇资金余缺，为集团节约汇兑成本超千万元。

【业务创新】2011年，公司通过拓展金融业务资格、完善金融业务功能，为降低资金成本、提升公司盈利水平创造条件。2011年，公司正式开展电票业务，累计开票542笔，金额达61.64亿元。2011年，公司获人民银行上海总部批准进入全国银行间同业拆借交易市场，从事同业拆借业务，为拓展同业业务合作空间创造了条件。

【资金集中】2011年，公司不断完善银行本币账户管理，进一步加强集团资金集中管理。通过规范集团成员单位在银行的本币账户开销户管理及审批流程，加强对成员单位银行账户的监控；通过账户清理与监控，强化对成员单位的资金管理，有效地提高了资金归集度。2011年末，公司资金归集率达69.46%。

2011年，公司开展资金收付集中化管理方案的评估和准备，评估新方案对信息系统、制度流程、人员配备及岗位设置等方面的需求，拟制相关操作流程，明确人员需求及岗位设置方案；与各合作机构分别沟通系统需求和清算方案；完成POS代理收款准备，正式开展POS收款代理业务。

【风险管理和内部控制】2011年，公司注重内控管理和风险长效机制的建设，有效提升内控管理水平，防范操作性风险。一是加强案件易发领域的风险排查，有效防范操作风险；提高内审检查和内控执行力度；完善员工失范行为监察手段，加强人员管理。二是提高公司信贷业务风险管理水平，实现信贷业务的贷前审批与贷后五级分类审批的完全分离，进一步规范业务操作和档案管理；完善公司客户信用等级评分办法，初步建立授信额度的测算模型。

国联财务有限责任公司

【经营概况】2011 年，国联财务有限责任公司（以下简称“公司”）以“准确定位、合规经营、严控风险、稳健发展”为宗旨，除了做好资金归集工作、信贷资产经营工作和成员企业金融服务工作外，还努力开拓业务门类，取得了同业拆借、债券承销、买方信贷、融资租赁四项新业务资格，进一步提升了公司综合竞争力和服务成员企业的能力。截至 2011 年末，公司表内外资产总额 33 亿元，利润总额 4 643 万元，所有者权益 5.5 亿元，贷款及贴现总额为 13.08 亿元，吸收存款 21 亿元，资本充足率 39.63%，流动性比例 67.55%，存贷比 61.96%。

【信贷业务】2011 年，公司继续将授信业务作为工作重点，通过积极走访各成员单位了解需求，满足企业生产经营的资金需求；同时，还根据各成员单位采购、销售、经营管理等个性特点，将商票、电票等多种授信产品嵌入到企业产业链，将原有单一标准化授信产品转变为企业个性化的金融服务方案，为成员单位提供切实的价值增值。截至 2011 年末，公司各项授信资产余额 130 764.61 万元，其中自营贷款余额 110 310 万元，贴现余额 20 454.61万元，有效地满足了成员单位的资金需求。

公司与银行的良好合作，为成员企业授信产品结构调整、降低财务成本、设计最优融资方案、提升谈判地位和议价能力等方面提供支持和帮助。公司全年共为成员企业节约财务成本1 201.68万元，其中银票贴现节约财务成本 217.05 万元，商票贴现节约财务成本 111.58 万元，贷款节约财务成本 736.8 万元，手续费节约财务成本 136.25 万元，有效提高了集团的资金使用效率，降低了集团整体资金成本。

2011 年 12 月 31 日，公司成功获批承销成员单位企业债、买方信贷以及融资租赁三项新业务资质，当年未开展上述三项业务。

【资金和投资业务】2011 年，公司归集成员单位资金 21.10 亿元。在资金运作方面，主要进行了两方面的工作：一是公司与所在地人民银行加强合作，办理了商票回购式再贴现业务和银票回购式再贴现业务。对进一步拓展公司服务品种、降低成员单位融资成本有着重要意义；二是公司取得了全国银行间同业拆借市场交易资格，完成了交易员培训，及时履行了信息披露义务，并于 11 月 7 日完成第一笔交易，金额为 2 000 万元。这为公司同业拆借业务开创了先例，也为今后满足资金临时性周转、灵活调度资金头寸打下了基础，进一步提高了公司资金的流动性和收益率。

【票据业务】2011 年，随着信贷政策从紧、银根紧缩，银行的信贷规模受到相应的制约，银行开始大力发展银票等表外业务，导致市场中流通的银票量激增，集团下属不少成员单位也因此出现应收票据迅速增加的情况。与此同时，针对成员单位面临的贴现规模紧张、贴现价格高、单张面额小、银行不受理等现象，为了切实解决成员单位的贴现难问题，公司累计为8家银票贴现需求较多的成员单位共办理银票贴现155笔，贴现金额达30 613.6万元，为成员单位节约财务成本217.05万元。

同时，为了调整公司信贷资产结构，提高资产的流动性，也为了拓宽融资渠道，引入低成本的再贴现资金，公司制定利率优惠政策引导成员企业新增授信或置换存量贷款时使用商票贴现，截至年末，累计为成员单位办理商票贴现7笔，总计5 500万元，为成员单位节约财务成本111.58万元。

【业务创新】2011年，公司累计开出两张由财务公司承兑的跨行接入点的电子承兑汇票。跨行电票的成功开出，不仅标志着公司的电票业务开展取得实质性进展，突破了以往电票只能在本公司内流转的状况；同时，也标志着公司在地区金融行业的信用度和影响力的提升。

公司还利用人民银行商票再贴现业务调整授信产品结构。根据集团内热电企业的现金流特点，鼓励采用商业承兑汇票结算电煤款项。公司提供商票贴现，为上下游企业双方提供融资便利，成为自主结算模式的创新，进一步丰富了成员单位的金融产品选择；同时，公司在人民银行办理再贴现，降低了成员企业的财务成本，获取了集团外且低成本资金。2011年，公司成功办理了商业承兑汇票贴现5 500万元，办理再贴现总额6 300万元，其中商票再贴现3 500万元。

【信息化建设】2011年，公司不断优化系统的服务和功能，明确了公司系统管理和网络管理的考核措施，完善了系统业务数据的备份机制，使得公司信息系统运转更加安全、稳定和高效。年内，公司新增农业银行银企直联系统，截至2011年末，共与包括农业银行在内的6家银行正式建立了直联平台，更好地为公司资金归集服务。公司完成了中国人民银行电子商业汇票系统（ECDS）的票号改造升级工作，提升了系统的兼容性和扩展性，满足了业务部门需求及未来的扩展要求。同时，公司将系统异地备份服务器搬迁至中国电信备份中心，实现了远程异地备份，提高了公司业务数据的安全性。

【人力资源管理】2011年，为了提高员工的综合素质培养，公司积极推动各项内部、外部培训：一方面，引导员工积极自主学习，利用业余时间取得各项资格证书，成为全面的复合型人才；另一方面，通过讲座、交流、竞赛等多种形式，激发员工苦练内功、提高业务素养的热情，基本实现了周周有培训，月月有竞赛。

此外，公司也加强了考核力度，完善薪酬激励，执行轮岗制度，让每位员工都找到最适合的岗位，员工的表现与个人收益相挂钩，起到了奖勤罚懒、激励先进的作用。

【企业文化建设】2011年，公司组织开展了一系列活动，比如红歌会、爱心捐款活动、“三八节”的职业女性形象设计、羽毛球比赛、乒乓球比赛，演讲比赛，等等。此外，公司还创编了内部刊物《信息汇编》，成为江苏省内首家出版内部刊物的财务公司。刊物坚持内容健康向上、题材活泼新颖、报道迅速及时的宗旨，成为全方位展示公司发展历程和员工风采的窗口。上述各类活动，加强了员工对公司的认同感和归属感，为构造和谐企业文化打下了良好的基础。

首都机场集团财务有限公司

【经营概况】2011 年，首都机场集团财务有限公司（以下简称“公司”）紧紧围绕集团发展战略转型方向，密切结合公司发展实际，积极开拓进取，以完善金融服务功能、确保资金安全为重要抓手，在夯实结算、存款、信贷等基础业务管理的基础上，加大金融创新力度，努力做好风险控制，全面提升金融服务水平，实现业务发展、经营效益和品牌效应的多重提升，为集团公司和成员企业又好又快发展发挥金融协同作用。

截至 2011 年末，公司资产总额 68.71 亿元，负债总额为 61.90 亿元，净资产总额为 6.81 亿元，较年初增长 14.64%；累计实现收入 2.89 亿元，较上年增长 46%；利润总额 1.72 亿元，较上年增长 47%；净利润 1.28 亿元，较上年增长 47%。2011 年，公司取得的主要成就包括：资金集中成效显著，公司全年累计完成结算量 978 亿元；吸存规模稳中有升；信贷投放持续创新；业务申请成果丰硕；经营效益大幅增长；行业形象不断提升。

【信贷业务】截至 2011 年末，公司共向 10 家成员企业发放 53 笔自营贷款，金额共计 41.97 亿元，较年初 34.91 亿元增长 20.22%；共向 26 家成员企业发放 84 笔委托贷款，金额共计 104.36 亿元。

2011 年，公司信贷业务紧密围绕集团公司的发展战略，不断调整信贷资产结构，机场主业类贷款持续增长，房地产类贷款适度压缩，其他行业类贷款实现新增。一是银团贷款投放持续增长，助力机场主业健康发展；二是传统与创新业务相结合，设计并发放了经营性物业融资贷款、流动资金循环额度贷款等新型贷款品种，有效满足成员企业融资需求；三是与外部商业银行开展业务合作，成功办理了一笔信贷资产转让业务，创新公司金融运作模式；四是集中开展了信贷业务审批系统、信贷业务电子回单系统、电子商业汇票系统和人民银行征信系统的开发与建设工作，规范业务操作流程，提高工作效率。

【资金和投资业务】2011 年 9 月，经中国银行业监督管理委员会批准，公司新增承销成员单位的企业债券、对金融机构的股权投资以及有价证券投资三项新业务，公司的业务范围由《企业集团财务公司管理办法》规定的十项内容扩展至十三项。

2011 年 11 月，经中国人民银行上海总部批准，公司获准进入全国银行间同业拆借市场，核定同业拆借最高拆入、拆出资金限额均为 5 亿元。

【资金集中】2011 年，公司继续密切关注成员企业及银行账户开立、注销情况，积极推进和扩大成员单位和银行账户的上线规模。截至 2011 年末，上线企业为 248 家，上线账户为 840 个，双双实现上线率 100%。

2011年，公司积极推进建设项目资金归集工作，截至年末已累计归集建设项目资金5.49亿元，增强了资金管理的深度，有力地支持了吸收存款的稳定增长。同时，公司充分发挥资金管理系统功能，通过对成员单位收入户的归集策略进行优化调整，大大压缩了成员单位收入户的资金沉淀，进一步提高了每日吸存规模。公司在为成员单位办理结算业务的过程中，积极建议成员单位通过财务公司使用代理支付的方式付款，在提高成员单位款项支付效率的同时有效降低了成员单位银行资金存量，确保吸收存款稳定。截至2011年末，公司吸收存款余额61.63亿元，年日均吸存余额60.86亿元，近三年日均吸收存款规模均呈现出两位数的增长态势，实现了跨越式的发展。

【业务创新】为保障成员企业资金安全，减少因对账不及时产生的账务错误，公司自2011年4月起，将对账频率由原来的每半年缩短为每季度。在此基础上，为进一步提高对账效率，自2011年7月起，通过对资金管理系统的优化，由原来公司逐家发送对账单的方式改为成员企业在资金管理系统内自行打印对账单的模式，有效解决了此前对账单邮寄难、回收难等问题，进一步提高了对账效率。对账间隔的缩短，对账效率的提高，减少了成员企业的错账与漏账，有力保证了成员企业的资金安全。

2011年，公司通过对资金管理系统的开发完善，对定期存款的办理进行了细分，成员企业在办理定期存款业务时，可自行选择定期存款到期处理方式（本息续存/本金续存结息/不续存），此举大大减轻了成员企业办理定期存款业务的手续，提高了业务办理效率。

【风险管理和内部控制】2011年，公司调整组织架构，明确风险控制部和审计部的相关职责，制定了内部控制、风险管理、审计稽核等相关制度，通过对公司各业务的合规性检查，充分实现风险“事前防范”功能；通过对公司内部控制执行情况，对各项业务在操作过程中的合规性、风险性、准确性、效益性进行检查、监督，充分实现风险“事中控制”功能；审计工作主要围绕相关制度的修订和新增开展，为充分发挥风险“事后监督”功能奠定良好基础。

年中，公司开展了第二轮制度大梳理活动，对公司现行制度及流程进行了修订及新增，使公司所有的业务及管理有章可循，避免违规操作事件的发生。7月，根据监管要求开展“深化银行业内控和案防制度执行年”活动，公司各部门结合本部门各类业务环节，对照内控和案防制度的规定和要求，结合“防范操作风险13条”，认真查找在制度执行力方面存在的突出问题和薄弱环节，重点对相关制度执行情况和执行中存在的问题进行排查，做到边查边纠，查找彻底，纠正到位，及时总结，及时整改。

【人力资源管理】围绕集团公司提出的员工“工作有快乐、职业有发展、生活有品质”的发展目标，公司积极推动“完善人才机制，提高员工生活品质”工作，聘请了国际著名咨询公司开展人力资源管理规划，在人才培养、员工晋升、绩效考核及薪酬福利等方面制定了科学的发展方案和实施措施。此外，公司建立了与经营绩效挂钩的员工工资正常增长机制，为员工发放了通讯补贴、旅游补贴、图书补贴、政府返税奖金、集团公司战略解码奖金，办理了公园年票以及发放了其他实物福利等，丰富了员工福利保障体系，增强了员工的归属感和幸福感，体现了公司领导班子“关爱员工、以人为本”的管理理念，彰显了国有企业在保障员工权益方面的优越性。

【信息化建设】2011年，公司根据2010年的系统审计发现和建议，制订了系统整改落实方案，从科技信息管理架构、制度建设、风险管理、建立测试环境的第三备机，到开发综合展示系统、全面梳理和解决系统问题和需求等，做了大量的工作，包括资金管理系统的综合展示系统正式上线，搭建资金管理系统的测试环境，启动了信贷业务全流程实现信息化管理的工作，并于年底前实现了上线。

【党建群团建设】公司党支部不断加强自身建设，团支部正式成立，党员培养和发展工作进展顺利。公司党支部认真学习党的十七届六中全会精神，积极组织开展了“国门清风”反腐倡廉教育活动，参观北京市反腐倡廉法制教育基地的警示教育活动，举办党员干部读书倡廉活动、邀请中央党校教授解读胡总书记七一讲话的党课活动、党员干部民主生活会和加强“四好班子”建设等。公司党支部以庆祝建党90周年为契机，以组织开展西柏坡红色之旅和红歌会等多种活动形式为载体，全面开展创先争优活动。此外，公司工会群团工作多姿多彩，相继举办了台球、棋牌和拔河比赛等多项文体活动，与兄弟公司多次开展羽毛球友谊赛等，活跃了员工业余文化生活，发挥了维护稳定、凝聚人心的积极作用。

红豆集团财务有限公司

【经营概况】截至2011年末，红豆集团财务有限公司（以下简称“公司”）总资产17.84亿元，全年实现营业收入1.22亿元，净利润2 892.14万元，贷款余额11.52亿元（其中贴现余额4.05亿元），资金归集9.71亿元，担保余额1.2亿元，并做到了“三无”，即无重大差错、无不良贷款、无案件发生。

【信贷业务】2011年，公司共计召开贷审会11次，涉及21个单位23笔金额11.65亿元；完成综合授信24笔，共计12.11亿元；发放贷款96笔，共计9.29亿元，贷款余额7.47亿元，较年初增加1.84亿元，贷款利息收入为4 457.16万元；累计完成贴现74笔，共计21.93亿元，贴现余额4.05亿元，较年初增加3 933.81万元，实现贴现利息收入6 422.44万元；担保业务24笔，共计6.93亿元（其中敞口5笔，共计1.51亿元）。敞口担保余额1.2亿元，比年初减少247.5万元，担保费收入为84.08万元。

公司严格做好贷前调查、贷中审查、贷后检查工作，严格按照授权范围操作业务。无逾期贷款及托收不成功银票，各类信贷资产质量五级分类均为正常。

【资金和投资业务】公司从同业授信、转贴现、担保、提高存放同业活期存款利率等多方面为集团和成员单位节约资金成本，不断提高资金使用率。公司在提高资金流转速度的同时注重资金的结构安排，合理配置资金。在提高资金的流转速度上，了解整个资金的流量和流向，关注关键环节，加强与其他部门的沟通与协作；资金安排上，既算公司的小账，又算集团资金这本大账。公司积极主动服务成员单位，先后为远东、生物科技、通用、居家四家单位作担保，担保金额共 1.50 亿元，担保费率为 0.8%，为成员单位节约了担保费用。

2010 年 8 月 17 日，中国银监会批复公司新增两项业务——承销成员单位的企业债券和对金融机构的股权投资。目前，公司已完成对江苏大丰农村商业银行股份有限公司投资 9 000万元，占比 10%；对锡山村镇银行投资 1 050万元，占比 7%，尚在进行中。承销成员单位的企业债券业务暂未开展。

【票据业务】2011 年，公司积极联系外埠银行拓宽票据转贴渠道，开展各类票据业务。通过多做票据贴现，为集团降低资金成本。全年共开展票据转贴现 19 笔，累计交易金额 19.61 亿元。与同期贴现成本相比，为集团节约资金成本约 1 442 万元。2011 年，公司抓住人民银行推广商票再贴现契机，累计贴现商票 7 500 万元，年利率 2.25%，为集团节约资金成本约 107.75 万元。票据业务稳健发展，为成员企业节约了资金成本。

【资金集中】2011 年，公司上报银监局备案成员单位 58 个，开户 58 个，成员单位开户归集率为 100%。截至 2011 年末，集团合并报表货币资金 20.35 亿元，公司吸收存款 9.71 亿元，（全口径）资金归集度为 40%。

【服务集团】2011 年，公司围绕集团的转型发展贡献了力量。一方面积极为集团及成员单位开展多项服务性工作，而不收取任何费用；另一方面积极利用自身的资金管理平台和资源，为集团及成员单位节省融资成本及经营费用，从而为其节约了大量看得见、算得出的“有形”资金成本，同时还通过提出的各项财务建议，为集团和成员单位的发展提供参考，为其节约了更多的“无形”成本。一是为实现集团阶段产业目标提供资金保障，积极配合集团做好重大项目代理融资服务工作和短期融资券发行工作。二是为集团转型升级提供服务，提升管理，包括：协助各品牌专卖店做好资金归集工作，2011 年红豆共开专卖店 1 230 家，资金全部实现归集；办理全集团银行承兑汇票代保管业务，在工商银行建立了集团票据池；协助集团及成员单位梳理完善四大品牌专卖店制度、招投标文件，规范银行承兑汇票的管理制度，配合通用公司制定仓库管理及审计财务制度；积极为集团和成员单位提供财务建议。

【风险管理和内部控制】2011 年，公司在对具体业务进行风险审核时，做好事前、事中、事后各个相关环节对风险因素的分析、识别、判断、化解，最大限度地降低业务开展中的风险隐患，同时注重对业务操作环节中合规性和岗位监管制约的审核，杜绝业务操作风险。公司在合规的基础上向风险管理推进，加大在公司的信息系统安全、票据回购制度、转贴现操作的风险控制等方面的稽核检查，同时，抓好长效机制、激励机制、监管机制和道德建设，确保了“三无”目标：无重大差错、无不良贷款、无案件发生。2011 年，公司获江苏省银监局年度风险评价良好等级。

2011 年，公司强化服从金融监管的意识，自觉主动接受金融监管，按照人民银行监管要求，控制信贷投放规模，每旬按时足额缴纳存款准备金。在无锡市金融统计考核评比中获评 2011 年“金融机构信息报送”先进单位。

【人力资源管理】2011 年，公司引进了 2 名优秀大学生，为团队发展增添了新生力量。在员工管理方面，公司实现“人性化 + 科学化”，积极推行民主管理，在内部营造积极、向上、活泼、好学的良好氛围，提升员工工作的积极性。在人员培训方面，公司采取“走出去”和“引进来”相结合的方式，一方面，组织学习海尔财务公司的票据集中管理和沙钢财务公司的资金预算管理，目前已向集团内推广实行；另一方面，邀请了工商银行人员对集团财务人员进行了票据真伪性、有效性识别和贴现培训，组织学习了票据的知识与风险防范、信贷管理中的风险控制知识。

【信息化建设】为了让系统运行稳定、安全，公司各部门针对运行中的具体细节及各种问题积极与相关公司和部门联系商讨，不断优化更新现有的九恒星票据系统、九恒星融资系统、电子商业汇票系统、网上开票系统、人民银行报表报送时代正邦系统、科融数据报送系统、中国反洗钱报告数据报送系统、银监金融专线系统等，保证了各项新系统正常运行无重大问题发生。同时，对业务部门网上银行电子证书进行更新。通过对系统的优化和更新，提高了业务部门的工作效率。

2011 年，进一步完善信息安全管理方面的制度，对信息系统的运行情况开展定期检查和抽查，保证信息系统的安全与稳定，确保事故零发生率。同时，建立健全有关规章制度，制定相应的风险防范措施。完善安全事件预警通报机制和流程，及时处理和通报安全信息。加强应急管理机制建设工作，增强应急处置能力，提高应急预案的可操作性和针对性。

【党建工作】2011 年，公司党支部紧跟集团党委的步伐，围绕“品牌年”发展主题，积极推进创先争优、转型发展各项工作，通过“党建促发展”，全面服务经济工作的开展。2011 年，党支部参与编辑、制定了《红豆集团党建工作标准》，并积极参与集团党建贯标工作。支部积极开展“为企业献良策”活动，推进创先争优。挖潜月中，共 30 人参与提合理化建议，共递交合理化建议 46 条，其中 7 条建议获得集团合理化建议奖。“读红书”征文活动中，1 名党员获得一等奖；2 名党员分别被评为“集团优秀党员”、“五四青年标兵”。

【企业文化建设】公司认真学习宣传红豆集团的核心价值观、人本管理理念，以人为本，积极倡导求真务实、爱岗敬业、善于学习、乐于奉献、勇于创新的公司精神。

海马财务有限公司

【经营概况】2011 年，海马财务有限公司（以下简称“公司”）继续秉承“依托集团、服务集团”的经营宗旨，紧紧围绕集团公司发展的总体目标，坚持专业化、市场化的发展方式，积极做好资金集中管理工作，重点拓展汽车消费信贷业务，支持集团公司主营业务发展，使公司业务取得了长足发展，各项经营指标大幅增长，圆满完成了全年经营管理目标。

截至 2011 年末，公司资产总额为 44.68 万元，全年实现营业收入 1.06 亿元，同比增长 181%；实现利润 0.98 亿元，同比增长 195%，人均创利近 200 万元；贷款规模 2.70 亿元，同比增长 2.8 倍；全年纳税 0.24 亿元，人均纳税 50 多万元。

【增资扩股】2011 年 5 月，为更好地发挥公司资金集中管理作用，支持海马汽车主业的发展，海马投资集团以现金方式为公司增资，使公司的注册资本金由 5 亿元增至 9.5 亿元。本次增资扩股后，将有利于公司扩大吸收集团其他成员单位的存款，充分发挥资金集中管理作用；有利于进一步扩大金融服务业务范围及规模，形成新的盈利增长点；有利于满足日益强化的资本监管要求，提升公司的风险分类评级及资信程度，从而为提高公司整体盈利水平和后续快速发展提供资金支持与保障。

【信贷业务】2011 年，公司共受理海马汽车个人消费贷款4 438 笔，共计2.34 亿元，贷款笔数增长 4 倍，超额 47% 完成年度计划。截至2011 年末，公司汽车个人消费贷款余额2.19 亿元，增长23 倍，60% 的4S 店开展了车贷业务，增长 3 倍，渗透率达 3.4%。更可贵的是，个人消费贷款开办的第一年就实现了盈利。

2011 年，监管机构批准经销商贷款总授信额度为 1.79 亿元，全年发放贷款 3.23 亿元，经销商贷款余额 0.53 亿元，这得益于公司准确的市场定位和经营策略。一是通过市场分析，把海马车贷业务的突破重点放在二线、三线城市及其广大经济发达的乡村地区。目前此区域的业务量约占 90% 以上。二是加强业务宣传，积极拓展业务区域，提高渗透率。2011 年，公司成立了华东、华南、华北区办事处，派遣了6 名长驻工作人员，负责向管辖区域销售服务店大力推广公司的全车系个人汽车消费信贷业务，取得了显著的效果。其中拓展的华东、华南区共有 41 家销售服务店与公司签署了合作协议，占该区域的 72%，37 家提交了个贷申请业务。三是做好当地车管所的抵押备案工作。截至年末，全国共有 118 家经销商完成了备案工作，其中北部区经销商备案覆盖率达到 95%，西部区经销商备案覆盖率达到 79%，华东区经销商备案覆盖率达到 94%，华南区经销商备案覆盖率达到 79%，华中区经销商备案覆盖率达到 73%。四是简化手续优化流程，规范操作标准。2011 年公司推出了全车系的消费信贷，同时简化手续优化流程。实行了“三、五”审批原则，即客户三次到店，五天内审批并发放贷款。

【资金和投资业务】2011 年，公司完成了证券业协会及证监会的网下询价对象资料申报工作，取得了询价对象资格。在此基础上，顺利完成了询价对象上海交易所与深圳交易所网下申购业务 CA 证书的申领，同时，完成了询价对象网下申购 CA 证书的安装、测试工作，并积极参与证券业协会组织的网下询价对象业务操作培训。新股网下询价业务于当年 9 月份正式开始。同时，公司还参加了国泰君安、中银国际等券商、基金研究机构举办的各类投资策略会议、专题讲座等，在传统的估值模型（相对估值法、绝对估值法）基础上，强调基础分析的重要性，针对各个行业建立中小企业分析评级基本框架。积极筹备有关银行间债券市场乙类账户成员的资格申请资料。

取得询价对象资格后，公司积极参与新股的网下询价工作，秉持审慎客观报价的原则，先后共计参与新股询价约 58 次，入围中签新股 7 只，中签金额合计 6 180 万元。

【票据业务】2011 年，公司全面学习票据相关法律法规，掌握集团票据流转情况，积极开展票据业务，累计完成票据业务 6.29 亿元。

【资金集中】2011 年，公司紧紧围绕“安全性、流动性、盈利性”的经营原则，认真组织资金管理、会计核算、预算编制及统计工作，规范各项财务基础工作，站在财务管理和公司战略管理的角度，以资金管理为中心、预算管理为纽带、控制费用为重点，不断提高财务服务质量，及时平衡资金调度并营销资金存出、核算各项费用、积极有效推进转贴现业务等，实现了资金使用收益的最大化，并为公司各项经济业务的良性运转夯实了基础。截至2011年末，存款余额为29.66亿元，审批业务4.16万笔，交易金额1 026.48亿元；资金集中度达79.16%，较上年提升15.45%。

【风险管理和内部控制】2011年，公司不断在风险管理和内部控制方面下工夫，一是完善制度，规范管理。公司坚持风险控制为主、合规经营先行的原则，从完善制度着手，进一步强化和完善全面风险管理体制，先后制定了《案件防范工作长效机制实施办法》、《个人信贷资产五级分类管理办法》、《个贷客户信用审批标准》等一系列管理制度，规范了公司相关业务的管理，同时也保证了相关业务的合规开展。二是加强稽核，防范风险。公司加强了内部稽核审计在内部控制中的作用。稽核风险部以防范风险、堵塞漏洞、促进公司业务发展为落脚点，系统进行了各类稽核检查工作，先后对结算业务部结算业务、信贷部个贷及经销商贷款业务按季度定期进行内部审计，对电子印章系统的使用进行了专项稽核。此外，风险管理人员还对所有经销商融资车辆库存独立进行了现场盘库工作，出具了专门的库存车盘点报告。三是深化案防制度执行，严防经济案件发生。结合“深化银行业内控和案防制度执行年”活动，认真学习，强化意识，重点开展重点业务和关键环节的风险排查，强化内控执行力，突查并狠抓“防范操作风险13条”，使公司各项业务规章制度以及内控案防和风险管理制度的执行得到进一步提升。

【人力资源管理】公司努力扩大业务范围，积极创造就业机会，做好专业知识培训工作。第三、第四季度，公司通过平面媒体、网络、现场招聘等多种形式，经过筛选、面试、笔试、审核环节，共招收了22名新员工。为使新跨入社会的大学生尽快适应工作，掌握工作技能，公司组织进行了基本情况、基础知识、基本制度的“三基”培训，组织新员工到生产车间、销售公司、销售服务店进行实习，并坚持每周六进行业务培训。新员工在工作中边干边学，很快就适应了工作要求，目前都工作在业务第一线，6人还由于表现突出，被提前转正。为培养后备业务人员，2011年公司还派人分赴湖北、湖南、四川、重庆等10所大学，特别招聘2012年度财经类应届毕业生，鼓励他们到公司进行实习、培训，并提供基本生活、交通费用。

公司坚持强化员工培训，建立内外兼顾合理的激励机制。以内部培养为主，外部引进为辅，重能力轻资历，形成系统化培训制度、培训课件，建设学习型团队。同时以实现公司经营目标为导向，初步建立了有效的激励机制。

南山集团财务有限公司

【经营概况】2011年，南山集团财务有限公司（以下简称“公司”）以服务集团产业发展为目标，以提供高标准、专业化的金融服务为己任，积极推动业务创新，强化内部管理和队伍建设，较为圆满地完成了全年各项工作任务。

截至2011年末，公司本外币总资产达到49.31亿元，负债41.97亿元；实现营业利润1.48亿元，净利润1.10亿元；资产收益率为2.25%，净资产收益率为15.11%；累计计提贷款损失准备5 486.4万元；资本充足率为24.33%，流动性比例为36.88%，贷款损失准备充足率为172.26%，不良率为零，各项指标均符合监管要求。

【信贷业务】2011年，面对国内外复杂多变的金融形势，公司提前规划，灵活调节，以满足企业的资金需求，累计投放资金51.5亿元，同比增长6.8%，其中短期贷款16.8亿元，中长期贷款17.6亿元，票据融资17.1亿元，年末授信余额达32.82亿元。在信贷管理方面，公司继续完善“审贷分离、分级审批”的管理体系，严把授信审批关，合理核定授信额度。同时，公司还参照“三个办法、一个指引”的规定，加强对贷款资金流向的监控，强化全流程管理，修订授信资产风险分类管理办法，调整贷款损失计提比例，提高抗风险能力。

【票据业务】2011年，公司充分利用电子商业汇票服务平台，战略性地推动集团票据业务发展。一是加大宣传力度，组织对集团会计、销售人员进行培训，促使企业充分认识到推广集团票据的重要意义；二是与供销部门协同，主动上门服务，提高企业供应商对电票的认知度，特别是期限长、金额大、安全性高等优点，主动自发地接受集团电票；三是加强与人民银行的合作，巩固和发展了再贴现业务，通过提供贴现、承兑、保证等一系列服务品种，提高了集团商票的变现能力和信誉度，激发了市场流通活跃度。当年累计办理电票贴现171笔，金额达到17.1亿元。

【资金集中】2011年，依托个性化的管理策略、前瞻性的规划布局，围绕金融资源不断创新，“现金池”规模迅速扩大，资产规模同比增长了14.6%。根据企业特点，发挥专业优势，“量体裁衣”，建立了与企业管理相适应的资金集中管理模式，当年新增账户72户；设计了符合集团特点的外汇集中管理方案，对外汇资金实施归集；制定严密的监管体系，将异地房地产监管资金纳入公司账户管理体系；拓宽业务发展空间，用公司同业存款置换成员单位商业银行保证金，实现合作共赢；优化和完善了与工、农、中、建四大行的直联接口，提高了业务处理效率，使公司真正成为了集团资金活动“中枢”，使成员单位真正感受到公司的服务特色和优势。当年累计办理结算业务17.59万笔，结算额达到6 630多亿元，同比分别增长了28%和38%。

【资金管理】2011年，公司积极探索，科学统筹，充分发掘了金融机构创造价值的能力。综合运用资金调拨、存放同业、同业拆借、法人账户透支等工具，使流动性管理技巧日臻成熟，始终保持在一个较好的水平，通过合理搭配期限，用效率换效益，在资金的调拨和运用方面效果显著；敏锐捕捉市场信息，把握利率高企的有利时机，全年调拨资金340余次，提高了资金收益；采取竞争性竞价模式，利用短期固定期限与活期相结合的方式，使人民币同业存款平均利率较上年提高了1.62%。公司还在2011年7月加入了全国银行间同业拆借市场，开通了资金融通的又一渠道。通过上述系列措施，公司在资金紧张背景下，仍对企业实施优惠利率政策，且净利润同比增长了9.43%。

【风险管理和内部控制】2011年，公司着力加强内控和全面风险管理体系建设，一丝不苟地紧抓风控管理，大处建机制，小处建规则，打牢发展的根基，全年未发生一起案件。一是大力开展“合规风险评估”、“深化银行业内控和案防制度执行年”等系列活动，认真开展风险排查，及时消除风险隐患；二是加强内控体系建设，完善部门、岗位之间的监督制约机制；三是加大检查监督力度，扩大检查覆盖面，从过程控制、事后监督等多个角度防范案件风险，以严厉手段控制差错率；四是继续完善各项规章制度，适应业务快速发展的需要，全年新增各类制度50余项，形成了较为完善的制度管理体系。

【信息化建设】信息系统管理始终是公司管理的重中之重。2011年，公司以提高系统安全性、稳定性、效率性为目标，组织进行了机房安全改造、双供电线路安装等，提升了硬件配置及管理水平；研究实施了银行接口速度提升、中行接口自动登录等项目，增强了系统主动管理能力；改变异地成员单位访问模式、网络网路分离等，提高了数据传输、通讯的安全性；开展重要数据异地备份90余次，确保了重要数据的安全；组织开展电子商业汇票系统、城市金融网网络系统应急演练，特别是11月模拟开展了系统出现重大故障状态下的应急业务演练，进一步完善了应急管理体系，保障了业务运营的连续性。

【人力资源管理】2011年，公司全面推进队伍建设，着力打造一支专业、稳定而富有活力的金融队伍。一是有计划、有目标地推进培训工作，加强考核监督，提升员工的专业能力；二是根据员工的个性、特点和特长，定向辅导，培养他们独当一面的能力；三是组织成立了汇率走势研究、资金及票据价格研究和证券价格研究三个课题小组，交任务，压担子，促使员工成为“专才”。

【企业文化建设】2011年，公司结合工作实际，通过组织讲座、张榜公示业务差错、观看案防专题教育片、开展集中读书活动以及邀请检察院专业人员讲授预防职务犯罪知识等方式推进以“忠诚、合规”为核心的企业文化建设，提高员工合规意识；组织开展了一系列丰富多彩的集体活动，参观南山大院和南山景区，实地学习了解南山发展史，游览沂蒙革命老区，感悟红色文化，既培养了员工爱岗敬业的优秀品质，营造了积极向上的工作氛围，又锻炼了团队，提升了队伍的向心力和凝聚力。

国投财务有限公司

【经营概况】国投财务有限公司（以下简称“公司”）全面完成了2011年各项目标任务，超额完成了资金归集、信贷投放、营业收入和利润总额等各项经营指标，进一步拓展了公司经营范围和服务手段，顺利通过银监会现场检查，公司经营管理再上新台阶。在中国财务公司协会第十四次会员大会上，公司成功当选第八届理事并出任会长单位。

【信贷业务】2011年，公司继续加大资金投放力度，扩大贷款规模，调整投放结构，有效开展同业合作，稳步拓展投资业务，提高资金利用水平，促进集团资金使用效率整体提高和集团事业的发展。

2011年，公司完成7家二级企业的集团授信，4家三级企业的单户授信，为集团成员企业授信额度合计174.73亿元。全年累计发放本外币贷款162笔，放款金额共计93.23亿元；累计收回124笔，收回金额共计67.97亿元；累计贴现61笔，贴现金额共计12.71亿元；累计收回54笔，收回金额共计12.56亿元；累计发放委托贷款26笔，放款金额共计22.69亿元；累计收回39笔，收回金额合计31.02亿元。从贷款结构上看，电力板块58.69亿元，占61.36%；煤炭板块13.76亿元，占14.39%；交通板块6.98亿元，占7.3%；物流板块5.87亿元，占6.14%；其他板块10.35亿元，占10.82%。四大业务板块共占89.18%，符合集团战略重点，促进了集团实业发展，全部贷款都投放于实体经济。此外，公司积极参加集团企业银团贷款项目，截至2011年末，累计参与银团10个，涵盖电力、煤炭、交通和物流板块。银团贷款规模合计240.31亿元，公司承贷份额17.54亿元，累计发放贷款额9.80亿元。

【资金和投资业务】同业合作。公司不断加强头寸管理和运营，开展了定期存款、同业拆借、债券逆回购、货币基金等不同品种、不同期限的组合运营，提升了公司资金效益，全年实现同业收入1.55亿元。

投资业务。2011年，公司一方面不断完善投资业务管理制度，规范公司投资行为；另一方面制定了2011年投资安排，明确投资范围和投资规模。在投资安排框架内，公司80%资金投向固定收益类的低风险品种，20%资金投向权益类产品。2011年，公司投资业务日均投资规模2.89亿元，全年实现投资收益0.26亿元，年化收益率为9.08%。

【票据业务】2011年，公司在票据业务上继续深化创新，打通了从票据承兑到贴现、再贴现的全程业务链条；积极研究集团票据池，以此有效衔接集团产业链、资金链、票据链，提升公司服务能力。公司首次为处于基建期成员单位开立了电子银行承兑汇票，票据流转至商业银行和其他财务公司，创新了公司的表外业务；公司及时递交申请，梳理内部流程，与中国人民银行营业部成功办理了电子商业汇票回购再贴现；提出了建设集团票据池的规划，有效衔接集团内部产业链上下游交易，以达到减少集团内部闲置资金沉淀、节约财务费用以及今后以票据为载体引入集团外部资源的目的。

【外汇业务】为支持成员单位的外币资金需求，增强公司的信贷服务品种和服务能力，公司继续优化外汇贷款业务流程和定价机制，做好外币贷款的发放和管理工作。2011年全年公司向亚普和国投贸易公司发放外币贷款共计787.89万美元。

【资金集中】2011年，围绕集团转变发展方式目标，紧密结合集团发展战略，公司在开户授权、资金归集、结算集中等工作方面加大工作力度，加强集团资金集中管理。一是公司领导带队对11省市共计42家成员企业进行实地调研，上门服务，跟进管理，从而不断推进资金归集。二是对资金归集重点、难点企业进行重点突破，特别是集团内上市公司、相对控股成员单位、金融行业成员单位的开户、资金归集工作取得了标志性进展。三是完成了集团成员企业专用账户资金分析报告和集团金融板块企业资金归集情况分析报告两份专项分析报告。为集团资金管控提供了有价值的决策参考。四是加强了结算业务推广力度，优化结算业务系统功能，开展了两次集中60多人的金融业务培训，提高服务质量、水平，以结算带动归集。截至2011年末，已在公司开户的成员单位189家，同比增加21家；已办理授权的成员单位165家，同比增加23家，授权账户289个，同比增加57个。累计使用网银的成员单位131家，同比增加25家。资金归集率全口径达55%，同比提高7%。

【业务创新】一是保函保兑业务。2011年，公司与商业银行合作创新推出“保函保兑”业务产品，既为成员企业减少了质押在银行的保证金，又为成员企业节省了保函手续费，同时减少了成员企业在银行占用的保函额度。截至2011年末，开展“保函保兑”业务合计2 335万元。二是融资租赁业务。公司与国内最大的金融租赁公司采用“联合租赁方式”，为成员单位造船提供融资金额共计5.3亿元。三是对外担保业务。公司利用良好的信用，采取优惠的收费，开展了对外担保业务，为成员单位取得政策性银行授信提供了5亿元的对外担保，为成员单位争取到了优惠利率的贷款，节约了财务成本，缓解了企业的经营压力，也充分利用了集团外部的低成本资金。四是投资业务。公司顺利获得银行间债券交易资格、新股网下配售等业务资格。根据公司资金特点，公司新开展了债券逆回购、货币型基金、债券型基金等品种的投资。公司投资决策机制顺畅运作，风险控制体系切实有效，投资决策能力、风险控制能力得到进一步提高。

【保险业务】公司继续增加代理险种范围，获得家庭财产保险的代理资格。公司进一步完善保险业务操作规程，制定了《机动车辆保险业务操作规程》、《出国人员保险业务操作规程》和《保险集中采购业务操作规程》等制度。

公司主要完成了在京企业不动产财产保险集中采购项目、北京地区机动车辆保险集中采购项目、成员单位海外工程险项目、出国人员保险项目，并以保险顾问的身份参与了国投电力、国投交通等板块的保险集中采购项目。2011年，公司参与的保险集中采购项目资产规模超过1 200亿元，保费规模4 000余万元。

【风险管理和内部控制】公司按照“依法合规、审慎经营”的原则开展了全面风险管理，全年未发生影响业务发展和公司信誉的不良风险事件。2011年，公司新制定制度22项，修订制度13项，制定了《全面风险管理办法》、《合规风险管理办法》、《市场风险管理办法》等制度，初步形成了风险管理的制度体系；公司研究并制定了《贷款利率风险定价办法》，通过将信用评级与集团管控目标相结合，形成了以信贷政策、信用评级和利率风险定价相结合的信贷风险控制框架，尝试性迈出了利率风险定价的第一步；公司完善了向董事会的汇报制度。通过修订相关制度，形成了季报汇报与年报汇报相结合，风险识别与风险应对相统一的汇报体系。

2011年，公司顺利通过银监会现场检查，对存在的问题积极落实整改要求，进一步加强和提升了公司管理。

【人力资源管理】公司积极开展人力资源管理工作，规范工作流程，建立工作体系，发挥工作效能。一是推进学习型组织建设，通过业务培训、同业调研交流、资格考试等方式，提升员工队伍综合素质和业务能力，全年共计参加集团内外培训45人次；二是加强绩效管理，开展内部目标责任书管理，从而提高员工业绩，提升工作热情；三是及时组织开展员工招聘，充实专业熟练人才；四是做好员工职业发展工作，在集团范围内首次开展了中层管理人员内部竞争上岗，健全和优化员工职业发展通道。

【信息化建设】公司信息化工作分别从IT制度、需求管理与实施、信息安全、运营维护入手，稳步推进信息化建设，全面提高信息化管理水平。包括：结合公司实际情况，提出了信息系统需求管理规程，提高了信息化工作透明度；不断优化公司核心业务系统，全年集中升级10余次，稳步推进资金管理系统灾难恢复建设工作；论证并启动安全产品身份认证网关改造方案；引入专业信息系统运营商，为公司业务正常运转提供可靠保障。

【企业文化建设】公司不断加深对财务公司发展规律的认识，倡导与国投集团文化的融合和公司特色文化的建设。

公司深入贯彻落实科学发展观，进一步加强公司支部建设，发挥战斗堡垒作用，努力建设先进基层党组织，发挥党员先锋模范作用，抓好组织培养发展工作。按照集团部署，加强惩防体系建设，推进反腐倡廉工作，有效开展效能监察等专项工作。积极发挥工、青、妇等群众组织作用，开展丰富多彩的活动，培育企业文化，构建和谐企业。

河南煤业化工集团财务有限公司

【经营概况】2011年，河南煤业化工集团财务有限公司（以下简称“公司”）全面完成了集团公司确定的全年“86750”的奋斗目标。截至2011年末，公司资产总额240.11亿元，较年初增长25.11%；负债总额204.56亿元，较年初增长29.95%；所有者权益35.56亿元，较年初增长3.06%；利润总额6.57亿元，比上年增长13.27%。截至2011年末，公司监控指标完成情况：资本充足率20.65%，高于监管规定10.65%；流动比率37.73%，高于监管规定12.73%；不良资产及不良贷款均为零；资产损失准备充足率及贷款损失准备充足率均为100%；金融案件发生率为零。

【信贷业务】2011年，公司根据集团成员单位生产经营情况和资金需求情况，对56家成员单位进行信用等级评定和统一授信。在风险可控的前提下，向永煤公司、鹤煤公司和中原大化公司等23家成员单位发放贷款68.12亿元。截至2011年末，公司各项贷款余额为171.86亿元，同比增长38.58%。其中，自营贷款余额131.93亿元，同比增加8.13亿元；银团贷款余额6.20亿元，同比增加6.20亿元；融资租赁余额1.63亿元，同比增加1.63亿元；贴现余额32.10亿元，同比增加31.88亿元。

另外，公司还根据成员单位需求办理委托贷款、保函等表外业务，截至2011年末，公司委托贷款余额94.59亿元，等同于贷款的授信业务1.50亿元。

【资金和投资业务】2011年，公司按照投资业务要求，积极开展金融股权投资业务，提交对商丘市商业银行投资可行性分析，拟订投资计划，按照监管要求和规定的审批程序，积极进行投资和审批资料的准备和报送。该项工作已获银监会审批，并完成股东资格的确认工作。

【票据业务】2011年，公司积极开展票据业务，不断提高集团公司资金整体使用效率。截至2011年末，公司为集团成员单位办理银行承兑汇票贴现业务44.06亿元，向银行办理转贴现票据业务42.11亿元，通过人民银行办理再贴现票据业务0.57亿元。为集团成员单位节约财务费用0.47亿元。此外，公司还积极开展电子商业汇票业务，截至2011年末，共办理电子商业汇票业务3笔，共计0.21亿元。

【资金集中】公司通过积极督促新纳入集团公司合并报表范围内的子公司在财务公司开立结算账户、加大宣传力度、加大对投资款的跟踪力度和及时清理成员单位在外部的存款等措施加强资金集中。截至2011年末，成员单位开户数量346家，同比增加69家；累计结算量18.82万笔，同比增长38.41%；结算金额5 159亿元，同比增长23.36%；吸收存款达174.54亿元，同比增长11.60%；资金集中度达72.09%。

【业务创新】2011年，公司根据成员单位的融资需求，在原有传统业务——贷款的基础上，“量体裁衣”，尝试开展新的业务种类——融资租赁、银团贷款和对成员单位中小企业提供担保，增加公司的业务种类，拓展对成员单位的服务领域。一是公司分别向焦作煤业（集团）新乡能源有限公司、新疆龟兹矿业有限公司办理了金额为19 800万元和2 000万元的售后回租业务，提高了资金使用效率；二是公司与国家开发银行河南省分行组成银团，通过银团贷款的方式给予河南省煤气（集团）有限责任公司等四家成员单位共计6.20亿元的贷款支持，为集团重大项目提供了融资支持；三是公司与国家开发银行签订了支持中小企业发展贷款合作协议，对集团内部中小企业开展独立的尽职调查和评审，将符合贷款条件的中小企业推荐给开发银行，并出具保函，为中小企业提供担保。2011年，国家开发银行向集团内部中小企业的授信达2.10亿元，已得到信贷资金支持1.50亿元。

此外，本着“开办新业务，内控优先”的原则，公司先后制定了《融资租赁管理办法》、《融资租赁操作规程》、《银团贷款管理办法》和《银团贷款操作规程》四项内部控制制度，并在公司《内部控制手册》中从职责分工、政策和工作流程、控制目标和关键控制活动等方面抓住风险点，细化了内部控制各环节，为防范操作风险，开展融资租赁和银团贷款两项新业务打下了坚实的基础。

【风险管理和内部控制】2011年，公司坚持稳健经营，做到业务发展与合规经营两手抓、两手硬。一是补充完善了内控制度体系和业务操作流程。公司对现有制度体系进行了梳理，按照合规性、适用性原则修订了32项制度，新增了10项制度，有效地防范了引发违规风险可能的制度漏洞，对公司加强风险管理和内部控制，建立完善公司内部控制制度体系，将起到积极的推动作用。二是组织参与河南银监局组织的河南省银行业“合规执行年”活动。为贯彻落实省银监局关于在全省银行业开展“合规执行年”活动的精神，增强公司合规管理意识，提高合规经营管理水平，公司积极组织公司的“合规执行年”活动：对全体员工进行合规风险知识培训和警示教育，并组织合规知识考试；编制《员工合规手册》和《员工应知应会条规卡》；在全公司范围内对所有业务、所有岗位、所有制度开展了合规自查自纠活动；组织对合规执行年活动进行总结和合规执行自评价工作。通过“合规执行年”活动，公司合规管理体系得到了进一步完善，合规风险管理机制较好地融入公司核心经营管理机制。

【人力资源管理】为适应公司的快速发展，公司通过招才引智、组织学习培训、建设和谐劳资关系等措施，不断完善人力资源管理。一是做好人才引进工作。2011 年，公司吸收金融和会计专业的本科人员 4 人，计算机专业本科人员 1 人，使公司人才整体素质不断提高，人才结构更趋合理。二是积极组织开展员工法规、业务培训和引导员工参加专业从业资格认证工作，不断提高员工的政策水平、业务素质和操作能力。三是健全薪酬、绩效考核分配制度，制定了《财务公司薪酬考核草案》，绩效考核按照部门或岗位的年度关键目标设定指标，与所承担的工作责任、风险程度挂钩，使分配方案更加科学合理。

【信息化建设】2011 年，公司信息化建设坚持“统筹规划、强化整合、整体推进、持续提升”的原则，加大资金和人力投入，对公司现有的资金结算系统、电子商业汇票系统、中国银监会 1104 报表系统等进行全面的优化和升级。在业务运营方面，提高了公司数据集中能力，实现资金对外、对内支付适时到账，结算资金的“零在途”和“零余额”，全面提升了资金结算、资金管理、信贷管理、风险控制能力，资金使用效率显著提高；在客户服务方面，公司的电子支付、资金归集、预算管理、资金监控和信贷发放能力全面提升，为集团及成员单位提供了更加快捷、安全、可靠的网络金融服务。

2011 年，在集团公司的支持下，公司建设了同城模式的灾备中心并投入使用，对保障数据中心安全、可靠、稳定运行，提高公司业务的连续性水平将起到积极作用。

【企业文化建设】2011 年，公司通过开展拓展训练、职业素质培训等多种形式的活动，不断丰富企业文化内容，持续提高公司员工的执行力和凝聚力，帮助员工掌握人际关系、沟通等职业技巧，塑造良好的职业形象。同时邀请集团公司宣传部领导到公司做集团企业文化专题讲座，增强了员工对集团公司企业文化的理解，提高了员工的创新思维能力和承担岗位责任的自信。

公司还通过贯彻落实“首问责任制”等措施，使集团公司“用心做事、追求卓越”的核心价值观在公司员工中得到认同并运用于实践。

中国化工财务有限公司

【经营概况】2011 年，中国化工财务有限公司（以下简称“公司”）以科学发展观为指导，认真贯彻集团公司的战略部署，工作重点从“打基础”转变为“上水平”。全年合规经营，积极进取，稳步提高，工作目标全面实现。2011 年，公司实现营业总收入 2. 84 亿元，同比增长 120%；实现利润总额 1. 27 亿元，同比增长 187%；实现经济增加值 2 810 万元，同比增长 214%；全年日均存款达到 57. 34 元，日均贷款 28 亿元。2011 年，公司的所有监管指标均符合监管要求。由于集团公司货币资金中，海外资金、银行保证金等暂时无法集中的资金占有相当比重，因此公司未来存款的增长会受到较大影响。

【信贷业务】2011 年，公司积极支持符合集团公司发展战略的产业和企业，信贷资金重点投向了化工新材料、新技术、基础化学品等行业；此外，公司还统筹安排集中资金置换部分集团企业在其他金融机构的高息贷款，利用资金集中平台为集团公司并购资金的安排提供资金服务。目前，公司对成员单位的贷款全部下浮，大大降低了企业的利息支出。2011 年，公司同比新增贷款规模接近 40%，截至年末，公司自营贷款余额 40.88 亿元，比年初增加 11.68 亿元；全年累计发放贷款 153.28 亿元，贷款的利息收入占公司营业收入的 60% 以上，是公司主要收入来源；累计发放委托贷款 54.61 亿元，委托贷款余额 39.41 亿元，为让利于企业，公司取消了委托贷款业务手续费，为企业节省了大量费用。

【资金和投资业务】针对公司存款波动大的特点，为做好资金的流动性和效益性管理，公司一方面加强负债管理，建立了大额报款制度，关键时段要求企业大额付款必须提前报款，并提前与几家专业公司的资金部门进行沟通，尽可能取得资金计划，并据此做好公司的资金安排。同时，随时与几家资金变动量大的炼油企业就资金进出的安排进行沟通，保证了公司流动性；另一方面，在资金较充裕的情况下，加强资产管理，在银行办理短期同业定期存款获得较高资金收益。

【票据业务】2011 年，公司共办理银行承兑汇票贴现 6 595 万元，贴现利率远低于银行同期贴现利率，为企业节约了财务费用。

【资金集中】2011 年，面对紧缩的货币政策和严峻的融资环境，资金集中没有进行大规模的银行账户清理工作，而是在巩固前期资金集中成果的基础上，通过采取降低资金集中限额、扩大资金集中范围、实施财政资金集中等“挤水分、堵短板”措施挖掘潜力。一是降低资金集中限额。在不影响企业日常资金支付的前提下，通过与企业协商，共下调 20 户资金集中上线企业的资金集中限额 1.1 亿元，有效地提高了资金集中程度。二是扩大资金集中范围。一方面要求三级以下企业在财务公司进行资金集中，另一方面将农业银行纳入资金集中合作范围，并于 2011 年 10 月 18 日实现资金集中正式上线。至此，集团公司在工、农、中、建、交五大行均实现了资金集中，上线企业 137 家，上线账户 229 户。三是实施财政资金集中。为加强财政资金管理，集团修订财政资金管理办法，要求各企业在财务公司开立财政专户，用于集中财政资金。截至年末，共开立财政专户 39 户，归集财政资金超过 2 亿元。通过一系列措施，公司 2011 年日均存款 57.34 亿元，同比增长 75%。

【财务顾问业务】公司财务顾问业务服务于集团公司国际并购和国内资产重组，组织协调基金、投资银行、会计师、律师、管理咨询公司等专业顾问团队及内部项目团队，确保多个大型国际并购项目的研究、评估、谈判、融资、报批、执行等有条不紊地并行推进。2011 年，公司财务顾问业务成绩斐然，配合集团公司完成了两个国际并购项目，交易金额超过 40 亿美元。同时，目前还有数个处于执行阶段和前期分析阶段的并购项目，并对约 60 家目标公司进行了 SWOT 分析和更新。配合国际并购项目，公司建立潜在并购目标的数据库，逐步完善国际并购业务的流程图，完成“提高集团资本运作项目内部意见形成效率”的持续改进绿带项目，有效提高了集团资本运作项目内部意见形成的效率。与此同时，积极介入引进战略投资者、IPO 业务以及其他合资合作、资产重组、战略咨询等项目，并在一些项目上取得了重大进展。在项目执行过程中，公司投行团队成员提高了自身在金融、财务、法律、化工行业、项目管理、谈判、英语等各方面的专业技能，培养了财务顾问工作必需的专业精神。

【风险管理和内部控制】一是制度建设。结合“十二五”规划及银监局评级检查结果，全面梳理原有制度，并制定出增补修订制度目录，组织各部门讨论修改，最终确定需修订制度16项，新增30项；此外，公司为提升管理水平，还开展了“找差距，上水平”活动。公司9个部门共查找问题152项，其中已整改117项，制定整改措施10项，另有25项问题的整改措施正在研究。通过此次活动的开展，进一步完善了公司各项规章制度，规范了各项业务流程，提高了金融服务水平和服务质量。二是风控体系建设。2011年，公司不断加强风险控制体系建设。通过自查和检查，流程细化、补充完善制度、评估修订资产五级分类，加固内控“三道防线”；通过修正信用评级系统，有效扩大信贷需求；通过强化数据分析，严把信贷风险审核关；通过监测监管指标，分析业务风险，提出预警；通过开展对账管理、利率管理和信贷管理的专项审计，严格防范风险。三是开展专项工作。根据监管部门的要求开展了“小金库”专项治理工作和深化“银行业内控和案防制度执行年”活动。为防范“小金库”风险，公司不断完善制度，建立防范“小金库”长效机制。为贯彻落实银监会深化“银行业内控和案防制度执行年”活动，公司认真开展自查，逐一落实整改，逐步建立内控案防长效机制。

【人力资源管理】随着公司业务的发展，本来存在的专业人员不足、队伍基础建设发展滞后的矛盾日益突出，加之金融业务的特点和金融人才市场的特殊环境，招聘符合监管部门和集团公司要求的人才难度很大。面对这种局面，公司一方面扩大物色人才的范围，另一方面加强对现有人员的培训力度，包括：公司两人通过精艺六西格玛考试并授予绿带；派员参加国资委、组织部联合举办的国际资本运营师培训；派员参加集团公司人力资源变革系统培训、公文写作培训、银监局行政准入系统升级培训以及档案管理、会计、审计、英语等多项专业培训。

【信息化建设】2011年，公司启动信息化基础设施建设1项，新开发功能19项，优化功能11项。结算业务效率继续提高，信贷业务电子化水平进一步提升，直联银行继续扩大，有力地支撑了资金集中工作。其中电子回单、电子对账等功能的上线，极大降低了工作量、提升了公司客户服务水平。建设中的灾备系统项目，计划于2012年上半年全部完成，从而实现系统保障能力的新跨越。

【企业文化建设】2011年，公司在继续传承中国化工集团优秀企业文化的基础上，努力培育具有财务公司特色的企业文化，即公司经营要服从中国共产党领导、服从集团公司大局、服从职工根本利益。倡导员工做人正直高尚、廉洁从业，做事踏实认真、勤勉高效。用人方面坚持引才、惜才、育才并举，打造金融人才的摇篮。公司整体崇尚和谐发展，共同进步。

紫金矿业集团财务有限公司

【经营概况】2011 年，紫金矿业集团财务有限公司（以下简称“公司”）认真贯彻执行金融法律、法规和相关监管制度，认真执行股东会、董事会各项决议，立足实际依法合规经营，稳健开展各项业务。公司积极创新，业务品种进一步充实，业务结构逐步优化，金融服务质量显著提升，公司服务集团的功能定位进一步凸显。截至 2011 年末，公司拥有成员单位 93 家，覆盖集团 84% 的成员单位；资产总额 41.04 亿元，同比增加 7.26 亿元；实现营业收入 1.74 亿元，同比增加 0.50 亿元；营业利润 1.04 亿元，同比增加 0.28 亿元；上缴税金 3 367 万元，同比增加 912 万元。2011 年，公司不断完善风险管控体系，细化风险量化评价指标，各项监管监测指标表现良好。

【信贷业务】截至 2011 年末，公司贷款余额 25.87 亿元，覆盖矿产、冶炼、酒店、水电等行业，贷款覆盖面进一步拓宽，实现了公司金融与产业的协调发展。信贷业务作为公司支持成员发展的主要服务品种，公司严把贷款准入关，积极推进“绿色信贷”，根据成员单位实际情况为其设计合理的信贷产品结构，从服务集团、服务成员单位的角度出发，最大程度降低融资成本和长期负债压力，为成员单位的发展提供切实、有效、到位的金融支持。公司坚持信贷资产五级分类和贷款“三查”，加强与成员单位的联系沟通，不断优化信贷结构，2011 年，公司信贷资产安全、稳定。

【资金和投资业务】2011 年，公司办理结算 4.83 万笔，共计 766 亿元，全年实现无在途和结算零错差。为提高资金使用效率，公司加强头寸管理，根据市场利率变化及时对银行存款进行结构性调整，有效提高了公司经营效益，在保证风险可控的前提下实现了公司资金的合理分配。2011 年，公司获准开办证券市场一级投资业务，陆续开展新购申购、债券回购、信托投资和银行理财业务，充实了公司品种，拓宽了利润来源渠道，为公司综合化发展奠定了坚实的基础。

【票据业务】2011 年，公司充分利用电子商业汇票系统，积极推广发展票据业务，截至 2011 年末，共开出汇票 8 530 万元，贴现 6 850万元，再贴现 1 000 万元。该业务的顺利开展不仅拓宽成员单位的融资途径，提高融资效率，还有效缓解了 2011 年社会流动性紧张对成员单位生产经营造成的影响，也进一步加深了公司与成员单位的联系，提升了公司对成员单位的服务水平，树立了公司形象。

【资金集中】2011 年，公司累计归集资金 406 亿元，月平均资金归集率 81%，成功协助集团加强对集团整体资金的管理。2011 年，公司及时准确地研判了金融形势，加强对资本市场的跟踪分析，全年通过召开成员单位座谈会、实地拜访、电话交流、集团协助和加强内部存款考核等方式，实现了资金高效、稳定的归集，保证了资金归集量的持续增长。

【业务创新】为进一步提升公司金融服务能力，满足成员单位日益发展的金融需求，公司积极创新，稳步有序地开展各项新业务，逐步向综合化发展。一是开展电票业务，丰富公司业务品种。截至2011年末，公司共开出8 630万元电子银行承兑汇票。电子银行承兑票据业务的开展，较大程度上减少了成员单位营运资金的占用，大幅度降低了财务费用，提高了贸易结算方式的灵活性。同时，该业务的开展也提升了公司作为非银行金融机构的信用度，提高了公司在社会上的认可度，2011年度已经有30万元的电子汇票被集团外部单位所认可签收。电子银行承兑票据业务的开展为公司更好地服务于集团成员单位奠定了坚实的基础。二是开展银团贷款，改变贷款单一化模式。2011年12月，为支持集团公司和成员单位的发展，公司与中国工商银行黑河分行、中国农业银行黑河分行、中国银行黑河分行共同组成银团，为成员单位提供项目贷款。该笔贷款是迄今为止上杭县金融机构参与的首笔跨省市银团贷款。此次银团贷款项目的成功运作，为公司开展同业合作积累了经验，扩大了公司的影响力。三是介入一级证券市场投资，扩大公司利润来源渠道。2011年，公司获批有价证券投资业务（股票二级市场投资除外），正式开展新股申购、信托投资、债券回购及银行理财等业务，在长期和短期投资、融资等项目上，寻求新的利润增长点，进一步提高了资金的使用效率。

【风险管理和内部控制】2011年，公司从风险管理组织机构、风险管控政策、风险监控手段方式等方面对公司风险管控系统进行了完善。根据业务发展细化了部门监督、岗位职责、人员操作、系统控制的步骤流程，做到对每个流程的监督跟踪。加强风险量化监控，对风险管控项目进行了对比细分，风险分析数据由最初每月的监控监测指标扩充至经营指标、业务统计指标、贷款明细及各机构经营对比指标，实现了公司经营情况的系统对比，风险管控逐步走向立体化。为提高风险抵御能力，公司组织开展了应急处置演练。针对日常经营中面临的风险，组织各部门进行支付风险和机房火灾应急处置假想推演，对业务系统主服务器故障、通讯故障、停电事故进行实际演练，有效验证了应急预案的实际操作性，使员工熟悉应急处置步骤流程，培养员工危机处理能力，整体风险防范意识进一步增强。

【人力资源管理】公司十分注重员工培养，2011年，公司共派出52人次参加银监部门、人民银行、财协等机构组织的业务培训，员工学习交流机会明显增加。积极组织员工参加证券从业资格、银行从业资格、反洗钱和统计技能考试，通过率为78%。制定了《基本职务体系》，将职务评定和员工专业素质挂钩，既激发员工工作学习积极性又提升了公司团队素质。公司积极从人才引进、业务培训、业务资格考试和职业道德建设等方面壮大公司团队素质，使人员、制度的贯彻执行及业务量三者更加匹配，进一步提升了团队整体综合素质，为日后经营发展和制度贯彻执行打下了扎实基础。

【信息化建设】2011年，公司完成机房整体搬迁，资金系统运行平稳过渡，系统整体运行环境大为改善，机房日常管理更为科技化。搭建并运行资金管理信息灾备系统，系统风险抵御和应急处置能力进一步增强，实现了数据同城异地备份，数据得到更高安全的保障。升级系统VPN配置软件，与集团信息系统高度兼容，优化登录流程，方便成员单位终端系统操作。完善电票系统，开通人民银行电票再贴现操作窗口，为电票业务的开展提供了良好的信息保障。联合系统架设商对资金系统软件和硬件的运行情况进行全面巡检，全年系统整体运行安全、平稳、高效。

江苏华西集团财务有限公司

【经营概况】截至2011年末，江苏华西集团财务有限公司（以下简称“公司”）资产总额23.19亿元，同比增长5.51%；负债总额19.32亿元，同比增长4.73%；所有者权益3.87亿元，同比增长9.57%；公司全年实现利润总额0.49亿元，同比增长70.23；吸收成员单位存款184 839.19万元，同比增长4.69%；贷款总额为7.12亿元；资本充足率为44.78%，流动性比例59.15%，各项监管指标均符合监管要求。

【信贷业务】2011年，公司充分运用金融平台，发展金融业务，取得了较好的效益。一是通过归集成员单位存款到公司现金池，获得存款利差收入194万元；二是通过归集的存款资金发放流动资金贷款收益1 178万元；三是通过银行承兑汇票转贴现业务收入1 127万元；四是通过签发商业承兑汇票到人民银行转贴现收入403.88万元；五是通过商业承兑汇票贴现为企业节约成本开支400多万元。这些业务的发展使公司盈利能力得到了加强，资本净利率达12.34%，资产净利率达1.64%。

2011年，公司新增贷款规模1.8亿元。截至年末，公司流动资金贷款余额5.7亿元，新增华西集团公司、华西钢铁厂等企业贷款1亿元；贴现贷款余额1.42亿元，新增贴现金额7 274万元；全年办理结算业务笔数65 906笔，结算量达3 640.62亿元，做到了全年运行无差错、无事故，服务良好、运行安全。

【票据业务】2011年，公司贴现贷款余额1.42亿元，新增贴现金额7 274万元；共为成员单位累计办理贴现业务36笔，金额合计57.43亿元。其中，银票贴现29笔，金额54.73亿元；商票贴现7笔，金额2.7亿元；办理转贴现业务28笔，金额54.49亿元，实现利差收入1 127万元；办理人民银行再贴现业务6笔，金额19 000万元，实现利差收入403.88万元。票据业务既为成员企业融通了资金，节约了成本，又为公司创造了可观的效益。

【资金集中】2011年，公司在与工商银行、建设银行、江阴农村商业银行完成直联的基础上，积极增加成员企业开户，特别是对调整转型中新设成员企业做到及时服务，开立基本结算账户，全年共增加了10家开户单位，企业存款不断增加，年末企业存款18.48亿元，尤其是活期存款有了较大幅度的提高，全年共增加3.4亿元，增幅达45.92%。这既能增加公司的流动性比例，为信贷业务提供可靠的资金来源，又能使用较低成本的资金为公司创造更多的效益。截至年末，公司共开立结算账户60户，开户率达81.4%，资金归集率除上市公司存款、保证金存款外，已达85.23%。

【业务创新】2011年，为进一步拓展新的业务领域，公司还积极向商业银行申请授信，先后向建设银行、交通银行、工商银行、天津银行、上海银行等提出授信要求。与此同时，公司积极向人民银行上海总部申请加入全国银行间同业拆借市场，通过初步审查申报和正式上报申请，目前正处在审批流程之中。为了进一步拓展业务空间，公司还与信托公司商讨财信合作，发行信托理财产品，争取为成员多增加融资渠道和增加公司中间业务收入。除此以外，公司还积极参与集团对外融资、对外间接或直接投资工作，不断拓展金融服务业，促进集团做到产融结合，又好又快地发展。

【风险管理和内部控制】2011年，公司按照报经银监会批准的公司内部控制制度开展工作，加强公司治理和内部控制。一是共完成现场常规、专项稽核项目36个。二是根据公司业务的发展变化和监管部门新的监管要求，不断地修订、增补、健全、完善公司的业务规章和内控制度。2011年，公司先后废除综合类管理、业务管理规章12条不符合实际的制度，新增4条，修改24条有关制度。三是按照公司治理制度的要求，开展了授权体系建设。四是完善建立了中台风险控制机制。每笔贷款授信必须先报风险管理部审查通过后，再报贷款审查委员会审议，每笔贷款发放前贷款合同及其抵质押登记等法律文本都必须报风险管理部审查通过后才能发放。五是完善部门架构，实现前后台分离。公司规定了前后台分离，并具体规定前后台互相核对、互相制约的工作流程，避免前后台职责混淆带来的风险可能性。六是建立了一套比较完整的制度体系。七是建立了汇报审批制度和集体决策机制。八是在公司内形成风险管理文化。

【人力资源管理】2011年，公司继续采取多种形式加大公司职工的培训力度，开展金融法律法规、金融业务知识、公司业务规章和内控制度的学习，组织人员参加有关部门的一系列学习。同时，认真学习监管政策等文件并加以贯彻落实。组织公司员工参加银行业从业人员资格考试，进一步提高职工的业务能力和业务水平，使员工整体素质有了较大的提高，也为集团公司进一步发展金融业务培养专业人才打下了良好的基础。

【信息化建设】为科学应对网络与信息安全突发事件，提高计算机处理突发信息网络事件的能力，建立健全信息安全应急机制，有效预防、及时控制和最大限度地消除信息安全各类突发事件的危害和影响，制定了突发信息网络事件应急预案。

【社会责任】为了加强公司内部风险控制管理，有效防范和化解金融风险，确保公司经营活动安全、稳健运行，公司开展了“银行业内控和案防制度执行年”活动。

冀中能源集团财务有限责任公司

【经营概况】2011 年，冀中能源集团财务有限责任公司（以下简称“公司”）以服务集团公司资金集中管理为根本，创新发展融资业务，积极应对货币市场资金整体紧张的外部环境，实现经济指标与发展质量的双丰收。

截至 2011 年末，公司实现营业总收入 2.21 亿元，同比增长 111%；利润总额 1.5 亿元，同比增长 116%；资产总额（含委托）94.06 亿元，同比增长 9%；总负债（含委托）81.75 亿元，同比增长 9%；所有者权益 12.31 亿元，同比增长 9%。

【信贷业务】受整体资金形势影响，2011 年，公司适度控制新增贷款，年末自营贷款总额（含贴现）39 亿元，较年初增加 14 亿元，增幅 44%；为成员企业提供低成本票据贴现资金 24 亿元，节约企业财务费用 3 546 万元。

在信贷业务管理方面，初步建立起公司授信工作体系，完成 13 家贷款企业授信工作，授信工作的开展将会促进公司资产业务的理性发展。同时，依据贷款新规的要求，从合规管理的角度入手，对贷款支付等具体操作细节进行规范调整。

【业务创新】2011 年，公司将票据融资业务作为发展重点，相继开办了转贴现、票据卖出回购、票据收益权转让、票据存款等新业务，实现票据融资 24.3 亿元。再贴现及新业务的灵活运用，拓宽了公司资金来源，提高了资产流动性，为缓解资金紧张局面发挥了重要作用。特别是票据收益权转让业务，在市场整体资金紧张的背景下，以低于市场价格 30% 的资金，为企业提供融资 9 亿元，实现了成员企业、财务公司、合作银行的三方共赢，为公司后续业务创新开阔了思路。

【资金集中】2011 年，在集团资金需求旺盛和市场整体资金紧张的背景下，年末公司吸收存款余额 43.75 亿元，较年初减少 7.7 亿元；全年结算资金净流出 10 亿元；资金集中平台系统共完成 31.17 万笔，共计 3 829 亿元的资金划转业务；通过协定存款业务，协助成员单位理财，增加企业利息收入 470 万元。

2011 年，公司进一步加强账户管理，新增两家银行省外账户归集，新归集账户 62 个，累计归集 234 家单位 472 个账户；为便于服务和账户管理，建立了客户信息档案，现已完成基础信息整理工作。

【中间业务】公司的中间业务经营主要以让利和服务企业需要为宗旨。2011 年，委托贷款余额 30.3 亿元，为成员单位节省手续费支出 209 万元；保险代理业务新增国内货运保险代理；面向河北省重点建设项目河北航空开办保函业务，以低费率、低保证金的优势，协助企业快速提升运力。

【风险管理和内部控制】根据冀中能源集团《风险监控管理办法》，公司制定了《风险监控管理实施办法》，明确了风险监控工作组织方案、风险监控指标方案，初步建立了监控报告机制、监控应对机制以及动态维护机制。根据自身特点，选取了反映资本充足性、信用风险、流动性风险、操作风险以及合规风险的监控指标20余项，建立风险监控指标库，积累风险管理信息数据，为风险管理工作进一步完善打好基础。

2011年，公司拓展了稽核部职能，新增信贷业务稽核，并从单纯的差错稽核扩大到风险稽核，建立起覆盖资金业务运作全过程的稽核体系。此外，公司还以“小金库”治理工作为契机，对会计人员管理、会计制度执行、内部控制制度建设、会计建账、会计信息质量和会计电算化开展等进行了全面清查。进一步规范了对资金划转、费用报销、物资采购、应收应付款项的管理。

【企业文化建设】2011年，冀中能源集团首次进入世界500强。公司组织了“进入500强我们做什么”系列活动，通过集体学习、书写学习心得、召开座谈会等形式，教育引导员工正确认识“世界500强企业”标准，从小事做起、从本职工作做起，以500强企业员工标准要求自己，引导员工与企业共成长，员工队伍的业务素质逐步提高。

职工是企业的主人，在公司快速发展的同时，关心职工身心健康，让职工分享企业发展成果，在公司倡导创建和谐企业文化，2011年，职工薪酬继续稳步增长；公司还组织员工体检、五子棋竞赛、团队野外寻宝等活动，活跃公司氛围，增强员工凝聚力。

山西焦煤集团财务有限责任公司

【经营概况】山西焦煤集团财务有限责任公司（以下简称“公司”）始终坚持审慎经营和规范管理原则，努力发挥金融平台作用，加快金融业务创新步伐，2011年实现营业收入2.99亿元，利润总额1.43亿元，年末资本充足率31.42%，流动性比率64.04%，无不良贷款。

【信贷业务】公司认真分析、科学把握信贷变化新趋势，力争提供更多内部信贷资金。2011年，公司发放流动资金贷款26.6亿元，办理票据贴现32.64亿元，安排集团统一融资资金内部划转和其他委托贷款95.65亿元。

【结算业务】公司坚持“服务优先”原则，努力提高金融服务质量，进一步扩大“零余额”管理单位；最大限度实现结算方式的“本质安全型”；经过努力，全年新上线成员单位68个，截至2011年末，共有222个成员单位在公司开立了257个账户，系统业务操作规范流畅，结算业务办理安全快捷。

【资金集中】2011年，公司积极主动与成员单位联系沟通，取得成员单位的理解和支持，为资金归集创造良好环境；采取有效技术措施和手段，扩大资金上收工作覆盖面，促进资金归集量和沉淀量增长；组织仍未上线的子分公司、条件成熟的资源整合矿井尽快实现上线归集；综合对比、择优增选了中国农业银行、交通银行、中国光大银行、华夏银行四家金融机构纳入直联银行合作范围；清理整顿商业银行账户，防止无序新增账户，保持好现有清理成果，降低备付资金的低效率占用，全年新上线银行账户 76 个以上。

【业务创新】2011 年 3 月，公司取得保险兼业代理业务许可证，通过对成员单位近三年投保情况统计调查和分析研究，摸清了商业保险投保基础情况，选定合作保险机构，明确了投保费率及手续费标准；为成员单位办理各类商业保险投保 108 笔，保额 134 亿元，保费 3 540万元。

【风险管理和内部控制】2011 年，公司制定了《聘用中介机构监督管理办法（试行）》、反洗钱工作等 20 余项制度办法；对 2010 年度财务公司整体运行情况进行了风险自评打分；组织 16 项专项稽核检查及时发现问题，提出整改建议，按照公司业务管理制度进行了整改；发挥好专业委员会和风险管理部门的职能作用，做好内控关键环节检查工作，特别是加强对重要岗位、重点环节的监督管理和业务检查，发现不足和差距，及时采取防控措施，做到事前预防、事中跟踪，事后分析，堵塞漏洞，消除隐患，逐步建立起风险控制长效机制。

【人力资源管理】2011 年，公司编制员工个人信息登记表，聘任 1 名初级专业技术资格人员，有 4 名员工取得高级会计师资格；邀请银行业职业礼仪培训专家对全体员工进行职业礼仪培训；参加山西银监局举办的金融知识培训及案防安保培训；举办集团公司具备上线的资源整合矿井资金结算系统操作人员培训班。

【信息化建设】2011 年，公司进行 6 次系统功能更新、系统修复及银行接口升级，修复了公司及各成员单位在实际使用过程中发现的各类问题。组织修订完善了有关信息管理方面的 11 项内部规章制度。根据实际业务的开展情况，修改业务流程，制定了特殊权限用户的管理流程；按照《资金管理信息系统故障应急处理办法》和《网络系统突发事故应急预案》的要求，定期组织成员单位和公司相关人员进行应急演练，以便一旦发生故障，能够及时正常开展各项业务，确保成员单位资金使用和系统的安全。

【企业文化建设】2011 年，公司强化“审慎经营人人有责”的经营理念，推行诚信和正直的道德观念，使合规意识贯穿在员工日常行为中；举办第二届职工羽毛球、乒乓球比赛，以“超越自我、熔炼团队”为主题的野外拓展训练。2011 年，被山西省劳动竞赛委员会荣记集体一等功一次。在山西银行业协会、中国财务公司协会网站等媒体共发表财务公司有关新闻 6 篇，通过各种新闻媒体的宣传，使公司在山西省金融系统树立了良好的形象，达到了以宣传手段促进公司发展的良好效果。

阳泉煤业集团财务有限责任公司

【经营概况】2011 年，阳泉煤业集团财务有限责任公司（以下简称“公司”）完成了从依靠集团向服务集团的转变，经营业绩实现了翻番。一年来，公司坚持以拓展服务功能、完善服务手段、提高服务效率、提升服务效果为目标，通过提供省时省事的结算服务，提高资金归集率；通过拓展经营服务范围，提供个性化金融支持，开创了与成员单位水乳交融、合作共赢的新局面；以筑牢合规文化底蕴、创新资金管理方式为主题，实现资金大融通，发挥了协同效应。

2011 年，公司完成营业收入 2.81 亿元，比上年增加 1.38 亿元，增幅 96%；实现利润总额 1.62 亿元，比上年增加 8 547 万元，增幅 111%；业务操作零风险，系统运行零故障，安全工作零事故，各项指标均达到监管部门的要求。

【信贷业务】2011 年，公司全年累计投放信贷资金 45.58 亿元，其中流动贷款 39.46 亿元，办理汇票贴现 4.12 亿元，融资租赁款项 2 亿元，不良贷款率为零。4 月开展了首笔承兑汇票贴现，9 月开展了首笔融资租赁业务。同时注重信贷行业布局、信贷资产期限结构的合理性，不断建立健全信贷规章制度，夯实业务基础，持续开展贷款精细化管理。主要从三个方面入手：一是做好信贷项目储备工作，根据集团公司对各煤炭化工项目评定 A、B、C、D 四级分类，根据各产业发展情况做好项目分级储备。二是采取灵活、因地制宜的信贷资产管理模式，针对授信客户及其所属行业的实际情况，对授信客户分行业、分客户，实行差别管理。三是细化自营贷款的非现场检测和现场检查工作，建立起一套包括贷后管理、资产分类和跟踪监测的贷后管理体系，并对多家煤炭企业和化工企业进行实地贷后检查。

【资金业务】为了能够进一步提升资金运营水平，公司在保证现金流、风险可控的前提下，与工商银行、晋商银行开展了短期同业定期业务，先后滚动完成了 13 期金额共计 27 亿元的定期业务，实现利息收入 706 万元。同业定期业务增加利息收入 473 万元，优化了存款结构，提高了资金收益，发挥了同业的优势。

【票据业务】2011 年，由于国家收紧银根，企业票据结算量大幅提高，票据余额快速增加，严重影响了资金的流动性，直接威胁成员单位的经营目标。为了盘活票据，公司先后为六家成员单位分 19 次办理 96 笔汇票贴现业务，贴现金额 4.13 亿元。

【资金集中】截至 2011 年末，公司开立一般结算账户的成员单位 218 个，比上年同期的 153 个增加 65 个。其中，二级成员单位已开立结算账户 115 个，开户率为 99.1%；三级成员单位已开立结算账户 65 个，开户率为 94.2%；四级以下及其他单位共计 48 个。在新增成员单位中，共增加存款7亿元，年末吸收成员单位存款余额97亿元，资金归集率85%。

2011年，公司通过对化工企业实地走访，针对不同企业不同需求，出台了“一户一策”的资金归集政策。公司结合各成员单位存款情况，为其开展了协定、定期、通知等多种存款模式。通过开展理财业务，公司吸收存款的结构由原来的全部为活期变为年末的活期存款占57.9%，协定存款占36.8%，定期存款占4.9%，通知存款占0.4%。全年累计为27个成员单位办理了协定存款，办理定期存款27笔、通知存款2笔，通过理财为成员单位让利2 974万元。

【风险管理和内部控制】2011年，公司制订了“合规文化与内控执行年活动方案”和“案防安保工作实施方案”，并围绕方案开展了自查、排查等一系列活动，并从廉洁从业、预防职务犯罪、防范案件三项工作入手进行综合治理，制定了员工八小时内外异常行为月排查制度，制作了主要业务和关键岗位的权力运行图，确定了业务的主要风险点和风险类型，共识别业务风险27项。公司还重点部署了针对信贷业务、结算业务、会计业务、信息系统管理等方面的检查，不断加大检查频率，细化检查内容，督促问题整改。

【人力资源管理】2011年，公司将人力资源管理的重点工作放在培训学习方面，年初推出网上答题系统，对业务类、行为类、规范类、法规类等内容的知识进行了整理，组织员工每天不定时进行学习。结合阳煤集团公司“干部上讲台、培训到现场”工作，公司全年共组织员工集中学习培训12次，其中经理层组织培训3次，各部部长组织培训8次，外请专家培训1次，取得了良好效果。公司组织外出学习，分别参加集团财务部组织外出学习2批次6人，赴潞安公司学习1次5人，参加人民银行组织的统计制度培训2批次3人。还开辟专家讲座，分别邀请市检察院领导为员工讲解“预防职务犯罪”1次；邀请咨询管理公司专家为员工讲解“融资租赁业务”、“电票业务”2次；邀请工商银行专家为员工讲解“承兑汇票的真伪鉴别”1次。

【信息化建设】为成员单位提供便捷高效的一站式服务是公司各项业务开展的基础，也是为成员单位提供优质服务的必要条件。2011年，公司在坚持确保集团资金安全、坚持方便成员单位结算、坚持系统稳定运行的基础上，充分利用网上结算系统这个有利的服务平台，积极推出网上电子回单的打印功能，初步形成了从指令生成、账务查询到自主打印电子回单、电子对账一套完整的结算应用体系。

【企业文化建设】2011年，公司举办和参加了“五四”系列体育竞赛、“心系公司，展示自我”为主题的演讲比赛、员工健康体检、公司两周年庆典活动、“三八”小品大赛、球类运动会、集体户外拓展训练、“七一红”歌赛等活动，丰富了员工文化生活，传播了公司企业文化，有效促进了新老员工文化融合。

【党、团支部工作】公司团支部积极开展了创办省级“青年文明号”资料的准备、环境以及现场氛围的布置等工作，顺利通过共青团省委的验收。公司培养了两名入党积极分子，两名预备党员转正，党员人数达到了22人。同时，公司为纪念建党90周年，参加了阳煤集团以“红色礼赞”为主题的歌咏比赛，荣获一等奖。

晋煤集团财务有限公司

【经营概况】2011 年，晋煤集团财务有限公司（以下简称“公司”）大力推进资金集中管理，明确功能定位，搭建融资平台，强化风险防控，提升内部管理，超额完成年度经营任务。截至2011 年末，公司总资产 97.15 亿元，负债 85.48 亿元，所有者权益 11.33 亿元，吸收成员单位存款 85.16 亿元，贷款余额 51.97 亿元，办理委托贷款 18.83 亿元，实现营业收入 3.54 亿元，利润 1.83 亿元，净利润 1.38 亿元。资产收益率 1.64%，净资产收益率为 12.12%。资本充足率为 20.71 %，不良贷款率和不良资产率均为零，各项监管指标均符合监管要求。

【信贷和票据业务】2011 年，公司紧密围绕集团公司发展战略，积极解决成员单位融资需求，主动与金融机构沟通、协调，拓展融资渠道，信贷投放领域涉及煤炭、煤层气、煤化工、煤机和多种经营五个产业板块。全年累计发放自营贷款 45.21 亿元，委托贷款 13.176 亿元；为成员单位在商业银行取得各类融资 6.7 亿元，并达成了 30 亿元的融资意向。2011 年，公司在信贷业务品种上进行了积极的探索和尝试，其中，办理应收账款保理业务 5 000 万元，办理订单融资业务 2 000 万元，办理票据贴现 5 000 万元。

【资金集中】2011 年，公司配合集团公司下发了《2011 年晋城煤业集团资金集中管理实施意见》，并由人力资源中心通过绩效督办形式推动资金归集工作开展。公司对资金归集工作进行安排部署，制定相应的考核办法，全员参与，采用电话、现场、会谈等多种形式与所有成员单位进行多层次沟通，加大资金归集的力度。截至年末，共有 250 家成员单位在公司开户，其中有 217 家成员单位实现完全上线运行，日均吸收存款 78.98 亿元，资金归集率达到 51.80%。为拓宽资金集中管理渠道，公司在多家银行开立账户，与农村信用合作联社、招商银行、光大银行、兴业银行进行商谈，从技术、服务、流程等细节入手，完成增加直联银行的基础条件。

【风险管理和内部控制】公司积极应对宏观经济和金融监管变化，强化贷后管理和信贷风险监测，密切关注借款人的贷款资金使用情况及其财务状况，确保信贷资产的安全。持续对流动性比例、资本充足率等指标进行跟踪、监测，建立了业务一线与公司高层管理者的沟通机制，保证了风险信息的有效传达和风险管理目标的实现。2011 年，公司未形成一笔不良贷款，各项风险指标均符合监管要求。

公司深入开展内部控制体系建设，认真研究制定业务管理制度，明确了公司部门职责和岗位职责，完善了公司制度体系，先后印发业务制度共计二十余项。风险稽核部门积极履行职责，分别对信贷业务、结算业务进行了全面稽核，有效促进了各部门业务流程的规范化、合理化。同时公司积极组织各类案防活动，加强培训教育，进一步培育了公司合规文化，强化了员工合规意识。

【人力资源管理】2011 年，公司加强员工培训工作，建立了严格的培训制度，明确了培训的时间和内容，全员参与内部培训二十余次，内容涉及宏观经济金融政策、监管政策法规、集团公司文件精神、公司内部规章制度、业务操作流程、员工行为规范等。通过培训，员工不仅提升了业务能力，整体素质也有了很大的提高。

公司积极与集团公司领导和人力资源中心沟通，争取到独立面向五大财经类院校校园招聘的机会，经过不懈努力，在财经院校招聘到金融、经济类研究生六名，有效缓解了人员紧缺的矛盾。

【信息化建设】针对上线成员单位大幅增加、结算业务量不断加大的情况，2011 年，公司对系统的功能进行更新、系统修复，完成了与直联银行接口的升级。与系统提供商开发了电子回单系统，通过电子回单系统成员单位可以直接通过客户端打印纸质回单，为分散在全国各地的成员单位节省了结算成本，提高了结算效率。

【企业文化建设】2011 年，公司立足自身，找准定位，以母子公司企业文化融合为切入点，在全面融入集团公司企业文化的基础上，积极构建具有财务公司特色的企业文化。在日常工作中，通过建设学习型组织和开展各类主题教育、文化体育等活动形式，让员工感受公司的发展理念、企业文化。一是由工会和团支部组织开展联欢会、棋类比赛、登山比赛、看经典电影等形式，丰富职工文化生活，陶冶职工道德情操，增强职工工作斗志。二是由党支部组织开展赴革命圣地延安和晋城市党风廉政教育基地参观，让全体员工接受革命教育和廉政教育，坚定员工热爱党、热爱国家、热爱人民、热爱企业、廉洁自律的理想信念，为公司的发展营造了积极向上、和谐共进的良好环境。

云南冶金集团财务有限公司

【经营概况】2011 年，云南冶金集团财务有限公司（以下简称“公司”）以提高资金集中度、构建集团资金管理平台为目标，积极采取各项措施，努力克服了存款准备金率上调、信贷规模收紧等不利因素，完成了集团下达的经营目标和任务。截至 2011 年末，公司资产总额 36.4 亿元；吸收存款余额 25.4 亿元；贷款余额 21.7 亿元；完成营业收入 1.3 亿元，计划完成率 158%；实现利润 0.6 亿元，计划完成率 229%；公司资本充足率为 26%，流动比为 63%，拨备覆盖率为 100%，存贷比为 85%。

【信贷业务】2011年，公司积极与监管部门沟通，争取到把原来纳入10亿元控制发放的2亿元委贷规模移出，增加实质性贷款放款规模2亿元；通过收回部分到期贷款回流资金等方式，给予澜沧铅矿、大兴安岭及永昌铅锌3家被整合企业1.2亿元信贷支持，帮助其稳定现金流，保证了正常的生产经营；先后给予铅锌板块企业（包括驰宏上市公司系列）共计6.7亿元的信贷支持，给予铝板块企业（包括云铝上市公司系列）4.5亿元信贷支持，支持了集团的产业整合。

2011年，公司为集团及成员单位办理贷款56笔，金额19.2亿元；办理票据贴现173笔，金额3.8亿元；贷款利息收入0.8亿元；增加集团合并收益0.6亿元。

【资金和投资业务】2011年，公司积极走访集团上市公司和在昆明的主要成员企业进行资金协调工作。同时，通过与商业银行和其他金融机构的合作，实现了信贷资产转让业务的突破。“流动性预警”期间，公司相关业务部门配合完成了与云南国际信托有限公司、集团小额贷款公司的卖断式信贷转让1亿元，与交通银行昆明分行回购式信贷资产转让5亿元；为公司注入了近6亿元资金，有效缓解了流动性风险，提高了整个资金池抵御流动性风险的能力。截至2011年末，公司共计办理信贷资产转让6笔。

同时，公司积极利用行业协会的导向作用，多方联系各家财务公司，开拓新的业务合作平台。2011年，通过与从全国150多家集团财务公司筛选出的30余家资金富余型财务公司的联系，已经确定了3~5家有合作可能的财务公司，计划2012年在信贷资产转让、票据池业务、资金拆借等业务方面与它们搭建初步的合作平台。

【资金集中】2011年，公司积极推动上市公司资金系统上线连通工作，提高资金归集度。在集团的全力支持下，公司相关部门和两家上市公司经过多轮沟通洽谈，云铝公司本部和驰宏公司本部的资金管理信息系统分别于2011年5月和8月成功上线，实现了零的突破。截至2011年12月31日，两家上市公司存放公司存款余额4.9亿元，占公司吸收存款的19%。非上市成员单位资金集中度为70%。上市成员单位资金集中度为16%，较上年实现了零的突破。

【业务创新】为扩充公司业务范围，更好地发挥公司功能，支持集团产业发展，公司把申办29条业务作为2011年的重点工作之一，积极推进新业务申办。2011年已完成保险公司保险代理的协议签订，相关资料已获云南保监局审批通过，取得保险兼业代理资格。同时，云南省银监局已就公司申办新业务的需求给予了初步回应，对公司目前的风险管控能力和管控水平给予了肯定。

2011年，公司通过对集团成员单位资金供求现状及已上线40余家成员单位的相关数据进行分析，推出了“建立和推广集团票据池”、“建立和完善经济金融咨询发布平台”和“拓展同业市场，打通产融资金渠道”等新举措。与工商银行云南省分行就构建“票据池”已达成初步合作意向。

【风险管理和内部控制】公司在认真分析研究的基础上，积极推动全面风险管理工作。2011年，相关部门从防范信用风险、操作风险、合规风险、流动性风险和稽核内审5个方面开展了自查工作。特别是针对2011年以来国家货币、信贷等宏观调控政策不断趋紧对集团及公司流动性造成的不利影响，公司通过强化流动性风险应急预案、资金预算、资金头寸等工作的实施，逐步完善了流动性风险信息统计、分析、交流共享、报告制度。通过金融市场（同业市场、货币市场）的开拓创新等方式防范和化解宏观调控政策不断趋紧对集团及公司流动性造成的潜在风险。2011 年，公司参加了“中国第二届企业现金管理十佳评选活动”，并获得 2010 年度中国最佳企业现金管理实践案例奖。

【人力资源管理】按照集团“十二五”人才发展规划要求，公司围绕自身战略对未来人才发展提出了框架性计划。从丰富教育培训形式、逐步调整岗位人员结构、加强干部队伍培养和专业化人才引进等方面加强公司人力资源管理。公司拟订了 2011—2012 年教育培训计划，通过选派年轻业务骨干参加云南省银监局、财协、人民银行、中国有色金属行业协会等监管部门举办的不同条线业务培训，了解相关现行监管政策的变化及行业趋势，不断向先进财务公司学习借鉴业务、管理经验。上半年先后派出多名干部员工参加人民银行、银监局、财协等外部机构组织的 10 余次培训学习，有力地支撑了业务发展需要。围绕业务发展需求，开展了内部岗位竞聘活动，调整了 2 名员工的岗位，为部分业务部门调增了人员，初步改善了公司人岗匹配状况。拓宽选人、用人、育人渠道。一方面，培养从财务公司内部提拔了 2 名中层管理干部，另一方面，通过组织面向大学生招聘等活动对外选拔人才。公司加强了对试任期干部的考核和组织考察工作，通过组织考察和民主测评，对 3 名试任干部转正进行了严格把关，确保该项工作取得实效。

【信息化建设】公司根据管理提升实施方案制订的提升目标，按照《信息化三年建设规划》实施步骤，开展了核心业务系统升级，完成了资金管理信息系统二期项目建设并积极推进资金系统三期项目建设；大力推进异地冗灾体系建设，实现业务数据的两地两中心的三重实时备份和实时切换，以大幅提高公司的系统风险抵御能力；通过实施公司协同办公系统规范管理流程促进行政管理和业务管理工作的流程化、规范化、无纸化，把协同办公系统作为提升管理能力的重要平台。协同办公系统试运行期间，先后梳理管理流程 17 项，调整 50 余次，借助信息化技术手段，完成包括行政管理、财务管理、公文处理和部分业务管理流程的电子化工作。

【企业文化建设】2011 年，公司紧紧围绕集团建设“千亿企业集团”的战略发展目标，根据公司自身既具有金融机构的特质又来自于集团内部的特点，以创建具有财务公司特色的责任文化、合规文化、风险文化、创新文化、和谐文化为引领，开展了形式多样、生机勃勃的企业文化活动，充分发挥文化对企业战略的支撑、推动和引领作用。公司以深入学习实践科学发展观为主题，以开展“创先争优”活动为契机，进一步加强了队伍建设，加强党工共建，促进文化融合。通过努力，公司建立了企业年金制度、职工工资集体协商机制；全员参加“职工互助医疗”、建党 90 周年“唱红歌”活动和羽毛球、乒乓球等文体活动。另外，公司积极组织“送温暖、献爱心”活动，在盈江地震送爱心赈灾捐款活动中，公司领导带头，全体干部职工踊跃捐款。在集团工会开展的“模范班组”、“和谐家庭”评选活动中，公司一个部门获得集团模范班组奖，两户家庭获“和谐家庭”奖。

中海集团财务有限责任公司

【经营概况】2011 年，中海集团财务有限责任公司（以下简称“公司”）紧紧围绕中国海运（集团）总公司“五个转型、三个转变”，牢固树立合规经营的理念，坚持以风险控制为导向，不断拓展金融服务领域，提高金融服务质量，创造良好的经济效益。全年公司保持较为稳健的发展势头，圆满完成了年度各项工作任务。

公司在全年认真贯彻落实国家宏观调控政策，有效控制信贷规模的同时，主动调整优化信贷结构，有效控制风险，探索财财、财银银团贷款模式，同时公司充分合理调配资金，加大同业配置，争取优惠利率，提高了资金的收益水平。

【信贷业务】2011 年，公司积极加强与兄弟财务公司、商业银行之间的交流与合作，探讨财财合作、财银合作为成员单位提供信贷服务的模式。公司与 5 家成员单位完成银团贷款业务；共授予 12 家成员单位综合授信，总授信额度 36.3 亿元；发放委托贷款余额为 51.60 亿元；发放自营贷款余额为 31.44 亿元。

【资金和投资业务】2011 年，公司尚未开展投资业务，资金运作方面主要为存放同业业务。主要做法是选择与中海集团有合作业务关系的国有商业银行和股份制商业银行开立同业存款账户，结合流动性状况合理安排资金，开展一定期限的同业定期存放业务。为加强风险控制，优先选择国有四大商业银行和与集团战略合作的股份制商业银行作为交易对手，并制定了《银行账户管理办法》、《资金管理办法》和《存放同业管理细则》等规范以控制同业风险。

2011 年末，公司向上海银监局和中国银监会提交了投资业务资质的申请，并于 2011 年 12 月 31 日获上海银监局受理批复，目前投资业务资质申请处于待中国银监会批复状态。

【票据业务】2011 年，公司积极拓展票据贴现业务，特别是针对中海集团内成员单位之间的交易，公司适时推出买方付息商票贴现和银票贴现业务，发放买方付息票据贴现余额为 1.95 亿元，银票贴现余额为 0.47 亿元，大大降低了集团成员单位的融资成本。

【外汇业务】2011 年，公司完成了上海地区外汇资金池的搭建、对集团各成员单位结售汇业务的统一管理以及外汇业务各项管理制度的制定。一是在上海地区，分别与中国银行和招商银行合作搭建了两个独立的美元经常项目资金池。2011 年 10 月，上海地区中国银行外汇资金池正式启动。11 月，上海地区招商银行外汇资金池也开始运行。截至 2011 年底，公司共归集资金 7 185 万美元，上海地区美元资金归集度已达 95%。二是统一管理集团各成员单位的结售汇业务。2011 年 10 月至 12 月，公司统一结售汇管理的金额达到 1.42 亿美元。

同时，也充分利用外汇集中管理优势与合作银行商谈结售汇优惠价格，为集团成员单位节约财务成本。三是制定各项外汇业务管理制度，以规范外汇业务的开展，控制操作风险。主要包括《外汇资金池管理暂行办法》、《外汇账户管理暂行办法》、《统一结售汇业务管理办法》、《外汇结算业务操作规程》、《外汇账户管理信息系统内部管理办法》。

【业务创新】搭建外汇资金池是公司2011年一大创新举措。公司在借鉴兄弟财务公司外汇集中管理模式和经验的基础上，通过政策解读、业务培训、调研取经，结合集团境内外汇业务的实际情况，制定了境内外汇资金集中管理方案。公司外汇资金池为两层账户结构，第一层为公司经常项目外汇主账户，第二层为成员单位经常项目外汇子账户，主子账户在合作银行及公司系统一一对应。在合作银行系统中，子账户余额实时归集到主账户，子账户余额为零，当需要对外付款时，系统自动从主账户下拨相应款项后予以支付。在公司系统中，成员单位账户实际反映其外汇余额。

【风险管理和内部控制】公司始终遵循“业务创新、制度先行”理念，为了保证制度的有效性和操作性，2011年下半年，公司组织了第二次制度修订汇编，共修订24项制度，新增66项制度，新版制度合计共119项。公司还借鉴商业银行经验编制了《合规手册》，进一步规范了公司各项业务合规要点。

公司结合金融机构监管要求，严格按照国资委、集团“法制工作三年目标”要求，积极推进公司法律工作建设，2011年上半年，公司设置了总法律顾问，全面负责公司法律事务工作。公司在2011年集团“企业法制工作三年目标”考核中排名第一。

公司以资金安全为核心，努力构筑全方位、多角度的立体风险防控体系。包括：严格执行集团大额非生产经营性付款审批；加强大额资金监控；严格履行业务审批程序；建立和完善金融风险预警机制和应急处理机制；动态监控和分析信贷资产质量；实时监控集团内三家上市公司存贷款关联交易峰值。

为进一步加强审计监督，公司于2011年初在董事会下新设审计委员会，指导公司稽核审计和监督检查工作。公司稽核审计工作采用常规稽核和专项稽核相结合、定期检查和飞行检查相配合、业务稽核和制度审计相融合的“三合审计”模式，切实保证公司风控合规体系健全有效。同时，为进一步加强操作风险控制，公司对重点岗位人员和中层以上干部推行轮岗及强制休假制度。

【人力资源管理】为建立健全人力资源体系，完善公司全员绩效考核，优化人员配置，公司聘请专业咨询机构搭建人力资源体系。2011年，公司已完成人力资源一期项目薪酬模块与绩效考核模块建设，方案先后经公司职代会、董事会审议通过，于2012年正式实施。

【信息化建设】公司认真落实集团信息系统建设A级登高计划要求，充分利用信息技术实现客户服务能力的提升和转变，利用信息技术有效整合资源、提高服务效率、加强资金管控，对TMS系统采用分批挂接、稳步推进实施，已顺利完成各资金管理部TMS系统切换和账户挂接，目前系统运行基本稳定，实现了境内资金管理系统一个平台的目标。

【企业文化建设】2011年上半年，公司开展了“公司愿景和工作理念”大讨论活动，最终确定了“运作规范、管控有效、客户信赖、员工敬业的一流金融企业”的公司愿景和“精益求精”的工作理念。

为进一步广开言路、凝聚智慧，公司在下半年开发了网络无记名问卷调查系统以及“双通道”论坛，激发了员工参与意识和团队精神，营造了民主、开放的工作氛围。

2011年，公司先后与招商银行、中远财

务、申能财务签署了文明共建协议，与粤电财务签署了战略合作框架协议。公司与这四家单位以业务交流为切入点开展形式多样、内容丰富的学习交流活动。公司还与多家兄弟财务公司广泛交流、密切联系，取他人之长，补己之短，通过学习取经不断提升金融服务水平。

中集集团财务有限公司

【经营概况】2011 年，中集集团财务有限公司（以下简称“公司”）本着“成本领先、服务优质、简明高效、风险可控”的经营方针，各项业务快速发展，管理水平不断提高。截至 2011 年末，公司资产总额超过 50 亿元，同比增长 66%；实现营业收入 1.54 亿元，同比增长 183%；全年实现利润总额 0.81 亿元，同比增长 137%；信贷资产运营良好，不良贷款及不良资产率为零，超额完成了集团下达的包括资金集中度在内的年度经营考核指标，全年各期监控指标符合监管要求。

【公司金融和信贷业务】公司以服务集团成员企业为宗旨，努力贴近成员企业实际需求，发挥信贷服务功能，严格遵循国家信贷调控，为成员企业提供优惠的贷款支持和优质的贷款服务，支持集团业务发展。截至年末，公司为成员企业提供信贷支持达 138 笔，累计金额超过 40 亿元，减少成员企业对外利息支出超过 1 亿元；本外币自营贷款日均余额接近 20 亿元，同比增长 86%；本外币委托贷款日均余额接近 18 亿元，同比增长 128%。此外，公司还积极配合集团做好 40 亿元中期票据资金安排，提高了资金的使用效率和效益，公司逐步替代外部银行成为成员单位融资需求的首选。

2011 年，公司为成员企业提供本外币结算服务超过 13 万笔，全年结算总量近 3 000 亿元；同时成员企业在公司享受的是结算费用全免的结算服务，此项优惠也为各成员企业节约了约 600 万元人民币的财务费用。

【资金集中】截至 2011 年末，在公司开设账户的成员企业达 162 家，结算账户 276 个，吸收存款余额接近 48 亿元，较上年增加 76%。借助公司的金融平台，集团境内企业的闲置资金已基本归集到资金池，资金集中度在年末达到了 84%（剔除境外不可归集资金），同比提高了近 10%。

【信息化建设】公司采用招商银行开发的 TMS 软件系统，以银企直联的方式实现资金的实时归集和对外支付，根据中集集团外汇业务的特点，开发并成功实施了外汇业务的银企直联，大大提高了外汇支付业务的处理效率，降低了操作风险。

公司高度重视信息系统对于金融机构的重要作用，新组建了信息开发部，根据新产品开发的需求，加快了信息系统建设的进度，并提高了 TMS 系统运行的稳定性。

为推动集团资金风险的全面管控，公司对

于暂时不能实现资金归集的境外成员单位，借助合作银行的系统平台，建立了远程账户查询体系，实时了解成员单位账户资金状况。

【业务创新】为满足成员企业的业务需求，同时加快推进公司新业务开发，公司于年内分别成立了电子商业汇票、发票融资、即期结售汇、国内供应链融资、委托支付等项目小组，全力推进公司业务拓展。

【风险管理与内部控制】2011 年，在中集集团作为第一批内控规范试点企业的大背景下，公司内控体系建设全面启动。

公司成立了内控领导小组及内控工作小组，在集团审计监察部的指导下，完成了 16 个风险矩阵 63 项关键业务和管理活动的风险识别与流程建设工作。对于内控建设中识别出的缺陷和不足，迅速组织进行了整改。同时，加强制度流程建设，全年新建业务和管理制度 36 项，修订制度 17 项，编制了 25 项重点业务流程图，进一步完善了公司的制度流程体系，提高了流程防控风险的能力。在 2012 年初集团组织的内控建设总结与表彰大会上，公司被评为内控建设试点优秀单位并在大会上做经验交流发言。

【人力资源与企业文化】公司强调“以人为本”的核心价值，秉承中集集团“国强民富，共同发展”的核心人力资源理念，倡导“共同事业、共同担当、共创辉煌”的事业理念和“信任、忠诚、进取、和谐”的团队核心价值观，塑造具有中集集团特色的金融企业文化，增强团队的认同度和凝聚力。

沙钢财务有限公司

【经营概况】2011 年，沙钢财务有限公司（以下简称“公司”）充分依托集团努力充实公司功能，全面完成各项指标任务。截至 2011 年末，公司资产总额达 50.67 亿元，实现营业收入 21 466.84 万元，利润总额 6 115.23万元，净利润 4 586.17 万元；净资产收益率为 4.36%，资本充足率为 47.26%，不良贷款率为零。

【信贷业务】2011 年，公司积极开展信贷管理工作，共向 6 家成员企业进行了授信，授信总额 33.28 亿元。截至年末，公司吸收存款余额 28.82 亿元，贷款余额 23.28 亿元（其中，发放流动资金贷款 10.5 亿元，贴现贷款 12.28 亿元）。

【资金和投资业务】2011 年，公司着力于加强资金头寸管理，提高资金运用效率。公司负责集团资金计划和融资管理，及时了解各成员企业资金收支情况，保证成员单位对外支付。为了合理运用资金，在保证支付的前提下，将资金用于收益更高的业务，以提高资金使用效率。将闲置资金开展贴现、转贴现业务。

【票据业务】公司大力推进票据贴现、转贴现、再贴现工作。正确把握市场贴现、转贴现利率走势，努力维护转贴现渠道，降低集团及成员单位财务费用支出，提高经济效益。2011 年，累计办理成员单位银票贴现 97. 40 亿元，向商业银行转贴现 132. 44 亿元（含二次转贴，其中卖断式转贴现金额 95. 39 亿元），其中为外围成员单位办理贴现 32. 4 亿元，较好地解决了成员单位资金需求。此外，公司向人民银行再贴现6. 17 亿元，节约融资成本 804 万元。

【资金集中】公司从创新管理及充实功能的角度努力推动集团资金集中管理模式的调整。2011 年初，公司提出将资金管理职能进行整合的建议，并提出了集团一体化资金管理方案，通过集团资金管理模式的调整，对集团公司资金管控、资金使用效率的提高起到积极作用。2011 年，在抓好本地主要结算银行直联的基础上，着重抓好外围成员单位异地资金归集工作。全年新增归集账户 35 个，从而使结算账户总户数达到 210 户；全年累计完成自营及代理结算业务 15. 64 万笔，结算金额 24 396亿元，有效地解决了成员企业资金需求，全口径资金归集度不断提高。

【业务创新】2011 年，公司积极开展业务创新，提高为成员单位服务的水平。一是积极与各商业银行联系，申请开办代开银票业务，经反复沟通，于 5 月份获得交通银行批准，并首次获得了 5 亿元授信额度。2011 年，累计为成员单位代开银票 9. 1 亿元。二是根据集团及成员企业资金结算中票据占比较大的特点，公司组织人员积极开展对相关财务公司电票业务的调研，及时启动了加入人民银行电票系统申报工作。目前，申请已获得人民银行总行的批准，从而为公司实现直接出票，扩大服务及融资渠道，降低银行票据保证金存款，提高资金归集度创造了条件。三是努力拓展中间业务。根据成员单位区域分布和保险兼业代理业务的特点，代理企业财产保险、机动车辆保险、货物运输保险等保险业务，进一步完善公司金融服务功能。

【风险管理和内部控制】公司充分发挥风险管理处事中控制风险的职能，加强对业务部门和业务环节的合规检查。2011 年，公司共开展了 11 次业务合规性检查，保障了公司平稳运行，确保风险可控。

为健全各项规章制度，公司对已制定的各项规章制度认真进行了梳理，并对相关制度进行了拟订和修订。2011 年，公司共梳理制度 57 项，修订制度 2 项，新制定制度 7 项。组织开展“制度回头看”活动，利用周二学习日组织各部门人员对已制定的规章制度进行再学习，并结合当前业务操作，对不符合实际操作的制度提出修改意见。通过学习规章制度和案件通报，不断提高员工依法经营、合规操作和风险防范意识。

【人力资源管理】公司十分注重人才培养，采取了“引进来”和“走出去”的培训方式，来提高员工业务水平。“引进来”即从银行聘请具有丰富金融知识的人员来公司授课；“走出去”即主动与外单位联系外出学习考察、交流。同时，制订培训计划，定期开展员工业务知识培训，每次培训结束后组织考试，考试合格率 100%。另外，采取轮岗交流学习，逐步提高员工业务素质。

【信息化建设】2011 年，公司在信息化建设方面做了大量的工作。主要是加强日常信息系统维护和管理，特别是推动与安阳的工商银行、农业银行、建设银行分支机构和无锡惠山的中国银行分支机构等异地银行的系统直联，跟踪各家商业银行结算系统的运行情况，及时解决结算系统中出现的新问题；不断完善和优化公司信息管理系统和集团资金管理系统，顺利完成了用友财务系统模块的更新升级；与各代理银行、各开户单位保持联系，跟踪商业银行直联启动后业务运行情况，发现资金结算系统异常情况及时与商业银行、技术部门联系，了解情况分析原因，寻求最佳解决途径，不断完善结算信息化手段，强化结算服务的安全高效。

【企业文化建设】公司注重加强对员工的思想道德教育，经常组织学习集团公司优秀员工先进事迹。2011 年 5 月，公司成立了金融党支部，并充分发挥其组织作用，一是发挥对外宣传平台作用，积极与金融单位联系，组织开展学习交流活动。通过学习交流，进一步加深了银企双方之间的合作，对今后的业务发展起到了很好的铺垫作用。二是组织开展形式多样的文化活动，充分调动员工的积极性和创造性，提高公司团队的战斗力，全面提升公司各项指标水平。三是定期开展员工座谈会和职工谈心活动，从工作、学习和生活上了解和关心员工，及时掌握员工的思想动态。

美的集团财务有限公司

【经营概况】2011 年，美的集团财务有限公司（以下简称“公司”）积极落实银监会提出的财务公司“立足集团，服务集团”理念，坚持美的集团“再造一个美的”发展战略，为集团成员单位提供优质的金融服务。截至 2011 年末，公司资产总额 41 亿元，同比增长 273%；负债总额 25 亿元，同比增长 317%；所有者权益总额 16 亿元，同比增长 220%；净利润 0.7 亿元，同比增长 2 233%。

【票据业务】2011 年，公司开展的信贷业务主要是票据业务，截至年末，公司票据贴现余额 11.25 亿元，同比增长 245%，其中直接贴现余额 9.8 亿元，买断式转贴现余额 1.45 亿元。公司自 2011 年 5 月起开展票据承兑业务，截至年末，公司开出承兑汇票余额 17.38 万元，为集团成员单位提供了较好的金融支持。

【资金集中】公司积极履行集团资金集中管理功能，截至 2011 年末，纳入资金集中的成员单位 51 家，其中新增 23 家，资金集中度为 29.28%。目前，未纳入公司集中管理的成员单位主要为境外单位、异地单位及资金业务量小的单位；公司不可归集资金主要包括成员单位在外部银行的保证金存款、成员单位的外币存款以及集团下属上市公司受当地证券监管部门监管的资金。

【风险管理和内部控制】2011 年，公司根据《公司法》等法律法规及监管政策的要求，搭建了符合现代企业制度的管理组织架构，建立了较为完善的内控制度体系，基本保证了公司的正常安全运作。

公司高度重视合规风险管理和案件防控工作，搭建了风险管理架构和工作机制。公司风险管理部门在日常工作中从严把握各项业务管理规章、操作流程的合规风险控制要点，为公司管理层业务决策提供合规风险管理意见和建议；贯彻落实反洗钱各项工作要求；负责客户授信、信用评级、资产风险分类、资金业务、投资业务、合同文本合规合法性审查；新业务开拓制度建设的风险控制流程设计；持续梳理公司各项业务规章和业务流程的合规风险控制要点；做好案件风险防范控制各项工作。

公司建立了分权手册及业务流程规范，明确了审批人对各项业务的授权批准方式、权限、程序、责任和相关控制措施，规定了经办人办理各项业务的职责范围和工作要求。

2011 年，公司积极开展内外部审计工作。公司依照相关法律法规的规定建立和健全内外部审计制度，并按照国家有关法规建立对各项业务的稽核、检查制度，并设立专职稽核审计部门，同时邀请外部审计机构对公司上年度的业务进行了全面的审计。

【人力资源管理】2011 年，公司开展系列业务培训，通过内部专家讲解、邀请外部专家授课等形式，对资金管理模式、公司信贷、票据业务、反洗钱等业务知识进行了培训，提高了员工的金融业务知识水平。

2011 年，公司积极鼓励员工参加银行业从业资格考试及各项专业职称考试，提升员工的专业知识水平，当年共有 19 人取得银行业从业资格。

【信息化建设】2011 年，公司开展全流程信贷系统建设，为公司各项业务的信息化打下了坚实的基础；完成了商业汇票系统建设，并在 12 月 1 日通过人民银行验收测试；完成了公司商业汇票系统建设，实现了票据贴现、票据转贴现、票据托收以及票据承兑等的系统化处理，保证了票据结算的安全性和及时性；搭建各业务系统的统一登录平台，实现了公司各业务系统的统一管理和统一安全认证，提高了各系统的安全性；实施了 ESB 服务访问白名单过滤，增加了公司各个业务系统的网络安全隔离，通过 ESB 技术将公司业务应用进行隔离，提高了各业务系统间数据传输的安全性和准确性。

宁波港集团财务有限公司

【经营概况】2011 年，宁波港集团财务有限公司（以下简称“公司”）秉持“稳健经营、科学发展”的经营方针，充分履行结算中心和融资中心职能，努力为成员单位提供优质金融服务，取得了良好业绩。截至年末，公司总资产规模超过 40 亿元，吸收存款余额超 25 亿元，公司全年日均存款余额超过 31 亿元；全年累计为成员单位办理结算业务超过 15 万笔，结算量超 1 238 亿元，成员单位约有 70% 以上的结算业务通过公司进行，已基本形成全集团的结算中心；公司全年实现收入超 1.6 亿元，实现利润超 1.3 亿元；公司资本充足率为 67.25%，流动性比例为 81.27%，存贷比为 0.77%，拨备覆盖率为 100%，各项监管指标均符合规定要求。

【票据业务】公司根据成员单位的需求，全年共办理贴现业务37笔，合计金额9 038万元，其中商业汇票贴现2 003万元，银行汇票贴现7 035万元，共计实现利息收入179万元。公司的汇票业务专用章已通过人民银行报备，具备开出纸质商业汇票的资质。同时，公司也在积极申请加入全国电子商业汇票系统，并已获得接入全国电子商业汇票系统的机构代码，预计2012年可开通电子商业汇票业务。

【资金集中】公司作为集团的资金管理平台，充分认识到成员单位的开户是生存之本，提出了稳定本地、突破异地的开户工作思路。截至年末，公司已开立各类账户133个，涉及108家成员单位，全年新增开户单位18家，新增账户31个，开户覆盖率已超过70%。2011年，在合作银行的支持协助下，异地单位开户工作取得突破性进展，目前已有多家异地单位在公司开立结算账户。在资金归集方面，成员单位除保留融资银行必要存款外，已逐步将外部资金归集至公司，全年日均存款余额超31亿元，剔除无法归集的专户资金，资金归集率已超80%。

【内部控制】2011年，公司全面完善内控机制，健全风险管理体系。首先从完善内控机制着手，先后制定和修订了包括内控评价办法、合规问责制、合规绩效考核办法、内部审计办法等内控制度；同时对各类业务制度进行全面梳理，有针对性地修订了30多项业务规章制度，新制定了20多项规章制度。其次是开展专项稽核，公司共开展了包括公司印章管理、凭证管理、成员单位结算账户管理、银企对账管理、财务等专项稽核，对稽核结果提出整改意见，并进行跟踪落实。最后是执行全过程的风险管理，公司对已经或正申请与公司建立业务关系或提供担保的成员单位开展了信用等级评定和综合授信，对已办理的业务，通过实施跟踪核查，定期形成额度使用单位的经营情况分析报告。同时，公司努力加强内控文化建设，领导高度重视内控管理，提出内控创造效益的管理思路，并多次开展内控培训，提高全员的内控意识，形成全员参与的内控建设文化。

【业务创新】2011年12月28日，中国银监会批准公司“办理成员单位之间的委托贷款和对成员单位办理贷款及融资租赁”两项信贷类业务。至此，公司获得充分发挥融资中心功能的核心金融产品经营资质，同时，公司还新开办了保函、资信证明业务。在保险代理业务方面，公司一方面深入开展财产一切险、机器损坏险、车辆险三类保险代理业务，另一方面积极与保险公司和成员单位充分协商，新开展了船舶险、码头责任险两项险种的代理业务。2011年，公司共办理保险代理业务保费收入2 641万元，取得代理收入186万元。新业务的开办，进一步丰富了公司的业务品种，提升了公司的服务能力。

【人力资源管理】2011年，公司顺利完成新一轮岗位竞聘工作，提拔了3名科级干部，新聘干部年龄均在40岁以下，学历均在本科以上。目前公司员工90%以上具有本科学历，12人具有中级专业技术职称，1人具有高级专业技术职称。为加强队伍建设，公司针对员工的业务薄弱环节，开展了现金池、反洗钱、1104报表等多期内部培训，帮助员工深入了解和掌握相关业务；派遣员工积极参加财务公司协会组织的有关业务培训，参加业务调研，参与商业银行业务实习，全面提高员工的业务能力；及时组织员工参加相关从业资格考试，截至2011年末，已有14人通过银行业从业资格考试，3人通过保险业从业资格考试，10人通过证券业从业资格考试。

【信息化建设】2011年，公司深入成员单位调研，认真听取成员单位在使用综合业务系统及办理结算业务时存在的问题及建议，将收集的建议整理汇总分析，邀请系统开发商上门面对面沟通，完善了异地业务办理、批量业务审批、延迟审批、电子回单打印等12项功能，同时进行了功能优化、漏洞修复等相关工作，使系统在操作上更加便利，业务开展更加流畅，系统功能进一步完善。目前，公司综合业务管理系统已得到大部分成员单位认可，成为主要的对外结算系统，结算中心的地位也逐步得到肯定。

兖矿集团财务有限公司

【经营概况】2011年，兖矿集团财务有限公司（以下简称“公司”）围绕“加强集团资金集中管理，提高集团资金使用效率”功能定位，坚持“依托集团、服务集团、合规经营、稳健发展”的宗旨，遵循“安全性、流动性、效益性”原则，完善公司治理结构，强化内部控制，提高风险管控能力，推动公司稳健发展，较好地发挥了金融服务功能。

截至2011年末，公司资产总额71.28亿元，比年初增长16%；所有者权益6.81亿元，比年初增长33.93%；实现营业收入2.60亿元，利润总额2.30亿元，净利润1.72亿元，资本利润率为29.01%；资金集中度64.02%，资本充足率18.84%，不良资产率为零，各项监管指标持续动态达标。

【法人治理】公司不断完善法人治理结构，持续提升公司治理水平，形成了“三会一层”各负其责、相互制衡的治理架构。2011年召开了2010年度股东会和6次董事会议，改选了公司董事长和副董事长，调整了董事会成员和三个专业委员会成员，聘任了2名公司高管，审议了申请增加贷款业务等关系公司长远发展的重大事项。

【资金业务】2011年，公司加强资金计划管理，合理匹配资产负债期限，在确保资金安全性、流动性的前提下，积极开展了同业定期存放业务，参照上海银行间同业拆放利率，按照市场化原则在同业金融机构办理了定期存款业务144笔，金额274.71亿元，利息收入0.79亿元，比活期存款增收0.70亿元。

【票据业务和信贷业务】2011年，公司累计为兖矿集团、兖州煤业等六家成员单位办理票据贴现业务557笔，共计8.42亿元，实现收入1 381.14万元。按照《非银行金融机构行政许可事项实施办法》的规定，公司完成了开办贷款新业务的各项准备工作。经中国银监会批准，获得了开展贷款、委托贷款及融资租赁三项业务的资格。

【资金集中】一是加强账户管理，健全账户管理体系。截至2011年末，纳入资金管理信息系统的成员单位120家，结算账户455个。二是依托资金管理信息系统，实施资金预算控制、资金支付的网上申报及审批制度，实时监控成员单位资金的流量和流向，掌握集团资金动态，监控重大、异常资金调动，有效控制可疑资金交易，增强了集团公司对成员单位资金管控能力。三是提供优质结算服务。充分发挥资金管理信息系统优势，为成员单位提供安全、高效、快捷的结算服务，提高资金结算效率。全年办理结算业务 9.49 万笔，金额 1 719亿元，实现资金结算的零差错。四是通过“资金池”，实时或定时归集资金，实现对集团资金的统一管理和集中支付，与上市公司重新签订了金融服务协议，提高存款上限至 18.20 亿元。2011 年，公司日均存款余额 61.85 亿元，资金集中度为 64.02%。

【风险管理和内部控制】公司坚持稳健的风险偏好，并促进经营管理与风险偏好的融合，建设全面风险管理体系，2011 年，公司完成对信用风险、操作风险、流动性风险、信息科技风险的识别评估，建立健全了风险责任制和尽职问责制度。

完善制度建设，强化“风险内控，制度先行”的理念，根据监管要求和实际运营情况，健全基本业务和管理制度，细化业务管理办法和操作流程，强化制度的执行落实，形成按制度办事、靠制度管人的机制。按照“相互牵制”和“最小授权”原则，完善系统操作人员的权限管理，对关键岗位实施重点监控。

审计合规部和风险管理部独立发挥作用，定期开展关键风险点和内控检查。强化内部控制，理顺业务流程，对公司所有业务进行稽核，做到事前有防范、事中有控制、事后有检查。

【信息化建设】加强资金管理信息系统的管理与维护，确保系统安全稳定运行；建设网络防火墙集群，增强信息系统防侵害能力；定期对系统软件和硬件运行情况进行检测；建立业务连续性应急预案，完善系统数据备份管理。截至 2011 年 12 月 31 日，资金管理信息系统安全运行 1 460 天，被山东省国资委和山东省企业联合会评为“山东省企业管理现代化创新成果一等奖”。

【企业文化建设】推进学习型组织建设，通过业务培训、学习交流和资格考试等方式，提升员工综合素质和业务能力。在公司上下推行“人人合规”、“事事合规”、“主动合规”、“合规创造价值”的核心理念。把合规管理贯穿于决策、执行、监督、反馈的各个环节，渗透到公司所有员工的心中，渗透到每个岗位，促进员工在其工作岗位遵循法律、法规和公司内部管理制度。

哈尔滨电气集团财务有限责任公司

【经营概况】2011 年，哈尔滨电气集团财务有限责任公司（以下简称“公司”）面对国内复杂多变的金融形势，紧紧围绕集团“四化三领先，再造新哈电”的发展战略，以 2011 年集团公司工作会议精神为工作指引，全面落实集团公司的决策部署。公司上下凝心聚力，抓住了银行间拆借市场利率上升的有利时机，克服国家收紧货币政策、关联交易额度和贷款业务资质限制、存款准备金率六次上调、集团内资金形势普遍趋紧等困难，各项业务取得较快发展，营业规模实现快速增长，效益水平大幅度提高。2011年末，公司资产规模13.99亿元，实现利润8 602万元，完成年度预算目标的214.4%，资本充足率为158.76%，净资产收益率为8.11%，各项监管指标符合监管要求，并圆满通过黑龙江省银监局各项专项检查。

【票据业务】公司积极开展电子商业汇票系统的业务研究，通过培训、调研等多种形式，全面了解和学习商业汇票系统的准入条件、上线流程、运行情况以及监管要求。目前，公司已经取得财务公司汇票业务机构代码，纸质票据业务操作已经进入实质阶段。2011年，公司已为成员企业办理票据承兑及贴现1.36亿元，保函0.19亿元。

【资金集中】2011年，公司继续深化资金管理工作，不断拓宽内部资金集中范围，努力扩大外部资金渠道。一是积极探索资金吸收方式和银行账户管理模式，深入分析和研究资金集中管理不同模式下的功能和特点，形成了《关于财务公司资金吸收管理工作的报告》和《关于资金归集的分析报告》，提出了符合集团实际的资金归集模式建议。二是及时跟踪成员企业的资金动向，不断摸索企业资金的运行规律，通过科学的资金计划、头寸安排，在目前可归集的范围内努力提升资金归集度，为全面推进资金集中管理打下坚实的基础。

【风险管理和内部控制】2011年，公司严控风险、稳健经营，各项监管指标始终保持在合规范围内，公司资产质量优良。按照国资委《中央企业全面风险管理指引》和集团公司2011年全面风险管理工作会议的要求，公司大力推进全面风险管理体系建设工作。一是加强规章制度建设，完善风险防范体系。结合公司的运转情况，进一步梳理部门的管理职责，明确和规范各部门、各岗位的工作流程和业务权限，先后补充和修订内部规章制度近30项，逐步实现了各业务环节和岗位的相互衔接和有效控制。二是加强金融风险宣传，树立具有风险意识的企业文化。注重通过定期开展反洗钱知识培训、金融机构案件形势通报、同行业风险防范经验交流等方式，加强金融风险知识普及和警示宣传，逐步将风险文化建设与公司制度建设及人力资源管理有机结合，在公司范围内树立正确的风险管理理念，增强风险管理意识。三是探索建立金融风险预警指标体系，完善金融风险监测评估机制。结合公司的实际情况和监管机构的工作要求，公司尝试建立了风险指标体系、客户信用等级评定体系、存放同业资金管理平台等风险预警指标工具，逐步实现了量化分析的风险管理模式。四是定期开展审计稽核工作，建立完善的内部审计监督体系。五是全力推进案件防控与安全保卫工作。按照黑龙江省银监局“案件防控与安全保卫工作会议”精神，结合公司的实际情况，在公司范围内组织开展了风险隐患大排查活动，着力消除各类风险隐患，有效遏制了案件的发生。

【人力资源管理】2011年，公司坚持贯彻集团公司“4541”的人才发展目标（即深入推进人才“四化”发展；倾力打造五支队伍；着重创新四个机制；紧紧围绕一个中心大力营造有利于人才发展的良好环境；全面实施一个人才配套工程，重点打造专业化核心人才队伍），在以下五个方面下工夫：一是研究制定《哈电集团财务公司中长期人才发展规划》，提出了2011年至2020年未来十年的人员结构和人才发展布局，为推进公司人才队伍建设提供了制度机制上的保障；二是按照国资委和集团公司的有关要求，研究制定《哈电集团财务公司业绩考核管理办法（试行）》，通过建立全员绩效考核评价机制，在公司范围内营造出良好的激励氛围；三是推行从业人员持证上岗和统一培训制度，支持员工参加专业机构组织的多种形式培训，鼓励员工取得相关专业领域的从业资格，全面提升员工队伍的整体素质；四是着力开展“传帮带”活动，充分发挥从银行引入的专业人才的带动作用，努力打造公司的专业化团队；五是加强与同行业企业的学习和交流，积极参与财协举办的各类专业化活动，通过行业间的业务交流和课题研究，进一步加快人才的培养步伐。

【信息化建设】2011 年，公司在完善和优化信息系统（一期）业务模块功能的基础上，大力推进公司信息化建设，全方位搭建了结算业务系统、会计核算系统、人民银行电子对账系统、金融统计检测管理信息系统、可疑交易数据报送系统、银监局 1104 报表监管系统、公文交换系统、集团 OA 管理创新平台等多维度信息沟通和数据传递互动平台，并逐步将内控机制和授权流程固化到信息系统当中，全面实现了业务系统与核算系统、内控决策系统的有效集成。

【企业文化建设】积极发挥宣传工作优势，充分利用集团电子屏幕、期刊、“财务动态”专栏等宣传阵地，及时报道公司各项工作的新动向、新进展和新成效，增进财企的相互了解，推动各项业务的开展。同时，坚持统筹兼顾，协调推进的原则，大力发展企业文化活动建设，相继参加了黑龙江省金融系统迎新春晚会、哈电集团庆祝建党九十周年文艺晚会以及第二届职工文化艺术节，公司员工以精彩的演出、崭新的面貌以及良好的合作精神，赢得了省银监局和集团公司领导的好评。

北大方正集团财务有限公司

【经营概况】北大方正集团财务有限公司（以下简称“公司”）于 2010 年 9 月 6 日经中国银监会颁文《中国银监会关于北大方正集团财务有限公司开业的批复》（银监复［2010］427 号）核准开业。2011 年，公司发扬方正集团“持续创新”的理念，秉承“融通内外资源、助推集团战略”的宗旨，在成立后的第一个完整经营年度内，潜心摸索，大胆尝试，不断创新，全面完成了公司经营目标。

截至 2011 年末，公司资产总额达到 59.7 亿元，净资产总额 20.5 亿元；实现经营收入 1.74 亿元，税后净利润 0.53 亿元；资本充足率为 42%，流动性比率为 55%，不良资产率为零，各项指标均符合监管要求。2011 年，公司现有股东对公司进行了增资，注册资本金由 3 亿元增至 20 亿元。

【信贷业务】公司继续贯彻“融通内外资源，助推集团战略”的经营理念，明确了成为集团“融资服务中心”的业务开展方向。2011 年，公司共发放自营贷款 25 笔，累计发放金额42.40亿元；共发放委托贷款4笔，累计发放金额8.445亿元；共为成员单位提供连带责任担保5笔，累计担保金额14.04亿元。

在开展业务的同时，公司力争为成员单位提供更加优质便捷的服务。在风险可控的前提下，对符合条件的成员单位给予综合授信，简化授信项下单笔业务办理手续，提高了服务效率。同时，为了更好地实现信贷风险控制，公司加强了贷前调查、贷时审查和贷后管理三个环节的监管，持续跟踪信贷业务发生企业，确保了信贷资产质量，从而实现全年本息回收率100%。

【票据业务】2011年，公司积极推进同业授信，共取得6家银行总计金额45.5亿元的同业授信；累计为成员单位办理商业汇票贴现34.31亿元，实现利息收入1.5亿元；累计办理转贴现65.83亿元，向人民银行申请办理再贴现1.25亿元。通过票据业务的整合，实现了票据业务集约化经营的目标，为成员单位解决资金需求的同时，创造了盈利增长点。

【资金集中】2011年，公司在成员单位中积极推广核心业务系统，进行宣传、现场培训以及电话交流，截至年末，共有49家成员单位在公司开立一般账户，实现了北京、上海、重庆、苏州、杭州的大部分覆盖。

截至2011年末，公司共吸收成员单位存款34.35亿元，比上年增长16.175倍。2011年，公司与工商银行、建设银行等银行建立了银企直联系统，实现了资金不落地处理，缩短了资金汇划时间，提高了资金使用效率。

【风险管理】公司建立了完善的法人治理结构，明确了董事会、监事会、高管层的职责、权限和议事规则，明确了各部门和部门各岗位的职责。公司结合外部监管、内部管理和业务工作实际需求对开业申请期拟定的规章制度进行了梳理、补充，完善了相关流程和控制环节。2011年，公司共修订完善了56项制度；召开10次审贷委员会会议，通过了14家成员单位的授信申请；进行了5项专项审计和1项稽核。

公司强化风险管控方式和危机意识，实施全面风险管控，建立并推广全程的风险管理模式，使所有部门和岗位都能理解潜在的风险因素，确立谨慎经营的理念。2011年，公司动态监控和分析信贷资产质量，确保各项信贷指标均符合监管要求。

【内部控制】在公司的组织架构中设有风险管理部和审计合规部，分别承担风险管理和公司合规及内控审计等职能。审计合规部组织各部门对涉及日常业务及公司运营管理活动制定了一系列的管理制度和流程，依法规范公司的经济运行，使公司的一切经营活动在公司内控制度框架下进行；与此同时，根据相关制度规定，对业务及管理活动进行定期、不定期的审计、稽核工作，及时发现业务经营中的不规范操作，防范和化解潜在风险。

【人力资源管理】2011年，公司在全力推进集团“坚决裁减冗员和淘汰不合格人员；坚决引进优秀人才；坚决保留优秀人才；提升全员职业化水平”等“三个坚决、一个提升”人力资源战略的同时，系统贯彻执行集团人力资源各项管理体系。在人力资源体系建设方面，制定及修订了《招聘管理规则》、《薪酬管理规则》、《考核管理规则》等八项人力资源管理制度；在招聘管理方面，以方正素质模式为基础，强调“选好种子，找对人”；在培训管理方面，开展了新员工入职培训、通用技能培训、管理类培训及各项专业技能的培训，并同时开展了公司与集团财务管理部门各业务模块的互训；在绩效考核方面，公司通过360度评价等方式，从业绩、综合素质、干部管理风格与个人能力倾向风格等方面，对员工、干部、管理团队进行全面的考评。总之，公司人力资源工作会持续完善，为更好地服务于公司战略目标并成为业务部门的战略伙伴而努力。

【信息化建设】 2011 年，公司信息化建设以深化应用为重点，继续优化信息系统建设与日常运维同步并行，主要包括：对网络带宽进行了扩容，提高了成员单位系统访问的效率；通过对网络进行两次大的优化调整，进一步提升了网络安全性；为加强业务数据的安全性，完成同城异地备份方式；在专用网络上，搭建了财务公司 OA 系统，提前满足公司对办公用品和考勤等管理的要求；电子公文系统成功配置安装，为公司向银监局报送各种电子公文提供方便；网站正式对外发布，充分展示良好的企业形象；金融城域网顺利连接，有利于风险管理部向人民银行报送反洗钱信息、金融统计信息以及账户余额数据信息；优化并完善了系统功能；自查和修订《信息系统的运行维护管理办法》、《信息系统用户使用管理办法》、《数字证书管理办法》等信息化制度。在系统运行管理和员工操作等方面，公司采取强有力的措施，符合了监管要求，确保了各信息系统的安全、稳定运行。

通用技术集团财务有限责任公司

【经营概况】 通用技术集团财务有限责任公司（以下简称“公司”）积极贯彻落实集团总体部署，紧密围绕“转型升级，提质增效”的总体要求，坚持依托集团、服务成员、规范经营、稳健发展，一手抓业务，一手抓运营体系建设，全体员工团结一心、开拓进取，基础业务全面铺开，业务品种不断丰富，运营体系逐步完善，整体运行稳健有效，在打造有力支撑集团转型升级战略实施的金融服务中心征程上迈出了坚实的第一步。2011 年，公司实现营业收入 18 192 万元，实现利润总额 10 342 万元。截至年末，资产总额 689 638 万元，负债总额 581 590 万元，所有者权益合计 108 048 万元，资产负债率 84. 33% 。

【票据业务】 2011 年，公司加大票据承兑及贴现业务交易量，支持成员单位资金需求。票据业务量的逐步扩大，促进了公司对成员业务的深入了解，提升了与成员单位业务关联度，促成了成员单位之间的业务协同，有助于资金风险的把控。公司全年累计向成员单位办理承兑业务 156 笔，发生金额 13. 79 亿元，截至年末，承兑余额为 5. 6 亿元；开展 299 笔银行承兑汇票贴现业务、122 笔财务公司承兑汇票贴现业务，累计贴现发生额为 24. 20 亿元。

【同业业务】 公司抓住信贷环境趋紧、流动性收缩的市场机遇，在确保资金安全性、流动性的前提下，争取优惠条件，合理安排资金头寸，科学调配资金资源，通过设计存放同业品种组合，实现了较好的资金收益。

【结算业务】 公司各项结算业务稳步开展，全年累计发生结算业务量 30 163 笔，月均 2 514笔，累计结算金额 3 796. 79 亿元，月均达316.4亿元。公司全年办理了资金归集、资金下拨、资金调拨、代理支付、定期存取款、通知存取款、计提利息、贴现发放与收回、票据入库与托收、票据承兑等业务，业务品种更加多元化。

【资金集中】公司制定了二批成员单位上线工作方案，并于下半年启动二批成员单位上线培训等有关工作。截至2011年末，共有294家法人单位在财务公司开立了结算账户，实现归集成员单位163家；全年日均归集资金35.90亿元，最高时点归集资金达到75亿元。

【业务创新】公司在外部信贷政策收紧、成员单位资金面紧张而公司又无贷款资质的困境下，从业务模式创新入手，设计了产业链财票（财票指财务公司承兑的商业汇票）融资解决方案。公司财票推广整体分三个阶段实施：第一阶段，针对同一家二级成员单位内部具有上下游产业链关系的特点，利用财票解决其融资需求；第二阶段，在集团内具有上下游产业链关系的二级成员单位之间利用财票来支持成员单位完成相关业务；第三阶段，将财票结算拓展到成员单位外的上游企业。

【风险管理和内部控制】2011年，公司对风险控制要素、方式、模式、机制进行完善，着力优化风险防范布局。公司进行了全方位的风险点确认和梳理，初步形成了185个风险点，并细化了相应的风险防范、预警以及应对措施；结合集团和监管机构要求，形成了以组织体系、风险识别评估体系、制度体系、核心业务系统、监测预警体系以及过程控制体系为行为保障，以外部监督体系为防线保障，以风险管理文化体系为精神保障的“8S全面风险管理体系”总体框架。公司结合实际，对现行80余项规章制度中的47项进行了修订，新制定制度7项。公司建立了风险监测和资产质量分类认定定期报告机制，对可能出现的风险进行预警，确保风险可控。公司还审慎开展各项业务合规审查等基础工作，并积极推进新业务相关风险研究，同时，定期开展专项稽核和效能检查工作，确保各项业务规范运行。

【人力资源管理】2011年，公司组织开展了各类基础业务、企业文化、各级管理人员培训，全年累计参训共计185人次；严格按照监管机构及集团公司人才聘任有关要求，以市场化选聘方式引进人才；初步形成岗位评价、员工能力评价、绩效评价有机结合的“三位一体”人力资源开发、使用梯次发展机制，并稳步实施，为员工发展提供了广阔的空间，为打造人力资源开发、使用梯次发展的长效机制奠定了坚实的基础。

【信息化建设】公司顺利完成核心业务系统终验工作，积极推进票据池、外汇等新模块开发和建设，累计完成73项需求差异问题的处理，系统功能与业务的匹配度和适应度进一步提升；调研成员单位资金归集模式需求，设计个性化资金归集模式，并稳步推进；完善核心系统应急预案和方案，在严格落实机房、软硬件等设备日常维护管理的基础上，落实核心业务系统运行环境维保方案；完成外部网站域名申请、ICP备案、项目招标等基础工作，网站建设取得阶段性成果。

【企业文化建设】公司在制定计划有效贯彻落实集团企业文化宣贯的基础上，组织开展执行力、商务礼仪、公文写作及创新管理系列企业文化培训，提高了全体员工的工作效率，增强了全体员工的责任感、忠诚度、感恩心和奉献意识。围绕建党90周年和企业文化宣贯等主题，公司通过参加行业协会文艺汇演、答题竞赛、演讲比赛、红色之旅、新老员工座谈以及编辑《我的2011》杂志等活动，进一步丰富职工物质文化生活，深入挖掘企业文化内涵，营造了全体员工争先进、创优秀、讲服务、比贡献的良好氛围。

铜陵有色金属集团财务有限公司

【经营概况】铜陵有色金属集团财务有限公司（以下简称“公司”）于2010年10月15日经中国银监会颁文《中国银监会关于铜陵有色金属集团财务有限公司开业的批复》（银监复［2010］478号）核准开业。2011年，公司紧紧围绕“整章建制夯基础，拓展业务促发展；资金归集超五十，实现利润一千八”的方针目标，面对业务品种受限、资金归集度不高等因素，以提高资金集中度为工作中心，加快成员单位上线进度，申报各项新业务，利用多样金融服务手段，提高资金管理水平和使用效率。截至2011年末，公司资产规模40亿元，累计实现税前利润3 074万元，资本利润率7.14%，资产利润率0.94%，无不良资产及贷款，不良资产率、不良贷款率、投资比例、担保比例均为零。

【票据业务】2011年度，公司为成员单位办理票据贴现898笔（按票据张数统计），合计票面金额19.94亿元。公司在研究了集团内部成员单位之间的上下游产业链关系的基础上，利用商业承兑汇票开发供应链融资模式，公司全年办理此类票据贴现共计8笔，累计金额7 000万元。

【资金集中管理】公司按季统计各成员单位在财务公司存款占比，找出差距、分析原因，并不断地对成员单位账户开展摸底调查。在掌握成员单位账户情况后，结合各账户性质，提出了销户或直联的两种方案。可撤销的账户，积极动员成员单位销户；无法撤销的账户，包括贷款户、专户等所有银行账户，全部与公司直联，由公司负责查询和管理。

【风险管理和内部控制】公司以推进“依法审慎经营，有效防范和控制风险”的管理理念为目标，确定了全年风险管控的重心和要求：以操作风险为抓手，严防道德风险，合理规避市场风险，严控流动性风险。公司重新修订《贷款五级分类管理办法》、《利率风险管理办法》；补充制定了《贷款业务和融资租赁业务风险控制制度》、《委托贷款业务风险控制制度》、《不良资产责任认定和追究暂行办法》。全年对8家成员单位的授信评级进行了风险评估和授信审核，并出具报告为信贷审核委员会委员决策服务；全年为15家成员单位审核贴现票据898份，金额19.94亿元；按季进行全公司风险点排查和不良资产分类管理工作，确保公司经营的低风险和资产质量的优良，2011年公司不良资产率为零；2011年9月顺利完成了人民银行反洗钱系统测试上线工作；认真开展内外部现场检查，全年共开展专项检查三次，全面检查一次，对公司各部门完成业务稽核检查。认真开展各项业务培训，全面提高员工职业素养和风险防控意识。

【信息化建设】公司在集团的支持和帮助下，顺利实现了与集团ERP的资金收付与票据接口，推进了会计核算一体化；通过了人民银行组织的电票接口验收，完成了模拟运行测试，为电票系统的上线推广奠定了坚实的基础；实现了与人民银行和银监局的专线接入，加入了城市金融网，为及时了解金融监管相关信息、提高工作效率创造了条件。

【人力资源管理】公司制定《铜陵有色金属集团财务有限公司绩效管理办法》并组织实施；根据相关规定对符合条件的23名专业技术人员进行了专业技术职务考核与聘任工作；根据集团统一部署和安排上线运行ERP人力资源核心人事模块；根据集团统一部署和安排初步做好员工定岗定编及岗位说明书编写工作，为下一步薪酬改革奠定了基础；重视员工学习培训，鼓励员工参加保险代理资格考试以及银行业从业资格考试，提高全体员工的专业技能和职业化水平。

【企业文化建设】公司出台《财务公司企业文化实施意见》，在企业文化理念、员工守则、合规文化等方面广泛收集员工意见，真正让公司企业文化内化于心、外化于行。公司全面加强学习型组织建设，在人民银行铜陵市中心支行组织的征信业务比赛中，获团体和个人第二名，获得铜陵市金融机构统计业务考核二等奖，获集团公司财务工作“先进单位”和“先进个人”荣誉称号。

公司党建工作稳步推进，转正1名党员，发展2名预备党员；在党建思想政治工作考核上进行了探索，充分发挥了党支部战斗堡垒作用和党员先锋模范作用。全体党员开展了“建党90周年”重温入党誓词活动。

中建财务有限公司

【经营概况】中建财务有限公司（以下简称“公司”）于2010年11月29日经中国银监会核准开业（银监复〔2010〕567号），并于2011年1月19日正式开展业务。公司自开业以来，紧紧围绕“依托集团、服务集团、规范治理、审慎经营”的经营方针，以实现集团价值最大化为主要目标，开展各项工作。在董事会的领导下，在总部各相关部门及二级成员单位的大力支持下，经全体职工的共同努力，公司在各方面工作成绩显著，全面完成了集团和公司董事会下达的年度目标。截至2011年末，资产总额为100.65亿元；负债总额为88.71亿元，资产负债率88.14%；所有者权益11.93亿元。公司完成营业收入31 287万元，实现利润17 048万元，净利润12 498万元，净资产收益率达10.47%，吸收存款日均余额89.57亿元，人均创利595万元，实现了股东资本的保值、增值。

【资金集中】公司开业后，在中建一局、二局开展了资金集中上线业务试点工作。试点工作完成后，在中建股份公司资金部的领导下，公司于2011年4月12日召开了“中建股份子公司动员及培训会议”，逐步扩大了资金集中范围，二级成员单位的资金集中工作从总部结算中心移到了公司。集团二级企业已有38家单位在公司上线，覆盖了除中海集团以外的所有集团二级成员单位。截至2011年末，公司累计吸收成员单位存款2 344亿元，累计下拨资金2 255亿元，结算资金总量4 599亿元，日均存款达89.57亿元。值得一提的是，5月27日，公司吸收存款规模首次突破百亿元，达到125.19亿元；8月5日，存款规模达到公司开业以来的最高值154.42亿元。

【票据业务】公司为成员单位办理承兑汇票贴现业务，并启动了资金配置平台的搭建工作。8月，公司为中建一局成功办理首笔承兑汇票贴现业务。公司在政策法规允许的范围内，降低开展承兑汇票贴现业务的门槛，以系统内成员单位之间的业务往来为前提，最大限度地接受系统内成员单位开具的商业承兑汇票及贴现申请，简化业务办理流程；所有票据业务均采取免担保的信用方式，以远低于市场利率的水平，为成员单位办理承兑汇票贴现业务。截至年末，根据同期市场利率测算，为成员单位节约1 100余万元的融资成本；承兑汇票贴现业务余额达到5.46亿元，覆盖集团内六个工程局，为相关单位增加了现金流。

【业务创新】公司组织了与各合作银行的同业存款利率招投标活动，将各行原有利率总体水平提高了21%，促进集团成员单位资金整体收益水平的提升。公司合理安排头寸，跨期组合增加资金收益，在保证足额缴纳存款准备金及满足集团各成员单位生产经营所需资金的前提下，将公司资金分长短期有机搭配，最大限度提高集团的整体效益。公司为了彻底解决传统回单异地管理的问题，定制了一套与资金结算系统配套的电子回单系统，成员单位在办理业务后，即时可以获得加盖财务公司电子印章的电子回单，并根据此回单直接进行账务处理，降低了成员单位收取分拣回单的工作量，提高了工作效率。公司还将合作银行从7家扩大至13家，为成员单位提供更多选择。

【风险管理和内部控制】2011年，公司建立健全了股东大会制度，引入了独立董事制度，设立了风险管理委员会、贷款审查委员会以及稽核风险部；公司的重大事项必须经董事会审议通过，超授权范围的业务必须经过风险管理委员会或贷款审贷委员会审查；公司全年召开董事会5次，讨论了公司的相关管理制度以及重大业务事项，有效地防范了经营风险，确保公司健康、持久发展。根据实际运行情况，公司对各项规章制度进行梳理、修改、补充和完善，修改补充36项制度，重新制定了6项制度，并汇编成册。

公司针对结算管理部在资金划拨过程中所用密钥、密码的安全性进行了稽核；根据人民银行关于存款准备金缴存的要求，稽核检查缴存存款准备金流程是否存在漏洞，是否按时、合理；针对汇票贴现业务可能存在的合规风险、信用风险等几个重点风险点进行稽核，审查了业务流程是否严密、分工是否合理，审查业务档案是否完整及有效，并提出了相关建议。2011年，公司1104报表填报工作开展顺利，得到监管部门的良好评价。

【人力资源管理】2011年，公司主要围绕招聘培训、绩效考核、薪酬管理这三个方面开展人力资源工作。公司在年初制定了招聘制度和招聘流程，经过招聘补充了急需的岗位人员。公司对员工进行了业务专项培训，不断挖潜、提升员工的能力和素质。为了进一调动员工的积极性，公司还制定了合理的薪酬管理办法和绩效考核办法。

【信息化建设】2011年，公司根据集团“十二五”信息化工作要求并结合公司信息化发展状况，紧紧围绕“高标准、严要求、重实效”的原则进行包括基础设施建设、数据异地备份、软件开发及应用等方面的信息化建设工作。公司完成了资金管理信息系统的上线测试运行工作，与12家商业银行计算机系统之间实现了银企直联；通过该系统完成了集团公司等38户集团成员单位共110个银行账户的上线运行；系统实现了客户回单和对账单的自助打印功能，实现了成员单位从柜台业务办理到财务报表自动生成的全流程信息化管理。公司还完成了机房的扩建和改造，从硬件方面为扩展业务范围打好基础。

【企业文化建设】公司秉承中国建筑企业文化，立足营造具有自身特色的企业文化。公司组织全体员工学习习副主席的“关键在于落实”讲话稿；组织员工向集团典型模范、优秀共产党员陈超英学习活动，并开展了争优创先活动；组织员工认真学习党的十七届六中全会精神，狠抓职工思想文化和精神文明建设，提高职工的文化修养和政治思想觉悟；通过举行座谈会的形式，让广大职工参与讨论公司发展大计，增强员工责任感；通过举办各种文体活动，促进员工身心健康，增进彼此间的了解。公司还完成了门户网站的一期平台建设并上线运行。

江苏省国信集团财务有限公司

【经营概况】2011年，江苏省国信集团财务有限公司（以下简称“公司”）的核心工作是扎实练好“内功”，为“开好局、起好步”打好基础。公司以“依托集团，服务成员，规范经营，稳健发展”为宗旨，充分发挥“资金池”核心功能，创新业务模式，保障了成员单位正常生产运营的资金需求，节约了成员单位资金成本，维护了企业在银行的信誉，改善了集团整体的现金流和融资环境；公司着力加强基础管理，完善制度建设，深化服务功能，加强教育培训，强化合规经营，开展创先争优，健康、向上、和谐的企业文化建设初显成效。截至2011年末，公司吸收存款余额为38.40亿元，总资产为52.86亿元，全年实现营业收入1.56亿元，实现营业利润1.2亿元，为成员单位节约费用约0.7亿元。

【公司金融】2011年，公司为29家成员单位办理了63.91亿元综合授信，已有23家成员单位使用授信额度46.33亿元；累计为成员单位提供资金支持62.04亿元。公司还积极协调银行与成员单位的合作关系，为成员单位提供金融支持。

【资金和投资业务】公司根据集团资金集中管理的要求，要求成员单位按年度、月编制资金预算，逐笔审核成员单位调整追加资金计划的申请并提出修改意见，做好资金调度工作，协调集团内各种资金支付，掌握集团的资金需求，保证成员单位的正常营运。公司拓展融资渠道，开展与五大银行以及兴业银行、民生银行、上海银行、北京银行等银行的同业授信工作，取得了深圳发展银行3.5亿元、兴业银行10亿元的同业授信额度。公司采取“逐日盯市”的方法掌握银行间拆借市场的资金价格，根据自身流动性情况，选择报价高的银行开展短期资金存放业务，为公司创造效益1 700余万元。公司还与人民银行进行沟通，累计办理了6.78亿元的再贴现业务。

【票据业务】截至2011年末，公司累计为成员单位办理了17.54亿元的票据贴现。公司的贴现年利率始终维持在6.71%以下，节约了成员单位的融资成本。公司还对集团票据集中管理工作进行研究，探索以提供票据承兑、贴现、转贴现等一揽子业务为抓手的运作模式。

【外汇业务】公司针对集团贸易板块进出口业务的特点，于2011年10月向国家外汇管理局江苏省分局申请，通过购买1 000万美元置换了部分人民币资本金，用于开展外汇存贷款等业务，为成员单位提供外汇资金业务支持。

【资金集中】2011年，公司大力开展资金集中管理工作，共开户成员单位101家，上线80家，日均上收成员单位资金余额约28.6亿元；集团整体资金归集率为47.15%，其中已上线成员单位的资金归集率达到80%以上。

【业务创新】公司开业后暂未获得开展贷款和委托贷款业务的许可。公司设计了资金池调剂、法人账户透支等多种形式的资金运用方式，创造性地为成员单位提供金融服务。公司多次调度资金为集团本部及多家成员单位偿还到期贷款，避免了企业在银行的信用受损。

【风险管理和内部控制】公司以防范风险和审慎经营为原则，梳理和完善内控制度，初步建立了较为科学、严密的内部控制制度体系，形成了“事前防范、事中控制、事后监督和纠正”的风险防范和内控机制，保证了管理的严格性和风险的可控性。公司在董事会下设风险控制委员会；公司设立了风险管理部，负责公司管理与业务方面的风险测评与监控；设立了对董事会负责、具有充分独立性和权威性的内部审计部门，并由稽核审计部门对各个部门业务实施、员工岗位履职情况进行全面的监督和评价。

公司制定了涉及法人治理、业务管理、综合管理、合规风控、稽核审计5大类29项制度，还制定并试行了14项专项业务规章，建立了业务管理权限制衡机制和业务授权管理规则。加强制度执行情况的检查监督，确保制度执行不流于形式，落实到位。

公司通过风控部门参与公司的制度建设与流程规划，实现公司业务的规范化运行；通过强化放款环节的审查工作，严格控制资金投放的信用风险与操作风险；通过适时开展合规培训工作，提高公司全体员工的合规意识；通过对公司信贷业务及相关合同文本开展合规性审查，及时消除风险隐患；通过推动信贷资产的风险分类工作，及时认定信贷资产风险分类结果。初步建立了相对完善的风险管理体系，确保了公司各项业务的稳健运行。

【人力资源管理】2011年，公司人力资源工作围绕公司核心工作，按照市场化的人才管理模式，以建立健全规章制度为保障，以建立和谐劳动关系为基础，以人才开发与管理为重点，以实现员工与企业共同发展为目标，定编定岗定员，加强基础管理，开展教育培训，建立考核机制，不断提升人力资源管理的水平。制定了《人力资源管理办法》、《员工考勤管理办法》、《因私出国（境）管理工作规定》等10多项制度与规章。公司全年共计开展了各类业务与管理类培训20多次，全员综合业务素质大幅提升。公司对每个部门进行定编定岗定员，明确了每个部门的职能和年度目标任务，清晰了部门经营目标与工作任务。公司制定了员工绩效考核与奖惩办法，绩效考核以公司与各部门签订的年度经营目标责任状为依据，以员工工作目标任务为导向，以工作业绩指标为主要考核要素，结合员工民主测评与特殊贡献，奖惩结合，建立起了“干多干少不一样，干好干坏不一样，干成没干成不一样”的考评与激励机制。

【信息系统建设】2011 年，公司立足于服务成员单位，维护信息安全，提高运营效率的宗旨，积极推进网络建设，完善电子平台。公司顺利完成与江苏银监局网络对接，实现与江苏银监局电子政务传输系统、1104 报表申报系统的联网，完成与人民银行城市金融网对接的前期准备工作。公司与中国银行、工商银行等银行实现了银企直联，完成了公司外部网络平台建设，自主开发多媒体信息发布平台、邮件系统平台。公司与合作软件公司对公司新增融资授信、同业拆借、风险控制等系统功能进行了进一步优化、调试。

【企业文化建设】公司深入开展创先争优活动，重点开展了深化服务、创新业务、建立学习型组织、爱国教育等主题活动。公司建立了与现代企业制度相适应的职工代表大会制度，顺利地召开了第一届职工代表大会；开展了“我为企业发展献计策、提意见”活动，发挥广大员工的聪明才智，激发员工关心企业发展、参与企业管理与决策的热情，共征集各类计策、意见和建议 101 条，并采纳其中部分意见建议，制订方案，组织落实。公司注重关心员工生活，对员工家庭丧、病等重大事情给予慰问，对员工本人婚庆喜事给予祝福，让员工共享企业发展成果；通过举办新年团拜会、乒乓球比赛、组织员工参加集团运动会、赴扬州开展团队活动、赴井冈山进行爱国主义教育、组织参加集团财务知识竞赛等形式，丰富员工的生活，增强团队合作精神，提升了企业的凝聚力，让员工切实感受到公司是大家的“精神家园”，进一步增强了员工爱岗敬业、服务企业发展、勇于奉献的决心，公司健康、向上、和谐的企业文化正在逐步形成。

重庆化医控股集团财务有限公司

【经营概况】重庆化医控股集团财务有限公司（以下简称“公司”）于 2010 年 12 月 10 日经中国银行业监督管理委员会批准开业（银监复［2010］589 号），12 月 30 日正式营业。公司注册资本金人民币 5 亿元，重庆化医控股（集团）公司持股 63%，化医集团全资和控股的二级企业持股 37%。公司秉承“立足化医、依托集团、服务产业”的经营宗旨，坚持以金融服务实体经济的发展路线，大力支持集团成员内各中小企业，解决中小企业融资难题，全力配合集团产业转型升级战略的实施，有效发挥了金融资本与产业资本之间的桥梁和纽带作用。截至 2011 年末，公司资产总额 41 亿元，营业收入 7 920 万元，利润总额 5 420 万元，资金集中度65%，全面完成董事会下达的各项指标；资产不良率、案件发生率均为零，各项经营指标均符合监管要求。

【资金集中】2011年，公司与20多家银行建立了合作关系，对26家二级及二级以下成员单位的300多个账户实现了银企直联。4月底前，完成了对上市公司三峡油漆、建峰化工的资金归集。截至年末，吸收成员单位存款余额36亿元，资金集中度达到65%。

【票据业务】2011年，公司集中成员单位商业票据52.35亿元，全年为成员单位办理票据贴现39亿元，为成员单位开出商业承兑汇票6.55亿元，代开银行承兑汇票5.6亿元。年末票据集中的余额达到22.6亿元。

【风险管理和内部控制】2011年，公司在风险管理委员会的领导下，充分发挥风险管理部门的管理职能，强调风险管理的全面性和独立性，及时制定和完善了《反洗钱内控制度》、《票据业务流程》、《资金业务流程》、《财务核算办法》等内控制度和业务操作流程，用刚性制度指导工作规范化，实施“事前防范、事中控制、事后监督”的动态风险监控机制，树立了“风险控制是公司经营和管理的永恒主题”的理念，要求“人人合规，事事合规”，实现了全年资产不良率、案件发生率“双零”的责任目标。

【人力资源管理】公司制定了符合公司实际的薪酬管理、绩效考核办法和实施细则，在保障员工合法权益的同时，有效地激发了员工的工作热情和主观能动性。公司着眼企业可持续发展，注重人才队伍建设，积极打造学习型组织，结合金融行业的实际情况，持续强化岗前培训和轮岗锻炼，组织员工参加银监会(局)、中国财协、人民银行重庆营管部的业务学习。鼓励员工开展自学，营造“比、学、赶、超”的良好氛围。

【信息化建设】2011年，公司持续加大对息化建设的投入，夯实业务发展基础，TMS集团资金管理平台系统在不断完善优化的基础上稳定运行，发挥了其在资金集中、票据业务以及结算业务管理方面的优势，提升了业务处理效率和客户服务能力。公司建立了与重庆银监局的专线直联，实现“1104”非现场监管报表的在线上报以及文件的收发。8月，公司正式加入人民银行重庆营管部综合服务系统，为公司开通电票系统、进行征信信息查询等创造了条件。

【企业文化建设】2011年，公司牢固树立集团公司“化医是一个整体”的核心价值观，坚持将企业文化建设同经营管理工作有机结合起来。公司突出以服务为导向的经营方针，通过真抓实干、苦练内功，不断培养和提高金融服务意识和技能，坚持标准化服务，规范窗口人员行为，实现由传统服务向营销服务的转变，在公司上下逐步建立起热情、周到、主动的服务意识。公司大力倡导“人人合规、事事合规”的风控合规文化，开展安全文明生产教育，通过学文件、学制度、开展警示教育、撰写学习心得等形式，使风险防控意识深入人心，保障了公司经济运行的安全性和有效性。

金川集团财务有限公司

【经营概况】金川集团财务有限公司（以下简称“公司”）于2010年12月22日经中国银行业监督管理委员会批准开业（银监复［2010］617号），12月30日正式运营，注册资金10亿元人民币。2011年，公司本着“依托集团，服务集团，开拓进取，创造效益”的经营宗旨，以强化资金集中管理，提高资金使用效率为目标，狠抓基础建设和风险防范工作，积极推进业务开展，努力提高服务质量，公司运营逐渐步入正轨，金融服务职能初步发挥。截至2011年末，公司资产总额23.57亿元，负债总额13.06亿元，净资产10.51亿元；全年实现营业收入10 284.21万元，净利润5 017.35万元。

【资金业务】公司在满足集团成员单位付款需要的同时，充分利用资金头寸获利。公司通过与各商业银行议价，争取更优惠的存款利率；密切关注银行间拆借市场行情，抢抓利率价格时点，在商业银行适时办理定期通知存款，提高存量资金收益。

【票据业务】公司优化业务流程，提高贴现业务办理效率，与集团财务、采购等部门沟通，利用票据进行结算和资金融通。公司在仅有5亿元信贷规模的情况下，全年累计办理票据贴现、转贴现业务18.92亿元，实现收益3 976万元。8月，公司获得中国人民银行兰州中心支行批准，以直联方式接入人民银行电子商业汇票系统，已完成电票系统模拟运行、测试工作，并对相关人员进行了电票业务操作培训，为今后开展电子商业汇票业务做好充分准备。

【资金集中】公司建立了“收支两条线”的资金管理模式，实现成员单位资金实时或定时归集，形成公司的“现金池”。公司以代理行的支付模式，通过前置机与工、农、中、建、交五家商业银行直联，实现资金“不落地”对外支付，提高了结算效率。公司全年累计办理结算业务4.19万笔，金额4 049亿元。截至年末，完成了国内61家成员单位收入账户100%的资金归集，累计归集资金1 416亿元，日平均余额27亿元，为资金集约化运营创造了条件。

【风险管理和内部控制】公司坚持业务流程化管理理念，梳理了银行承兑汇票贴现，资金结算、预算，账户管理，合同管理和票据管理等业务流程，并制定修订相关制度；筛选业务流程关键节点作为风险控制点，明确实务流程中审批事权，初步建立了相互制衡的风险管控流程；加大稽核检查力度和频率，严防操作风险，按月进行对账，不定期进行查库，对结算、票据贴现等主要业务进行专项稽核，及时整改稽核中发现的问题和风险隐患；加强员工理念教育、规章制度教育和警示反思教育，提高员工风险防范意识，在公司形成“制度至上、合规为本、自觉纠错”的合规文化。公司全年无不良资产和不良贷款，各项监管指标均符合中国银监会的规定。

【人力资源管理】公司根据集团绩效考核办法制定了员工绩效考核实施细则，加大对员工业绩指标的考核力度，以绩效工资分配激励业绩突出的员工；对在创新工作、增效益、控风险、争荣誉、推动新业务开展等方面作出贡献的员工进行专项奖励，员工积极性、主动性得到较好发挥。公司高度重视员工的学习培训，请商业银行金融专家对员工进行金融知识和业务技能培训，开展了银行业公共基础知识、现金管理平台、票据业务、黄金租赁组合业务、新版票据防伪、电子商业汇票系统、证券市场基础知识、跨境贸易人民币结算业务等11期专题培训；鼓励员工利用业余时间自学，参加金融业的各类考试，有3人通过了证券业从业资格考试，2人通过了银行业从业资格考试。

【信息化建设】公司与合作软件公司共同开发了资金信息管理系统，包含资金结算系统、资金预算管理系统、多维账务核算系统、报表管理系统、对账管理系统等模块，经反复测试，及时发现并解决系统存在的问题，系统运行日趋稳定。11月初，完成了信息系统的改版升级，新增上线了信贷管理系统、风险管控系统及电子票据系统等模块，系统安全性、稳定性和可开发性有了很大提高。公司以专线接入甘肃银监局公文交换系统，实现了公文安全、保密、快捷传递。

【企业文化建设】公司大力推进金川集团企业文化宣贯工作，培育和弘扬具有金川特色的企业文化。坚持以人为本，为员工创造良好的工作环境、生活环境，开展丰富多彩的业余活动；培养员工树立正确的世界观、人生观、价值观，不断增强公司上下的凝聚力，形成团结向上、和谐信任的文化氛围，为各项业务的可持续发展提供强大的精神动力。

新希望财务有限公司

【经营概况】2011年1月26日，新希望财务有限公司（以下简称“公司”）经中国银行业监督管理委员会批准后开业（银监复［2010］626号），是国内5家民营企业财务公司之一。公司是集团的金融窗口和金融服务平台，是集团整合内外资源的金融平台。公司的目标是在集团整体战略框架下建立适应世界级农牧企业的集团资金管理和运行模式。公司的任务是加强集团资金风险管控，注重资金的精细化、精确化管理，聚集内外资源力量；同时，为集团农牧产业发展提供优质的金融服务，实现产业金融的强势组合发展。

公司通过构建“一个系统、三个平台”（一个集团资金实时查询系统，统一的资金结算平台、统一的融资管理平台，统一的资金运行管控平台）加强集团资金风险管理和成员单位银行账户统一管理，提升了成员单位资金结算效率，提高了资金的使用效率和效益。

包钢集团财务有限责任公司

【公司简介】包钢集团财务有限责任公司（以下简称“公司”）于2011年1月28日经中国银监会核准开业（银监复［2011］32号），2月9日取得了金融许可证，4月25日领取企业法人营业执照，5月3日进行了税务登记。在前期开展大量准备工作的基础上，5月份开始进行了试营业。7月18日，公司举行了开业庆典仪式，开始正式营业。公司注册资本5亿元，包头钢铁（集团）有限责任公司、内蒙古包钢钢联股份有限公司、内蒙古包钢稀土（集团）高科技股份有限公司、内蒙古黄岗矿业有限责任公司分别持股60%、30%、8%、2%。

根据公司第一次股东会议通过的《包钢集团财务有限责任公司章程》，公司设立了股东会、董事会、监事会、高管层的公司治理结构。董事会下设薪酬与考核、风险管理、战略发展三个委员会，总经理下设信贷审查委员会。公司下设综合管理部、公司业务部、投资银行部、结算财务部、信息技术部、稽核部共6个部。现有职工24人，其中，高级职称8人，中级职称13人。

【经营概况】2011年，公司按照金融机构的标准和监管要求，规范有序开展各项工作，经过班子成员和全体员工的共同努力，在经营、管理、风险控制及产品创新等方面取得了一定的业绩，实现了顺利起步，稳步发展；形成了一定的资产规模，实现了当年开业，当年盈利。截至2011年末，公司资产总额225 390.33万元，负债总额174 289.98万元，所有者权益51 100.35万元。在开业不到半年的时间里，实现营业收入1 792.33万元，营业利润1 311.49万元，净利润983.62万元，上缴各项税金353.57万元，完成了包钢集团下达的1 250万元的利润指标，实现了开业当年的开门红。

【资金和投资业务】公司开展同业定期存款业务，取得收入1 238万元。公司为加强资金的计划管理，建立资金头寸管理制度；编制了年度、季度资金经营计划及每日资金头寸表及同业存放明细表；进行了资金计划执行情况分析、资产负债比例管理分析，规范了资金运作，降低了透支风险。

【票据业务】2011年10月10日，中国人民银行呼和浩特中心支行向公司下达了5 000万元信贷规模，公司在获取信贷规模后，与两家成员单位陆续签署了6 000万元的贴现合同并办理了贴现，创收153万元。公司申请同业授信，截至2011年末，取得同业授信额度9亿元。

【保险代理业务】6月底，公司取得了保险兼业代理业务许可证，接手了包钢集团的部分保险业务。公司招聘了一名熟悉包钢集团保险工作并有保险从业资格的人员，编制了公司面向集团公司参保单位的第一本保险手册。公司参与了出险单位的现场勘查，协助出险单位准备理赔资料，在赔付方面协调保险公司，为参保单位争取最大的利益。

【资金集中】公司通过为成员单位提供网上结算、适时汇划等方便快捷的结算服务，以及存款增值等特色业务，吸收成员单位存款。9月9日，公司与包钢股份公司签订了金融服务协议。截至2011年末，共有31家子公司在公司开户，吸收成员单位存款174 130万元。

【风险管理和内部控制】公司在董事会下设风险管理委员会，从战略层面、业务层面和操作层面分别采取措施，构建完善的风险管理体系，建立健全内部控制制度，实现风险管理和内部控制的制度化和规范化；总经理岗位下设信贷审查委员会，实行信贷业务审贷分离，投行业务、结算业务执行严格的分级和授权管理。同时，公司进行全员培训和教育，提高员工风险防范意识、合规意识，促进公司审慎经营和规范运作。

【人力资源管理】公司为提高风险管控能力，从商业银行引进从事风险管理的高管和稽核人员各一人，从证券公司引进长期从事资金运作人员一人。公司在包钢集团在岗职工中公开招聘并择优录用了业务人员。公司在年末对全部员工进行了全面绩效考核，评价结果作为评先评优和衡量工作业绩的重要依据，激励了员工的工作热情。

【信息化建设】公司完成与包钢集团信息处的两条百兆光纤的铺设，配备了先进的主数据库服务器设备、部署网络，对软件安装调试；对营业场所机房的所有银行前置机、路由器、交换机、UPS电源进行布置；对公司原有网络进行改造、更换线卡；智能资金管理平台上线并投入运营、建立了与银监局的专网连接；开展对二级单位的软件培训工作，走访20多家成员单位，完善其软件的使用，制作安全U－KEY 300余枚，基本满足了现有业务要求。

【企业文化建设】2011年，公司获得包头银行业庆祝中国共产党成立90周年优秀组织奖。

【党群工作】公司成立后便召开党员大会，成立党支部，建立工会组织，制定学习、培训以及开展各项活动等工作计划，并认真贯彻落实。公司针对金融行业的特殊性，严抓作风治理，加强党风廉政建设；加强学习，提高廉政意识。公司开展宣传教育活动，打好党建工作基础。全体党员参加了集团机关党委组织的党员培训，并全部撰写了学习心得和体会。9月，参加“红色之旅”，到革命圣地井冈山进行参观慰问，重温了革命先烈的光辉业绩，激励了党员的革命热情；10月，参加了包钢集团机关排球比赛，获得了优异成绩；11月，参加了包钢集团财务系统羽毛球比赛，男、女队都获得了冠军。

新奥财务有限责任公司

【经营概况】 新奥财务有限责任公司（以下简称“公司”）于2011年4月6日取得中国银监会的开业批复（银监复［2011］101号）并取得金融许可证；于2011年4月14日取得国家工商行政管理总局核准的营业执照，开始试营业。2011年6月28日正式成立。2011年，公司实现营业收入4 571.97万元，净利润2 140.09万元，吸收存款7.06亿元。截至2011年末，公司总资产12.47亿元，总资产收益率1.72%，各项经营指标总体完成良好，全年各项监控指标符合监管部门的要求。

【信贷业务】 2011年，公司的贷款业务和融资租赁业务资质暂未获批。公司开展票据贴现和银行委托贷款业务，通过委托各银行对成员单位贷款，最大程度满足成员单位资金需求。

【资金业务】 公司利用转贴现的安排，在授信和贷款额度受限的情况下，成功获得了1亿元的银行资金。2011年，公司通过票据再贴现共获得利率较低的资金4 100万元。中国人民银行廊坊市中心支行制定了《廊坊财务公司再贴现管理办法》，为公司扩大再贴现规模创造了条件。

【同业业务】 2011年，公司全面启动同业授信工作，深化与信托、期货、融资租赁、汽车金融等金融同业的交流，为向客户提供专业化的综合金融解决方案打下了基础，扩大了集团对外部金融资源的整合和利用。公司通过与保险公司等金融机构合作，完成了集团保险承保团的选择、谈判和签约，为集团直接节省资金80多万元。

【票据业务】 公司开展票据的承兑和贴现，通过清理集团内部的资金往来，有效盘活了资金，扩宽了成员企业的融资渠道。2011年累计为成员企业完成票据贴现52 859.21万元。

【资金集中】 公司建立了以“创新金融服务，构建金融平台，助推集团发展”为核心使命的服务策略，服务对象基本覆盖新奥能源集团的成员企业。截至2011年末，成员企业在公司开立账户168个，归集资金7.06亿元人民币，结算2.3万余笔，交易总金额265亿元人民币。

【业务创新】 公司致力于各项新业务的探索和开展，在银监会初创审批的八项业务基础上，申请对成员企业贷款和融资租赁等新业务。公司利用各项金融手段支持成员企业的融资和各项金融咨询业务。

【风险管理和内部控制】 公司建立了全面、主动的风险管理体系，包括由董事会、监事会、战略与预算委员会、风险与审计委员会、投资决策委员会组成的治理层，由总经理、副总经理、总监、贷款审批委员会组成的管理层，由资金结算部、风险管理部、客户服务部等6部门组成的执行层。公司在2011年7月至10月完成了对制度和操作指引的修订和整合，形成25个制度，完善了主要业务的流程，提高了制度和操作指引的切实性、可行性。公司按月度、季度、年度向中国银行业监督管理委员会廊坊监管分局上报银监会非现场监管报表目录报表，向中国人民银行廊坊市中心支行上报报表，保证公司的各项业务和财务比率符合监管部门的要求。公司组织成立专门稽核检查小组，对公司的业务合规性进行自查，并纠正和整改了业务中存在的问题。公司委托中国工商银行风险、稽核方面专业人员对公司业务进行稽核检查，通过第三方公正、独立的视角发现公司在风险管理方面存在的问题并及时实行改正措施，出具《关于对新奥财务有限责任公司业务运营合规性审计的报告》的审计报告。

【人力资源管理】公司招聘多名商业银行的高级管理人员，在新奥集团内部择优选拔了大部分基层员工。公司为打造适应公司发展需求的人才队伍，开展“起航季”的系列培训活动，利用公司高级管理人员的商业银行运营经验和管理知识，快速带动了全员的业务水平和员工素质；聘请专业讲师，组织全员授课，聘请讲师进行“顾问式营销”的集中培训；开展业务骨干与其他财务公司和银行的交流学习；推荐人员参加监管机构专业培训等。

【信息化建设】公司搭建完成了网络信息系统，不断完善信息化管理团队及制度。公司负责内部服务器及金融软件系统的管理工作，而PC端由新奥集团信息化部门管理。

【企业文化建设】公司开展各项文化建设活动，积极组织员工参与各项文体活动；组织全员开展读书活动；完善建立公司平台和外部网站建设，对外宣传企业成就；组织骨干员工对同业进行学习，了解行业特点。公司通过多人次对员工及时实施“三必访”，在员工生日集中的月份组织员工生日会等一系列关爱员工活动，增强了员工的凝聚力和积极性。

中外运长航财务有限公司

【经营概况】中外运长航财务有限公司（以下简称“公司”）经中国银行业监督管理委员会批准（银监复［2011］118号），于2011年5月成立。由中国外运长航集团有限公司及其所属6家成员单位共同出资组建，注册资金为5亿元。公司以实现集团“致力成为服务全球、世界一流的中国综合物流企业”为核心目标，以“诚信、笃行、专业、创新”为企业文化，以“集团为先、服务为重、规范稳健、开拓创新”为经营理念，以“依托集团、服务产业、规范治理、审慎经营”为经营方针，用科学发展观统揽公司工作全局，以金融多业经营为基础，以高效规范的经营机制为手段，努力成为“服务能力强、资产质量优、风险控制好、盈利水平高、可持续发展”的现代金融企业。2011年，公司完成收入5 260.99

万元，实现利润总额1 895.71万元，超额完成预算任务，实现了保值增长的既定目标。

【组织建设】公司为保障公司健康运营，确保公司股东会、董事会、监事会各自职责明确、协调运转，根据业务发展与内部管理需要，组建了七大职能部门，即信贷业务部、结算业务部、信息管理部、风险管理部、财务部、审计稽核部和综合管理部，并设置了各类专项委员会，形成了由公司股东会、董事会、监事会、各职能部门及各专项委员会组成的法人治理架构。

【信贷业务】2011年，公司进行信贷业务规章制度建设，形成了包括综合授信管理、自营贷款管理、委托贷款管理、贷后管理、商业汇票贴现业务管理与银行承兑汇票转贴现业务管理六项业务管理制度。公司在未获批贷款资格的情况下，委托银行成员单位提供贷款2.36亿元，节省财务费用205.9万元。公司探索物流金融、船舶融资等业务，于10月为物流投资公司发放委托贷款5 600万元，专项用于支持其钢铁商贸金融物流业务的发展。

【资金和投资业务】公司2011年在紧跟资金市场形势的基础上，向各商业银行积极询价，争取同业存放的优惠条件，抓住6月底同业存放价格较高时机，取得同业存放利率最高达8.5%，平均为5.78%。公司合理搭配资金头寸及存放期限，相比同规模企业存款，为集团净增加资金收益2 333万元，实现全集团利益最大化。

【资金集中】2011年，公司根据“开户扁平化、管理垂直化”的思路，以专业化团队的运作方式、零结算费用的服务方式，借助资金管理信息系统的技术优势，渐进式地对集团资金实施集中管理。公司构建并不断扩展银企直联渠道，挂接完成664个银企直联账户；提供资金计划功能，为会员单位提供提前预约资金下拨业务。公司逐步实施各批上线计划，共上线单位180家，深化非上市公司的资金挖潜工作，积极推进与上市公司的合作事项。2011年，公司完成包括长航重工公司在内的第一、第二批成员单位资金集中上线工作，还与中国外运公司、外运发展公司签署金融服务协议。截至2011年末，公司吸收成员单位存款17.86亿元，为成员单位提供结算服务6 874笔，总计191.69亿元，为成员单位节省结算及银企直联费用约320万元。

【风险管理与内部控制】公司的风险管理与内部控制系统以七大类规章制度为基石，内容覆盖对市场风险、信用风险、操作风险、合规风险、法律风险的规避；在组织架构上，构建从职能部门内部双职、双责的第一道风险防线，至风险管理部风险管控的第二道风险防线，到专业委员会和董事会全面风险管理的第三道风险防线。同时，形成对各项业务潜在风险的全程控制：一是事前，制定严格的授权管理制度、详细的工作计划，对授信业务进行有效的贷前调查；二是事中，对授信业务实行严格的风险审查并召开贷审会进行集体审议，制定有效的风险监测指标，进行风险实时监控，坚持有效的风险预警机制；三是事后，强调审计稽核部的独立性与内部监督功能，有效防范经营风险。

公司多次组织内部风险管理相关培训，内容涉及船舶融资、反洗钱、内部控制、物流金融等方面，不断提高公司人员的风险管控意识和风险管控水平。风险管理和内部控制的制度建设、组织搭建与培训实施，有利于公司从风险管控的硬、软条件两个层面促进集团在资金使用、财务管理方面的健康与可持续发展。

【人力资源管理】公司通过公开招聘从集团内部、商业银行和会计师事务等各个领域广纳人才，不断充实员工队伍。截至2011年末，公司共有员工28名，平均年龄33岁，其中拥有研究生以上学历17人，占比61%，拥有大学本科学历8人，专业涵盖金融、投资、财务管理、法律、IT和工商管理等各个领域。

公司通过集团与公司的内部专家为员工加强物流、航运、造船以及金融业务培训，与交通银行、中国银行建立了长期合作关系，由银行不定期地对公司的业务人员进行培训，形成了公司与人才彼此促进、共同成长的途径。2011年，公司共组织各类培训十余场，培训主题包括资产管理、船舶融资、信贷风险等内容。公司在集团相关职能部门的指导下，完成员工手册，建立并不断健全薪酬管理与绩效考核机制，对公司人力资源进行规范化管理，为公司业务发展提供了有效的基础支持。

【信息化建设】公司以集团资金的统一运营、统一管控为工作目标，以集团各级企业为工作之本，搭建了中国外运长航集团资金管理信息系统，完成了相关配套制度建设。截至2011年末，公司完成了系统一期的开发与上线工作，并建立了内容覆盖安全防护管理、密钥管理、机房设备管理、数据资产管理、系统维护管理、系统应急演练管理以及硬件设备与资源管理等的多项规章制度，满足了集团与公司对信息化建设的需求。

【党支部建设】2011年8月党委成立，同年11月成立公司机关党支部，共有党员16名。按照集团机关党委的部署和要求，公司党委紧密围绕公司发展建设，以健全各项制度为保障，将诚实守信、廉洁从业、爱党爱国等思想教育作为重点工作，结合公司“创先争优”活动工作，通过学习李林森同志先进事迹、观看《党的好儿女》等主题宣传教育活动，极调动和发挥党员的先锋模范作用，为公司整体建设的顺利推进和各项业务的稳步开展提供了强有力的组织保证。

青岛啤酒财务有限责任公司

【经营概况】青岛啤酒财务有限责任公司（以下简称“公司”）于2011年5月24日经中国银行业监督管理委员会核准开业（银监复［2011］155号），是中国酿酒行业的第一家企业集团财务公司。公司由青岛啤酒股份有限公司独资设立，注册资本3亿元，注册地和经营地为山东省青岛市。

2011年，公司坚持“立足集团、服务主业”的市场定位，秉承“诚信、和谐、开放、创新”的经营理念，积极推进资金归集、资金运用等各项工作，取得了较好的开局。截至年末，公司累计完成各类收付款业务28 368笔，结算金额768.37亿元；资金归集余额38.58亿元，剔除上市公司募集资金监管等因素，资金集中度达90%；公司资产总额42.03亿元，营业收入6 015万元，利润4 168万元。实现当年开业，当年盈利，超额完成既定目标。

【资金集中】2011年，公司按照母公司发展规划和公司资金归集目标，依托核心业务系统、网上银行系统和母公司ERP系统，创建了一套集资金集中、计划管理、收付结算等功能的统收统支、统收自主支付、统收分户支付等业务运营模式：成员单位所有收入资金，每日定时通过银企直联系统自动归集至财务公司，实现资金归集；成员单位资金计划，实行精确到日和周的现金流资金计划控制；成员单位资金运用，通过财务公司远程金融服务平台实现实时资金统一结算和自动会计记对账。

公司启动“多边工程”（边学习、边调研、边申请、边开发、边运行等），采取“走出去、请进来”方式，学习、借鉴同业经验，少走弯路，效果显著；邀请监管机构、商业银行来公司讲解相关法规、知识，多渠道开展专业培训，确保金融业务岗位的胜任能力。依据成员单位的特点选择适用的资金管理模式，采用“以营销区域划分、三种管理类型”相结合的资金集中管理推广策略，制定详细的分区域分批次培训和系统上线计划，使各成员单位能在最短的时间内了解公司的资金管理模式，实施对86家成员单位的资金集中管理推广。

公司核心系统及网银系统于2011年7月1日上线。至年末，实现成员单位资金上收累计结算额约155亿元，资金支出累计结算额约117亿元，资金结算28 368笔，资金流转总量达768.37亿元。扣除上市公司募集资金专户存储、成员单位未到期定期存款等因素，实现资金集中度达90%。

【资金运用】截至2011年末，公司存放同业资金流转总量215亿元，实现利息收入6 140万元。公司坚持“稳妥起步、规范运作、扎实推进、逐步提升”的原则，完善资金管理制度，强化资金内控管理，推动资金运作的合法性和规范性，明确资金运营各环节中相关部门和人员的职责权限、工作内容和履行程序；通过严格的监督检查，跟踪资金活动内部控制的实际情况，并据以修正制度、改善控制效果；通过对资金运营流程的分析，确定关键的风险控制点，并针对关键风险控制点制定有效的控制措施。

【公司信贷】公司深入开展业务需求调研，争取母公司及监管部门的支持。2011年12月末，向青岛银监局提交业务申请报告。公司积极开展产品规划、系统开发、人员培训等工作，已具备操作自营贷款业务的能力。

【票据业务】公司为尽快开展对成员单位办理票据承兑与贴现业务，会同财务管理总部、采购总部就票据的支付统筹、资金管理和账期管理等进行研讨，确立了以票据承兑作为基础业务的业务发展思路。票据业务人员前往当地票据中心、海尔财务公司、中信银行等单位学习和交流票据业务，借鉴经验，丰富和完善自身业务。公司结合核心业务系统，基本确定了票据业务办理流程及办法，并完成了对核心业务系统的测试，已具备办理票据贴现的能力。

【风险管理】2011年，公司参照国内优秀商业银行、财务公司风险管理体系建设先进实践，结合公司实际，对董事会、监事会、高管层职权安排、议事规则进行了科学界定；设立风险管理委员会、审计委员会、信贷审查委员会等专门委员会，强化业务决策和风险防控机制。公司在总经理下设风险管理部，负责公司各主要业务的风险识别、评估、控制、监督，通过事前审查、事中控制、事后检测的全流程参与，并实施定期检查和突击抽查。

2011年，公司重点强化了合规管理和案件防控工作，制定实施了授权管理、合规管理等多个风险管理制度，强化实时监控和定期检查，促进制度执行到位、业务操作规范；案件防控方面，通过建立违规行为处理、重大事项报告、举报监督、自查自纠等机制，结合“深化银行业内控和案防制度执行年”活动，狠抓“防范操作风险13条”落实，强化关键业务、重要岗位制度执行力检查，切实防范风险和案件。

【稽核审计】2011年，公司建立了一套完善的稽核审计制度和流程，通过设立审计委员会，强化了公司稽核审计的管控机制。公司采取定期与不定期检查相结合的方式开展审计工作，对操作风险较大的业务进行了逐笔事后监督检查，出具事后监督报告112份；对头寸资金运营业务进行月度审计，出具审计报告5份；对财务信息、系统参数配置、授权管理和反洗钱执行情况等重要事项进行专项审计；对票据和印鉴管理采取突击检查。对审计中发现的问题，由总经理签批落实，不管问题大小均由“一把手”抓到底，2011年出现的审计问题得到全面整改。

【人力资源】2011年，公司根据战略规划确定业务规划，再根据业务规划制定人员规划，为公司未来三年的人员配置奠定了基础。公司启动了岗位说明书的编制工作。根据集团2012年发展战略，公司确定了2012年的经营目标，并组织了公司内部目标责任书签订仪式，将目标层层分解落实。公司积极组织员工参加各类外部培训，并建立了有效的内部转训机制，同时，鼓励员工参加银行从业资格考试，并将此作为各部门绩效考核指标之一，促进员工金融知识水平的提升。

【企业文化】公司着力创建具有自身特色的企业文化——“诚信、和谐、开放、创新，凝心、审慎、自律、效率”，以更好地统一思想认识，规范经营行为，凝聚全员力量，为公司总体目标的实现提供价值导向和精神动力。2011年，公司以“凝聚人心，服务主业”为主题开展了形式多样的文化活动：公司党支部、工会、团支部多次开展节日走访及困难员工慰问；召开职工大会对员工各项议案进行反馈，最大限度满足员工合理需求。公司参加全市银行业运动会，打造的“青啤仙子献礼”环节成为运动会亮点，实现了公司与青岛啤酒品牌宣传；利用集团KM频道和内部报刊《青岛啤酒》持续开展金融知识与管理宣传活动，包括刊登《每月一讲》等宣传活动的开展，树立公司专业、规范、活力的良好形象与旗帜，扩展服务领域。

上海复星高科技集团财务有限公司

【经营概况】上海复星高科技集团财务有限公司（以下简称“公司”）于2011年6月20日经中国银监会批准开业（银监复［2011］191号），2011年7月7日注册成立，2011年8月29日正式对外营业。公司由上海复星高科技（集团）有限公司、南京钢铁联合有限公司、上海复星医药（集团）股份有限公司共同出资设立，注册资金3亿元人民币。截至2011年末，公司资产总额为6.35亿元，营业收入839万元，净利润87.6万元，实现当年开业，当年盈利。

【资金集中】公司搭建现金管理平台，分

别与工商银行、交通银行、上海银行签订了现金管理合作协议，实现公司业务信息系统与合作银行的对接。公司结合集团实际情况，资金归集对象主要为集团全资或控股比例比较高的成员单位。2011 年，资金归集日平均余额达到 2.27 亿元，其中最高达 9 亿元。由于集团旗下上市企业较多，受上市公司关联交易相关规定限制，公司资金归集率受到一定影响。

【风险管理和内部控制】公司建立了独立的法人治理结构，依法设置了股东会、董事会、监事会及高级经理层，制定公司章程，明确了各自行使的职责权限及行事的规则，对监事、高级管理层的产生制度在公司章程中进行了规定。公司现设立三个委员会（预算管理委员会、风险管理委员会、授信业务审核委员会）和六个部门，各委员会履行各自的职责，确保业务合规经营、稳健发展，有效防范了金融风险。

公司重视制度体系建设，开业后共计新增或修订规章制度及业务流程 15 项。

【信息化建设】公司完成了机房建设和业务系统的搭建工作，通过了银监局检查验收，开业以来运转平稳。公司开通了银监局公文及报送系统，1104 报送系统测试、部署，城市金融网的接入，人民银行大集中、征信系统等的测试部署等工作。完成了工商银行等 2 家银行银企直联接口的开发，测试以及业务系统的对接，成功挂接多个账户，实现资金归集。

【人力资源管理】公司组织架构设计以精简、效率为原则，实行扁平化管理，引进高素质金融人才，90% 员工为各渠道招聘引进。公司重视员工的合规意识、职业道德及专业技能培训，2011 年培训工作按计划完成。公司除安排岗位相关的专业知识和技能的培训课程外，还推动员工在集团及成员单位挂职轮岗，鼓励员工走出去学习，与多家财务公司开展交流互访学习，组织业务骨干人员到商业银行对口岗位实习培训。

【企业文化】公司坚持“修身、齐家、立业、助天下”的文化理念；坚持“以发展吸引人、以事业凝聚人、以工作培养人、以业绩考核人”的人才观；以“实现企业发展与个人成功高度和谐统一”为企业文化建设的核心；建立学习型组织、创业型团队，提高员工满意度，提倡人性化管理。公司组织了年度员工体检、集体春游、员工生日会以及新员工“星计划”等各种活动，宣贯企业文化，营造和谐向上的文化氛围。

中铝财务有限责任公司

【经营概况】中铝财务有限责任公司（以下简称“公司”）于 2010 年 12 月 29 日获得中国银监会批准筹建，2011 年 6 月 22 日取得银监会开业批复（银监复［2011］199 号），6 月 24 日取得金融许可证，6 月 27 日在国家工商行政管理总局注册登记成立。公司注册资本为15亿元人民币，由中国铝业公司全额出资。

公司是依法自主经营的全国性非银行金融机构，在业务上接受银监会的监督指导。作为中国铝业公司的“内部银行”，公司以“立足集团、服务集团”为宗旨，全面贯彻落实中国铝业公司发展战略，为成员单位提供优质的资金管理、内部结算、筹融资、资本运作等金融服务。2011年末，公司资产总额为34.72亿元，累计实现营业收入10 907.35万元，实现利润总额6 690.53万元。

【信贷业务】公司在未获得信贷业务资格的情况下，在自有资本金的额度范围内，采取委托银行贷款方式向成员单位融通资金，解决了部分单位的资金需求。截至2011年末，共为17家成员单位提供授信，授信总额度达130亿元，累计发放委托贷款金额11.5亿元。

【票据业务】公司为解决成员单位的融资需求，推出了票据贴现的融资服务。从9月2日启动票据贴现业务，截至12月31日，为成员单位累计办理票据贴现12.48亿元。

【资金集中】公司的资金集中工作得到了集团的大力支持。集团总部领导亲自牵头召开视频会议、座谈会议，部署公司资金集中工作，要求公司按照“分步推进、先京内后京外，先大后小、先重要后一般”的原则对集团成员单位实施资金归集。公司自7月12日开始试归集第一笔资金，7月15日开始正式归集成员资金，截至年末，共归集53家成员单位资金，归集资金余额为19.04亿元，日均归集资金余额为23.21亿元。

【风险管理和内部控制】公司充分借鉴同行业先进管理经验，全面加强内部管理及业务运作机制建设。截至2011年末共制定颁布27项规章制度，涵盖了目前开展的所有业务。在完善制度的基础上，将各项业务进行了流程化描述，制作了流程图，形成了业务流程的无缝对接。公司建立了完备的业务预警机制，形成事前预防、事中督导、事后检查的风险监控机制，尚未发现业务违规操作事件，实现了业务零风险。

【人力资源管理】2011年，公司初步搭建了人力管理体系。公司完成了员工劳动合同签订，住房公积金、各项保险金缴纳，人事档案、党员关系转移等各项配套保障工作；圆满完成了2011年绩效考核工作，根据2011年业绩考核指标，进行了指标分解，并制定了相关考核细则，运用KPI关键绩效考核和360度考核理念，保证绩效考核的公平公正和真实性；组织人员培训，从社交礼仪、企业管理、金融知识、党史精神等多个角度组织员工培训22期，拓展了员工知识面。

【信息化建设】公司业务信息系统在硬件建设方面，搭建了较高标准的运行平台；在软件系统建设方面，通过公开招投标，选择业内主流系统供应商，采用其最新版本的财务公司核心业务系统和财务核算系统。与直联银行的网络连接顺畅，能较好地满足成员单位存款、结算、票据等业务需求。公司建立了信息系统软硬件应急预案以应对网络中断等突发事件，确保异常状况下各项业务的顺畅运行。公司还建立了完善的办公自动化平台，功能涵盖了所有公文的全流程处理。公司网站也正式上线运行。

【企业文化建设】公司高度重视企业文化建设，紧紧围绕“真正办企业，办真正企业”的经营原则，继承中铝公司“阳光、简单、坦诚”的企业文化，结合自身特点，发展出了“阳光、简单、坦诚、健康”的财务公司企业文化，提出了“汇通四海、诚信为本、广行其道、厚德载融”的经营理念和核心价值观。

中兴通讯集团财务有限公司

【经营概况】中兴通讯集团财务有限公司（以下简称“公司”）于2011年7月8日经中国银监会批复开业（银监复［2011］236号）。截至2011年末，公司资产总额284 572万元，负债总额181 486万元，表外业务2 352万元，所有者权益103 086万元，扣除资产减值损失后，实现利润总额3 780万元。

公司在业务资格和信贷规模双重受限的情况下，主要围绕资金归集和票据贴现等开展经营。在年底获得贷款资格后初步开展了流动资金贷款业务试点。公司资产主要分布于同业存放、票据贴现和向成员单位发放人民币及外币贷款，资金来源则主要依靠资本金和成员单位存款。公司全口径资金集中度为8.13%，主要原因有三：一是信贷规模和放贷资格的限制，二是外部银行贷款监管资金不能归集，三是境外外汇资金无法归集。

【信贷业务】截至2011年末，公司流贷余额25 101万元，占资产总额的8.82%；贴现余额37 380万元，占比13.14%。表外委托贷款余额2 352万元。公司的信贷资金围绕集团的主营业务，全部投向成员单位通信类产品的制造和服务。

【票据业务】公司开展了纸质银行承兑汇票和商业承兑汇票的贴现及转贴现。

【资金集中】公司创新开展了以集中集团收付促资金归集的新模式：公司建设集团收支网关平台和财资共享服务平台，集中集团收付业务，通过将各业务单元的收支结算集中到公司统一的收支平台，实现资金的集中管理，理清和银行的业务接口，通过账户管理和资金归集，在了解集团资金分布和总体情况的基础上，对集团的资金进行统一的筹措和有效安排，提高资金使用效率。

截至2011年末，公司的银企直联和资金归集稳步推进，完成核心公司的资金归集基础工作和招商银行、工商银行和交通银行三家银行多个账户的直联，每日已可以完成大量的集团公司结算业务和对私批量代发业务的操作。公司已归集了17家成员企业的26个账户，有34个账户实现银企直联功能，累计归集资金人民币167亿元，年末余额为人民币18亿元。

【业务创新】公司围绕集团资金管理，对结算业务流程进行优化，以创新思路搭建集团收支网关平台，实现企业、财务公司、银行三者的无缝对接，实现信息不落地处理，促进资金的归集和集中管理，保证资金业务高效安全运行。

【风险管理和内部控制】公司设立了独立的风险管理部门，风险管理部是负责风险的防范、评价、预警、控制和突发性风险处置的职能部门，设有两位专职风险管理人员，分别来自银行和财务公司，均有超过五年以上金融机构工作经验。各业务部门是风险管理和内部控制的一线部门，在各自职责和权限范围内办理业务、行使职权、承担责任。风险管理部及其他职能管理部门向总经理和分管副总报告，风险管理部还需向风险管理委员会进行年度报告，贷款审查委员会向总经理报告，风险管理委员会向董事会和董事长报告。

【人力资源管理】公司确定了专业人才引进、内部人才培养选拔的人才战略，先后从银行监管部门、银行和财务公司引进了关键岗位的优秀人才。公司加强内部员工培训、积极开展外部交流。

【信息化建设】公司信息系统采用软件公司开发的资金管理平台作为业务运行的综合平台。系统于2011年7月上线，覆盖了财务管理、结算管理、信贷管理等日常业务。公司制定了完善的信息系统管理制度，确保信息系统安全稳定运行，具体包括权限申请和审核流程、服务器日常维护和巡检、数据库的备份和容灾管理、系统测试和升级管理等。

【企业文化建设】公司确立了“以专业创造价值，以诚信铸就未来”的企业文化理念。在日常经营过程中不断学习，建立起了学习型组织；公司向同行标杆企业看齐，把握前沿，不断创新，力求更加专业；坚守诚信，树立企业核心价值观。公司鼓励员工自发学习与成长，并从制度上给予一定的保障，设立专项凝聚力活动经费，用于员工培训、企业文化交流活动和同业交流活动。

国核财务有限公司

【经营概况】国核财务有限公司（以下简称“公司”），于2011年7月22日经中国银监会批准（银监复［2011］272号），同年8月8日正式开业。截至年末，公司资产总额418 778.48万元，所有者权益53 240.87万元，实现营业收入5 965.15万元，利润总额4 334.22万元。

【筹建过程】根据中国银监会的批复筹建文件（银监复［2010］657号），公司于2011年3月30日召开了股东会第一次会议和一届一次董事会暨监事会，产生了董事会、监事会及公司经营班子。在三个月的时间里，确定了部门职责和岗位分工，制定了69项基本管理制度，严格按照招标程序进行机房改造和业务信息系统建设，公开招聘和充实了急需的金融人才，顺利通过了北京市银监局组织的董事和高管人员考试和现场检查验收，并通过了北京银监局和中国银监会组织的开业答辩。

【资金集中管理】截至年末，集团公司各二级单位和部分三级单位已在公司开立结算账户20个，存款余额达到36.4亿元，日均结算金额10.5亿元，日均结算业务量270余笔，资金结算准确率达到100%。

【业务创新】2011年12月28日，中国银监会以银监复［2011］614号文件批准公司新增“对成员单位办理贷款及融资租赁”业务，公司业务范围增至十项，基本涵盖成员单位所需的各项金融服务。

【风险管理和内部控制】根据集团公司关于内控和风险管理体系建设的整体部署，公司成立了风险和内控领导小组和工作小组，强化业务流程、信息化建设和操作控制要素建设，实现公司运作制度化、规范化、精细化的管理目标。在实际运作过程中，不断梳理优化工作流程，对账户管理、资金拨付、财务核算、风险控制等流程进行优化，努力防范操作风险、流动性风险、信用风险和市场风险。

【信息化建设】公司成立了信息化领导小组和工作小组，全面推进信息化建设。公司搭建了内网工作环境及金融业务系统软硬件平台，已上线的业务系统包括结算、信贷、票据、银企互联、资金、1104 报表等几个模块，能够满足业务需求。2011 年 12 月 31 日公司网站正式开通。

【人力资源管理】公司为适应战略发展要求，合理配置人力资源，经过招聘，引进了开业和运营初期急需的各类专业人才。截至年末，公司共有员工 21 人，绝大部分员工具有财务、金融相关工作经历。公司定期组织开展国家核电企业文化和规章制度学习活动，不断提高员工专业素质和工作能力。

【企业文化建设】公司秉承国家核电“以核为先、以合为贵、以和为本”的核心价值观，积极参加集团公司组织的“三和文化训练营”培训，不断增强团队凝聚力、战斗力，积极探索“三和文化”落地的具体方式，加强企业文化环境建设，在各项活动中落实企业文化建设的各项要求。

福建省能源集团财务有限公司

【基本概况】福建省能源集团财务有限公司经中国银行业监督管理委员会批准成立（银监复［2011］295 号），2011 年 8 月 12 日设立，由福建省能源集团有限责任公司和厦门国际信托有限公司发起成立，其中，福建省能源集团有限责任公司出资 27 000 万元，占 90% 股权，厦门国际信托有限公司出资 3 000 万元，占 10% 股权。

【经营概况】截至 2011 年末，公司资产总额 7. 89 亿元，存款余额 4. 73 亿元，委托贷款余额 10 亿元，营业收入 1 897. 55 万元；利润总额 1 589. 1 万元，净利润 1 163. 55 万元。公司的利润来源主要是同业存款的利息收入各委托贷款手续费收入，其中利息收入 1 239. 67 万元，占 65. 33%，手续费收入 657. 87 万元，占 34. 67%。

【发展战略】公司以“服务集团、诚实守信、规范运作、稳健经营”为经营宗旨，坚持依法合规经营，努力健全风险防控，提高金融服务水平。增加成员单位规模，尽快进行第二批成员单位和二级单位上线归集；根据集团公司发展规划和目前经营环境，公司制定了发展预期目标：2012年20亿~25亿元规模，营业利润4 000万元；2013年30亿~35亿元规模，营业利润6 000万元。公司当前产品发展计划主要是：逐项开展银监部门批准的各项业务，力争在两年内把所有的业务（含保险代理及电子汇票、从事同业拆借）都开展起来。

【业务制度建设】公司在开业时就制定了相应业务的管理制度，对每一项业务的开展制定了相应的管理办法和操作流程，如《支付结算业务管理办法》、《票据承兑管理办法》、《票据承兑操作规程》等等，并形成了公司的制度汇编。对需修订和补充的制度，由风控部牵头并上报公司风险委员会审定后发布实施。

【风险管理与内部控制】公司建立了“三会一层”的法人治理构架，董事会对内部控制建设负总责；董事会下设风险管理委员会对公司风险管理战略政策与制度、内部控制体系、重大合同事项审议、授权管理、银监部门的监控检测指标控制等重大方面实施专业化管理；设立了直接对董事会负责的风险管理部，具体负责内部控制制度、措施的协调、组织落实工作。公司制定了内部控制管理制度共16章121条，包括了内部控制目标和原则、职责分工、活动基本要求、内部控制环境、风险评估和管理、信息与交流、内控稽核监督与纠正等工作规范的整体要求。公司制定和完善了包括12项公司管理制度和34项业务管理制度在内的65项具体管理和操作规程，覆盖了各业务流程、各操作环节和所有岗位部门，形成了对风险进行事前防范、事中控制、事后监督和稽核纠正的内控机制，并形成以制度管人、管业务、控风险的良好氛围。

【信息化建设】2011年，公司信息系统保持安全平稳运行，涵盖了资金结算业务的每个环节，满足了公司业务开展的需求，未出现任何故障及结算差错。系统能根据不同业务操作的需要提供相应的操作权限，能满足各岗位人员的管理需求。科技人员每日对系统、设备进行巡检。应用服务器采用双机均衡、互备技术，数据服务器采用集群技术，保证了系统的安全可靠。数据备份采用专业备份软件，备份全面，恢复迅速，系统每30分钟完成一次增量备份，每天进行两次的全备和一次的手工异地备份，以保证数据的安全。公司与5家银行实现了直联，数据交换顺畅快捷。公司还与银监部门建立了内部网络的专线连接，与非现场数据进行对接，实现了1104非现场系统数据的准确、及时报送。

【内部审计与外部审计】公司制定了《福建能源集团财务公司风险管理纲要》等内部审计稽核制度，并制定了稽核风险部岗位职责，明确了内部审计部门的主要职能和相应权限，制度规定在一定程度上保证了内审工作的独立性。风险管理部通过常规稽核和专项稽核，检查监督内控制度的落实情况，督促各部门、各重要岗位规范经营、合规操作。

湖南高速集团财务有限公司

【经营概况】 湖南高速集团财务有限公司（以下简称“公司”）于2011年8月2日经中国银监会批准开业（银监复［2011］298号）。公司注册资本金10亿元，湖南省高速公路投资集团有限公司、湖南省信托有限责任公司、湖南高速广通实业发展有限公司分别占公司注册资本的80%、15%、5%。公司按照现代金融企业要求，完成对软硬件设施建设，建立了有效的运营体系，保证了业务顺利开展，风险控制有效，超预期实现了盈利。2011年12月22日正式开业后，不到一个月时间，实现收入1 288万元，营业利润214万元，不良资产率为零。

【法人治理】 公司建立了由股东会、董事会、监事会及经理层组成的现代法人治理架构。下设六个部门，即综合管理部、财务结算部、资金同业部、信贷管理部、稽核审计部、风险控制部。

【制度建设】 公司根据业务范围、业务种类、运营过程、风险防控要求，制定了60余项制度并汇编成册。随着业务的开展，业务制度逐步完善。

【信息化建设】 公司建立了完善的业务管理系统和风险控制系统，通过了银监部门的验收。系统全面支持账户管理、资金计划、预算控制、支付审批、资金管理、信贷管理、票据管理、统计查询、资金监控、资金分析、银企直联、风险控制，实现了业务操作流程化、公司管理规范化。

【资金集中】 公司在省政府、省交通运输厅、省财政厅等省直各部门和相关单位的支持下，全力做好资金归集工作，重点做好高速公路通行费收入的归集工作；12月7日召开了湖南高速集团资金归集大会，稳妥归集资金。截至年末，共归集资金29亿元。

【业务开展】 自成立以来，公司大力开展中间业务，积极服务集团，通过资金调拨、打通资金进出通道，做好资金计划，助推成员单位提高资金管理水平和资金风险控制能力，有效地保障了湖南高速集团资金安全。

【企业文化建设】 公司以“依托高速，服务高速”为经营宗旨，以“规范经营、稳健发展”为经营方针，以“创百年品牌，打造综合金融服务公司”为目标，坚持以人为本、服务员工、服务客户，深入开展企业文化建设，致力创造和谐、友爱、团结、互助的人文软环境。

马钢集团财务有限公司

【经营概况】 马钢集团财务有限公司（以下简称“公司”）于2011年9月30日经中国银行业监督管理委员会批准开业（银监复［2011］406号），由马钢（集团）控股有限公司和马鞍山钢铁股份有限公司共同出资成立。公司注册资本为10亿元人民币（含500万美元），其中，马钢（集团）控股有限公司出资额为5.1亿元，持股比例为51%；马鞍山钢铁股份有限公司出资额为4.9亿元（含500万美元），持股比例为49%。

公司法人治理结构健全，股东会为最高权力机构，监事会为经营活动的监督机构，董事会统筹公司的决策运作，下设风险管理委员会和审计委员会。公司实行董事会领导下的总经理负责制，根据业务发展及内控要求设有结算业务部、信贷业务部、计划财务部、风险管理部、稽核部、综合管理部6个部门和投资决策委员会、信贷审批管理委员会。

公司以“立足集团、服务集团、规范经营、稳健发展”为经营方针，以支持集团公司集约化、信息化、专业化和加强资金管控为目标，通过资金集中管理和为成员单位提供资金管理服务，加强资源配置，降低资金成本，提高资金使用效益。截至2011年末，公司资产总额26.57亿元，累计办理结算业务5 178笔，结算金额315.08亿元，资金集中度最高达到83%，实现营业收入3 326.06万元。

【信贷业务】 2011年，公司尚未取得贷款资格，两个多月的营业时间，共办理委托贷款19笔，总金额8.75亿元，用于支持集团钢铁主业、矿山建设等主导产业的发展。

【票据业务】 2011年，公司办理银票贴现7.17亿元，贴现利率优于市场的利率水平，为成员单位节约财务费用249.53万元；办理商票保贴释放开票保证金4 500万元；积极争取人民银行的支持，取得了再贴现业务资格，再贴现融入资金6 858万元。

【资金集中】 在公司筹备阶段，集团即制定了适用于马钢集团所有成员单位的《马钢集团资金集中管理办法》，还召开了资金集中管理动员大会，建立了资金集中管理例会制度，推进以财务公司为平台的资金集中管理工作。在集团的大力协助下，公司已完成57家成员单位资金归集任务，资金管理系统安全、高效、稳定运行，安全度过月结息、月计息和年终结算等关键业务时点。

【风险管理和内部控制】 公司建立了由董事会、风险管理委员会、风险总监、风险管理部组成的完整风险管理组织架构；员工各司其职，风险防控成为职工自觉行为和工作习惯；制定完善的内控制度及操作流程，将风险控制责任落实到每个岗位；同时建立合理的部门架构，实现前后台分离。

公司在制度建设上借鉴其他财务公司的成

熟经验，并邀请中国银行及集团公司有关部室参与，对制度进行全面的修订完善，先后制定了70多项规章制度和业务操作流程，覆盖目前开展的所有业务，具有很强的可操作性。公司注重内控制度的教育培训工作，开展以强化内控建设为主题的全员教育培训活动，加强对监管政策及内部管理规定的学习，全面掌握应知应会的内控要求，增强合规意识。

【人力资源管理】公司通过外部引进和集团内部公开招聘，组建了23人的工作团队，具有本科及以上学历的18人，中级及以上职称的19人，从事金融或财务工作五年以上的21人。公司分阶段开展了多项培训，一是邀请金融机构的专家来公司讲授金融理论知识，二是组织职工到银行跟班学习，三是参加中国财务公司协会举办的新设财务公司业务培训班，四是到兄弟财务公司学习交流。

【信息化建设】公司建立“成员单位—商业银行—财务公司”三位一体的资金结算网络平台，用户可通过浏览器便捷地访问网上金融平台。后端数据通过SAN网络存储到数据库服务器中，服务器网络出口处安装防火墙与入侵防御设备，将数据库服务器、应用服务器、银行前置机、内网用户、办公网用户划分为不同的区域，实现严格的网络安全控制策略，并部署网页防篡改系统来保证服务器的安全，同时使用NSAE应用安全网关进行加密，利用数字证书对用户进行身份认证，确保网上电子交易的安全性、保密性。公司慎重选择技术力量雄厚、电子化程度高的六家银行作为直联银行，依托直联银行成熟的网银系统，将金融服务直接延伸到客户面前。

【企业文化建设】公司成立伊始就高度重视企业文化建设，企业文化建设的出发点，是激励员工的事业追求和工作激情。公司尊重、信任每一位职工，发挥每个人的特长，放手工作，激发出员工的潜能。在此基础上，逐步形成“建设一流财务公司”的企业奋斗目标，“服务、创新、发展”的核心价值观被所有员工认同，内化于心、外化于行，营造出积极向上的企业氛围。

湖北宜化集团财务有限责任公司

【基本概况】湖北宜化集团财务有限责任公司（以下简称“公司”）于2011年1月31日获得中国银行业监督管理委员会批准筹建后开始筹建工作，于2011年9月30日取得开业批复（银监复［2011］407号）。公司于2011年10月至11月分别取得金融许可证、营业执照、组织机构代码证、税务登记证、贷款卡，并于11月25日取得了中国人民银行武汉分行对公司金融管理项目的批复，开设了存款准备金缴存账户；需与人民银行联网的利率监测、征信、反洗钱等管理平台和系统已完成接洽、接入工作，达到了中国人民银行关于金融机构开业的标准，取得了中国人民银行的开业许可。2011 年 12 月上旬，公司正式对成员单位开展各项业务。

公司作为一家新成立的、为各成员单位服务的非银行金融机构，按照集团的战略布局，秉承集团“实事求是、艰苦奋斗、从严治厂、争创一流”的企业精神，围绕着“确保资金供应，支撑集团发展，做好资金运营，防范发展风险”的工作目标和“打基础，树品牌，防风险，谋发展”的工作思路，以加强成员单位资金集中管理为主线，加强组织建设、制度建设、业务建设，建立了风险控制体系，提升运营效益，努力开拓，不断进取，加强资金管理和提高资金运营效率。

【经营情况】截至年末，公司资产总计 30 737万元，流动资产 30 496 万元，其中，贴现资产 30 253 万元，存放同业款项 223 万元；非流动资产 242 万元，其中，固定资产 161 万元，无形资产 80 万元；流动资产占比 99%，充分体现了公司的支付能力和变现能力较强。公司负债总计 237 万元，全部为流动负债，其中应交税费 211 万元，无拖欠税费现象，其他应付款 26 万元，为公司业务核心系统开发应支付的质保金。资产负债率为 0.8%，公司处于新成立初期，大部分业务还未正式开展，负债率较低。

2011 年，公司营业收入总计 801 万元，收入主要来源是贴现业务利息收入。公司为内蒙古宜化、双环化工、股份公司、青海化工等成员单位办理了银行承兑汇票贴现业务，取得利息收入 790 万元，取得同业存款利息收入 6.7 万元。营业成本总计 134 万元，主要开支为营业税金及附加 45 万元，业务及管理费支出 89 万元；利润总额 667 万元，扣除所得税 167 万元，公司实现净利润 500 万元。

【内部机构建设】公司建立了分工合理、职责明确、关系清晰的组织机构，包括专业委员会和常设机构。专业委员会为董事会下设的风险管理委员会和高级管理层下设的信贷审查委员会。常设机构包括结算业务部、计划财务部、信贷业务部、风险管理部、稽核审计部和综合管理部六个职能部门。

【制度建设】公司先后建立了 45 项业务规章及风险防范制度，主要是公司治理、信息系统、行政管理、结算业务、计划财务、信贷业务、风险管理、稽核审计共八类制度。

【人力资源管理】公司共聘用员工 18 人，其中从事金融或财务工作 3 年以上的人员有 13 人，占总人数的 73%；从事金融或财务工作 5 年以上的人员有 11 人，占总人数的 61%；并从建设银行三峡分行引进了一名风险管理专业人员担任风险管理部经理，在资金集约管理、风险管理等关键岗位也都由有相关从业经验、业务素质较高的人员担任。公司于 2011 年 7 月至 12 月，邀请市银监局领导对公司所需上报报表等知识要点进行培训，到人民银行本市分支机构学习金融管理项目申报知识，并多次组织员工到三峡财务公司、葛洲坝财务公司等同业单位进行实地学习。公司多次组织员工学习《企业集团财务公司管理办法》等相关制度和公司内部管理制度，先后两次组织 51 家成员单位开展了核心业务系统上线专题培训。

【企业文化建设】公司树立“发展是第一要务，风险防范是第一责任，合规是重要基础”的经营管理理念，在发展过程中将合法合规经营、防范运营风险放在第一位，始终坚持在合法合规、风险可控的前提下发展业务，强化各项风险管理措施。通过不断加强员工思想道德教育、完善员工行为排查制度，从思想上确保公司队伍的纯洁性，把各项风险隐患消除在萌芽状态。

北京汽车集团财务有限公司

【公司概况】北京汽车集团财务有限公司（以下简称“公司”）于2011年10月25日经中国银监会核准开业（银监复［2011］61号），于同年12月22日正式开业。公司由北京汽车集团有限公司及其所属北京汽车投资有限公司、北汽福田汽车股份有限公司、北京海纳川汽车部件股份有限公司共4家股东单位发起设立，注册资本金5亿元。公司以全力打造“四大平台”，即“安全高效的资金集中管理平台、便捷优惠的融资服务平台、持续创新的汽车金融平台、符合集团发展战略的投融资管理平台”为发展目标，坚持“规范管理、审慎经营、专业诚信、创新发展”的经营宗旨，全面贯彻落实北汽集团整体的发展战略。公司致力于加强北汽集团资金集中管理、提高资金使用效率和资本运作水平，为北汽集团成员单位提供资金结算、存款、票据、信贷以及财务管理咨询等金融服务。

【组织机构】公司依据“三会分设、三权分立”的原则建立了现代金融机构治理结构，搭建起较完善的组织架构。公司最高权力机构是股东会，下设董事会、监事会。总经理及其经营班子对公司行使经营权。董事会下设合规与风险控制委员会和审计委员会，经营层下设信贷审查委员会和操作风险委员会。公司按职能设置结算业务部、信贷业务部、信息管理部、风险管理部、审计稽核部、财务会计部、投资银行部、综合管理部8个部门。

【人力资源管理】2011年，公司将人才队伍的建设和人力资源管理体系的建立作为重点工作。公司采取外部招聘的方式，面向社会和集团系统内部分批开展招聘工作。公司开展了内容丰富、形式多样的培训工作，内容包括系统业务培训、制度培训、同业调研、参观考察等。制定了切实可行的《薪酬管理办法》、《绩效考核管理办法》、《职位管理办法》等管理制度，搭建了公司的人力资源管理框架。

【信息化建设】公司本着安全、高效、稳定的原则完成了资金管理平台的建设，能够实现资金结算管理、资金归集下拨、信贷业务管理、票据业务管理、网上金融、银企互联、资金监控、统计查询等功能，以满足对成员单位进行资金集中管理、提供结算、贷款、票据等金融服务的需求。公司完成与监管机构专线或互联网接入工作，并搭建监管报表报送平台，按照各监管机构的要求完成报表报送工作。

【风险管理和内部控制】公司开业后，建立了相应风险管理政策和授权管理制度，建立了内部控制体系，并按照银监会要求报送监管报表，保证各项监管指标达标。

【企业文化】公司在北汽集团价值理念的基础上，构建富有本公司特色的企业文化。加大对“奋力拼搏、团结协作、知难而进、志在必得”的北京汽车精神和“爱国、创新、包容、厚德”的北京精神的宣传，通过开展系列大讲堂等活动着力打造学习型企业，通过关心职工生活、组织开展团队活动提升企业凝聚力和向心力，营造积极向上的企业文化氛围。

大连港集团财务有限公司

【公司概况】大连港集团财务有限公司（以下简称“公司”）于2011年10月26日经中国银监会核准开业（银监复［2011］462号），11月18日正式开业。公司由大连港集团有限公司、大连港股份有限公司共同出资设立，注册资本金5亿元人民币，其中大连港集团有限公司占60%，大连港股份有限公司占40%。

【经营范围】公司可以从事对成员单位的财务和融资顾问、信用鉴证、咨询代理、存款、结算、经批准的保险代理、担保、委托贷款、票据承兑与贴现、经批准的同业拆借业务。2011年12月经中国银监会核准（银监复［2011］578号），公司新增对成员单位办理贷款及融资租赁业务资质。

【公司治理】公司建立了由股东会、董事会、监事会及高级管理层组成的现代公司法人治理架构。股东会是公司的权力机构，董事会对股东会负责，确保在日常运营中股东会、董事会、监事会、经理层职责明确，议事规则规范。重大决策经过股东会讨论，重大经营计划经董事会讨论，日常经营由经理层的经营班子实施，监事会实施有效的监督与约束。股东会、董事会、监事会、经理层形成既互相支持又相互监督的良性工作氛围。董事会下设风险控制委员会、审计委员会两个专业委员会。公司本着权责清晰、精干高效的原则，设立六个职能部门及一个专门委员会，即综合管理部、财务部、结算部、公司业务部、投资管理部、风险稽核部及信贷审核委员会。

【制度建设】公司根据业务经营和风险管理的要求，按照制度先行原则，先后制定规章制度70余项，建立起了由基本制度、操作办法和规程、岗位责任制三个层次组成的较为完善的制度体系，包括公司治理类、公司管理类、业务管理类、风险防范类等，保证公司在经营管理中“有法可依、有章可循”。同时，公司在业务运行过程中，不断对各项规章制度进行梳理和完善。

【风险管理和内部控制】公司构建了以股东会层面的监事会、董事会层面的风险控制委员会及审计委员会、经营管理层的信贷审核委员会及风险稽核部三个层次组成的风险管控体系。规定了各层级对于公司业务的风险管理职责，明确了内部控制要求。通过制定各类管理制度，实行全面的风险管理，将风险管理理念渗透到公司的各项业务过程和各个操作环节，覆盖所有的部门、岗位和人员。

【人力资源管理】公司经营层领导及员工共计22人，其中具备本科学历15人，占总人数的68%，具备硕士学历5人，占总人数的23%。在风险管理、资金集中管理、贷款业务等关键岗位上配备了从商业银行引进的专门人才。公司制定了详尽的培训计划，通过外部专项、行业交流及在岗培训等方式对现有员工进行全方位的培训。

【**信息化建设**】公司完成了中心机房建设、网络专线架设、网络系统集成等系统环境准备工作；建立健全了相应的管理信息系统和风险控制系统制度体系，及切实可行的应急预案；引进专业人才，设置专门的系统管理和维护岗位，保障系统稳定运行；管理信息系统平台搭建顺利实施并通过模拟测试及验收。

【**企业文化建设**】公司以“加强集团资金集中管理，提高集团资金使用效率和效益，为集团成员单位提供优质金融服务”为经营宗旨，以“依托集团、服务集团”为经营指导思想，以“稳健经营、科学发展”为经营方针，以“安全性、流动性、盈利性”为经营原则，深入开展企业文化建设工作，积极构建和谐、奋进的企业文化，通过会议讨论研究、内部交流等形式积极倡导诚信、敬业、奋进、和谐的文化氛围，加强公司核心价值观的宣传和传递，提高公司的凝聚力。

大唐电信集团财务有限公司

【**基本概况**】大唐电信集团财务有限公司（以下简称“公司”）于2011年11月16日获得中国银行业监督管理委员会颁发的金融许可证（银监复［2011］497号），获准经营存款、结算、贷款、票据等十项业务，并于2011年11月22日完成工商注册。公司注册资本金为10亿元人民币，由电信科学技术研究院（大唐电信科技产业集团）全额出资，注册地址为大唐电信科技产业集团总部。作为大唐电信集团的首家金融机构，自成立以来，公司始终秉承“立足集团，创新发展”的经营宗旨，全力助推集团产业链的不断拓展和完善，为打造信息通信领域具有国际竞争力的高科技产业集团提供较为完善的金融服务支撑。

【**经营概况**】截至年末，公司资产总额122 422.26万元，营业收入862万元，利润总额354万元，净利润265万元；开通了四个银行账户，共吸收成员单位存款22 038.74万元，共发放贷款2.3亿元，均为一年期贷款。

【**风险管理和内部控制**】2011年，公司通过各项管理制度和业务流程的不断完善，夯实公司风险管理基础，将风险管理渗透到公司各个领域、各个业务环节，并通过组织开展传统的业务知识的学习与培训，使风险意识深入每个员工内心，努力通过实施全面风险管理及内控制度、合规化体系建设，推进公司各项管理制度和业务流程的不断完善，以有效防控信用风险、交易风险和业务操作风险。

【**人力资源管理**】2011年，公司着力于搭建人力资源管理体系，完成机构搭建、岗位规划和人员配置等基础工作，并努力探索适应企业发展需要的激励机制与关键人才培养。在人才培养方面，秉承“打造卓越团队、培养岗位专家”的理念，参加集团和外部的各项相关培训，并努力拓展和挖掘公司内部培训资源，组织了公司第一期内部系统培训，巩固和提升了员工的专业知识和技能，优化了广大员工的知识结构体系。

【信息化建设】2011 年，公司与软件公司合作，完成了系统管理、客户管理、资金结算、信贷管理、资金计划、票据管理、资金监控、网上金融服务、报表管理、领导查询、1104 报表、SAP 核算软件接口、资金系统接口、银企直联接口十四个模块的开发，初步实现了核心业务系统与其他系统信息的集中与共享。在硬件方面，公司围绕业务运营平台搭建了各项硬件设施，考虑了目前的实际需求，兼顾了未来系统升级的需要。公司还启动了物理隔离方案，确保了公司信息系统的安全运行。

【企业文化建设】公司搭建了以“专注服务”为核心的价值体系，并将市场定位、操作系统、资源管理和价值观念四个相对独立而又紧密相连的要素确定为公司的文化架构组成要素。通过服务功能的发挥，把产品、员工和企业连接起来，把顾客、股东和社会连接起来，由此形成了具有公司文化特点的价值体系，再把这个价值体系归于集团的“创新、市场、诚信、责任”的大文化体系之中，并嵌入到集团的产业链之中，作为一个服务窗口。大力鼓励服务创新，在控制风险的情况下积极、稳妥地尝试金融工具的应用，助推集团资产规模的扩大和盈利能力的提升，满足客户需求。

开滦集团财务有限责任公司

【公司概况】开滦集团财务有限责任公司（以下简称“公司”）2011 年 5 月 5 日经中国银监会批准筹建（银监复［2011］134 号），2011 年 12 月 2 日经中国银监会批准开业（银监复字［2011］541 号）。公司注册资本为 5 亿元人民币，由开滦（集团）有限责任公司、开滦能源化工股份有限公司、开滦（集团）蔚州矿业有限责任公司三方共同出资，出资比例分别为 51%、40% 和 9%。公司于 2011 年 12 月 8 日取得金融许可证，12 月 12 日取得企业法人营业执照，12 月 19 日在开滦宾馆会议厅举行开业揭牌仪式。公司的成立，标志着开滦集团加快转型发展、推进产融结合迈出了可喜的一步。

【法人治理】公司建立了“三会一层”的法人治理架构，即股东会、董事会、监事会及经理层，于 2011 年 8 月 22 日召开了首次股东会会议、董事会会议、监事会会议，通过了公司章程和“三会一层”议事规则，选举了董事、董事长、监事、监事会主席，任命了公司管理人员，形成了三个会议的决议。公司董事会下设风险管理委员会、审计委员会两个专业委员会，经理层下设信贷审批管理委员会。根据公司业务开展情况，按照“精简高效”原则，设综合管理部、资金结算部、计划财务部、客户服务部、风险管理部、审计稽核部六个部门。

【制度建设】公司制定了7大类65项制度，包括公司治理类8项、综合管理类6项、业务管理类24项、财务管理类1项、内部控制类9项、风险防范类11项、信息系统管理类6项，为业务开展奠定了良好的基础。

【信息化建设】公司信息系统涵盖资金结算、信贷管理、票据管理、财务管理、报表管理、中间业务以及风险控制等多个先进模块，开业前完成了基础信息数据库，按照成员单位需求设定审批流程，进行银企直联测试，分期举行操作培训，实现软件顺利上线、平稳运行。

【人力资源管理】公司编制30人，根据业务开展情况已到岗24人，其中，从事财务、金融工作5年或5年以上人员共20人，占比83%；本科学历19人，研究生学历3人，本科及以上学历占比92%；中级会计师7人，高级会计师10人，中级及以上职称占比71%。

中国航油集团财务有限公司

【经营概况】中国航油集团财务有限公司（以下简称“公司”）于2011年12月2日获得中国银监会的开业批复（银监复［2011］542号），12月8日取得北京银监局颁发的金融许可证，12月14日在国家工商行政管理总局正式注册成立。公司股东为中国航空油料集团公司和交银国际信托有限公司，共出资12亿元人民币，出资比例分别为90%和10%。公司于12月31日正式开业运营，2011年度实现营业收入2 032.33万元（均为资本金存款利息收入），利润总额1 426.81万元，实现各项税金总计429.57万元，净利润1 057万元。

【组织架构】公司建立了由股东会、董事会、监事会及高级管理层组成的现代公司法人治理结构，董事会下设风险管理委员会、审计委员会、薪酬与提名委员会三个专业委员会。公司本着权责清晰、精干高效的原则，设立了综合管理部、财务管理部、融资结算部、信贷投资部、法律与风险管控部、稽核部、信息部7个职能部门。

【风险管理】公司以“平衡风险与收益、兼顾控制与效率”为原则，划分了风险管控的决策机构、执行机构、职能机构和责任机构，建立了风险管理三道防线。业务部门作为风险管理的第一道防线，在开展业务的过程中负有遵循风险管理政策、程序等风险管理要求，以及监察其所做业务的风险状况的责任；法律与风险管控部为风险管控专职部门，与业务部门在日常工作中保持密切联系，力争使法律与风险管控部门贴近业务一线，实施有效风险控制，与此同时，确保风险管控职能部门独立性，使其与内外的风险管理相关单位保持顺畅沟通，确保整个风险管控体系有效运行；稽核部作为风险管理的第三道防线，负责公司业务稽核检查和评价工作，并及时向公司高管层和董事会报告公司风险管理政策和内控制度的贯彻落实情况以及业务运营合规的执行情况。不同的业务部门、职能部门各司其职、各负其责、相互配合，力争实现全面风险管理。

【制度建设】公司根据银监会对财务公司合规性经营监管的要求，以“适用性、实效性、全面性”为原则，以保障公司经营目标实现为核心，围绕公司发展战略，初步设计了较为完善的制度体系。制定了包括公司治理、风险管理、资金结算管理、信贷管理、财务管理、内审稽核、信息系统管理、人力资源管理、行政管理9类60余项规章制度，为公司规范管理和各项业务的顺利开展奠定了坚实的基础。按照公司管理制度设计，明确了公司关键业务和管理的具体操作流程60个，建立了分类多线的报告机制和公司内部有效的风险信息传递机制，以确保风险管控信息的及时传递和报告。

【信息化建设】公司建立了综合业务信息系统，不仅能够从技术层面满足公司的业务需要，还在充分考虑集团公司生产经营特点的基础上，借鉴了商业银行流程管控模式，在系统中固化了业务流程，强化了管控体系，使系统在平稳运转的同时，有效地控制业务风险。同时，公司制定了数据保密管理的相关规定，对数据保密、数据提取、数据备份三方面作出了详尽的规范要求。

海南农垦集团财务有限公司

【经营概况】海南农垦集团财务有限公司（以下简称“公司”）于2011年6月23日经中国银行业监督管理委员会批准开业（银监复［2011］551号），于12月17日正式开业。公司由海南省农垦集团有限公司和海南天然橡胶产业集团股份有限公司共同出资组建，注册资金5亿元人民币，注册地址为海口市滨海大道115号海垦国际金融中心23层，是实行自主经营、自负盈亏、独立核算的具有法人资格的非银行金融机构。

公司的经营范围：对成员单位办理财务和融资顾问、信用鉴证及相关的咨询、代理业务；协助成员单位实现交易款项的收付；经批准的保险代理业务；对成员单位提供担保；办理成员单位之间的委托贷款及委托投资；对成员单位办理票据承兑与贴现；办理成员单位之间的内部转账结算及相应的结算、清算方案设计；吸收成员单位的存款；对成员单位办理贷款及融资租赁；从事同业拆借。

【组织架构】公司具有健全的法人治理结构，股东会下设董事会和监事会，董事会下设风险控制委员会。公司下设综合管理部、计划财务部、信贷投资部、保险代理部、结算业务部、风险管理部、审计稽核部七个职能部门和信贷审查委员会，形成了既能控制风险又能确保业务高效运行的扁平化业务管理模式和组织体系。

【人力资源管理】公司员工 23 人，本科以上学历 23 人，具有 5 年以上金融和财务从业经验的 11 人，占 48%；具有保险从业资格的 5 人，占 22%；具有投资和基金代理业务从业资格 2 人，占 9%；具有外汇从业资格的 3 人，占 13%。

【企业文化建设】公司本着“立足农垦集团，服务农垦集团，创建国内一流财务公司”的核心理念，采取“规范经营，稳健发展、专业服务”的经营方针，稳步开展结算、信贷、票据贴现等各项基础内部金融业务，对内整合集团各类金融服务需求，对外构建与银行等金融机构的银财、银企合作桥梁。在监管部门批复的业务范围内为成员单位提供优质的金融服务，为搭建企业集团内部的投融资平台打好基础，为将海南省农垦集团有限公司打造成为以天然橡胶产业为核心，以现代热带农业、旅游与旅游地产以及金融产业为主导的具有较强竞争实力的多元化现代企业集团提供强有力的金融支持。

文件与规章

财 政 部

财政部关于印发《金融企业绩效评价办法》的通知

（财金［2011］50号）

各中央管理金融企业，各省、自治区、直辖市、计划单列市财政厅（局），新疆生产建设兵团财务局，财政部驻各省、自治区、直辖市、计划单列市财政监察专员办事处：

为了加强对金融企业的财务监管，进一步规范金融企业绩效评价工作，综合反映金融企业资产营运质量，推动金融企业提升经营管理水平，促进金融企业健康发展，现印发《金融企业绩效评价办法》及《金融企业绩效评价指标及结果计分表》、《金融企业绩效评价指标计算公式说明》，请遵照执行。

附件：1. 金融企业绩效评价办法
2. 金融企业绩效评价指标及结果计分表
3. 金融企业绩效评价指标计算公式说明

财政部

二〇一一年五月十二日

附件1

金融企业绩效评价办法

第一章 总 则

第一条 为了加强对金融企业的财务监管，进一步规范金融企业绩效评价工作，综合反映金融企业资产营运质量，推动金融企业提升经营管理水平，促进金融企业健康发展，根据《金融企业财务规则》（财政部令第42号）等有关法律法规，制定本办法。

第二条 在中华人民共和国境内依法设立金融企业的绩效评价工作，适用本办法，金融企业具体包括：

（一）执业需取得银行业务许可证的政策性银行、邮政储蓄银行、国有商业银行、股份制商业银行、城市商业银行、农村商业银行、农村合作银行、信用社、新型农村金融机构、信托公司、金融租赁公司、金融资产管理公司和财务公司等；

（二）执业需取得保险业务许可证的各类保险企业等；

（三）执业需取得证券业务许可证的证券公司、期货公司和基金管理公司等；

（四）各类金融控股公司、信用担保公司以及金融监管部门所属的从事相关金融业务的企业。

第三条 本办法所称绩效评价，是指通过建立评价财务指标体系，对照相应行业评价标准，对金融企业一个会计年度的盈利能力、资产质量、偿付能力以及经营增长状况等进行的综合评判。

第四条 财政部依据本办法组织实施中央管理金融企业的绩效评价工作；省级人民政府财政部门（以下简称财政部门）依据本办法组织实施本地区金融企业的绩效评价工作。

第五条 金融企业绩效评价工作应当遵循以下原则：

（一）综合性原则。金融企业绩效评价应当通过建立综合的指标体系，对金融企业特定会计期间的财务状况和经营成果进行多角度的分析和综合评判。

（二）客观性原则。金融企业绩效评价应当充分考虑市场竞争环境，依据统一测算的、同一期间的国内行业标准值，客观公正地评判金融企业的经营成果。

（三）发展性原则。金融企业绩效评价应当在综合反映金融企业年度财务状况和经营成果的基础上，客观分析金融企业年度之间的增长状况及发展水平。

第六条 为确保绩效评价工作的客观、公正与公平，绩效评价工作原则上应当以社会中介机构按中国审计准则审计后的财务会计报告为基础，其中，财务报表应当是按中国会计准则编制的合并财务报表。

第七条 金融企业绩效评价标准值根据金融企业年度财务会计报告数据，运用数理统计方法，分年度、分行业统一测算并公布。根据金融企业的实际情况，本办法划分为银行业、保险业、证券业和其他金融业4大类金融企业进行绩效评价。

第八条 金融企业绩效评价结果作为评价金融企业绩效、确定金融企业负责人薪酬、加强金融企业经营管理的重要依据，应当反馈给金融企业及相关部门，并以适当形式予以公开。

第二章 评价指标与权重

第九条 金融企业的绩效评价指标具体包括：

（一）盈利能力指标：包括资本利润率（净资产收益率）、资产利润率（总资产报酬率）、成本收入比、收入利润率、支出利润率、加权平均净资产收益率6个指标，主要反映金融企业一定经营期间的投入产出水平和盈利质量。

（二）经营增长指标：包括国有资本保值增值率、利润增长率、经济利润率3个指标，主要反映金融企业的资本增值状况和经营增长水平。

（三）资产质量指标：包括不良贷款率、拨备覆盖率、杠杆率、认可资产率、应收账款比率、净资本与风险准备比率、净资本与净资产比率7个指标，主要反映金融企业所占用经济资源的利用效率、资产管理水平与资产的安全性。

（四）偿付能力指标：包括资本充足率、核心资本充足率、偿付能力充足率、净资本负债率、资产负债率5个指标，主要反映金融企业的债务负担水平、偿债能力及其面临的债务风险。

第十条 金融企业绩效评价各单项指标的权重，依据指标的重要性和引导功能确定，具体见分行业金融企业绩效评价结果计分表。各单项指标计分加权形成金融企业绩效评价综合指标得分。

第三章 评价基础数据与调整

第十一条 金融企业绩效评价基础数据资料具体包括：

（一）金融企业的年度财务会计报告，其中，金融资产管理公司政策性业务尚未清算前，使用商业化数据进行考核；

（二）会计师事务所出具的审计报告，其中，金融企业不能提供会计师事务所出具的审计报告的，以该金融企业提供的、经财政部门认可的年度会计报表为依据进行考核，若以后发现所提供的财务数据不实，财政部门将追溯调整金融企业的绩效评价结果；

（三）关于金融企业经营情况的说明或财务分析报告。

第十二条 为了确保绩效评价工作的真实、完整、合理，金融企业可以按照重要性和可比性原则对评价期间的基础数据申请进行适当调整，有关财务指标相应加上客观减少因素、减去客观增加因素。可以进行调整的事项主要包括：

（一）金融企业在评价期间损益中消化处理以前年度资产或业务损失的，可把损失金额作为当年利润的客观减少因素；

（二）金融企业承担政策性业务对经营成果或资产质量产生重大影响的，可把影响金额作为当年利润或资产的客观减少因素；

（三）金融企业会计政策与会计估计变更对经营成果产生重大影响的，可把影响金额作为当年资产或利润的客观影响因素；

（四）金融企业被出具非标准无保留意见审计报告的，应当根据审计报告披露影响经营成果的重大事项，调整评价基础数据；

金融企业申请调整事项对绩效评价指标的影响超过1%的，作为重大影响。

第十三条 金融企业发生客观调整因素，相应调整以下绩效评价指标：

（一）收入、成本发生变动时，相应调整资本利润率、净资产收益率、资产利润率、总资产报酬率、成本收入比、收入利润率、支出利润率、加权平均净资产收益率、国有资本保值增值率、利润增长率、经济利润率等；

（二）利润发生变动时，相应调整资本利润率、净资产收益率、资产利润率、总资产报酬率、收入利润率、支出利润率、加权平均净资产收益率、国有资本保值增值率、利润增长率、经济利润率等；

（三）资产发生变动时，相应调整资产利润率、总资产报酬率、国有资本保值增值率、净资本与净资产比率、资本充足率、核心资本充足率、不良贷款率、拨备覆盖率、杠杆率、资产负债率等。

第十四条 金融企业对基础数据进行调整的说明材料包括：

（一）《金融企业绩效评价基础数据调整表》（附表1）；

（二）调整事项有关证明材料。

调整事项主要适用于当年基础数据资料的调整，必要时也可调整以前年度事项，由金融企业申报。

组织实施单位根据被评价金融企业提供的绩效评价基础数据资料和调整说明材料分别进行审查、复核和确认。

第四章 评价标准与评价计分

第十五条 财政部根据中央管理金融企业和省级财政部门报送的资料，对金融企业数据进行筛选，剔除不适合参与测算的金融企业数据，保留符合测算要求的数据，建立样本库。

被剔除的金融企业数据主要包括：

（一）根据评价指标的经济特性，不符合

计算模型需要的数据，如计算相对值时分母和分子同时为负数的数据；

（二）相关指标与正常金融企业相差很大，如正处于停业、托管或业务清算状态的金融企业数据。

第十六条 财政部根据金融企业绩效评价基础数据，分行业统一测算金融企业绩效评价标准值。

金融企业经营多种业务的，以其主营业务为基础，确定评价指标适用的行业。标准值适用情况如下：

（一）政策性银行、邮政储蓄银行、国有商业银行、股份制商业银行、城市商业银行、农村商业银行、农村合作银行、信用社等适用银行业标准值；

（二）各类保险企业适用保险业标准值；

（三）证券公司、期货公司和基金管理公司等适用证券业标准值；

（四）各类信用担保公司、新型农村金融机构、信托公司、金融租赁公司、财务公司以及金融监管部门所属的从事相关金融业务的企业等适用其他金融业标准值；

（五）金融控股集团公司、金融资产管理公司、金融投资管理公司等金融企业先按控股子公司（企业）持有金融业务许可证的类型分别确定所适用的行业标准值（无金融业务许可证的控股子公司（企业）适用其他金融业标准值），再按控股子公司（企业）各自得分及其净资产权重综合计算绩效评价得分。对阶段性持股子公司（企业）不进行单独评价。

第十七条 依据所建样本库中金融企业的数据，财政部采用分段简单平均法测算每项财务指标的标准值。具体步骤包括：

（一）对测算样本的财务指标按照实际值从大到小（对于逆向指标，从小到大）进行排序；

（二）将排好序的样本，平均划分为4部分，前25%的样本数据为第一段，前50%的样本数据为第二段，全部样本数据作为第三段，后50%的样本数据为第四段，后25%的样本为第五段；

（三）将每一段样本的财务指标实际值加总，再除以样本个数，得到该段财务指标的简单平均数；

（四）将五段财务指标的简单平均数分别作为该财务指标的“优秀值”、“良好值”、“平均值”、“较低值”和“较差值”，对应五档评价标准的标准系数分别为1.0、0.8、0.6、0.4、0.2。

第十八条 评价计分是将金融企业调整后的评价指标实际值对照金融企业所处行业标准值，按照以下计算公式，利用绩效评价软件计算各项基本指标得分：

绩效评价指标总得分 = ∑单项指标得分

单项指标得分 = 本档基础分 + 调整分

本档基础分 = 指标权数 × 本档标准系数

调整分 = 功效系数 ×（上档基础分 - 本档基础分）

上档基础分 = 指标权数 × 上档标准系数

功效系数 =（实际值 - 本档标准值）/（上档标准值 - 本档标准值）

本档标准值是指上下两档标准值中居于较低的一档标准值。

第十九条 考虑到金融企业的实际情况，政策性银行的“资本充足率”、“核心资本充足率”、“杠杆率”、“资产利润率”、“资本利润率”五项指标，主营政策性业务保险公司的“偿付能力充足率”、“净资产收益率”、“总资产报酬率”三项指标，以及金融基础设施企业的“资本利润率”指标按平均值取分。

第二十条 金融企业发放较多涉农贷款、中小企业贷款，提供较多农业保险的，给予适当加分，以充分反映不同金融企业社会贡献。具体的加分办法如下：

（一）涉农贷款加分：金融企业提供的涉农贷款占比超过10%加1分，超过15%加1.5分，超过20%加2分，超过25%加2.5分，超过30%加3分。其中，涉农贷款占比＝年末涉农贷款余额/年末贷款余额×100%；

（二）中小企业贷款加分：金融企业提供的中小企业贷款占比超过20%加1分，超过25%加1.5分，超过30%加2分，超过35%加2.5分，超过40%加3分，其中，中小企业贷款占比＝年末中小企业贷款余额/年末贷款余额×100%；

（三）农业保险加分：金融企业提供的农业保险市场占比超过10%加1分，超过15%加1.5分，超过20%加2分，超过25%加2.5分，超过30%加3分；金融企业提供的农业保险如市场占比在10%以下，但自身占比超过50%加1分，超过60%加1.5分，超过70%加2分，超过80%加2.5分，超过90%加3分。其中，农业保险市场占比＝年度农业保险保费收入总额/全部财产保险公司年度农业保险保费收入总额×100%，农业保险自身占比＝年度农业保险保费收入总额/年度全部财产保险保费收入总额×100%。

以上在计算涉农贷款和中小企业贷款占比时，分子分母均采用境内口径；农业保险按保险监管部门规定的口径执行。

第二十一条 对被评价金融企业所评价期间（年度）发生以下不良重大事项，予以扣分：

（一）重大事项扣分：金融企业发生属于当期责任的重大资产损失事项、重大违规违纪案件，或发生造成重大不利社会影响的事件，根据相关部门的处理处罚情况扣1－3分。正常的资产减值准备计提不在此列；

（二）信息质量扣分：金融企业不按照规定提供财务会计信息，或提供虚假财务会计信息，根据相关部门的处理处罚情况扣1－3分。金融企业财务快报与财务决算报表报送净利润数值增幅（减幅）超过10%扣1分，超过15%扣1.5分，超过20%扣2分，超过25%扣2.5分，超过30%扣3分。

第二十二条 对存在加分和扣分事项的，财政部门与金融企业和有关部门核实，获得必要证据后，应当填写《金融企业绩效评价加减分事项表》（附表2）。

第五章 评价结果与评价报告

第二十三条 为平滑不同金融行业的年度经营状况，财政部根据金融企业报送的资料分行业设定绩效评价行业调节系数。

金融企业绩效评价分数（行业调节后）＝本期绩效评价分数×行业调节系数

其中，金融控股集团公司、金融资产管理公司、金融投资管理公司等金融企业在综合计算绩效评价得分后，采用其他金融业行业调节系数进行调节。

第二十四条 为平滑不同年度绩效评价得分的明显波动，财政部根据金融企业报送的资料设定绩效评价年度调节系数。

金融企业绩效评价年度调节系数以绩效评价年度平均得分为基础，综合考虑年度GDP增减、CPI增减、财政货币政策和会计准则的变化，以及行业盈利状况等因素确定。

金融企业绩效评价分数（年度调节后）＝金融企业绩效评价分数（行业调节后）×年度调节系数

第二十五条 绩效评价结果是指根据绩效评价分数及分析得出的评价结论，以评价得分、评价类型和评价级别表示。

评价得分用百分制表示。

评价类型是根据评价分数对企业综合绩效所划分的水平档次，用文字和字母表示，分为优（A）、良（B）、中（C）、低（D）、差（E）五种类型。

评价级别是对每种类型再划分级次，以体现同一评价类型的不同差异，采用在字母后重复标注该字母的方式表示。

第二十六条 绩效评价结果以 80、65、50、40 分作为类型判定的分数线。

（一）评价得分达到 80 分以上（含 80 分）的评价类型为优（A），在此基础上划分为 3 个级别，分别为：AAA≥90 分；90 分 > AA≥85 分；85 分 > A≥80 分。

（二）评价得分达到 65 分以上（含 65 分）不足 80 分的评价类型为良（B），在此基础上划分为 3 个级别，分别为：80 分 > BBB≥75 分；75 分 > BB≥70 分；70 分 > B≥65 分。

（三）评价得分达到 50 分以上（含 50 分）不足 65 分的评价类型为中（C），在此基础上划分为 2 个级别，分别为：65 分 > CC≥60 分；60 分 > C≥50 分。

（四）评价得分在 40 分以上（含 40 分）不足 50 分的评价类型为低（D）。

（五）评价得分在 40 分以下的评价类型为差（E）。

第二十七条 金融企业绩效评价报告是根据评价结果编制、反映被评价金融企业绩效状况的文本文件。

财政部门在收到金融企业的绩效评价材料后，按规定填列计算《金融企业绩效评价基础数据调整表》、《金融企业绩效评价加分扣分事项表》和《金融企业绩效评价结果计分表》（附表 3、附表 4、附表 5、附表 6），并及时将金融企业绩效评价结果反馈给金融企业及相关部门。

第六章 工作要求与责任

第二十八条 中央管理金融企业应当于每年 5 月 15 日前，一式两份向财政部报送上一年度绩效评价的基础数据资料、对基础数据进行调整的说明材料。

第二十九条 地方金融企业向本级财政部门报送绩效评价材料的具体内容和时间要求，由省级财政部门确定。

第三十条 金融企业应当提供真实、全面的绩效评价基础数据资料，金融企业主要负责人、总会计师或主管财务会计工作的负责人应当对提供的年度财务会计报告和相关评价基础资料的真实性、完整性负责。

金融企业在报送绩效评价材料中，存在故意漏报、瞒报以及提供虚假材料等情况的，由本级财政部门责令限期改正，并给予警告。

第三十一条 中央管理金融企业和省级财政部门应当根据《金融企业国有资本保值增值结果确认暂行办法》（财政部令第 43 号）和财政部年度财务决算工作的安排做好国有资本保值增值结果的确认工作。

第三十二条 省级财政部门应当于每年 5 月 15 日前，分户（按法人单位）将上一年度本地区金融企业调整后的绩效评价基础数据资料和情况说明报送财政部。

第三十三条 财政部根据中央管理金融企业和省级财政部门报送的资料，于每年 6 月底前分别公布银行业、保险业、证券业和其他金融业 4 大类金融行业评价指标的标准值、行业调节系数和年度调节系数。

第三十四条 省级财政部门应当遵循以上原则要求做好本地区金融企业的绩效评价工作，并于每年 11 月 30 日前，将本地区金融企业的绩效评价结果汇总报送财政部。

第三十五条 财政部门的相关工作人员组织开展金融企业绩效评价工作应当恪尽职守、规范程序、加强指导。

对于在绩效评价过程中滥用职权、玩忽职守、徇私舞弊，或者泄露金融企业商业秘密的，依法给予行政处分。

第三十六条 受托开展金融企业审计业务的机构及其相关工作人员应严格执行金融企业

绩效评价工作的规定，规范技术操作，确保评价过程独立、客观、公正，评价结论适当，并严守金融企业的商业秘密。

对参与造假、违反程序和工作规定，导致评价结论失实以及泄露金融企业商业秘密的，财政部门将责令不再委托其承担金融企业审计业务，并将有关情况通报其行业主管机关，建议给予相应处罚。

第七章　附　则

第三十七条　金融企业开展内部绩效评价工作，可依据本办法制定具体的工作规范。

第三十八条　各省、自治区、直辖市、计划单列市财政部门可以依据本办法和财政部的其他规定，结合本地区金融企业实际，制定具体的实施办法，报财政部备案。

第三十九条　本办法自印发之日起施行，金融企业2010年度绩效评价工作执行本办法。《财政部关于印发〈金融类国有及国有控股企业绩效评价暂行办法〉的通知》（财金［2009］3号）、《财政部关于金融类国有及国有控股企业绩效评价相关事项的通知》（财金［2009］27号）和《财政部关于印发〈金融类国有及国有控股企业绩效评价实施细则〉的通知》（财金［2009］169号）同时废止。

附：1. 金融企业绩效评价基础数据调整表（略）

2. 金融企业绩效评价加减分事项表（略）

3. 银行类金融企业绩效评价结果计分表（略）

4. 保险类金融企业绩效评价结果计分表（略）

5. 证券类金融企业绩效评价结果计分表（略）

6. 其他类金融企业绩效评价结果计分表（略）

附件 2

金融企业绩效评价指标及结果计分表

评价内容		银行类		证券类		保险类		其他类		一	二	三	四	五	六	七	八	九	十
指标	权重（%）	指标	权数	指标	权数	指标	权数	指标	权数	实际值	本档标准值	上档标准值	功效系数	上档标准系数	上档基础分	本档标准系数	本档基础分	调整分	单项指标得分
盈利能力状况	30－60	资本利润率	15	加权平均净资产收益率	15	净资产收益率	15	资本利润率	30										
		资产利润率	10	资产利润率	10	总资产报酬率	10	资产利润率	15										
		成本收入比	5	收入利润率	5	收入利润率	5	成本收入比	15										
				支出利润率	5	支出利润率	5												
经营增长状况	25－40	国有资本保值增值率	10	国有资本保值增值率	10	国有资本保值增值率	10	国有资本保值增值率	20										
		利润增长率	5	利润增长率	5	利润增长率	10	利润增长率	10										
		经济利润率	5	经济利润率	5	经济利润率	5	经济利润率	10										
资产质量状况	15－25	不良贷款率	10	净资本与风险准备比率	10	认可资产率	15												
		拨备覆盖率	5	净资本与净资产比率	10	应收账款比率	10												
		杠杆率	5																
偿付能力状况	15－25	资本充足率	15	净资本负债率	15	偿付能力充足率	15												
		核心资本充足率	15	资产负债率	10														

绩效评价指标总得分								
评价加分	效益提升		管理难度		其他事项		小计	
评价扣分	重大损失		信息质量		其他事项		小计	
行业调节系数		年度调节系数		本期绩效评价分数				

附件3

金融企业绩效评价指标计算公式说明

一、盈利能力指标

1. 资本利润率（净资产收益率）=净利润/净资产平均余额×100%

净资产平均余额=（年初所有者权益余额+年末所有者权益余额）/2

2. 资产利润率（总资产报酬率）=利润总额/资产平均总额×100%

资产平均总额=（年初资产总额+年末资产总额）/2

证券公司资产、负债不包括客户资产、负债，下同。

3. 成本收入比=营业费用/营业收入×100%

4. 收入利润率=营业利润/营业收入×100%

5. 支出利润率=营业利润/营业支出×100%

6. 加权平均净资产收益率 $= P/(E_0 + NP \div 2 + E_i \times M_i \div M_0 - E_j \times M_j \div M_0 \pm E_k \times M_k \div M_0) \times 100\%$

其中：P为扣除非经常性损益后归属于公司普通股股东的净利润；NP为归属于公司普通股股东的净利润；E_0为归属于公司普通股股东的期初净资产；E_i为报告期发行新股或债转股等新增的、归属于公司普通股股东的净资产；E_j为报告期回购或现金分红等减少的、归属于公司普通股股东的净资产；M_0为报告期月份数；M_i为新增净资产下一月份起至报告期期末的月份数；M_j为减少净资产下一月份起至报告期期末的月份数；E_k为因其他交易或事项引起的净资产增减变动；M_k为发生其他净资产增减变动下一月份起至报告期期末的月份数。

二、经营增长指标

1. 国有资本保值增值率=［（年末国有资本±客观增减因素影响额）÷年初国有资本］×100%

2. 利润增长率=（本年利润总额－上年利润总额）/上年利润总额×100%

3. 经济利润率=（净利润－净资产平均余额×资金成本）/净资产平均余额×100%

资金成本系按年度内中国人民银行公布的一年期流动资金贷款不同利率的时间覆盖比例为权数计算的加权平均资金成本。

三、资产质量指标

1. 不良贷款率=（次级类贷款+可疑类贷款+损失类贷款）/各类贷款余额×100%

银行按照中国银监会的规定计算不良贷款率，以后变化，从其规定。

2. 拨备覆盖率=贷款减值准备/（次级类贷款+可疑类贷款+损失类贷款）×100%

银行按照中国银监会的规定计算拨备覆盖率，以后变化，从其规定。

3. 杠杆率=一级资本/调整后表内外资产余额×100%

4. 认可资产率=认可资产/资产总额×100%

其中：认可资产是指保险监管机构对保险公司进行偿付能力考核时，按照一定的标准予以认可，纳入偿付能力额度计算的资产。

5. 应收账款比率 =（应收保费 + 应收利息 + 其他应收款）/资产总计 ×100%

6. 净资本与风险准备比率 = 期末净资本/各项风险准备之和 ×100%

其中：净资本 = 净资产 - 金融资产的风险调整 - 其他资产的风险调整 - 或有负债的风险调整 -/+ 中国证监会认定或核准的其他调整项目。

因目前净资本计算只能涉及单体公司，因此涉及证券公司净资本指标的，需用母公司数据。

证券公司按照中国证监会规定的证券公司风险资本准备计算标准计算各项风险资本准备。目前，证券公司提取六项风险准备之和，以后变化，从其规定。

7. 净资本与净资产比率 = 期末净资本/期末净资产 ×100%

四、偿付能力指标

1. 资本充足率 =（资本 - 扣除项）/（风险加权资产 + 12.5 倍的市场风险资本）×100%

其中：资本扣除项 = 商誉 + 对未并表银行机构资本投资 + 对未并表非银行金融机构资本投资 + 对非自用不动产投资 + 对工商企业资本投资 + 贷款损失准备尚未提足部分。

银行按照中国银监会的规定计算资本充足率，以后变化，从其规定。

2. 核心资本充足率 =（核心资本 - 核心资本扣除项）/（风险加权资产 + 12.5 倍的市场风险资本）×100%

其中：核心资本 = 实收资本（或普通股）+ 资本公积 + 盈余公积 + 未分配利润 + 少数股权。

核心资本扣除项 = 商誉 +（对未并表银行机构资本投资 + 对未并表非银行金融机构资本投资 + 对非自用不动产投资 + 对工商企业资本投资）×50% + 贷款损失准备尚未提足部分。

银行按照中国银监会的规定计算核心资本充足率，以后变化，从其规定。

3. 偿付能力充足率 = 实际资本/最低资本 ×100%

其中：实际资本等于认可资产减去认可负债的差额。

认可负债是指保险监管机构对保险公司进行偿付能力考核时，按照一定的标准予以认可，纳入偿付能力额度计算的负债。

最低资本是指保险公司在经营中应具备的偿付能力的最低限额数。

4. 净资本负债率 = 期末净资本/期末负债 ×100%

其中：负债指对外负债，不含代理买卖证券款。

5. 资产负债率 = 期末负债总额/期末资产总额 ×100%

其中：资产指自身资产，不含代买卖证券款对应的资产；负债指对外负债，不含代理买卖证券款。

国家税务总局

国家税务总局公告

（2011 年第 34 号）

根据《中华人民共和国企业所得税法》（以下简称税法）以及《中华人民共和国企业所得税法实施条例》（以下简称《实施条例》）的有关规定，现就企业所得税若干问题公告如下：

一、关于金融企业同期同类贷款利率确定问题

根据《实施条例》第三十八条规定，非金融企业向非金融企业借款的利息支出，不超过按照金融企业同期同类贷款利率计算的数额的部分，准予税前扣除。鉴于目前我国对金融企业利率要求的具体情况，企业在按照合同要求首次支付利息并进行税前扣除时，应提供“金融企业的同期同类贷款利率情况说明”，以证明其利息支出的合理性。

“金融企业的同期同类贷款利率情况说明”中，应包括在签订该借款合同当时，本省任何一家金融企业提供同期同类贷款利率情况。该金融企业应为经政府有关部门批准成立的可以从事贷款业务的企业，包括银行、财务公司、信托公司等金融机构。“同期同类贷款利率”是指在贷款期限、贷款金额、贷款担保以及企业信誉等条件基本相同下，金融企业提供贷款的利率。既可以是金融企业公布的同期同类平均利率，也可以是金融企业对某些企业提供的实际贷款利率。

……

七、本公告自 2011 年 7 月 1 日起施行。本公告施行以前，企业发生的相关事项已经按照本公告规定处理的，不再调整；已经处理，但与本公告规定处理不一致的，凡涉及需要按照本公告规定调减应纳税所得额的，应当在本公告施行后相应调减 2011 年度企业应纳税所得额。

特此公告。

二〇一一年六月九日

国家税务总局办公厅关于执行新国民经济行业分类国家标准的通知

（国税办发［2011］132号）

各省、自治区、直辖市和计划单列市国家税务局、地方税务局：

新国家标准《国民经济行业分类》（GB/T 4754－2011）（见附件1）已经国家质量监督检验检疫总局和国家标准化管理委员会批准发布，并于2011年11月1日起实施。根据税收统计工作的实际情况，税务总局研究决定，新《国民经济行业分类》从2012年1月1日起在税务系统税收征管、税收会计统计报表制度等工作中全面实施。

各单位接通知后，要结合工作实际，认真学习新《国民经济行业分类》及《国民经济行业分类新旧类目对照表》（见附件2），做好使用新标准的各项准备工作和历史资料的调整工作，确保税收征管系统平稳运行及2012年税收会计统计报表制度的落实。

附件：

1. 国民经济行业分类
2. 国民经济行业分类新旧类目对照表

二〇一一年十一月三日

附件1

国民经济行业分类
（GB/T 4754－2011）

代码				类别名称	说明
门类	大类	中类	小类		
					……
J				金融业	本门类包括66～69大类
	66			货币金融服务	
		663		非货币银行服务	指主要与非货币媒介机构以各种方式发放贷款有关的金融服务
			6632	财务公司	指经中国人民银行批准，为企业融资提供的金融活动
					……

附件 2

国民经济行业分类新旧类目对照表

GB/T 4754－2011		GB/T 4754－2002		说明
……				
J	金融业			
66	货币金融服务			
663	非货币银行服务			
6632	财务公司	7130	财务公司	
……				

中国人民银行

中国人民银行金融城域网入网管理办法（试行）

（2011 年）

第一章　总　　则

第一条　为规范中国人民银行与社会各界的网络连接，确保相关业务顺利开展，方便金融信息交换，保障网络安全，制定本办法。

第二条　本办法所称的人民银行金融城域网（以下简称金融城域网）是指用来在人民银行与社会各界联网机构之间交换特定信息的计算机通信网络。人民银行作为网络核心与各联网机构连接，联网机构作为网络参与者连接到人民银行。

第三条　本办法适用于以下情形：联网机构按照法律法规要求或人民银行制度规定必须接入金融城域网开展业务；联网机构根据自身业务发展需要主动申请接入金融城域网。

第四条　金融城域网按照功能分为核心网络和接入网络。核心网络位于人民银行一端，接入网络位于联网机构一端。

第五条　金融城域网按照地域分为三级网络：

（一）一级网以人民银行总行为网络核心。

（二）二级网以人民银行上海总部、各分行、营业管理部、省会（首府）城市中心支行、深圳市中心支行为网络核心。

（三）三级网以人民银行副省级城市中心支行（不包括深圳市中心支行）、分行营业管理部、地市中心支行为网络核心。

第六条　人民银行科技司负责金融城域网总体管理，人民银行金融信息中心、各分支机构的科技部门负责金融城域网具体管理。

第二章　入网条件

第七条　联网机构满足以下全部条件方可接入金融城域网（以下简称入网）：

（一）具有合理的入网需求，包括但不限于：根据法律法规要求或人民银行制度规定向人民银行报送信息；经人民银行核准后使用人民银行信息系统。

（二）符合人民银行规定的入网技术要求。

（三）符合人民银行规定的入网管理要求。

第八条　联网机构应满足以下入网技术要求：

（一）接入网络不能直接或间接与公众互联网连通。

（二）与人民银行通信的服务器或客户端不能直接或间接使用公众互联网。

（三）接入网络与内部其他网络之间应有清晰的网络边界。接入网络可以是与内部其他网络物理隔离的独立网络，也可以是与内外部其他网络使用硬件防火墙进行边界隔离控制的独立区域。

（四）联网机构原则上应采用数据专线或虚拟专用网络（VPN）接入金融城域网。数据专线类型或 VPN 方案由当地人民银行另行规定。采用 VPN 方案时应要求运营商不能是公众互联网络上提供的 VPN 组网服务。有特殊需要的联网机构可向人民银行申请与同城范围内的第三方机构共用接入网络。各联网机构应使用独立的网络地址。

（五）联网机构通过金融城域网办理全国范围内的资金交易类业务时，接入网络应采用数据专线直接接入，关键设备应实现热备份，关键线路应选用两家以上的运营商。

（六）接入网络应具备足够的通信线路带宽，能满足业务高峰时期的带宽要求。

（七）接入网络与核心网络互联时的网络路由方案原则上由人民银行确定。联网机构应在具有网络路由功能的设备上配备严格的路由控制策略，避免无关路由。

（八）接入网络使用的网络地址原则上由人民银行统一规划编码和分配。联网机构应在接入网络的边界防火墙（若存在）进行地址转换。

（九）接入网络应配备必要的信息安全防范措施，确保符合本机构使用的人民银行信息系统的信息安全等级保护要求，包括物理安全、病毒木马防护、漏洞补丁更新、身份鉴别、密码设置更新策略、安全审计、入侵监测与防范等。

（十）联网机构应按照最小授权原则对接入网络实施访问控制。

第九条 联网机构应满足以下入网管理要求：

（一）联网机构应禁止通过金融城域网传输与人民银行业务无关的信息。

（二）联网机构应按照人民银行规定的接入地点入网。

1. 全国性银行总部应接入一级网，并依据当地人民银行要求同时接入当地二级网。全国性银行分支机构按要求可接入所在地的二级网或三级网。本办法所称的全国性银行指政策性银行、国家开发银行、国有商业银行、股份制商业银行、中国邮政储蓄银行。

2. 地方性银行业金融机构总部及其分支机构、小额贷款公司、公积金管理中心按要求可接入所在地的二级网或三级网。本办法所称的地方性银行业金融机构指城市商业银行、农村商业银行、农村合作银行、农村信用社、金融资产管理公司、外资法人金融机构、信托公司、企业集团财务公司、金融租赁公司、货币经纪公司、汽车金融公司、消费金融公司、村镇银行、贷款公司、农村资金互助社。

3. 以上联网机构以接入一级网和二级网为主。接入一级网应报人民银行总行核准，接入二级网应报人民银行上海总部、分行、营业管理部、省会（首府）城市中心支行、深圳市中心支行核准。如需接入三级网需特别核准。

4. 证券期货业金融机构、保险业金融机构、第三方支付组织等机构如需接入金融城域网，应经由人民银行上海总部、分行、营业管理部、省会（首府）城市中心支行、深圳市中心支行报人民银行总行核准。

（三）联网机构应按照人民银行规定的信息传输路径使用金融城域网。联网机构的分支机构如果经由其总部的金融城域网可以满足业务需求，应统一通过其总部与人民银行通信。

（四）联网机构应制定严格的网络管理制度，建立规范的运行维护流程，部署必要的运维监控管理系统，确保金融城域网安全稳定运行。

（五）联网机构应建立完善的应急管理制度，按照人民银行要求组织开展应急演练，或者配合人民银行开展应急演练。

第十条 如果联网机构有其他特殊需求（如网上银行系统接入、接入网络所在区域与其他机构连接等情况），需报人民银行总行核准。

第三章 入网程序

第十一条 联网机构应在入网前根据本办法第九条第（二）款规定向人民银行提交书面入网资格申请，说明计划采用的网络技术方案、网络管理措施和计划使用的人民银行信息系统名称等。

第十二条 人民银行收到入网资格申请后，应根据入网条件进行书面审查，并在15个工作日内按以下要求告知书面审查结果：

（一）对于符合入网条件的，应明确告知网络接入地点、组网方式、各项技术参数、各项入网要求（包括技术要求和管理要求）、允许使用的人民银行信息系统名称、联系人员信息等。

（二）对于不符合入网条件的，应明确告知不符合入网条件的具体原因。

（三）根据人民银行相关网络管理要求需要报人民银行上级单位核准的，应明确告知已报上级单位核准。

第十三条 书面审查合格的联网机构应按照相关要求筹建接入网络（含申请开通运营商通信线路），制定网络管理制度。书面审查不合格的联网机构应进行相应调整后重新提交入网资格申请。

第十四条 联网机构接入网络筹建完毕后，应向人民银行提交书面入网连通申请。

第十五条 人民银行收到入网连通申请后，应实地核查该联网机构是否满足各项入网要求，并按以下规定办理：

（一）对于符合入网要求的，应在5个工作日内开通网络。

（二）对于不符合入网要求的，应在5个工作日内提出具体整改意见。

第十六条 不符合入网要求的联网机构应按照人民银行提出的整改意见进行整改。整改完毕后重新提交入网连通申请。

第四章 入网变更

第十七条 联网机构要求变更所使用的人民银行信息系统时，应报人民银行核准。

第十八条 联网机构进行计划内维护时，应按以下要求提前通知或报批：

（一）如果预计对其他联网机构无任何影响，可以自行安排。

（二）如果预计需要人民银行配合相关工作但不会影响业务系统运行，应提前5个工作日书面通知人民银行。

（三）如果预计会影响业务系统正常运行，应报人民银行核准后实施。

（四）业务系统主管部门另有要求的，结合相关要求执行。

第十九条 联网机构调整接入地点、接入方式、通信线路带宽、IP地址、路由策略等事项，应报人民银行核准。

第二十条 联网机构发生影响金融城域网安全稳定运行的意外事故时，应立即通知人民银行，并按照优先恢复业务系统运行的原则予以处理。

第二十一条 联网机构不再具有入网需求时，应向人民银行申请退出金融城域网。

第二十二条 受理联网机构变更事项的人民银行应在15个工作日内予以答复，需要报上级核准确定的事项应及时上报。

第二十三条 人民银行要求联网机构配合进行网络变更时，应提前与联网机构沟通。

第五章 责任和义务

第二十四条 联网机构有义务按照本办法要求建设、使用或管理金融城域网，因违反要求而导致的金融城域网遭受来自联网机构内部或公众互联网的网络攻击，或者导致人民银行及其他联网机构业务系统异常，将追究联网机构的责任，并予以严肃处理。

第二十五条 联网机构有义务向人民银行提供真实准确的资料，否则将追究联网机构的责任，并予以严肃处理。

第二十六条 严禁联网机构以营利为目的代理第三方机构接入金融城域网。联网机构有特殊需要的，应报人民银行总行核准。

第二十七条 人民银行定期组织开展金融城域网安全检查。一旦发现联网机构在入网后出现以下情形，将予以批评，同时视情况要求限期整改或暂停网络服务：

（一）违反入网技术要求。

（二）违反入网管理要求。

（三）未按要求进行变更。

（四）擅自使用未经人民银行核准的信息系统。

第二十八条 人民银行各分支机构未按照本办法要求办理相关事项，导致联网机构无法开展业务，联网机构可向人民银行上级单位反映。

第六章 附 则

第二十九条 人民银行各级机构与其他政府部门通过金融城域网联网时，应在联网前与联网机构加强沟通，书面确认联网机构是否符合本办法规定的各项入网技术要求，并报人民银行总行核准。

第三十条 人民银行各分支机构已经制定的涉及金融城域网的管理办法与本办法的要求不相一致时，依照本办法执行。

第三十一条 本办法由中国人民银行负责解释和修订。

第三十二条 本办法自公布之日起施行。

中国人民银行关于进一步规范金融机构再贴现业务统计的通知

（银发［2011］159号）

中国人民银行上海总部，各分行、营业管理部、各省会（首府）城市中心支行，国家开发银行、各政策性银行、国有商业银行、股份制商业银行，中国邮政储蓄银行、北京银行、上海银行、江苏银行：

为准确计量金融机构对企业的资金支持，人民银行根据业务的发展，进一步规范了金融机构再贴现业务统计方法，并相应修订了相关报表归属。现将有关事项通知如下：

一、金融机构统计制度修订

根据《中国人民银行关于完善再贴现业务管理支持扩大“三农”和中小企业融资的通知》（银发［2008］385号），人民银行对商业银行再贴现业务分为回购式再贴现和买断式再贴现两类。

回购式再贴现是指金融机构按照特定价格向人民银行出让票据获得资金并承诺在将来特定日期按固定价格购回相同票据的贴现行为；买断式再贴现是指金融机构按照特定价格向人民银行出让票据获得资金，不再继续享有该资产收益的贴现行为。回购式再贴现统计方法不变，明确买断式再贴现统计方法。

（一）统计方法。

1. 中资金融机构。

对于回购式再贴现业务，贴出行不减少票据融资项下的“贴现及买断式转贴现”（12M9V/22M9V）数据，资产方增加“存放中央银行准备金存款”（12MOB/22MOB）数据，负债方增加“再贴现”（12MK6/22MK6）数据。

对于买断式再贴现业务，贴出行减少票据融资项下的“贴现及买断式转贴现”（12M9V/22M9V）数据，同时在资产方增加“存放中央银行准备金存款”（12MOB/22MOB）数据。

2. 外资金融机构。

对于回购式再贴现业务，贴出行不减少“贴现”，（18065/28065）数据，资产方增加“存款准备金”（18007/28007）数据，负债方增加“再贴现”（18231/28231）数据。

对于买断式再贴现业务，贴出行减少“贴现”（18065/28065）数据，同时在资产方增加“存款准备金”（18007/28007）数据。

（二）报表归属。

买断式再贴现数据不计入单家金融机构信贷收支表各项贷款项下的票据融资，计入全金融机构信贷收支表各项贷款项下的票据融资。

二、有关要求

（一）各金融机构自报送2011年6月份月报第一批数据起按照本通知要求执行。

（二）请人民银行上海总部、各分行、营业管理部、省会（首府）城市中心支行将本通知转发至辖区内各城市商业银行、城市信用社、农村商业银行、农村合作银行、农村信用社、村镇银行、中资财务公司、信托投资公司、金融租赁公司、汽车金融公司、贷款公司、小额贷款公司、外资金融机构。

中国人民银行

二〇一一年六月二十七日

国务院国有资产监督管理委员会

国务院国有资产监督管理委员会办公厅关于建立中央企业债券发行监测管理系统有关事项的通知

（国资厅产权［2011］447号）

各中央企业：

为进一步落实《中央企业债券发行管理暂行办法》（国资发产权［2008］70号），及时了解和掌握债券发行情况，加强中央企业对其实际控制子企业发债事项管理，防止和控制债务风险，我们组织开发了中央企业债券发行监测管理系统（以下简称监测管理系统），现将有关事项通知如下：

一、中央企业应当高度重视企业发债工作，充分利用监测管理系统，切实履行管理职责，规范企业发债行为，加强募集资金使用与偿还管理。

二、中央企业应当按照统一要求，向国务院国资委报告本级及所实际控制子企业发行债券情况，包括企业债券、公司债券（含可转债、分离交易可转债、可交换公司债券）、财务公司金融债券、中期票据、短期融资券等。

三、中央企业发行债券报告的内容主要包括：企业基本情况表、发行债券报告表、发行债券备案表、债券余额情况表等。

四、中央企业本级及所实际控制子企业拟发行债券的，在履行完内部决策程序、报送相关主管部门（或负责机构）前，根据申报资料填报发行债券报告表；在每期债券发行结束5个工作日内，填报发行债券备案表；在每季度终了后3个工作日内，填报债券余额情况表。已批准但确定不再发行的债券，中央企业应当及时报告国务院国资委。

五、各中央企业负责本级及所实际控制子企业发行债券信息报告的组织实施工作，依据国务院国资委编制的表式、填报说明及软件操作要求，确保数据资料真实、准确和规范，并及时上报。

六、各中央企业应当在明确内部工作职责基础上，指定专人负责，完成中央企业发行债券信息报送工作；国务院国资委将定期通报中央企业债券信息报送工作情况。

七、各中央企业在填报发行债券信息时，应当按照《中央企业发行债券情况填报说明》进行，有关表式、填报说明在 http：//www. sasac. gov. cn 网站下载，信息系统通过 http：// zqgl. sasac. gov. cn 进行登录。

在中央企业发行债券信息采集、编制、报送过程中，若有问题，请及时与国务院国资委产权管理局联系。

联系人：刘　婷

电　话：010－63193271

国务院国有资产监督管理委员会办公厅

二〇一一年六月二十九日

中国银行业监督管理委员会

中国银行业监督管理委员会令

（2011 年第 1 号）

《中国银行业监督管理委员会关于修改〈金融机构衍生产品交易业务管理暂行办法〉的决定》已经中国银行业监督管理委员会第 101 次主席会议通过，现予公布，自公布之日起施行。

主席：刘明康
二〇一一年一月五日

中国银行业监督管理委员会关于修改《金融机构衍生产品交易业务管理暂行办法》的决定

中国银行业监督管理委员会决定对《金融机构衍生产品交易业务管理暂行办法》作如下修改：

一、第二条修改为："本办法所称银行业金融机构是指依法设立的商业银行、城市信用合作社、农村信用合作社等吸收公众存款的金融机构以及政策性银行。依法设立的金融资产管理公司、信托公司、企业集团财务公司、金融租赁公司，以及经中国银行业监督管理委员会（以下简称中国银监会）批准设立的其他银行业金融机构从事衍生产品业务，适用本办法。"

二、第四条修改为："本办法所称银行业金融机构衍生产品交易业务按照交易目的分为两类：

（一）套期保值类衍生产品交易。即银行业金融机构主动发起，为规避自有资产、负债的信用风险、市场风险或流动性风险而进行的衍生产品交易。此类交易需符合套期会计规定，并划入银行账户管理。

（二）非套期保值类衍生产品交易。即除套期保值类以外的衍生产品交易。包括由客户发起，银行业金融机构为满足客户需求提供的代客交易和银行业金融机构为对冲前述交易相关风险而进行的交易；银行业金融机构为承担做市义务持续提供市场买、卖双边价格，并按其报价与其他市场参与者进行的做市交易；以及银行业金融机构主动发起，运用自有资金，根据对市场走势的判断，以获利为目的进行的自营交易。此类交易划入交易账户管理。"

三、第四条与第五条之间增加一条："本办法所称客户是指除金融机构以外的个人客户和机构客户。银行业金融机构向客户销售的理财产品若具有衍生产品性质，其产品设计、交易、管理适用本办法，客户准入以及销售环节适用中国银监会关于理财业务的相关规定。对个人衍生产品交易的风险评估和销售环节适用个人理财业务的相关规定。”

四、第五条修改为：“银行业金融机构开办衍生产品交易业务，应当经中国银监会批准，接受中国银监会的监督与检查。

获得衍生产品交易业务资格的银行业金融机构，应当从事与其自身风险管理能力相适应的业务活动。”

五、第六条修改为：“银行业金融机构从事与外汇、商品、能源和股权有关的衍生产品交易以及场内衍生产品交易，应当具有中国银监会批准的衍生产品交易业务资格，并遵守国家外汇管理及其他相关规定。”

六、第六条与第七条之间增加一条：“银行业金融机构开办衍生产品交易业务的资格分为以下两类：

（一）基础类资格：只能从事套期保值类衍生产品交易；

（二）普通类资格：除基础类资格可以从事的衍生产品交易之外，还可以从事非套期保值类衍生产品交易。

根据银行业金融机构的风险管理能力，监管部门可以对其具体的业务模式、产品种类等实施差别化资格管理。”

七、第七条修改为：“银行业金融机构申请基础类资格，应当具备以下条件：

（一）有健全的衍生产品交易风险管理制度和内部控制制度；

（二）具有接受相关衍生产品交易技能专门培训半年以上、从事衍生产品或相关交易2年以上的交易人员至少2名，相关风险管理人员至少1名，风险模型研究人员或风险分析人员至少1名，熟悉套期会计操作程序和制度规范的人员至少1名，以上人员均需专岗专人，相互不得兼任，且无不良记录；

（三）有适当的交易场所和设备；

（四）具有处理法律事务和负责内控合规检查的专业部门及相关专业人员；

（五）满足中国银监会审慎监管指标要求；

（六）中国银监会规定的其他条件。”

八、第七条与第八条之间增加一条：“银行业金融机构申请普通类资格，除具备上述基础类资格条件以外还需具备以下条件：

（一）完善的衍生产品交易前、中、后台自动联接的业务处理系统和实时的风险管理系统；

（二）衍生产品交易业务主管人员应当具备5年以上直接参与衍生产品交易活动或风险管理的资历，且无不良记录；

（三）严格的业务分离制度，确保套期保值类业务与非套期保值类业务的市场信息、风险管理、损益核算有效隔离；

（四）完善的市场风险、操作风险、信用风险等风险管理框架；

（五）中国银监会规定的其他条件。”

九、第八条修改为：“外资银行开办衍生产品交易业务，应当向当地银监局提交由授权签字人签署的申请材料，经审查同意后，报中国银监会审批。外商独资银行、中外合资银行应当由总行统一向当地银监局提交申请材料；外国银行拟在中国境内两家以上分行开办衍生产品交易业务的，应当由其在华管理行统一向当地监管机构提交申请材料，经审查同意后，报中国银监会审批。

外国银行分行申请开办衍生产品交易业务，应当获得其总行（地区总部）的正式授权，且其母国应当具备对衍生产品交易业务进行监管的法律框架，其母国监管当局应当具备相应的监管能力。

申请开办衍生产品交易业务的外国银行分行，如果不具备第九条或第十条所列条件，其总行（地区总部）应当具备上述条件。同时该分行还应当具备以下条件：

（一）其总行（地区总部）对该分行从事衍生产品交易等方面的正式授权对交易品种和限额作出明确规定；

（二）除总行另有明确规定外，该分行的全部衍生产品交易通过对其授权的总行（地区总部）系统进行实时平盘，并由其总行（地区总部）统一进行平盘、敞口管理和风险控制。

其他由属地监管的银行业金融机构应当先向当地监管机构提交申请材料，经审查同意后，报中国银监会审批；其他由中国银监会直接监管的银行业金融机构直接向中国银监会提交申请材料，报中国银监会审批。”

十、第九条修改为：“银行业金融机构申请开办衍生产品交易业务，应当向中国银监会或其派出机构报送以下文件和资料（一式三份）：

（一）开办衍生产品交易业务的申请报告、可行性报告及业务计划书或展业计划；

（二）衍生产品交易业务内部管理规章制度；

（三）衍生产品交易会计制度；

（四）主管人员和主要交易人员名单、履历；

（五）衍生产品交易风险管理制度，包括但不限于：风险敞口量化规则或风险限额授权管理制度；

（六）交易场所、设备和系统的安全性和稳定性测试报告；

（七）中国银监会要求的其他文件和资料。

外国银行分行申请开办衍生产品交易业务，若不具备第九条或第十条所列条件，除报送其总行（地区总部）的上述文件和资料外，还应当向所在地银监局报送以下文件：

（一）其总行（地区总部）对该分行从事衍生产品交易品种和限额等方面的正式书面授权文件；

（二）除其总行另有明确规定外，其总行（地区总部）出具的确保该分行全部衍生产品交易通过总行（地区总部）交易系统进行实时平盘，并由其总行（地区总部）负责平盘、敞口管理和风险控制的承诺函。”

十一、第十一条修改为：“银行业金融机构按本办法规定提交的交易场所、设备和系统的安全性测试报告，原则上应当由第三方独立做出。”

十二、第十二条增加一项作为第二项：“新业务、产品审批制度及流程。”

十三、第十三条修改为：“中国银监会自收到银行业金融机构按照本办法提交的完整申请资料之日起三个月内予以批复。”

十四、第十五条修改为：“银行业金融机构应当根据本机构的经营目标、资本实力、管理能力和衍生产品的风险特征，确定是否适合从事衍生产品交易及适合从事的衍生产品交易品种和规模。

银行业金融机构从事衍生产品交易业务，在开展新的业务品种、开拓新市场等创新前，应当书面咨询监管部门意见。

银行业金融机构应当逐步提高自主创新能力、交易管理能力和风险管理水平，谨慎涉足自身不具备定价能力的衍生产品交易。银行业金融机构不得自主持有或向客户销售可能出现无限损失的裸卖空衍生产品，以及以衍生产品为基础资产或挂钩指标的再衍生产品。”

十五、第十六条修改为：“银行业金融机构应当按照第四条所列衍生产品交易业务的分类，建立与所从事的衍生产品交易业务性质、规模和复杂程度相适应的、完善的、可靠的市场风险、信用风险、操作风险以及法律合规风险管理体系、内部控制制度和业务处理系统，并配备履行上述风险管理、内部控制和业务处理职责所需要的具备相关业务知识和技能的工作人员。”

十六、第十七条修改为：“银行业金融机构董事会或其授权专业委员会应当定期对现行的衍生产品业务情况、风险管理政策和程序进行评价，确保其与机构的资本实力、管理水平相一致。新产品推出频繁或系统发生重大变化时，应当相应增加评估频度。”

十七、第十八条与第十九条之间增加一条：“银行业金融机构高级管理人员应当了解所从事的衍生产品交易风险；审核评估和批准衍生产品交易业务经营及其风险管理的原则、程序、组织、权限的综合管理框架；并能通过独立的风险管理部门和完善的检查报告系统，随时获取有关衍生产品交易风险状况的信息，进行相应的监督与指导。在此基础上，银行业金融机构应当每年对其自身衍生产品业务情况进行评估，并将上一年度评估报告一式两份于每年一月底之前报送监管机构。”

十八、第十九条、第二十一条与第二十九条合并修改为：“银行业金融机构要根据本机构的整体实力、自有资本、盈利能力、业务经营方针、衍生产品交易目的及对市场走向的预测选择与本机构业务相适应的测算衍生产品交易风险敞口的指标和方法。

银行业金融机构应当建立并严格执行授权和止损制度，制定并定期审查和更新各类衍生产品交易的风险敞口限额、止损限额、应急计划和压力测试的制度和指标，制定限额监控和超限额处理程序。

在进行衍生产品交易时，必须严格执行分级授权和敞口风险管理制度，任何重大交易或新的衍生产品业务都应当经董事会或其授权的专业委员会或高级管理层审批。在因市场变化或决策失误出现账面浮亏时，应当严格执行止损制度。

对在交易活动中有越权或违规行为的交易员及其主管，要实行严格问责和惩处。”

十九、第十九条与第二十条之间增加一条：“银行业金融机构应当加强对分支机构衍生产品交易业务的授权管理。对于衍生产品经营能力较弱、风险防范及管理水平较低的分支机构，应当适当上收其衍生产品的交易权限。银行业金融机构应当在相应的风险管理制度中明确重大交易风险的类别特征，并规定取消交易权限的程序。对于发生重大衍生产品交易风险的分支机构，应当及时取消其衍生产品交易权限。”

二十、第二十条修改为：“银行业金融机构从事风险计量、监测和控制的工作人员必须与从事衍生产品交易或营销的人员分开，不得相互兼任；风险计量、监测或控制人员可以直接向高级管理层报告风险状况。根据本办法第四条所列的分类标准，银行业金融机构负责从事套期保值类与非套期保值类衍生产品交易的交易人员不得相互兼任。银行业金融机构应当确保其所从事的上述不同类别衍生产品交易的相关信息相互隔离。”

二十一、第二十三条修改为：“银行业金融机构应当制定评估交易对手适当性的相关政策：包括评估交易对手是否充分了解合约的条款以及履行合约的责任，识别拟进行的衍生交易是否符合交易对手本身从事衍生交易的目的。在履行本条要求时，银行业金融机构可以根据诚实信用原则合理地依赖交易对手提供的正式书面文件。”

二十二、第二十四条修改为：“银行业金融机构应当以清晰易懂、简明扼要的文字表述向客户提供衍生产品介绍和风险揭示的书面资料，相关披露以单独章节、明白清晰的方式呈现，不得以页边、页底、脚注或小字体等方式说明，内容包括但不限于：

（一）产品结构及基本交易条款的完整介绍和该产品的完整法律文本；

（二）与产品挂钩的指数、收益率或其他参数的说明；

（三）与交易相关的主要风险披露；

（四）产品现金流分析、压力测试、在一定假设和置信度之下最差可能情况的模拟情景分析与最大现金流亏损以及该假设和置信度的合理性分析；

（五）应当向客户充分揭示的其他信息。”

二十三、第二十五条修改为：“银行业金融机构应当制定完善的交易对手信用风险管理制度，选择适当的方法和模型对交易对手信用风险进行评估，并采取适当的风险缓释措施。

银行业金融机构应当以适当的方式向交易对手明示相关的信用风险缓释措施可能对其产生的影响。”

二十四、第二十六条与第二十七条之间增加三条：“银行业金融机构从事套期保值类衍生产品交易，应当由资产负债管理部门根据本机构的真实需求背景决定发起交易和进行交易决策。”

“银行业金融机构从事非套期保值类衍生产品交易，应当计提交易敞口的市场风险资本，市场风险资本计算方法按照《商业银行资本充足率管理办法》和《商业银行市场风险资本计量内部模型法监管指引》的相关规定执行。”

“银行业金融机构从事非套期保值类衍生产品交易，其标准法下市场风险资本不得超过银行业金融机构核心资本的3%。监管部门可以根据银行业金融机构的经营情况在该资本比例上限要求内实施动态差异化管理。标准法下市场风险资本的计算方法按照《商业银行资本充足率管理办法》的相关规定执行。”

二十五、第二十七条修改为：“银行业金融机构应当根据衍生产品交易的规模与类别，建立完善的流动性风险监控与预警系统，做好充分的流动性安排，确保在市场交易异常情况下，具备足够的履约能力。”

二十六、第二十八条与第三十七条合并修改为“银行业金融机构应当建立健全控制操作风险的机制和制度，明确衍生产品交易操作和监控中的各项责任，包括但不限于：交易文件的生成和录入、交易确认、轧差交割、交易复核、市值重估、异常报告、会计处理等。衍生产品交易过程中的文件和录音记录应当统一纳入档案系统管理，由职能部门定期检查。”

二十七、第二十八条与第二十九条之间增加两条：“银行业金融机构应当按照中国银监会的规定对衍生产品交易进行清算，确保履行交割责任，规范处理违约及终止事件，及时识别并控制操作风险。”

“银行业金融机构应当建立完善衍生产品交易管理信息系统，确保按产品、交易对手等进行分类的管理信息完整、有效。”

二十八、第三十二条与第三十三条之间增加一条：“银行业金融机构应当制定完善针对衍生产品交易合同等相关法律文本的评估及管理制度，至少每年根据交易对手的情况，对涉及的衍生产品交易合同文本的效力、效果进行评估，加深理解和掌握，有效防范法律风险。”

二十九、第三十四条修改为：“银行业金融机构内审部门要定期对衍生产品交易业务风险管理制度的执行情况进行检查。对于衍生产品交易制度和业务的内审应当具有以下要素：

（一）确保配备数量充足且具备相关经验和技能的内审人员；

（二）建立内审部门向董事会的独立报告路线。”

三十、第三十五条修改为：“中国银监会可以检查银行业金融机构有关衍生产品交易业务的资料和报表、风险管理制度、内部控制制度和业务处理系统是否与其从事的衍生产品交易业务种类相适应。”

三十一、第三十八条修改为：“银行业金融机构的衍生产品交易人员（包括主管、风险管理人员、分析师、交易人员等）、机构违反本办法的有关规定违规操作，造成本机构或者客户重大损失的，该银行业金融机构应当对直接负责的高级管理人员、主管人员和直接责任人给予记过直至开除的纪律处分；构成犯罪的，移交司法机关依法追究刑事责任。”

三十二、第三十九条修改为：“银行业金融机构未经批准擅自开办衍生产品交易业务的，依据《中华人民共和国银行业监督管理法》的规定进行处罚。”

三十三、第四十条修改为：“银行业金融机构未按照本办法或者中国银监会的要求报送有关报表、资料以及披露衍生产品交易情况的，根据其性质分别按照《中华人民共和国银行业监督管理法》、《中华人民共和国商业银行法》、《中华人民共和国外资银行管理条例》等法律法规及相关规定，予以处罚。”

三十四、第四十一条修改为：“对未能有效执行衍生产品交易风险管理和内部控制制度的银行业金融机构，可以暂停或终止其衍生产品交易资格，并进行经济处罚。”

三十五、第三章《风险管理》与第四章《罚则》之间增加一章《产品营销与后续服务》共十三条：

“第四十四条 银行业金融机构应当高度重视衍生产品交易的风险管理工作，制定完善客户适合度评估制度，在综合考虑衍生产品分类和客户分类的基础上，对衍生产品交易进行充分的适合度评估：

（一）评估衍生产品的风险及复杂程度，对衍生产品进行相应分类，并至少每年复核一次其合理性，进行动态管理；

（二）根据客户的业务性质、衍生产品交易经验等评估其成熟度，对客户进行相应分类，并至少每年复核一次其合理性，进行动态管理。

第四十五条 银行业金融机构应当根据客户适合度评估结果，与有真实需求背景的客户进行与其风险承受能力相适应的衍生产品交易，并获取由客户提供的声明、确认函等能够证明其真实需求背景的书面材料，内容包括但不限于：

（一）与衍生产品交易直接相关的基础资产或基础负债的真实性；

（二）客户进行衍生产品交易的目的或目标；

（三）是否存在与本条第一项确认的基础资产或基础负债相关的尚未结清的衍生产品交易敞口。

第四十六条 银行业金融机构与客户交易的衍生产品的主要风险特征应当与作为真实需求背景的基础资产或基础负债的主要风险特征具有合理的相关度，在营销与交易时应当首先选择基础的、简单的、自身具备定价估值能力的衍生产品。

第四十七条 银行业金融机构应当制定完善衍生产品销售人员的内部培训、资格认定及授权管理制度，加强对销售人员的持续专业培训和职业操守教育，及时跟进针对新产品新业务的培训和资格认定，并建立严格的管理制度。通过资格认定并获得有效授权的销售人员方可向客户介绍、营销衍生产品。在向客户介绍衍生产品时，销售人员应当以适当的方式向客户明示其已通过内部资格认定并获得有效授权。

第四十八条 银行业金融机构应当以清晰易懂、简明扼要的文字表述向客户提供衍生产品介绍和风险揭示的书面资料，相关披露以单独章节、明白清晰的方式呈现，不得以页边、页底或脚注以及小字体等方式说明，内容包括但不限于：

（一）产品结构及基本交易条款的完整介绍和该产品的完整法律文本；

（二）与产品挂钩的指数、收益率或其他参数的说明；

（三）与交易相关的主要风险披露；

（四）产品现金流分析、压力测试、在一定假设和置信度之下最差可能情况的模拟情景分析与最大现金流亏损以及该假设和置信度的合理性分析；

（五）应当向客户充分揭示的其他信息。

第四十九条 在衍生产品销售过程中，银行业金融机构应当客观公允地陈述所售衍生产品的收益与风险，不得误导客户对市场的看法，不得夸大产品的优点或缩小产品的风险，不得以任何方式向客户承诺收益。

第五十条 银行业金融机构应当充分尊重客户的独立自主决策，不得将交易衍生产品作为与客户开展其他业务的附加条件。

第五十一条 银行业金融机构应当建立客户的信用评级制度，并结合客户的信用评级、财务状况、盈利能力、净资产水平、现金流量等因素，确定相关的信用风险缓释措施，限制与一定信用评级以下客户的衍生产品交易。

第五十二条 与客户达成衍生产品交易之前，银行业金融机构应当获取由客户提供的声明、确认函等形式的书面材料，内容包括但不限于：

（一）客户进行该笔衍生产品交易的合规性；

（二）衍生产品交易合同、交易指令等协议文本的签署人员是否具备有效的授权；

（三）客户是否已经完全理解该笔衍生产品交易的条款、相关风险，以及该笔交易是否符合第四十五条第二项确认的交易目的或目标；

（四）客户对该笔衍生产品交易在第四十八条第四项所述的最差可能情况是否具备足够的承受能力；

（五）需要由客户声明或确认的其他事项。

第五十三条 银行业金融机构应当及时向客户提供已交易的衍生产品的市场信息，定期将与客户交易的衍生产品的市值重估结果以评估报告、风险提示函等形式，通过信件、电子邮件、传真等可记录的方式向客户书面提供，并确保相关材料及时送达客户。当市场出现较大波动时，应当适当提高市值重估的频率，并及时向客户书面提供市值重估的结果。银行业金融机构应当至少每年对上述市值重估的频率和质量进行评估。

第五十四条 银行业金融机构对于自身不具备定价估值能力的衍生产品交易，应当向报价方获取关键的估值参数及相关信息，并通过信件、电子邮件、传真等可记录的方式向客户书面提供此类信息，以提高衍生产品市值重估的透明度。

第五十五条 银行业金融机构应当针对与客户交易的衍生产品业务种类确定科学合理的利润目标，制定科学合理的考核评价与长效激励约束机制，引导相关部门和人员诚实守信、合规操作，不得过度追求盈利，不得将与客户交易衍生产品的相关收益与员工薪酬及其所在部门的利润目标及考核激励机制简单挂钩。

第五十六条 银行业金融机构应当制定完善衍生产品交易业务的定期后评价制度，包括对合规销售、风险控制、考核激励机制等内部管理制度的定期后评价。

银行业金融机构应当通过实地访问、电子邮件、传真、电话录音等可记录的方式建立或完善对客户的定期回访制度，针对合规销售与风险揭示等内容认真听取客户的意见，并及时反馈。”

三十六、原《金融机构衍生产品交易业务

管理暂行办法》中的“金融机构”全部修改为“银行业金融机构”。

本决定自公布之日起实施。

《银行业金融机构衍生产品交易业务管理暂行办法》根据本决定作相应修改并对条款顺序作相应调整后，重新公布。

银行业金融机构衍生产品交易业务管理暂行办法

（2004年2月4日以中国银行业监督管理委员会令2004年第1号公布，自2004年3月1日起施行　2007年7月3日根据中国银行业监督管理委员会关于修改《金融机构衍生产品交易业务管理暂行办法》的决定第一次修订　2011年1月5日根据中国银行业监督管理委员会第101次主席会议《关于修改〈金融机构衍生产品交易业务管理暂行办法〉的决定》第二次修订　并以中国银行业监督管理委员会令2011年第1号公布）

第一章　总　　则

第一条　为规范银行业金融机构衍生产品业务，有效控制银行业金融机构衍生产品业务风险，根据《中华人民共和国银行业监督管理法》、《中华人民共和国商业银行法》及其他有关法律法规，制定本办法。

第二条　本办法所称银行业金融机构是指依法设立的商业银行、城市信用合作社、农村信用合作社等吸收公众存款的金融机构以及政策性银行。依法设立的金融资产管理公司、信托公司、企业集团财务公司、金融租赁公司，以及经中国银行业监督管理委员会（以下简称中国银监会）批准设立的其他银行业金融机构从事衍生产品业务，适用本办法。

第三条　本办法所称衍生产品是一种金融合约，其价值取决于一种或多种基础资产或指数，合约的基本种类包括远期、期货、掉期（互换）和期权。衍生产品还包括具有远期、期货、掉期（互换）和期权中一种或多种特征的混合金融工具。

第四条　本办法所称银行业金融机构衍生产品交易业务按照交易目的分为两类：

（一）套期保值类衍生产品交易。即银行业金融机构主动发起，为规避自有资产、负债的信用风险、市场风险或流动性风险而进行的衍生产品交易。此类交易需符合套期会计规定，并划入银行账户管理。

（二）非套期保值类衍生产品交易。即除套期保值类以外的衍生产品交易。包括由客户发起，银行业金融机构为满足客户需求提供的代客交易和银行业金融机构为对冲前述交易相关风险而进行的交易；银行业金融机构为承担做市义务持续提供市场买、卖双边价格，并按其报价与其他市场参与者进行的做市交易；以及银行业金融机构主动发起，运用自有资金，根据对市场走势的判断，以获利为目的进行的自营交易。此类交易划入交易账户管理。

第五条 本办法所称客户是指除金融机构以外的个人客户和机构客户。银行业金融机构向客户销售的理财产品若具有衍生产品性质，其产品设计、交易、管理适用本办法，客户准入以及销售环节适用中国银监会关于理财业务的相关规定。对个人衍生产品交易的风险评估和销售环节适用个人理财业务的相关规定。

第六条 银行业金融机构开办衍生产品交易业务，应当经中国银监会批准，接受中国银监会的监督与检查。

获得衍生产品交易业务资格的银行业金融机构，应当从事与其自身风险管理能力相适应的业务活动。

第七条 银行业金融机构从事与外汇、商品、能源和股权有关的衍生产品交易以及场内衍生产品交易，应当具有中国银监会批准的衍生产品交易业务资格，并遵守国家外汇管理及其他相关规定。

第二章 市场准入管理

第八条 银行业金融机构开办衍生产品交易业务的资格分为以下两类：

（一）基础类资格：只能从事套期保值类衍生产品交易；

（二）普通类资格：除基础类资格可以从事的衍生产品交易之外，还可以从事非套期保值类衍生产品交易。根据银行业金融机构的风险管理能力，监管部门可以对其具体的业务模式、产品种类等实施差别化资格管理。

第九条 银行业金融机构申请基础类资格，应当具备以下条件：

（一）有健全的衍生产品交易风险管理制度和内部控制制度；

（二）具有接受相关衍生产品交易技能专门培训半年以上、从事衍生产品或相关交易2年以上的交易人员至少2名，相关风险管理人员至少1名，风险模型研究人员或风险分析人员至少1名，熟悉套期会计操作程序和制度规范的人员至少1名，以上人员均需专岗专人，相互不得兼任，且无不良记录；

（三）有适当的交易场所和设备；

（四）具有处理法律事务和负责内控合规检查的专业部门及相关专业人员；

（五）满足中国银监会审慎监管指标要求；

（六）中国银监会规定的其他条件。

第十条 银行业金融机构申请普通类资格，除具备上述基础类资格条件以外还需具备以下条件：

（一）完善的衍生产品交易前、中、后台自动联接的业务处理系统和实时风险管理系统；

（二）衍生产品交易业务主管人员应当具备5年以上直接参与衍生产品交易活动或风险管理的资历，且无不良记录；

（三）严格的业务分离制度，确保套期保值类业务与非套期保值类业务的市场信息、风险管理、损益核算有效隔离；

（四）完善的市场风险、操作风险、信用风险等风险管理框架；

（五）中国银监会规定的其他条件。

第十一条 外资银行开办衍生产品交易业务，应当向当地监管机构提交由授权签字人签署的申请材料，经审查同意后，报中国银监会审批。外商独资银行、中外合资银行应当由总行统一向当地监管机构提交申请材料；外国银行拟在中国境内两家以上分行开办衍生产品交易业务的，应当由其在华管理行统一向当地监管机构提交申请材料，经审查同意后，报中国银监会审批。

外国银行分行申请开办衍生产品交易业务，应当获得其总行（地区总部）的正式授权，其母国应当具备对衍生产品交易业务进行监管的法律框架，其母国监管当局应当具备相应的监管能力。

申请开办衍生产品交易业务的外国银行分行，如果不具备第九条或第十条所列条件，其总行（地区总部）应当具备上述条件。同时该分行还应当具备以下条件：

（一）其总行（地区总部）对该分行从事衍生产品交易等方面的正式授权对交易品种和限额作出明确规定；

（二）除总行另有明确规定外，该分行的全部衍生产品交易统一通过对其授权的总行（地区总部）系统进行实时平盘，并由其总行（地区总部）统一进行平盘、敞口管理和风险控制。

其他由属地监管的银行业金融机构应当先向当地监管机构提交申请材料，经审查同意后，报中国银监会审批；其他由中国银监会直接监管的银行业金融机构直接向中国银监会提交申请材料，报中国银监会审批。

第十二条 银行业金融机构申请开办衍生产品交易业务，应当向中国银监会或其派出机构报送以下文件和资料（一式三份）：

（一）开办衍生产品交易业务的申请报告、可行性报告及业务计划书或展业计划；

（二）衍生产品交易业务内部管理规章制度；

（三）衍生产品交易会计制度；

（四）主管人员和主要交易人员名单、履历；

（五）衍生产品交易风险管理制度，包括但不限于：风险敞口量化规则或风险限额授权管理制度；

（六）交易场所、设备和系统的安全性和稳定性测试报告；

（七）中国银监会要求的其他文件和资料。

外国银行分行申请开办衍生产品交易业务，若不具备第九条或第十条所列条件，该分行除报送其总行（地区总部）的上述文件和资料外，同时还应当向所在地银监局报送以下文件：

（一）其总行（地区总部）对该分行从事衍生产品交易品种和限额等方面的正式书面授权文件；

（二）除其总行另有明确规定外，其总行（地区总部）出具的确保该分行全部衍生产品交易通过总行（地区总部）交易系统进行实时平盘，并由其总行（地区总部）负责进行平盘、敞口管理和风险控制的承诺函。

第十三条 银行业金融机构提交的衍生产品交易会计制度，应当符合我国有关会计标准。我国未规定的，应当符合有关国际标准。外国银行分行可以遵从其母国/总行会计标准。

第十四条 银行业金融机构按本办法规定提交的交易场所、设备和系统的安全性测试报告，原则上应当由第三方独立做出。

第十五条 银行业金融机构开办衍生产品交易业务内部管理规章制度应当至少包括以下内容：

（一）衍生产品交易业务的指导原则、业务操作规程（业务操作规程应当体现交易前台、中台与后台分离的原则）和针对突发事件的应急计划；

（二）新业务、新产品审批制度及流程；

（三）交易品种及其风险控制制度；

（四）衍生产品交易的风险模型指标及量化管理指标；

（五）风险管理制度和内部审计制度；

（六）衍生产品交易业务研究与开发的管理制度及后评价制度；

（七）交易员守则；

（八）交易主管人员岗位责任制度，对各级主管人员与交易员的问责制度和激励约束机制；

（九）对前、中、后台主管人员及工作人员的培训计划；

（十）中国银监会规定的其他内容。

第十六条 中国银监会自收到银行业金融机构按照本办法提交的完整申请资料之日起三个月内予以批复。

第十七条 银行业金融机构法人授权其分支机构办理衍生产品交易业务，须对其风险管理能力进行严格审核，并出具有关交易品种和限额等方面的正式书面授权文件；境内分支机构办理衍生产品交易业务须统一通过其总行（部）系统进行实时平盘，并由总行（部）统一进行平盘、敞口管理和风险控制。

上述分支机构应当在收到其总行（部）授权或授权发生变动之日起30日内，持其总行（部）的授权文件向当地银监局报告。

外国银行分行所获授权发生变动时，应当及时主动向中国银监会报告。

第三章 风险管理

第十八条 银行业金融机构应当根据本机构的经营目标、资本实力、管理能力和衍生产品的风险特征，确定是否适合从事衍生产品交易及适合从事的衍生产品交易品种和规模。

银行业金融机构从事衍生产品交易业务，在开展新的业务品种、开拓新市场等创新前，应当书面咨询监管部门意见。

银行业金融机构应当逐步提高自主创新能力、交易管理能力和风险管理水平，谨慎涉足自身不具备定价能力的衍生产品交易。银行业金融机构不得自主持有或向客户销售可能出现无限损失的裸卖空衍生产品，以及以衍生产品为基础资产或挂钩指标的再衍生产品。

第十九条 银行业金融机构应当按照第四条所列衍生产品交易业务的分类，建立与所从事的衍生产品交易业务性质、规模和复杂程度相适应的、完善的、可靠的市场风险、信用风险、操作风险以及法律合规风险管理体系和制度、内部控制制度和业务处理系统，并配备履行上述风险管理、内部控制和业务处理职责所需要的具备相关业务知识和技能的工作人员。

第二十条 银行业金融机构董事会或其授权专业委员会应当定期对现行的衍生产品业务情况、风险管理政策和程序进行评价，确保其与机构的资本实力、管理水平相一致。新产品推出频繁或系统发生重大变化时，应当相应增加评估频度。

第二十一条 银行业金融机构高级管理人员应当了解所从事的衍生产品交易风险；审核评估和批准衍生产品交易业务经营及其风险管理的原则、程序、组织、权限的综合管理框架；并能通过独立的风险管理部门和完善的检查报告系统，随时获取有关衍生产品交易风险状况的信息，进行相应的监督与指导。在此基础上，银行业金融机构应当每年一次对其自身衍生产品业务情况进行评估，并将上一年度评估报告一式两份于每年一月底之前报送监管机构。

第二十二条 银行业金融机构要根据本机构的整体实力、自有资本、盈利能力、业务经营方针、衍生产品交易目的及对市场走向的预测，选择与本机构业务相适应的测算衍生产品交易风险敞口的指标和方法。

银行业金融机构应当建立并严格执行授权和止损制度，制定并定期审查更新各类衍生产品交易的风险敞口限额、止损限额、应急计划和压力测试的制度和指标，制定限额监控和超限额处理程序。

在进行衍生产品交易时，必须严格执行分级授权和敞口风险管理制度，任何重大交易或新的衍生产品业务都应当经由董事会或其授权的专业委员会或高级管理层审批。在因市场变化或决策失误出现账面浮亏时，应当严格执行止损制度。

对在交易活动中有越权或违规行为的交易员及其主管，要实行严格问责和惩处。

第二十三条 银行业金融机构应当加强对分支机构衍生产品交易业务的授权与管理。对于衍生产品经营能力较弱、风险防范及管理水平较低的分支机构，应当适当上收其衍生产品的交易权限。银行业金融机构应当在相应的风险管理制度中明确重大交易风险的类别特征，并规定取消交易权限的程序。对于发生重大衍生产品交易风险的分支机构，应当及时取消其衍生产品的交易权限。

第二十四条 银行业金融机构从事风险计量、监测和控制的工作人员必须与从事衍生产品交易或营销的人员分开，不得相互兼任；风险计量、监测或控制人员可以直接向高级管理层报告风险状况。根据本办法第四条所列的分类标准，银行业金融机构负责从事套期保值类与非套期保值类衍生产品交易的交易人员不得相互兼任。银行业金融机构应当确保其所从事的上述不同类别衍生产品交易的相关信息相互隔离。

第二十五条 银行业金融机构应当制定明确的交易员、分析员、销售人员等从业人员资格认定标准，根据衍生产品交易及风险管理的复杂性对业务销售人员及其他有关业务人员进行培训，确保其具备必要的技能和资格。

第二十六条 银行业金融机构要制定合理的成本和资产分析测算制度和科学规范的激励约束机制，不得将衍生产品交易和风险管理人员的收入与当期绩效简单挂钩，避免其过度追求利益，增加交易风险。

第二十七条 银行业金融机构应当对衍生产品交易主管和交易员实行定期轮岗和强制带薪休假。

第二十八条 银行业金融机构内审部门要定期对衍生产品交易业务风险管理制度的执行情况进行检查。对于衍生产品交易制度和业务的内审应当具有以下要素：

（一）确保配备数量充足且具备相关经验和技能的内审人员；

（二）建立内审部门向董事会的独立报告路线。

第二十九条 银行业金融机构应当建立健全控制法律风险的机制和制度，严格审查交易对手的法律地位和交易资格。银行业金融机构与交易对手签订衍生产品交易合约时应当参照国际及国内市场惯例，充分考虑发生违约事件后采取法律手段追索保全的可操作性等因素，采取有效措施防范交易合约起草、谈判和签订等过程中的法律风险。

第三十条 银行业金融机构应当制定完善针对衍生产品交易合同等法律文本的评估及管理制度，至少每年根据交易对手的情况，对涉及的衍生产品交易合同文本的效力、效果进行评估，加深理解和掌握，有效防范法律风险。

第三十一条 银行业金融机构应当制定评估交易对手适当性的相关政策：包括评估交易对手是否充分了解合约的条款以及履行合约的责任，识别拟进行的衍生交易是否符合交易对手本身从事衍生交易的目的。在履行本条要求时，银行业金融机构可以根据诚实信用原则合理地依赖交易对手提供的正式书面文件。

第三十二条 银行业金融机构应当制定完善的交易对手信用风险管理制度，选择适当的方法和模型对交易对手信用风险进行评估，并采取适当的风险缓释措施。

银行业金融机构应当以适当的方式向交易对手明示相关的信用风险缓释措施可能对其产生的影响。

第三十三条 银行业金融机构应当运用适当的风险评估方法或模型对衍生产品交易的市场风险进行评估，按市价原则管理市场风险（衍生产品的市值评估可以合理利用第三方独立估值报价），调整交易规模、类别及风险敞口水平。

第三十四条 银行业金融机构从事套期保值类衍生产品交易，应当由资产负债管理部门根据本机构的真实需求背景决定发起交易和进行交易决策。

第三十五条 银行业金融机构从事非套期保值类衍生产品交易，应当计提此类衍生产品交易敞口的市场风险资本，市场风险资本计算方法按照《商业银行资本充足率管理办法》和《商业银行市场风险资本计量内部模型法监管指引》的相关规定执行。

第三十六条 银行业金融机构从事非套期保值类衍生产品交易，其标准法下市场风险资本不得超过银行业金融机构核心资本的3%。监管部门可根据银行业金融机构的经营情况在该资本比例上限要求内实施动态差异化管理。标准法下市场风险资本的计算方法按照《商业银行资本充足率管理办法》的相关规定执行。

第三十七条 银行业金融机构应当根据衍生产品交易的规模与类别，建立完善的流动性风险监控与预警系统，做好充分的流动性安排，确保在市场交易异常情况下，具备足够的履约能力。

第三十八条 银行业金融机构应当建立健全控制操作风险的机制和制度，明确衍生产品交易操作和监控中的各项责任，包括但不限于：交易文件的生成和录入、交易确认、轧差交割、交易复核、市值重估、异常报告、会计处理等。衍生产品交易过程中的文件和录音记录应当统一纳入档案系统管理，由职能部门定期检查。

第三十九条 银行业金融机构应当按照中国银监会的规定对从事的衍生产品交易进行清算，确保履行交割责任，规范处理违约及终止事件，及时识别并控制操作风险。

第四十条 银行业金融机构应当建立完善衍生产品交易管理信息系统，确保按产品、交易对手等进行分类的管理信息完整、有效。

第四十一条 银行业金融机构应当按照中国银监会的规定报送与衍生产品交易有关的会计、统计报表及其他报告。

银行业金融机构应当按照中国银监会关于信息披露的规定，对外披露从事衍生产品交易的风险状况、损失状况、利润变化及异常情况。

第四十二条 银行业金融机构从事衍生产品交易出现重大业务风险或重大业务损失时，应当迅速采取有效措施，制止损失继续扩大，同时将有关情况及时主动向中国银监会报告。

银行业金融机构所从事的衍生产品交易、运行系统、风险管理系统等发生重大变动时，应当及时主动向中国银监会报告具体情况。

第四十三条 中国银监会可以检查银行业金融机构有关衍生产品交易业务的资料和报表、风险管理制度、内部控制制度和业务处理系统是否与其从事的衍生产品交易业务种类相适应。

第四章 产品营销与后续服务

第四十四条 银行业金融机构应当高度重视衍生产品交易的风险管理工作，制定完善客户适合度评估制度，在综合考虑衍生产品分类和客户分类的基础上，对衍生产品交易进行充分的适合度评估：

（一）评估衍生产品的风险及复杂程度，对衍生产品进行相应分类，并至少每年复核一次其合理性，进行动态管理；

（二）根据客户的业务性质、衍生产品交易经验等评估其成熟度，对客户进行相应分类，并至少每年复核一次其合理性，进行动态管理。

第四十五条 银行业金融机构应当根据客户适合度评估结果，与有真实需求背景的客户进行与其风险承受能力相适应的衍生产品交易，并获取由客户提供的声明、确认函等能够证明其真实需求背景的书面材料，内容包括但不限于：

（一）与衍生产品交易直接相关的基础资产或基础负债的真实性；

（二）客户进行衍生产品交易的目的或目标；

（三）是否存在与本条第一项确认的基础资产或基础负债相关的尚未结清的衍生产品交易敞口。

第四十六条 银行业金融机构与客户交易的衍生产品的主要风险特征应当与作为真实需求背景的基础资产或基础负债的主要风险特征具有合理的相关度，在营销与交易时应当首先选择基础的、简单的、自身具备定价估值能力的衍生产品。

第四十七条 银行业金融机构应当制定完善衍生产品销售人员的内部培训、资格认定及授权管理制度，加强对销售人员的持续专业培训和职业操守教育，及时跟进针对新产品新业务的培训和资格认定，并建立严格的管理制度。通过资格认定并获得有效授权的销售人员方可向客户介绍、营销衍生产品。在向客户介绍衍生产品时，销售人员应当以适当的方式向客户明示其已通过内部资格认定并获得有效授权。

第四十八条 银行业金融机构应当以清晰易懂、简明扼要的文字表述向客户提供衍生产品介绍和风险揭示的书面资料，相关披露以单独章节、明白清晰的方式呈现，不得以页边、页底或脚注以及小字体等方式说明，内容包括但不限于：

（一）产品结构及基本交易条款的完整介绍和该产品的完整法律文本；

（二）与产品挂钩的指数、收益率或其他参数的说明；

（三）与交易相关的主要风险披露；

（四）产品现金流分析、压力测试、在一定假设和置信度之下最差可能情况的模拟情景分析与最大现金流亏损以及该假设和置信度的合理性分析；

（五）应当向客户充分揭示的其他信息。

第四十九条 在衍生产品销售过程中，银行业金融机构应当客观公允地陈述所售衍生产品的收益与风险，不得误导客户对市场的看法，不得夸大产品的优点或缩小产品的风险，不得以任何方式向客户承诺收益。

第五十条 银行业金融机构应当充分尊重客户的独立自主决策，不得将交易衍生产品作为与客户开展其他业务的附加条件。

第五十一条 银行业金融机构应当建立客户的信用评级制度，并结合客户的信用评级、财务状况、盈利能力、净资产水平、现金流量等因素，确定相关的信用风险缓释措施，限制与一定信用评级以下客户的衍生产品交易。

第五十二条 与客户达成衍生产品交易之前，银行业金融机构应当获取由客户提供的声明、确认函等形式的书面材料，内容包括但不限于：

（一）客户进行该笔衍生产品交易的合规性；

（二）衍生产品交易合同、交易指令等协议文本的签署人员是否获得有效的授权；

（三）客户是否已经完全理解该笔衍生产品交易的条款、相关风险，以及该笔交易是否符合第四十五条第二项确认的交易目的或目标；

（四）客户对于该笔衍生产品交易在第四十八条第四项所述最差可能情况下是否具备足够的承受能力；

（五）需要由客户声明或确认的其他事项。

第五十三条 银行业金融机构应当及时向

客户提供已交易的衍生产品的市场信息，定期将与客户交易的衍生产品的市值重估结果以评估报告、风险提示函等形式，通过信件、电子邮件、传真等可记录的方式向客户书面提供，并确保相关材料及时送达客户。当市场出现较大波动时，应当适当提高市值重估频率，并及时向客户书面提供市值重估结果。银行业金融机构应当至少每年对上述市值重估的频率和质量进行评估。

第五十四条 银行业金融机构对于自身不具备定价估值能力的衍生产品交易，应当向报价方获取关键的估值参数及相关信息，并通过信件、电子邮件、传真等可记录的方式向客户书面提供此类信息，以提高衍生产品市值重估的透明度。

第五十五条 银行业金融机构应当针对与客户交易的衍生产品业务种类确定科学合理的利润目标，制定科学合理的考核评价与长效激励约束机制，引导相关部门和人员诚实守信、合规操作，不得过度追求盈利，不得将与客户交易衍生产品的相关收益与员工薪酬及其所在部门的利润目标及考核激励机制简单挂钩。

第五十六条 银行业金融机构应当制定完善衍生产品交易业务的定期后评价制度，包括对合规销售、风险控制、考核激励机制等内部管理制度的定期后评价。

银行业金融机构应当通过实地访问、电子邮件、传真、电话录音等可记录的方式建立完善对客户的定期回访制度，针对合规销售与风险揭示等内容认真听取客户的意见，并及时反馈。

第五章 罚　　则

第五十七条 银行业金融机构未经批准擅自开办衍生产品交易业务的，依据《中华人民共和国银行业监督管理法》的规定进行处罚。

第五十八条 对未能有效执行衍生产品交易风险管理和内部控制制度的银行业金融机构，可以暂停或终止其衍生产品交易资格，并进行经济处罚。

第五十九条 银行业金融机构未按照本办法或者中国银监会的要求报送有关报表、资料以及披露衍生产品交易情况的，根据其性质分别按照《中华人民共和国银行业监督管理法》、《中华人民共和国商业银行法》、《中华人民共和国外资银行管理条例》等法律法规及相关规定，予以处罚。

第六十条 银行业金融机构的衍生产品交易人员（包括主管、风险管理人员、分析师、交易人员等）、机构违反本办法有关规定违规操作，造成本机构或者客户重大经济损失的，该银行业金融机构应当对直接负责的高级管理人员、主管人员和直接责任人给予记过直至开除的纪律处分；构成犯罪的，移交司法机关依法追究刑事责任。

第六章 附　　则

第六十一条 本办法由中国银监会负责解释。

第六十二条 此前公布的有关银行业金融机构衍生产品交易的规定，与本办法相抵触的，以本办法为准。对于本办法规定的内容，法律或行政法规另有规定的，从其规定。

中国银行业监督管理委员会令

（2011 年第 3 号）

《商业银行杠杆率管理办法》已经中国银行业监督管理委员会第 91 次主席会议通过，现予公布，自 2012 年 1 月 1 日起施行。

主席：刘明康
二〇一一年六月一日

商业银行杠杆率管理办法

第一章　总　　则

第一条　为有效控制商业银行的杠杆化程度，维护商业银行的安全、稳健运行，根据《中华人民共和国银行业监督管理法》和《中华人民共和国商业银行法》，制定本办法。

第二条　本办法适用于在中华人民共和国境内设立的商业银行，包括中资银行、外商独资银行和中外合资银行。

第三条　本办法所称杠杆率，是指商业银行持有的、符合有关规定的一级资本与商业银行调整后的表内外资产余额的比率。

第四条　商业银行并表和未并表的杠杆率均不得低于 4%。

第五条　中国银行业监督管理委员会（以下简称银监会）按照本办法规定对商业银行的杠杆率及其管理状况实施监督检查。

第六条　银监会对银行业的整体杠杆率情况进行持续监测，加强对银行业系统性风险的分析与防范。

第二章　杠杆率的计算

第七条　商业银行杠杆率的计算公式为：

$$杠杆率=\frac{一级资本-一级资本扣减项}{调整后的表内外资产余额}\times 100\%$$

第八条　一级资本和一级资本扣减项为商业银行按照银监会有关规定计算资本充足率所采用的一级资本和一级资本扣减项。

第九条　调整后的表内外资产余额的计算公式为：

调整后的表内外资产余额 = 调整后的表内资产余额 + 调整后的表外项目余额 − 一级资本扣减项

第十条　调整后的表内资产余额按照如下方式计算：

（一）汇率、利率及其他衍生产品按照本

办法附件所列示的现期风险暴露法计算。

（二）其他表内资产在扣减针对该项资产计提的准备后，计入调整后的表内资产余额。

商业银行在计算表内资产余额时，不考虑抵质押品、保证和信用衍生工具等信用风险缓释因素。

商业银行在计算调整后的表内资产余额时，可以根据银监会发布的《商业银行信用风险缓释监管资本计量指引》，对回购交易和衍生产品交易采用净额结算方法进行调整。

第十一条 调整后的表外项目余额按照如下方式计算：

（一）表外项目中无条件可撤销承诺按照10%的信用转换系数计算。

（二）其他表外项目按照100%的信用转换系数计算。

无条件可撤销承诺指商业银行在协议中书面列明无需事先通知、有权随时无条件撤销，而且撤销不会引起纠纷、诉讼或给银行带来成本的承诺。

第十二条 商业银行计算并表杠杆率时，并表范围和计算方式依据银监会关于计算并表资本充足率的相关规定确定。

第三章 杠杆率的监督管理

第十三条 商业银行董事会承担杠杆率管理的最终责任，商业银行高级管理层负责杠杆率管理的实施工作。

第十四条 商业银行应当设定不低于最低监管要求的目标杠杆率，有效控制杠杆化程度。

第十五条 商业银行应当按照银监会的要求定期报送并表和未并表的杠杆率报表。

并表杠杆率报表每半年报送一次，未并表杠杆率报表每季度报送一次。

第十六条 商业银行杠杆率信息披露应当至少包括杠杆率水平、一级资本、一级资本扣减项、调整后的表内资产余额、调整后的表外项目余额和调整后的表内外资产余额等内容。

商业银行应当在每个会计年度终了后四个月内披露杠杆率信息。因特殊原因不能按时披露的，应当至少提前十五个工作日向银监会申请延迟。

商业银行应当在主要营业场所公布本办法要求披露的信息内容，并确保股东及相关利益人能够及时获得相关信息。

第十七条 对于杠杆率低于最低监管要求的商业银行，银监会可以采取以下纠正措施：

（一）要求商业银行限期补充一级资本；

（二）要求商业银行控制表内外资产增长速度；

（三）要求商业银行降低表内外资产规模。

对于逾期未改正，或者其行为严重危及商业银行稳健运行、损害存款人和其他客户的合法权益的，银监会可以根据《中华人民共和国银行业监督管理法》的规定，区别情形，采取下列措施：

（一）责令暂停部分业务、停止批准开办新业务；

（二）限制分配红利和其他收入；

（三）停止批准增设分支机构；

（四）责令控股股东转让股权或者限制有关股东的权利；

（五）责令调整董事、高级管理人员或者限制其权利；

（六）法律规定的其他措施。

除上述措施外，银监会还可以依法对商业银行给予行政处罚。

第四章 附 则

第十八条 政策性银行、金融资产管理公司、农村合作银行、农村信用社、企业集团财务公司、金融租赁公司、汽车金融公司和消费金融公司参照本办法执行。

第十九条 银监会确定的系统重要性银行应当于2013年底前达到最低杠杆率要求，非系统重要性银行应当于2016年底前达到最低杠杆率要求。在过渡期内，未达到最低杠杆率要求的银行应当制定达标规划，并向银监会报告。

第二十条 本办法由银监会负责解释。

第二十一条 本办法自2012年1月1日起施行。

附件

汇率、利率及其他衍生产品现期风险暴露值的计算方法

汇率、利率及其他衍生产品，主要包括远期、期货、掉期（互换）和期权等。衍生产品敞口按现期风险暴露法计算，纳入表内资产余额，具体计算公式如下：

现期风险暴露值 = 以公允价值计算的重置成本 + 名义本金 × 固定系数

不同剩余期限衍生产品的固定系数如下表：

项目 剩余期限	利率	汇率与黄金	股票	黄金以外的贵金属	其他
不超过1年	0	1.0%	6.0%	7.0%	10.0%
1年以上，不超过5年	0.5%	5.0%	8.0%	7.0%	12.0%
5年以上	1.5%	7.5%	10.0%	8.0%	15.0%

注：表中“其他”指上述利率、汇率、黄金、股票和贵金属之外的衍生产品。

中国银监会关于印发银行业金融机构从业人员职业操守指引的通知

（银监发［2011］6号）

各银监局，各政策性银行、国有商业银行、股份制商业银行、金融资产管理公司，中国邮政

储蓄银行，银监会直接监管的信托公司、企业集团财务公司、金融租赁公司，中央结算公司：

为进一步规范银行业金融机构从业人员职业操守，提高从业人员职业道德和业务素质，促进我国银行业健康稳健发展，银监会在广泛征求意见基础上，对2009年2月印发的《银行业金融机构从业人员职业操守指引》（银监发［2009］12号，以下简称《指引》）进行了修订。现将修订后的《指引》印发给你们，请认真学习贯彻，执行中发现问题及时报告银监会。

中国银行业监督管理委员会
2011年1月12日

银行业金融机构从业人员职业操守指引

第一条　为规范银行业金融机构从业人员（以下简称从业人员）职业操守，提高从业人员职业道德和业务素质，维护银行业信誉，制定本指引。

第二条　本指引所称从业人员是指按照《中华人民共和国劳动合同法》规定，与银行业金融机构签订劳动合同的在岗人员；银行业金融机构董（理）事会成员、监事会成员及高级管理人员；以及银行业金融机构聘用或与劳务代理机构签订协议直接从事金融业务的其他人员。

第三条　本指引适用于在中华人民共和国境内的银行业金融机构（含外资银行业金融机构）从业人员和境内银行业金融机构委派到国（境）外分支机构、控股、参股公司的从业人员。

第四条　从业人员应当学法、懂法、守法，保守国家秘密和商业秘密，尊重和保护知识产权，自觉维护国家利益和金融安全。

从业人员应当依法、客观、真实反映银行业金融机构业务信息。

第五条　从业人员应当具备岗位任职资格或能力，熟练掌握业务技能，自觉遵守行业自律制度和本单位规章制度，合规操作；对已发生的违法违规行为或尚未发生但存在潜在风险隐患的行为，应当按照相关报告制度规定，及时报告。

第六条　从业人员应当遵循公平竞争、客户自愿原则，不得从事违规揽存、低价倾销、贬低同业、虚假宣传等不正当竞争行为。

第七条　从业人员应当尊重客户，了解客户需求，依法保护客户权益和客户信息。

从业人员应当对客户如实详细提示产品的特点和风险，切实保护客户权益；不得采取隐瞒或误导等不正当手段，损害客户权益。从业人员应当执行首问负责制，诚待客户，语言文明，举止大方，提供优质服务。

从业人员不得因国籍、地区、肤色、民族、性别、年龄、宗教信仰、健康情况或其他因素等差异而歧视客户。

第八条　从业人员应当关爱社会，积极参与公益活动，履行社会责任，发扬勤俭节约的优良传统，珍惜资源，抵制铺张浪费。

第九条　从业人员应当公私分明，秉公办事，不得谋取非法利益。

从业人员应当遵守国家和本单位防止利益冲突的规定，在办理授信、资信调查、融资等业务涉及本人、亲属或其他利益相关人时，主动汇报和提请工作回避。

从业人员未经批准不得在其他经济组织

兼职。

从业人员应当有效识别现实或潜在的利益冲突，并及时向有关部门报告。

第十条 从业人员应当遵守有关法律法规和本单位有关进行证券投资和其他投资的规定，不得利用内幕信息买卖资本市场产品；不得挪用本单位资金和客户资金或利用本人消费贷款买卖资本市场产品。

第十一条 从业人员应当遵守禁止内幕交易的规定，不得利用内幕信息为自己或他人谋取利益，不得将内幕信息以明示或暗示的形式告知他人。

从业人员应当拒绝洗钱，及时报告大额交易和可疑交易，履行反洗钱义务。

第十二条 从业人员应当自觉抵制并积极向有关部门举报商业欺诈、非法集资、高利贷和黄、赌、毒活动。

从业人员在社会交往和商业活动中，应当廉洁从业，自觉抵制商业贿赂及不正当交易行为。

第十三条 从业人员应当树立终身学习理念，与时俱进，追求新知，提升素质，完善技能。

第十四条 董（理）事会成员、监事会成员和高级管理人员除遵守第四条至第十三条所列内容外，还应当遵守以下职业操守。

（一）认真执行国家方针政策，恪守职业道德，服从国家宏观调控，维护大局。科学管理，公道正派，作风民主，坚持原则。

（二）严格执行国家关于企业领导人员廉洁从业、“三重一大”决策制度等规定。

（三）严格执行国家关于薪酬管理的法律法规和政策，负责制定本单位稳健的薪酬管理制度，并认真组织实施。

（四）忠实履行决策、监督和经营管理职责，组织制定科学的发展战略，谨慎用权，防范风险。

（五）以身作则，自觉遵守本指引并承担组织本单位从业人员学习、遵守本指引的责任。

（六）知人善任，任人唯贤，关心员工职业生涯发展，培育团队意识。

（七）适度参与公共活动，防止违法及不良行为，不得利用职务上的便利谋取或输送非法利益。

（八）优化流程，精细管理，重点监控，明确本单位关键岗位特殊职业操守并组织关键岗位从业人员学习、遵守。

第十五条 本指引是从业人员职业操守的标准要求。银行业金融机构和行业自律组织应当依照本指引制定或者修订本单位（行业）员工具体职业行为规范。

第十六条 银行业金融机构应当将从业人员遵守本指引的情况纳入反腐倡廉建设、合规和操作风险管理、员工教育培训和人力资源管理范围，定期评估，建立持续的评价和监督机制。

第十七条 银行业金融机构应当将本指引和本单位员工职业行为规范以适当形式告知社会，接受监督。

银行业金融机构应当对模范遵守本指引的从业人员给予奖励，对违反本指引的从业人员进行相应处置。

第十八条 银行业监管机构应当将董（理）事会成员、监事会成员和高级管理人员执行本指引的情况纳入任职资格管理范围。

第十九条 银行业协会、信托业协会及财务公司协会等行业自律组织，可以依据本指引对会员单位贯彻落实情况进行监督检查和评估。

第二十条 本指引由中国银监会负责解释和修订。

第二十一条 本指引自公布之日起生效。《中国银行业监督管理委员会关于印发〈银行业金融机构从业人员职业操守指引〉的通知》（银监发［2009］12号）同时废止。

中国银监会关于进一步推进改革发展加强风险防范的通知

（银监发［2011］14号）

各银监局，各政策性银行、国有商业银行、股份制商业银行、金融资产管理公司，邮政储蓄银行，银监会直接监管的信托公司、企业集团财务公司、金融租赁公司：

当前，国民经济平稳较快运行格局进一步巩固，银行业继续稳健运行，风险抵补能力稳步提高。但是，国际金融危机仍在持续，我国重要领域和关键环节的改革也进入了攻坚时期，银行业面临的困难和挑战依然艰巨。为贯彻落实十七届五中全会和中央经济工作会议要求，积极推进体制改革和发展转型，确保“十二五”良好开局，现就银行业重点风险防范及下一阶段银行业改革发展等相关事项通知如下，请各银行业金融机构认真贯彻执行。

一、加强当前银行业重点风险防范

（一）着力提高信贷科学化管理水平

一是推进信贷科学合理投放，优化信贷结构。各行要着重把信贷资金更多投向，“三农”、小企业、节能减排等薄弱领域，“三农”和小企业贷款增速不能低于各项贷款平均增速。要在风险可控、商业可持续的前提下支持保障性住房建设。要加强行业研究，自觉将国家宏观调控和产业结构调整政策纳入中长期发展战略规划和年度经营计划，更好地服务于经济发展方式转型。

二是继续深入推行“三个办法、一个指引”的实施，确保信贷支持实体经济发展。各行要及时总结去年执行“三个办法、一个指引”的经验和不足，并加以改进。对工作不到位、成效不明显、未能在限期内达标的银行业金融机构，银监会将采取对不到位贷款提高资本附加和增加拨备、与人行联合调减贷款规模、调整存款准备金率，直至限制市场准入、暂停相关业务、限制贷款发放等联动监管措施。特别对没有严格落实“三个办法、一个指引”、没有执行笔笔贷时审查和至少一年一次的贷后跟踪检查，并因此诱发贷款挪用和其他风险的机构，要追究首席风险官、条线主管领导及相关人员的责任。各行要确保2011年按照贷款新规走款比重达到80%以上。

三是大力推进中长期贷款合同整改工作，补签贷款差额补足协议，弥补还款资金缺口。对于新发放的非基础设施类固定资产和项目贷款，要根据项目原概算和原定建设期、合理运营期，确定贷款期限以及科学的本息偿还方式，还本期限不得超过15年，原则上自项目建成投产起，每年至少两次偿还本金，利随本清。

四是对集中度风险加强前瞻防范。各行要坚守客户授信集中度红线，将所持有的债券、发放的贷款以及表外担保和贷款承诺（合同明确可无条件撤销的除外）统一纳入授信集中度限额管理。严格设定行业授信集中度，对国家明令限制的行业可以实行更严格的动态差异化管理。加强对重点领域的压力测试和风险监测。银监会将根据需要在第二支柱下对集中度提出专门的资本要求。

五是加强贷款的精细化管理，全面监测信贷质量变化。各行要坚持实施前瞻性、指导性的经济资本管理，在风险定价和内部考核中运用风险调整后资本收益率（RAROC）和经济增加值（EVA），做到“算了放，不是放了算”。在认真做好现金流贴现和利率敏感性分析的前提下，做好本息覆盖率的测算。要加强对还本到期的偿付比率考核（对于所有展期和贷新还旧贷款，也必须与拖欠一起计算违约率，同时剔除只偿还利息而本金还未到期的部分）。要更加注重贷款分类的准确性和贷款质量管理的精细化，密切监测贷款逾期率、非应计贷款比率和贷款质量向下迁徙率等系列指标的异常变动。

六是严格规范“影子银行”业务。重点把握好三个方面：一要坚持科学理念。要确保成本对称，坚决禁止监管套利。各行要加强“防火墙”建设，严防不当授信，抓好并表管理。二要继续坚决清理规范银信合作业务。各行要确保2011年将银信理财合作业务表外资产全部转入表内，同时在计算杠杆率、流动性和资本充足率以及拨备比率时充分反映。严禁用理财资金直接购买信贷资产。对于未转入表内的银信合作信托贷款，信托公司应按10.5%的比例计算风险资本，并按照银信合作不良信托贷款余额150%和银信合作信托贷款余额的2.5%（孰高为准）计提信托赔偿准备金。对融资类银信合作房地产业务，用于股权投资的，必须明确资金来源是私人银行高端客户，并充分披露信息。进一步督促财务公司规范开展委托贷款业务。三要审慎规范开展信贷资产转让业务。转让信贷资产必须严格遵守真实性、整体性和洁净转让的原则，坚持实质重于形式，做好信贷资产转让的尽职调查、授信审批、风险评估、重签协议和担保物权转移等工作，防范“不当销售”、担保落空等合规与法律风险，确保信贷资产转让真正服务于银行信贷风险管理的真实需要，并及时、不遗漏地对转出方和转入方的资本充足率、拨备覆盖率、大额集中度、存贷比、风险资产等监管指标计算做出相应调整。商业银行不得将正常类贷款转让给资产管理公司。

（二）继续推进政府融资平台贷款清理规范工作，后续风险防控不可放松

一是严格控制增量。仅允许平台贷款在有偿还能力的保障性住房建设领域（公租房、廉租房、棚户区改造）适度新增。对已发放的和2009年及以前所签项目合约下的分期贷款，要重新统筹平台公司整体偿债能力和贷款项目本身还本付息能力，严格落实贷款“三查”制度，加强资本金到位和工期成本管理。对于到期的平台贷款本息，不得展期和贷新还旧。

二是扎实缓释存量。要严格落实银监发［2010］110号文的要求。对于经平台、银行、政府三方签字确认的全覆盖类贷款，不再列为平台贷款，改作一般公司类贷款，并按商业化原则运行，做好贷时和贷后检查管理；对于现金流为全覆盖且拟整改为公司类贷款的，要严格落实抵押担保，开展会谈，补正落实，推进确认工作，核实一家，退出一家；对于保全分离和清理回收类，要严格按照有关要求，制定整改时间表，通过项目剥离、公司重组、增加担保主体、追加合法足值抵质押品、直接收回等措施，完成相关工作并定期报告工作进展。

今年各行要严格遵守平台贷款风险资本和拨备的新要求，即针对全覆盖、基本覆盖、半覆盖和无覆盖平台贷款，自今年一季度起就坚决做到分别按照 100%、140%、250% 和 300% 计算贷款风险权重，提高资本占用成本。要重点加大对贷款风险分类准确性的督查，特别是对正常和关注类中实际隐含较大风险的，要严格按照标准重新认定，相应加大次级和可疑类的占比，真实、客观、及时地反映和评价平台贷款风险状况。要确保平台贷款的拨备覆盖率和贷款拨备率均不低于一般贷款拨备水平，对于短期内因客观限制确实难以提足的，也必须制定分年补提计划，确保 2~3 年内补足，期间要按新资本监管协议对资本作相应扣减。

三要强化问责处罚。对于国发［2010］19 号文发布后，即下半年继续违规发放平台贷款，以及接受地方政府违规担保的，要严肃追究贷款发放机构“一把手”及总行相关负责人的责任，并对该行固定资产贷款实施整顿，代偿性风险大且整改不力、情节严重的，将发布叫停令。

（三）加强房地产信用风险防控，确保房地产信贷调控力度不减

一是强化土地储备贷款管理。要抓住其平台贷款的特点，按照前述平台贷款的要求严格防控风险。

二是切实加强房地产开发企业风险控制。对有重大违规行为的不得发放新贷款，原有贷款到期收回。要认真做好“名单式”管理，对住建部、国土资源部等相关部门认定有重大违法违规行为，以及因法人代表的违法违纪行为，致使企业不能持续经营的房地产开发企业，银行业金融机构要按出现重大违约事项的贷款合同约定，采取加速还款等保全措施。要密切关注存在高价购地、跨业经营、过度扩张、负债率偏高的高风险房地产企业风险暴露。要加强对开发贷款的全流程监控，严禁信贷资金用于购地，严防集团公司通过母子公司借款和其他各种关联交易将信贷资金违规流入房地产市场。不用土地而改为用在建工程抵押，重视销售回笼款的封闭运行管理。对于商业物业抵押贷款，要根据物业的合理经营期限、产生的现金流和合理的折现率审慎评估物业价值，不能简单采信中介公司的市场估值，避免因物业估值虚高导致信贷风险缓释不足。

三是继续严格执行差别化住房信贷政策。要确保住房信贷政策执行的连续性和严密性，着力抑制投资投机等非理性的购房需求，严禁个人消费贷款用于购房。对房价过高、上涨过快的热点城市，当地银监局要主动开展房地产调控政策执行情况专项检查。一旦查实金融机构盲目竞争，甚至通过内外勾结、变相降低贷款标准、打“擦边球”等途径来规避调控政策，要给予严肃处理。要把现有监管要求落实到位，防止出现“次级房贷”避免信贷资金违规进入房地产投资投机领域。

四是强化内功防范房地产信贷风险。银行业金融机构要高度关注房地产需求增速可能明显降低的潜在影响，认真审视自身业务发展战略与风险偏好，加强行业信贷集中度管理，科学制定房地产行业信贷战略、合同期控制和抵质押风险管控措施，避免信贷风险过度累积，实现良性发展。要探索开展多种压力情景下房地产贷款综合压力测试，对有重要影响的客户，要开展敏感性分析，深入分析其资金链和现金回流情况，并建立必要的风险应急机制。要按照更严格和更审慎的标准，建立房地产客户的内部评级体系，开发针对房地产企业集团整体的风险计量和评估方法。

（四）加强操作风险管理，深入推进案件防控长效机制建设

一是进一步完善案件防控考核体系，使案防工作朝着持续化、常态化的方向发展。对案件防控工作的考核办法要由单纯考核案发数量

和涉案金额的“单一型模式”向综合考核工作机制、队伍建设、工作力度和有效性的“复合型模式”迅速转变。各行要层层落实新的案件防控责任制建设，并确保案件信息报送迅速、准确、全面，推动各项工作抓早、抓实、抓到位。

二要加快内部机制建设，形成风险管理的内生动力。各行要着重加强内审稽核等内部机制建设，提升内审稽核人员素质和工作的独立性，明确其信息报告特殊路线，合理设定突查频率、覆盖范围、延伸要求和工作方式及质量的基本评判标准。内审稽核各项工作的质效评价将纳入监管评级参考要素，并将进一步推行制度执行和案防队伍建设的承诺制度。对于未按承诺要求在年内出现实质性改变的银行业金融机构，一律由监管部门视情况调低监管评级，严格限制市场准入，并限期整改到位。同时，银监会将进一步研究明确案件风险的针对性资本要求，充分结合我国案件实际，研究建立把案件风险金额与资本各类缓冲和附加挂钩，与当期拨备立即挂钩的机制。

三要强化责任追究。案件防控的责任在总行和省分行，要严格落实责任追究要求，做到人员该开除就开除，案件该移送就及时移送，且责任要上追两级。对于各类违规问题，特别是对屡查屡犯、屡纠屡错和各类重复出现的操作风险隐患和违规行为，不仅要追究当事人的责任，而且要追究总行和省分行以及所在机构的领导责任。对于已进行过风险提示、却又发生同质同类案件的机构，除追究其案件责任外，还要追究其落实风险提示不到位的责任。

此外，要不断加强信息科技治理和建设，规范电子银行、外包业务和运营管理，切实提高系统稳定运行水平，保障业务连续性。

（五）强化市场风险意识，建立健全市场风险管理体系

一是加快建立与风险相适应的市场风险管理体系。对于大中型银行，要结合自身的发展战略，在实施新资本协议进程中，不断学习借鉴国际最佳做法，针对性完善信息系统建设，严格提升数据质量水平，合理利用风险模型，加强管理技术的实际应用和持续改善。中小型银行应着重解决基础性问题，包括账户划分、估值、使用简单有效的方法计量风险等，建立起完整的市场风险管理架构。

二是加强衍生品风险管理。合理设定衍生品交易风险暴露的指导性上限，对于非套期保值衍生产品交易，要科学把控其标准法下市场风险资本占核心资本的比例，禁止从事无限风险的产品以及再衍生产品等高杠杆业务。对于套期保值类衍生产品要全部划入银行账户管理，非套期保值衍生品交易必须划入交易账户管理。

三是强化市场风险的资本约束。2011 年起，取消原来规定的市场风险计提阀值，所有银行业金融机构至少按照标准法的要求严格计提市场风险资本。

四是不断增强市场风险管理的独立性和全面性。要建立健全市场风险与各业务条线和风险模块的沟通协调机制，提高有关数据的完整性、全面性和准确性，提高风险管理能力与银行现有风险水平和业务发展的匹配度。要着重加强防火墙建设，并切实做好对交易对手风险和新增风险的研究和评估。

（六）密切关注政策环境影响，加强流动性风险的防控

一是建立科学化的流动性监测体系。要推动建立月度日均存贷款的统计制度，各家银行要按月度监测日均存贷款流动性水平，进一步加强资产流动性和融资来源稳定性的管理。

二是切实提高流动性管理能力。各家银行业金融机构，尤其是中小商业银行，要严密监测流动性风险变化趋势，积极分析货币政策调整的冲击影响，加强现金流预测和限额管理。

要充分考虑各类风险要素之间的关联性，适时开展流动性风险的压力测试，并根据测试结果早预案、早部署。坚决禁止高息揽储、高价交易存款、违规吸存和违规串类。

三要积极推进新的流动性监管指标体系的实施工作。各银行业金融机构要做好流动性覆盖率（LCR）指标的管理，持有合理水平的高流动性资产储备，保证在流动性压力情景下至少能满足三十天的流动性需求。对于净稳定资金比率（NSFR）的管理，各行要切实增加长期稳定资金来源，降低资产负债的期限错配，避免在市场繁荣、流动性充裕时期过度依赖批发性融资，并应严格对表内外资产的流动性风险进行充分的评估，确保投行类产品、表外风险暴露、证券化资产及其他资产业务的融资都具有相匹配的最低限额的稳定资金来源。

（七）规范开展代理保险和产品销售业务

各家银行业金融机构要规范开展代理保险业务，强调保护客户利益原则，向客户出具投保提示书，全面客观披露相关信息。对风险测评和适合度评估满足要求的客户，要签字确认客户本人的风险测评结果和真实购买意愿，并承诺自担责任；不得对客户出售不适合其购买的金融产品。银保专管员和保险顾问应当持有保险代理从业人员资格证书。不允许保险公司在银行驻点、开窗口和直接销售。

二、下一阶段银行业改革发展的工作重点

（一）以科学发展观为引领，推动银行业的战略转型

一是要坚持促进实体经济的科学发展。随着我国工业化步入战略整合期、扩内需以及城镇化进程的持续推进，银行业发展既面临机遇也面临挑战。一要积极应对产业升级。产业升级伴随着优胜劣汰，银行业金融机构不应盲从“新兴”和“战略”示范区，要切实坚守审慎底线，全面分析行业风险，明确自身的优劣势定位，有选择性地把握发展机遇。二要有效支持消费发展。消费将日益成为经济增长的主要动力，居民消费方式也从“饮食消费”向“穿住用行”全面发展，要深刻了解消费服务需求的重点和趋势，率先提供高科技含量和高质效的服务，设定合理的差别化战略，满足有承受能力的消费需求。三要支持经济薄弱环节的服务需求，在风险可控的前提下，加强对“三农”、小企业、节能环保产业等经济关键领域的支持力度，积极建立和创新商业可持续的业务模式。

二是要重视差别化发展。边际效应递减是市场的普遍规律，同质化发展更是系统性风险的重要推动因素。银行业金融机构要重视发挥自身特点和资源优势，人无我有，人有我优，树立因行而异的特色化、品牌化战略，大力节约成本，提高效率和服务质量，持续提升银行的核心竞争力。

三是要审慎制定跨境、跨业发展的战略。各行要按照“制度先行、风险可控”的原则，在明确综合经营战略、完善并表管理、严格控制风险的前提下，审慎开展综合经营试点。尤其要建立综合化经营试点主动退出机制，试点银行所投资对象的资本回报率和资产回报率在一定宽限期（五年，人寿八年）后应高于或至少达到商业银行良好经营平均水平，并高于其所在行业良好经营平均水平，否则要主动退出相关投资行业。

（二）以完善公司治理和提高风险管理能力为核心，建设良好的风险管理文化

一是进一步完善公司治理。要按照职责界面清晰、制衡协作有序、决策民主科学、运行规范高效、信息及时透明的原则，推动完善公司治理机制；要强化股东特别是控股股东的长期承诺和持续注资责任，承诺支持银行从严控制关联交易，积极采取措施支持银行达到审慎

监管标准，并坚持有限参与，主动防止盲目扩张和利益冲突；要全面落实《商业银行董事履职评价办法》，强调董事会的“诚信义务”和“看管责任”，要有效承担战略决策、风险管理、薪酬政策制定等方面的最终责任，充分发挥独立董事和监事会作用，并切实配合监管当局开展与独立董事、监事会和外部审计的互动约谈工作；要不断完善公司治理监督评价体系和问责机制，推动建立与长期风险责任挂钩的合理薪酬激励机制。同时，董事会和高管层要在组织架构、人力资源和激励约束机制上对风险管理给予足够支持，通过持之以恒的努力，将良好风险文化根植于银行日常经营管理，着力形成风险为本的管理文化。

二是健全风险战略、风险偏好和前瞻性风险管理手段。首先，各行要在进一步发展内部风险指标体系的基础上，将客户评级、经济资本、经风险调整的收益率等指标引入风险战略和风险偏好的总体框架中，并制订与之相适的年度经营计划以及风险管理政策、程序和限额，构建形成高效的风险战略传导机制。其次，要进一步从管理和技术两个维度强化各类风险管理的精细度和前瞻性。要强调押品估值的科学性，提高贷款分类的细分度，发挥压力测试的引导作用，并积极引入压力风险价值（Stress VAR）、风险控制自我评估（RCSA）和关键风险指标（KRI）等先进方法和工具，全面前瞻地评估日益复杂的风险变化。最后，要着力加强数据和信息系统等基础设施建设。加快推进信息系统建设，不断完善数据的集中、标准化管理，建立坚实稳固的数据治理机制，切实提高风险管理信息和监管报送信息的数据质量。

三是加强并表管理。要科学有序抓重点，把向上和向下并表做到位。向上并表，要坚持银行集团的控股股东或者相对大股东是银行，并将之作为公司治理的重大目标推进。原则上不再允许证券、基金、信托、保险以及非金融类企业做银行集团的控股股东。对目前已存在上述控股股东的银行集团，2011 年起银监会将加强年检，保证股东资质达到风险审慎标准。向下并表，要按照《银行并表监管指引》要求扎实做到位。控制好非银行附属公司的杠杆率，加强资本充足率和流动性管理，对高风险非银行业务，应视情况采取结构性措施进行规模限制。各行要高度关注母子之间和子子之间等关联交易，并严格向相关监管者及外审进行信息披露，防止利益输送和风险传染。要不断强化母行责任，对一级附属机构要进行一年一次的后评价，并向相关监管部门报送书面报告。

（三）立足国内银行业实际，落实国际金融监管改革成果

危机以来，金融稳定理事会和巴塞尔银行监管委员会全面推进监管制度改革。在积极借鉴国际经验的基础上，银监会紧密结合我国实际，加快推动 Basel Ⅱ 和 Basel Ⅲ 的同步实施，并行推进第一支柱和第二支柱工作，将各类缓冲与附加以及风险权重与重大风险防控工作开展情况及成效挂钩，今年起步，并在“十二五”期间全面实施新的国际标准。各家银行业金融机构要着重做到三方面的要求。第一，提高认识。全面实施国际新监管标准，既是我国作为二十国集团、金融稳定理事会和巴塞尔委员会成员应尽的国际义务，也是推动我国银行业落实“十二五”规划，维护银行业稳健运行、防范系统性金融风险的内在要求。第二，充分准备。各商业银行董事长和行长要率先垂范，领导和推动全行员工学习国际新监管标准，充分领会其精神和实质，梳理本行的风险管理和业务流程，发现差距，做好评估分析工作。要升级和改造信息管理系统，强化数据填报和信息管理的电子化，为国际标准的落实奠定坚实的基础。第三，全面落实。国际新监

管标准的实施绝不仅仅是监管指标的达标工作，而是从公司治理、风险管理、财务核算乃至管理信息系统、信贷文化等方面对商业银行提出了全面的要求。各行要在全面提升公司治理水平、不断强化风险管理和资本管理，以及进一步补充完善内部管理制度和信息管理系统上下功夫。要通过国际新监管标准的实施，实现公司治理和风险管理水平质的飞跃，实现经营方式的有效转变，全面提升综合竞争力。

中国银行业监督管理委员会
二〇一一年二月九日

中国银监会关于切实做好2011年地方政府融资平台贷款风险监管工作的通知

（银监发［2011］34号）

各银监局，各政策性银行、国有商业银行、股份制商业银行、金融资产管理公司，邮政储蓄银行，各省级农村信用联社，银监会直接监管的信托公司、企业集团财务公司、金融租赁公司：

为贯彻落实《国务院关于加强地方政府融资平台工作管理有关问题的通知》（国发［2010］19号，以下简称国发19号文）等政策要求，银监会今年将继续按照“逐包打开、逐笔核对、重新评估、整改保全”十六字方针，以降旧控新为目标，进一步做好地方政府融资平台贷款（以下简称平台贷款）风险监管工作，现就相关事项通知如下：

一、严格加强新增平台贷款管理

（一）健全“名单制”管理系统。各银行应在前期清理规范基础上，在总行及分支机构层面分别建立平台类客户和整改为一般公司类客户的“名单制”信息管理系统，系统至少包括企业法人、事业法人、机关法人三类融资平台的基本情况及授信、贷款期限结构、投向、风险定性及还款来源结构等要素。有关名单及风险定性情况需按季报送当地监管部门确认，并进行动态调整；各银行间风险定性存在差异的，由监管部门在各银行呈报的风险定性材料的基础上进行统一协调认定。

（二）建立总行集中审批制度。各银行应在“名单制”管理基础上，将平台贷款审批权限统一上收至总行。各银行总行应制定相应的平台贷款管理制度，对纳入平台类客户名单内的贷款实行总行统一授信、全口径监控和逐笔审批，并在总行层面落实授信管理问责机制，分支行仅承担前台营销和贷后管理。

（三）严格信贷准入条件。各银行应严格按照国发19号文规定，制定平台贷款的审慎准入标准。平台类客户的新增贷款，必须符合《中华人民共和国公路法》、《国务院关于加强国有土地资产管理的通知》（国发［2001］15

号，含有偿还能力的公租房、廉租房、棚户区改造）、属国务院核准或审批的重大项目以及国家另有规定等条件。同时，应最大限度增加抵押担保等风险缓释措施，并签订合法有效的还贷差额补足协议。

对于2010年6月30日前已签订合同但目前未完成全部放款过程的，必须同时满足以下三个条件才能继续放款：一是符合国家宏观调控政策、发展规划、行业规划、产业政策、行业准入标准、土地利用总体规划以及信贷审慎管理规定等要求；二是财务状况健全，资产负债率不高于80%；三是抵押担保合法合规足值。

对于符合条件的新增平台贷款，不得再接受地方政府以直接或间接形式为融资平台提供的任何担保和承诺。对于不符合上述条件的，一律不得新增平台贷款，不得向“名单制”管理系统以外的融资平台发放贷款，以实现全年平台贷款的降旧控新和风险缓释。

（四）合理确定贷款期限和还款方式。各银行应按照《关于规范中长期贷款还款方式的通知》（银监发［2010］103号）的要求，根据项目预期现金流情况和实际建设期、达产期及运营期，合理确定新增平台贷款的期限结构和还款方式。项目建成投产后，应按照等额分摊等审慎原则，每年至少两次偿还本金，利随本清。

二、全面推进存量平台贷款整改

各银行应以平台客户为单位，按照额度、期限、风险状况等因素，落实具体责任人，逐户制订整改计划，有步骤地推进存量平台贷款的资产保全和风险化解工作。对于到期的平台贷款本息，一律不得展期和以各种方式借新还旧。

（一）贷款条件整改。即使是授信批准和各种续建项目，各银行均应对照国家政策和审慎信贷规定，全面核实存量平台贷款的合同条款和信贷条件，重点关注借款人资质是否健全，项目资本金比例是否达标和同比例到位，各项审批文件和手续是否合法齐全等，限期采取整改措施，有效化解合规风险和信用风险。

（二）贷款合同整改。各银行应加强贷款合同和还款期限管理，限期整改存量平台贷款整借整还、期限过长、还款来源不足等问题。对于整借整还的存量平台贷款，应根据平台自有现金流和地方政府财力情况，与地方政府和平台客户协商贷款合同修订和补充完善工作，整改为分期偿还，化解集中还款风险；对于还款来源不足、主要依靠政府财政支持的融资平台，应积极协调地方政府和平台客户协商补签相关还款差额补足协议。

（三）抵押担保整改。各银行应严格执行《担保法》、《预算法》和《银行业监督管理法》等法律法规规定，对于地方政府及其部门、机构以直接或间接形式提供的原有担保，应在充分协商基础上重新落实合法的抵押担保；对于以学校、医院、公园等公益性资产作为抵质押品的，应要求融资平台以合法的非公益性资产进行全额置换；对于各类担保公司特别是地方政府新设担保公司应进行严格的资质评估，审慎估计其实际担保能力；对于以政府承诺担保、以无土地使用权证的土地出让收入承诺、以规划土地储备（如土地储备证）抵押的等，均应及时追加合法有效押品，消除违规担保的风险隐患。

（四）贷后管理整改。即使是授信批准和各种续建项目，各银行均应加强贷款发放时再次审查和支付管理，严格执行“三个办法、一个指引”。在贷款发放后，应针对融资平台所属行业及经营特点，动态掌握各种影响偿债能力的风险因素，及时采取提前收贷、追加担保等风险化解措施。各银行应建立季度贷后管理机制，以平台客户为单位，按季考察撰写贷后管理报告，至少每半年实地深入检查一次，写出相应情况的半年管理报告，统一纳入平台名单管理信息系统。银团贷款牵头行或代理行应履行银团贷款的贷后管理职责，按时完成贷后管理报告并分送各银团成员行，分别纳入本行平台名单管理信息系统。

三、切实强化平台贷款的规制约束

（一）强化监管约束。各监管部门应在指导和协调各银监局工作的同时，加大条线工作力度，指导和督促各银行总行对全系统每半年进行一次有针对性的风险检查，每次自查覆盖面不得低于平台贷款总额的50%，并于自查结束后30日内报本行董事会及相关风险管理委员会审阅，批准后报送对口监管部门。2011年检查报告应于7月末和2012年1月末前报送。同时要督促各银行总行做好以下五项工作：一是加强平台贷款“名单制”管理，确保与各银监局、各银行分支机构核对一致；二是上收平台贷款审批权限，并严格制定全行统一的平台贷款准入标准；三是严格按照银监会统计信息系统要求，核实各项数据，及时准确上报；四是对平台贷款进行准确的五级分类，监测和防控不良贷款；五是按照《关于加强融资平台贷款风险管理的指导意见》（银监发［2010］110号，以下简称《指导意见》）的要求，根据平台贷款自有现金流覆盖四分类情况，严格按照100%、140%、250%和300%计算信贷资产风险权重。

（二）强化合规约束。各银行应切实落实“三个办法、一个指引”等信贷风险管控要求，针对信贷评审、合同、支付、抵押、信贷资产转让、集中度等违规问题，重点强化贷款项目资本金管控、贷款担保管理、协议管理、支付管理和贷后管理，切实提高按照贷款新规走款的比重。

（三）强化统计约束。各银行应建立健全平台贷款的统计台账管理制度，将平台贷款管理纳入日常管理和监管统计体系。按照《关于开展地方政府融资平台贷款台账调查统计的通知》（银监办发［2010］338号）的要求，对平台贷款信息进行按季统计报送，确保数据统计的全口径、准确性和一致性，实现实时监测、分类管理、动态调整，为信贷决策提供客观依据。各监管部门和各银监局应按照平台贷款统计制度要求，各司其职，协调配合，确保数据及时有效报送。

（四）强化质量约束。对于融资平台严重资不抵债、到期不能足额归还贷款本息、出现债务重组及违反贷款集中度管理要求等情况的，银行应及时按照《指导意见》等规定要求下调五级分类等级，并相应增提拨备和采取清收处置措施，以促进平台贷款风险的早期暴露和早期化解。对于因非不可抗力因素造成不良的，按照“谁签字谁负责”原则，严肃追究贷款行行长（即三方签字中贷款方的签字人）及相关责任人的责任。

（五）强化拨备约束。各银行应根据《指导意见》要求，对平台贷款的拨备覆盖率和贷款拨备率均不得低于贷款拨备的平均水平。对于短期内因客观限制确实难以提足的，须制定分年补提计划，确保尽快补足，期间应按新资本监管协议对资本作相应扣减。

（六）强化资本约束。各银行应根据《指导意见》要求，真实、客观、及时地反映和评价平台贷款风险状况。针对全覆盖、基本覆盖、半覆盖和无覆盖平台贷款，自2011年一季度起做到分别按照100%、140%、250%和300%计算贷款风险权重，发挥资本约束作用。

四、统一实施平台贷款现场检查

（一）检查组织。2011年平台贷款现场检查按照属地原则进行，由各银监局、银监分局负责组织实施，凡涉及平台贷款的相关监管处科室均要参加。属于异地平台贷款的要按借款人属地监管原则，由借款人所在地银监局（分局）一并组织检查，必要时可提请贷款行所在地监管部门参加。检查方案由银监会银行一部统一制订，其他监管部门可不再另行组织检查。检查中如需要进一步协调，请与相关监管部门联系。

（二）检查方式。2011 年平台贷款现场检查统一采取报表分析和大户检查相结合的方式进行。由各银监局、银监分局在汇总分析平台贷款季度报表的基础上，以单户融资平台的全部表内外授信及其银行为检查对象，每季至少各选择一个辖内平台大户进行现场检查。

（三）检查周期。2011 年平台贷款现场检查按季进行。各银监局分别于 4 月末、6 月末、9 月末和 12 月末前将每季检查报告以省局为单位合并汇总，报送银监会。

（四）检查内容。各银监局、银监分局应重点选取公路、码头、机场等行业大户进行检查，各季度现场检查内容要有侧重。

第一季度：重点检查截至 2010 年末平台贷款余额最大客户。检查内容包括：一是地方政府融资平台资产负债情况，是否存在资不抵债等；二是地方政府融资平台贷款资金使用情况，包括用途和投向是否合规，资金使用效益等；三是 2010 年 6 月至 12 月底、2011 年 1 月 1 日后新增贷款情况；四是现金流覆盖的划分认定情况；五是落实原定整改计划情况等。

第二季度：重点检查截至 2011 年 3 月末已整改为一般公司类贷款余额最大客户。检查内容包括：一是现金流是否为全覆盖；二是抵押担保是否合法有效；三是是否符合退出平台贷款管理的退出条件；四是各贷款行是否重新评估客户风险及债项风险；五是公司治理是否健全，资本金是否真实到位，运营是否规范正常等情况。

第三季度：重点检查 2011 年上半年新增平台贷款最大客户（若与第一季度检查对象相同，则检查贷款增量第二大的客户）。检查内容包括：一是是否符合前述新增贷款准入条件；二是是否仍有地方政府担保；三是涉及各贷款行审批权限是否已上收至总行；四是是否合理确定贷款期限和还款方式、是否签订差额补足协议弥补还款资金缺口；五是贷款资金使用情况，用途和投向是否符合贷款新规等。

第四季度：重点检查截至 2011 年 9 月末平台贷款整改变化最大客户（若与第一、三季度检查对象相同，则依次顺延）。检查内容包括：一是项目条件是否整改合规；二是抵押担保是否整改合规，是否对无效担保进行追加和置换；三是是否针对整借整还、期限过长、还款来源不足等贷款合同问题进行整改；四是是否建立贷后管理机制并按季形成贷后管理报告。

五、严格监测“整改为一般公司类贷款”的风险

（一）严格退出条件。满足以下全部条件的企业法人类平台贷款，银行可整改为一般公司类贷款，并按照商业化原则运作：一是符合“全覆盖”原则，即各债权银行对借款人的风险定性均为全覆盖；二是符合“定性一致”原则，即各债权银行均同意整改为一般公司类贷款；三是符合“三方签字”原则，即各债权银行均已就平台风险定性和整改措施与融资平台及地方政府相关部门达成一致，并通过三方签字（地方政府相关部门、融资平台及各债权银行）进行确认。对于本《通知》印发前已整改为一般公司类并按商业化原则运作的贷款，各银行应重新逐一审定是否为公司法人且满足上述三项退出条件；不合要求但此前已纳入一般公司类的贷款，各银行应重新将其归入平台贷款管理，于 2011 年 6 月末前完成。

（二）有序组织退出。在三方签字完成

后，由最大债权行将借款人现金流计算、三方签字等文件报送至平台所在地监管部门，由银监局、银监分局按月对现金流测算的准确性、三方签字等情况进行审查，并于审查通过后有序组织平台贷款退出。退出时间、方式由各地监管部门自行确定。

（三）明确风险自担。对于已整改为一般公司类、进行商业化运营的贷款，各银行应按照审慎信贷要求进行管理，在原有债权债务关系不变的前提下，信贷风险由借贷双方承担，如出现风险只追究贷款人责任。

（四）健全台账统计。各银行及银监局应建立对整改为一般公司类贷款的台账统计机制，密切关注整改后贷款情况，进行持续跟踪、动态监测。各银监局应督促各银行严查公司资本金是否真实到位，还款来源是否充足，抵押担保是否合规，运营是否规范正常等情况，确保风险可控。

（五）审慎评估新增贷款风险。对于整改为一般公司类贷款的新增债务，各银行应按照“三个办法、一个指引”等审慎信贷规定重新评估客户风险及债项风险，对借款人情况、还款来源、担保情况等进行审查，全面评价风险因素，重点审查和监测现金流覆盖程度的动态变化。各银监局应严格监测该类贷款新增债务是否存在集中度违规、是否仍存在财政违规担保等问题。

六、依法加大平台贷款问责处罚力度

各银行应建立平台贷款风险及其管控的问责机制。各银监局应通过现场检查和非现场监管，及时发现银行在平台贷款经营活动中的各种违法违规违纪问题，并严格按照法律法规规定，采取问责高管、限制准入、暂停业务、处以罚款等方式，严肃追究出现问题的贷款发放机构及相关责任人的责任。

（一）严肃查处违规担保贷款问题。凡是以地方各级政府及其所属部门和主要依靠财政拨款的经费补助事业单位以直接或间接形式提供担保，以学校、医院、公园等公益性资产作为抵质押品，以政府承诺担保、无土地使用权证的土地出让收入承诺和规划土地储备（如土地储备证）作为抵押的贷款，均属违反《物权法》、《担保法》、《银行业监督管理法》的行为。一经查实，应按照《银行业监督管理法》第三十七条、第四十六条、第四十八条以及《关于进一步推进改革发展　加强风险防范的通知》（银监发［2011］14 号）规定，对问题机构和高级管理人员进行严格处罚。

（二）严肃查处违规发放平台贷款问题。凡是存在未按国发 19 号文等规定制定平台贷款审慎信贷标准、违规发放平台贷款，向“名单制”管理系统以外的平台发放贷款，以及将不符合平台贷款退出条件的贷款划为一般公司类贷款等问题的，均属于违反审慎经营规则的行为。一经查实，应按照《银行业监督管理法》第三十七条、第四十六条、第四十八条，《商业银行法》第七十四条，《金融违法行为处罚办法》第十六条以及《关于进一步推进改革发展　加强风险防范的通知》规定，对问题机构和高级管理人员进行问责处罚。

（三）严肃查处提供虚假文件资料问题。凡是存在未按照要求按季全口径准确、及时报送平台贷款信息，或存在弄虚作假、瞒报误报等问题，未按要求建立平台名单管理信息系统并按季向监管部门报送名单及风险定性情况等问题的，均属违反《统计法》、《银行业监督管理法》、《商业银行法》、《银行业监管统计管理暂行办法》等法律法规的行为。一经查实，应按照《银行业监督管理法》第四十六条、第四十七条、第四十八条，《商业银行法》第七十五条、第八十条，《金融违法行为处罚办法》第十二条，《银行业监管统计管理暂行办法》第三十六条、第三十八条规定对问题机构和高级管理人员进行问责处罚。

（四）严肃查处阻碍监管问题。凡是不按监管部门协调的意见进行平台贷款自有现金流覆盖分类划分，不按照要求开展平台贷款检查，以及对监管部门现场检查过程不配合的，均属违反《银行业监督管理法》、《商业银行法》关于拒绝或阻碍非现场监管或者现场检查的行为。一经查实，应按照《银行业监督管理法》第四十六条、第四十八条，《商业银行法》第七十五条、第七十七条、第七十八条规定对问题机构和高级管理人员进行问责处罚。

（五）严肃查处违反审慎经营规则问题。凡是对到期平台贷款作展期和借新还旧，或未按照要求计算风险权重、足额提取拨备、准确进行风险分类，或未将平台贷款审批权限统一上收至总行，或未按照要求合理确定新增平台贷款期限结构和还款方式，以及未按照贷款新规等信贷风险管控要求加强平台贷款合规管理等问题的，均属违反《贷款风险分类指引》（银监发［2007］54号）、《商业银行集团客户授信业务风险管理指引》（中国银监会令2003年第5号）、《商业银行资本充足率管理办法》（中国银监会令2004年第2号）、《关于规范中长期贷款还款方式的通知》、《关于加强融资平台贷款风险管理的指导意见》、“三个办法、一个指引”等规定的行为。一经查实，应按照《银行业监督管理法》第三十七条、第四十六条、第四十八条和“三个办法”的有关规定对问题机构和高级管理人员进行问责处罚。

请各银监局将本通知转发至辖内银监分局和有关银行业金融机构。

附件：名词解释

中国银行业监督管理委员会
二〇一一年三月三十一日

附件

名词解释

1. 地方政府融资平台：本《通知》中地方政府融资平台是指由地方政府出资设立并承担连带还款责任的机关、事业、企业三类法人，不含由中央政府直接投资设立的部门和机构。

2. 十六字方针：是指按照国发19号文规定，对平台贷款所采取的“逐包打开、逐笔核对、重新评估、整改保全”清理规范方针。

2.1　逐包打开：指要将贷款包内的每笔贷款一一对应到合格的项目，甄别贷款包的潜在风险，确实存在合规性问题和风险问题的，要采取相应保全措施。

2.2　逐笔核对：指对融资平台公司贷款进行逐笔核实查对，从借款主体、担保主体、贷款管理等方面查找贷款存在的风险和问题。

2.3　重新评估：指重新评估贷款对应的项目的合规性和可行性，项目的效益性以及还款来源的充足性和持续性，项目资本金的可靠性，项目融资需求的合理性，项目资金使用的真实性等方面存在的风险和问题，确保项目债务水平与还款水平相匹配。

2.4　整改保全：指针对自查发现的风险

和问题，在制度建设、项目合规性、贷款管理、操作流程、还款来源、抵押担保等方面采取的整改保全措施。按照“规范退出、保全分离”的原则，对于清理规范后自身具有稳定的经营性现金流，能够全额偿还贷款本息且符合一般商业公司经营性质的融资平台公司，银行应将该类公司的贷款整体纳入一般公司类贷款进行管理；对于清理规范后自身具有一定的经营性现金流，能够部分偿还贷款本息的融资平台公司，银行应采取补充完善合同手续、增加新的借款主体和担保主体等整改保全措施，强化还款约束，将其中规范后满足一般公司类贷款条件的贷款从融资平台公司贷款中剥离，纳入一般公司类贷款管理。

3. 六步走：指银监会2010年对平台贷款清理规范工作所采取的“分解数据、四方对账、分析定性、汇总报表、统一会谈、补正检查”六个步骤工作安排。

3.1　分解数据：指各监管部门将2010年上半年各法人机构自查的平台贷款有关数据分解到各银监局。各银监局再将有关数据分解到各机构的地区分支机构，组织各地区分支机构按照要求逐户建立台账，落实整改保全措施。对存在异地贷款的机构，在各地区设有分支机构的，由机构总部协调到当地分支机构代为统计；当地无分支机构的，由总部协调当地银监局代为统计。

3.2　四方对账：指各银行分别与地方政府融资平台、地方政府、各地分支机构、各银监局就当地平台贷款的有关数据进行核对，确保数据准确，避免空白或重复统计，做到账账一致、账实一致、账表一致。

3.3　分析定性：指各银行和各银监局按照“全覆盖、基本覆盖、半覆盖、无覆盖”的标准对平台贷款划分风险类别。有关数据经各机构认定后，各机构提出处置方案，明确牵头银行。

3.4　汇总报表：指统一汇总全国数据，建立融资平台贷款的全明细（融资平台名称、组织机构代码、贷款证编码）、全口径（企业法人、事业法人、机关法人）、全行业（土地储备中心类、交通运输类、开发区、园区类、城市投资建设类、国有资产管理公司类及其他）、全层级（省级、市级、县级）等全国银行业金融机构平台贷款报表体系。

3.5　统一会谈：指各省根据平台贷款清查结果，由各银监局组织，各地银行业协会协调辖内银行与地方政府相关部门及各平台进行会谈，敲定风险定性情况，确定平台贷款整改处置方案，并形成会谈纪要，交由地方政府相关部门、银监局、平台及银行四方备案。具体分工方面，按照平台贷款余额孰大的原则，推定最大债权行为组长，牵头组织各债权机构与地方政府、融资平台公司会谈商定整改保全和分类处置方案，推定第二大债权行为副组长，配合组长具体实施会谈工作。

3.6　补正检查：指各银监局按照属地原则对平台贷款清理整改落实工作，重点包括台账的完整性、整改的有效性、项目合规性、还款来源的充足性、贷款合同的合理性等情况进行专项现场检查。对统计分类不准、整改措施不力、监管要求不落实、没有对贷款合同进行补充订正等问题，严肃查处，严格追究。

4. 借款人自有现金流：本《通知》中包括经营性现金流，自有资产变现价值（自身拥有土地使用权证的土地处置收入、自身拥有的已办理过户手续的上市公司股权分红和股权转让和其他资产等）和已明确归属借款人的专项规费收入（如车辆通行费）。

5. 风险定性：本《通知》中风险定性是指按照借款人自有现金流覆盖全部应还债务本息的比例，对平台贷款划分“全覆盖、基本覆盖、半覆盖、无覆盖”的风险类别。

5.1　全覆盖：全覆盖是指借款人自有现

金流量占其全部应还债务本息的比例达100%（含）以上。

5.2 基本覆盖：基本覆盖是指借款人自有现金流占其全部应还债务本息的比例达70%（含）至100%之间。

5.3 半覆盖：半覆盖是指借款人自有现金流占其全部应还债务本息的30%（含）至70%之间。

5.4 无覆盖：无覆盖是指借款人自有现金流占其全部应还债务本息的30%以下。

6. 分类处置：指银行业金融机构根据平台贷款特征和自有现金流等情况，对平台贷款采取的整改为一般公司类、保全分离为公司类、清理回收和仍按平台贷款处理四类处置方式。

6.1 整改为一般公司类贷款：是指经核查评估和整改后，已具备商业化贷款条件，各债权银行对借款人的风险定性均为全覆盖且均同意整改为一般公司类贷款，各债权银行均已就平台风险定性和整改措施与融资平台及地方政府相关部门达成一致，完成三方签字，并经借款人所在地银监部门确认后，整体转化为一般公司类贷款进行管理的贷款。

6.2 保全分离为公司类贷款：是指经核查评估和整改后，部分贷款有望达到商业化贷款条件，即自身具有一定的经营性现金流、能够部分偿还贷款本息的，通过项目剥离、公司重组、增加新的借款主体和担保主体，经验收合格后，按“达标一笔分离一笔”的原则，将其从平台贷款中分离为一般公司类的贷款。

6.3 清理收回：是指拟直接收回的贷款。

6.4 仍按平台处理的贷款：是指除以上三种处置方式外，仍纳入地方政府融资平台贷款管理的贷款。

6.5 平台贷款：本《通知》中平台贷款是指以地方政府融资平台为借款主体，且暂不具备商业化运营条件，仍按平台贷款管理的贷款。上述保全分离为公司类、清理回收类和仍按平台处理类贷款均属此类。

7. 地方政府担保：本《通知》中地方政府担保是指地方各级政府及其所属部门、机构和主要依靠财政拨款的经费补助事业单位，以财政性收入、行政事业等单位的国有资产，或其他任何直接、间接形式为平台融资行为提供的担保。其中“直接、间接形式为融资平台公司提供担保”包括但不限于下列各种形式：为融资平台公司融资行为出具担保函；承诺在融资平台公司偿债出现困难时，给予流动性支持，提供临时性偿债资金；承诺当融资平台公司不能偿付债务时，承担部分偿债责任；承诺将融资平台公司的偿债资金安排纳入政府预算；以规划中的土地未来出让收入为还款承诺。

中国银行业监督管理委员会关于中国银行业实施新监管标准的指导意见

（银监发［2011］44号）

各银监局，各政策性银行、国有商业银行、股份制商业银行，中国邮政储蓄银行，银监会直接监管的信托公司、企业集团财务公司、金融租赁公司：

"十二五"规划纲要明确提出参与国际金融准则新一轮修订，完善我国金融业稳健标准。2010年12月16日，巴塞尔委员会发布了《第三版巴塞尔协议》（Basel Ⅲ），并要求各成员经济体两年内完成相应监管法规的制定和修订工作，2013年1月1日开始实施新监管标准，2019年1月1日前全面达标。《第三版巴塞尔协议》确立了微观审慎和宏观审慎相结合的金融监管新模式，大幅度提高了商业银行资本监管要求，建立全球一致的流动性监管量化标准，将对商业银行经营模式、银行体系稳健性乃至宏观经济运行产生深远影响。为推动中国银行业实施国际新监管标准，增强银行体系稳健性和国内银行的国际竞争力，特制定本指导意见。

一、总体目标和指导原则

（一）总体目标

借鉴国际金融监管改革成果，根据国内银行业改革发展和监管实际，构建面向未来、符合国情、与国际标准接轨的银行业监管框架，推动银行业贯彻落实"十二五"规划纲要，进一步深化改革，转变发展方式，提高发展质量，增强银行业稳健性和竞争力，支持国民经济稳健平衡可持续增长。

（二）指导原则

1. 立足国内银行业实际，借鉴国际金融监管改革成果，完善银行业审慎监管标准。基于我国银行业改革发展实际，坚持行之有效的监管实践，借鉴《第三版巴塞尔协议》，提升我国银行业稳健标准，构建一整套维护银行体系长期稳健运行的审慎监管制度安排。

2. 宏观审慎监管与微观审慎监管有机结合。统筹考虑我国经济周期及金融市场发展变化趋势，科学设计资本充足率、杠杆率、流动性、贷款损失准备等监管标准并合理确定监管要求，体现逆周期宏观审慎监管要求，充分反映银行业金融机构面临的单体风险和系统性风险。

3. 监管标准统一性和监管实践灵活性相结合。为保证银行业竞争的公平性，统一设定适用于各类银行业金融机构的监管标准，同时适当提高系统重要性银行监管标准，并根据不同机构情况设置差异化的过渡期安排，确保各类银行业金融机构向新监管标准平稳过渡。

4. 支持经济持续增长和维护银行体系稳

健统筹兼顾。银行体系是我国融资体系的主渠道，过渡期内监管部门将密切监控新监管标准对银行业金融机构的微观影响和对实体经济运行的宏观效应，全面评估成本与收益，并加强与相关部门的政策协调，避免新监管标准实施对信贷供给及经济发展可能造成的负面冲击。

二、提高银行业审慎监管标准

根据《第三版巴塞尔协议》确定的银行资本和流动性监管新标准，在全面评估现行审慎监管制度有效性的基础上，提高资本充足率、杠杆率、流动性、贷款损失准备等监管标准，建立更具前瞻性的、有机统一的审慎监管制度安排，增强银行业金融机构抵御风险的能力。

（一）强化资本充足率监管

1. 改进资本充足率计算方法。一是严格资本定义，提高监管资本的损失吸收能力。将监管资本从现行的两级分类（一级资本和二级资本）修改为三级分类，即核心一级资本、其他一级资本和二级资本；严格执行对核心一级资本的扣除规定，提升资本工具吸收损失能力。二是优化风险加权资产计算方法，扩大资本覆盖的风险范围。采用差异化的信用风险权重方法，推动银行业金融机构提升信用风险管理能力；明确操作风险的资本要求；提高交易性业务、资产证券化业务、场外衍生品交易等复杂金融工具的风险权重。

2. 提高资本充足率监管要求。将现行的两个最低资本充足率要求（一级资本和总资本占风险资产的比例分别不低于4%和8%）调整为三个层次的资本充足率要求：一是明确三个最低资本充足率要求，即核心一级资本充足率、一级资本充足率和资本充足率分别不低于5%、6%和8%。二是引入逆周期资本监管框架，包括：2.5%的留存超额资本和0－2.5%的逆周期超额资本。三是增加系统重要性银行的附加资本要求，暂定为1%。新标准实施后，正常条件下系统重要性银行和非系统重要性银行的资本充足率分别不低于11.5%和10.5%；若出现系统性的信贷过快增长，商业银行需计提逆周期超额资本。

3. 建立杠杆率监管标准。引入杠杆率监管标准，即一级资本占调整后表内外资产余额的比例不低于4%，弥补资本充足率的不足，控制银行业金融机构以及银行体系的杠杆率积累。

4. 合理安排过渡期。新资本监管标准从2012年1月1日开始执行，系统重要性银行和非系统重要性银行应分别于2013年底和2016年底前达到新的资本监管标准。过渡期结束后，各类银行应按照新监管标准披露资本充足率和杠杆率。

（二）改进流动性风险监管

1. 建立多维度的流动性风险监管标准和监测指标体系。建立流动性覆盖率、净稳定融资比例、流动性比例、存贷比以及核心负债依存度、流动性缺口率、客户存款集中度以及同业负债集中度等多个流动性风险监管和监测指标，其中流动性覆盖率、净稳定融资比例均不得低于100%。同时，推动银行业金融机构建立多情景、多方法、多币种和多时间跨度的流动性风险内部监控指标体系。

2. 引导银行业金融机构加强流动性风险管理。进一步明确银行业金融机构流动性风险管理的审慎监管要求，提高流动性风险管理的精细化程度和专业化水平，严格监督检查措施，纠正不审慎行为，促使商业银行合理匹配资产负债期限结构，增强银行体系应对流动性压力冲击的能力。

3. 合理安排过渡期。新的流动性风险监管标准和监测指标体系自2012年1月1日开始实施，流动性覆盖率和净稳定融资比例分别给予2年和5年的观察期，银行业金融机构应于2013年底和2016年底前分别达到流动性覆盖率和净稳定融资比例的监管要求。

（三）强化贷款损失准备监管

1. 建立贷款拨备率和拨备覆盖率监管标准。贷款拨备率（贷款损失准备占贷款的比例）不低于2.5%，拨备覆盖率（贷款损失准备占不良贷款的比例）不低于150%，原则上按两者孰高的方法确定银行业金融机构贷款损失准备监管要求。

2. 建立动态调整贷款损失准备制度。监管部门将根据经济发展不同阶段、银行业金融机构贷款质量差异和盈利状况的不同，对贷款损失准备监管要求进行动态化和差异化调整：经济上行期适度提高贷款损失准备要求，经济下行期则根据贷款核销情况适度调低；根据单家银行业金融机构的贷款质量和盈利能力，适度调整贷款损失准备要求。

3. 过渡期安排。新标准自2012年1月1日开始实施，系统重要性银行应于2013年底前达标；对非系统重要性银行，监管部门将设定差异化的过渡期安排，并鼓励提前达标：盈利能力较强、贷款损失准备补提较少的银行业金融机构应在2016年底前达标；个别盈利能力较低、贷款损失准备补提较多的银行业金融机构应在2018年底前达标。

三、增强系统重要性银行监管有效性

根据国内大型银行经营模式以及监管实践，监管部门将从市场准入、审慎监管标准、持续监管和监管合作几个方面，加强系统重要性银行监管。

1. 明确系统重要性银行的定义。国内系统重要性银行的评估主要考虑规模、关联性、复杂性和可替代性等四个方面因素，监管部门将建立系统重要性银行的评估方法论和持续评估框架。

2. 维持防火墙安排，改进事前准入监管。为防止系统重要性银行经营模式过于复杂，降低不同金融市场风险的传染，继续采用结构化限制性监管措施：一是维持现行银行体系与资本市场、银行与控股股东、银行与附属机构之间的防火墙，防止风险跨境、跨业传染。二是从严限制银行业金融机构从事结构复杂、高杠杆交易业务，避免过度承担风险。三是审慎推进综合经营试点。对于进行综合经营试点的银行，建立正式的后评估制度，对于在合理时限内跨业经营仍不能达到所在行业平均盈利水平的银行，监管部门将要求其退出该行业。

3. 提高审慎监管要求。除附加资本要求之外，监管部门将视情况对系统重要性银行提出更高的审慎监管要求，以提升其应对外部冲击的能力：一是要求系统重要性银行发行自救债券，以提高吸收损失的能力。二是提高流动性监管要求。三是进一步严格大额风险暴露限制，适度降低系统重要性银行对单一借款人和集团客户贷款占资本净额的比例。四是提高集团层面并表风险治理监管标准，包括集团层面风险偏好设定、统一的风险管理政策、信息管理系统建设、集团内部交易等。

4. 强化持续监管。一是监管资源向系统重要性银行倾斜，赋予一线监管人员更广泛的权力，加强对系统重要性银行决策过程、执行过程的监管，以尽早识别风险并采取干预措施。二是丰富和扩展非现场监管体系，完善系统重要性银行的风险监管评估框架，及时预警、有效识别并快速处置风险。三是进一步提升系统重要性银行现场检查精确打击的能力，督促系统重要性银行加强公司治理和风险管理，防止和纠正不安全、不稳健的经营行为。四是实现功能监管与机构监管相结合，采用产品分析、模型验证、压力测试、同业评估等监管手段，保证监管技术能够适应系统重要性银行业务和组织机构日益复杂化的趋势。五是指导并监督系统重要性银行制定恢复和处置计划、危机管理计划，增强系统重要性银行自我保护能力。

5. 加强监管合作。在跨境合作方面，建立对境外监管当局监管能力的评估机制，健全跨境经营系统重要性银行的监管联席会议机制，提高信息交流质量，加强在市场准入、非现场监管、现场检查以及危机管理方面的合作。在跨业合作方面，在国务院统一领导下，监管部门将加强与人民银行、证券监管部门、保险监管部门的协调配合，构建“无缝式”金融监管体系，改进对银行集团非银行业务的风险评估。

四、深入推动新资本协议实施工作

对资本和风险加权资产进行科学计量与评估是新监管标准实施的基础。银行业金融机构应按照“《新资本协议》与《第三版巴塞尔协议》同步推进，第一支柱与第二支柱统筹考虑”的总体要求，从公司治理、政策流程、风险计量、数据基础、信息科技系统等方面不断强化风险管理。2011 年，监管部门将修订《资本充足率管理办法》。银行业金融机构应根据新的《资本充足率管理办法》中确立的相关方法准确计量监管资本要求，全面覆盖各类风险；同时，构建全面风险管理框架，健全内部资本评估程序，强化银行业稳健运行的微观基础。

对于表内外资产规模、国际活跃性以及业务复杂性达到一定程度的银行业金融机构，应根据新的监管要求，实施《新资本协议》中的资本计量高级方法。目前已完成了一轮预评估的第一批《新资本协议》实施银行应在已经取得的进展基础上，根据评估意见积极整改第一支柱实施中存在的主要问题，并积极推进第二支柱和第三支柱建设，争取尽快申请正式实施。其他根据监管要求应当实施高级方法或自愿实施的银行业金融机构，应加强与监管部门的沟通，尽早制订实施规划方案。

对于不实施资本计量高级方法的银行业金融机构，应从 2011 年底开始在现有信用风险资本计量的基础上，采用新的《资本充足率管理办法》要求的标准方法，计量市场风险和操作风险的监管资本要求；并按照第二支柱相关要求，抓紧建立内部资本充足评估程序，识别、评估、监测和报告各类主要风险，确保资本水平与风险状况和管理能力相适应，确保资本规划与银行经营状况、风险变化趋势和长期发展战略相匹配。2016 年底前，所有银行业金融机构都应建立与本行规模、业务复杂程度相适应的全面风险管理框架和内部资本充足率评估程序。

五、工作要求

新监管标准实施是事关全局的长期系统工程，银行业金融机构要准确理解新监管标准的实质，充分认识实施新监管标准的意义，加强配合，积极稳妥地做好新监管标准实施的各项准备工作。

（一）制定配套监管规章

为保证新监管标准如期实施，2011 年监管部门将修订完善《商业银行资本充足率管理办法》，以及流动性风险监管、系统重要性银行监管相关政策，为新监管标准的实施奠定基础。同时，大力开展新监管标准的培训和宣传工作，分期、分批地开展各级监管人员和银行业金融机构中高层管理人员的培训工作，为新监管标准实施打造有利的舆论环境和广泛的人才基础。

（二）加强组织领导

银行业金融机构董事会和高级管理层应高度重视新监管标准实施工作，尽快成立以主要负责人为组长的新监管标准实施领导小组及相应工作机构，统筹规划协调新监管标准实施工作，确保各项工作有序稳步推进。董事会应负责新监管标准实施规划及有关重大政策审批，定期听取高级管理层汇报，对实施准备情况进行监督；高级管理层负责制定新监管标准实施方案并组织实施。

（三）制定切实可行的实施规划

银行业金融机构应根据本指导意见，全面进行差距分析，制定切实可行的新监管标准实施规划。实施规划至少应包括：资产增长计划、资产结构调整方案、盈利能力规划、各类风险的风险加权资产计算方法、资本补充方案、流动性来源、贷款损失准备金补提方案、各类监管指标的达标时间表和阶段性目标。银行业金融机构应在2011年底前完成实施规划编制，并报监管部门备案。

（四）调整发展战略积极推动业务转型

谋求经营转型不仅是银行业金融机构持续满足新监管标准的内在要求，而且是在日益复杂经营环境下提高发展质量的必由之路。银行业金融机构要切实转变规模扩张的外延式发展模式，走质量提高的内涵式增长之路。银行业金融机构要在坚守传统业务模式的前提下，在信贷业务的广度和深度上下功夫，提升金融服务效率和信贷质量。一是调整业务结构，制定中长期信贷发展战略，积极调整信贷的客户结构、行业结构和区域结构，实现信贷业务可持续发展。二是强化管理，通过不断优化风险计量工具，完善风险管理政策和流程，健全风险制衡机制，真正提升增长质量。三是创新服务。积极发展网络银行、电话银行、信用卡等渠道拓展业务，扩大金融服务覆盖面，为资产业务提供稳定的资金保障，同时降低经营成本，扩大收入来源。

（五）持续改进风险管理

各银行业金融机构要结合自身经营特点，强化风险管理基础设施，提升风险管理能力。一是完善风险治理组织架构，进一步明确董事会、高管层、首席风险官、风险管理部门和相关业务条线的角色和职能。二是强化数据基础，通过新监管标准实施切实解决国内银行业金融机构长期存在的数据缺失、质量不高问题。三是积极开发并推广运用新型风险计量工具，提高风险识别能力和风险计量准确性。四是强化IT系统建设，为风险政策制定和实施、风险计量工具运用及优化奠定基础。五是强化内部控制和内部审计职能，强化与外部审计的合作，共同促进内部制衡机制建设。六是改进激励考核机制，建立“风险—收益”平衡的绩效考核和薪酬制度。银行业金融机构要高度重视所面临的突出风险，包括地方融资平台、房地产贷款、经济结构调整潜在的重大信用风险，积极探索系统性风险和个体风险相结合的风险管理模式，在此基础上建立健全资本评估程序，确保资本充分覆盖各类风险。

（六）加强对新监管标准实施的监督检查和跟踪评估

从今年开始，监管部门要将商业银行新监管标准实施准备情况以及实施进展纳入日常监管工作，对各行新监管标准实施规划执行情况进行监督检查，对新监管标准实施规划执行不力的银行业金融机构采取相应监管措施。过渡期内，监管部门将持续监测银行业金融机构各类监管指标的水平及变化趋势，深入评估新监管标准实施对银行业金融机构经营行为、信贷供给以及宏观经济运行的影响。各银行业金融机构应指定专门部门负责分析执行新监管标准的效应及存在的问题，并及时报送监管部门，配合做好新监管标准的完善和实施工作。

请各银监局将本指导意见转发至辖内银监分局和银行业金融机构。

二〇一一年四月二十二日

中国银监会关于印发《银团贷款业务指引》(修订)的通知

(银监发［2011］85号)

各银监局，各政策性银行、国有商业银行、股份制商业银行，邮政储蓄银行，银监会直接监管的信托公司、企业集团财务公司、金融租赁公司，中国银行业协会：

修订的《银团贷款业务指引》已经中国银行业监督管理委员会第103次主席会议审议通过，现印发给你们，请遵照执行。

请各银监局将本通知转发至辖内城市商业银行、城市信用社、农村中小金融机构、外资银行、非银行金融机构。

中国银行业监督管理委员会
二〇一一年八月一日

银团贷款业务指引

第一章　总　　则

第一条　为促进和规范银团贷款业务，分散授信风险，推动银行同业合作，根据《中华人民共和国银行业监督管理法》、《中华人民共和国商业银行法》等法律法规，制定本指引。

第二条　本指引适用于在中国境内依法设立并经营贷款业务的银行业金融机构（以下简称银行）。

第三条　银团贷款是指由两家或两家以上银行基于相同贷款条件，依据同一贷款合同，按约定时间和比例，通过代理行向借款人提供的本外币贷款或授信业务。

第四条　银行开办银团贷款业务，应当遵守国家有关法律法规，符合国家信贷政策，坚持平等互利、公平协商、诚实履约、风险自担的原则。

第五条　银行业协会负责维护银团贷款市场秩序，推进市场标准化建设，推动银团贷款与交易系统平台搭建，协调银团贷款与交易中发生的问题，收集和披露有关银团贷款信息，制定行业公约等行业自律工作。

第二章　银团成员

第六条　参与银团贷款的银行均为银团成员。银团成员应按照“信息共享、独立审批、自主决策、风险自担”的原则自主确定各自授信行为，并按实际承担份额享有银团贷款项下相应的权利，履行相应的义务。

第七条 按照在银团贷款中的职能和分工，银团成员通常分为牵头行、代理行和参加行等角色，也可根据实际规模与需要在银团内部增设副牵头行、联合牵头行等，并按照银团贷款合同履行相应职责。

第八条 银团贷款牵头行是指经借款人同意，负责发起组织银团、分销银团贷款份额的银行。

牵头行主要履行以下职责：

（一）发起和筹组银团贷款，分销银团贷款份额；

（二）对借款人进行贷前尽职调查，草拟银团贷款信息备忘录，并向潜在的参加行推荐；

（三）代表银团与借款人谈判确定银团贷款条件；

（四）代表银团聘请相关中介机构起草银团贷款法律文本；

（五）组织银团成员与借款人签订书面银团贷款合同；

（六）银团贷款合同确定的其他职责。

第九条 单家银行担任牵头行时，其承贷份额原则上不得少于银团融资总金额的20%；分销给其他银团成员的份额原则上不得低于50%。

第十条 按照牵头行对贷款最终安排额所承担的责任，银团牵头行分销银团贷款可以分为全额包销、部分包销和尽最大努力推销三种类型。

第十一条 银团代理行是指银团贷款合同签订后，按相关贷款条件确定的金额和进度归集资金向借款人提供贷款，并接受银团委托按银团贷款合同约定进行银团贷款事务管理和协调活动的银行。

对担保结构比较复杂的银团贷款，可以指定担保代理行，由其负责落实银团贷款的各项担保及抵（质）押物登记、管理等工作。

代理行经银团成员协商确定，可以由牵头行或者其他银行担任。银团代理行应当代表银团利益，借款人的附属机构或关联机构不得担任代理行。

第十二条 代理行应当依据银团贷款合同的约定履行代理行职责。其主要职责包括：

（一）审查、督促借款人落实贷款条件，提供贷款或办理其他授信业务；

（二）办理银团贷款的担保抵押手续，负责抵（质）押物的日常管理工作；

（三）制定账户管理方案，开立专门账户管理银团贷款资金，对专户资金的变动情况进行逐笔登记；

（四）根据约定用款日期或借款人的用款申请，按照银团贷款合同约定的承贷份额比例，通知银团成员将款项划到指定账户；

（五）划收银团贷款本息和代收相关费用，并按承贷比例和银团贷款合同约定及时划转到银团成员指定账户；

（六）根据银团贷款合同，负责银团贷款资金支付管理、贷后管理和贷款使用情况的监督检查，并定期向银团成员通报；

（七）密切关注借款人财务状况，对贷款期间发生的企业并购、股权分红、对外投资、资产转让、债务重组等影响借款人还款能力的重大事项，在借款人通知后按银团贷款合同约定尽早通知各银团成员；

（八）根据银团贷款合同，在借款人出现违约事项时，及时组织银团成员对违约贷款进行清收、保全、追偿或其他处置；

（九）根据银团贷款合同，负责组织召开银团会议，协调银团成员之间的关系；

（十）接受各银团成员不定期的咨询与核查，办理银团会议委托的其他事项等。

第十三条 代理行应当勤勉尽责。因代理行行为导致银团利益受损的，银团成员有权根据银团贷款合同约定的方式更换代理行，并要求代理行赔偿相关损失。

第十四条 参加行是指接受牵头行邀请，参加银团并按照协商确定的承贷份额向借款人提供贷款的银行。参加行应当按照约定及时足额划拨资金至代理行指定的账户，参加银团会议，做好贷后管理，了解掌握借款人日常经营与信用状况的变化情况，及时向代理行通报借款人的异常情况。

第三章 银团贷款的发起和筹组

第十五条 有下列情形之一的大额贷款，鼓励采取银团贷款方式：

（一）大型集团客户、大型项目融资和大额流动资金融资；

（二）单一企业或单一项目融资总额超过贷款行资本净额 10% 的；

（三）单一集团客户授信总额超过贷款行资本净额 15% 的；

（四）借款人以竞争性谈判选择银行业金融机构进行项目融资的。

各地银行业协会可以根据以上原则，结合本地区实际情况，组织辖内会员银行共同确定银团贷款额度的具体下限。

第十六条 银团贷款由借款人或银行发起。牵头行应当与借款人谈妥银团贷款的初步条件，并获得借款人签署的银团贷款委任书。

第十七条 牵头行应当按照授信工作尽职的相关要求，对借款人或贷款项目进行贷前尽职调查，并在此基础上与借款人进行前期谈判，商谈贷款的用途、额度、利率、期限、担保形式、提款条件、还款方式和相关费用等，并据此编制银团贷款信息备忘录。

第十八条 银团贷款信息备忘录由牵头行分发给潜在参加行，作为潜在参加行审贷和提出修改建议的重要依据。

银团贷款信息备忘录内容主要包括：银团贷款的基本条件、借款人的法律地位及概况、借款人的财务状况、项目概况及市场分析、项目财务现金流量分析、担保人和担保物介绍、风险因素及避险措施、项目的准入审批手续及有资质环保机构出具的环境影响监测评估文件等。

第十九条 牵头行在编制银团贷款信息备忘录过程中，应如实向潜在参加行披露其知悉的借款人全部真实信息。牵头行在向其他银行发送银团贷款信息备忘录前，应要求借款人审阅该银团贷款信息备忘录，并由借款人签署“对信息备忘录所载内容的真实性、完整性负责”的声明。必要时，牵头行也可以要求担保人审阅银团贷款信息备忘录并签署上述声明。

第二十条 为提高银团贷款信息备忘录等银团贷款资料的独立性、公正性和真实性，牵头行可以聘请外部中介机构如会计师事务所、资产评估事务所、律师事务所及相关技术专家负责评审编写有关信息及资料、出具意见书。

第二十一条 牵头行与借款人协商后，向潜在参加行发出银团贷款邀请函，并随附贷款条件清单、信息备忘录、保密承诺函、贷款承诺函等文件。

第二十二条 收到银团贷款邀请函的银行应按照“信息共享、独立审贷、自主决策、风险自担”的原则，在全面掌握借款人相关信息的基础上做出是否参加银团贷款的决定。银团贷款信息备忘录信息不能满足潜在参加行审批要求的，潜在参加行可要求牵头行补充提供相关信息、提出工作建议或者直接进行调查。

第二十三条 牵头行应根据潜在参加行实际反馈情况，合理确定各银团成员的贷款份额。在超额认购或认购不足的情况下，牵头行可按事先约定的条件或与借款人协商后重新确定各银团成员的承贷份额。

第二十四条 在牵头行有效委任期间，其他未获委任的银行不得与借款人就同一项目进行委任或开展融资谈判。

第四章　银团贷款合同

第二十五条　银团贷款合同是银团成员与借款人、担保人根据有关法律法规，经过协商后共同签订，主要约定银团成员与借款人、担保人之间权利义务关系的法律文本。银团贷款合同应当包括以下主要条款：

（一）当事人基本情况；

（二）定义及解释；

（三）与贷款有关的约定，包括贷款金额与币种、贷款期限、贷款利率、贷款用途、支付方式、还款方式及还款资金来源、贷款担保组合、贷款展期条件、提前还款约定等；

（四）银团各成员承诺的贷款额度及贷款划拨的时间；

（五）提款先决条件；

（六）费用条款；

（七）税务条款；

（八）财务约束条款；

（九）非财务承诺，包括资产处置限制、业务变更和信息披露等条款；

（十）违约事件及处理；

（十一）适用法律；

（十二）其他约定及附属文件。

第二十六条　银团成员之间权利义务关系可以在银团贷款合同中约定，也可以另行签订《银团内部协议》（或称为《银团贷款银行间协议》等）加以约定。银团成员间权利义务关系主要包括：银团成员内部分工、权利与义务、银团贷款额度的分配、银团贷款额度的转让；银团会议的议事规则；银团成员的退出和银团解散；违约行为及责任；解决争议的方式；银团成员认为有必要约定的其他事项。

第二十七条　银团成员应严格按照银团贷款合同的约定，及时足额划付贷款款项，履行合同规定的职责和义务。

第二十八条　借款人应严格按照银团贷款合同的约定，保证贷款用途，及时向代理行划转贷款本息，如实向银团成员提供有关情况。

第二十九条　银行开展银团贷款业务可以依据中国银行业协会制定的银团贷款合同示范文本，制定银团贷款合同。

第五章　银团贷款管理

第三十条　银团贷款的日常管理工作主要由代理行负责。代理行应在银团贷款存续期内跟踪了解项目的进展情况，及时发现银团贷款可能出现的问题，并以书面形式尽快通报银团成员。

第三十一条　银团贷款存续期间，银团会议由代理行负责定期召集，或者根据银团贷款合同的约定由一定比例的银团成员提议召开。银团会议的主要职能是讨论、协商银团贷款管理中的重大事项。

第三十二条　银团会议商议的重大事项主要包括：修改银团贷款合同、调整贷款额度、变更担保、变动利率、终止银团贷款、通报企业并购和重大关联交易、认定借款人违约事项、贷款重组和调整代理行等。

第三十三条　银团贷款出现违约风险时，代理行应当根据银团贷款合同的约定，负责及时召集银团会议，并可成立银团债权委员会，对贷款进行清收、保全、重组和处置。必要时可以申请仲裁或向人民法院提起诉讼。

第三十四条　银团贷款存续期间，银团成员原则上不得在银团之外向同一项目提供有损银团其他成员利益的贷款或其他授信。

第三十五条　银团成员在办理银团贷款业务过程中发现借款人有下列行为，经指正不改的，代理行应当根据银团贷款合同的约定，负责召集银团会议，追究其违约责任，并以书面形式通知借款人及其保证人：

（一）所提供的有关文件被证实无效；

（二）未能履行和遵守贷款合同约定的义务；

（三）未能按贷款合同规定支付利息和本金；

（四）以假破产等方式逃废银行债务；

（五）贷款合同约定的其他违约事项。

第三十六条 银团成员在开展银团贷款业务过程中有以下行为，经银团会议审核认定违约的，可以要求其承担违约责任：

（一）银团成员收到代理行按合同规定时间发出的通知后，未按合同约定时限足额划付款项的；

（二）银团成员擅自提前收回贷款或违约退出银团的；

（三）不执行银团会议决议的；

（四）借款人归还银团贷款本息而代理行未如约及时划付银团成员的；

（五）其他违反银团贷款合同、本业务指引以及法律法规的行为。

银团成员之间的上述纠纷，不影响银团与借款人所定贷款合同的执行。

第三十七条 开办银团贷款业务的银行应当定期向当地银行业协会报送银团贷款有关信息。内容包括：银团贷款一级市场的包销量及持有量、二级市场的转让量，银团贷款的利率水平、费率水平、贷款期限、担保条件、借款人信用评级等。

第三十八条 开办银团贷款业务的银行应当依据本指引，结合自身经营管理水平制定银团贷款业务管理办法，建立与银团贷款业务风险相适应的管理机制，并指定相关部门和专人负责银团贷款的日常管理工作。

第三十九条 银行向大型集团客户发放银团贷款，应当注意防范集团客户内部关联交易及关联方之间相互担保的风险。对集团客户内部关联交易频繁、互相担保严重的，应当加强对其资信的审核，并严格控制贷款发放。

第六章　银团贷款收费

第四十条 银团贷款收费是指银团成员接受借款人委托，为借款人提供银团筹组、包销安排、贷款承诺、银团事务管理等服务而收取的相关中间业务费用，纳入商业银行中间业务收费管理。

银团贷款收费应当按照“自愿协商、公平合理、质价相符”的原则由银团成员和借款人协商确定，并在银团贷款合同或费用函中载明。

第四十一条 银团贷款收费的具体项目可以包括安排费、承诺费、代理费等。银团费用仅限为借款人提供相应服务的银团成员享有。

安排费一般按银团贷款总额的一定比例一次性支付；承诺费一般按未用余额的一定比例每年根据银团贷款合同约定的方式收取；代理费可以根据代理行的工作量按年支付。

第四十二条 银团贷款的收费应当遵循“谁借款、谁付费”的原则，由借款人支付。

第四十三条 牵头行不得向银团成员提出任何不合理条件，不得以免予收费的手段，开展银团贷款业务竞争，不得借筹组银团贷款向银团成员和借款人搭售其他金融产品或收取其他费用。

第七章　银团贷款转让交易

第四十四条 银团贷款转让交易是指银团贷款项下的贷款人作为出让方，将其持有的银团贷款份额转让给作为受让方的其他贷款人或第三方，并由受让方向出让方支付转让价款的交易。

银团贷款转让交易不得违反贷款转让的相关监管规定。

第四十五条 转让交易的定价由交易双方根据转让标的、市场等情况自行协商、自主定价。

第四十六条 转让交易的出让方应当确保与转让标的相关的贷款合同及其他文件已由各方有效签署，其对转让的份额拥有合法的处分权，且转让标的之上不存在包括债务人抵销权在内的任何可能造成转让标的价值减损的其他权利。

出让方应当为转让交易之目的向受让方充分披露信息，不得提供明知为虚假或具有误导性的信息，不得隐瞒转让标的相关负面信息。

第四十七条 转让交易的受让方应当按照转让合同的约定，受让转让标的并支付转让价款，不得将出让方提供的相关信息用于任何非法目的，或违反保密义务使用该信息。

第四十八条 代理行应当按照银团贷款合同的约定及时履行转让交易相关义务；其他银团成员、担保人等相关各方应当按照银团贷款合同的约定履行相关义务，协助转让交易的顺利进行。

第八章　附　　则

第四十九条 依法设立的非银行金融机构开办银团贷款业务适用本指引。

第五十条 本指引由银监会负责解释。

第五十一条 本指引自公布之日起实施。2007 年 8 月 11 日印发的《银团贷款业务指引》（银监发［2007］68 号）同时废止。

中国银行业监督管理委员会
关于印发商业银行业务连续性监管指引的通知

（银监发［2011］104 号）

各银监局，各政策性银行、国有商业银行、股份制商业银行、金融资产管理公司，邮政储蓄银行，各省级农村信用联社，银监会直接监管的信托公司、企业集团财务公司、金融租赁公司：

为加强商业银行风险管理，提高业务连续性管理能力，促进商业银行有效履行社会责任，维护公众信心和银行业正常的运营秩序，银监会制定了《商业银行业务连续性监管指引》，现印发给你们，请遵照执行。

请各银监局将本通知转发至辖内银监分局及银行业金融机构。

中国银行业监督管理委员会
二〇一一年十二月二十八日

商业银行业务连续性监管指引

第一章　总　　则

第一条　信息系统与信息科技是保障商业银行业务持续运营的重要基础。为降低或消除因信息系统服务异常导致重要业务运营中断的影响，快速恢复被中断业务，维护公众信心和银行业正常运营秩序，提高商业银行业务连续性管理能力，根据《中华人民共和国银行业监督管理法》、《中华人民共和国商业银行法》以及相关法律法规，制定本指引。

第二条　本指引所称业务连续性管理是指商业银行为有效应对重要业务运营中断事件，建设应急响应、恢复机制和管理能力框架，保障重要业务持续运营的一整套管理过程，包括策略、组织架构、方法、标准和程序。

第三条　本指引所称重要业务是指面向客户、涉及账务处理、时效性要求较高的银行业务，其运营服务中断会对商业银行产生较大经济损失或声誉影响，或对公民、法人和其他组织的权益、社会秩序和公共利益、国家安全造成严重影响的业务。

第四条　本指引所称重要业务运营中断事件（以下简称运营中断事件）是指因下述原因导致信息系统服务异常、重要业务停止运营的事件。主要包括：

（一）信息技术故障：信息系统技术故障、配套设施故障；

（二）外部服务中断：第三方无法合作或提供服务等；

（三）人为破坏：黑客攻击、恐怖袭击等；

（四）自然灾害：火灾、雷击、海啸、地震、重大疫情等。

第五条　商业银行应当将业务连续性管理纳入全面风险管理体系，建立与本机构战略目标相适应的业务连续性管理体系，确保重要业务在运营中断事件发生后快速恢复，降低或消除因重要业务运营中断造成的影响和损失，保障业务持续运营。

第六条　商业银行应当根据本行业务发展的总体目标、经营规模以及风险控制的基本策略和风险偏好，确定适当的业务连续性管理战略。

第七条　商业银行应当建立业务连续性管理的组织架构，确定重要业务及其恢复目标，制定业务连续性计划，配置必要的资源，有效处置运营中断事件，并积极开展演练和业务连续性管理的评估改进。

第八条　业务连续性管理的基本原则是：

（一）切实履行社会责任，保护客户合法权益、维护金融秩序；

（二）坚持预防为主，建立预防、预警机制，将日常管理与应急处置有效结合；

（三）坚持以人为本，重点保障人员安全；实施差异化管理，保障重要业务有序恢复；兼顾业务连续性管理成本与效益；

（四）坚持联动协作，加强沟通协调，形成应对运营中断事件的整体有效机制。

第九条　商业银行应当将业务连续性管理融入到企业文化中，使其成为银行机构日常运营管理的有机组成部分。

第二章　业务连续性组织架构

第一节　日常管理组织架构

第十条　董（理）事会是商业银行业务连续性管理的决策机构，对业务连续性管理承担最终责任。主要职责包括：

（一）审核和批准业务连续性管理战略、政策和程序；

（二）审批高级管理层业务连续性管理职责，定期听取高级管理层关于业务连续性管理的报告，监督、评价其履职情况；

（三）审批业务连续性管理年度审计报告。

第十一条　高级管理层负责执行经董（理）事会批准的业务连续性管理政策。主要职责包括：

（一）制定并定期审查和监督执行业务连续性管理政策、程序；

（二）明确各部门业务连续性管理职责，明确报告路线，审批重要业务恢复目标和恢复策略，督促各部门履行管理职责，确保业务连续性管理体系正常运行；

（三）确保配置足够的资源保障业务连续性管理的实施。

第十二条　商业银行应当设立由高级管理层和业务连续性管理相关部门负责人组成的业务连续性管理委员会，统筹协调、落实各项管理职责。

第十三条　商业银行应当指定风险管理部门或其他综合管理部门为业务连续性管理主管部门，组织开展全行业务连续性管理工作，指导、评估、监督各部门的业务连续性管理工作；组织制定业务连续性计划，协调业务条线部门，汇总、确定重要业务的恢复目标和恢复策略；组织开展业务连续性计划的演练、评估与改进；开展业务连续性管理培训等。

第十四条　商业银行应当明确业务连续性管理执行部门，包括业务条线部门与信息科技部门。业务条线部门负责风险评估、业务影响分析，确定重要业务恢复目标和恢复策略，负责业务条线重要业务应急响应与恢复；信息科技部门负责信息技术应急响应与恢复。

第十五条　商业银行应当明确业务连续性管理保障部门，包括办公室、人力资源部门、公共关系部门、财务部门、法律合规部门、后勤部门、保卫部门等，为业务连续性日常管理提供人力、物力、财力以及安全保障和法律咨询。其中，公共关系部门应当制定对外媒体公关策略，制定和执行对外媒体公关的应急预案。

第十六条　商业银行各部门应当负责本部门业务连续性管理工作，制定相关规章制度，制定和执行本部门业务连续性计划，开展本部门业务连续性计划的演练、评估与改进工作。

第十七条　商业银行内部审计部门应当负责并定期开展全行业务连续性管理审计工作。

第二节　应急处置组织架构

第十八条　商业银行应当建立运营中断事件应急处置的组织架构，包括应急决策层、应急指挥层、应急执行层和应急保障层。

第十九条　应急决策层由商业银行高级管理人员组成，负责决定应急处置重大事宜，包括：决定运营中断事件通报、对外报告和公告；批准启动总体应急预案等。

第二十条　应急指挥层由商业银行的业务连续性管理主管部门、执行部门和保障部门负责人组成，负责运营中断事件处置应急指挥和组织协调，督导应急处置实施。

第二十一条　应急执行层由商业银行业务连续性管理执行部门组成，负责业务条线与信息技术应急处置工作。

第二十二条　应急保障层由商业银行业务连续性管理保障部门组成，负责应急处置所需人力、物力和财力等资源的保障，应急处置对外报告、宣告、通报和沟通与协调，以及对外媒体公关、秩序维护、安全保障、法律咨询和人员安抚等相关工作。

第三章　业务影响分析

第二十三条　商业银行应当通过业务影响分析识别和评估业务运营中断所造成的影响和损失，明确业务连续性管理重点，根据业务重要程度实现差异化管理，确定各业务恢复优先顺序和恢复指标。商业银行应当至少每三年开展一次全面业务影响分析，并形成业务影响分析报告。

第二十四条　商业银行应当识别重要业务，明确重要业务归口管理部门、所需关键资源及对应的信息系统，识别重要业务的相互依赖关系，分析、评估各项重要业务在运营中断事件发生时可能造成的经济损失和非经济损失。

第二十五条　商业银行应当综合分析重要业务运营中断可能产生的损失与业务恢复成本，结合业务服务时效性、服务周期等运行特点，确定重要业务恢复时间目标（业务RTO）、业务恢复点目标（业务RPO），原则上，重要业务恢复时间目标不得大于4小时，重要业务恢复点目标不得大于半小时。

第二十六条　商业银行应当明确业务重要程度和恢复优先级别，并识别重要业务恢复所需的必要资源。

第二十七条　商业银行应当通过分析业务与信息系统的对应关系、信息系统之间的依赖关系，根据业务恢复时间目标、业务恢复点目标、业务应急响应时间、业务恢复的验证时间，确定信息系统恢复时间目标（信息系统RTO）、信息系统恢复点目标（信息系统RPO），明确信息系统重要程度和恢复优先级别，并识别信息系统恢复所需的必要资源。

第二十八条　商业银行应当开展业务连续性风险评估，识别业务连续运营所需的关键资源，分析资源所面临的各类威胁以及资源自身的脆弱性，确定资源的风险敞口。关键资源应当包括关键信息系统及其运行环境，关键的人员、业务场地、业务办公设备、业务单据以及供应商等。

第二十九条　商业银行应当根据风险敞口制定降低、缓释、转移等应对策略。依据防范或控制风险的可行性和残余风险的可接受程度，确定风险防范和控制的原则与措施。

第三十条　商业银行应当根据业务影响分析结果，依据业务恢复指标，制定差别化的业务恢复策略，主要包括关键资源恢复、业务替代手段、数据追补和恢复优先级别等。

第三十一条　商业银行应当依据业务恢复策略，确定灾难恢复资源获取方式和灾难恢复等级。

第四章　业务连续性计划与资源建设

第一节　业务连续性计划

第三十二条　商业银行应当依据业务恢复目标，制定覆盖所有重要业务的业务连续性计划。

第三十三条　业务连续性计划的主要内容应当包括：

（一）重要业务及关联关系、业务恢复优先次序；

（二）重要业务运营所需关键资源；

（三）应急指挥和危机通讯程序；

（四）各类预案以及预案维护、管理要求；

（五）残余风险。

第三十四条　商业银行应当制定总体应急预案。总体应急预案是商业银行应对运营中断事件的总体方案，包括总体组织架构、各层级预案的定位和衔接关系及对运营中断事件的预警、报告、分析、决策、处理、恢复等处置程序。总体预案通常用于处置导致大范围业务运营中断的事件。

第三十五条 商业银行应当制定重要业务专项应急预案，专项应急预案应当注重灾难场景的设计，明确在不同场景下的应急流程和措施。业务条线的专项应急预案，应当注重调动内部资源、采取业务应急手段尽快恢复业务，并和信息科技部门、保障部门的应急预案有效衔接。

第三十六条 专项应急预案的主要内容应当包括：

（一）应急组织架构及各部门、人员在预案中的角色、权限、职责分工；

（二）信息传递路径和方式；

（三）运营中断事件处置程序，包括预警、报告、决策、指挥、响应、回退等；

（四）运营中断事件处置过程中的风险控制措施；

（五）运营中断事件的危机处理机制；

（六）运营中断事件的内部沟通机制和联系方式；

（七）运营中断事件的外部沟通机制和联系方式；

（八）应急完成后的还原机制。

第三十七条 商业银行应当要求重要业务及信息系统的外部供应商建立业务连续性计划，证明其业务连续性计划的有效性，其业务恢复目标应当满足商业银行要求。

第三十八条 商业银行应当注重与金融同业单位、外部金融市场、金融服务平台和公共事业部门等业务连续性计划的有效衔接；同时，应当积极采取风险缓释及转移措施，有效控制由于外部机构业务连续性管理不充分可能产生的风险。

第二节 业务连续性资源建设

第三十九条 商业银行应当开展业务连续性计划所需的资源建设，满足业务恢复目标和重要业务持续运营的要求。

第四十条 商业银行应当重点加强信息系统关键资源的建设，实现信息系统的高可用性，保障信息系统的持续运行并减少信息系统中断后的恢复时间。

第四十一条 商业银行应当设立统一的运营中断事件指挥中心场所，用于应急决策、指挥与联络，指挥场所应当配置办公与通讯设备以及指挥执行文档、联系资料等。

第四十二条 商业银行应当建立符合业务连续性管理要求的备用资源，如备用业务和办公场所资源、备用信息系统运行场所资源、备用信息技术资源、备用人力资源等，以及电力、通讯、消防、安保等资源。

第四十三条 商业银行选择备用场地时，应当确保不会同时遭受同类型风险；应当综合分析备用场地所在地的自然环境、地区配套设施、区域经济环境、交通条件、政策环境和成本等各方面因素，以及灾难恢复所需的金融服务、通讯、设备、技术等外部服务供应商资源情况。

第四十四条 商业银行在建立备用业务和办公场所时，应当配备业务操作和办公所需资源，并确保其能够迅速启用。

第四十五条 商业银行应当建立灾备中心等备用信息技术资源和备用信息系统运行场所资源，并满足银监会关于数据中心相关监管要求。

第四十六条 商业银行应当明确关键岗位的备份人员及其备份方式，并确保备份人员可用，降低关键岗位人员无法及时履职风险。

第五章 业务连续性演练与持续改进

第一节 业务连续性计划演练

第四十七条 商业银行应当开展业务连续性计划演练，检验应急预案的完整性、可操作性和有效性，验证业务连续性资源的可用性，提高运营中断事件的综合处置能力。

第四十八条 制定业务连续性演练计划时，商业银行应当考虑业务的重要性和影响程度，包括客户范围、业务性质、业务时效性、经济与非经济影响等，演练频率、方式应当与业务的重要性和影响程度相匹配。

第四十九条 商业银行应当至少每三年对全部重要业务开展一次业务连续性计划演练。在重大业务活动、重大社会活动等关键时点，或在关键资源发生重大变化之前，也应当开展业务连续性计划的专项演练。

第五十条 商业银行应当加强业务应急预案的演练，重点加强业务和信息科技部门的协调、配合；应当注重以真实业务接管为目标，确保灾备系统能够有效接管生产系统并具备安全回切能力。

第五十一条 商业银行应当将外部供应商纳入演练范围并定期开展演练；同时，应当积极参加金融同业单位、外部金融市场、金融服务平台和公共事业部门等组织的业务连续性计划演练，确保应急和协调措施的有效性。

第五十二条 商业银行应当对业务连续性计划的演练过程进行完整记录，及时总结、评估和改进。

第二节 业务连续性管理评估与改进

第五十三条 商业银行应当建立业务连续性管理体系持续改进机制。

第五十四条 商业银行应当至少每年对业务连续性管理体系的完整性、合理性、有效性组织一次自评估，或者委托第三方机构进行评估，并向高级管理层提交评估报告。

第五十五条 商业银行应当每年对业务连续性管理文档进行修订，内容应当包含重要业务调整、制度调整、岗位职责与人员调整等，确保文档的真实性、有效性。

第五十六条 商业银行在开发新业务产品时，应当同步考虑是否将其纳入业务连续性管理范畴。对纳入业务连续性管理的，应当在上线前制定业务连续性计划并实施演练。

第五十七条 在业务功能或关键资源发生重大变更时，商业银行应当及时对业务连续性计划进行修订。

第五十八条 商业银行应当每年对本行业务连续性管理进行审计，每三年至少开展一次全面审计，发生大范围业务运营中断事件后应当及时开展专项审计。

第五十九条 商业银行业务连续性管理审计的内容应当包括：业务影响分析、风险评估、恢复策略及恢复目标的合理性和完整性；业务连续性计划的完整性和可操作性；业务连续性计划演练过程及报告的真实性和有效性；业务连续性管理相关部门及人员的履职情况等。

第六章 运营中断事件应急处置

第一节 监测、预警与报告

第六十条 商业银行应当建立运营中断事件的风险预警体系，设定风险预警指标，并纳入全行风险预警体系中。

第六十一条 商业银行应当建立业务运营的监测体系及监控机制，对信息系统运行环境进行日常监测，采取自动化措施重点加强对业务运行情况的监控。

第六十二条 商业银行应当建立关键时点的监测与预警机制，在重大业务和社会活动等关键时点，或在业务功能、关键资源发生重大变更时，加强风险监控和预警。业务条线部门与信息科技部门等相关部门之间应当相互通报信息、提示风险，协同做好应急准备。

第六十三条 发生运营中断事件后，商业银行应当及时进行沟通和报告，包括：按照报告路线在内部各部门及人员之间的报告，与业务运营的外包方、业务合作方之间的沟通以及按照银监会有关报告要求，向银监会或其派出机构的报告等。

第二节 运营中断事件处置

第六十四条 商业银行应当制定运营中断事件等级划分标准，根据事件影响范围、持续时间和损失程度定义事件等级，开展应急响应处置工作。

第六十五条 运营中断事件应急处置应当遵循“统一指挥、分类管理、分级处置、快速响应”的原则，在全行统一指挥下高效、有序应对；应当根据事件等级实施差别化处置，必要时可以越级汇报、紧急授权，保障信息传递和决策的及时性，将影响或损失最小化。

第六十六条 商业银行应当及时、有效地响应运营中断事件，对事件影响进行评估，确定事件等级，及时启动应急预案，确保业务快速恢复，防止事态升级或恶化。

第六十七条 商业银行在实施应急处置时，应当采取以下措施：

（一）加强运营中断事件处置中的对外沟通，开展告知、解释与安抚工作，最大程度降低负面影响；

（二）对重要业务可以通过减少服务功能、缩小服务范围、利用替代系统、手工记账、利用他行支付渠道等多种手段进行业务应急处置；

（三）采用程序化和标准化的手段，提高信息技术应急处置的效率和质量。

第六十八条 商业银行应当为应急处置做好场地、交通、通讯、资金等后勤保障工作。

第六十九条 商业银行应当对运营中断事件应急处置过程进行完整记录。

第三节 灾难恢复

第七十条 对于导致或可能导致大范围业务运营中断的事件，商业银行应当迅速决策，确定是否实施灾难备份切换。

第七十一条 商业银行应当事先对备份资源进行技术验证，确保其可用性；在实施灾难备份切换时，信息科技部门应当向业务条线部门告知可能出现的数据损失情况，并对备份系统的运行情况实施监控，预警并防止出现二次中断风险。

第七十二条 商业银行在灾难备份切换、回切时，业务条线部门应当对中断时的重要业务数据进行核对，并在信息科技部门配合下，对丢失的数据进行追补；同时，应当进行测试和验证，确保交易的可靠性。

第四节 危机处理

第七十三条 商业银行应当建立危机处理机制，从维护客户关系、履行告知义务、维护客户合法权益出发，运用公共关系策略、方法，加强与客户、媒体的沟通，适时向公众发布信息，消除或降低危机所造成的负面影响。

第七十四条 商业银行应当指定专门部门负责危机处理工作，加强舆情监测、信息沟通和发布。

第七十五条 商业银行应当制定针对社会公众、媒体、股东、客户等相关各方的预案，在运营中断事件发生时及时、准确披露信息，防止因信息不对称可能产生的负面影响。

第七十六条 商业银行应当实时关注舆情信息，及时澄清虚假信息或不完整信息，消除社会疑虑，化解纠纷。

第七章 监管和处置

第一节 监管处置

第七十七条 银监会及其派出机构建立运营中断事件处置领导小组和工作小组。

（一）领导小组主要职责为：

1. 领导和指挥银行业运营中断事件处置工作；

2. 审批银行业运营中断事件处置预案；

3. 最终认定银行业运营中断事件等级，决定是否启动处置预案；

4. 对银行业运营中断事件重大处置措施

进行决策；

5. 协调跨行业、跨部门共同开展的处置工作重大事项；

6. 对银行业运营中断事件处置的对外信息发布进行决策。

（二）工作小组主要职责为：

1. 制定银行业运营中断事件处置预案；

2. 对银行业金融机构运营中断事件进行监管处置；

3. 向处置领导小组报告运营中断事件、重大处置事项及事件进展情况；

4. 依授权对外发布信息；

5. 协调跨行业、跨部门资源。

第七十八条 银监会建立银行业信息科技风险预警体系，对可能导致银行业发生较大运营中断事件的风险进行分析和评估，进行风险提示和预警。

第七十九条 银监会及其派出机构对银行业运营中断事件进行分级。当运营中断事件同时满足多个级别的定级条件时，按最高级别确定事件等级。

（一）特别重大运营中断事件（Ⅰ级）

1. 银行业金融机构重要信息系统服务中断，或重要数据损毁、丢失、泄露，造成经济秩序混乱或重大经济损失、影响金融稳定，或对公众利益、社会秩序、国家安全造成特别严重损害的事件；

2. 在业务服务时段导致一个（含）以上省（自治区、直辖市）的多家金融机构业务无法正常开展达3个小时（含）以上的事件；

3. 在业务服务时段导致单家金融机构两个（含）以上省（自治区、直辖市）业务无法正常开展达3个小时（含）以上，或一个省（自治区、直辖市）业务无法正常开展达6个小时（含）以上的事件；

4. 业务服务时段以外，故障或事件救治未果、可能产生上述1至3类事件的事件。

（二）重大运营中断事件（Ⅱ级）

1. 银行业金融机构重要信息系统服务中断，或重要数据损毁、丢失、泄露，对银行或客户利益造成严重损害的事件；

2. 在业务服务时段导致一个（含）以上省（自治区、直辖市）的多家金融机构业务无法正常开展达半个小时（含）以上的事件；

3. 在业务服务时段导致单家金融机构两个（含）以上省（自治区、直辖市）业务无法正常开展达半个小时（含）以上，或一个省（自治区、直辖市）业务无法正常开展达3个小时（含）以上的事件；

4. 业务服务时段以外，故障或事件救治未果、可能产生上述1至3类事件的事件。

（三）较大运营中断事件（Ⅲ级）

1. 银行业金融机构重要信息系统服务中断，或重要数据损毁、丢失、泄露，对银行或客户利益造成较大损害的事件；

2. 在业务服务时段导致一个省（自治区、直辖市）业务无法正常开展达半个小时（含）以上的事件；

3. 业务服务时段以外，故障或事件救治未果、可能产生上述1至2类事件的事件。

第八十条 按照属地监管原则，银监会派出机构在商业银行运营中断事件发生后2小时内，将事件及处置情况上报银监会处置工作小组。事件报告至少包括：事发银行及事件发生时间、地点、现象、影响范围和程度、已采取的措施等。

银监会处置工作小组应当将重大以上运营中断事件上报银监会运营中断事件处置领导小组。

第八十一条 银监会根据国家有关网络与信息安全事件应急预案要求向相关部门通报运营中断事件；对其他行业有较大影响的运营中断事件，可以向该行业主管或监管部门通报事件情况；对于特别重大（Ⅰ级）的运营中断事件，将事件及处置情况及时上报国务院。

第八十二条 银监会及其派出机构对商业银行报送的事件内容和事件等级进行分析、评估，认定运营中断事件的最终等级，及时启动处置预案，实施运营中断事件监管处置工作。

第八十三条 对于较大（Ⅲ级）运营中断事件，按照属地监管原则，由银监会或其派出机构组织开展处置工作，处置结束后银监会派出机构向银监会上报运营中断事件总结报告。

第八十四条 对于特别重大（Ⅰ级）和重大（Ⅱ级）运营中断事件，银监会处置工作小组及时核实情况，指导协调银监会派出机构开展处置；根据事件影响范围、紧急程度和事件处置进展情况，银监会处置工作小组可以赴事发银行现场进行督导。

第八十五条 银监会及其派出机构督导商业银行采取措施尽快恢复系统和业务，最大程度减少事件产生的负面影响。必要时，可以协调国家专业技术队伍或外部专家提供技术支援。

第八十六条 银监会及其派出机构督导商业银行积极采取风险隔离措施，防止事件恶化或向其他银行业金融机构扩散。对可能影响其他银行业金融机构业务开展或对银行业产生区域性、整体性影响的事件，银监会及其派出机构及时发布风险提示，加强风险防范。

第八十七条 银监会及其派出机构督促商业银行开展危机处理，做好舆情监测和媒体沟通，做好合理宣传解释工作，防止不实信息导致银行业金融机构声誉风险。涉及行业性运营中断事件处置情况通报时，由银监会按照信息披露程序统一对外发布信息。

第八十八条 银监会及其派出机构加强与相关部门和监管机构的协作，协调各方力量开展处置工作。

第八十九条 商业银行业务恢复正常运行后，应当将运营中断事件及其处置工作的评估、总结和改进报告报送银监会或其派出机构。银监会或其派出机构对事件进行评估和现场调查，查明事件原因，进行责任认定。

第二节 持续监管

第九十条 银监会及其派出机构将商业银行业务连续性管理纳入其风险管理综合评估范围。

第九十一条 银监会及其派出机构对商业银行业务连续性管理工作进行监督和检查，对业务连续性工作进行综合评价，提出监管要求。

第九十二条 商业银行应当于每年一季度向银监会或其派出机构提交业务连续性管理报告，包括上一年度业务连续性管理的评估报告与审计报告。

第九十三条 银监会及其派出机构对商业银行业务连续性管理报告进行审查，督导商业银行建立与其风险管控目标、机构规模、公众影响和所承担的社会责任相匹配的业务连续性管理体系。

第九十四条 银监会及其派出机构对商业银行业务连续性管理报告进行审查时，要综合考虑商业银行机构规模、业务范围以及风险状况。重点关注以下方面：

（一）业务连续性管理体系的完整性和合理性；

（二）业务连续性管理的实施情况；

（三）业务连续性计划的演练情况；

（四）业务连续性管理年度评估的完整性和准确性，审计覆盖领域和深度；

（五）业务连续性管理在执行过程中存在的问题及其整改情况。

第九十五条 商业银行在完成业务连续性计划的全行性演练后，应当在 45 个工作日内向监管机构提交演练总结报告。

第九十六条 商业银行业务连续性管理机

制存在重大缺陷、日常管理工作存在严重违规的，因违反审慎经营规则导致业务运营中断的，或在运营中断事件中应急处置不力导致事件恶化、蔓延的，银监会或其派出机构依法采取监管措施并追究有关责任人的责任。

第八章 附 则

第九十七条 本指引适用于在中华人民共和国境内依法设立的法人商业银行和农村合作银行、城市信用社、农村信用社。

政策性银行、村镇银行、金融资产管理公司、信托公司、企业集团财务公司、金融租赁公司、汽车金融公司、货币经纪公司、消费金融公司等其他银行业金融机构参照执行。

第九十八条 本指引由中国银监会负责解释、修订。

第九十九条 本指引自公布之日起执行。

中国证券监督管理委员会

中国证券监督管理委员会公告

（［2011］41 号）

为增强上市公司 2011 年年度报告的真实性、准确性、完整性和及时性，提高上市公司信息披露质量，维护资本市场“三公”原则，各上市公司及相关会计师事务所应当严格遵照本公告的要求，切实做好 2011 年年报编制、审计和披露工作。现就有关事项公告如下：

……

（七）规范关联方资金往来，严禁违规占用，保障上市公司资金安全

上市公司应规范与控股股东及其他关联方之间的资金往来，完善关联方资金往来的管理制度，防范关联方占用上市公司资金，保护公司及股东的合法权益。上市公司如根据公司制度将资金存放在集团财务公司的，应制定并严格执行决策程序，确保资金安全和公司财务独立性。

上市公司应在年报“重要事项”部分如实披露关联方资金往来情况。上市公司发生控股股东及其关联方非经营性占用资金情况的，应充分披露资金占用期初余额、发生额、偿还额、期末余额、占用原因、预计偿还方式及清偿时间。公司应同时披露年审注册会计师对资金占用的专项审核意见。上市公司与集团公司发生资金往来的，应详细披露相关的决策程序和资金安全保障措施，以及期初余额、发生额、偿还额、期末余额、利息收入、利息支出情况。

……

证券公司行政许可审核工作指引第5号

——《证券公司董事、监事和高级管理人员任职资格监管办法》第十三条的适用

（2011年1月6日）

《证券公司董事、监事和高级管理人员任职资格监管办法》（以下简称《高管办法》）第十三条规定，取得总经理、副总经理、财务负责人、合规负责人、董事会秘书，以及证券公司管理委员会、执行委员会和类似机构的成员（以下简称经理层人员）任职资格，除应当具备本办法第八条规定的基本条件外，还应当具备以下条件：（一）从事证券工作3年以上，或者金融、法律、会计工作5年以上；（二）具有证券从业资格；（三）具有大学本科以上学历或取得学士以上学位；（四）曾担任证券机构部门负责人以上职务不少于2年，或者曾担任金融机构部门负责人以上职务不少于4年，或者具有相当职位管理工作经历；（五）通过中国证监会认可的资质测试。

对本条的适用问题现作下列规定：

一、本条第一项规定，从事证券工作3年以上，或者金融、法律、会计工作5年以上。

……

从事金融工作是指：1. 在银行、保险机构、期货公司、信用合作机构、非银行金融机构从事业务工作；2. 在中国人民银行、金融监管机构、金融业自律机构从事专业管理工作。

……

三、本条第四项规定，曾担任证券机构部门负责人以上职务不少于2年，或者曾担任金融机构部门负责人以上职务不少于4年，或者具有相当职位管理工作经历。

……

金融机构部门负责人以上职务是指：1. 全国性银行机构二级分行分管业务的副行长及以上的职务；区域性银行机构总部部门主持工作的副经理及以上的职务；2. 金融资产管理公司、信托投资公司、财务公司、金融租赁公司以及其他银监会批准设立的金融机构部门主持工作的副经理及以上的职务；3. 全国性保险公司分公司主持工作的副经理及以上的职务；区域性保险公司总部部门主持工作的副经理及以上的职务；4. 期货公司副总经理及以上职务。

……

中国保险监督管理委员会

中国保险监督管理委员会、中国银行业监督管理委员会关于保险监督管理机构查询保险机构及相关单位和个人在金融机构账户有关问题的通知

（保监发［2011］21号）

各保监局，各银监局，各政策性银行、国有商业银行、股份制商业银行、金融资产管理公司，中国邮政储蓄银行，各省级农村信用联社，银监会直接监管的信托公司、企业集团财务公司、金融租赁公司：

2009年2月28日，十一届全国人大常委会第七次会议审议通过了关于修改保险法的决定。修改后的保险法第一百五十五条规定，保险监督管理机构依法履行职责可以询问当事人及与被调查事件有关的单位和个人，要求其对与被调查事件有关的事项做出说明；可以查阅、复制与被调查事件有关的财产权登记等资料；经国务院保险监督管理机构负责人批准，查询涉嫌违法经营的保险公司、保险代理人、保险经纪人、保险资产管理公司、外国保险机构的代表机构以及与涉嫌违法事项有关的单位和个人的银行账户。为进一步落实上述规定，规范保险监督管理机构查询保险机构以及与涉嫌违法事项有关的单位和个人（以下简称“相关单位和个人”）在金融机构的账户工作，经保监会、银监会研究，现就有关事项通知如下：

一、保险监督管理机构依法履行职责，在对涉嫌严重违法违规问题立案调查过程中，有权依法向有关金融机构查询保险机构以及相关单位和个人的账户，并取得证明材料，有关金融机构应当予以协助。

本通知所称保险机构包括保险公司、保险代理公司、保险经纪人、保险资产管理公司、外国保险机构的代表机构等经保险监督管理机构批准设立的机构。保险监督管理机构查询的保险机构及相关单位和个人账户，包括保险机构及相关单位和个人在政策性银行、国有商业银行、股份制商业银行、金融资产管理公司、中国邮政储蓄银行、外资银行、城市商业银行、城市信用合作社、农村商业银行、农村合作银行、农村信用社、新型农村金融机构、信托公司、企业集团财务公司、金融租赁公司等金融机构开立的各类账户。

二、保险监督管理机构查询保险机构及相关单位和个人在金融机构的账户应当依法合规，严格履行审批程序，经保监会负责人批准，签发《中国保监会查询账户通知书》（以下简称“查询账户通知书”）。

三、保险监督管理机构查询保险机构及相关单位和个人在金融机构的账户时，应当向有关金融机构送达查询账户通知书。保险监管人员具体执行查询任务时，应当由两名以上（含

两名）工作人员现场亲自办理，并出示保险监管人员的工作证或行政执法检查证以及查询账户通知书。

四、保险监督管理机构查询保险机构和相关单位在金融机构的账户，应当向有关金融机构提供保险机构或者相关单位的名称、账户名称及账号。查询相关个人在金融机构的账户应当向有关金融机构提供开户个人的姓名、账号。对因群众举报等原因，保险监督管理机构无法提供账号的，应提供准确的账户名称或居民身份证号或其他足以确定存款账户的情况，由金融机构协助查询。

五、保险监督管理机构查询保险机构及相关单位和个人在金融机构账户的内容，主要包括其开户销户情况、交易日期、收入资金来源和支出资金去向、金额和账户余额等情况。

六、保险监督管理机构查询保险机构及相关单位和个人在金融机构的账户时，可以对相关资料进行抄录、复印、照相，但不得带走原件。取得有关证明材料后，应当注明来源，并由提供证明材料的金融机构盖章。

七、对金融机构提供的有关资料，保险监督管理机构及其检查人员应当保密，严格限定于保险监管工作用途，不得擅自扩散。对于违反规定泄露查询的银行账户信息、造成泄密事故的，保险监督管理机构依据保密工作管理规定，视情节轻重和危害程度，给予教育、通报批评或行政处分。涉嫌犯罪的，依法移送司法机关处理。

八、相关金融机构应当依法协助保险监督管理机构办理查询工作，如实提供相关资料，不得隐匿。金融机构协助复制存款资料等支付了成本费用的，可以按照相关规定向保险监督管理机构收取工本费。对保险监督管理机构查询保险机构及相关单位和个人在金融机构账户的情况和内容，有关金融机构及其有关工作人员应当保密，不得告知被查询保险机构及相关单位或者个人。

九、保监局需要到异地查询本辖区保险机构在辖区外开立账户的，可按本通知要求持相关手续直接到相关开户金融机构查询；需要查询本辖区外保险机构在异地开立账户的，可以委托当地保监局进行查询。保监局需要查询保险业以外的相关单位和个人在异地金融机构账户的，经保监会负责人批准后，可以直接到异地金融机构查询。

十、保监局和检查人员违反本通知的规定进行查询的，由保监会依法追究有关人员的责任。金融机构和有关工作人员拒绝、阻碍保险监督管理机构及其工作人员依法行使调查职权未按本通知的规定协助查询的，或者向保险监督管理机构提供虚假资料的，或者告知被查询单位相关信息的，保险监督管理机构可以将有关情况移送该金融机构的监管机构依法处理，由有关金融监管机构依法追究有关人员的责任，涉嫌犯罪的，依法移送司法机关处理。

以上各项规定请各级金融监管机构、各金融机构认真贯彻执行。对执行中遇到的问题，请及时报告相应的金融监管机构。

中国保险监督管理委员会
中国银行业监督管理委员会
二〇一一年四月十四日

上海证券交易所

上海证券交易所关于发布《上海证券交易所上市公司关联交易实施指引》的通知

（上证公字［2011］5号）

各上市公司：

为规范上市公司关联交易行为，提高上市公司规范运作水平，切实保护上市公司和全体股东的合法权益，本所制定了《上海证券交易所上市公司关联交易实施指引》，现予发布，并自2011年5月1日起执行。

特此通知。

附件：上海证券交易所上市公司关联交易实施指引

上海证券交易所

二〇一一年三月四日

附件

上海证券交易所上市公司关联交易实施指引

……

第二章　关联人及关联交易认定

……

第十二条　上市公司的关联交易，是指上市公司或者其控股子公司与上市公司关联人之间发生的可能导致转移资源或者义务的事项，包括：

（一）购买或者出售资产；

（二）对外投资（含委托理财、委托贷款等）；

（三）提供财务资助；

（四）提供担保；

（五）租入或者租出资产；

（六）委托或者受托管理资产和业务；

（七）赠与或者受赠资产；

（八）债权、债务重组；

（九）签订许可使用协议；

（十）转让或者受让研究与开发项目；

（十一）购买原材料、燃料、动力；

（十二）销售产品、商品；

（十三）提供或者接受劳务；

（十四）委托或者受托销售；

（十五）在关联人的财务公司存贷款；

（十六）与关联人共同投资。

（十七）本所根据实质重于形式原则认定的其他通过约定可能引致资源或者义务转移的事项，包括向与关联人共同投资的公司提供大于其股权比例或投资比例的财务资助、担保以及放弃向与关联人共同投资的公司同比例增资或优先受让权等。

中国注册会计师协会

中国注册会计师协会关于印发《注册会计师业务指导目录（2012年）》的通知

（会协［2011］117号）

各省、自治区、直辖市注册会计师协会：

为贯彻落实行业发展规划，深入实施新业务拓展战略，我会以《注册会计师业务指导目录（2010年）》为基础进行修订和完善，编制完成《注册会计师业务指导目录（2012年）》，现予印发。

中国注册会计师协会
二〇一一年十二月十四日

附件

注册会计师业务指导目录（2012年）

……

二、金融、保险相关业务（36项）

41. 企业集团财务公司年报审计

主要法律依据：《银行业监督管理法》（中华人民共和国主席令［2006］第58号）第33条；《企业集团财务公司管理办法》（中国银行业监督管理委员会令［2004］第5号）第37条

属性：报表审计业务（法定专营业务）

内容：对企业集团财务公司年度财务报表进行审计

报告使用者：社会公众

委托人：企业集团财务公司董事会

专业能力胜任要求：精通企业集团财务公司业务流程及其控制；熟悉企业集团财务公司相关的法律、法规、政策和制度

开展业务情况：按照现行的法律法规规定开展正常

……

专题与调研

专 题 报 告

关于企业集团财务公司资金集中管理模式调研结果的通报

各财务公司：

为深入了解现有财务公司及其所属集团在资金集中管理方面的背景、需求及具体做法，总结财务公司资金集中管理的良好做法和有益经验，推动财务公司功能定位的拓展和提升，2010年，中国财务公司协会配合银监会非银行金融机构监管部对全国96家企业集团财务公司的资金集中管理模式进行了问卷调查。现将调研结果通报如下：

一、企业集团资金管理模式和财务公司定位

（一）关于企业集团资金集中管理的组织架构

96家财务公司中有69家财务公司选择单纯财务公司模式，20家财务公司选择“财务公司+结算中心”模式，另有7家财务公司选择“财务公司+多级结算中心”模式。在结算中心和财务公司并存的模式中，结算中心有两方面职能：一是作为集团财务部的派出机构，负责集团公司资金集中管理制度制定、执行，负责对资金集中进行监督检查，用行政手段推进资金集中；二是负责部分子公司（如区域企业、上市公司，二级板块公司）及总分公司内部的资金集中工作。财务公司负责不同子公司、区域公司、板块公司之间的资金集中业务，负责提供集团内外的资金融通服务。

（二）关于企业集团资金管理模式

96家财务公司中19家财务公司选择“一体化”管理模式，即集团公司财务部、资金部与财务公司资金管理一体化。该模式又称“服务+管理”模式，财务公司作为集团资金集中管理的核心平台既要承担一定管理职能又要提供良好的金融服务，业务开展有相当的主动性，对集团战略并购、兼并重组、投融资事务等深度参与；58家财务公司选择内部银行模式，即集团财务部是企业集团资金集中管理的核心，财务公司负责日常资金管控如现金流预算、资金池、票据池管理等，为成员单位提供良好的结算、信贷等财务管理服务，主要功能体现在服务上；10家财务公司选择市场竞争模式，即成员单位具有完全主动的金融服务选择权，财务公司作为金融服务提供商，与商业银行作为平等的竞争对手，靠高效特色的服务争取成员单位客户；另有9家财务公司选择其他模式，即上述几种模式的部分混合体。

（三）关于财务公司在企业集团内部发挥的功能

财务公司的具体功能：96家财务公司中，92家财务公司选择资金集中平台，72家财务公司选择资金管理平台，88家财务公司选择信贷与融资平台，22家财务公司选择金融资

产管理平台，31 家财务公司选择投资银行服务平台，34 家财务公司选择风险管理平台。

企业集团对资金集中管理的要求：96 家财务公司中，65 家选择全面集中，28 家选择适度集中，3 家选择无明确要求。

企业集团对资金集中管理的考核：1. 对成员单位的考核指标，96 家企业集团除 2 家未作答外，其余 94 家企业集团有 59 家企业集团对成员单位有考核指标，其余 35 家没有具体考核指标。对于成员单位的考核指标，基本是资金集中度，部分集团是采取行政手段强制要求。2. 对财务公司的考核指标，96 家企业集团中，90 家对财务公司有具体的考核指标，6 家对财务公司没有具体考核指标。对财务公司的考核指标，以盈利指标居多，绝大部分指标与集团内其他成员单位无异。

二、财务公司资金集中管理情况

（一）财务公司组织架构模式

96 家财务公司中，90 家财务公司选择单一法人模式，1 家财务公司选择多级法人模式，4 家财务公司选择总分公司模式，1 家财务公司选择多级法人加总分公司模式。

（二）财务公司资金集中管理的范围

96 家财务公司中除 2 家未填报外，从资金集中的地域范围看，20 家财务公司选择同省市集中，4 家选择异地部分集中，9 家同时选择同省市集中和异地部分集中，58 家选择境内全面集中，3 家选择境内外全面集中；从资金集中的成员单位范围看，69 家选择所有成员单位，18 家选择部分层级以上成员单位，7 家选择部分板块成员单位。

（三）财务公司资金集中管理的内容

96 家财务公司中，96 家选择账户集中，91 家选择结算集中，93 家选择货币资金集中，44 家选择票据集中，47 家选择融资服务集成，23 家选择保险服务集成。

（四）财务公司资金集中管理的币种情况

96 家财务公司中，人民币现金池选项，除 7 家未填报外，76 家选择单一现金池，13 家选择多层级现金池。外币现金池选项，8 家财务公司选择多币种外币现金池，6 家财务公司选择单一币种外币现金池。

（五）财务公司资金集中管理程度

本部分采用 2008 年、2009 年两年数据统计。从全口径计算的存款集中度来看，2008 年全国 82 家财务公司中，除 4 家财务公司未填报和 3 家外资财务公司表示计算公式不适用外，6 家达到 80% 以上，27 家在 50%（含）~80% 之间，22 家在 30%（含）~50% 之间，19 家财务公司不足 30%，1 家财务公司扣除后存款集中度达 80% 以上；2009 年末全国 90 家财务公司中，除 4 家财务公司未填报和 3 家财务公司表示计算公式不适用外，10 家达到 80% 以上，29 家在 50%（含）~80% 之间，22 家在 30%（含）~50% 之间，21 家不足 30%，1 家财务公司扣除后存款集中度达 80% 以上。影响财务公司存款集中的因素，因上市公司资金和海外资金不能归集的各有 9 家，受专项资金影响的有 6 家，受保证金因素影响的有 3 家。从结算集中程度来看，2008 年，34 家财务公司对结算节省费用作了统计，其中 8 家财务公司全年分别为企业集团节省结算费用 500 万元以上；2009 年，38 家财务公司对结算节省费用作了统计，其中 7 家财务公司全年分别为企业集团节省结算费用 3 000 万元以上。

（六）财务公司资金归集模式

从账户设置情况看，除 1 家财务公司未作选择外，其余 95 家财务公司中，9 家选择统收统支模式，19 家选择收支一条线模式，29 家选择收支两条线模式，32 家选择联动账户/集团账户模式，5 家选择集中监控模式，18 家选择其他模式。从账户资金管理要求看，96

家财务公司中有13家未填报，其余83家财务公司中，37家选择单纯零余额管理，28家选择单纯目标余额管理，5家选择净额结算，12家同时选择零余额管理和目标余额管理。

三、财务公司资金集中管理的技术手段和系统支持情况

（一）财务公司已纳入信息系统管理的业务品种情况

结算业务93家，信贷业务87家，资金业务74家，有价证券投资业务21家，外汇业务25家，代理业务11家，票据业务66家，风险管理21家。纳入信息系统管理的其他业务包括会计核算、财务管理等。

（二）财务公司目前使用的业务功能模块

资金结算系统93家，信贷管理系统85家，投资管理系统18家，网上银行系统79家，风险管理系统20家，保险代理业务系统5家，资金监管系统40家，票据管理系统52家，电子票据系统58家，资金业务系统49家，计划预算系统35家，银企互联系统80家。其他业务功能模块包括财务核算系统、报表系统、领导查询系统、数据分析系统、系统管理中心、固定资产管理系统、报销管理系统、工资管理系统等。

（三）财务公司与商业银行建立网银连接情况

与财务公司核心信息系统建立网银连接的全国性商业银行主要有：工商银行78家，建设银行74家，中国银行59家，农业银行54家，交通银行37家，招商银行36家，光大银行21家，中信银行19家，民生银行、浦发银行、兴业银行各12家，华夏银行6家，深圳发展银行2家。

与财务公司核心信息系统建立网银连接的地方性商业银行有：广东发展银行、昆仑银行、北京银行、江苏银行、上海银行、无锡农村商业银行、江苏锡州农村商业银行、江阴农村商业银行、张家港市农村商业银行、攀枝花市商业银行、富滇银行、晋商银行。

与财务公司核心信息系统建立网银连接的外资商业银行主要有：中银香港、荷兰银行、花旗银行、渣打银行、汇丰银行、瑞穗实业银行。

此外，根据问卷反馈，有8家财务公司未与任何银行进行银企直联。

（四）财务公司网银系统在成员单位应用覆盖情况

96家财务公司中，除2家表示无网银系统和7家未填报该项外，其余87家财务公司中，有20家网银系统覆盖所有成员单位，有41家网银系统覆盖了80%以上的成员单位，有10家网银系统覆盖了50%以上的成员单位，有16家网银系统覆盖了50%以下的成员单位。

四、企业集团资金集中管理的影响因素、影响程度及应对措施

（一）企业集团并购重组的影响

企业集团的并购重组在短期内会影响集团内资金归集范围、归集政策和归集的资金规模。成员单位的变化使集团内部利益诉求多样化，新兼并和重组的企业在短期内实现账户整合和资金归集有难度。从长期看，企业集团兼并重组对资金集中管理工作影响不大。

为降低集团并购重组短期内对资金集中管理的不利影响，各财务公司采取多项措施，如：协助子公司搭建新的账户管理体系，推动子公司建立资金管理分中心；通过到子公司提供服务、进行业务培训等方式，推动各子公司建立资金管理分中心，加强其对下级单位的管理力度；试点探索新并入异地成员单位的资金集中管理方式等。

（二）上市公司资金监管政策的影响

虽然监管法规没有限制上市公司选择财务公

司作为金融服务机构，但是，部分地方证券监管部门和交易所对上市公司资金存放财务公司持非常谨慎态度，通过非正式监管意见实施严格的额度限制或加以反对。另外，目前证监会正在制定统一办法，规范上市公司与财务公司的关联交易行为，并已在部分上市公司试行。这些限制性规定和措施对财务公司吸收上市公司存款和开展其他业务产生重大不利影响，从而影响企业集团资金集中管理工作的效果。

在推动集中上市公司资金方面，财务公司采取措施主要有：（1）通过协会组织关联交易研究并与监管部门进行政策沟通；（2）按照交易所的相关规则，与上市公司股东和独立董事充分沟通，在保证上市公司信息充分披露和满足关联交易批准程序规范性的前提下，考虑业务增长的空间，在股东大会上通过提高上市公司存款额度，或经独立董事同意提高上市公司在财务公司存款额度；（3）通过所属集团与相关监管部门沟通，反映业务需求，争取监管部门的理解和支持；（4）通过调整股权结构，将财务公司变为上市公司的子公司。

（三）外汇政策的影响

目前财务公司无法对境外成员单位资金实施集中管理。按照《企业集团财务公司管理办法》，财务公司不得从事离岸业务，除“协助成员单位实现交易款项的收付”业务外，不得从事任何形式的资金跨境业务。此外，企业集团境外成员单位的资金受所在国法律、政策、环境方面的影响较大，如外汇管制、资金汇出的预提税制度、境外账户分散等，有效集中难度很大，随着企业集团国际化战略的推进，无法归集的海外资金还可能进一步提升。

财务公司采取的措施：（1）积极申请即期结售汇业务经营资格和银行间即期外汇市场会员资格，争取做好企业集团外汇资金集中运营管理和内部结售汇工作；（2）申请境外账户，探索建立境外资金池；（3）境外资金集中监控等。部分财务公司建议：设立境外分支机构，允许财务公司办理离岸业务等。

（四）贷款新规的影响

多数财务公司反映贷款新规的实施对企业集团资金集中管理带来挑战，一定程度上增大了集团资金集中管理和账户管理的难度，贷款新规要求企业在商业银行开立专门的贷款发放账户以及还款准备金账户，与目前集团加强资金管理减少账户的做法相悖；实贷实付的贷款方式使财务公司沉淀资金减少；财务公司暂时未要求实施“三个办法、一个指引”，成员单位对财务公司贷款需求增多；新规实施影响了资金使用的便利性，增加了资金结算费用。如要求大额资金通过贷款人受托支付，并要求贷款人应按约定对借款人相关账户实施监控。这样集团成员单位在付款达到受托支付要求时，不仅要办理复杂的手续，失去了使用大额借款资金的便利性，而且增加了资金结算费用，不利于成本管理。

财务公司的应对措施：加大吸收成员单位存款的力度，同时部分财务公司逐步加大与银行的同业合作业务，尽量减少不利影响。

（五）委托贷款的影响

委托贷款的增加本身是企业集团内部各板块和子集团加强各自资金集中管理的结果，这种模式本身也有助于提高各板块和子集团加强自身资金集中管理的积极性和程度，但对企业集团整体而言，委托贷款是资金分散运作的一种方式，会在一定程度上影响资金集中运作的效果。对此，多数财务公司认为对集团资金集中管理无影响，部分财务公司认为削弱了财务公司作为资金平台的作用，影响整体资金集中管理效果；部分财务公司认为委托贷款方式有助于推动对集团内上市公司的金融服务和资金集中管理工作，或有助于增强成员单位信心，为推进集中结算工作创造良好的外部环境，集团还可以通过委托贷款掌握下属成员单位的资金流向，加强对成员单位的资金监管和控制。

（六）其他影响因素

除上述影响因素外，财务公司反映未加入人民银行支付清算系统，较高的存款准备金率，证券、期货、保函等各类保证金无法在财务公司归集，合资企业集中资金存在外部股东阻力，财务公司不能为企业开立基本存款账户等因素也不同程度地对财务公司资金集中产生一定影响。

五、对监管工作的意见和建议

（一）适当降低财务公司存款准备金率的执行标准

财务公司作为企业集团内部的金融机构，存款来源于成员单位，贷款运用于成员单位，无论从结算层次上还是从货币创造乘数上看，其货币创造能力都极其有限；财务公司出现支付风险时，集团母公司负有注资义务，不会产生社会化风险；另外部分企业集团财务公司吸收的存款来源于成员单位的银行贷款资金。综合几个因素，建议对财务公司这类并不参加中央银行清算的、从事内部结算和存贷款业务的金融机构执行较低的差别存款准备金政策。

（二）允许财务公司拥有独立的清算行号

通过直接参与清算，成员单位银行账户内的资金直接归集到其在财务公司的账号内，成员单位之间的内部资金往来完全在财务公司系统中独立运行，成员单位与外部单位的资金汇划，由财务公司直接与银行进行清算。在这种模式下，财务公司直接参与清算与交换，减少资金的流转环节，提高财务公司结算效率，资金备付水平可进一步降低，有利于流动性风险控制，因此建议给予财务公司独立的清算号。

（三）提高集团内上市公司在财务公司存贷集中度

受上市公司监管制度的影响，上市公司资金无法有效在财务公司集中。建议对受上市公司关联交易影响的部分不纳入资金集中度考核；同时也希望银监会能协调证监会、深圳证券交易所等其他监管部门，帮助呼吁解决上市公司在财务公司存款限制的问题，争取逐步放开对上市公司与财务公司关联交易限额，例如在财务公司未并入上市公司的情况下，可根据企业集团持有上市公司股份的比例确定关联交易豁免金额，允许财务公司对上市企业发债资金进行归集，提高集团资金归集率。

（四）进一步加强财务公司分类监管

树立财务公司资金管理的行业标杆，通过集团资金集中、资金管理、风险管控、对集团及成员单位的综合金融服务路径，明确财务公司的根本职责。在此基础上，进一步拓展财务公司职能。第一，建议监管方式从“机构监管”向“功能监管”转变。现阶段我国企业集团财务公司的监管是比较典型的规制监管。监管机构注重财务公司与商业银行的共性，但在一定程度上忽略了财务公司的特性，这就导致了监管效率缺失问题。第二，建议实施“分类管理”，根据不同财务公司的经营水平和经营规模进行不同管理，对经营情况良好的财务公司，能尝试开展金融创新空间。第三，与商业银行区别对待。在监管政策和经营指标方面，对财务公司和商业银行是一致的，甚至更为严格，希望能根据财务公司的经营特性，给予一定的区别对待，放宽相关指标的监管限制。第四，实施“平等待遇”。很多商业银行的金融业务财务公司都无法涉足，希望能给予加入商业银行业务平台的机会，促进财务公司业务发展。第五，逐步推进财务公司评级制度，同时根据分类监管原则，对实力雄厚、经营规范、风险程度低的财务公司给予较高的关联交易豁免权，以简化业务审批程序。

（五）慎重考虑财务公司是否适用“三个办法、一个指引”

“三个办法、一个指引”的实施对现行贷

款管理模式产生了较大影响，受托支付的引入、贷款专户的设立、贷款用途的审核、流动资金贷款规模的测算和控制等手段的采用，可以很大程度上控制贷款资金的挪用。但是，财务公司的贷款业务管理方式和银行有所不同，比如说流动资金贷款，财务公司给内部企业贷款，企业集团都有贷款预算控制、有对企业偿付能力的担保，所以对每个企业设置一个严格的额度并不适合；财务公司对企业集团成员单位的支持不能完全与企业现有的财务状况挂钩，如对企业集团重点发展的产业，虽然目前亏损，也必须提供资金支持；再如受托支付及贷款专户管理，其目的是控制企业挪用资金，特别是防范固定资产贷款中把项目资金挪作他用，但企业集团内部的固定资产项目都纳入预算管理，严禁企业挪用资金去理财或炒股，所以要求进行严格的受托支付、专户管理对财务公司贷款来说，控制效果不明显，且增加成本，损害内部金融服务效率。

（六）其他建议

1. 合理考量财务公司资金集中度，剔除目前无法集中的资金，如各类专项资金、承兑汇票的保证金等。

2. 允许财务公司在企业集团业务聚集地区设立分支机构，以进一步加强资金的集中管理，为企业集团成员提供跟进服务。

3. 财务公司转贴现业务及资产转让业务受到一定的局限，只能针对企业集团成员单位办理的业务，一定程度上制约了财务公司的功能发挥及业务发展，不利于发挥财务公司资源配置的灵活性，建议允许财务公司同商业银行一样开展转贴现及资产转让业务。

4. 建议中央银行的超级网银系统接入对财务公司开放，提高财务公司办理结算业务的能力。

5. 放宽担保额度限制。《企业集团财务公司管理办法》关于“担保余额不得高于资本总额”的规定在现阶段限制了财务公司担保类中间业务的发展。目前财务公司可开展的担保类业务有银票承兑、商票承兑、保证担保、保函类业务等。随着电票业务推出，财务公司可以通过人民银行的电票系统实现银票承兑，业务需求量不断增大。目前对财务公司担保余额的限制一定程度上限制了财务公司对成员企业金融服务功能的发挥。

6. 从事买方信贷的汽车类财务公司与汽车金融公司同等政策待遇。汽车金融公司从事买方信贷业务，发放的消费信贷期限较长，而财务公司吸收的成员企业存款很少有长期沉淀的资金，期限的不匹配使财务公司很难支撑汽车金融业务的发展。建议对此类财务公司与汽车金融公司同等对待，在满足资本充足率要求前提下，允许向银行借款，享受较长借款期限。

7. 根据目前《企业集团财务公司管理办法》有关规定，异地现金结算、债券承销、年金和住房公积金托管、集合理财等创新业务均不在财务公司业务范围内，导致企业集团内部既有金融需求难以得到全面满足。如年金和住房公积金托管业务，由于财务公司没有年金和住房公积金托管资格，随着中央企业逐步建立年金制度，企业集团成员单位的年金和住房公积金全部存在外部银行，影响集团整体的资金集中度；如集合理财业务，部分集团成员单位资金闲置量较大，但由于财务公司不能开展集合理财业务，而各商业银行推出的集合理财产品正好符合成员单位需要，成员单位不愿将资金集中到财务公司。此外，中长期资金来源不足，因此希望发行适当额度的财务公司金融债券以筹集部分中长期资金。

8. 建议允许财务公司适当开办企业集团内部对私业务。例如代发集团员工工资，归集集团社保资金等，为集团提供更多的金融服务。

二〇一一年四月十八日

关于建议对财务公司实施差别信贷调控政策的函

中国人民银行货币政策司：

今年以来，为了有效贯彻落实国家宏观调控政策，人民银行采取了一系列调控措施，取得了明显效果。在此过程中，财务公司能够顾全大局，认真贯彻货币信贷调控政策，自觉调整信贷投放总量和节奏，着力优化信贷结构，实现了货币信贷规模在调控范围内的适度、平稳增长。但是，由于财务公司隶属于不同行业的企业集团、存贷款业务只针对内部成员单位，在贯彻执行调控政策时也遇到一些现实问题。为了提高政策的针对性、灵活性和有效性，我会建议从以下几方面对财务公司实施差别信贷调控政策：

（一）适度放宽对财务公司的信贷调控力度

考虑到财务公司存贷款业务限于集团内部，其实质是企业集团内部资金集中管理和调剂的手段，几乎没有货币派生能力；且财务公司行业的整体信贷规模只有15 000亿元，对全局影响甚微，是非系统重要性的机构，因此，建议适度放宽对财务公司信贷调控的力度。

（二）允许财务公司根据集团的经营需求自行掌控信贷节奏

财务公司作为产业集团的内部资金融通机构，一方面企业集团具有既定的生产经营节奏，项目投资也具有一套严格的规划和实施程序，财务公司信贷投放要服从于企业生产经营和项目建设的资金安排，无法人为平滑；另一方面其面对的信贷客户是集团内部企业，客户群体单一、数量少，可调节的空间小。因此，建议在对财务公司信贷实施适度调控的前提下，由财务公司根据集团经营需求自行掌握信贷投放节奏。

（三）在财务公司行业内实施差别信贷调控措施

财务公司广泛分布在关系国计民生的国防、能源、装备制造等20多个行业。目前，有的企业集团为执行国家的战略处在加大投入或快速发展期，有的企业集团为应对金融危机处于发展恢复调整期，处于不同行业和不同发展阶段的企业集团对融资的需求也不同。因此，建议结合企业集团的行业特点、发展阶段和重要性，对财务公司实施差别的信贷调控措施，支持重点行业和重点企业的发展，以更好地实现“有扶有控”的调控目标。

专此致函，感谢支持。

二〇一一年五月二十七日

关于“三个办法、一个指引”执行情况调研结果的汇报

中国银监会非银部：

银监会“三个办法、一个指引”颁布实施以来，中国财务公司协会就一直关注着其对企业集团及其财务公司的影响，先后通过调研、研讨等方式了解情况，并及时向有关部门沟通、报告。为深入了解“三个办法、一个指引”执行主体银行和执行客体企业执行“三个办法、一个指引”的真实情况，总结良好做法和有益经验，反映困难与问题，推动“三个办法、一个指引”更有效地贯彻落实，近日，中国财协对全国112家企业集团财务公司进行了问卷调查。现将调查结果汇报如下：

一、企业集团的融资结构及融资管理模式

（一）企业集团的融资结构

调查结果显示：截至2010年12月31日，112家企业集团债务融资余额合计68 542.37亿元，其中银行贷款49 210.24亿元，占比71.80%；公司债、短融及中票16 117.37亿元，占比23.51%；其他债务融资2 404.72亿元，占比3.52%。截至2011年6月30日，112家企业集团债务融资余额合计69 221.06亿元，其中银行贷款52 734.42亿元，占比76.18%；公司债、短融及中票15 206.76亿元，占比21.97%；其他债务融资1 854.15亿元，占比2.68%。

（二）企业集团的融资管理模式

近年来，大型企业集团结合自身发展需要多在逐步加强大额资金筹集、使用、催收和监控的管理，国资委也制定了一系列相关政策鼓励中央企业加强资金的集中管理，并对财务公司在集团资金集中管理、促进内部资金融通、提高资金使用效率、控制集团财务风险等方面发挥的作用给予了充分肯定。

调查结果显示，从企业集团融资管理的承担者看，有90家（占比81%）由集团职能部门承担融资管理职能；有21家（占比9%）由财务公司承担融资管理职能；有10家（占比10%）由集团财务部门和财务公司共同承担融资管理职能。

从贷款的管理角度看，有8家集团（占6%）采取统贷统还方式（其中有4家在统贷统还的同时还有其他方式），即除集团公司批准及部分专项融资外，下属企业原则上不允许进行外部融资，由集团公司统一对外融资，在预算范围内为下属企业配置资金，再利用财务公司平台贷款给下属公司的模式；有83家（占73%）采取统一管理模式，即集团总部是融资决策部门，总体协调银企关系、统筹管理授信额度，但融资主体仍然是各成员单位。其中，有11家集团（占9%）采取各成员单位

分别贷款、集团公司统一调配的方式，有72家集团（占64%）采取集团母公司集中管理、各成员单位自借自还的方式，有23家集团（占20 %）采取各成员单位自主贷款、自主管理的方式，即集团公司和下属企业拥有独立对外融资权，集团公司通过一定的手段及时了解和监督企业融资情况。

（三）企业集团与银行的合作情况

调查结果显示，与拥有财务公司的企业集团及其成员单位授信合作最多的五家银行分别是建行、中行、工行、农行和交行，其次是招行、光大、中信、浦发和民生。

其中，89家集团（占79%）选择建设银行，84家集团（占75%）选择中国银行，81家集团（占72%）选择工商银行，80家集团（占71%）选择农业银行，50家集团（占45%）选择交通银行。

被调查企业认为银行能完全按照合同放款的有88家，占总数的78%；认为银行能部分按照合同放款的有21家，占总数的18 %；有3家未作选择。

二、“三个办法、一个指引”的执行现状

（一）企业看银行执行“三个办法、一个指引”的情况

执行“三个办法、一个指引”的主体是银行，企业作为银行的贷款客户，如何看待银行执行“三个办法、一个指引”的情况？调查结果显示，有75家（占66%）认为银行均严格执行“三个办法、一个指引”，有28家（占25%）认为大部分银行能严格执行“三个办法、一个指引”，有3家（占2%）认为只有极个别银行严格执行“三个办法、一个指引”，另有5家未作选择。

在分析银行未严格要求借款企业执行“三个办法、一个指引”的主要原因时，有45家（占40%）选择会影响和企业集团的合作关系，有17家（占15%）选择受企业集团议价能力的影响，有31家（占27%）选择银行出于自身利益考虑，有10家选择了其他原因，例如设备和人手短缺等；另有26家没有选择，认为已严格执行。

（二）财务公司接受银行委托进行受托支付的情况

按照《企业集团财务公司管理办法》规定，财务公司的核心功能是资金集中管理。在监管部门的引导和支持下，近年财务公司逐渐向结算、融资、风险管理等金融服务领域集中，将财务公司构建成集团的资金集中管理平台和统筹对外融资关系平台。

鉴于财务公司的功能定位，目前，在执行“三个办法、一个指引”过程中存在银行委托财务公司进行受托支付的情况，即商业银行选择财务公司作为代理行，由财务公司审查贷款相关交易资料，审核资金支付依据，并负责贷款资金的支付安排。调查结果显示，有15家财务公司（占13%）接受银行委托对集团和成员单位的贷款进行受托支付。其中，有9家（占52%）是银行主动提出，有6家（占35%）是财务公司主动提出，有2家（占11%）是集团主动提出（因有2家公司选择了三者都有的情况，此项比例计算分母为17）。

在签订协议的财务公司中，一般与1～2家银行签订了资金受托支付协议，只有1家财务公司与12家银行签订了资金受托支付协议。

共有14家银行委托财务公司进行受托支付，主要是工行、农行、中行、建行、交行、招商等规模较大的银行。在14家接受委托的财务公司中，农行与9家（占60%）财务公司签订了资金受托支付协议，工行与3家（20%）财务公司签订了资金受托支付协议，有6家银行与2家财务公司签订了资金受托支付协议，有6家银行与1家财务公司签订了资

金受托支付协议，有1家未签订协议。

在接受银行委托进行受托支付的财务公司中，有8家（占53%）签订了银企财三方资金受托支付协议，有3家（占20%）签订银财两方资金受托支付协议，有4家（占27%）未与银行签署任何协议。

在接受银行委托进行受托支付的财务公司中，有2家（占13%）采取与银行总行、集团、财务公司签订三方资金监管总协议，委托财务公司对总行和各分行向集团公司及成员单位的融资资金进行监管并承担相关责任和义务的方式；有9家（占60%）采取由各借款主体、财务公司和各承贷行签订单笔资金监管协议，委托财务公司进行资金监管的方式；有4家采取其他操作方式。

三、执行“三个办法、一个指引”的积极作用和存在问题

（一）执行“三个办法、一个指引”对企业集团资金集中管理的积极作用

调查结果显示，有69家财务公司（占61%）认为执行“三个办法、一个指引”可以降低贷款资金挪用风险，有39家财务公司（占34%）认为执行“三个办法、一个指引”可以加强集团资金计划管理，有20家财务公司（占18%）认为执行“三个办法、一个指引”可以降低融资成本，也有33家财务公司（占29%）认为执行“三个办法、一个指引”对加强集团资金集中管理作用不明显。

（二）执行“三个办法、一个指引”对企业集团资金集中管理的影响和存在的问题

1. 执行“三个办法、一个指引”对企业集团资金集中管理的影响

对执行“三个办法、一个指引”带来影响的调查结果显示，有36家财务公司（占32%）认为影响了集团的账户管理，有42家财务公司（占37%）认为影响了集团的贷款管理模式，有78家财务公司（占69%）认为影响了集团资金归集度，有57家财务公司（占50%）认为降低了成员单位使用贷款的时效性，有9家财务公司（占8%）认为对集团资金集中管理没有影响。

调查结果显示，财务公司归集资金中包括银行信贷资金的有73家，但占比较低，其中在10%左右的有48家，占66%；在20%左右的有5家，占7%；在30%左右的有5家，占7%；在40%左右的有15家，占20%。

2. “三个办法、一个指引”执行中存在的问题和困难

调查结果显示，部分财务公司所属集团反映，配合商业银行执行“三个办法、一个指引”存在以下主要问题：

一是相关规定模糊不便规范操作。如办法关于“贷款人应在贷款资金发放前审核借款人相关交易资料和凭证是否符合合同约定条件”的规定中，对相关交易资料和凭证未具体指明凭证种类等，各金融机构在执行上花样百出，信贷资料难以做到统一规范。

二是特殊情况下受托支付难以操作。例如，农产品收购商难以向众多的农户提供有银行受托支付约定的借款合同。

三是流动资金贷款需求量测算公式不具普适性，公式中考虑的存货、应收账款等科目较多，其他流动项目如货币资金、应收票据等占比极少，与现实不符，完全按照公式测算出的需求量与实际差异较大。

在执行“三个办法、一个指引”的难易程度的调查中，认为项目融资指引的执行难度最小，其次是固贷，认为流贷办法执行难度相对较大。

四、对执行“三个办法、一个指引”的意见和建议

综合调查中各机构提出的主要意见和建议

如下：

1. 建议监管部门认同、规范财务公司作为受托支付人的做法。财务公司作为内部金融机构，作受托支付人的优势：一是集团现有预算管理体系已经较为完善，对各项资金的用途都有较为严格的规定；二是财务公司对成员单位有较深刻的了解，能更加有效地履行受托支付职责；三是财务公司依托现有的信息系统可以实现对成员单位资金流向的监控功能。建议监管部门和商业银行实地考察企业集团的资金管理体制和财务信息系统，在获得认可的基础上，委托财务公司进行受托支付。

2. 建议对受托支付作出明确规定并适度提高受托支付最低限额。“三个办法、一个指引”，尤其是《固定资产贷款管理暂行办法》第二十五条　“单笔金额超过项目总投资5%或超过500万元人民币的贷款资金支付，应采用贷款人受托支付方式”，《流动资金贷款管理暂行办法》虽未明确具体比例和金额，但金融机构在具体操作中均参照固贷办法。这一比例和数额限制对于贷款需求量较大的大型项目投资来讲增加了操作的难度，建议对受托支付的控制只以比例控制而取消具体数额控制。另外，对于单笔支付金额较大的企业集团，考虑企业实际情况，对资金管理水平高、信用等级高、履约记录好、投资规模大的企业，适度放宽对受托支付最低限额的限制。

3. 进一步细化流动资金贷款需求量的测算方式。建议银监会可在《流动资金贷款需求量的测算参考》基础上，综合可预见的多种因素，吸取各地区、各单位在流动资金贷款需求量测算方面的成功经验和做法，区分不同类型，公布多种不同企业类型的公式或模板，由各金融机构针对不同企业、采用不同的测算公式，或者按多种公式相比较后，以测算最合理的资金营运需求量来估算贷款需求量，以此提高基层单位践行新规的效率和质量。

4. 建议银监部门采取针对性措施，解决办法推行中的困难和问题，确保对办法的规范执行。

一是动用广泛的社会资源，加强对受托支付的宣传，制定一些鼓励性措施，甚至出台补偿政策，用于补偿借款人和贷款人在推行受托支付贷款业务中的非自身因素受损，使广大经销商、借款人等认同、接受并积极推行受托支付贷款业务。

二是组织相关部门尽快建立供全国各地商户共享的银行信用信息平台，使每一个银行金融企业的信用能被任意一家经销商方便、有效地运用。

三是出台受托支付贷款信贷资金支付前的管理措施、办法，并研发能支持该措施、办法的银行电子技术，以有效管控信贷资金。对受托支付贷款衍生出的新贷款风险，组织研究相应的防范措施；对交易资料、凭证真实性方面的问题责任给予明晰界定；对交易资料、凭证种类加以详细说明。

四是加强调查研究，从实际出发，以文件形式明确更多的不宜受托支付的形式，结合实际在一定区域内作出统一规范的操作规定。

五是建立信息反馈互动平台，及时解决办法贯彻执行中的具体困难和问题。

特此汇报。

2011年8月22日

媒 体 文 章

蔡鄂生：财务公司要坚持资金集中和财务管理核心功能不动摇

2011 年 11 月 17 日　金融时报　沈杭

本报讯　（记者沈杭报道）中国财务公司协会第十四次会员大会 11 月 14 日至 15 日在浙江宁波召开。全国 116 家财务公司会员代表和全国 28 个省市自治区银监局的代表共 400 多人参加了会议。银监会副主席蔡鄂生出席会议并讲话，宁波市副市长苏利冕到会致辞。

蔡鄂生充分肯定了中国财务公司协会第七届理事会的工作和近年来财务公司在功能发挥、风险控制、促进实体经济发展等方面取得的成绩，要求财务公司积极应对复杂的国际国内经济金融形势。他强调，财务公司在战略定位上一定要结合集团发展战略和整体目标，以为集团服务为根本，坚持企业集团资金集中和财务管理这一核心功能不动摇。他要求财务公司要抓实基础工作，健全公司治理，完善人才培养和激励机制，认真思考实现科学发展与金融创新的关系。他要求监管人员一要深入实际调查研究，加强监管工作的主动性和监管政策的前瞻性；二要科学判断，贴身监管，增强监管政策和措施的针对性、灵活性和有效性；三要端正作风、加强服务，正确看待法律赋予的职责和权利。他希望中国财务公司协会充分发挥自律、协调职能，不断提升服务水平，继续以高度的责任感、使命感，深入贯彻落实科学发展观，努力开创财协工作的新局面。

银监会非银行金融机构监管部主任柯卡生在总结发言时希望，财务公司紧紧围绕既定的功能定位，坚持合规审慎经营，强化风险忧患意识，积极拓展金融服务功能，不断提高核心竞争力。他强调，监管人员要继续秉持“一手抓风险防范，一手抓科学发展”的方针，重视研究财务公司的发展要求，提供更加周到细致的监管服务，合理支持财务公司开展金融创新，支持实体经济更好更快发展。

会议审议通过了中国财务公司协会七届理事会、监事会和财务工作报告，选举产生了新一届理事会和监事会。

统计资料

经营状况综合统计

财务公司资产、负债、权益统计表

（2011 年）　　单位：万元

机构＼项目	资产			负债		所有者权益	
	总额	其中:贷款	其中:投资	总额	其中:存款	总额	其中:资本金
东风汽车财务有限公司	1 507 232	653 429	10 207	1 357 494	1 337 982	149 739	55 877
中国重汽财务有限公司	608 638	144 425	—	485 683	458 250	122 955	103 357
中国华能财务有限责任公司	2 568 456	1 841 282	143 850	1 979 060	1 744 288	589 395	500 000
锦江国际集团财务有限责任公司	231 586	130 600	—	171 473	169 816	60 113	50 000
一汽财务有限公司	2 699 867	1 122 524	194 630	2 388 642	2 259 946	311 225	112 880
西电集团财务有限责任公司	714 619	299 252	8 558	594 058	586 387	120 561	100 000
中国石化财务有限责任公司	7 575 588	4 447 911	882 687	6 150 692	3 125 676	1 424 896	1 000 000
东方电气集团财务有限公司	1 072 054	572 936	68 902	860 466	792 803	211 588	209 500
宝钢集团财务有限责任公司	1 074 269	611 234	126 890	925 701	860 252	148 568	110 000
中国一拖集团财务有限责任公司	281 971	154 390	13 032	223 747	199 642	58 225	50 000
五矿集团财务有限责任公司	1 195 780	757 600	139 185	756 000	653 746	439 780	350 000
攀钢集团财务有限公司	471 552	417 764	30 049	248 410	122 091	223 141	150 000
武钢集团财务有限责任公司	2 857 059	2 125 636	37 750	2 566 087	2 264 291	290 972	150 000
中远财务有限责任公司	2 659 836	28 056	81 343	2 449 845	2 431 996	209 991	160 000
江铃汽车集团财务有限公司	243 670	159 544	17 925	186 822	137 331	56 848	50 001
中国航空集团财务有限责任公司	701 438	382 550	30 601	613 396	609 061	88 043	50 527
中国南动集团财务有限责任公司	56 407	38 537	—	23 326	23 075	33 081	30 000
天津渤海集团财务有限责任公司	280 348	199 933	—	173 416	160 121	106 932	100 000
深圳市有色金属财务有限公司	139 666	103 715	3 637	96 287	67 096	43 379	30 000
中国南航集团财务有限公司	467 290	174 400	21 833	406 205	359 563	61 085	72 433
上海汽车集团财务有限责任公司	6 827 324	1 796 706	2 377 596	6 313 623	5 477 712	513 701	300 000
振华集团财务有限责任公司	112 499	49 142	—	92 575	91 616	19 924	15 000
东方集团财务有限责任公司	151 321	125 604	—	99 164	53 845	52 156	50 000
东航集团财务有限责任公司	462 211	140 483	31 392	382 123	368 127	80 088	50 000
中油财务有限责任公司	35 503 355	17 712 096	6 758 384	32 927 060	24 038 429	2 576 296	544 100
上海电气集团财务有限责任公司	2 788 548	987 564	427 317	2 509 614	2 390 539	278 934	150 000
葛洲坝集团财务有限责任公司	434 864	238 087	25 616	325 202	320 972	109 662	100 000
兵器财务有限责任公司	2 509 452	1 235 371	90 112	1 992 666	1 825 485	516 786	317 000
三峡财务有限责任公司	1 805 765	615 465	193 848	1 492 194	1 238 311	313 571	240 000
中广核财务有限责任公司	2 677 664	1 025 816	100 612	2 521 839	2 400 625	155 826	100 000
中船财务有限责任公司	2 195 324	693 590	66 319	2 021 152	2 006 933	174 172	61 200
中核财务有限责任公司	2 867 707	1 362 480	58 882	2 634 431	2 449 999	233 276	125 600
上海浦东发展集团财务有限责任公司	850 175	292 634	92 752	659 220	655 274	190 955	100 000
鞍钢集团财务有限责任公司	1 265 777	824 466	510	1 023 958	1 020 400	241 819	100 000
中国电力财务有限公司	12 688 606	691 0261	667 983	11 417 157	9 879 265	1 271 449	500 000
神华财务有限公司	2 254 740	1 021 609	62 079	2 075 480	2 065 062	179 260	70 000
中国电子财务有限责任公司	881 101	446 195	85 609	751 671	665 691	129 430	105 000
航天科技财务有限责任公司	4 312 190	900 201	602 363	3 970 470	3 625 678	341 720	200 000
航天科工财务有限责任公司	2 642 048	801 115	219 621	2 350 242	2 334 982	291 806	238 489

续表

项目 机构	资产			负债		所有者权益	
	总额	其中:贷款	其中:投资	总额	其中:存款	总额	其中:资本金
中船重工财务有限责任公司	4 277 595	1 461 376	1 021 002	3 947 961	3 860 062	329 635	71 900
中海石油财务有限责任公司	4 306 472	896 085	1 034 812	4 055 539	4 032 319	250 932	141 500
海尔集团财务有限责任公司	3 802 858	2 613 600	227 798	3 505 992	3 018 280	296 866	150 000
吉林森林工业集团财务有限责任公司	261 448	158 660	23 394	217 549	224 268	43 899	30 400
万向财务有限公司	623 694	486 957	76 781	450 837	334 794	172 857	120 000
中粮财务有限责任公司	1 059 018	552 700	78 881	838 071	791 162	220 947	100 000
苏州创元集团财务有限公司	138 643	74 681	2 000	104 452	83 484	34 191	30 000
珠海格力集团财务有限责任公司	929 904	381 098	—	740 545	707 527	189 359	150 000
国机财务有限责任公司	1 352 078	406 851	70 564	1 212 622	1 150 176	139 456	110 000
海航集团财务有限公司	1 884 289	1 654 462	20 000	1 537 395	1 251 341	346 894	270 000
中国华电集团财务有限公司	2 304 973	1 783 847	136 024	1 657 032	947 286	647 941	500 000
中国大唐集团财务有限公司	2 181 164	1 360 330	156 576	1 815 907	1 544 006	365 257	300 000
南方电网财务有限公司	1 985 409	1 428 211	44 618	1 777 069	1 623 244	208 340	100 000
中电投财务有限公司	2 715 905	2 069 575	170 908	220 1881	1 189 132	514 024	500 000
国电财务有限公司	2 175 645	1 409 131	28 326	1 734 941	1 460 220	440 705	300 000
华联财务有限责任公司	585 611	524 024	230	459 669	359 402	125 941	100 000
兵器装备集团财务有限责任公司	1 677 932	1 210 836	64 641	1 463 564	1 448 214	214 368	150 000
京能集团财务有限公司	574 359	413 300	—	400 114	395 760	174 245	150 000
浙江省能源集团财务有限责任公司	1 238 551	613 000	248 00	1 132 198	1 127 429	106 354	80 174
广东粤电财务有限责任公司	1 264 447	824 222	840	1 035 514	998 379	228 933	200 000
TCL 集团财务有限公司	554 131	107 097	—	494 740	455 698	59 391	50 000
湖南华菱钢铁集团财务有限公司	300 207	157 450	14 753	215 510	124 888	84 696	60 000
江西铜业集团财务有限公司	1 290 543	354 654	284 234	1 219 262	1 210 173	71 280	30 000
天津港财务有限公司	832 821	518 208	45 136	715 867	644 430	116 954	85 000
松下电器（中国）财务有限公司	424 075	3 276	—	337 894	336 252	86 181	70 000
中航工业集团财务有限责任公司	3 043 322	1 573 179	143 242	2 772 070	2 726 557	271 252	200 000
中冶集团财务有限公司	1 540 962	740 737	40 152	1 343 606	1 329 074	197 356	153 040
申能集团财务有限公司	928 939	513 096	51 137	809 973	797 603	118 966	100 000
潞安集团财务有限公司	1 125 689	590 930	26 383	1 008 666	1 001 614	117 023	100 000
淮南矿业集团财务有限公司	896 229	429 268	43 092	769 728	766 553	126 501	100 000
日立（中国）财务有限公司	110 990	62 900	—	79 335	78 668	31 655	30 000
保利财务有限公司	600 454	108 000	42 533	506 635	502 373	93 820	70 000
深圳能源财务有限公司	710 975	498 428	2 912	572 515	518 616	138 460	100 000
中化集团财务有限责任公司	1 434 468	599 189	64 376	1 297 107	1 293 964	137 361	100 000
海信集团财务有限公司	496 847	176 748	—	432 211	427 783	64 636	50 000
国联财务有限责任公司	275 674	130 765	—	220 279	211 039	55 394	50 000
首都机场财务有限公司	686 943	419 688	—	618 908	616 271	68 036	50 000
红豆集团财务有限公司	178 396	115 210	9 000	123 391	97 095	55 005	50 000
海马财务有限公司	450 325	86 001	5 338	340 750	297 412	109 575	95 000
南山集团财务有限公司	493 129	318 500	—	419 725	345 675	73 404	50 000
国投财务有限公司	1 626 768	956 544	34 720	1 487 678	1 451 640	139 091	120 000
河南煤业化工集团财务有限公司	2 401 081	1 718 614	2 382	2 045 575	1 748 657	355 506	300 000
中国化工财务有限公司	815 421	410 270	—	740 986	737 937	74 436	63 250
紫金矿业集团财务有限公司	410 389	258 750	1 505	349 467	347 593	60 921	50 000

续表

机构 \ 项目	资产			负债		所有者权益	
	总额	其中:贷款	其中:投资	总额	其中:存款	总额	其中:资本金
江苏华西集团财务有限公司	231 892	71 244	129	193 182	184 839	38 710	30 078
冀中能源集团财务有限责任公司	637 331	485 376	2 708	514 278	437 410	123 053	100 000
山西焦煤集团财务有限责任公司	1 207 245	378 058	—	1 088 626	1 085 774	118 618	100 000
阳泉煤业财务有限公司	1 037 713	398 729	—	974 920	972 365	62 793	50 000
晋煤集团财务有限公司	971 490	519 700	—	854 781	851 584	116 709	100 000
云南冶金集团财务有限公司	364 451	216 806	—	310 097	253 957	54 354	50 000
中海集团财务有限责任公司	610 074	313 878	—	538 389	535 009	71 685	60 000
中集集团财务有限公司	536 392	201 357	—	477 867	475 301	58 525	50 000
沙钢财务有限公司	506 706	232 759	—	399 189	288 158	107 517	100 000
美的集团财务有限公司	407 632	112 542	—	249 854	247 201	157 778	150 000
宁波港集团财务有限公司	405 970	1 877	—	245 993	244 471	159 978	150 000
兖矿集团财务有限公司	712 795	49 997	—	644 825	638 784	67 970	50 000
哈尔滨电气集团财务有限责任公司	139 913	770	—	107 183	101 901	32 731	30 000
北大方正集团财务有限公司	565 844	410 633	—	360 482	343 538	205 362	200 000
通用技术集团财务有限责任公司	689 638	76 476	—	581 590	578 180	108 048	100 000
铜陵有色金属集团财务有限公司	401 781	268 442	—	369 535	362 146	32 246	30 000
中建财务有限公司	1 006 490	53 293	—	887 149	886 823	119 341	106 800
江苏省国信集团财务有限公司	528 561	89 937	—	418 283	383 982	110 278	100 000
重庆化医控股集团财务有限公司	412 335	130 751	—	358 223	356 705	54 112	50 000
金川集团财务有限公司	235 715	64 775	—	130 631	128 854	105 083	100 000
新希望财务有限公司	48 618	38 256	—	17 504	17 005	31 114	30 000
酒钢集团财务有限公司	374 797	56 990	—	266 249	263 304	108 548	100 000
包钢集团财务有限责任公司	225 366	4 758	—	174 284	174 130	51 082	50 000
新奥财务有限责任公司	124 657	25 943	—	72 517	70 626	52 140	50 000
中外运长航财务有限公司	231 697	—	—	180 304	178 577	51 393	50 000
青岛啤酒财务有限责任公司	420 273	—	—	387 175	385 825	33 098	30 000
上海复星高科技集团财务有限公司	63 512	—	—	33 419	33 159	30 093	30 000
中铝财务有限责任公司	347 211	102 273	—	192 202	190 428	155 009	150 000
中兴通讯集团财务有限公司	284 572	62 482	—	181 486	180 561	103 086	100 000
国核财务有限公司	418 783	—	—	365 510	364 339	53 273	50 000
福建省能源集团财务有限公司	78 928	5 485	—	47 765	47 278	31 164	30 000
马钢集团财务有限公司	178 189	69 783	—	76 793	69 795	101 397	100 000
湖北宜化集团财务有限责任公司	30 738	30 253	—	237		30 501	30 000
大连港集团财务有限公司	50 089	—	—	58		50 031	50 000
西部矿业集团财务有限公司	50 111	—	—	57		50 053	50 000
总　计	182 144 283	87 188 674	17 668 003	159 128 019	137 218 416	23 016 264	15 088 106

注：①此表资产总额不包括委托项。

②贷款包括短期、中长期、贴现及买断式转贴现、贸易融资、融资租赁及其他贷款。

③投资包括债券、股票、长期股权及其他投资。

④此表为118家财务公司，不含三江航天、湖南高速、北京汽车、大唐电信、开滦、中国航油、海南农垦、江苏交通控股、西门子9家财务公司。

财务公司收入、利润状况统计表

（2011 年）　　单位：万元

项目 机构	利润总额	营业收入		
		总额	其中：利息收入	其中：中间业务收入
东风汽车财务有限公司	46 226	74 245	66 662	4 472
中国重汽财务有限公司	20 109	25 145	25 266	13
中国华能财务有限责任公司	60 037	116 907	104 923	2 612
锦江国际集团财务有限责任公司	5 974	11 010	10 815	392
一汽财务有限公司	69 903	135 287	130 736	197
西电集团财务有限责任公司	20 376	26 841	25 997	416
中国石化财务有限责任公司	158 360	285 988	223 523	33 011
东方电气集团财务有限公司	10 112	45 419	35 671	1
宝钢集团财务有限责任公司	23 871	54 049	47 163	572
中国一拖集团财务有限责任公司	6 107	10 367	4 240	497
五矿集团财务有限责任公司	45 400	60 299	48 841	457
攀钢集团财务有限公司	17 227	23 342	22 067	664
武钢集团财务有限责任公司	60 321	115 134	108 288	2 507
中远财务有限责任公司	30 458	73 031	72 815	124
江铃汽车集团财务有限公司	4 910	12 938	10 602	87
中国航空集团财务有限责任公司	9 042	29 501	26 945	1 293
中国南动集团财务有限责任公司	1 917	2 022	2 137	44
天津渤海集团财务有限责任公司	8 135	13 377	11 919	380
深圳市有色金属财务有限公司	4 374	8 134	7 156	61
中国南航集团财务有限公司	7 400	18 463	15 274	1 857
上海汽车集团财务有限责任公司	149 498	320 755	197 307	5 186
振华集团财务有限责任公司	2 144	4 892	4 722	169
东方集团财务有限责任公司	400	6 542	6 542	—
东航集团财务有限责任公司	9 281	18 888	19 215	116
中油财务有限责任公司	456 956	1 402 862	876 497	11 900
上海电气集团财务有限责任公司	31 114	81 317	66 754	660
葛洲坝集团财务有限责任公司	3 013	8 960	18 049	108
兵器财务有限责任公司	74 362	113 256	68 192	1 618
三峡财务有限责任公司	46 422	89 625	59 141	5 875
中广核财务有限责任公司	40 205	88 119	81 603	8 229
中船财务有限责任公司	36 981	73 854	72 124	272
中核财务有限责任公司	46 454	111 147	113 068	4 036
上海浦东发展集团财务有限责任公司	16 991	30 680	30 282	51
鞍钢集团财务有限责任公司	50 507	60 215	58 341	60 136
中国电力财务有限公司	219 850	553 344	514 818	6 704
神华财务有限公司	79 304	115 459	107 975	4 860
中国电子财务有限责任公司	22 141	34 806	30 961	3 131
航天科技财务有限责任公司	86 183	154 126	130 851	1 050
航天科工财务有限责任公司	51 145	98 793	90 449	1 671
中船重工财务有限责任公司	60 649	210 984	147 836	89
中海石油财务有限责任公司	78 197	166 435	128 902	4 733
海尔集团财务有限责任公司	126 819	215 781	169 792	14 713

续表

机构 \ 项目	利润总额	营业收入		
		总额	其中：利息收入	其中：中间业务收入
吉林森林工业集团财务有限责任公司	6 907	14 913	14 536	585
万向财务有限公司	21 182	29 199	28 708	115
中粮财务有限责任公司	27 462	44 512	40 373	1 549
苏州创元集团财务有限公司	2 407	4 729	4 573	16
珠海格力集团财务有限责任公司	22 030	53 951	55 556	36
国机财务有限责任公司	22 936	52 305	46 001	1 221
海航集团财务有限公司	32 432	97 217	97 170	47
中国华电集团财务有限公司	77 789	155 757	127 704	2 244
中国大唐集团财务有限公司	64 296	106 357	87 547	1 964
南方电网财务有限公司	60 791	106 738	100 941	4 656
中电投财务有限公司	58 838	140 681	127 266	4 570
国电财务有限公司	45 189	99 143	95 564	2 667
华联财务有限责任公司	10 391	24 378	24 112	80
兵器装备集团财务有限责任公司	40 816	89 562	81 102	3 080
京能集团财务有限公司	18 298	32 682	31 424	1 258
浙江省能源集团财务有限责任公司	25 316	44 344	42 156	981
广东粤电财务有限责任公司	32 364	57 594	56 836	758
TCL 集团财务有限公司	7 226	12 266	11 571	134
湖南华菱钢铁集团财务有限公司	2 039	8 558	11 998	1 516
江西铜业集团财务有限公司	35 307	61 991	45 085	198
天津港财务有限公司	15 260	28 778	26 403	564
松下电器（中国）财务有限公司	11 167	19 781	19 227	760
中航工业集团财务有限责任公司	69 681	121 873	107 391	2 554
中冶集团财务有限公司	35 183	58 007	50 060	196
申能集团财务有限公司	14 021	38 506	33 638	8
潞安集团财务有限公司	18 661	37 640	44 496	787
淮南矿业集团财务有限公司	21 922	45 552	40 263	639
日立（中国）财务有限公司	2 325	5 494	5 077	579
保利财务有限公司	12 527	30 135	28 577	204
深圳能源财务有限公司	15 284	28 265	28 148	—
中化集团财务有限责任公司	44 787	86 995	76 191	5 864
海信集团财务有限公司	8 903	13 756	13 460	55
国联财务有限责任公司	4 644	10 032	9 980	53
首都机场财务有限公司	17 075	28 890	28 777	113
红豆集团财务有限公司	3 860	12 152	11 852	300
海马财务有限公司	9 765	20 996	21 616	—
南山集团财务有限公司	14 794	24 839	24 897	105
国投财务有限公司	21 236	61 384	58 680	322
河南煤业化工集团财务有限公司	65 679	105 808	103 525	1 428
中国化工财务有限公司	12 714	28 405	28 249	156
紫金矿业集团财务有限公司	10 350	17 418	17 367	47
江苏华西集团财务有限公司	4 937	9 100	9 085	—
冀中能源集团财务有限责任公司	15 040	22 072	22 081	52

续表

项目 机构	利润总额	营业收入		
		总额	其中：利息收入	其中：中间业务收入
山西焦煤集团财务有限责任公司	14 330	29 901	29 357	—
阳泉煤业财务有限公司	16 240	28 123	28 092	31
晋煤集团财务有限公司	18 341	35 378	35 112	232
云南冶金集团财务有限公司	5 961	12 822	12 689	134
中海集团财务有限责任公司	13 505	32 036	31 720	316
中集集团财务有限公司	8 065	15 116	15 109	331
沙钢财务有限公司	6 115	21 467	21 302	165
美的集团财务有限公司	9 922	15 118	8 048	—
宁波港集团财务有限公司	13 000	15 305	7 395	1 431
兖矿集团财务有限公司	23 016	30 923	11 779	1
哈尔滨电气集团财务有限责任公司	3 545	8 602	8 593	9
北大方正集团财务有限公司	7 120	17 424	15 262	2
通用技术集团财务有限责任公司	10 342	18 192	16 562	69
铜陵有色金属集团财务有限公司	2 956	8 837	8 997	2
中建财务有限公司	17 048	31 287	31 287	—
江苏省国信集团财务有限公司	12 154	18 281	5 724	37
重庆化医控股集团财务有限公司	5 420	8 872	8 408	464
金川集团财务有限公司	6 694	10 284	10 284	—
新希望财务有限公司	1 485	2 744	494	—
酒钢集团财务有限公司	11 397	16 952	16 952	—
包钢集团财务有限责任公司	1 287	1 787	—	—
新奥财务有限责任公司	2 853	4 572	1 560	98
中外运长航财务有限公司	1 857	5 222	5 222	
青岛啤酒财务有限责任公司	4 168	6 015	6 140	24
上海复星高科技集团财务有限公司	125	903	903	—
中铝财务有限责任公司	6 691	10 907	9 577	—
中兴通讯集团财务有限公司	4 120	4 226	4 131	95
国核财务有限公司	4 377	5 965	4 107	645
福建省能源集团财务有限公司	1 589	2 035	1 371	664
马钢集团财务有限公司	1 865	3 326	2 505	13
湖北宜化集团财务有限责任公司	667	802	795	—
大连港集团财务有限公司	12	157	157	—
西部矿业集团财务有限公司	71	111	111	—
总　计	3 599 044	7 618 792	6 293 464	232 190

注：①此表营业收入包括利息收入、手续费及佣金收入、投资收益及其他业务收入。

②利息收入包括贷款利息收入、金融企业往来利息收入，不含其他利息收入。

③中间业务收入包括结算业务收入、担保业务收入、委托业务收入、保险代理业务收入、承销业务收入、财务顾问业务收入及其他中间业务收入。

④此表为118家财务公司，不含三江航天、湖南高速、北京汽车、大唐电信、开滦、中国航油、海南农垦、江苏交通控股、西门子9家财务公司。

财务公司地域分布状况统计表

（2011年）　　单位：亿元

项目/省份	机构		资产总额		净资产		利润总额	
	数量（家）	比例（%）	金额	比例（%）	金额	比例（%）	金额	比例（%）
北京市	43	33.86	11 826.91	64.93	1 404.98	61.04	218.40	60.68
天津市	2	1.57	111.32	0.61	22.39	0.97	2.34	0.65
河北省	3	2.36	76.20	0.42	17.52	0.76	1.79	0.50
山西省	4	3.15	434.21	2.38	41.51	1.80	6.76	1.88
内蒙古自治区	1	0.79	22.54	0.12	5.11	0.22	0.13	0.04
辽宁省	2	1.57	131.59	0.72	29.19	1.27	5.05	1.40
吉林省	2	1.57	296.13	1.63	35.51	1.54	7.68	2.13
黑龙江省	2	1.57	29.12	0.16	8.49	0.37	0.39	0.11
上海市	12	9.45	1 656.70	9.10	178.51	7.76	31.49	8.75
江苏省	7	5.51	185.99	1.02	40.11	1.74	3.41	0.95
浙江省	3	2.36	226.82	1.25	43.92	1.91	5.95	1.65
安徽省	3	2.36	147.62	0.81	26.01	1.13	2.67	0.74
福建省	2	1.57	48.93	0.27	9.21	0.40	1.19	0.33
江西省	2	1.57	153.42	0.84	12.81	0.56	4.02	1.12
山东省	6	4.72	653.45	3.59	65.89	2.86	19.78	5.50
河南省	2	1.57	268.31	1.47	41.37	1.80	7.18	1.99
湖北省	5	3.94	482.99	2.65	58.09	2.52	11.02	3.06
湖南省	3	2.36	35.66	0.20	11.78	0.51	0.40	0.11
广东省	11	8.66	995.81	5.47	140.42	6.10	21.18	5.88
海南省	2	1.57	45.03	0.25	10.96	0.48	0.98	0.27
重庆市	1	0.79	41.23	0.23	5.41	0.24	0.54	0.15
四川省	3	2.36	159.22	0.87	46.58	2.02	2.88	0.80
贵州省	1	0.79	11.25	0.06	1.99	0.09	0.21	0.06
云南省	1	0.79	36.45	0.20	5.44	0.24	0.60	0.17
陕西省	1	0.79	71.46	0.39	12.06	0.52	2.04	0.57
甘肃省	2	1.57	61.05	0.34	21.36	0.93	1.81	0.50
青海省	1	0.79	5.01	0.03	5.01	0.22	0.01	0.00
总　计	127		18 214.42		2 301.63		359.90	

注：①此表资产总额不包括委托项。

②此表资产、净资产、利润总额数据，不含三江航天、湖南高速、北京汽车、大唐电信、开滦、中国航油、海南农垦、江苏交通控股、西门子9家财务公司。

财务公司行业分布状况统计表

（2011年）

单位：亿元

项目 行业	机构		资产		净资产		利润总额	
	数量（家）	比例（%）	金额	比例（%）	金额	比例（%）	金额	比例（%）
电力	14	11.02	3 582.09	19.67	527.35	22.91	77.87	21.64
电子电器	8	6.30	760.9	4.18	100.36	4.36	21.04	5.84
钢铁	9	7.09	725.39	3.98	135.77	5.90	17.46	4.85
机械制造	9	7.09	764.79	4.20	110.71	4.81	12.58	3.50
建筑建材	3	2.36	298.23	1.64	42.64	1.85	5.52	1.53
交通运输	13	10.24	899.27	4.94	130.42	5.67	14.93	4.15
军工	10	7.87	2 358.2	12.95	240.61	10.45	46.82	13.01
煤炭	12	9.45	1 135.4	6.23	132.91	5.77	27.48	7.64
贸易	4	3.15	294.44	1.62	76.88	3.34	8.32	2.31
汽车	7	5.51	1 233.71	6.77	126.40	5.49	30.04	8.35
石油化工	7	5.51	5 032.8	27.63	462.50	20.09	76.46	21.24
有色金属	9	7.09	373.3	2.05	64.57	2.81	8.72	2.42
其他	22	17.32	755.91	4.15	150.52	6.54	12.66	3.52
总　计	127		18 214.43		2 301.64		359.90	

注：①此表资产总额不包括委托项。

②此表资产、净资产、利润总额数据，不含三江航天、湖南高速、北京汽车、大唐电信、开滦、中国航油、海南农垦、江苏交通控股、西门子9家财务公司。

③附：2011年财务公司行业分类表。

财务公司行业分类表

（2011年）

行业		
电力	中国华能财务有限责任公司	三峡财务有限责任公司
	中广核财务有限责任公司	中国电力财务有限公司
	中国华电集团财务有限公司	中国大唐集团财务有限公司
	南方电网财务有限公司	中电投财务有限公司
	国电财务有限公司	京能集团财务有限公司
	浙江省能源集团财务有限责任公司	广东粤电财务有限责任公司
	申能集团财务有限公司	深圳能源财务有限公司
电子电器	振华集团财务有限责任公司	中国电子财务有限责任公司
	海尔集团财务有限责任公司	珠海格力集团财务有限责任公司
	TCL集团财务有限公司	松下电器（中国）财务有限公司
	海信集团财务有限公司	美的集团财务有限公司
钢铁	宝钢集团财务有限责任公司	攀钢集团财务有限公司
	武钢集团财务有限责任公司	鞍钢集团财务有限责任公司
	湖南华菱钢铁集团财务有限公司	沙钢财务有限公司
	酒钢集团财务有限公司	包钢集团财务有限责任公司
	马钢集团财务有限公司	

续表

机械制造	西电集团财务有限责任公司	东方电气集团财务有限公司
	中国一拖集团财务有限责任公司	上海电气集团财务有限责任公司
	万向财务有限公司	苏州创元集团财务有限公司
	国机财务有限责任公司	中集集团财务有限公司
	哈尔滨电气集团财务有限责任公司	
建筑建材	葛洲坝集团财务有限责任公司	中冶集团财务有限公司
	中建财务有限公司	
交通运输	中远财务有限责任公司	中国航空集团财务有限责任公司
	中国南航集团财务有限公司	东航集团财务有限责任公司
	海航集团财务有限公司	天津港财务有限公司
	首都机场集团财务有限公司	中海集团财务有限责任公司
	宁波港集团财务有限公司	中外运长航财务有限公司
	湖南高速集团财务有限公司	大连港集团财务有限公司
	江苏交通控股集团财务有限公司	
军工	中国南动集团财务有限责任公司	三江航天集团财务有限责任公司
	兵器财务有限责任公司	中船财务有限责任公司
	中核财务有限责任公司	航天科技财务有限责任公司
	航天科工财务有限责任公司	中船重工财务有限责任公司
	兵器装备集团财务有限责任公司	中航工业集团财务有限责任公司
煤炭	神华财务有限公司	潞安集团财务有限公司
	淮南矿业集团财务有限公司	河南煤业化工集团财务有限公司
	冀中能源集团财务有限责任公司	山西焦煤集团财务有限责任公司
	阳泉煤业集团财务有限责任公司	晋煤集团财务有限公司
	兖矿集团财务有限公司	福建省能源集团财务有限公司
	湖北宜化集团财务有限责任公司	开滦集团财务有限责任公司
贸易	五矿集团财务有限责任公司	中粮财务有限责任公司
	通用技术集团财务有限责任公司	中国航油集团财务有限公司
汽车	东风汽车财务有限公司	中国重汽财务有限公司
	一汽财务有限公司	江铃汽车集团财务有限公司
	上海汽车集团财务有限责任公司	海马财务有限公司
	北京汽车集团财务有限公司	
石油化工	中国石化财务有限责任公司	天津渤海集团财务有限责任公司
	中油财务有限责任公司	中海石油财务有限责任公司
	中化集团财务有限责任公司	中国化工财务有限公司
	重庆化医控股集团财务有限公司	
有色金属	深圳市有色金属财务有限公司	江西铜业集团财务有限公司
	南山集团财务有限公司	紫金矿业集团财务有限公司
	云南冶金集团财务有限公司	铜陵有色金属集团财务有限公司
	金川集团财务有限公司	中铝财务有限责任公司
	西部矿业集团财务有限公司	

续表

其他	锦江国际集团财务有限责任公司	东方集团财务有限责任公司
	上海浦东发展集团财务有限责任公司	西门子财务服务有限责任公司
	吉林森林工业集团财务有限责任公司	华联财务有限责任公司
	日立（中国）财务有限公司	保利财务有限公司
	国联财务有限责任公司	红豆集团财务有限公司
	国投财务有限公司	江苏华西集团财务有限公司
	北大方正集团财务有限公司	江苏省国信集团财务有限公司
	新希望财务有限公司	新奥财务有限责任公司
	青岛啤酒财务有限责任公司	上海复星高科技集团财务有限公司
	中兴通讯集团财务有限公司	国核财务有限公司
	大唐电信集团财务有限公司	海南农垦集团财务有限公司

注：每个行业分类中，各财务公司依照其成立时间从左至右从上至下进行排序。

财务公司所有制分布状况统计表

（2011 年）　　单位：亿元

项目 所有制	机构		资产		净资产		利润总额	
	数量（家）	比例（%）	金额	比例（%）	金额	比例（%）	金额	比例（%）
中央国有企业	59	46.46	13 615.24	74.75	1 596.37	69.36	259.73	72.17
地方国有企业	51	40.16	3 620.52	19.88	530.75	23.06	74.94	20.82
集体民营企业	13	10.24	912.69	5.01	157.51	6.84	23.60	6.56
外资企业	4	3.15	65.97	0.36	17.00	0.74	1.63	0.45
总　计	127		18 214.43		2 301.63		359.90	

注：①此表资产总额不包括委托项。

②此表资产、净资产、利润总额数据，不含三江航天、湖南高速、北京汽车、大唐电信、开滦、中国航油、海南农垦、江苏交通控股、西门子 9 家财务公司。

财务公司行业资产质量状况统计表

（2011 年）　　单位：万元

项　　目	金额	占资产总额（%）
不良资产总计	265 865	0.15
次级资产	22 916	0.01
可疑资产	42 294	0.02
损失资产	200 654	0.11
不良贷款	142 427	0.08
次级贷款	22 926	0.01
可疑贷款	5 035	0.00
损失贷款	114 466	0.06

注：此表为 30 家有不良资产财务公司合计数。

财务公司行业存款、贷款结构统计表

（2011年）　　单位：万元

项　目	金　额	占比（%）	项　目	金额	占比（%）
各项贷款	87 188 674		各项存款	137 218 416	
1. 短期贷款	35 826 968	41.09	1. 活期存款	75 866 981	55.29
2. 中长期贷款	39 173 579	44.93	2. 定期存款	61 351 435	44.71
3. 贴现及买断式转贴现	7 750 445	8.89	各项存款	137 218 416	
4. 贸易融资	380 135	0.44	1. 集团母公司存款	26 372 853	19.22
5. 融资租赁	3 042 504	3.49	2. 上市公司存款	41 177 886	30.01
6. 各项垫款	0	0.00	3. 其他成员企业存款	69 667 677	50.77
7. 其他贷款	1 015 043	1.16			
各项贷款	8 718 8674				
1. 信用贷款	63 777 279	73.15			
2. 担保贷款	23 411 394	26.85			
各项贷款	87 188 674				
1. 集团母公司贷款	16 263 565	18.65			
2. 上市公司贷款	7 870 407	9.03			
3. 其他成员企业贷款	58 282 870	66.85			
4. 其他	4 771 831	5.47			

注：此表贷款数据为112家财务公司合计，不含三江航天、湖南高速、北京汽车、大唐电信、开滦、中国航油、海南农垦、江苏交通控股、中外运长航、青啤、上海复星、国机、大连港、西部矿业、西门子15家财务公司；存款数据为115家财务公司合计，不含三江航天、湖南高速、北京汽车、大唐电信、开滦、中国航油、海南农垦、江苏交通控股、湖北宜化、大连港、西部矿业、西门子12家财务公司。

财务公司主要经营指标统计表

（2011年）

机构＼项目	资本充足率（%）	资金集中度（%）	流动性比例（%）	存贷款比例（%）	资产收益率（%）	净资产收益率（%）
东风汽车财务有限公司	22.31	34.80	86.88	47.91	2.30	23.12
中国重汽财务有限公司	81.03	63.27	90.12	22.89	2.47	12.24
中国华能财务有限责任公司	27.73	38.98	36.61	105.52	1.76	7.68
锦江国际集团财务有限责任公司	47.19	32.17	127.19	76.91	1.91	7.35
一汽财务有限公司	23.89	46.86	102.71	48.53	1.96	16.98
西电集团财务有限责任公司	36.12	62.50	60.24	36.79	2.20	13.02
中国石化财务有限责任公司	25.42	36.36	39.18	108.46	1.62	8.61
东方电气集团财务有限公司	36.14	55.12	74.88	46.56	0.74	3.76
宝钢集团财务有限责任公司	20.39	14.46	57.70	67.85	1.68	12.13
中国一拖集团财务有限责任公司	28.04	67.05	68.36	56.09	1.63	7.90
五矿集团财务有限责任公司	49.24	31.05	39.54	127.49	2.91	7.90
攀钢集团财务有限公司	39.29	21.28	25.40	306.19	2.79	5.89
武钢集团财务有限责任公司	14.64	80.00	68.54	87.26	1.60	15.71
中远财务有限责任公司	91.94	23.81	137.90	1.15	0.89	11.24

续表

机构 \ 项目	资本充足率（%）	资金集中度（%）	流动性比例（%）	存贷款比例（%）	资产收益率（%）	净资产收益率（%）
江铃汽车集团财务有限公司	26.78		59.18	102.55	1.56	6.70
中国航空集团财务有限责任公司	20.87	33.00	52.68	62.81	0.97	7.73
中国南动集团财务有限责任公司	52.40		86.35	159.39	2.92	4.98
天津渤海集团财务有限责任公司	60.86		44.65	105.89	1.94	5.08
深圳市有色金属财务有限公司	39.24	56.80	82.06	154.56	2.56	8.25
中国南航集团财务有限公司	29.52	25.05	66.91	48.50	1.32	10.06
上海汽车集团财务有限责任公司	15.65	71.00	28.86	32.13	1.79	23.74
振华集团财务有限责任公司	32.85	66.74	37.78	49.76	1.41	7.95
东方集团财务有限责任公司	42.23	18.00	29.86	222.87	0.20	0.58
东航集团财务有限责任公司	47.97		55.79	37.09	1.52	8.76
中油财务有限责任公司	19.44	59.00	54.75	71.39	0.99	13.63
上海电气集团财务有限责任公司	19.75	73.00	82.50	28.05	1.09	10.89
葛洲坝集团财务有限责任公司	39.97	51.09	66.89	74.18	0.61	2.44
兵器财务有限责任公司	28.21	53.89	51.58	61.56	2.27	11.02
三峡财务有限责任公司	31.93	75.39	55.20	49.70	1.97	11.36
中广核财务有限责任公司	23.18	80.06	57.37	42.73	1.14	19.60
中船财务有限责任公司	20.20	23.06	51.74	32.66	1.27	15.98
中核财务有限责任公司	15.57	79.76	62.64	55.61	1.23	15.13
上海浦东发展集团财务有限责任公司	39.70	65.62	61.95	44.66	1.50	6.69
鞍钢集团财务有限责任公司	28.40	57.00	30.62	75.03	2.99	15.66
中国电力财务有限公司	14.26	98.98	37.49	70.67	1.19	11.85
神华财务有限公司	16.15	19.32	38.31	44.95	2.64	33.18
中国电子财务有限责任公司	24.38	75.00	76.79	60.17	1.76	11.95
航天科技财务有限责任公司	29.84	85.00	65.64	24.19	1.49	18.78
航天科工财务有限责任公司	29.79	80.14	75.53	34.31	1.44	13.01
中船重工财务有限责任公司	17.25	29.00	93.09	37.86	1.10	14.24
中海石油财务有限责任公司	13.79	33.76	45.90	14.99	1.38	23.64
海尔集团财务有限责任公司	17.14	100.00	27.10	68.43	2.51	32.11
吉林森林工业集团财务有限责任公司	20.63	94.73	31.43	90.54	1.99	11.86
万向财务有限公司	21.11	58.79	31.34	139.17	2.56	9.25
中粮财务有限责任公司	35.01	19.72	73.83	68.34	1.99	9.54
苏州创元集团财务有限公司	41.21		46.73	86.86	1.28	5.18
珠海格力集团财务有限责任公司	44.59	38.99	108.73		1.79	8.77
国机财务有限责任公司	27.91	21.39	82.77	31.67	1.27	12.33

续表

项目 机构	资本充足率（%）	资金集中度（%）	流动性比例（%）	存贷款比例（%）	资产收益率（%）	净资产收益率（%）
海航集团财务有限公司	21.60	85.38	48.85	115.31	1.29	6.99
中国华电集团财务有限公司	39.77	83.00	26.07	183.70	2.65	9.42
中国大唐集团财务有限公司	15.58	65.89	26.66	84.77	2.37	14.12
南方电网财务有限公司	30.66	79.05	25.23	86.71	2.34	22.27
中电投财务有限公司	29.08	79.20	25.51	176.92	1.68	8.87
国电财务有限公司	28.72	42.69	46.31	94.43	1.69	8.35
华联财务有限责任公司	23.63	31.60	42.62	143.73	1.33	6.20
兵器装备集团财务有限责任公司	15.37	27.44	35.59	78.37	1.86	14.59
京能集团财务有限公司	43.35	35.00	41.32	104.43	2.39	7.88
浙江省能源集团财务有限责任公司	10.46	78.37	38.39	53.48	1.54	17.94
广东粤电财务有限责任公司	27.52	52.98	38.15	78.56	1.92	10.58
TCL 集团财务有限公司	51.93	72.30	84.63	0.82	0.97	9.08
湖南华菱钢铁集团财务有限公司	47.88	50.66	82.52	73.67	0.70	2.47
江西铜业集团财务有限公司	14.66	96.00	36.77	29.23	2.02	36.64
天津港财务有限公司	20.19	65.63	32.24	64.40	1.37	9.78
松下电器（中国）财务有限公司	1 533.72	22.60	117.24	0.97	1.97	9.72
中航工业集团财务有限责任公司	12.52	33.64	52.67	53.57	1.75	19.61
中冶集团财务有限公司	24.49	26.30	48.42	54.22	1.72	13.40
申能集团财务有限公司	23.14	67.14	91.07	52.29	1.25	9.79
潞安集团财务有限公司	21.28	68.78	58.52	53.04	1.20	11.58
淮南矿业集团财务有限公司	18.68	55.00	48.77	56.00	1.78	12.58
日立（中国）财务有限公司	50.45	19.34	112.64	79.96	1.59	5.59
保利财务有限公司	55.85	27.00	73.24	21.50	1.56	10.00
深圳能源财务有限公司	28.21	63.00	75.96	81.96	1.46	7.49
中化集团财务有限责任公司	20.80	34.91	68.73	45.71	2.34	24.45
海信集团财务有限公司	33.28	72.05	60.72	35.09	1.34	10.33
国联财务有限责任公司	39.63	50.89	67.55	52.27	1.21	6.05
首都机场财务有限公司	16.78	32.34	34.35	68.10	1.86	18.78
红豆集团财务有限公司	40.29	39.57	78.52	76.93	1.62	5.26
海马财务有限公司	86.89	79.23	83.08	9.12	1.63	6.68
南山集团财务有限公司	24.33	60.46	36.88	72.47	2.25	15.11
国投财务有限公司	14.79	55.15	43.01	62.87	0.91	10.61
河南煤业化工集团财务有限公司	20.65	77.28	37.83	79.92	2.05	13.85
中国化工财务有限公司	14.57	25.08	41.66	55.40	1.17	12.80
紫金矿业集团财务有限公司	24.36	42.70	42.43	73.52	1.89	12.74

续表

机构 \ 项目	资本充足率（%）	资金集中度（%）	流动性比例（%）	存贷款比例（%）	资产收益率（%）	净资产收益率（%）
江苏华西集团财务有限公司	45.15	26.88	54.24	30.84	1.60	9.57
冀中能源集团财务有限责任公司	29.37	90.00	45.31	77.26	1.77	9.18
山西焦煤集团财务有限责任公司	31.41	39.50	64.04	21.37	0.89	9.06
阳泉煤业财务有限公司	15.29	47.87	58.03	36.36	1.17	19.36
晋煤集团财务有限公司	20.71	51.80	41.55	60.44	1.42	11.78
云南冶金集团财务有限公司	26.28	41.67	63.44	79.13	1.16	7.76
中海集团财务有限责任公司	25.06	25.00	39.12	54.24	1.56	13.29
中集集团财务有限公司	28.92	58.90	67.37	42.29	1.13	10.32
沙钢财务有限公司	47.26	18.53	84.59	36.44	0.91	4.27
美的集团财务有限公司	101.15		141.64		1.82	4.71
宁波港集团财务有限公司	67.25	54.52	81.27		2.40	6.09
兖矿集团财务有限公司	18.81	64.02	38.76		2.40	25.20
哈尔滨电气集团财务有限责任公司	158.76	10.50	116.66		1.90	8.11
北大方正集团财务有限公司	41.68		55.46	98.97	0.94	2.60
通用技术集团财务有限责任公司	47.40	26.00	89.33		1.09	6.96
铜陵有色金属集团财务有限公司	45.54	46.49	86.21		0.55	6.89
中建财务有限公司	223.86	12.43	94.56		1.24	10.47
江苏省国信集团财务有限公司	27.02	47.15	28.20		1.94	9.32
重庆化医控股集团财务有限公司	431.79	65.00	82.80		0.99	7.51
金川集团财务有限公司	162.69	14.35	127.78		2.13	4.77
新希望财务有限公司	80.67	5.92	52.72	221.70	2.29	3.58
酒钢集团财务有限公司	175.05	15.00	141.45		2.28	7.87
包钢集团财务有限责任公司	1 073.51		126.45		0.43	1.89
新奥财务有限责任公司	48.47	80.00	30.66		1.72	4.10
中外运长航财务有限公司	327.27	6.44	253.53		0.60	2.71
青岛啤酒财务有限责任公司	130.95	66.98	38.46		0.74	9.36
上海复星高科技集团财务有限公司	14 169.61	2.53	184.44		0.15	0.31
中铝财务有限责任公司	72.09	7.04	71.06		1.44	3.23
中兴通讯集团财务有限公司	161.52	8.13	130.43	13.90	1.08	2.99
国核财务有限公司	100.77	72.86	84.83		0.78	6.14
福建省能源集团财务有限公司	546.18	35.00	157.54		1.47	3.73
马钢集团财务有限公司	99.29	67.61	56.40		0.78	1.38
湖北宜化集团财务有限责任公司	100.82		114.06		1.63	1.64
大连港集团财务有限公司			85 747.32			
西部矿业集团财务有限公司			87 498.78		0.11	0.11

业 务 统 计

财务公司票据业务统计表

（2011 年） 单位：万元

机构 \ 项目	票据承兑	票据贴现	票据转入	票据转出	票据再贴现	票据代保管
东风汽车财务有限公司	24 850	36 877	23 494	0	0	26 785
中国重汽财务有限公司	14 300	258 154	0	0	3 180	518 694
中国华能财务有限责任公司	0	0	2 500	0	0	0
一汽财务有限公司	0	462 899	0	0	0	0
西电集团财务有限责任公司	252 400	161 542	57 758	28 558	19 073	0
中国石化财务有限责任公司	24 872	2 718 900	1 000	50 521	144 223	0
东方电气集团财务有限公司	0	467 587	0	0	0	0
宝钢集团财务有限责任公司	5 100	75 728	0	0	0	0
中国一拖集团财务有限责任公司	100 374	173 459	0	112 925	9 263	1 733 600
五矿集团财务有限责任公司	0	0	0	0	0	82 100
攀钢集团财务有限公司	282 400	54 989	0	14 989	0	1 144 181
武钢集团财务有限责任公司	482 135	393 570	70 160	134 548	58 240	22 188 745
江铃汽车集团财务有限公司	0	53 314	0	9 366	35 894	0
中国南动集团财务有限责任公司	0	5 211	0	0	850	0
天津渤海集团财务有限责任公司	7 066	67 013	0	0	0	0
深圳市有色金属财务有限公司	0	5 243	5 000	55 000	0	0
上海汽车集团财务有限责任公司	23 426	119 109	0	0	0	4 370 000
振华集团财务有限责任公司	0	3 556	0	0	0	0
东方集团财务有限责任公司	0	5 600	0	0	5 000	0
中油财务有限责任公司	0	1 153 717	0	711 378	203 160	0
上海电气集团财务有限责任公司	0	316 901	0	0	0	0
葛洲坝集团财务有限责任公司	100	0	0	0	0	0
兵器财务有限责任公司	30 869	111 626	0	0	58 500	0
三峡财务有限责任公司	0	30	0	0	0	128 733
中船财务有限责任公司	122 583	158 469	0	0	0	0
鞍钢集团财务有限责任公司	0	232 232	0	0	0	2 036 461
中国电力财务有限公司	56 765	51 625	0	0	0	0
神华财务有限公司	0	392 038	0	0	0	795 900
中国电子财务有限责任公司	0	84 945	0	0	33 821	30
航天科技财务有限责任公司	79 511	57 555	0	0	0	0
航天科工财务有限责任公司	4 046	0	0	0	0	0
中船重工财务有限责任公司	2 400	0	0	0	0	0
中海石油财务有限责任公司	0	417 519	1 119 583	0	0	0
海尔集团财务有限责任公司	2 760 250	1 624 335	0	0	5 323	0

续表

机构＼项目	票据承兑	票据贴现	票据转入	票据转出	票据再贴现	票据代保管
吉林森林工业集团财务有限责任公司	0	35 000	28 000	54 000	0	0
万向财务有限公司	566	115 464	0	0	0	0
中粮财务有限责任公司	0	36 390	0	0	0	0
苏州创元集团财务有限公司	2 431	3 892	0	0	0	0
珠海格力集团财务有限责任公司	0	1 202 197	0	149 934	0	0
国机财务有限责任公司	0	79 045	0	0	0	0
海航集团财务有限公司	0	785 100	58 570	399 570	0	0
中国华电集团财务有限公司	9 716	51 422	0	29 300	3 713	0
中国大唐集团财务有限公司	46 960	51 460	0	0	16 460	0
南方电网财务有限公司	0	20 700	0	0	0	0
中电投财务有限公司	1 669	0	0	0	0	0
国电财务有限公司	38 784	49 627	12 800	10 000	19 360	0
华联财务有限责任公司	0	13 931	0	8 972	0	0
兵器装备集团财务有限责任公司	528 536	75 924	0	0	0	0
浙江省能源集团财务有限责任公司	20 000	23 000	0	0	0	0
广东粤电财务有限责任公司	2 794	53 131	0	0	29 998	0
TCL 集团财务有限公司	3 052	181 462	67 967	51 000	0	0
湖南华菱钢铁集团财务有限公司	0	267 486	16 067	68 398	112 287	0
江西铜业集团财务有限公司	0	2 944	0	0	0	0
天津港财务有限公司	26 013	21 216	148 386	0	0	0
中航工业集团财务有限责任公司	855	294 633	0	0	0	0
中冶集团财务有限公司	0	222 221	0	102 224	11 818	0
申能集团财务有限公司	0	96 000	0	2 368	3 000	0
潞安集团财务有限公司	17 118	105 613	0	0	0	0
淮南矿业集团财务有限公司	35 100	2	35 100	2	35 000	1
保利财务有限公司	0	1 076	0	0	0	0
深圳能源财务有限公司	58 378	57 368	47 161	0	0	0
中化集团财务有限责任公司	304	58 090	0	0	0	0
海信集团财务有限公司	27 686	39 002	0	0	12 090	0
国联财务有限责任公司	400	36 114	0	0	6 300	0
首都机场财务有限公司	0	14 693	0	0	0	0
红豆集团财务有限公司	0	219 304	0	196 148	7 500	0
海马财务有限公司	0	7 006	51 861	37 914	0	0
南山集团财务有限公司	0	171 000	0	0	154 320	0
国投财务有限公司	3 026	127 108	0	0	16 600	0

续表

机构＼项目	票据承兑	票据贴现	票据转入	票据转出	票据再贴现	票据代保管
河南煤业化工集团财务有限公司	2 090	440 577	0	421 052	5 650	2 189 672
中国化工财务有限公司	0	6 595	0	0	0	0
紫金矿业集团财务有限公司	8 530	6 850	0	0	1 000	0
江苏华西集团财务有限公司	14 244	734 900	574 300	544 900	19 000	7 200
冀中能源集团财务有限责任公司	0	149 583	0	15 600	31 346	0
山西焦煤集团财务有限责任公司	0	326 413	0	0	0	0
阳泉煤业财务有限公司	0	41 254	0	0	0	2 902 127
晋煤集团财务有限公司	0	5 000	0	0	0	0
云南冶金集团财务有限公司	0	38 078	0	8 673	5 800	2 911
中海集团财务有限责任公司	0	43 327	0	0	0	0
中集集团财务有限公司	958	358	0	0	0	0
沙钢财务有限公司	0	973 984	0	953 898	61 684	0
美的集团财务有限公司	242 279	343 012	256 532	65 692	0	0
宁波港集团财务有限公司	0	9 038	0	0	0	0
兖矿集团财务有限公司	0	84 191	0	0	0	459 149
哈尔滨电气集团财务有限责任公司	11 661	770	0	0	0	0
北大方正集团财务有限公司	0	343 133	125 300	410 300	0	0
通用技术集团财务有限责任公司	137 913	242 092	0	0	0	0
铜陵有色金属集团财务有限公司	0	199 367	247 968	20 700	0	0
中建财务有限公司	0	53 293	0	0	0	0
江苏省国信集团财务有限公司	0	145 123	0	0	67 857	0
重庆化医控股集团财务有限公司	64 587	371 084	0	0	0	633 398
金川集团财务有限公司	0	64 775	0	0	0	0
新希望财务有限公司	0	886	0	0	0	0
酒钢集团财务有限公司	0	84 755	0	0	0	3 633 776
包钢集团财务有限责任公司	0	4 758	0	0	0	0
新奥财务有限责任公司	0	52 859	3 000	3 000	4 100	0
中铝财务有限责任公司	0	124 843	0	0	0	0
中兴通讯集团财务有限公司	0	332 602	0	15 618	0	0
福建省能源集团财务有限公司	0	5 485	0	0	0	0
马钢集团财务有限公司	0	69 783	0	0	0	0
湖北宜化集团财务有限责任公司	0	30 253	0	0	0	0
总　计	5 579 096	19 511 389	2 952 505	4 686 548	1 201 410	42 853 463

注：此表统计数据为发生额。

财务公司银团贷款情况统计表

（2011 年）　　　　单位：万元

机构 \ 项目	参与银团贷款次数	银团贷款总额	其中：财务公司分担额
中国石化财务有限责任公司	2	576 800	48 888
攀钢集团财务有限公司	1	121 000	43 000
兵器财务有限责任公司	1	20 000	5 000
三峡财务有限责任公司	2	598 000	68 000
中广核财务有限责任公司	21	13 692 759	886 481
中核财务有限责任公司	1	760 000	100 000
上海浦东发展集团财务有限责任公司	1	60 000	24 000
中国电力财务有限公司	1	19 050	5 000
中国电子财务有限责任公司	3	665 000	200 000
航天科技财务有限责任公司	1	2 000	400
航天科工财务有限责任公司	1	6 200	2 000
中海石油财务有限责任公司	3	997 600	76 173
中粮财务有限责任公司	1	190 000	22 800
中电投财务有限公司	2	458 100	151 120
国电财务有限公司	1	120 000	150
兵器装备集团财务有限责任公司	3	158 000	30 000
广东粤电财务有限责任公司	3	297 000	74 500
中航工业集团财务有限责任公司	32	361 500	74 900
中冶集团财务有限公司	1	18 000	4 000
申能集团财务有限公司	1	28 800	8 928
潞安集团财务有限公司	2	120 000	53 000
淮南矿业集团财务有限公司	2	100 000	60 000
保利财务有限公司	1	90 000	4 500
中化集团财务有限责任公司	1	150 000	50 000
国联财务有限责任公司	1	30 000	5 000
首都机场财务有限公司	3	553 104	122 100
红豆集团财务有限公司	1	105 000	1 000
国投财务有限公司	2	250 000	15 000
河南煤业化工集团财务有限公司	4	532 600	62 000
紫金矿业集团财务有限公司	1	132 448	10 000
晋煤集团财务有限公司	1	90 000	70 000
中海集团财务有限责任公司	5	119 000	24 200
总　计	106	21 421 961	2 302 140

财务公司信贷资产转让业务统计表

（2011 年）

单位：万元

机构 \ 项目	信贷资产转让总额	转入发生额		转出发生额	
		回购型	卖断型	回购型	卖断型
中国华能财务有限责任公司	550 000	0	0	550 000	0
锦江国际集团财务有限责任公司	30 000	0	0	30 000	0
西电集团财务有限责任公司	30 000	0	0	30 000	0
中国石化财务有限责任公司	600 000	0	0	600 000	0
宝钢集团财务有限责任公司	50 000	0	0	50 000	0
五矿集团财务有限责任公司	100 000	0	0	100 000	0
攀钢集团财务有限公司	360 000	0	0	360 000	0
武钢集团财务有限责任公司	1 088 788	0	0	966 160	122 628
江铃汽车集团财务有限公司	80 000	0	0	80 000	0
天津渤海集团财务有限责任公司	20 821	0	0	20 821	0
深圳市有色金属财务有限公司	104 600	53 800	0	50 800	0
上海汽车集团财务有限责任公司	2 187 600	1 093 800	0	1 093 800	0
东方集团财务有限责任公司	5 000	0	0	5 000	0
兵器财务有限责任公司	113 000	0	0	113 000	0
三峡财务有限责任公司	50 000	0	0	50 000	0
中广核财务有限责任公司	95 000	0	0	0	95 000
中核财务有限责任公司	54 100	0	0	0	54 100
中国电力财务有限公司	6 960 000	0	0	6 960 000	0
中国电子财务有限责任公司	55 000	0	0	55 000	0
中海石油财务有限责任公司	1 119 583	0	1 119 583	0	0
海尔集团财务有限责任公司	85 062	0	0	85 062	0
吉林森林工业集团财务有限责任公司	30 000	0	0	0	30 000
万向财务有限公司	38 814	0	0	38 814	0
珠海格力集团财务有限责任公司	149 934	0	0	0	149 934
海航集团财务有限公司	208 500	0	0	168 500	40 000
中国华电集团财务有限公司	2 134 300	0	0	2 134 300	0
中国大唐集团财务有限公司	259 483	100 523	0	16 460	142 500
南方电网财务有限公司	65 000	0	0	65 000	0
国电财务有限公司	580 000	0	0	580 000	0
华联财务有限责任公司	30 000	0	0	30 000	0
兵器装备集团财务有限责任公司	109 906	0	0	109 906	0
京能集团财务有限公司	180 000	90 000	0	90 000	0
广东粤电财务有限责任公司	103 000	0	0	100 000	3 000
湖南华菱钢铁集团财务有限公司	10 000	0	0	10 000	0
江西铜业集团财务有限公司	55 000	55 000	0	0	0

续表

机构 \ 项目	信贷资产转让总额	转入发生额		转出发生额	
		回购型	卖断型	回购型	卖断型
天津港财务有限公司	70 000	0	0	70 000	0
深圳能源财务有限公司	40 000	0	0	40 000	0
首都机场财务有限公司	1 000	0	0	0	1 000
红豆集团财务有限公司	196 148	0	0	63 308	132 840
南山集团财务有限公司	120 000	0	0	40 000	80 000
国投财务有限公司	9 000	0	9 000	0	0
中国化工财务有限公司	60 000	0	0	60 000	0
云南冶金集团财务有限公司	60 000	0	0	50 000	10 000
沙钢财务有限公司	1 386 056	0	0	432 158	953 898
美的集团财务有限公司	49 975	0	0	49 975	0
新奥财务有限责任公司	13 000	0	3 000	0	10 000
马钢集团财务有限公司	6 858	0	0	6 858	0
总　计	19 704 528	1 393 123	1 131 583	15 354 921	1 824 900

财务公司委托业务情况统计表

（2011 年）　　单位：万元

机构 \ 项目	发生额			余　额		
	合计	委托投资	委托贷款	合计	委托投资	委托贷款
东风汽车财务有限公司	8 220 832	0	8 220 832	1 983 258	0	1 983 258
中国重汽财务有限公司	20 000	0	20 000	60 000	0	60 000
中国华能财务有限责任公司	5 343 291	245 483	5 097 808	5 951 290	680	5 950 610
锦江国际集团财务有限责任公司	101 550	0	101 550	206 550	0	206 550
一汽财务有限公司	701 333	0	701 333	708 554	0	708 554
西电集团财务有限责任公司	102 100	0	102 100	90 823	0	90 823
中国石化财务有限责任公司	9 530 742	5 581 551	3 949 191	6 142 136	29 526	6 112 610
东方电气集团财务有限公司	316 500	0	316 500	150 520	0	150 520
宝钢集团财务有限责任公司	942 383	623 755	318 628	170 983	30 304	140 679
中国一拖集团财务有限责任公司	13 300	0	13 300	15 000	0	15 000
五矿集团财务有限责任公司	305 670	0	305 670	240 900	0	240 900
攀钢集团财务有限公司	1 032 500	0	1 032 500	799 100	0	799 100
武钢集团财务有限责任公司	4 029 426	150 410	3 879 016	3 543 132	0	3 543 132
中远财务有限责任公司	244 844	0	244 844	173 664	0	173 664
江铃汽车集团财务有限公司	46 100	0	46 100	44 700	0	44 700
中国航空集团财务有限责任公司	260 500	0	260 500	266 500	0	266 500
中国南动集团财务有限责任公司	8 850	0	8 850	8 350	0	8 350
天津渤海集团财务有限责任公司	6 143	0	6 143	26 765	0	26 765

续表

项目 机构	发生额			余额		
	合计	委托投资	委托贷款	合计	委托投资	委托贷款
上海汽车集团财务有限责任公司	3 960 109	3 228 443	731 666	463 109	15 678	447 431
振华集团财务有限责任公司	34 340	0	34 340	31 780	0	31 780
东方集团财务有限责任公司	4 600	0	4 600	15 750	0	15 750
东航集团财务有限责任公司	166 015	0	166 015	175 365	0	175 365
中油财务有限责任公司	2 992 203	33 058	2 959 145	14 845 185	2 386 865	12 458 320
上海电气集团财务有限责任公司	156 400	0	156 400	141 500	0	141 500
葛洲坝集团财务有限责任公司	321 097	0	321 097	435 402	0	435 402
兵器财务有限责任公司	1 315 582	467 042	848 540	1 836 780	224 715	1 612 065
三峡财务有限责任公司	5 640 670	475 240	5 165 430	5 640 053	474 623	5 165 430
中广核财务有限责任公司	288 060	14 920	273 140	1 112 133	14 920	1 097 213
中船财务有限责任公司	50 800	0	50 800	682 028	0	682 028
中核财务有限责任公司	289 833	0	289 833	1 034 714	0	1 034 714
上海浦东发展集团财务有限责任公司	76 000	0	76 000	98 000	0	98 000
鞍钢集团财务有限责任公司	548 100	0	548 100	835 100	0	835 100
中国电力财务有限公司	1 143 112	0	1 143 112	1 434 732	0	1 434 732
神华财务有限公司	3 569 957	0	3 569 957	6 219 803	0	6 219 803
中国电子财务有限责任公司	165 527	35 000	130 527	165 527	35 000	130 527
航天科技财务有限责任公司	926 045	151 463	774 582	1 094 843	96 838	998 005
航天科工财务有限责任公司	106 300	90 000	16 300	795 950	50 000	745 950
中船重工财务有限责任公司	0	0	0	1 171 400	0	1 171 400
中海石油财务有限责任公司	8 812 712	0	8 812 712	3 217 293	0	3 217 293
海尔集团财务有限责任公司	386 906	216 606	170 300	463 584	216 606	246 978
吉林森林工业集团财务有限责任公司	49 000	0	49 000	49 000	0	49 000
万向财务有限公司	484 550	0	484 550	891 450	0	891 450
中粮财务有限责任公司	6 026 043	0	6 026 043	384 705	0	384 705
苏州创元集团财务有限公司	3 500	0	3 500	3 800	0	3 800
国机财务有限责任公司	294 895	40 000	254 895	433 795	40 000	393 795
海航集团财务有限公司	285 681	0	285 681	100 250	0	100 250
中国华电集团财务有限公司	467 300	403 000	64 300	643 027	468 027	175 000
中国大唐集团财务有限公司	2 447 109	0	2 447 109	2 180 234	0	2 180 234
南方电网财务有限公司	367 671	0	367 671	653 080	0	653 080
中电投财务有限公司	848 250	0	848 250	888 880	0	888 880
国电财务有限公司	145 162	0	145 162	418 777		418 777
兵器装备集团财务有限责任公司	0	0	0	720 410	0	720 410
京能集团财务有限公司	792 250	396 125	396 125	1 530 400	765 200	765 200
浙江省能源集团财务有限责任公司	1 044 654	0	1 044 654	1 111 354	0	1 111 354

续表

项目 机构	发生额			余额		
	合计	委托投资	委托贷款	合计	委托投资	委托贷款
广东粤电财务有限责任公司	399 500	0	399 500	344 530	0	344 530
TCL 集团财务有限公司	6 500	0	6 500	6 900	0	6 900
湖南华菱钢铁集团财务有限公司	1 986 184	1 425 384	560 800	329 617	59 317	270 300
江西铜业集团财务有限公司	130 219	88 239	41 980	41 980	0	41 980
天津港财务有限公司	64 500	0	64 500	11 000	0	11 000
松下电器（中国）财务有限公司	91 336	0	91 336	795 161	0	795 161
中航工业集团财务有限责任公司	1 756 259	0	1 756 259	3 451 107	0	3 451 107
中冶集团财务有限公司	0	0	0	289 785	0	289 785
申能集团财务有限公司	32 500	0	32 500	117 600	0	117 600
潞安集团财务有限公司	453 238	0	453 238	662 346	0	662 346
淮南矿业集团财务有限公司	0	0	0	12 830	0	12 830
日立（中国）财务有限公司	2 494 000	0	2 494 000	10 000	0	10 000
保利财务有限公司	44 000	0	44 000	44 000	0	44 000
中化集团财务有限责任公司	4 147 851	20 000	4 127 851	1 918 530	0	1 918 530
国联财务有限责任公司	56 500	0	56 500	54 500	0	54 500
首都机场财务有限公司	6 903	0	6 903	1 043 615	0	1 043 615
海马财务有限公司	0	0	0	50 000	0	50 000
南山集团财务有限公司	10 000	0	10 000	4 000	0	4 000
国投财务有限公司	226 850	0	226 850	221 450	0	221 450
河南煤业化工集团财务有限公司	444 470	0	444 470	945 943	0	945 943
中国化工财务有限公司	626 100	0	626 100	459 100	0	459 100
紫金矿业集团财务有限公司	10 000	0	10 000	10 000	0	10 000
冀中能源集团财务有限责任公司	105 000	0	105 000	303 470	0	303 470
山西焦煤集团财务有限责任公司	934 472	0	934 472	1 468 372	0	1 468 372
阳泉煤业财务有限公司	22 000	0	22 000	22 000	0	22 000
晋煤集团财务有限公司	131 760	0	131 760	188 260	0	188 260
云南冶金集团财务有限公司	72 000	0	72 000	40 000	0	40 000
中海集团财务有限责任公司	388 000	0	388 000	518 000	0	518 000
中集集团财务有限公司	560 358	0	560 358	425 107	0	425 107
北大方正集团财务有限公司	84 450	0	84 450	34 450	0	34 450
江苏省国信集团财务有限公司	137 700	137 700	0	137 700	137 700	0
中兴通讯集团财务有限公司	17 803	0	17 803	2 353	0	2 353
国核财务有限公司	95 300	0	95 300	95 300	0	95 300
福建省能源集团财务有限公司	100 000	0	100 000	100 000	0	100 000
马钢集团财务有限公司	87 500	0	87 500	87 500	0	87 500
总计	91 159 750	13 823 419	77 336 331	86 747 924	5 045 999	81 701 925

财务公司结算业务情况统计表

（2011 年）　　　　单位：万元，笔

项目 机构	本外币合计		本币		外币	
	发生额	发生数	发生额	发生数	发生额	发生数
东风汽车财务有限公司	9 772 120	37 065	9 772 120	37 065	0	0
中国重汽财务有限公司	31 308 783	21 928	31 308 783	21 928	0	0
中国华能财务有限责任公司	155 941 029	224 448	155 941 029	224 448	0	0
锦江国际集团财务有限责任公司	19 166 479	72 402	19 156 218	72 363	10 261	39
一汽财务有限公司	30 292 756	63 308	30 292 756	63 308	0	0
西电集团财务有限责任公司	6 014 831	74 107	6 014 831	74 107	0	0
中国石化财务有限责任公司	3 757 833 727	13 717 609	3 716 016 100	13 716 312	41 817 627	1 297
东方电气集团财务有限公司	23 458 684	87 067	21 770 946	85 823	1 687 738	1 244
宝钢集团财务有限责任公司	31 000	370 000	31 000	370 000	0	0
中国一拖集团财务有限责任公司	7 673 343	102 257	7 673 343	102 257	0	0
五矿集团财务有限责任公司	57 085 176	25 392	54 368 345	21 536	2 716 831	3 856
攀钢集团财务有限公司	49 410 804	62 555	49 410 000	62 549	804	6
武钢集团财务有限责任公司	211 875 471	544 952	196 633 558	543 199	15 241 913	1 753
中远财务有限责任公司	30 960 144	125 153	29 559 638	119 464	1 400 506	5 689
江铃汽车集团财务有限公司	8 112 025	160 721	8 112 025	160 721	0	0
中国航空集团财务有限责任公司	39 074 300	98 000	39 074 300	98 000	0	0
中国南动集团财务有限责任公司	655 600	23 460	655 600	23 460	0	0
深圳市有色金属财务有限公司	1 712 951	4 893	1 712 951	4 893	0	0
中国南航集团财务有限公司	19 738 181	109 944	19 738 181	109 944	0	0
上海汽车集团财务有限责任公司	472 930 011	896 902	471 777 100	893 104	1 152 911	3 798
振华集团财务有限责任公司	1 109 525	17 067	1 109 525	17 067	0	0
东方集团财务有限责任公司	4 356 862	1 718	4 356 862	1 718	0	0
东航集团财务有限责任公司	47 166 538	61 758	46 929 401	61 602	237 137	156
中油财务有限责任公司	2 302 179 500	1 119 285	2 103 105 600	1 076 961	199 073 900	42 324
上海电气集团财务有限责任公司	36 270 782	204 171	33 654 433	201 136	2 616 349	3 035
葛洲坝集团财务有限责任公司	15 371 552	108 311	15 371 552	108 311	0	0
兵器财务有限责任公司	609 819	1 185	609 819	1 185	0	0
三峡财务有限责任公司	44 100 000	153 688	44 100 000	153 688	0	0
中广核财务有限责任公司	84 589 333	199 738	81 769 162	198 239	2 820 170	1 499
中船财务有限责任公司	14 033 326	112 625	14 033 326	112 625	0	0
中核财务有限责任公司	66 644 146	255 304	66 627 192	255 257	16 954	47
上海浦东发展集团财务有限责任公司	11 888 688	20 713	11 888 688	20 713	0	0
鞍钢集团财务有限责任公司	265 920 000	250 000	265 920 000	250 000	0	0
中国电力财务有限公司	1 685 145 162	3 791 442	1 685 145 162	3 791 442	0	0
神华财务有限公司	139 770 535	124 034	139 770 535	124 034	0	0
中国电子财务有限责任公司	13 615 135	39 479	13 615 135	39 479	0	0
航天科技财务有限责任公司	321 057 412	201 084	321 057 412	201 084	0	0
航天科工财务有限责任公司	29 869 310	19 784	29 869 310	19 784	0	0
中船重工财务有限责任公司	34 971 830	64 400	34 971 830	64 400	0	0

续表

机构 \ 项目	本外币合计		本币		外币	
	发生额	发生数	发生额	发生数	发生额	发生数
中海石油财务有限责任公司	236 766 646	142 757	233 953 885	142 494	2 812 761	263
海尔集团财务有限责任公司	119 365 475	993 775	112 495 905	985 276	6 869 570	8 499
吉林森林工业集团财务有限责任公司	4 730 000	168 333	4 730 000	168 333	0	0
万向财务有限公司	26 746 978	72 672	26 743 828	72 671	3 150	1
中粮财务有限责任公司	84 417 004	67 727	83 255 485	67 168	1 161 518	559
苏州创元集团财务有限公司	2 467 665	5 317	2 467 665	5 317	0	0
珠海格力集团财务有限责任公司	21 665 950	10 827	21 665 950	10 827	0	0
国机财务有限责任公司	55 088 891	35 307	55 060 238	35 206	28 653	101
海航集团财务有限公司	185 196 351	184 011	185 193 910	183 971	2 441	40
中国华电集团财务有限公司	79 574 300	228 579	79 574 300	228 579	0	0
中国大唐集团财务有限公司	128 040 740	261 500	128 040 740	261 500	0	0
南方电网财务有限公司	125 510 239	172 713	125 510 239	172 713	0	0
中电投财务有限公司	295 767 945	146 904	295 743 195	146 806	24 750	98
国电财务有限公司	124 374 200	187 944	124 374 200	187 944	0	0
华联财务有限责任公司	403 098	547 305	403 098	547 305	0	0
兵器装备集团财务有限责任公司	40 613 508	288 931	40 613 508	288 931	0	0
京能集团财务有限公司	19 400 000	19 659	19 400 000	19 659	0	0
浙江省能源集团财务有限责任公司	18 902 776	7 427	18 902 776	7 427	0	0
广东粤电财务有限责任公司	40 284 907	54 389	40 284 907	54 389	0	0
TCL 集团财务有限公司	71 490 400	312 696	68 226 500	309 976	3 263 900	2 720
湖南华菱钢铁集团财务有限公司	18 851 119	28 992	18 655 615	28 364	195 504	628
江西铜业集团财务有限公司	34 283 591	97 657	34 283 591	97 657	0	0
天津港财务有限公司	20 861 644	39 729	20 861 644	39 729	0	0
松下电器（中国）财务有限公司	983 277	1 213	983 277	1 213	0	0
中航工业集团财务有限责任公司	162 045 266	247 139	162 045 266	247 139	0	0
中冶集团财务有限公司	53 963 496	35 692	53 960 000	35 353	3 496	339
申能集团财务有限公司	27 361 516	37 243	27 247 856	37 235	113 660	8
潞安集团财务有限公司	41 879 389	43 709	41 879 389	43 709	0	0
淮南矿业集团财务有限公司	19 525 063	157 248	19 525 063	157 248	0	0
日立（中国）财务有限公司	18 006 816	18 851	18 006 816	18 851	0	0
保利财务有限公司	33 556 536	18 826	33 556 536	18 826	0	0
深圳能源财务有限公司	13 059 600	24 065	13 059 600	24 065	0	0
中化集团财务有限责任公司	182 939 057	69 607	162 774 365	61 560	20 164 692	8 047
海信集团财务有限公司	21 365 809	44 820	19 516 455	43 383	1 849 354	1 437
国联财务有限责任公司	8 618 177	56 440	8 618 177	56 440	0	0
首都机场财务有限公司	9 784 462	53 901	9 784 462	53 901	0	0
红豆集团财务有限公司	5 548 676	74 273	5 548 676	74 273	0	0
海马财务有限公司	10 264 740	41 570	10 264 740	41 570	0	0
南山集团财务有限公司	66 609 336	176 554	66 306 862	175 867	302 474	687
国投财务有限公司	33 552 519	60 435	33 552 519	60 435	0	0

续表

机构＼项目	本外币合计		本币		外币	
	发生额	发生数	发生额	发生数	发生额	发生数
河南煤业化工集团财务有限公司	51 590 000	188 169	51 590 000	188 169	0	0
中国化工财务有限公司	82 461 636	75 550	82 461 636	75 550	0	0
紫金矿业集团财务有限公司	7 661 300	48 333	7 661 300	48 333	0	0
江苏华西集团财务有限公司	36 400 000	65 906	36 400 000	65 906	0	0
冀中能源集团财务有限责任公司	38 266 320	311 710	38 266 320	311 710	0	0
山西焦煤集团财务有限责任公司	46 470 346	55 250	46 470 346	55 250	0	0
阳泉煤业财务有限公司	21 314 233	98 996	21 314 233	98 996	0	0
晋煤集团财务有限公司	20 559 382	83 455	20 559 382	83 455	0	0
云南冶金集团财务有限公司	11 830 447	23 686	11 830 447	23 686	0	0
中海集团财务有限责任公司	34 314 567	140 706	34 299 417	139 536	15 150	1 170
中集集团财务有限公司	21 405 572	135 936	19 928 876	126 646	1 476 695	9 290
沙钢财务有限公司	243 968 742	156 482	243 968 742	156 482	0	0
美的集团财务有限公司	33 213 594	81 389	33 213 594	81 389	0	0
宁波港集团财务有限公司	12 388 500	156 984	12 388 500	156 984	0	0
兖矿集团财务有限公司	17 191 900	94 929	17 191 900	94 929	0	0
哈尔滨电气集团财务有限责任公司	3 160 021	3 327	3 160 021	3 327	0	0
北大方正集团财务有限公司	5 502 317	1 304	5 502 317	1 304	0	0
通用技术集团财务有限责任公司	37 987 197	30 353	37 987 197	30 353	0	0
铜陵有色金属集团财务有限公司	9 892 000	51 994	9 892 000	51 994	0	0
中建财务有限公司	45 994 000	3 792	45 994 000	3 792	0	0
江苏省国信集团财务有限公司	14 272 458	13 168	14 272 458	13 168	0	0
金川集团财务有限公司	40 494 989	41 893	40 494 989	41 893	0	0
新希望财务有限公司	770 008	1 963	770 008	1 963	0	0
酒钢集团财务有限公司	52 792 715	35 099	52 792 715	35 099	0	0
包钢集团财务有限责任公司	1 090 000	7 448	1 090 000	7 448	0	0
新奥财务有限责任公司	1 899 100	23 028	1 899 100	23 028	0	0
中外运长航财务有限公司	1 916 880	6 874	1 916 880	6 874	0	0
青岛啤酒财务有限责任公司	2 718 375	28 368	2 718 375	28 368	0	0
上海复星高科技集团财务有限公司	4 743 308	1 415	4 743 308	1 415	0	0
中铝财务有限责任公司	2 528 352	1 609	2 528 352	1 609	0	0
中兴通讯集团财务有限公司	5 113 057	185 095	5 075 200	185 087	37 857	8
国核财务有限公司	9 505 121	27 460	9 505 121	27 460	0	0
福建省能源集团财务有限公司	2 280 947	4 688	2 280 947	4 688	0	0
马钢集团财务有限公司	1 773 900	4 809	1 773 900	4 809	0	0
总　计	13 439 055 316	30 995 854	13 131 936 588	30 897 216	307 118 727	98 638

财务公司外汇业务情况统计表

（2011 年）

单位：万美元

项目 机构	外汇存款	外汇贷款	外汇投资	外汇交易	结汇	售汇
锦江国际集团财务有限责任公司	203	400	0	0	0	0
一汽财务有限公司	543	0	2 300	0	0	0
中国石化财务有限责任公司	129	0	0	5 958 697	35 389	5 868 221
东方电气集团财务有限公司	3 754	37	0	54 416	44 168	11 576
宝钢集团财务有限责任公司	5	520	0	0	2 105	10 325
五矿集团财务有限责任公司	9	0	0	0	0	0
攀钢集团财务有限公司	0	895	0	0	0	0
武钢集团财务有限责任公司	17 233	48 470	0	0	1 280	185 625
中远财务有限责任公司	70 553	2 000	0	46 807	34 440	12 368
江铃汽车集团财务有限公司	620	310	0	0	25	0
中国航空集团财务有限责任公司	0	3 150	0	0	0	0
上海汽车集团财务有限责任公司	3 687	1 400	0	0	2 732	364 864
东方集团财务有限责任公司	0	750	0	0	0	0
东航集团财务有限责任公司	0	2 800	0	29 792	879	28 964
中油财务有限责任公司	712 200	1 232 326	44 331	6 638 599	377 052	5 480 616
上海电气集团财务有限责任公司	7 912	0	0	136 432	104 639	31 793
葛洲坝集团财务有限责任公司	188	3 087	0	0	0	0
兵器财务有限责任公司	0	500	0	25 300	19 098	6 202
中广核财务有限责任公司	3 244	1 165	0	428	52 392	22 302
中船财务有限责任公司	0	0	0	5 583	5 582	1
中核财务有限责任公司	0	0	0	0	2 005	650
中国电力财务有限公司	1 639	0	0	0	2 550	0
中国电子财务有限责任公司	578	352	0	0	0	0
中海石油财务有限责任公司	255	0	0	456 833	0	456 833
海尔集团财务有限责任公司	52 367	77 126	0	0	151 558	151 558
万向财务有限公司	0	500	0	0	0	0
中粮财务有限责任公司	542	0	0	179 276	24 902	154 374
国机财务有限责任公司	1 247	130	0	0	0	0
海航集团财务有限公司	1	597	0	0	2	599
中电投财务有限公司	0	341	0	0	0	0
TCL 集团财务有限公司	2 500	521	0	0	15 900	28 029
湖南华菱钢铁集团财务有限公司	327	0	0	0	339 460	339 460
江西铜业集团财务有限公司	0	508	0	0	0	0
松下电器（中国）财务有限公司	3 200	520	0	0	8	0
中冶集团财务有限公司	598	500	0	0	0	0

续表

机构＼项目	外汇存款	外汇贷款	外汇投资	外汇交易	结汇	售汇
申能集团财务有限公司	0	0	0	0	0	4 461
中化集团财务有限责任公司	388	0	0	991 247	42 628	963 532
海信集团财务有限公司	0	673	0	72 644	18 672	90 329
南山集团财务有限公司	1 242	0	0	0	0	0
国投财务有限公司	0	788	0	0	0	0
中海集团财务有限责任公司	7 181	0	0	0	0	0
中集集团财务有限公司	23 292	1 242	0	0	0	0
中兴通讯集团财务有限公司	0	2 000	0	0	0	0
马钢集团财务有限公司	500	0	0	0	0	0
总　计	916 136	1 383 608	46 631	14 596 056	1 277 467	14 212 680

财务公司集团产品销售信贷业务情况统计表

（2011 年）　　单位：万元

机构＼项目	集团产品信贷余额				集团产品信贷发生额			
	余额合计	其中：买方信贷	其中：消费信贷	其中：融资租赁	发生额合计	其中：买方信贷	其中：消费信贷	其中：融资租赁
东风汽车财务有限公司	590 621	4 019	462 249	124 354	736 607	138 236	459 841	138 531
中国重汽财务有限公司	70 185	0	70 071	114	78 850	0	78 725	125
一汽财务有限公司	911 185	192 643	708 437	10 105	2 846 838	2 298 160	542 102	6 576
东方电气集团财务有限公司	54 926	54 926	0	0	54 926	54 926	0	0
宝钢集团财务有限责任公司	2 883	0	0	2 883	2 883	0	0	2 883
中国一拖集团财务有限责任公司	14 328	4 166	49	10 113	20 314	6 525	0	13 789
江铃汽车集团财务有限公司	51 870	51 870	0	0	156 540	156 540	0	0
上海汽车集团财务有限责任公司	1 628 708	696 186	932 521	0	8 413 814	7 557 841	855 973	0
中国电力财务有限公司	2 672 092	0	0	2 672 092	387 392	0	0	387 392
航天科技财务有限责任公司	650	0	0	650	450	0	0	450
海尔集团财务有限责任公司	373 057	242 572	130 485	0	153 741	155 157	－1 416	0
吉林森林工业集团财务有限责任公司	4 230	0	4 230	0	8 425	0	8 425	0
国机财务有限责任公司	40 091	0	0	40 091	36 258	0	0	36 258
兵器装备集团财务有限责任公司	297 521	289 889	7 632	0	1 808 941	1 801 402	7 540	0
总　计	6 712 346	1 536 271	2 315 674	2 860 402	14 705 979	12 168 787	1 951 189	586 003

财务公司对金融机构股权投资情况统计表

（2011 年）

单位：万元

机构＼项目	被投资金融机构	本年新增投资金额	累计投资金额	持股比例（%）
东风汽车财务有限公司	武汉东风保险经纪有限公司	0	220	20.00
中国华能财务有限责任公司	华夏证券有限公司	0	4 000	1.98
一汽财务有限公司	一汽汽车金融有限公司	66 000	66 000	66.00
中国石化财务有限责任公司	江苏银行	0	1 362	0.21
	东营市商业银行	0	234	0.43
	上海银行股份有限公司	0	1 652	0.16
	申银万国证券股份有限公司	0	337	0.19
	北京国翔资产管理有限公司	0	1 442	3.65
	广东发展银行股份有限公司	0	995	0.02
	华泰财产保险股份有限公司	0	18 627	9.04
	首创证券有限责任公司	0	5 000	7.69
东方电气集团财务有限公司	交通银行	0	2 303	0.03
五矿集团财务有限责任公司	兴业证券	0	9	0.01
	广发银行	0	26 454	0.39
	交通银行	0	9 256	0.07
攀钢集团财务有限公司	华西证券有限责任公司	0	151	0.11
中远财务有限责任公司	泰康人寿股份有限公司	0	1 103	1.17
江铃汽车集团财务有限公司	中国重汽财务有限公司	0	276	0.08
	申银万国证券股份有限公司	0	504	0.04
	南昌银行	0	6 720	2.82
中国航空集团财务有限责任公司	航联保险经纪有限公司	0	600	12.00
中国南航集团财务有限公司	中国重汽财务有限公司	0	1 290	0.30
	航联保险经纪有限公司	0	600	12.00
上海汽车集团财务有限责任公司	上汽通用汽车金融有限责任公司	0	60 000	40.00
葛洲坝集团财务有限责任公司	湖北鹏程保险经纪有限公司	0	20	4.00
兵器财务有限责任公司	中国民族证券有限公司	0	2 000	1.44
三峡财务有限责任公司	民生加银基金管理有限公司	0	0	10.00
中广核财务有限责任公司	安信基金管理有限责任公司	2 100	3 000	15.00
中核财务有限责任公司	长城证券公司	0	11 810	5.00
中国电力财务有限公司	英大泰和财产保险股份有限公司	0	15 600	7.43
	英大泰和人寿保险股份有限公司	5 290	15 379	6.41
	英大证券有限责任公司	0	21 600	18.00
	英大国际信托投资有限公司	0	9 500	6.33
	国泰基金管理有限公司	0	1 145	10.00

续表

项目 机构	被投资金融机构	本年新增投资金额	累计投资金额	持股比例（%）
航天科技财务有限责任公司	信达财产保险公司	0	5 413	5.00
	北京国际信托公司	0	10 000	7.00
航天科工财务有限责任公司	华旅（北京）保险经纪公司	0	200	10.00
	航天证券经纪有限责任公司	0	6 000	10.00
中船重工财务有限责任公司	湖北鹏程保险经纪公司	0	40	8.00
	华融金融租赁股份有限公司	0	19 840	3.00
海尔集团财务有限责任公司	南山集团财务有限公司	0	4 000	8.00
吉林森林工业集团财务有限责任公司	吉林市联创小额贷款股份有限公司	1 000	1 000	20.00
万向财务有限公司	浙商银行股份有限公司	0	51 211	4.09
中粮财务有限责任公司	中粮信托有限责任公司	0	6 000	5.00
国机财务有限责任公司	信达财产保险股份有限公司	0	2 165	2.00
中国华电集团财务有限公司	华鑫国际信托有限公司	0	58 800	49.00
南方电网财务有限公司	鼎和财产保险股份有限公司	10 000	15 180	10.00
中电投财务有限公司	百瑞信托有限责任公司	69 492	69 492	24.91
	石家庄汇融农村合作银行	0	14 238	19.99
	重庆先融期货经纪有限公司	0	5 423	38.00
	中电投保险经纪有限公司	0	5 000	100.00
国电财务有限公司	石嘴山银行股份有限公司	21 384	21 384	19.80
兵器装备集团财务有限责任公司	长安基金管理有限公司	1 800	1 800	18.00
	北京中兵保险经纪有限公司	0	990	99.00
浙江省能源集团财务有限责任公司	华融金融租赁股份有限公司	0	24 800	4.00
广东粤电财务有限责任公司	深圳天鑫保险经纪有限公司	0	840	96.00
淮南矿业集团财务有限公司	芜湖扬子银行	0	38 075	20.00
深圳能源财务有限公司	海航集团财务有限公司	0	400	0.15
	华泰财产保险控股股份有限公司	0	300	0.22
中化集团财务有限责任公司	中国对外经济贸易信托有限公司	0	13 429	3.78
红豆集团财务有限公司	江苏大丰农村商业银行	9 000	9 000	10.00
河南煤业化工集团财务有限公司	商丘市商业银行股份有限公司	0	2 382	3.18
江苏华西集团财务有限公司	中国重汽财务有限公司	0	129	0.00
总计		186 066	676 720	

财务公司担保业务情况统计表

（2011 年）　　　　单位：万元，笔

项目 机构	担保业务合计				其中：融资性担保				其中：非融资性担保			
	发生额	发生数	余额	发生数	发生额	发生数	余额	发生数	发生额	发生数	余额	发生数
中国华能财务有限责任公司	7 363	22	7 481	0	7 026	1	7 026	0	337	21	455	0
一汽财务有限公司	427	3	1 012	4	0	0	0	0	427	3	1 012	4
西电集团财务有限责任公司	79 810	1 903	119 926	1 216	0	0	0	0	79 810	1 903	119 926	1 216
中国石化财务有限责任公司	4 452	5	314 684	6	0	0	310 232	1	4 452	5	4 452	5
东方电气集团财务有限公司	2 332	25	15 548	30	0	0	0	0	2 332	25	15 548	30
宝钢集团财务有限责任公司	5 100	2	5 100	2	0	0	0	0	5 100	2	5 100	2
中国一拖集团财务有限责任公司	100 374	3 793	79 279	3 135	100 374	3 793	79 279	3 135	0	0	0	0
五矿集团财务有限责任公司	75	1	0	1	0	0	0	0	75	1	0	1
攀钢集团财务有限责任公司	3 317	11	3 656	4	0	0	0	0	3 317	11	3 656	4
武钢集团财务有限责任公司	7 780	34	15 308	0	0	0	0	0	7 780	34	15 308	0
中国航空集团财务有限责任公司	1 075	2	1 075	2	0	0	0	0	1 075	2	1 075	2
中国南动集团财务有限责任公司	26 839	15	26 239	0	26 839	15	26 239	0	0	0	0	0
振华集团财务有限责任公司	19 165	412	11 547	248	6 000	3	6 000	3	13 165	409	5 547	245
东方集团财务有限责任公司	1 000	1	1 000	1	0	0	0	0	1 000	1	1 000	1
东航集团财务有限责任公司	2 374	6	1 872	6	0	0	0	0	2 374	6	1 872	6
中油财务有限责任公司	53 822	277	52 116	84	0	0	0	0	53 822	277	52 116	84
上海电气集团财务有限责任公司	54 915	119	103 222	131	0	0	0	0	54 915	119	103 222	131
葛洲坝集团财务有限责任公司	25 296	26	24 783	24	0	0	0	0	25 296	26	24 783	24
兵器财务有限责任公司	314 580	213	199 257	124	312 438	210	199 257	124	2 142	3	0	0

续表

项目 机构	担保业务合计				其中：融资性担保				其中：非融资性担保			
	发生额	发生数	余额	发生数	发生额	发生数	余额	发生数	发生额	发生数	余额	发生数
三峡财务有限责任公司	2 077	6	4 471	12	0	0	0	0	2 077	6	4 471	12
中广核财务有限责任公司	150 000	1	279 704	3	0	0	0	0	150 000	1	279 704	3
中船财务有限责任公司	3 480	7	2 747	6	0	0	0	0	3 480	7	2 747	6
中核财务有限责任公司	4 889	45	16 977	114	0	0	0	0	4 889	45	16 977	114
上海浦东发展集团财务有限责任公司	8 303	11	13 564	21	0	0	0	0	8 303	11	13 564	21
鞍钢集团财务有限责任公司	0	0	24 845	0	0	0	24 845	0	0	0	0	0
中国电力财务有限公司	25 485	107	35 740	0	0	0	0	0	25 485	107	35 740	0
中国电子财务有限责任公司	2 144	7	3 971	18	0	0	841	1	2 144	7	3 130	17
中船重工财务有限责任公司	97	7	81	6	0	0	0	0	97	7	81	6
中海石油财务有限责任公司	3 027	9	5 250	20	0	0	0	0	3 027	9	5 250	20
海尔集团财务有限责任公司	118 841	13	82 774	15	0	0	0	0	118 841	13	82 774	15
吉林森林工业集团财务有限责任公司	30 000	4	30 000	4	30 000	4	30 000	4	0	0	0	0
万向财务有限公司	20 000	1	61 000	3	20 000	1	61 000	3	0	0	0	0
苏州创元集团财务有限公司	19 000	6	12 000	0	19 000	6	12 000	0	0	0	0	0
珠海格力集团财务有限责任公司	0	0	12 400	0	0	0	12 000	0	0	0	400	0
国机财务有限责任公司	8 360	19	16 485	18	0	0	0	0	8 360	19	16 485	18
海航集团财务有限公司	66 700	5	50 000	5	0	0	0	0	66 700	5	50 000	5
中国华电集团财务有限公司	267 000	3	267 000	3	267 000	3	267 000	3	0	0	0	0
中电投财务有限公司	379	2	16 785	17	0	0	0	0	379	2	16 785	17

续表

项目 机构	担保业务合计				其中：融资性担保				其中：非融资性担保			
	发生额	发生数	余额	发生数	发生额	发生数	余额	发生数	发生额	发生数	余额	发生数
华联财务有限责任公司	29 000	3	29 000	3	0	0	0	0	29 000	3	29 000	3
天津港财务有限公司	52 313	117	42 959	59	0	0	0	0	52 313	117	42 959	59
中航工业集团财务有限责任公司	591	5	100 622	3	0	0	100 000	1	591	5	622	2
中冶集团财务有限公司	333	1	50 333	2	0	0	50 000	1	333	1	333	1
淮南矿业集团财务有限公司	35 100	2	35 100	2	35 000	1	35 000	1	100	1	100	1
保利财务有限公司	20 000	1	20 000	1	20 000	1	20 000	1	0	0	0	0
中化集团财务有限责任公司	1 286	4	1 286	4	0	0	0	0	1 286	4	1 286	4
海信集团财务有限公司	912	1	912	1	0	0	0	0	912	1	912	1
首都机场财务有限公司	10 000	1	10 000	1	10 000	1	10 000	1	0	0	0	0
红豆集团财务有限公司	15 080	5	12 000	3	15 000	4	12 000	3	80	1	0	0
国投财务有限公司	54 180	11	52 638	9	50 000	5	50 000	5	4 180	6	2 638	4
河南煤业化工集团财务有限公司	15 000	5	15 000	5	15 000	5	15 000	5	0	0	0	0
紫金矿业集团财务有限公司	160	2	0	0	0	0	0	0	160	2	0	0
中集集团财务有限公司	49	1	49	1	49	1	49	1	0	0	0	0
沙钢财务有限公司	175	1	175	1	0	0	0	0	175	1	175	1
宁波港集团财务有限公司	60	1	60	1	0	0	0	0	60	1	60	1
兖矿集团财务有限公司	131	1	0	0	0	0	0	0	131	1	0	0
哈尔滨电气集团财务有限责任公司	1 877	16	1 611	16	0	0	0	0	1 877	16	1 611	16
北大方正集团财务有限公司	140 400	5	90 400	4	140 000	4	90 000	3	400	1	400	1
总计	1 816 525	7 306	2 381 043	5 399	1 073 725	4 058	1 417 768	3 296	742 799	3 248	963 275	2 103

从业人员统计

财务公司从业人员年龄、文化、职称结构统计表

（2011 年）　　　　单位：人

项目 机构	人员合计	年龄结构				性别结构		文化结构				职称结构			
		30岁以下	30岁至40岁	40岁至50岁	50岁以上	男	女	博士	硕士	本科	专科及以下	高级	中级	初级	其他
东风汽车财务有限公司	72	37	26	6	3	53	19	0	2	65	5	8	18	15	31
中国重汽财务有限公司	80	48	20	10	2	46	34	0	6	61	13	4	19	16	41
中国华能财务有限责任公司	67	10	18	31	8	34	33	2	27	26	12	27	21	4	15
锦江国际集团财务有限责任公司	23	5	9	3	6	17	6	0	2	13	8	1	8	3	11
一汽财务有限公司	426	310	89	24	3	191	235	0	72	306	48	20	26	296	84
西电集团财务有限责任公司	38	19	9	5	5	22	16	0	6	19	13	4	11	10	13
中国石化财务有限责任公司	336	159	91	70	16	167	169	2	55	244	35	52	106	113	65
东方电气集团财务有限公司	50	19	16	13	2	27	23	0	18	21	11	6	9	12	23
宝钢集团财务有限责任公司	75	29	21	20	5	32	43	2	23	23	27	7	26	6	36
中国一拖集团财务有限责任公司	46	12	17	14	3	14	32	0	3	22	21	6	24	3	13
五矿集团财务有限责任公司	39	12	12	14	1	15	24	0	6	25	8	0	2	4	33
攀钢集团财务有限公司	47	5	22	19	1	25	22	2	7	23	15	2	19	19	7
武钢集团财务有限责任公司	54	5	31	12	6	32	22	0	12	38	4	16	25	0	13
中远财务有限责任公司	57	18	21	11	7	32	25	0	10	38	9	6	25	19	7
江铃汽车集团财务有限公司	72	24	23	19	6	44	28	0	10	32	30	4	16	7	45
中国航空集团财务有限责任公司	101	12	38	38	13	37	64	0	7	45	49	6	15	20	60
中国南动集团财务有限责任公司	15	0	3	12	0	6	9	0	1	6	8	2	9	3	1
天津渤海集团财务有限责任公司	21	4	4	6	7	9	12	1	2	12	6	3	6	6	6
深圳市有色金属财务有限公司	37	9	7	19	2	26	11	2	9	16	10	2	15	8	12

续表

项目 / 机构	人员合计	年龄结构				性别结构		文化结构				职称结构			
		30岁以下	30岁至40岁	40岁至50岁	50岁以上	男	女	博士	硕士	本科	专科及以下	高级	中级	初级	其他
中国南航集团财务有限公司	59	12	34	11	2	31	28	0	12	25	22	2	24	2	31
上海汽车集团财务有限责任公司	329	274	26	10	19	224	105	1	53	247	28	3	48	19	259
振华集团财务有限责任公司	17	5	9	3	0	8	9	0	0	12	5	0	8	0	9
东方集团财务有限责任公司	23	10	8	5	0	9	14	0	2	16	5	2	6	5	10
东航集团财务有限责任公司	40	14	16	7	3	15	25	0	9	23	8	0	13	3	24
中油财务有限责任公司	169	53	58	42	16	82	87	4	63	80	22	39	80	34	16
上海电气集团财务有限责任公司	71	33	26	7	5	42	29	1	28	38	4	3	17	4	47
葛洲坝集团财务有限责任公司	67	14	25	19	9	35	32	0	11	32	24	22	17	10	18
兵器财务有限责任公司	109	31	41	30	7	50	59	1	28	57	23	15	31	22	41
三峡财务有限责任公司	94	38	33	17	6	56	38	2	33	52	7	20	27	1	46
中广核财务有限责任公司	70	27	28	12	3	38	32	1	20	39	10	6	26	7	31
中船财务有限责任公司	22	5	7	8	2	11	11	0	11	10	1	10	5	3	4
中核财务有限责任公司	58	19	22	11	6	33	25	0	20	32	6	13	21	12	12
上海浦东发展集团财务有限责任公司	43	13	20	6	4	24	19	2	18	16	7	2	22	3	16
鞍钢集团财务有限责任公司	48	9	11	21	7	22	26	0	5	35	8	25	16	7	0
中国电力财务有限公司	842	152	335	262	93	401	441	11	180	536	115	199	281	74	288
神华财务有限公司	44	1	16	24	3	20	24	1	5	21	17	13	23	3	5
中国电子财务有限责任公司	58	8	21	19	10	31	27	2	16	33	7	15	26	11	6
航天科技财务有限责任公司	88	26	36	20	6	44	44	2	36	46	4	11	11	4	62
航天科工财务有限责任公司	64	14	33	14	3	34	30	2	16	33	13	9	19	3	33

续表

机构＼项目	人员合计	年龄结构				性别结构		文化结构				职称结构			
		30岁以下	30岁至40岁	40岁至50岁	50岁以上	男	女	博士	硕士	本科	专科及以下	高级	中级	初级	其他
中船重工财务有限责任公司	35	9	16	10	0	20	15	0	14	17	4	12	11	5	7
中海石油财务有限责任公司	86	29	33	22	2	40	46	0	21	56	9	6	30	10	40
海尔集团财务有限责任公司	98	35	56	7	0	46	52	0	16	52	30	5	18	46	29
吉林森林工业集团财务有限责任公司	36	14	14	4	4	16	20	1	3	26	6	9	14	13	0
万向财务有限公司	57	18	35	4	0	26	31	0	4	46	7	2	17	11	27
中粮财务有限责任公司	22	10	8	4	0	10	12	0	7	14	1	0	3	0	19
苏州创元集团财务有限公司	17	5	3	7	2	8	9	0	2	6	9	1	3	11	2
珠海格力集团财务有限责任公司	37	15	8	13	1	16	21	0	5	22	10	1	12	4	20
国机财务有限责任公司	43	20	5	12	6	21	22	0	8	29	6	12	6	2	23
海航集团财务有限公司	68	45	17	4	2	47	21	0	15	49	4	1	8	2	57
中国华电集团财务有限公司	44	9	22	9	4	23	21	1	18	23	2	8	15	0	21
中国大唐集团财务有限公司	33	7	19	6	1	21	12	4	21	6	2	9	11	0	13
南方电网财务有限公司	94	56	22	15	1	49	45	4	20	53	17	11	21	11	51
中电投财务有限公司	43	11	20	11	1	24	19	0	20	21	2	14	17	5	7
国电财务有限公司	48	17	15	10	6	22	26	1	26	17	4	10	9	2	27
华联财务有限责任公司	24	11	7	6	0	13	11	1	0	20	3	1	5	2	16
兵器装备集团财务有限责任公司	86	42	28	15	1	46	40	3	38	30	15	11	16	5	54
京能集团财务有限公司	27	7	17	2	1	11	16	0	11	15	1	3	12	0	12
浙江省能源集团财务有限责任公司	38	18	14	6	0	25	13	0	11	27	0	4	13	0	21
广东粤电财务有限责任公司	32	10	12	10	0	17	15	1	16	14	1	7	16	4	5
TCL集团财务有限公司	48	15	17	15	1	22	26	0	3	40	5	1	16	10	21

续表

项目 机构	人员合计	年龄结构				性别结构		文化结构				职称结构			
		30岁以下	30岁至40岁	40岁至50岁	50岁以上	男	女	博士	硕士	本科	专科及以下	高级	中级	初级	其他
湖南华菱钢铁集团财务有限公司	32	12	7	12	1	18	14	1	6	17	8	7	5	2	18
江西铜业集团财务有限公司	26	10	12	2	2	12	14	0	3	16	7	2	18	6	0
天津港财务有限公司	36	14	16	6	0	18	18	0	7	23	6	0	19	13	4
松下电器（中国）财务有限公司	13	7	5	1	0	3	10	0	1	10	2	0	1	0	12
中航工业集团财务有限责任公司	78	22	29	21	6	29	49	0	25	44	9	15	28	30	5
中冶集团财务有限公司	42	13	19	9	1	22	20	0	24	18	0	8	0	0	34
申能集团财务有限公司	35	8	18	9	0	18	17	0	13	17	5	2	25	8	0
潞安集团财务有限公司	50	33	13	4	0	28	22	0	13	35	2	3	6	20	21
淮南矿业集团财务有限公司	57	12	7	26	12	34	23	0	11	18	28	2	34	21	0
日立（中国）财务有限公司	13	5	5	3	0	6	7	0	3	9	1	0	1	1	11
保利财务有限公司	17	4	11	1	1	11	6	0	7	10	0	0	3	6	8
深圳能源财务有限公司	38	11	15	8	4	19	19	1	12	18	7	5	16	4	13
中化集团财务有限责任公司	81	27	32	18	4	44	37	1	30	37	13	2	14	7	58
海信集团财务有限公司	25	10	10	4	1	7	18	0	4	18	3	1	2	1	21
国联财务有限责任公司	22	9	10	3	0	8	14	0	3	16	3	2	6	14	0
首都机场财务有限公司	41	15	16	9	1	18	23	0	15	20	6	5	14	0	22
红豆集团财务有限公司	24	12	11	0	1	8	16	0	0	16	8	2	1	0	21
海马财务有限公司	50	37	7	6	0	30	20	0	3	43	4	1	4	5	40
南山集团财务有限公司	30	20	3	6	1	17	13	0	3	20	7	0	5	3	22
国投财务有限公司	39	19	14	5	1	27	12	2	18	19	0	9	6	3	21
河南煤业化工集团财务有限公司	35	8	4	21	2	18	17	0	2	14	19	4	19	6	6

续表

项目 机构	人员合计	年龄结构				性别结构		文化结构				职称结构			
		30岁以下	30岁至40岁	40岁至50岁	50岁以上	男	女	博士	硕士	本科	专科及以下	高级	中级	初级	其他
中国化工财务有限公司	38	7	16	10	5	16	22	1	19	13	5	13	9	2	14
紫金矿业集团财务有限公司	18	11	5	1	1	10	8	0	1	12	5	1	4	6	7
江苏华西集团财务有限公司	21	9	5	6	1	7	14	0	1	10	10	2	2	4	13
冀中能源集团财务有限责任公司	34	6	18	6	4	14	20	0	0	15	19	3	7	6	18
山西焦煤集团财务有限责任公司	36	7	17	11	1	17	19	0	4	22	10	6	16	8	6
阳泉煤业财务有限公司	40	22	6	10	2	17	23	0	3	27	10	0	10	4	26
晋煤集团财务有限公司	29	17	7	5	0	18	11	0	2	20	7	0	6	9	14
云南冶金集团财务有限公司	20	6	10	3	1	10	10	0	2	11	7	0	6	6	8
中海集团财务有限责任公司	57	23	15	15	4	34	23	0	10	36	11	3	12	14	28
中集集团财务有限公司	42	24	14	4	0	22	20	0	13	27	2	0	5	37	0
沙钢财务有限公司	24	14	6	4	0	11	13	0	2	15	7	2	5	15	2
美的集团财务有限公司	56	32	24	0	0	25	31	3	39	14	0	0	12	9	35
宁波港集团财务有限公司	20	10	5	3	2	12	8	0	4	14	2	1	10	7	2
兖矿集团财务有限公司	33	6	15	9	3	21	12	0	4	27	2	6	17	10	0
哈尔滨电气集团财务有限责任公司	37	13	11	8	5	21	16	0	7	28	2	11	6	20	0
北大方正集团财务有限公司	36	17	13	4	2	14	22	0	10	21	5	2	10	0	24
通用技术集团财务有限责任公司	30	10	10	9	1	14	16	0	12	15	3	5	6	2	17
铜陵有色金属集团财务有限公司	28	5	17	5	1	13	15	0	0	22	6	1	21	5	1
中建财务有限公司	22	3	9	6	4	15	7	0	2	14	6	9	4	8	1
江苏省国信集团财务有限公司	40	19	12	7	2	20	20	1	7	25	7	2	10	6	22

续表

项目 机构	人员合计	年龄结构				性别结构		文化结构				职称结构			
		30岁以下	30岁至40岁	40岁至50岁	50岁以上	男	女	博士	硕士	本科	专科及以下	高级	中级	初级	其他
重庆化医控股集团财务有限公司	22	7	8	6	1	14	8	0	5	8	9	3	4	5	10
金川集团财务有限公司	22	9	7	5	1	8	14	0	3	17	2	2	8	10	2
新希望财务有限公司	26	13	8	4	1	12	14	1	1	20	4	0	6	20	0
酒钢集团财务有限公司	43	25	8	8	2	19	24	0	7	31	5	3	9	16	15
包钢集团财务有限责任公司	25	4	10	11	0	9	16	0	4	17	4	8	13	3	1
新奥财务有限责任公司	26	14	6	5	1	15	11	0	5	17	4	1	1	0	24
中外运长航财务有限公司	28	6	15	7	0	9	19	1	15	9	3	5	12	11	0
青岛啤酒财务有限责任公司	24	10	13	1	0	11	13	0	2	19	3	1	12	3	8
上海复星高科技集团财务有限公司	16	8	7	1	0	6	10	1	3	12	0	0	4	12	0
中铝财务有限责任公司	26	13	10	1	2	15	11	3	11	11	1	3	7	2	14
中兴通讯集团财务有限公司	52	18	28	6	0	12	40	0	4	11	37	8	22	22	0
国核财务有限公司	21	5	12	4	0	11	10	1	11	9	0	6	5	3	7
福建省能源集团财务有限公司	17	1	6	9	1	7	10	0	0	11	6	2	12	3	0
马钢集团财务有限公司	23	3	9	11	0	13	10	0	1	18	4	3	16	4	0
湖北宜化集团财务有限责任公司	14	3	9	2	0	4	10	0	1	9	4	2	2	0	10
大连港集团财务有限公司	20	7	8	5	0	11	9	0	3	17	0	2	3	15	0
西部矿业集团财务有限公司	18	9	3	5	1	9	9	2	0	16	0	3	5	10	0
总计	6 855	2 622	2 336	1 477	420	3 473	3 382	76	1 544	4 079	1 156	902	1 940	1 401	2 612

注：此表为118家财务公司，不含三江航天、湖南高速、北京汽车、大唐电信、开滦、中国航油、海南农垦、江苏交通控股、西门子9家财务公司。

大事记

中国财务公司协会 2011 年大事记

1 月

1 月 6 日，中国财务公司协会第七届二次会员大会在深圳隆重召开。全国 100 多家财务公司和近 20 家拟设财务公司的企业集团、中国银监会非银部及 30 个省市银监局的代表共 350 多人参加了会议。民政部、中国人民银行、中国银监会、中国证监会、国家外汇管理局、北京市金融局有关领导莅临会议。中国集团公司促进会、中国银行业协会、中国证券业协会、中国银行间市场交易商协会、中国信托业协会和中国期货业协会的领导应邀参会。深圳银监局局长熊良俊到会致辞，银监会非银部主任柯卡生出席会议并作重要讲话。会议由中国财协专职常务副会长王岩玲主持。会议听取了 2010 年理事会工作报告、2010 年监事会工作报告和中国财协 2010 年财务决算和 2011 年财务预算的报告，会议审议通过了修改中国财协理事会、监事会换届选举办法等议案，听取了理事会专业委员会课题组 2010 年研究成果的汇报并对课题研究人员进行了表彰。

1 月 7 日至 8 日，由中国财协主办、大亚湾财务公司协办、金融时报社作为媒体支持的“中国财务公司行业发展高峰论坛”在深圳举行。国资委、民政部、银监会、证监会、国家外汇管理局、北京市金融局等有关部门领导出席论坛。银监会非银部相关处室负责人和各银监局分管局长、处长以及全国 100 多家财务公司董事长、总经理和 20 多家已批筹和拟设立财务公司的企业集团代表共 350 多人参加了论坛。中国集团公司促进会、中国银行业协会、中国证券业协会、中国银行间市场交易商协会、中国信托业协会和中国期货业协会的领导应邀出席论坛。金融时报社社长汪洋在论坛上致辞，深圳市副市长陈应春到会并讲话，银监会副主席蔡鄂生出席论坛并发表重要讲话。论坛以“发挥金融优势，服务集团转变”为主题，围绕“十二五”时期财务公司面临的发展机遇和挑战展开了讨论。国资委、社科院、交通银行、中信证券等单位的领导和专家，中石油、航天科技、上海电气三家集团领导和海尔、大亚湾财务公司高管分别作了精彩演讲，围绕科学发展主题和加快转变经济发展方式主线，结合国际经济金融形势和国家宏观经济政策，共同探讨了新阶段、新形势下财务公司如何进一步提高整体竞争力和社会影响力，如何更好地服务于大企业、大集团转变发展方式，为实现国民经济“十二五”发展规划目标贡献力量。

1 月 19 日，中国财协副秘书长陈文俊应邀参加中建财务有限公司开业庆典。

2月

2月18日，中国财协专职常务副会长王岩玲应邀出席北大方正集团财务有限公司开业庆典。

2月18日，中国财协专职常务副会长王岩玲应邀出席2011年金融行业协会联谊会。

2月25日，中国财协专职常务副会长王岩玲组织秘书处部门负责人以上人员研究年度具体工作计划，明确了今年工作的重点和方向。王岩玲着重就推动财务公司行业面临问题的解决、行业统计分析、会员服务及管理、行业宣传与培训等方面提出了明确和具体的工作要求，并强调要将计划细化到时间节点、工作内容、责任人，确保工作计划的有效落实。

2月25日，中国财协专职常务副会长王岩玲组织秘书处全体员工学习《中国银监会蔡鄂生副主席在中国财务公司行业发展高峰论坛上的讲话》和《中国银监会非银部柯卡生主任在中国财务公司协会第七届二次会员大会上的讲话》。要求全体员工认真学习、领会两位领导讲话，以讲话精神为指导，确定今后工作的重点和方向，站在更高层面思考和开展工作，不断提升认识水平和工作能力，为行业发展作出更大贡献。

3月

3月1日至3日，中国财协专职常务副会长王岩玲携秘书处人员一行赴中船重工、通用技术、中国化工和中建4家在京财务公司进行调研。王会长通报了中国财协在推动解决当前面临的主要问题、组织专业培训和行业交流、加强行业宣传和文化建设等方面的工作进展和下一步工作计划。

3月9日，中国财协迁址至西城区金融大街20号新址办公。

3月16日，中国财协在京举办了关于财务公司受国家现行信贷政策影响情况的座谈会，共有37家财务公司的50多位代表参加了会议。中国人民银行货币政策司副司长纪志宏、中国银监会非银部副主任张电中、国资委财务监督与评价局副局长廖家生莅临会议指导。会议由专职常务副会长王岩玲主持。此次会议从不同维度反映了财务公司行业在宏观调控下面临的影响，达到了财务公司与监管部门直接沟通的效果。

3月30日，中国财协第七届七次常务理事会议在中国财协会议室召开，会长谢尉志主持了会议。会议听取了协会的工作汇报，通报了中国财务公司协会2010年度财务审计情况和2011年度会费收入情况；审议通过了“关于会员基金不良债权收回部分清退分配的方案（补充）”和“关于举办在京财务公司庆祝建党90周年文艺汇演的实施方案”；会议同意重庆化医控股集团财务有限公司、新希望财务有限公司、酒钢集团财务有限公司加入中国财务公司协会；会议一致同意聘任李清军同志为协会副秘书长。

3月30日，中国财协第七届理事会专业委员会第三次会议在中国财协会议室召开，各专业委员会委员和课题组组长参加了会议。会议由会长谢尉志主持，专职常务副会长王岩玲、秘书长韩华出席了会议。会议听取了各课题组组长关于2011年课题研究工作安排的汇报，审议并通过了“第七届理事会专业委员会2011年度课题研究计划”。会议确定三个委员会的研究课题分别为：自律委员会的“财务公司全面风险管理”和“财务公司行业评价体系研究”，战略发展委员的“财务公司行业清算问题研究”和“财务公司发展趋势研究”，信息技术委员会的“财务公司行业信息化最佳实践研究”。

4 月

4 日至 5 日，中国财协在京举办了“新设财务公司基础业务培训班”。20 家财务公司 138 人次参加了本次培训。培训班分五个班次，分别邀请了上海电气、武钢、中国电子、中国石化和中航工业财务公司的业务骨干，就财务公司会计、信贷、风险管理、结算和内部审计业务进行了培训，每个班时间为一天。

4 月 21 日，为贯彻《中国银监会关于印发银行业金融机构从业人员操守指引的通知》银监发［2011］6 号文件，中国财协组织中航工业、国电、兵器装备、鞍钢、葛洲坝五家监事单位代表召开《财务公司行业从业人员行为规范》（以下简称《规范》）起草小组会议，《规范》起草工作顺利启动。

4 月 18 日至 22 日，中国财协常务理事先后到山东、上海和武汉进行调研并与当地财务公司进行座谈。三省市的法人机构及部分分支机构参加了座谈。中国银监会副处长秦蓁参加了上海和武汉的调研，上海银监局、湖北银监局分管局长、处长参加了当地调研。

4 月 22 日，中国财协专职常务副会长王岩玲应邀参加中国国债协会二十周年回顾与发展暨第三届理事会第四次会议。

5 月

5 月 5 日，应开滦集团邀请，中国财协专职常务副会长王岩玲赴开滦集团总部做财务公司相关知识的专题讲座。开滦集团总会计师张志芳、集团财务部、资本运营部、企业管理部、审计部和人力资源部负责人、集团财务部全体人员、二级公司主管财务领导、财务部负责人和全体财务人员、三级公司主管财务领导和财务部负责人共 400 余人分别在一个主会场和 4 个分会场参加了培训。

5 月 6 日，中国财协常务理事北京调研座谈会在京召开，33 家在京财务公司参加了会议。中国财协常务理事、会长谢尉志，专职常务副会长王岩玲，秘书长韩华，中国银监会非银部副处长秦蓁、姜慧哲同志，北京银监局处长严雪、杨欣媛同志参加了调研。会上，各财务公司代表分别介绍了 2011 年 1 月至 4 月公司信贷业务开展情况以及企业集团信贷资金需求情况，反映了财务公司在执行国家信贷调控政策中遇到的问题和困难，同时希望协会进一步与有关部门沟通协调，代表财务公司行业反映意见，推动问题的解决。

5 月 11 日，中国财协全体工作人员赴西安西电财务公司进行交流、调研。

5 月 18 日至 19 日，中国财协在京举办“财务公司司库管理研讨会”，共有 67 家财务公司的 108 名代表参加了此次会议。中国财协专职常务副会长王岩玲参加了此次会议并进行总结讲话。本次研讨会邀请了人民大学商学院教授张瑞君、中国资金网 CEO 高杰、日立（中国）财务公司副总经理陈庆楷、壳牌（中国）有限公司资金部总经理章虹、建设银行资产负债管理部高级经理黄广明、中国石油天然气集团财务资金部副总会计师吕连浮六位嘉宾从理论到实践、从国际到国内、从银行到财务公司，多方面多角度地介绍了司库管理理论的发展进程和实践中的情况。

5 月 23 日，中国财协专职常务副会长王岩玲应邀参加在钓鱼台国宾馆举行的支付清算协会成立大会。

5 月 24 日，中国财协在京举办“财务公司电子商业汇票业务交流座谈会”，共有 72 家财务公司的 110 名代表参加。中国人民银行支付结算司副司长樊爽文、处长欧韵君，中国银监会非银部副处长秦蓁等有关领导应邀莅临会议并讲话。会议由副秘书长李清军主持。专职常务副会长王岩玲出席会议。海尔、宝钢、上汽三家财务公司分别介绍了各自电票业务开展情况、业务模式、特点优势、推广经验以及存在的问题和政策建议。

5月26日至27日，中国财协在湖南长沙召开“财务公司办公室主任2011年度工作会议”，全国74家财务公司办公室的80余位负责同志参加了会议。副秘书长陈文俊主持了会议。中国银监会办公厅办公室主任张永军就如何做好财务公司办公室主任工作做专题培训；中央财经大学商学院副教授朱飞就薪酬体系建设做专题培训。

5月26日，中国财协副秘书长赵桂芬应邀参加银行业协会第十次会员大会。

6月

6月2日至3日，中国银监会与中国财协共同举办了“新设财务公司高管培训班”。14家新设财务公司、14家获批筹备设立的财务公司以及1家拟设立财务公司集团的51名高管人员参加了此次培训。会议由副秘书长赵桂芬主持。中国银监会非银部副主任张电中首先做了重要讲话。全体学员观看了中国银监会主席刘明康在2004年企业集团财务公司市场准入培训班上的讲话视频。专职常务副会长王岩玲从财务公司的发展历程、功能定位、发展现状和发展特点几方面做专题培训。中国银监会非银部副处长秦蓁就财务公司的监管政策、监管重点、监管实践做了全面讲解。

6月10日，中国财协专职常务副会长王岩玲应邀参加青岛啤酒财务公司开业庆典。

6月17日，中国银监会非银行部、宣传工作部、机关党委和中国财协联合举办的财务公司庆祝中国共产党成立九十周年文艺汇演在京隆重举行。中国银监会党委委员、副主席蔡鄂生莅临晚会并致辞。中国银监会非银行部、宣传工作部、机关党委，中国人民银行货币政策司、研究局，北京市银监局，北京市金融工作局、西城区金融办等有关部门的领导观看了演出。来自中国银行业协会等九家兄弟协会和中国金融时报社、中国金融出版社等合作单位的领导以及45家京内外财务公司的代表共360人观看了演出。

6月21日，中国财协专职常务副会长王岩玲应邀参加中外运长航财务公司开业庆典。

6月22日，中国财协副秘书长陈文俊应邀参加2010年度中国银行业社会责任报告发布、评比表彰暨首届行业社会责任圆桌会议。

6月22日，中国财协专职常务副会长王岩玲应邀参加并观看了银行业协会庆祝建党90周年文艺晚会。

6月23日，中国财协专职常务副会长王岩玲应邀参加中国证券业协会第五次会员大会开幕式。

6月24日，为庆祝建党90周年，中国财协党支部及工会组织全体员工观看电影《建党伟业》，对员工进行爱国主义教育。

6月30日至7月1日，中国财协组织新设财务公司赴海尔集团财务公司和南山集团财务公司学习考察，13家新设财务公司的高管共25人参加了此次活动。专职常务副会长王岩玲和中国银监会非银部副处长秦蓁参加学习考察。

7月

7月4日至6日，为庆祝建党90周年，中国财协党支部组织秘书处全体员工前往中国革命的摇篮——井冈山，重温革命历史，缅怀革命先烈，接受革命传统教育。

7月8日，中国财协副秘书长赵桂芬应邀参加中铝财务有限责任公司开业庆典。

7月13日，中国财协党支部组织秘书处

全体员工学习胡锦涛总书记7月1日在庆祝中国共产党成立90周年大会上的讲话。会议由党支部书记王岩玲同志主持。会议首先全文学习了胡总书记七一重要讲话，并结合《人民日报》五篇社论，帮助大家学习、理解胡总书记的讲话精神。会上王岩玲同志还传达了刘明康主席关于七一讲话的学习体会和对各支部学习贯彻胡总书记讲话精神的要求。

7月15日，中国财协组织召开“三个办法、一个指引”调研座谈会，16家在京财务公司及其企业集团的代表参加了座谈会。中国银监会非银部处长聂俊、副处长秦蓁，北京银监局副处长章全明应邀莅临会议。会议由专职常务副会长王岩玲主持。

7月18日，中国财协副秘书长李清军应邀参加包钢集团财务有限责任公司开业庆典。

7月22日，中国财协专职常务副会长王岩玲应邀参加中兴通讯集团财务有限公司在深圳举办的开业庆典。

7月30日，中国财协华东分会会员大会在安徽黄山召开。中国财协专职常务副会长王岩玲应邀参加会议。本次会议选举产生了中国财协华东分会候选理事单位和候选监事单位。

8月

8月4日至5日，财务公司全面风险管理课题组2011年第四次会议在京召开，承担课题研究的中核（课题组长单位）、航天科技、中国电子、一汽、万向、中国南航六家财务公司的研究人员和课题组指导专家赵长一参加了会议。中国财协专职常务副会长王岩玲应邀参加了会议。

8月4日至6日，中国财协战略发展委员会行业清算问题研究课题讨论会在北京召开，承担课题的中油、中广核、中冶、海尔、中航工业、国电、中国电力七家财务公司的研究人员参加会议，专职常务副会长王岩玲出席会议。

8月7日至8日，中国财协战略发展委员会行业发展趋势研究课题组在北京召开了第三次会议。承担课题的三峡、中核、国投、海尔、海航、上海电气、中航工业、中冶、攀钢、中国化工十家财务公司的研究人员参加了会议。会议对各小组完成的课题初稿进行了讨论和调整，并确定了撰写课题报告的下一步计划。

8月8日，中国财协专职常务副会长王岩玲应邀参加国核财务有限公司在京举办的成立大会。

8月22日，中国财协北方分会会员大会在内蒙古海拉尔召开。25家会员单位出席了会议。中国财协专职常务副会长王岩玲应邀到会并讲话。本次会议选举产生了中国财协北方分会7家候选理事单位和1家候选监事单位。

8月26日，中国财协北京分会会员大会在北京召开。中国财协专职常务副会长王岩玲应邀参加会议。本次会议选举产生了中国财协北京分会候选理事单位和候选监事单位。

8月29日，中国财协副秘书长赵桂芬应邀参加上海复星高科技集团财务有限公司在上海举办的开业庆典。

8月31日至9月1日，中国财协在京举办“财务公司内部审计培训班”。73家财务公司以及郑州宇通集团有限公司的共105名审计人员参加了此次培训。培训由赵桂芬副秘书长主持。培训班邀请了中国银监会培训中心、交通银行总行审计部、德勤华永会计师事务所等单位的专家讲授了审计理论和实践，培训班还邀请中国电力财务公司审计部人员介绍了中国电财的内部审计经验。

9月

9月3日，“2011年财务公司协会华南分会会员大会”在湖北恩施举行，23 家会员单位参加了会议，中国电力财务公司华中分公司和三峡财务公司作为特邀代表参加了会议。中国财协副秘书长陈文俊和中国银行业监督管理委员会湖北监管局胡宗义出席会议并讲话。会议推选出了中国财协新一届理事会、监事会的候选理事和候选监事。

9 月 3 日，中国财协信息技术委员会在包头召开财务公司行业信息化最佳实践探索课题组会议，航天科技、上海汽车、三峡、华能、武钢、南方电网、中国化工、中国电力、华电 9 家财务公司的课题组成员参加了会议。课题组成员在前期实地调研和举办信息化建设交流座谈会的基础上，讨论确定了课题报告研究框架，并安排了下一步的研究计划和具体分工。

9 月 26 日，中国财协在吉林省长春市召开第七届八次常务理事会暨换届领导小组第一次会议，专职常务副会长王岩玲主持了会议。会议听取了中国财协近期工作、庆祝建党 90 周年文艺汇演费用支出、会员基金不良债权收回部分清退以及理事会工作报告主要内容的汇报，审议通过了关于吸收新会员、表彰参与课题研究的单位和突出贡献个人、杂志优秀论文评选、换届选举工作实施方案等七项议案，审核通过了各分会推荐的第八届候选理事单位、监事单位，并推荐葛洲坝集团财务有限责任公司、松下电器（中国）财务有限公司为候选理事单位。

9 月 26 日至 29 日，中国财协战略发展委员会“财务公司行业发展趋势研究”、“财务公司行业清算问题研究”课题组，信息技术委员会“财务公司行业信息化最佳实践探索”课题组在海南三亚召开会议。各课题组根据课题研究计划，对完成的研究报告初稿进行了讨论、调整、修改，并形成报告终稿。

10 月

10 月 10 日，中国财协聘请民政部指定的具有社团审计资格的神州会计师事务所对财协第七届理事会期间的财务情况进行了审计，并出具了审计报告。

10 月 19 日，中国财协监事会单位组成的审计小组对财协的财务收支、会员基金管理等方面进行了实地审计，并出具了审计报告。

10 月 10 日至 19 日，第一期赴加拿大培训团组一行 18 人顺利完成学习交流任务。本期赴加拿大团组的培训主题是商业银行风险管理。

11 月

11 月 6 日，中国财协专职常务副会长王岩玲应邀参加中国航天科工举办的“纵论我国经济转型·聚焦产融协同发展”高峰论坛。

11 月 14 日至 15 日，中国财协第十四次会员大会在浙江宁波召开。全国 116 家财务公司会员代表和全国 28 个省市自治区银监局的代表共 400 多人参加了会议。中国银监会副主席出席蔡鄂生会议并发表重要讲话，宁波市副市长苏利冕到会致辞，中国银监会非银行金融机构监管部主任柯卡生做了总结讲话。会议审议通过了中国财协第七届理事会、监事会和财务工作报告，选举产生了新一届理事会和监事会。

12 月

12 月 6 日，中国财协专职常务副会长王岩玲一行赴中国石化财务有限责任公司调研，中石化财务公司总经理张保龙介绍了中国石化集团及财务公司 2011 年经营总体情况，并对财协工作和自身建设提出了意见和建议。

12月8日，中国财协专职常务副会长王岩玲应邀参加2011年中国信托业峰会。

12月9日，中国财协在京举办了“在京财务公司单身青年联谊会”，25家财务公司的106位单身青年职工参加了联谊活动。

12月13日至14日，中国财协在深圳举办了“财务公司行业统计分析系统培训班”，共有107家财务公司的116人参加了培训。中国财协副秘书长李清军出席了此次培训。

12月19日，中国财协专职常务副会长王岩玲应邀参加开滦集团财务公司开业庆典。

12月20日，中国财协专职常务副会长王岩玲应邀参加由金融时报社主办的2011年中国金融机构金牌榜“金龙奖”中国中小企业金融服务十佳机构颁奖典礼。

12月20日至21日，中国财协在京举办“财务公司外汇业务培训班”，共有51家财务公司的90名员工参加了培训。中国财协副秘书长赵桂芬主持此次培训。本次培训邀请了国家外汇管理局资本项目管理司资本市场处副处长陈芃和中国银行总行公司金融部的两位专家讲授了财务公司涉及的外汇管理政策、国际结算产品和外汇市场理论等内容，还邀请了中油财务公司和中国石化财务公司国际业务部负责人介绍了本公司开展外汇业务的经验，并且与参训人员进行了座谈和交流。

12月22日，中国财协副秘书长李清军应邀参加北京汽车集团财务有限公司开业庆典。

12月23日，中国财协副秘书长韩华应邀参加中国航油集团财务有限公司开业庆典。

12月23日，中国财协第八届常务理事会第一次会议在财协会议室召开，张华会长主持了会议。会议审议通过了中国财协2012年工作计划和2012年财务预算；审议通过了设立中国财协专家委员会的方案，调整理事会自律委员会、战略发展委员会和信息技术委员会组成的议案，成立第八届理事会预算管理委员会的议案及聘请安永咨询机构对协会组织管理架构提出整体解决方案的议案；会议同意马钢集团财务有限公司、大连港集团财务有限公司、北汽集团财务有限公司、湖北宜化集团财务有限责任公司四家财务公司加入中国财协。

12月23日，中国银监会副主席蔡鄂生在非银部主任柯卡生、副主任张电中的陪同下赴中国财务公司协会视察调研。第八届理事会的常务理事及部分在京财务公司的负责人参加了调研座谈。座谈会前，蔡鄂生副主席一行视察参观了财协新办公场所。

12月23日，中国财协在华滨国际酒店举行在京财务公司新春联欢会，银监会非银部及北京局领导参加。

12月30日，中国财协专职常务副会长王岩玲一行赴中海财务进行调研。

附　　录

2011 年度财务公司行业受表彰情况

东风汽车财务有限公司

2011 年度，武汉市政府授予东风汽车财务有限公司“金融机构支持武汉市经济发展突出贡献奖”，武汉经济技术开发区管委会授予东风汽车财务有限公司“十大纳税企业”称号。

中国石化财务有限责任公司

中国石化财务有限责任公司被中国北京市朝阳区委、北京市朝阳区人民政府评为 2011 年度朝阳区经济贡献突出企业。

中国石化财务有限责任公司被北京市国税局、地税局授予“纳税信用 A 级企业”称号。

中国石化财务有限责任公司被中国外汇交易中心评为 2011 年度银行间外汇市场最佳交易规范会员。

中国石化财务有限责任公司被全国银行间同业拆借中心评为 2011 年度银行间本币市场交易 100 强。

中国石化财务有限责任公司被中国人民银行营业管理部评为 2011 年北京市金融机构金融统计数据报送工作一等奖。

中国石化财务有限责任公司被评为中国石油化工集团公司 2011 年度财务管理先进单位。

中国石化财务有限责任公司被中国石化集团公司财务部评为 2011 年财务决算先进单位。

中国石化财务有限责任公司被中国石化集团公司直属党委评为“永远跟党走”纪念建党 90 周年直属机关红歌会二等奖。

宝钢集团财务有限责任公司

宝钢集团财务有限责任公司获人民银行上海分行颁发的 2011 年度金融统计工作考核三等奖。

宝钢集团财务有限责任公司获得银监会上海监管局颁发的 2011 年度监管统计工作二等奖。

天津渤海集团财务有限责任公司

天津渤海集团财务有限责任公司获天津市和平区政府授予“功臣企业”荣誉称号。

天津渤海集团财务有限责任公司总经理肖京喜被评为天津市国资系统优秀共产党员、渤化集团“十一五”功勋人物。

上海汽车集团财务有限责任公司

上海汽车集团财务有限责任公司获中国金融机构金牌榜“金龙奖”、“年度最佳财务公司”。

上海汽车集团财务有限责任公司获中国金融外包峰会组委会授予的中国金融服务创新商业实践奖。

上海汽车集团财务有限责任公司获上海市

企业征信系统建设工作考核评比二等奖。

上海汽车集团财务有限责任公司获上海市中资金融机构金融统计工作二等奖。

上海汽车集团财务有限责任公司获上海市信贷市场企业信用评级工作先进集体称号。

上海汽车集团财务有限责任公司获上海市中资金融机构会计报表年报优胜奖。

兵器财务有限责任公司

兵器财务有限责任公司2011年1月被北京市国家税务局、北京市地方税务局评为“纳税信用A级企业”。

兵器财务有限责任公司2011年3月获中国银行业监督管理委员会北京监管局2011年监管统计工作考核评比二等奖。

兵器财务有限责任公司2011年10月获集团公司直属工会联合会“集团公司在京单位2011年职工运动会优秀组织奖”。

兵器财务有限责任公司2011年10月16日获中国国防科技工业企业管理协会“2011年度军工企业管理创新成果一等奖”。

中核财务有限责任公司

中核财务有限责任公司参与创造的《提升资源保障能力和配置效率的集团化财务管理》荣获第十八届全国企业管理现代化创新成果评选一等奖。

中核财务有限责任公司参与创造的《大型企业集团以提升财务能力为目标的集团化运作》荣获2011年度国防科技工业企业管理创新成果评选一等奖。

中核财务有限责任公司共1人次被国家审计署授予“2008—2010年全国内部审计先进工作者”称号。

中核财务有限责任公司共1人次被国资委授予“中央企业法律事务先进工作者”称号。

中国电力财务有限公司

中国电力财务有限公司获《金融时报》“金龙奖”最佳财务公司荣誉称号。

中国电力财务有限公司获国家电网公司“五五”普法先进单位荣誉称号。

中国电力财务有限公司获国家电网公司优秀效能监察项目管理效益奖。

中国电力财务有限公司获国家电网公司“学制度、促廉洁、保发展”主题教育活动优秀单位称号。

中国电力财务有限公司获国家电网公司先进集体荣誉称号。

中国电力财务有限公司办公室获国家电网公司信息先进单位荣誉称号。

中国电力财务有限公司信息化工作部获国家电网公司“科技进步奖”一等奖。

中国电力财务有限公司党群工作部获国家电网公司企业文化建设优秀案例二等奖。

中国电力财务有限公司机关工作部获国家电网公司系统首批“健康食堂”称号。

中国电力财务有限公司第六党支部、华中分公司第三党支部获国家电网公司“电网先锋党支部”标兵荣誉称号。

中国电力财务有限公司西北分公司获国家电网公司“五四红旗”团支部荣誉称号。

中国电力财务有限公司华中分公司获国家电网公司文明单位称号。

中国电力财务有限公司华中分公司获国家电网公司“电网先锋党支部”标兵称号。

中国电力财务有限公司华东分公司获国家电网公司“五五”普法先进单位荣誉称号。

中国电力财务有限公司华北分公司获国家电网公司先进集体荣誉称号。

神华财务有限公司

神华财务有限公司张映2011年被评为神

华集团公司优秀共产党员。

神华财务有限公司宗亚利 2011 年被评为神华集团公司优秀党支部书记。

航天科工财务有限责任公司

航天科工财务有限责任公司获得“2011年北京银监局监管统计工作综合评比三等奖”的荣誉称号。

航天科工财务有限责任公司获得中国人民银行营业管理部准备金上缴工作优秀单位称号。

航天科工财务有限责任公司经理部被集团公司授予“2007—2010 年度信息化工作先进集体”荣誉称号。

航天科工财务有限责任公司获得“2009年双增工作成效奖”荣誉称号。

航天科工财务有限责任公司财务部获得“中国航天科工集团公司 2010 年度企业类财务决算三等奖”荣誉称号。

航天科工财务有限责任公司风险管理部规章制度体系建设质量检查评比集团排名并列第一。

航天科工财务有限责任公司员工谭欣获得“中国航天科工集团公司 2011 年度安全生产先进工作者”荣誉称号。

航天科工财务有限责任公司员工张蕾获得“集团公司 2009—2011 年统计工作先进个人”荣誉称号。

航天科工财务有限责任公司员工冯琳被集团公司授予“‘十一五’档案工作先进个人”荣誉称号。

航天科工财务有限责任公司员工吴琦被集团公司授予“2008—2010 年度内部审计先进工作者”荣誉称号。

航天科工财务有限责任公司员工王啸飞被集团公司授予“中国航天科工集团公司 2010年度‘优秀共青团干部’”荣誉称号。

航天科工财务有限责任公司员工王兰被集团公司授予“中国航天科工集团公司 2010 年度‘优秀共青团员’”荣誉称号。

航天科工财务有限责任公司员工孙耀敏被集团公司授予“2007—2010 年度信息化工作先进个人”荣誉称号。

航天科工财务有限责任公司员工冯琳被集团公司授予“航天科工集团公司 2010 年度机要文件交换优秀个人”荣誉称号。

航天科工财务有限责任公司员工李棣娃被集团公司授予“航天科工集团公司 2011 年度机要文件交换优秀个人”荣誉称号。

航天科工财务有限责任公司员工张蕾、黄劲为、李云志、许裴迪荣获集团公司经济分析优秀论文评选二等奖。

中船重工财务有限责任公司

中船重工财务有限责任公司总经理王兴林荣获集团公司 2011 年度经营管理工作特等奖。

吉林森林工业集团财务有限责任公司

吉林森林工业集团财务有限责任公司被集团公司评为 2011 年度“节本降耗、提质增效”突出贡献单位。

吉林森林工业集团财务有限责任公司被吉林省公安厅、中国银监会吉林监管局评为“2011 年全省金融安全保卫工作先进集体”。

吉林森林工业集团财务有限责任公司被中国农林水利工会评为“全国农林水利系统模范职工小家”。

吉林森林工业集团财务有限责任公司总经理张增荣被吉林省总工会评为“吉林省经济技术创新标兵”，并授予吉林省五一劳动奖章。

海航集团财务有限公司

海航集团财务有限公司荣获“北京市 2011—2012 年度纳税信用 A 级企业”称号，

受到海淀区国税局、地税局的隆重表彰。

浙江省能源集团财务有限责任公司

浙江省能源集团财务有限责任公司 2012 年 2 月 10 日获 2011 年度在杭金融机构统计竞赛三等奖。

浙江省能源集团财务有限责任公司 2012 年 3 月 22 日获 2011 年度杭州辖内银行业金融机构非现场监管报表考核一等奖。

浙江省能源集团财务有限责任公司 2012 年 3 月 22 日获 2011 年度杭州辖内银行业金融机构监管统计工作竞赛三等奖。

TCL 集团财务有限公司

TCL 集团财务有限公司获惠州银行业协会组织工作 2010—2011 年度“先进集体”称号。

TCL 集团财务有限公司获 TCL 集团股份有限公司 2011 年度“创新贡献奖”。

湖南华菱钢铁集团财务公司

湖南华菱钢铁集团财务公司领导集体获湖南省国资委“2011 年度四好领导班子”称号。

湖南华菱钢铁集团财务公司获中国人民银行长沙中心支行“2011 年度全省金融统计工作先进集体”称号。

天津港财务有限公司

天津港财务有限公司成功入选“2011 年度开发区百强企业”。

天津港财务有限公司获得“2011 年度天津市人民银行天津分行金融统计工作三等奖”和“2011 年度滨海新区金融统计工作先进集体”荣誉称号。

中航工业集团财务有限责任公司

中航工业集团财务有限责任公司获评国家质量技术监督局颁发的优秀六西格玛项目。

中航工业集团财务有限责任公司西安分公司党支部获“中航投资优秀党支部”称号。

中航工业集团财务有限责任公司被评为先进会计工作单位。

中航工业集团财务有限责任公司被评为 2010 年度纳税先进单位。

中航工业集团财务有限责任公司被评为北京市纳税信用 A 级企业。

中航工业集团财务有限责任公司被评为华北地区内部审计先进集体。

中航工业集团财务有限责任公司西安分公司被评为中国人民银行西安分行营业管理部“2010 年金融统计二等奖”。

中航工业集团财务有限责任公司西安分公司被评为陕西省 2010—2011 年全省 A 级纳税人。

中航工业集团财务有限责任公司西安分公司被评为陕西省统计局“2010 年度金融保险业财务统计先进单位”。

中航工业集团财务有限责任公司被评为北京市朝阳区 2011 年度优秀企业。

潞安集团财务有限公司

潞安集团财务有限公司获山西省国税局、山西省地税局联合颁发的“山西省纳税信用 A 级单位”荣誉称号。

潞安集团财务有限公司获中国人民银行长治市中心支行组织的“长治市金融系统业务知识竞赛”团体第二名，并荣立集体二等功。

潞安集团财务有限公司获山西省企业联合会颁发的“山西省优秀企业”荣誉称号。

潞安集团财务有限公司获长治市企业联合会颁发的“长治市优秀企业”称号。

潞安集团财务有限公司获潞安集团颁发的“模范单位”荣誉称号。

中化集团财务有限责任公司

2011 年，中化集团财务有限责任公司党总支被中化集团评为“先进基层党组织”。

2011年6月，中化财务公司党总支被中化集团公司评为“先进基层党组织”。

中化集团财务有限责任公司获得北京市西城区税务机关授予的“北京市2011—2012年度A级纳税企业”称号。

中化集团财务有限责任公司部分集体和个人获得中化集团公司2011年度先进集体、先进个人表彰。

在中化集团公司2011年度先进集体、先进个人表彰中，中化集团财务有限责任公司保险业务部荣获年度特殊贡献奖，1人被评为“先进工作者”。

中化集团财务有限责任公司部分集体和个人获得中化集团公司“优秀班组”或“岗位能手”通报表彰。

在中化集团公司2011年度岗位能手和优秀班组通报表彰中，中化集团财务有限责任公司结算中心荣获中化集团公司“优秀班组”称号，2人荣获中化集团公司“岗位能手”称号。

首都机场集团财务有限公司

2011年首都机场集团财务有限公司获得了北京市顺义区人民政府颁发的“区域经济百强企业”称号，同时还获得了顺义区突出贡献奖。

紫金矿业集团财务有限公司

紫金矿业集团财务有限公司获龙岩市2010年度纳税百强称号。

紫金矿业集团财务有限公司获金融机构贷款余额“破百亿”二等奖。

紫金矿业集团财务有限公司荣获龙岩市银行业庆祝建党九十周年文艺汇演二等奖。

阳泉煤业集团财务有限责任公司

阳泉煤业集团财务有限责任公司被阳泉市人民政府办公厅评为“先进集体”。

阳泉煤业集团财务有限责任公司被中国人民银行阳泉市中心支行评为2011年度阳泉市金融统计工作考核团体第二名。

青岛啤酒财务有限责任公司

2011年底，青岛啤酒财务有限责任公司业务运营部获青岛市公安局“先进集体”嘉奖。

2011 年度财务公司行业履行社会责任情况

中国重汽财务有限公司

中国重汽财务有限公司 2011 年积极组织开展了慈心一日捐活动，共捐款近 2 万元。

中国重汽财务有限公司积极响应政府关于开展义务植树活动的号召，党、政、工、团共同组织职工在重汽章丘工业园植树 200 余棵。

在全国开展公共场所禁止吸烟活动的倡导下，重汽财务公司结合金融单位的特点，制定了重汽财务公司办公场所禁止吸烟的规定。

中远财务有限责任公司

2011 年，中远财务有限责任公司向中远慈善基金会捐款 20 万元人民币，资助云南临沧“远航—追梦”助学项目。

结合纪念建党 90 周年，中远财务有限责任公司组织开展了“坚定理想信念、加强党性修养”主题党日活动，赴承德董存瑞纪念馆参观并集体合影。

葛洲坝集团财务有限责任公司

2011 年，葛洲坝集团财务有限责任公司向葛洲坝实验小学捐献图书 1 000 册，价值 13 700元。向留守儿童小学捐款 1 600 元。向定点帮困对象累计发放救助金 1 500 元，向贫困学生发放助学金 1 500 元。

兵器财务有限责任公司

2011 年8 月22 日至26 日，兵器财务有限责任公司与集团公司下属六家成员单位赴云南省红河县视察走访了三所希望小学，并参加了为这三所希望小学捐赠计算机教室、音乐教室的揭牌仪式。捐赠云南省红河县三所希望小学计算机，音、体、美等教学器材并顺利完成了设备的安装调试。

兵器财务有限责任公司党委坚持资助家庭困难的贫困儿童，通过号召全体党员捐款、捐物，并且结合支部活动开展了多种形式的帮困扶贫活动。

三峡财务有限责任公司

2011 年，三峡财务有限责任公司在集团公司爱心基金捐赠活动中，公司 85 名员工共捐款 13 330 元，人均捐款超过 150 元。

中核财务有限责任公司

2011 年 12 月，中核财务有限责任公司向“核工业特困救助基金”捐款 300 万元。

上海浦东发展集团财务有限责任公司

上海浦东发展集团财务有限责任公司捐资设立的浦发公益基金会截至目前已向困难家庭、个人及学校捐助 62 034 人次左右、金额达 917. 2141 万元。

上海浦东发展集团财务有限责任公司每年向浦发集团帮困基金捐款近10万元，每年向国资公司捐款100万元，并慰问捐助其数名困难职工等。

上海浦东发展集团财务有限责任公司同共建社区和共建部队每年不定期举行各类社区服务、部队慰问等活动。

中国电力财务有限公司

中国电力财务有限公司资助陕西勉县贫困学生高三复读学费。

中国电力财务有限公司华北分公司为怀柔九渡河镇庙上村提供照相、摄像等宣传器材，丰富庙上村存档资料形式，助其加大宣传力度。

中国电力财务有限公司西北分公司为宝鸡市凤翔县长青镇太昌小学资助六名家境贫困，品学兼优的学生。

中国电力财务有限公司华中分公司北川县供电公司捐助爱心助学资金，带心理咨询师心理咨询抚慰、捐赠书籍及体育用品，与其共同开展文体活动。

中国电力财务有限公司华东分公司为上海广慈残疾儿童福利院（上海市奉贤区平安镇七古村）捐赠了资金、衣物、食品、课桌椅和电脑，并帮助福利院进行电线改造。

中国电子财务有限责任公司

中国电子财务有限责任公司落实集团援疆扶贫工作计划，2011年，公司为援疆扶贫项目捐款140万元。

万向财务有限公司

万向财务有限公司组织开展了一年一度的“送温暖献爱心”捐款活动；倡议员工参加萧山宁围镇组织的无偿献血活动。

京能集团财务有限公司

京能集团财务有限公司为孤残儿童捐赠奶粉、纸尿裤、食品等，员工开展了捐献活动，捐赠了图书、文具、御寒衣服等物品。

中航工业集团财务有限责任公司

中航工业集团财务有限责任公司安排专人赴北京东方博爱儿童福利院慰问，员工利用业余时间多批次赴福利院参加义务劳动。

潞安集团财务有限公司

2011年11月30日，潞安集团财务有限公司组织全体员工开展“送温暖、献爱心”捐款活动。

保利财务有限公司

保利财务有限公司组织员工参加了北京市东城区慈善协会组织的“冬衣送暖”为主题的社会捐赠活动，为对口支援的内蒙古、青海玉树以及宁夏灾区的灾区人民捐献了爱心物资。

中化集团财务有限责任公司

2011年，中化集团财务有限责任公司为贫困人群捐献御寒衣物，倡导精益、环保、富有爱心的公益理念，充分利用现有资源为贫困人群提供帮助。活动得到了公司员工的积极响应。

阳泉煤业集团财务有限责任公司

阳泉煤业集团财务有限责任公司员工踊跃参加“送温暖、献爱心”捐款活动和青年志愿献血活动，获青年志愿者组织奖。

通用技术集团财务有限责任公司

2011年，通用技术集团财务有限责任公司顺利地完成了集团组织的无偿献血工作。

通用技术集团财务有限责任公司还组织员工为白血病患儿小严涵和大学生殷懿进行了捐款。

2011 年度财务公司机构名录

序号	公司名称	通信地址	邮政编码	高管人员	控股股东	控股比例(%)	英文名称	公司网址
1	东风汽车财务有限公司	湖北省武汉市武汉经济技术开发区东风大道10号	430056	董事长　朱福寿 总经理　马华 副总经理　马以忠	东风汽车有限公司	80	Dongfeng Motor Finance Co., Ltd.	
2	中国重汽财务有限公司	山东省济南市无影山东路39号	250031	董事长　宋其东 总经理　韩文杰 副总经理　田玉伟 副总经理　李飞月 副总经理　孙俊丽	中国重汽(香港)有限公司	78.92	Sinotruk Finance Co., Ltd.	www.cnhtc.com.cn
3	中国华能财务有限责任公司	北京市西城区复兴门南大街丙2号天银大厦C段西区	100031	董事长　杨美茹 总经理　龚卫中 副总经理　肖健 副总经理　孙丽英 副总经理　何青 党组纪检组长张巍	中国华能集团公司	51	China Huaneng Finance Corporation Limited	www.chnfcl.com.cn
4	锦江国际集团财务有限责任公司	上海市延安东路100号27楼	200002	董事长　陈文君 总经理　陈月明 副总经理　侯儒波	上海锦江国际酒店(集团)股份有限公司	90		www.jinjianghotels.com
5	一汽财务有限公司	吉林省长春市东风大街711号	130011	董事长　滕铁骑 总经理　张影	中国第一汽车股份有限公司	70.80	First Aotomobile Finance Co., Ltd.	www.faf.com.cn
6	西电集团财务有限责任公司	陕西省西安市大庆路511号	710077	董事长　田喜民 总经理　杨东礼 副总经理　毋浩民 副总经理　王仲元	中国西电电气股份有限公司	80.21	XD Group Finance Co., Ltd.	www.xdcwgs.com

续表

序号	公司名称	通信地址	邮政编码	高管人员	控股股东	控股比例（%）	英文名称	公司网址
7	中国石化财务有限责任公司	北京市朝阳区朝阳门北大街22号	100728	董事长　李春光 党委书记、总经理　张保龙 副总经理　史立明 副总经理　高中元 党委副书记、纪委书记、工会主席　谢东	中国石油化工集团公司	51	Sinopec Finance Co., Ltd.	www. sfc. sinopec. com
8	东方电气集团财务有限公司	四川省成都市高新西区西芯大道18号	611731	董事长　文利民 总经理　冯勇 副总经理　彭宗洲 副总经理　王成密	中国东方电气集团公司	100		www. dongfang. com
9	宝钢集团财务有限责任公司	上海市浦东新区浦电路370号9楼	200122	董事长　周竹平 总经理　袁磊 副总经理　曾健飞	宝山钢铁股份有限公司	62.1	Baosteel Group Finance Company Ltd.	
10	中国一拖集团财务有限责任公司	河南省洛阳市涧西区建设路154号	471004	董事长　董建红 总经理　陆志华 副总经理　曾晨 副总经理　施卫平	第一拖拉机股份有限公司	87.8		www. first tractor. com. cn
11	五矿集团财务有限责任公司	北京市海淀区三里河路5号五矿集团	100044	董事长　俞波 总经理　柴山 副总经理　史磊 副总经理　王秋劲 副总经理　张福红	中国五矿股份有限公司	92.5	Minmetals Finance Company Limited	www. minmetals. com. cn
12	攀钢集团财务有限公司	四川省成都市沙湾路266号	610031	董事长　尚洪德 副总经理　陈錆 总经理助理　汪力	攀钢集团钢铁钒钛股份有限公司	96.18	Pan Gang Group Finance Co., Ltd.	www. pgfc. com. cn
13	武钢集团财务有限责任公司	湖北省武汉市友谊大道999号武钢集团办公大楼B座11－13层	430080	董事长　邓崎琳 监事长　刘强 总经理　易矛 副总经理　龙林生 副总经理　万定利 总经理助理　陈庆丰	武汉钢铁（集团）公司	68.35	Wuhan Iron and Steel Group Finance Company Limited	

续表

序号	公司名称	通信地址	邮政编码	高管人员	控股股东	控股比例（%）	英文名称	公司网址
14	中远财务有限责任公司	北京市西城区月坛北街2号月坛大厦A座19层	100045	总经理　刘超 党委书记　辛加和 副总经理　唐燕燕 副总经理　应海峰 纪委书记兼工会主席　张重初 副总经理　李娟	中国远洋运输（集团）总公司	43.125	COSCO Finance Co., Ltd.	
15	江铃汽车集团财务有限公司	江西省南昌市苏圃路111号	330006	董事长　罗军 总经理　陈东红 副总经理　丁莉红 副总经理　方忠英 总经理助理　杨峰毅 总经理助理　杜健	江铃汽车集团公司	87.452	JMCG Finance Company	www.jlcwgs.com
16	中国航空集团财务有限责任公司	北京市朝阳区霄云路36号国航大厦19层	100027	董事长　曹建雄 总经理兼党委副书记　廖伟 党委书记兼副总经理　陈华林 党委副书记　张建中 党委委员　沈洁	中国航空集团公司	75.54	China National Aviation Finance Co., Ltd.	www.airchinaf.com
17	中国南动集团财务有限责任公司	湖南省株洲市芦淞区董家段	412002	董事长　张智勇 总经理　邹湘龙 副总经理　戴涛	中国南方航空工业（集团）有限公司	89.54		
18	天津渤海集团财务有限责任公司	天津市和平区大理道30号	300050	董事长　赵金泉 书记　刘宝起 总经理　肖京喜 副总经理　任志华	天津渤海化工集团公司	42.96	Tianjin Bohai Group Finance Co., Ltd.	www.tjbhcw.com
19	深圳市有色金属财务有限公司	广东省深圳市福田区车公庙中国有色大厦20楼	518040	董事长　张水鉴 总经理　龚子奇 常务副总经理　唐建西	深圳中金岭南有色金属股份有限公司	75.17		www.nonfemet.com
20	中国南航集团财务有限公司	广东省广州市机场路航云南街17号	510406	董事长　王建军 总经理　肖立新 副总经理　徐燕青 党委副书记　莫克齐 副总经理　李实萍 副总经理　胡艳苹	中国南方航空集团公司	60		www.csnfs.com.cn

续表

序号	公司名称	通信地址	邮政编码	高管人员	控股股东	控股比例（%）	英文名称	公司网址
21	上海汽车集团财务有限责任公司	上海市静安区康定路1199号	200042	监事会主席　胡茂元 董事长　刘榕 总经理兼党总支书记　沈根伟 党总支副书记　张晓俊	上海汽车集团股份有限公司	98.59	Shanghai Automotive Group Finance Corporation Limited	www.saicfinance.com
22	振华集团财务有限责任公司	贵州省贵阳市新添大道北段222号	550018	董事长　车文申 总经理　令狐建强 副总经理　唐要斌	中国振华（集团）电子有限公司	65	Financial Company, Ltd. Zhenhua Group	
23	东方集团财务有限责任公司	黑龙江省哈尔滨市南岗区花园街235号1202室	150001	董事长　吕廷福 总经理　姜建平 总经理助理　闫铁红 财务总监　张志刚	东方集团实业股份有限公司	87.40		
24	东航集团财务有限责任公司	上海市吴中路686号D座东航金融中心15楼	201103	董事长　肖顺喜 总经理　王乾 总经理助理　刘洪 总经理助理　倪丽华	中国东方航空集团公司	53.75	CES Finance Co., Ltd.	www.cesfinance.com
25	中油财务有限责任公司	北京市东城区东直门北大街9号	100007	董事长　王国樑 副董事长　周明春 副董事长　温青山 总经理　兰云升 党委书记、副总经理　梁萍 副总经理　王永发 副总经理　廖筱燕	中国石油天然气集团公司	51		
26	上海电气集团财务有限责任公司	上海市江宁路212号8楼	200041	董事长　俞银贵 总经理　秦怿 党委书记　周秋红 副总经理　吕彤 副总经理　李林	上海电气集团股份有限公司	73.38	Shanghai Electric Group Finance Company	

续表

序号	公司名称	通信地址	邮政编码	高管人员	控股股东	控股比例（%）	英文名称	公司网址
27	葛洲坝集团财务有限责任公司	湖北省宜昌市石子岭路3号	443002	董事长　崔大桥 副董事长、总经理、党总支书记　邹定波 副总经理　朱华 副总经理　李云志	中国葛洲坝集团股份有限公司	68.58	Gezhouba Group Finance Company ltd.	www. gzbfcl. com
28	兵器财务有限责任公司	北京市东城区青年湖南街19号	100011	董事长　罗乾宜 总经理　许质武 党委书记　曹光祥 专职监事　李德福 副总经理　李子福 副总经理　张绛义 党委副书记　武冬生 总会计师　韩颖	中国兵器工业集团公司	14.76	North Industries Group Finance Company Ltd.	www. norfico. com. cn
29	三峡财务有限责任公司	北京市海淀区玉渊潭南路1号三峡大厦B座3层	100038	董事长　林初学 总经理　谢峰 党委书记　李镇光 副总经理　朱建军 副总经理　毕家俊	中国长江三峡集团公司	58.90	Three Gorges Finance Co., Ltd.（TGF）	http://tgf. ctgpc. com. cn/
30	中广核财务有限责任公司	深圳市福田区上步中路1001号科技大厦4楼	518031	董事长　施兵 总经理　胡焰明 副总经理　任力勇 财务总监　梁开卷 业务总监　徐敏芳 总经理助理　罗军	中国广东核电集团	100	China GuangDong Nuclear Power Finance Co., Ltd.	www. cgnfc. com. cn
31	中船财务有限责任公司	上海市浦东新区浦东大道1号	200120	董事长　孙云飞 总经理　曾祥新 副总经理　霍荫胜	中国船舶工业集团公司	39.34	Zhong Chuan Finance Company Limited	http://zcfc. cssc. net. cn/
32	中核财务有限责任公司	北京市西城区三里河南四巷1号	100045	董事长　孙又奇 总经理　张逸 副总经理　陈斌 副总经理　韩洪学	中国核工业集团公司	53.49	CNNC Finance Company Ltd.	www. cnncfc. com. cn

续表

序号	公司名称	通信地址	邮政编码	高管人员	控股股东	控股比例（%）	英文名称	公司网址
33	上海浦东发展集团财务有限责任公司	上海市浦东南路256号34-35楼	200120	党委书记、董事长 沈尚德 监事长 周宝龙 总经理 陈新 党委委员、副总经理 杨明 副总经理 滕军 党委委员、综合办主任 徐文付	上海浦东发展（集团）有限公司	52	Shanghai Pudong Development Group Finance Co., Ltd.	www. pdcw. com. cn
34	鞍钢集团财务有限责任公司	辽宁省鞍山市铁东区和平路8号	114003	董事长 于万源 总经理 都兴开	鞍山钢铁集团公司	74. 04	Finance Company Ltd. of Ansteel Group	
35	中国电力财务有限公司	北京市东城区建国门内大街乙18号院一号楼英大国际大厦	100005	董事长、党组书记 姜魁 总经理、党组副书记 赵元杰 党组副书记、副总经理 王剑波 党组成员、副总经理 薛嘉璋 党组成员、副总经理 张传菊 党组成员、副总经理 侯燕梅 党组成员、纪检组长、公会主席 胡锐 党组成员、副总经理 侯文捷	国家电网公司	51	China Power Finance Co., Ltd.	
36	神华财务有限公司	北京市东城区安德路16号洲际大厦4层	100011	董事长 凌文 总经理 梅雪艳 副总经理 车建明 副总经理 那绍媞 副总经理 张映 首席风险控制官 屈建中	中国神华能源股份有限公司	80. 72	Shenhua Finance Co., Ltd.	
37	中国电子财务有限责任公司	北京市海淀区中关村东路66号世纪科贸大厦	100190	总经理 刘维用 副总经理 张凯 副总经理 许海东 副总经理 唐新宇	中国电子信息产业集团有限公司	50. 93	China Electronics Finance Co., Ltd.	www. cec-f. com. cn

续表

序号	公司名称	通信地址	邮政编码	高管人员	控股股东	控股比例（%）	英文名称	公司网址
38	航天科技财务有限责任公司	北京市西城区平安里大街31号航天金融大厦7层	100035	董事长　吴艳华 总经理　李海东 财务总监　刘则福 副总经理　赵立军 副总经理　石明磊	中国航天科技集团公司	30	Aerospace Science & Technology Finance Co., Ltd.	www. astfc. com
39	航天科工财务有限责任公司	北京市海淀区紫竹院路116号嘉豪国际中心B座12层	100097	董事长　刘跃珍 总裁　刘晓东 副总裁　马燕明 总会计师　杨淑飞 副总裁　王小红	中国航天科工集团公司	40. 40	Aerospace Science & Industry Finance Corp.	
40	中船重工财务有限责任公司	北京市海淀区昆明湖南路72号中船重工科研大厦3层	100097	董事长　张必贻 总经理　王兴林 副总经理　郑建良 副总经理　王革	中国船舶重工集团公司	50. 783	CSIC Finance Co., Ltd.	
41	中海石油财务有限责任公司	北京市东城区朝阳门北大街25号中国海油大厦7楼	100010	董事长　吴孟飞 总经理　黄晓峰 总会计师　刘成荔	中国海洋石油总公司	62. 9		
42	海尔集团财务有限责任公司	山东省青岛市崂山区海尔路1号海尔工业园K座	266100	董事长　武克松 总经理　李占国	青岛海尔电子有限公司	53		www. haier. com
43	吉林森林工业集团财务有限责任公司	吉林省长春市延安大街1399号	130012	董事长　李建伟 总经理　张增荣 财务总监　王友 副总经理　王勐 副总经理　乔永洁	吉林森林工业集团有限责任公司	49. 34	Jilin Forest Industry Group Finance Co., Ltd.	http://www. jlsgcwgs. com
44	万向财务有限公司	浙江省杭州市庆春路225号西湖时代广场7楼	310006	董事长　管大源 总裁　傅志芳	万向集团公司	66. 08	Wanxiang Finance Co., Ltd.	www. wxcw. cn

续表

序号	公司名称	通信地址	邮政编码	高管人员	控股股东	控股比例（%）	英文名称	公司网址
45	中粮财务有限责任公司	北京市朝阳区朝阳门南大街八号中粮福临门大厦1905室	100020	董事长　邬小蕙 执行董事　马王军 总经理　孙彦敏 副总经理　田涛 副总经理　李德罡 总经理助理　阳晓明 总经理助理　刘倩	中粮集团有限公司	79.84	COFCO Finance Corporation Ltd.	www. cofco. com. cn
46	苏州创元集团财务有限公司	江苏省苏州市三香路333号万盛大厦1楼	215004	总经理　陆惠章 副总经理　邱卫东	苏州创元投资发展（集团）有限公司	90	Suzhou Chuangyuan Group Finance Co., Ltd.	
47	珠海格力集团财务有限责任公司	广东省珠海市前山金鸡路901号	519070	董事长　董明珠 总经理　张蓓蕾 副总经理　肖旭武 总经理助理　陈坚	珠海格力电器股份有限公司	88.31	Zhuhai Gree Group Finance Company Ltd.	www. greefinance. com
48	国机财务有限责任公司	北京市海淀区丹棱街3号A座8层	100080	董事长兼总经理　李家俊 副总经理　李慧玲 副总经理　李洪义 总经理助理　夏国靖 总经理助理　李智军	中国机械工业集团有限公司	20.37	Sinomach Finance Co., Ltd.	www. sinomf. com
49	海航集团财务有限公司	北京市朝阳区霄云路甲26号海航大厦22层	100125	董事长　张尚辉	海航机场集团有限公司	55.56	HNA Group Finance Co., Ltd.	
50	中国华电集团财务有限公司	北京市西城区宣武门内大街2号中国华电大厦B座10层	100031	董事长　褚玉 总经理、党组书记　王曦 党组副书记、纪检组长　余建华 副总经理、党组成员　胡忠良 副总经理、党组成员　刘光明 副总经理、党组成员　刘蒴	中国华电集团公司	36.15	China Huadian Finance Corporation Limited	www. chdc. com. cn

续表

序号	公司名称	通信地址	邮政编码	高管人员	控股股东	控股比例（%）	英文名称	公司网址
51	中国大唐集团财务有限公司	北京市西城区菜市口大街1号	100053	董事长　吴静 总经理、党组副书记　栗宝卿 党组书记、副总经理　贺华 党组成员、副总经理兼党组纪检组组长、工会主席　柯小星	中国大唐集团公司	64.50		www. china - cdt. com
52	南方电网财务有限公司	广东省广州市天河区黄埔大道西76号盈隆广场31楼	510623	党组书记、董事长　杨璐 党组成员、总经理　胡伏秋 纪检组长、党组成员、副总经理　周佑明 副总经理　邹志敏	中国南方电网有限责任公司	30	Southern Power Grid Finance Co., Ltd.	www. fc. csg. cn
53	中电投财务有限公司	北京市西城区金融大街28号院2号楼7层	100033	董事长　王祥富 总经理、党组副书记　刘传东 党组书记、副总经理　张培廉 党组成员、副总经理　梁玉丰 党组成员　马宝军	中国电力投资集团公司	77	China Power Investment Finance Co., Ltd.	www. cpifcl. com. cn
54	国电财务有限公司	北京市西城区阜成门北大街6-9号11层	100034	董事长　邵国勇 总经理、党组副书记　孙宝东 党组书记、副总经理　李政文 副总经理、总会计师、党组成员　杨元顶 党组成员、纪检组长、工会主席　黄文强	国电资本控股有限公司	28.98	Guodian Finance Corporation Ltd.	www. gdfcl. com. cn
55	华联财务有限责任公司	北京市西城区金融大街33号通泰大厦B座4层	100033	董事长　郭丽荣 总经理　丁险峰 副总经理　施保成 副总经理　徐艳	北京华联集团投资控股有限公司	34	Hualian Finance Co., Ltd.	www. hualianfc. com

续表

序号	公司名称	通信地址	邮政编码	高管人员	控股股东	控股比例（%）	英文名称	公司网址
56	兵器装备集团财务有限责任公司	北京市海淀区车道沟10号院中国兵器装备集团大楼5层	100089	董事长　李守武 总经理　王晓翔 党委书记　刘志岩 副总经理　唐兰宾 总经理助理、总稽核　李志榕	中国兵器装备集团公司	32.27	China South Industries Group Finance Co., Ltd.	www. bzhcw. cn
57	京能集团财务有限公司	北京市朝阳区永安东里16号CBD国际大厦2301室	100022	董事长　刘国忱 总经理　张伟 副总经理　祖连成 副总经理　刘颖 总经理助理　杨建 风险总监　张艳 投资总监　倪婷	北京能源投资（集团）有限公司	98	BEIH Finance Co., Ltd.	www. beihf. com. cn
58	浙江省能源集团财务有限责任公司	浙江省杭州市环城北路华浙广场一号9楼	310006	董事长　王莉娜 总经理　杨剑雄 副总经理　汪汝姚 党总支副书记　陶虹 总会计师　马青 总经理助理　朱战	浙江省能源集团有限公司	91	Zhejiang Provincial Energy Group Finance Co., Ltd.	
59	广东粤电财务有限公司	广东省广州市天河区天河东路2号粤电广场南塔12－13楼	510640	董事长　杨选兴 总经理　温淑斐 党支部书记、副总经理　袁素杰 副总经理　潘思汉 副总经理　张文 副总经理　李葆冰	广东省粤电集团有限公司	60	Guangdong Yudean Finance Co., Ltd.	
60	TCL集团财务有限公司	广东省惠州市仲恺高新区惠风三路17号TCL科技大厦21楼	516006	董事长　黄旭斌 总经理　杜娟 副总经理　黄福波 副总经理　文建群 副总经理　张红梅	TCL集团股份有限公司	62.00	TCL Finance Co., Ltd.	http：//fc. tcl. com
61	湖南华菱钢铁集团财务有限公司	湖南省长沙市湘府西路222号华菱园写字楼5楼	410004	董事长　舒良勇 监事会主席　赵怀 财务总监　钟士宇 副总经理　赖邦传 副总经理　张定振 工会主席　田艺	湖南华菱钢铁集团有限责任公司	30	Hunan Valin Iron & Steel Group Finance Co., Ltd.	www. valinf. cn

续表

序号	公司名称	通信地址	邮政编码	高管人员	控股股东	控股比例（%）	英文名称	公司网址
62	江西铜业集团财务有限公司	江西省南昌市二七北路527号3楼江铜财务公司	330077	董事长　李贻煌 总经理　吴金星 副总经理　杨明洁 副总经理　黄学东（1月－7月24日） 副总经理　谢国藩（7月25日－12月31日）	江西铜业股份有限公司	78.33	JCC Finance Co., Ltd.	cwgs. jxcc. com
63	天津港财务有限公司	天津市塘沽区津港路99号	300461	董事长　田长松 总经理　窦广清 常务副总经理　赵兴利 副总经理　马洁	天津港股份有限公司	48	Tianjin Port Finance Co., Ltd.	www. tjpfc. com
64	松下电器（中国）财务有限公司	上海市浦东新区陆家嘴环路1000号7楼	200120	董事长　饭野则夫	松下电器（中国）有限公司	100	Panasonic Finance China Co., Ltd.	
65	中航工业集团财务有限责任公司	北京市朝阳区东三环中路乙10号艾维克大厦18层	100022	董事长　刘宏 总经理　杨圣军 副总经理　贾福青 副总经理　刘敏	中国航空工业集团公司	47.12	AVIC Finance Co., Ltd.	www. avicfinance. com. cn
66	中冶集团财务有限公司	北京市朝阳区曙光西里28号中冶大厦	100028	董事长　邹宏英 总经理　周小杰 总经理助理　丛蓉	中国冶金科工股份有限公司	86.12	MCC Finance Co., Ltd.	www. mccfc. com. cn
67	申能集团财务有限公司	上海市陆家嘴环路958号10楼	200120	董事长　王鸿祥 总经理　张芊 副总经理　杨波 副总经理　杜心红	申能（集团）有限公司	65	Shenergy Group Finance Co., Ltd.	
68	潞安集团财务有限公司	山西省长治市城西路2号	046011	董事长、党支部书记　杨建林 总经理　李霞 副总经理　刘天义 副总经理　王月亲 副总经理　贾军	山西潞安矿业（集团）有限责任公司	66.67	Lu'an Group Finance Co., Ltd.	

续表

序号	公司名称	通信地址	邮政编码	高管人员	控股股东	控股比例（%）	英文名称	公司网址
69	淮南矿业集团财务有限公司	安徽省淮南市洞山东路上东锦城商业街21栋18号	232001	董事长　李雪莲 书记、总经理　方泰峰 副总经理　王小波 副书记、风险总监　陈学忠	淮南矿业（集团）有限责任公司	91.50		
70	日立（中国）财务有限公司	上海市茂名南路205号瑞金大厦1908室	200020	董事长　木住野诚一郎 总经理兼董事　吉冈准人 副总经理　陈庆锴	日立（中国）有限公司	100	Hitachi (China) Finance Co., Ltd.	
71	保利财务有限公司	北京市东城区朝阳门北大街1号新保利大厦8C	100010	董事长　张振高 总经理　赵晋 副总经理　胡健 总审计师　王一夫 总经理助理　耿跃华	中国保利集团公司	35	Poly Finance Company Limited	www.polyfinance.com.cn
72	深圳能源财务有限公司	广东省深圳市福田区深南中路2068号华能大厦32楼	518031	董事长　周群 总经理　李新威 副总经理　李春晖	深圳能源集团股份有限公司	70		
73	中化集团财务有限责任公司	北京市西城区复兴门内大街28号凯晨世贸中心中座F3	100031	董事长　杨林 总经理　刘剑 副总经理　张小康 副总经理　蒋承宏 副总经理　付建军 副总经理　常卫玲 总经理助理　杨毅 总经理助理　王慧霞	中国中化股份有限公司	100	Sinochem Finance. Co., Ltd.	www.sinochemfinance.com
74	海信集团财务有限公司	山东省青岛市东海西路17号海信大厦	266071	总经理　黄金萍 总经理助理　王曙光	海信集团有限公司	51	Hisense Finance Co., Ltd.	www.hisense.com
75	国联财务有限责任公司	江苏省无锡市滨湖区金融一街8号国联金融大厦18楼	214121	董事长　杨静月 总经理　朱文波 副总经理　陈琦 总经理助理　吴干平	无锡市国联发展（集团）有限公司	30	Guolian Finance Co., Ltd.	www.glfc.gov.cn

续表

序号	公司名称	通信地址	邮政编码	高管人员	控股股东	控股比例（%）	英文名称	公司网址
76	首都机场集团财务有限公司	北京市首都国际机场四纬路9号中国服务大厦B区3层	100621	董事长　赵璟璐 总经理　王玫 书记　杨云 副总经理　李剑 总经理助理兼审计部经理　郭长洲 总经理助理兼资金信贷部经理　薛浩荣	首都机场集团公司	80	Capital Airport Finance Co., Ltd.	www. cah. com. cn
77	红豆集团财务有限公司	江苏省无锡市锡山区东港镇锡港东路2号	214199	董事长　周海江 总经理　胡国梁 副总经理　周海燕	红豆集团有限公司	55		
78	海马财务有限公司	海南省海口市金盘工业区金牛路2号	570216	董事长　赵树华 总经理　刘卫 副总经理　谭继民 副总经理　熊小文	海马汽车集团股份有限公司 海马投资集团有限公司	47. 37	Haima Finance Co., Ltd.	
79	南山集团财务有限公司	山东省龙口市南山工业园南山南路4号	265706	董事长　宋建波 总经理　隋政 副总经理　曲丽华 副总经理　鞠维军 总经理助理　郭芸	南山集团有限公司	55	Nanshan Finance Company, Ltd.	www. nanshan. com. cn
80	国投财务有限公司	北京市西城区西直门南小街147号9层	100034	董事长　张华 总经理　兰如达 副总经理　苏日庆 副总经理　张伟明 副总经理　李旭荣	国家开发投资公司	51	SDIC Finance Co., Ltd.	www. sdicfinance. com. cn
81	河南煤业化工集团财务有限公司	河南省郑州市郑东新区CBD商务外环路6号国龙大厦1727	450046	董事长　张毅 总经理　张汇臣 副总经理　棘军	河南煤业化工集团有限责任公司	63. 70	Henan Coal & Chemical Industry Group Finance Co., Ltd.	www. hnccgc. com. cn
82	中国化工财务有限公司	北京海淀区北四环西路62号	100080	董事长　李建勋 副总经理　程山 副总经理　刘文 总会计师　胡立福 总经理助理　陈峻伟	中国化工集团公司	41. 50	ChemChina Finance Co., Ltd.	

续表

序号	公司名称	通信地址	邮政编码	高管人员	控股股东	控股比例（%）	英文名称	公司网址
83	紫金矿业集团财务有限公司	福建省上杭县紫金大道1号14楼	364200	董事长　陈景河 总经理　罗福金 副总经理　梁祥斌 副总经理　饶建东	紫金矿业集团股份有限公司	95	Zijin Mining Group Finance Company Limited	
84	江苏华西集团财务有限公司	江苏省江阴市滨江开发区香山路29号华西金融楼2楼	214434	董事长　包丽君 总经理　卞三荣 副总经理　任卫国 总经理助理　虞金华	江苏华西集团公司	90	Jiangsu Huaxi Group Finance Co., Ltd.	
85	冀中能源集团财务有限责任公司	河北省石家庄市体育北大街125号	050015	董事长　王社平	冀中能源集团有限责任公司	45	Jizhong Energy Group Finance Co., Ltd.	
86	山西焦煤集团财务有限责任公司	山西省太原市新晋祠路一段1号	030024	董事长　张树茂 副董事长、总经理　夏苏萍 副总经理　贺海柱 副总经理　郎晓华	山西焦煤集团有限责任公司	80	Shanxi Coking Coal Group Finance Co., Ltd.	
87	阳泉煤业集团财务有限责任公司	山西省阳泉市北大西街29号	45000	董事长　廉贤 总经理　王玉明 副总经理　魏晓光 副总经理　赵守刚 首席风险官　樊宗莉 总经理助理　王春艳	阳泉煤业（集团）有限责任公司	50	Yangquan Coal Industry Group Finance Co., Ltd.	www. ymcwgs. com. cn
88	晋煤集团财务有限公司	山西省晋城市北石店	048006	董事长　赵俊平 总经理 段建勋 副总经理　苗见阳 副总经理　赵春洁 副总经理　韩军	山西晋城无烟煤矿业集团有限责任公司	92	Jincheng Anthracite Mining Group Finance Co., Ltd.	
89	云南冶金集团财务有限公司	云南省昆明市小康大道399号	650224	董事长　董英 总经理　任静云 副总经理　李旻昊 副总经理　李立	云南冶金集团股份有限公司	80	Yunnan Metallurgical Group Financial Co., Ltd.	
90	中海集团财务有限责任公司	上海市虹口区东大名路670号5楼	200080	董事长　苏敏 总经理　严李浩 副总经理　李剑 营运总监　刘萍 首席风控　官李晟	中国海运（集团）总公司 中海集装箱运输股份有限公司 中海发展股份有限公司	25 25 25		www. cnshipping. com

续表

序号	公司名称	通信地址	邮政编码	高管人员	控股股东	控股比例（%）	英文名称	公司网址
91	中集集团财务有限公司	广东省深圳市蛇口太子路1号新时代广场19楼ABJKL	518067	董事长　麦伯良 总经理　曾北华 常务副总经理　张力 副总经理　余勇文 总经理助理　杨晓玲 运营总监　方继勋	中国国际海运集装箱（集团）股份有限公司	100	CIMC Finance Company Ltd.	
92	沙钢财务有限公司	江苏省张家港市锦丰镇永新路西6号楼	215625	董事长　沈彬 总经理　倪云山 常务副总经理　沈涛 总经理助理　王顺娣	江苏沙钢集团有限公司	60	Shagang Finance Co., Ltd.	
93	美的集团财务有限公司	广东省佛山市顺德区北滘镇美的大道6号美的总部大楼B区6楼	528311	董事长　袁利群 总经理　汪勇 副总经理　温蓉 副总经理　陈利坚 财务总监　洪展	美的集团有限公司	55	Midea Group Finance Co., Ltd.	www.midea.com.cn
94	宁波港集团财务有限公司	浙江省宁波市北仑区明州路301号宁波港大厦	315800	董事长　李令红 副董事长　戴敏伟 总经理　庄一本 副总经理　邱纪道	宁波港股份有限公司	75	Ningbo Port Group Finance Co., Ltd.	http://nbpfc.nbport.com.cn
95	兖矿集团财务有限公司	山东省邹城市凫山南路329号	273500	董事长　张胜东 副董事长　孟宪强 总经理　李东 董事　王以春 副总经理　李井良 总经理助理　南宫鸣祝	兖矿集团有限公司	70		www.ykjt.cn
96	哈尔滨电气集团财务有限责任公司	黑龙江省哈尔滨市香坊区三大动力路7号	150040	董事长　段洪义 党委书记　吴彤 副总经理　何亚宽 总经理助理　陈茂义	哈尔滨电气集团	51	HE Finance Company Limited	
97	北大方正集团财务有限公司	北京市海淀区成府路298号中关村方正大厦9层	100871	董事长　余丽 总经理 陈刚 副总经理　李胜利 副总经理　李莉	北大方正集团有限公司	50	PKU Founder Group Finance Co., Ltd.	www.founderf.com

续表

序号	公司名称	通信地址	邮政编码	高管人员	控股股东	控股比例（%）	英文名称	公司网址
98	通用技术集团财务有限责任公司	北京市丰台区西三环中路90号通用技术大厦6层	100055	董事长　卿虹 总经理　李虎俊 副总经理　李季	中国通用技术（集团）控股有限责任公司	95		www. genertec. com. cn
99	铜陵有色金属集团财务有限公司	安徽省铜陵市长江西路171号铜陵有色财务公司	244000	董事长　韦江宏 副总经理　黄天珊 副总经理　郑之德 副总经理　管剑	铜陵有色金属集团控股有限公司	70	TongLing Nonferrous Metals Group Finance Corporation Ltd.	www. tnmg. com. cn/cwgs
100	中建财务有限公司	北京市海淀区三里河路15号中建大厦A座七层	100037	董事长　曾肇河 总经理　薛克庆 总经理助理　刘建基 财务总监　孔卫湘	中国建筑股份有限公司	80	China State Construction Finance Company Limited	http：//cscfc. cscec. com
101	江苏省国信集团财务有限公司	江苏省南京市山西路128号和泰大厦11层	210008	董事长　王家宝 副总裁　丁锋 副总裁　周俊淑 党总支副书记　费红日	江苏省国信资产管理集团有限公司	60	Jiangsu Guoxin Finance Co.，Ltd.	www. jsgxfc. com（未正式发布）
102	重庆化医控股集团财务有限公司	重庆市北部新区高新园星光大道70号天王星A1座二楼	401121	董事长　安启洪 董事、总经理　何清全 副总经理　曾子珂 董事、副总经理　王剑	重庆化医控股（集团）公司	63		
103	金川集团财务有限公司	甘肃省兰州市城关区天水南路525号5楼	730000	董事长　刘世超 总经理　郭明君 副总经理　杜志环	金川集团股份有限公司	92. 30	Jinchuan Group Finance Co.，Ltd.	
104	新希望财务有限公司	四川省成都市高新南区天府大道中段天府三街19号新希望国际大厦A座26楼	610041	董事长　曾勇 总裁　荣国跃 副总裁　郎波 总裁助理　邓香全	新希望集团有限公司	40. 00	New Hope Finance Co.，Ltd.	www. nhgfc. com

续表

序号	公司名称	通信地址	邮政编码	高管人员	控股股东	控股比例（%）	英文名称	公司网址
105	包钢集团财务有限责任公司	内蒙古包头市昆区白云路39号二层	014010	董事长　周秉利 总经理　谢美玲 副总经理　王刚	包头钢铁（集团）有限责任公司		Baotou Steel Group Finance Co., Ltd.	
106	新奥财务有限责任公司	河北省廊坊市经济技术开发区华祥路新奥集团南院C区	065001	董事长　于建潮 总经理　崔刚 常务副总经理　刘根旺 副总经理　姜波 运营总监　鲍洁	新奥（中国）燃气投资有限公司	70	ENN Finance Co., Ltd.	www. ennfinance. com
107	中外运长航财务有限公司	北京市海淀区西直门北大街甲43号B座18层	100044	董事长　黄必烈 总经理　张少军 党委书记　诸凡 副总经理　张小青 财务总监　罗丹丹 审计稽核总监　黄文祥	中国外运长航集团有限公司	55		
108	青岛啤酒财务有限责任公司	山东省青岛市市南区东海西路35号4栋青岛啤酒大厦9层	266071	董事长　孙玉国 总经理　徐振声 总会计师　孙燮 副总经理　张德志	青岛啤酒股份有限公司	100	Tsingtao Brewery Finance Co., Ltd.	
109	上海复星高科技集团财务有限公司	上海市江宁路1158号1902室	200060	董事长　张厚林 总经理　何霄	上海复星高科技（集团）有限公司	82	Shanghai Fosun Group Finance Corporation Limited	www. fosun. com
110	中铝财务有限责任公司	北京市西直门北大街62号	100082	董事长　熊维平 总经理　张占魁 副总经理　朱书红	中国铝业公司	100	Chinalco Finance Company Limited	http://finance. chalco. com. cn
111	中兴通讯集团财务有限公司	广东省深圳市南山区高新技术产业园科技南路中兴通讯大厦A座2楼	518057	董事长　韦在胜 副董事长　石春茂 总经理　华健斌 常务副总　毛莺	中兴通讯股份有限公司	100	ZTE Group Finance Company Limited	

续表

序号	公司名称	通信地址	邮政编码	高管人员	控股股东	控股比例（%）	英文名称	公司网址
112	国核财务有限公司	北京市西城区金融大街17号A座9层	100032	董事长　曲大庄 总经理　李云峰 副总经理　汪恒海 总经理助理　王清伟	国家核电技术有限公司	60	State Nuclear Power Finance Corporation Ltd.	www. snpfc. com
113	福建省能源集团财务有限公司	福建省福州市五四路239号物资大厦3楼	350003	董事长　卢范经 副董事长　罗振文 总经理　王金新 副总经理　王盛银	福建省能源集团有限责任公司	90	Fujian Energy Group Finance Company Limited	www. fjegfc. com
114	湖南高速集团财务有限公司	湖南省长沙市开福区三一大道500号17楼	410003	董事长　吴国光 总经理　丁松刚 副总经理　张祺 副总经理　彭正辉 财务总监　张晓青 总稽核师　谢新兴	湖南省高速公路投资集团有限公司	80		
115	马钢集团财务有限公司	安徽省马鞍山市九华西路8号	243000	董事长　苏鉴钢 总经理　肖玲 副总经理　伍生林 风险总监　汪冬妹	马钢（集团）控股有限公司	51	MaGang Group Finance Co., Ltd.	www. cwgs. mg
116	湖北宜化集团财务有限责任公司	湖北省宜昌市西陵区沿江大道52号	443000	董事长　赵大河 总经理　柴国志 副总经理（拟任）　许媛 总经理助理（拟任）　戴德新	湖北宜化集团有限责任公司	80	Hubei Yihua Group Finance Co., Ltd.	
117	北京汽车集团财务有限公司	北京市丰台区南四环西路188号17区18号楼7层	100160	董事长　马传骐 总经理　窦庋 副总经理　周雪辉 副总经理　续颖 副总经理　李荣荣	北京汽车集团有限公司	56	BAIC Group Finance Co., Ltd.	
118	大连港集团财务有限公司	辽宁省大连市中山区人民路68号宏誉大厦902室	116001	董事长　张佐刚 总经理　山冰如 副总经理　田原	大连港集团有限公司	60	Dalian Port Group Finance Company Limited	

续表

序号	公司名称	通信地址	邮政编码	高管人员	控股股东	控股比例（%）	英文名称	公司网址
119	大唐电信集团财务有限公司	北京市海淀区学院路40号	100191	董事长　高永岗 总经理　吴殷强 常务副总经理　余睿 副总经理　周少锋 审计总监　韩卫刚 总经理助理　廖系民	电信科学技术研究院	100	Datang Telecom Group Finance Co., Ltd.	http://finance.datanggroup.cn
120	开滦集团财务有限责任公司	河北唐山市新华东道70号	063018	董事长　张文学 总经理　董养利 副总经理　董丽文	开滦（集团）有限责任公司	51	Kailuan Group Finance Co., Ltd.	www.kailuan.com.cn
121	中国航油集团财务有限公司	北京市顺义区后沙峪镇安富街6号	101318	董事长　赵寿森 董事、总经理师建桥 副总经理　张鹏 副总经理　齐化忠	中国航空油料集团公司	90	China National Aviation Fule Finance Co., Ltd.	
122	海南农垦集团财务有限公司	海南省海口市滨海大道115号海垦国际金融中心23层	570105	董事长　王一新 总经理　邓文杰 副总经理　周菊芝	海南省农垦集团有限公司	80	Hainan State Farms Group Finance Co., Ltd.